# 浦江年鉴

浦江县地方志编纂室 编

2021

方志出版社

图书在版编目(CIP)数据

浦江年鉴. 2021 / 浦江县地方志编纂室编.—北京:
方志出版社, 2021.12
ISBN 978-7-5144-5102-3

Ⅰ. ①浦… Ⅱ. ①浦… Ⅲ. ①浦江县—2021—年鉴
Ⅳ. ①Z525.54

中国版本图书馆CIP数据核字(2022)第090323号

责任编辑: 刘　芳
责任校对: 刘玉霞
责任印制: 赵　楚
出 版 者: 方志出版社
地　　址: 北京市朝阳区潘家园东里9号(国家方志馆4层)
邮　　编: 100021
网　　址: http://www.zgfzcb.cn
发　　行: 方志出版社图书营销中心(010-67110500)
设　　计: 金华丽泽文化发展有限公司
印　　刷: 金华市曙光印务有限公司
开　　本: 889毫米×1194毫米　1/16
印　　张: 29
字　　数: 668千字
版　　次: 2021年12月第1版
印　　次: 2021年12月第1次印刷
定　　价: 200.00元

# 浦江县地方志编纂委员会



# 《浦江年鉴》编辑部

# 编辑说明

一、《浦江年鉴》是由中国共产党浦江县委员会领导、浦江县人民政府主办、浦江县地方志编纂室承编的地方综合年鉴。

二、《浦江年鉴(2021)》坚持以马克思列宁主义、毛泽东思想、邓小平理论、“三个代表”重要思想、科学发展观、习近平新时代中国特色社会主义思想为指导,坚持辩证唯物主义和历史唯物主义的立场、观点和方法,全面、客观、系统地记述浦江县2020年度自然、政治、经济、文化、社会等方面发展情况。

三、《浦江年鉴(2021)》记述时限为2020年1月1日至2020年12月31日,记述全县人民在县委、县政府的领导下所取得的新成就、新经验以及遇到的新情况和新问题,着重反映各行各业年度大事、要事、特事,着力体现年度特点和浦江特色。

四、本卷年鉴分类目、分目、条目三个层次,部分分目下设子分目。本卷设特载、专记、大事记、县情概览、中国共产党浦江县委员会、浦江县人民代表大会、浦江县人民政府、中国人民政治协商会议浙江省浦江县委员会、纪检监察、人民团体、法治、军事、经济管理、金融、城乡建设、生态环境、工业、商贸、农业·水务、文化·传媒、交通·通信、教育·科技·卫生、社会生活、乡镇·街道、附录、索引26个类目。

五、本卷年鉴正文中,“党”均指“中国共产党”,“县委”均指“中共浦江县委”,“党员”均指“中共党员”,“党建”均指“中国共产党建设”。年鉴中的“省”“市”“县”分别指“浙江省”“金华市”“浦江县”,其他省、市、县则冠以地名。大事记中的“△”表示同日。作者署名在各分目之后。

六、本卷年鉴刊用的稿件均由各部门、各乡镇街道提供,并经各单位主要领导审定和档案、保密部门审核。所刊载的综合性数据均由县统计局提供,条目中酌用各单位提供的数据。由于统计数据的来源、口径、方式、时间的不同可能有差异,请读者以统计局提供的统计资料为准。

（何　敏 摄）

城区广场路　（何　敏 摄）

（何　敏 摄）

西部水晶玻璃产业园　　　　（何　敏 摄）

绿色公交到乡村　　　　（何　敏 摄）

发电厂　　（何　敏　摄）

西部挂锁集聚区　　（何　敏　摄）

登高山夜景 （何 敏 摄）

上河夜游 （何 敏 摄）

龙灯夜舞 （何 敏 摄）

上河夜景 （何 敏 摄）

万家灯火

新城盛昱夜景 （何 敏 摄）

浦阳江西岸夜景 （何 敏 摄）

（何 敏 摄）

葡萄保鲜物流组图　　　　　　　　　　　　　　　　　　　　　　　　　　（何　敏摄）

横山葡萄园绿道长廊 （何 敏 摄）

潘宅葡萄园 （何 敏 摄）

疫情防控期间的浦江汽运中心

疫情防控期间的迎宾大道(何　敏 摄)

(何　敏 摄)

疫情防控期间的浦江经济开发区宏业大道　(何　敏 摄)

疫情防控期间的浦江高速口测温点　　（何　敏 摄）

岩头镇疫情防控卡点　　（何　敏 摄）

志愿者坚守居家隔离点　　（何　敏 摄）

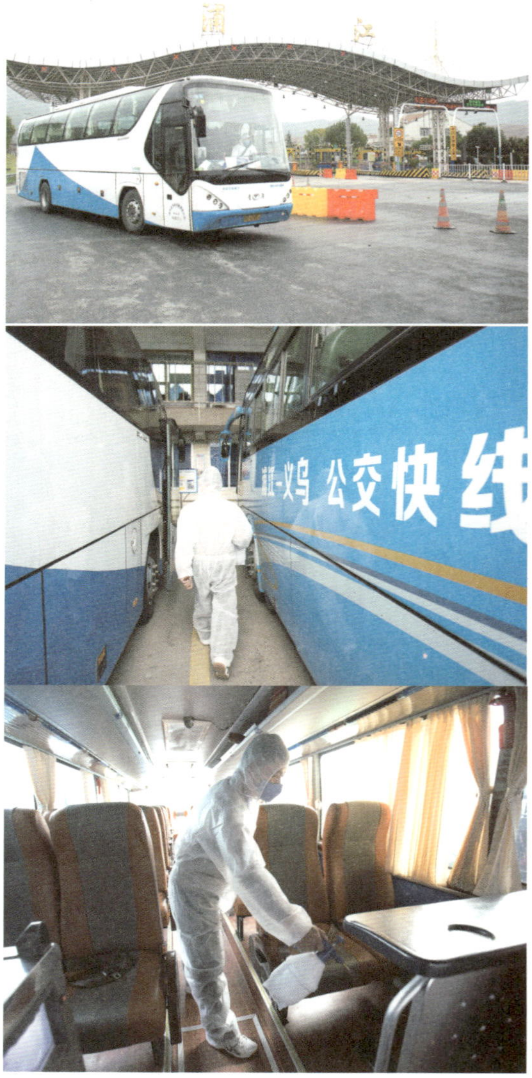


城市公交严防严控　　（何　敏 摄）

疫情防控卡点志愿者、医护人员身影　　　　（何　敏 摄）

迎接援鄂医疗队归来　　　　（高　攀 摄）

湖畔日出

霞光中的金狮湖

（郁承德 摄）

（魏礼鸿 摄）

浦江新貌

晨曦　　（方红兵 摄）

绿色盘山公路

（张新江 摄）

（付华庭 摄）

生态廊道

（赵新尧 摄）

上山文化陈列馆　　（何　敏　摄）

上山文化陈列馆展厅一角　　（吴拥军　摄）

上山文化陈列馆展厅一角　　（吴拥军　摄）

平底盘　　（吴拥军 摄）

陶器大口盆　　（吴拥军 摄）

陶钵　　（吴拥军 摄）

陶罐　　（吴拥军 摄）

夹炭红衣陶片　　（吴拥军 摄）

石球　　（吴拥军 摄）

夹炭陶片　　（吴拥军 摄）

双耳罐　　（吴拥军 摄）

浦江·第十三届中国书画节　　（高　攀　摄）

2020浦江·第12届水晶玻璃产业博览会　　（高　攀　摄）

水晶玻璃产业博览会展厅　　（高　攀　摄）

水晶玻璃产业博览会展厅　　（高　攀　摄）

# 目　录

## 特　载



## 专　记



## 大事记

## 县情概览



## 中国共产党浦江县委员会

## 浦江县人民代表大会



## 浦江县人民政府

# 中国人民政治协商会议 浙江省浦江县委员会



# 纪检监察

# 人民团体

## 法 治

## 军 事



## 经济管理

## 金　融

## 城乡建设

## 生态环境

## 工　业

## 商　贸



## 农业·水务

## 文化·传媒

## 交通·通信

## 教育·科技·卫生

## 社会生活

## 乡镇·街道

## 附 录



## 索 引

# 以县域治理现代化推动浦江高质量发展

## ——在浦江县委十四届七次全体(扩大)会议上的报告

中共浦江县委书记 程天云

2020年1月6日

### 一、凝心聚力,担当实干,持续巩固稳中向好的发展态势

2019年,全县上下高举习近平新时代中国特色社会主义思想伟大旗帜,认真落实中央和省委市委各项决策部署,把改革发展稳定工作紧紧抓在手中、扛在肩上,一项一项抓进度,一件一件抓落实,推动经济社会发展呈现稳中有进、稳中向好的态势。GDP全年预计增长6.3%。1—11月,规模以上工业增加值增长8.2%,民间项目投资增长100.1%,均位列全市第一;工业用电量增长7.7%,排名全市第二;高新技术产业投资增长21.8%,排名全市第三。

我们聚焦发展、狠抓项目,实体经济振兴蹄疾步稳。深入实施"五大战略",大力推动"二次创业",成功打响"12365"实体经济翻身战。营商环境持续优化,服务更有"温度"。营商环境服务、便民服务、政务投诉平台热线"三号联动",营商环境常态化巡察等举措相继出台,营商环境第三方测评位列全市第三。项目建设快速推进,发展更有"厚度"。水晶小镇小微园、黄宅小微企业园等5家小微园开工建设,水晶产业集聚区被列为国家级小微企业创业创新示范基地,浦江县获评省小微企业园提升重点县,有力保障小微企业发展向实向好,新增八大万亿重点产业小微企业1012家。重点项目稳步推进,每季度举行重大项目集中开工仪式,累计集中开工项目64个,完成投资32.51亿元;杭机磨床智能制造项目和郑家坞镇健康养生项目成功申报2019年第二批省重大产业项目。招商引资成效明显,乡贤回归更有"热度"。相继成立浦江乡贤总会及北京、上海、杭州、粤港澳等异地乡贤分会,成功召开首届浦江乡贤大会,凝聚乡贤力量,掀起了新一轮乡贤回归的热潮。全年成功签约项目41个,落地23个。

**我们紧盯堵点、精准发力,重点领域改革卓有**

**成效**。提升服务质量,让群众办事更省心。大力推进“无证明城市”改革,取消证明事项425项,为群众减少证明3万余个。实行集成通办,全县乡镇(街道)实现综合性政务一体机全覆盖。重构审批流程,让企业办事更便利。全省率先上线运行“商事登记移动审批平台”,建成全市首个企业服务专区,实现企业开办全流程一日办结;全面实施工业用地“标准地”出让制度,企业投资项目审批实现“最多60天”,民间投资项目推行“拿地即开工”,不动产权登记、项目备案、环保备案等项目开工前的所有审批手续一天完成。打破部门壁垒,让干部办事更顺畅。开展部门间“最多跑一次”“最多一星期”改革,再造办事流程,承诺时间压缩45%,办事材料精减52%。

**我们统筹城乡、融合发展,群众幸福指数与日俱增**。生态环境持续改善。扎实做好中央、省级环保督察发现问题的整改工作,治理体系更加常态长效,被评为浙江省河长制河湖管护示范县,生态环境质量公众满意度位居全省第二,获评第十届中华环境奖优秀奖(城镇环境类)。“六城联创”强力推进。完成金狮湖塔山、环城西路区块改造的城市设计,有序推进城区城中村改造的安置房建设。全域深化垃圾分类工作,稳步实施“两定四分”模式。全面开展示范道路创建专项行动,提前完成原化肥厂、锁厂、浦棉厂宿舍等老旧小区改造,城区环境面貌明显改观。国土绿化美化力度持续加大,造林更新、平原绿化、彩色森林建设均超额完成年度任务。成功创建省食品安全县,食品安全群众满意度位列全省第五。乡村产业稳步发展。获评2019年全国县域数字农业农村发展先进县,浦江葡萄农产品区域公用品牌荣获全国百强,“秀美浦江”休闲农业与乡村旅游2日游被评为浙江省休闲农业与乡村旅游精品线路,黄宅镇获评第二批省级特色农业强镇,横山精品葡萄园、靓松家庭农场葡萄园获评“中国最美葡萄园”。浦义同城加速融合。浦江—义乌供水工程全线通水,浦江与义乌境内高速实现客车免费通行,首批240项政务服务事项实现“浦义通办”,干部交流学习的常态化机制初步形成,首个“浦义同城”村集体经济发展项目成功签约,资源共享、交通共通、产业共融正在不断深化。

**我们齐抓共管、三治融合,基层治理基础不断巩固**。持续深化领导干部下访接访制度。坚持县领导每月15日的下访接访雷打不动、驻村干部每周二的民情接待雷打不动、“4+2”村(社区)联心服务团的结对联系雷打不动,县人大持续开展“双联系”活动,县政协扎实推进“双结对”机制。全年县领导共接待群众288批419人次,91%的包案积案得到化解。成功举办全省深化领导干部下访接访工作理论研讨会。全面推进平安浦江建设。扎实开展扫黑除恶专项斗争,2019年以来捣毁涉恶团伙5个,破获涉黑涉恶案件27起。公共安全形势总体平稳,2019年以来全县命案、“两抢”案件保持零发案,其中“两抢”案件连续25个月保持零发案,群众安全感满意度位列全市第一。不断加强群众基层自治,进一步完善“好家风评价体系”,优化好家风指数“5+1”模式,以优秀传统家规家训涵养社风民风,有力促进文明浦江建设。郑宅镇被评为全国乡村治理示范乡镇,浦江“好家风”经验在省委全会上获省委书记车俊点赞表扬、鼓励肯定。

**我们从严治党、争当表率,干部队伍建设坚强有力**。扎实开展“不忘初心、牢记使命”主题教育。把学习教育、调查研究、检视问题、整改落实贯穿始终,深入开展包乡走村进企联心服务行动,农民住房难、山区饮水难、公办幼儿园入学难等一大批百姓操心事烦心事揪心事得到有效解决。旗帜鲜明强化政治建设。全县党员干部深入践行《浦江县党政干部"九坚持、九做到"工作规范》，争当"忠诚、为民、务实、担当、清廉"的表率。推行"一线党委会"工作法，把乡镇（街道）党（工）委会议开到后进村一线，坚持把政治标准和政治要求贯穿于各项事业之中，增强政治执行力。纵深推进清廉浦江建设。开展"四不"问题大整治、隐形"四风"大纠治，持之以恒反"四风"、转作风、树新风，全年开展正风肃纪检查413次，处理人员56人。严厉惩治腐败，全年立案226件，移送司法机关6人。启动"村干部整治立规创优年"行动，推行"小微权力"清单制度，清理受过刑事处罚、存在涉恶等问题的村"两委"班子成员67人，营造风清气正的政治生态。

同志们，2019年的成绩，是在复杂形势、巨大挑战下取得的，来之不易，值得肯定。尤其是"五大战略"的强力推进，为浦江高质量发展注入了强劲动力。我们深入实施工业强县战略，凝心聚力抓发展，紧盯项目不动摇，进一步巩固了好的势头，增强了升的动能，凝聚了进的信心。我们加速落实小县大城战略，与华为签订共建新型智慧城市合作协议，携手打造全国智慧城市的县域标杆，为城市能级提升提供科技支撑，打造山水相融、古今相映、智慧相伴的美丽县城。我们统筹布局全域旅游战略，涌现了新光、上河、薛家、嵩溪等一大批网红村，旅游人数和旅游收入增长迅猛，生态红利持续释放。我们大力推进乡村振兴战略，出台破解农村住房难、推进乡贤乡居等政策文件，首批乡村振兴示范村创建稳步开展，农业的活力在升级，农村的人才在回归，农民的收入在增加，浦江乡村正从美丽向美好迈进。我们持续深化浦义同城战略，两地人民的情谊在加深，合作的领域在深化，同城的效应在显现，为浦江更好融入长三角奠定了基础。所有这些成绩，离不开省委、市委的坚强领导，离不开县委、县人大、县政府、县政协四套班子领导的精诚团结，离不开各级党组织的不懈奋斗，离不开广大乡贤的倾情回报，更离不开老领导老干部和全县党员干部群众的共同努力。在此，我代表县委向全县党员干部群众表示衷心的感谢，并致以崇高的敬意！

同志们，浦江的发展一定会越来越有活力，浦江的未来一定是光明而美好的，但前进道路依然充满考验和挑战，我们要清醒地看到，2020年的发展环境将更加严峻复杂。从外部环境看，世界经济增速放缓，国内经济下行压力加大，全省工业经济增长乏力，投资稳中承压。从自身条件看，浦江发展还面临一系列不平衡不充分的问题：产业层次仍然偏低，旧动能转换仍然繁重，新动能培育任重道远；县城能级亟须提升，建设美丽县城的任务依然艰巨，培育城市经济的步伐需要加快；全域旅游方兴未艾，但龙头景区引领不强，乡村旅游季节性问题亟待破解；乡村振兴短板明显，富民产业不够兴旺，农民增收的难题有待突破；干部队伍思想仍不够解放、担当精神仍需加强、作风建设还不够深入，干事创业的精气神仍需进一步提振，遗留信访积案化解力度仍需进一步加大。需要我们高度重视，认真解决。困难虽多，但正如省委书记车俊所说，信心很重要，有了信心，就会有定力、有耐心、有干劲。只要我们坚定信心、凝聚共识，就一定能趋利避害、化危为机；只要我们主动担当、主动作为，就一定能战胜困难、行稳致远。

## 二、系统谋划，全面推进，不断提高县域治理现代化水平

党的十九届四中全会，对新时代坚持和完善中国特色社会主义制度、推进国家治理体系和治理能力现代化作出了科学的完备的顶层新设计。这次县委全会是县委对深入学习贯彻党的十九届四中全会精神的再部署再动员，也是坚决推动党的十九届四中全会精神在浦江落地生根的重要一环。实

现县域治理现代化必须牢牢把握县域治理特点和治理规律。

我们要深刻认识到，坚持党建统领是实现县域治理现代化的核心要义。习近平总书记强调，要把加强基层党的建设、巩固党的执政基础作为贯穿社会治理和基层建设的一条红线。党建强，则基层强。基层党组织直接影响着党的领导力、凝聚力、战斗力，是县域治理不可或缺的重要主体，是居于治理核心地位的关键力量。只有基层党建强起来、实起来、硬起来，基层治理才能更有效、更安稳、更和谐。为此，必须进一步增强“四个意识”，坚定“四个自信”，做到“两个维护”，使县域治理始终在党的领导下推进，真正把党组织的意图转化为党员群众的治理举措，把党组织的主张转化为党员群众的自觉行动，把党组织的目标转化为党员群众的治理方向。

我们要深刻认识到，坚持以人民为中心是实现县域治理现代化的根本立场。“治政之要，在于安民”。我们要大力践行习近平总书记所倡导的“坚持社会治理为了人民”的理念，把维护好广大人民群众的根本利益，解决好人民群众反映强烈的突出问题，作为县域治理的根本出发点和最终落脚点，让人民群众享受到县域治理现代化的成果，推动实现长治久安。要扎根于人民，深化为民办事、为民谋利、为民解忧的治理体制机制，体察民情、了解民意，积极回应人民的新诉求新期待，让人民的获得感、幸福感、安全感更加充实、更有保障、更可持续，为县域治理现代化赢得更广泛的支持，凝聚更强大的合力。

我们要深刻认识到，坚持高质量发展是实现县域治理现代化的坚实基础。发展是解决一切问题的基础和关键，只有推动经济持续健康发展，才能激发改革的活力，才能筑牢稳定的根基，才能满足人民的期待。要集中精力、力出一孔办好“发展”这件事，坚定不移贯彻新发展理念，以更高质量的发展破解流程不优、效率不高等深化改革中的难题，以更高质量的发展化解城中村拆迁、街区改造提升等历史进程中的矛盾，以更高质量的发展解决农村住房难、农民增收难等不均衡不充分的问题，以点带面推动县域治理能力的全面跃升。

我们要深刻认识到，坚持共建共治共享是实现县域治理现代化的长远保障。党的十九届四中全会提出，“要坚持和完善共建共治共享的社会治理制度。”县域治理需要全体党员干部的共同努力，更需要有效整合多元社会力量，完善党委领导、政府负责、民主协商、社会协同、公众参与、法治保障、科技支撑的社会治理体系，建设人人有责、人人尽责、人人享有的社会治理共同体。要进一步改进民主协商、社会协同、公众参与的制度安排，大力发展合作治理、共同治理机制，积极探索自主治理机制，充分发挥企业、群团组织、社会组织等在县域治理中的独特作用，汇聚县域治理现代化的澎湃力量。

我们要深刻认识到，坚持制度创新是实现县域治理现代化的活力源泉。治理的现代化转型，既是思想观念、目标取向的转变，更是方式方法的深刻变革。要以制度创新激发县域治理内生动能，持续释放制度红利，构建更富有活力和效率的新型治理体系。坚持顶层设计型改革和问题倒逼型改革相结合，既要积极遵循县域治理发展规律，主动谋划推进制度建设，也要尊重基层群众首创精神，深刻总结各个乡镇（街道）、各个村（社区）治理实践的成功经验，着力形成一批可复制、可推广的制度创新成果，不断丰富县域治理现代化的浦江实践。

### 三、鼓足干劲，砥砺奋进，以县域治理现代化推动浦江高质量发展

2020年是“十三五”规划收官之年、也是全面建

成小康社会的决胜之年，是全市打赢“九场硬战”的攻坚之年，也是浦江深入实施“五大战略”、打赢“12365”实体经济翻身战的关键之年。做好2020年工作的指导思想是：高举习近平新时代中国特色社会主义思想伟大旗帜，全面贯彻党的十九大和十九届历次全会、中央经济工作会议、省委十四届六次全会、省委经济工作会议精神，自觉践行习近平总书记赋予浙江的新期望，坚持稳中求进工作总基调，坚持新发展理念，坚持以供给侧结构性改革为主线，坚持“八八战略”再深化、改革开放再出发，围绕“打造增长极、共建都市区、当好答卷人”的总要求，持续稳企业、增动能、补短板、保平安，坚决打赢九场硬战，深入实施五大战略，高水平全面建成小康社会。

2020年经济工作的预期目标是：地区生产总值增长6.5%以上；一般公共预算收入增长8%左右；规模以上工业增加值增长8%以上；城乡居民人均可支配收入分别增长8%和9%左右，城乡居民收入比持续缩小；能源和环境指标完成省市下达任务，确保主要经济指标达到省市平均水平以上。

当前，我们正处于大有可为的战略机遇期、干事创业的发展黄金期、不进则退的转型关键期，全县上下要切实推进县域治理现代化，优化完善制度体系、治理体系，坚定发展信心，积极适应高质量发展的现实需要，把制度创新转化为发展动能，把制度优势转化为治理效能，具体来说，就是要做好以下“九篇文章”。

**（一）做好发展文章，以“12365”实体经济翻身战的持续深入厚植治理基础。**坚定“发展为要、项目为王”的理念，深入一线“三服务”，担当实干促发展，用更高质量的发展实效为更高水平的现代化治理打下扎实基础。

**开展营商环境攻坚年活动。**把营商环境作为高质量发展的关键突破口，用制度化、常态化、规范化的手段下更大力气打造更优营商环境。进一步落实惠企政策，深入贯彻实施中央最新出台的《关于营造更好发展环境支持民营企业改革发展的意见》，统筹评估“1+N”扶持政策综合绩效，不断丰富企业扶持政策体系，抓好政策解读和落实，让企业享受到实实在在推动发展的政策红利。进一步优化惠企服务，充分发挥营商环境服务专线、营商环境巡察员和营商法律难题律师的作用，实行问题清单“销号制”，做到问题清单有人认领、落实清单有人跟进、责任清单有人考评，探索建立企业难题联席破解“晚餐会”制度，做到情况要清楚、服务要精准、难题要破解，确保服务企业的作风再优化、力度再加强、效率再提升。进一步完善惠企机制，常态联系、分类化解、精准帮扶、重点攻坚，强化政银企对接，定期召开金融恳谈会，支持企业多渠道融资，巩固和拓展减税降费成效，让企业轻装上阵，让经济更具活力。

**开展项目招引攻坚年活动。**坚决树立以项目论能力、以项目论作风、以项目论英雄的鲜明导向，集中精力抓项目，拿出抓铁有痕、踏石留印的干劲，形成合力抓项目的浓厚氛围。项目招引的力度要再加大。坚持全县“一盘棋”，大抓招商引资，绘制产业招商要素地图，广泛采用全员招商、产业链招商、乡贤招商、以商招商等方式，积极探索中介招商、“飞地园区招商”等新途径，确保全年签约项目不少于50个。项目平台的管理要再提升。加快开发区体制机制改革和基础设施建设，打造“产城融合”的现代化新型园区。统筹推进水晶小镇建设，延伸水晶产业链条，拓展小镇商业版图。健全小微企业园准入和退出机制，实施“事前定标准、事后管达标、亩产论英雄”的新型管理模式。项目落地的保障要再强化。积极谋划协调推进“四个全面”战略布局试点县工作汇报会，全力向上争取政策支持。持续完善招商要素保障机制，建立国土空间规划体系，盘活闲置用地，拓宽发展空间，确保新增工业用地1000亩以上。健全县领导联系项目制度，开展全周期管理，跟进项目招引、落地、建设、投产全过程，确保项目早签约、早落地、早见效。加快三思光电智能照明、智能交通等重大项目攻坚，确保全年固定资产投资增长30%以上、民间投资增长30%以上、工业投资增长30%以上。

**开展创新发展攻坚年活动。**创新是引领发展的第一动力，打赢实体经济翻身战，需要以高质量创新促进高质量发展，统筹协调新旧动能，推动新旧动能接续转换、协同发力。融合发展赋能创新。积极深化浦义同城战略，积极融入金义都市区，积极抢抓长三角一体化发展战略机遇，充分利用浦义同城优势和杭州能级优势，探索建立科研孵化在杭州、生产转化在浦江、销售流通在义乌的经济模式。创新驱动产业转型。启用浦江(杭州)科创中心，优化科创园运营管理机制，增强微电子与智能制造研究院、工程技术研究院等科创平台科研攻关能力。着力提升水晶、绗缝、挂锁等传统产业的基础能力和产业链水平，以新项目延伸新链条，以新链条赋能旧产业，为传统产业注入新动能。做大做强龙头骨干企业，稳步推进主板上市企业“零的突破”。鼓励企业自主创新。出台激励措施，引导企业加大研发投入，突破技术瓶颈，健全完善“专精特新”企业帮扶工作制度和培育扶持政策，协助企业引进高层次人才和实用型人才，建立“企业为主体、市场为导向、产学研结合”的技术创新体系。

**(二)做好改革文章，以体制机制变革的持续深入推动治理创新。**要找准重点难点、拿出务实举措，进一步解放思想、转变理念，重构治理体系，提升治理能力，不断丰富县域治理现代化的改革创新实践，以深化改革推动治理、促进发展。

**全面深化“最多跑一次”改革。**进一步梳理实施个人和企业“全生命周期”“一件事”全流程改革事项，构建“代办点+自助服务终端+网格员”的便民服务模式。快速高效、有序务实推进部门间办事“最多跑一次”，规范办事标准、优化办事流程、压缩办事时间，着力提升机关办事效率。加快改革提质扩面，推动“最多跑一次”改革向旅游景区、文化场馆、交通场所延伸覆盖，不断提升公共服务质量。

**着力攻坚重点领域改革。**深化商事和投资项目审批制度改革，建立投资项目服务中心，整合资源设立开发区(水晶园区)投资项目审批办理窗口，提供一站式全程代办服务，持续完善“标准地”“拿地即开工”等审批模式。开展农村产权交易改革试点，做好土地承包经营权确权“后半篇文章”，构建县乡两级产权交易平台，探索建立“三农”项目全过程绩效监管制度，推进农村集体“三资”管理制度化、信息化、公开化。以新修正的《中华人民共和国土地管理法》实施为契机，统筹推进农村土地制度改革，释放更多土地红利。要继续支持国有企业深化改革，增强国企核心竞争力。

**落细落实“微改革”事项。**建立“微改革”项目库，聚焦企业和群众关注的痛点、难点、堵点、盲点，常态化开展改革事项线上线下结合征集、乡镇部门定向征集、“两代表一委员”专题征集，拓宽发现问题的渠道，不断完善“微改革”落地机制，以小切口改革精准解决问题，切实提高企业和群众的参与率、满意度、获得感。

**(三)做好平安文章，以防范化解重大风险的持续深入夯实源头治理。**平安是治理的底线，要创新基层治理制度，构建立体化的社会治安防控体系，维护社会大局持续和谐稳定。

**深化发展下访接访“浦江经验”。**综合运用“全省领导干部下访接访工作理论研讨会”的理论成果，持续落实县领导包干乡镇制度和“4+2”联心服务团制度，形成“县级领导开门接访、乡级领导随时接访、村级干部上门走访”的下访接访格局。持续巩固无信访积案县创建成果，全面打造应接尽接、应调尽调、应办尽办、应解尽解的社会矛盾调处化解中心，不断加强源头预防和诉源治理，严格执行“初信初访双交办”机制，积极处置各类积案，扎实构建“接访在县内、下访到乡镇、化解在村里”的信访格局。

**持续筑牢平安浦江安全防线**。深化平安建设，确保平安浦江“十五连冠”和平安金鼎加星。规范“基层治理四平台”运行，提升全科网格建设，加强网格资源配置和力量配备。紧盯重点领域安全监管，及时消除各类安全隐患，有效遏制各类安全事故，从严从实从细抓好安全生产工作。提高打击违法犯罪活动的精准性，对盗抢骗、黄赌毒、食药环等传统治安问题以及电信网络诈骗等新型网络违法犯罪，都要重拳出击，依法严惩。深入推进扫黑除恶专项斗争，进一步加强“打伞破网”“打财断血”。

**健全风险隐患防范化解机制**。健全社会风险预测预警预防和管控体系，严格落实重大决策社会稳定风险评估机制，努力把问题考虑分析防范在决策前。完善重大风险防范化解机制，全力攻坚城中村改造等重点涉稳隐患，紧盯敏感群体，严防发生群体性事件。深化“一体两翼”应急机制，健全应急预案编制，全面提升应急处置能力。实施网络生态“瞭望哨”工程，畅通网络民情民意通道，共建网上网下同心圆。

**（四）做好美丽文章，以践行两山理论的持续深入提升绿色治理**。坚持走人与自然和谐相处的文明发展道路，充分利用浦江生态环境优势，打通美丽环境向美丽经济转化的通道，让绿水青山真正成为金山银山。

**致力打造美丽环境**。打赢蓝天保卫战，制定合理有效的污染物控制方案，提升“精准治污、靶向治理”能力。打好碧水提升保卫战，持续深化河（湖）长制，完成污水处理厂提升扩容项目，确保夺取大禹鼎金鼎。推进清废净土保卫战，加速污泥处置项目建设，提升水晶废渣资源化利用水平。做好生活垃圾分类工作，完善垃圾分类智能化管理体系，推广城区“两定四分”“撤桶并点”等分类新模式，实现全县封闭式小区全覆盖。聚焦中央环保督察、省环保督察以及各专项督查反馈的环境问题，强化突出问题整改。

**致力建设美丽城乡**。以部省共建乡村振兴示范县创建为主抓手，推动新时代美丽乡村建设，实施“两进两回”行动，打造一批“两强两美”村、乡村振兴示范村和示范乡镇。按照环境美、生活美、产业美、人文美、治理美的“五美”要求，扎实开展美丽城镇建设，加快形成城乡融合、全域美丽新格局。加大城中村、背街小巷综合治理力度，实施城市景观提升工程。加快推进浦江鑫广等商业综合体项目的建设，丰富商贸业态。实施环城西路拓宽工程，加快东山路拓宽改造，构建“内畅外联”的路网系统。稳步推进金狮湖塔山区块改造，提速打造城市客厅。大力助推杭温高铁建设，高标准谋划打造高铁小镇。深化“六城联创”，完成全国文明城市提名城市资格申报。

**致力发展美丽经济**。推进江南第一家—仙华山峰林AAAAA级景区联创，提升服务品质，丰富服务内涵，打造县域龙头景区，加快建设长三角知名文化休闲旅游目的地。加快乡村旅游提档升级，突出发展“夏日经济”“夜间经济”，探索“旅游+文化”“旅游+研学”“旅游+体育”“旅游+农业”融合型旅游产品。推出一批有吸引力的民宿、农家乐，开发独具浦江特色的乡村美食，让游客慢下来留下来住下来。丰富历史文化街区业态，激发千年古城活力。借助坡地村镇打开中高端旅游市场，加快天泰“十畝”江南净土、“浦江中国上山文化村”等项目建设，坚持“生态保护与旅游开发并举”，大力发展休闲度假、健康养老产业。加大旅游宣传力度，举办首届浦江旅游发展大会，常态化赴杭沪宁等目标客源地开展旅游推介会，全面提升“浦江旅游”品牌影响力。

**（五）做好智慧文章，以新型智慧城市建设的持续深入探索数字治理。**综合运用大数据、云计算、物联网等信息技术，完善社会治理精准分析、精准服务、精准治理、精准监督、精准反馈的机制和过程，不断提高社会治理智能化水平。

**加快智慧城市硬件建设。**推进与华为战略合作协议的落地实施，建设县乡两级综合治理服务中心，广泛收集各方信息资源，着力打通部门间“信息孤岛”，形成跨领域、即时性、专业化的数据库。加快构建“智慧城市”九大子系统，拓展大数据在现代城市治理、社会民生服务、经济社会发展等领域的应用，建设数字乡村区域物联网、智慧环保、智慧停车等项目。同时，借助华为“平台+生态”的战略优势，谋划数字经济赋能传统产业，助力实现产业智慧化、智慧产业化，打造数字浦江的城市新名片。

**加快智慧城市软件建设。**组建县大数据发展中心，理顺智慧城市建设的体制机制，推动政府数字化转型。升级传统政务和产业管理，以保障和改善民生为重点，以智慧应用和服务为核心，分期分批建设应用示范工程。通过对海量数据的快速收集与挖掘、及时研判与共享，使大数据成为支持社会治理科学决策和准确预判的有力手段，促进政府管理和公共服务效能的提升。着力打造“城市大脑”，把浦江建设成为“善政有道、惠民有方、兴业有为”的新型智慧城市，让基层社会治理插上数字科技的翅膀。

**（六）做好法治文章，以全面依法治县的持续深入强化治理保障。**法治是社会治理的根本抓手，要充分发挥法治引领、保障作用，运用法治思维构建社会治理规则体系，运用法治方式解决社会治理问题，努力把社会治理纳入法治轨道。

**严格依法行政。**启动全国法治政府建设示范县创建工程，做好重大决策、重大执法和行政规范性文件的合法性审查，严格落实行政执法公示制度、执法全过程记录制度、重大执法决定法制审核制度，推动行政执法规范化。加强县级五大领域执法队伍建设，深入开展“双随机、一公开”检查，强化事中事后监管，杜绝简单粗暴、任性执法，加大行政争议化解力度，推动行政执法文明化。

**深化府院联动。**持续深化府院联动机制，通过司法和行政的良性互动，促使行政机关依法行使职权、司法机关公正审判，从源头上减少行政争议和行政诉讼，让人民群众在每一个司法审判和行政执法案件中感受到公平正义。在新形势下依法稳妥推进企业破产处置工作，合力推动企业破产审判工作顺利进行，着力实现重组与生产两不误、高效与公平两统一，为优化营商环境提供更加有力的司法服务保障。

**加强法制宣传。**通过信访化解、典型案例及司法公开等途径，主动向群众宣传法律知识和政策规定，引导群众增强法治观念，培育规则意识和契约精神，营造“守法光荣、违法可耻”的法治氛围。要进一步强化法治思维，乐见群众用法、鼓励群众用法、支持群众用法，把依法行政、公正司法的过程变成思想疏导、理顺情绪的过程，逐步形成“办事依法、遇事找法、解决问题用法、化解矛盾靠法”的法治环境，依法维护人民群众合法权益。

**（七）做好幸福文章，以解决百姓操心事烦心事揪心事的持续深入彰显治理效能。**从群众最关心的“关键小事”入手，落实各项惠民政策，做好普惠性、基础性、兜底性民生建设，是推进县域治理现代化的关键一招。

**狠抓住房供给。**加大精准帮扶力度，优先保障无房户、危房户农民建房用地需求，加快地质灾害避让搬迁安置区、农房集聚安置区建设，保障农民“居者有其屋、居者安其屋”。加大城市困难群众住房保障力度，有序推进城西等区块的城市有机更新，做好老旧小区改造。坚持“房子是用来住的、不是用来炒的”定位，落实稳地价、稳房价、稳预期的长效管理调控机制，促进房地产市场平稳健康发展。

**完善民生保障。**以创建全国义务教育优质均衡发展县为抓手，继续开展公办幼儿园全覆盖建设工程和中小学改造工程，高质量打造“学在浦江”金名片。全面推进“健康浦江”建设，抓实抓好医共体建设“六个一体化”，深化“双下沉、两提升”，组建县慢性病管理中心，不断强化医疗卫生保障能力。启动县养老中心建设，推进乡镇示范型居家养老照料服务中心建设，探索社区养老模式，提高养老服务质量和水平。完成残疾人托养服务中心建设，关爱残疾人事业发展。加快外胡水厂建设，基本完成西北山区农村供水工程，全力确保农村饮用水安全。建设方便快捷的浦义公交体系，加快两地交通互联互通。

**促进群众增收。**打好低收入百姓增收战，大力发展特色产业，帮助群众增收致富。发展现代种植业，办好全国葡萄学术研讨会，推进葡萄产业控产提质，提升高山蔬菜亩产效益，培育新品种黄桃、茶叶等特色农业。壮大现代养殖业，加强生猪增产保供稳价工作，推行稻渔、稻虾共生等高效栽培模式，打造区域农业品牌，创建国家级农产品质量安全县。培育新型现代服务业，建立专业化服务队伍，发展农村电商，推进信息进村入户工程，提档升级农家乐、民宿，加快农村实用型人才、新型职业农民培训，确保零就业家庭动态“清零”。

**（八）做好文化文章，以文明新风建设的持续深入增强治理软实力。**推进县域治理现代化，需要全面系统的制度体系作为框架支撑，更需要以文化的力量夯实思想基础，凝聚人心力量，为县域治理营造良好的道德氛围和社会风气。

**培育践行社会主义核心价值观。**切实加强爱国主义教育，开展先进典型宣传，深化群众性精神文明创建。推进新时代文明实践中心建设，助力社会主义核心价值观融入城市生活。抓好融媒体中心、公共文化服务场所建设，创新和丰富农村基层文化服务内容。牢牢掌握意识形态工作的领导权、主动权，弘扬主旋律，传播正能量，筑牢意识形态安全“护城河”。深入实施公民道德建设工程，规范文明行为，提高文明素质，树立文明观念。

**大力加强上山文化的研究与宣传。**举办“上山遗址”发现20周年系列活动，深入挖掘上山文化历史文化价值，不断提升“万年上山”的知名度和影响力。借鉴“良渚文化”先行经验，加强“上山遗址”保护工作，推进相关建设项目，谋划国家级考古遗址公园申报工作。积极对接成立省“上山文化”考古研究中心，为“上山文化”研究提供平台支撑。推进上山文化博物馆、上山文化村等项目建设，开发“上山文化”文创产品，加快文旅融合发展。

积极弘扬“师俭有序”的孝义家风。总结郑宅试点经验，全面推广好家风评价体系，有效发挥信用贷激励作用，涵养优良家风、淳化社会风气。深入推进政务诚信、商务诚信、社会诚信、司法公信建设，努力在全社会形成诚实守信、重信守诺的良好风尚。传承发展优秀传统文化，开展弘扬乡贤文化活动，因地制宜建设乡贤活动（服务）中心，建立乡贤表彰制度，引导广大乡贤和群众见贤思齐、崇德向善。

**（九）做好党建文章，以党建统领的持续深入推进系统治理。**推进县域治理现代化，必须把加强党的领导和党的建设摆在首位，以党的建设贯穿治理、统领治理、保障治理。

**坚决落实党的领导制度体系。**不折不扣贯彻落实党中央、省委、市委、县委作出的决策部署，持续深入学习贯彻习近平新时代中国特色社会主义思想，把“不忘初心、牢记使命”主题教育中形成的好经验、好做法用制度化的形式运用好、坚持好，建立常态化、全覆盖、高质量的党员干部学习教育机制，推动习近平新时代中国特色社会主义思想贯彻到基层、落实到一线。严肃党内政治生活，严明政治纪律和政治规矩，自觉践行《浦江县党政干部“九坚持、九做到”工作规范》，争当“忠诚、为民、务实、担当、清廉”的表率。

**着力建强基层组织战斗堡垒。**坚持“新时代质量强党”理念，全面开展基层党建提档升级工程，从严从紧抓好基层党组织标准化、规范化和制度化建设。整合社会资源，推动社会参与，构建党组织引领下的群众自治、党群共治组织体系。创新基层党组织建设和党员管理机制，创新党组织、村干部联系群众、服务群众的机制，扩大组织覆盖面和工作覆盖面，着力提升基层党组织组织力。抓实村级组织换届选举，打造过硬村干部队伍。

**持续深化清廉浦江建设。**层层压实管党治党“两个责任”，健全完善纪律监督、监察监督、派驻监督、巡察监督“四个全覆盖”的监督网络。持续抓好省委巡视反馈意见的整改落实工作，加强巡视整改成果运用，确保全面彻底整改到位。驰而不息纠治“四风”，增强警示教育的力度，扎实构建不敢腐、不能腐、不想腐的长效机制。坚持严管和厚爱并重，实行激励容错鼓励一体的工作导向，为担当者担当，为负责者负责，营造干事创业的良好氛围。

中共浦江县委十四届七次全体(扩大)会议

# 深入学习贯彻习近平总书记考察浙江重要讲话精神 为建设“重要窗口”增添浦江光彩

## ——在浦江县委十四届八次全体(扩大)会议暨县政府第四次全体会议上的报告

中共浦江县委书记 程天云

2020年7月31日

在以习近平同志为核心的党中央带领全国各族人民决战脱贫攻坚、决胜全面建成小康社会的伟大征程中，在全省人民深入学习贯彻习近平总书记考察浙江重要讲话精神、努力建设“重要窗口”的浓厚氛围里，在全县上下全力推进“三大攻坚年”、奋力夺取疫情防控和经济社会发展双胜利的关键节点上，我们召开此次县委十四届八次全体(扩大)会议暨县政府第四次全体会议具有十分特殊而重大的意义。

此次会议的主要任务是：以习近平新时代中国特色社会主义思想为指导，贯彻落实党的十九大、十九届二中、三中、四中全会精神，深入学习习近平总书记考察浙江重要讲话精神，紧紧围绕省委十四届七次全会、市委七届七次全会的决策部署，回顾总结上半年工作，研究部署下半年任务，审议通过《中共浦江县委关于深入学习贯彻习近平总书记考察浙江重要讲话精神 努力在建设“重要窗口”中展现浦江形象的意见(草案)》《中共浦江县委关于建设高质量人才队伍 打造高水平创新型县域的决定(草案)》，动员全县上下统一思想、凝聚共识，担当实干促发展，心无旁骛抓落实，为全省建设“重要窗口”贡献浦江力量、彰显浦江担当、体现浦江作为。

### 一、众志成城、迎难而上，经济社会发展实现稳中有进

面对突如其来的新冠肺炎疫情，我们坚决贯彻落实习近平总书记重要指示精神和党中央、省委、市委系列决策部署，与时间赛跑、与病毒较量、与疫情斗争，统筹做好“六稳”工作，积极落实“六保”任务，克服了种种困难，渡过了道道难关，取得了明显成效。上半年，实现地区生产总值105.2亿元，同比下降2.1%，增速比一季度回升8.6个百分点。规模以上工业实现增加值14.2亿元，同比下降3.4%。财政总收入16.7亿元，同比下降2.4%，其中一般公共预算收入11.3亿元，同比增长0.6%。城乡常住居民人均可支配收入分别增长0.4%和3.0%。全县高新技术产业投资增长174.2%，生态保护、城市更新和水利设施投资增长133.2%，金融机构本外币存款余额增长20.3%，三项增速位列全市第一。

全县党员干部控疫情、抓复产，全力夺取阶段胜利。坚决打赢疫情防控的人民战争、总体战、阻击战，把疫情防控和经济社会发展两副担子一肩挑、两件大事一起办。疫情防控有力有效。落实落细常态化防控举措，抓好“外防输入、内防反弹”工作，累计开展核酸检测3.5万余人次，连续6个月无本地新增病例。浦江援鄂医疗队千里驰援遭受疫

情突袭的武汉，荣获“全国卫生健康系统新冠肺炎疫情防控工作先进集体”称号。复工复产走在前列。招工专班关口前移，到云南、贵州等地“点对点”招工，制定《浦江县企业开复工电费奖励政策实施细则》，发放返岗、电费等稳企补贴，千方百计为企业抢时间夺损失。554支“4+2”联企服务团驻企帮扶，既当防疫指导员、复工服务员，又当难题解困员、政策宣传员。截至2月底，全县企业复工率为98.84%，排名全省第五；企业产能恢复率为110.99%，排名全省第三。

**全县党员干部优服务、促发展，经济呈现强大韧劲。**扎实推进营商环境、项目招引、创新发展“三大攻坚年”活动，在危机中育新机、于变局中开新局，稳住发展基本盘，经济运行逐月向好、企稳回升。6月，浦江县MEI指数排名全省第29名。助企帮扶不过夜。建立健全“企业难题现场办公”制度，县主要领导携相关部门联席决策、现场破解。开展“百名浦江籍专家进百企”服务活动，访企送才、支招解难。制定《关于应对疫情支持外贸企业渡过难关的若干意见》，帮助外贸企业同舟共济、共克时艰。严格落实优惠政策“即报即审”制度，提前兑现2019年度工业科技扶持政策奖励2.4亿元，兑付减负资金2.1亿元，主动为企业输血解困。项目推进不断档。探索实行“线上招商”等新模式，持续推行全员招商，招商引资跑出“加速度”。上半年，完成签约项目12个，总投资21.2亿元。每季度举行扩大有效投资集中开工仪式，定期协调项目建设症结，项目推进按下“快进键”。1—6月，累计集中开工项目55个，总投资112.7亿元。向上争取政府专项债券14亿元，对外发行国投公司债券10亿元，资金保障下好“先手棋”。创新发展不停步。研发投入再加大，智能挂锁和水晶电机攻关项目通过专家论证，完成国家高新技术企业申报15家。1—6月，科技创新评价指数排名全省前列，企业研发投入同比增长44.6%，排名全市第一。科创平台再建强，浦江(杭州)科创中心正式投入运营，开启浦江企业“飞地研发”新时代。“最多跑一次”改革再深化，完成助企政策、个体户开业“一件事”办理改革，所有乡镇(街道)实现自助服务终端全覆盖。

**全县党员干部强统筹、提品位，城乡面貌持续改善。**不断完善基础设施配套，持续提升城市服务功能，使环境更美丽、让生活更美好。“两强两美”建设提速。扎实推进乡村振兴示范村、达标村创建，被评为2020年省级乡村振兴产业发展示范建设县。抓牢“米袋子”“菜篮子”，开展抛荒田专项整治，实施高山蔬菜、早熟葡萄等特色农业提升项目，“互联网+”农业获中央电视台《新闻联播》头条报道。发展全域旅游“夏经济”“夜经济”，推出千万旅游券活动，提升完善省A级景区村。守护好生态好风景，实施美丽乡村长效管理机制，完成第一轮中央、省级环保督察问题整改自查。1—6月，县内八成支流达到Ⅱ类水质，上仙屋出境断面水质稳定为Ⅲ类。小县大城格局初显。规划日趋完善，完成浦阳江城区段生态廊道连通工程初步设计，优化金狮湖塔山区块城市设计和产业策划。路网日趋合理，推进东山路、环城西路拓宽改造，完成宏业大道北延工程和锁具大道北延工程。管理日趋精细，开展僵尸车、户外广告等专项整治，建成垃圾分类“两定四分”投放点91个，推进塔山、西街社区的老旧小区改造。

**全县党员干部补短板、惠民生，百姓福祉不断增进。**坚持“以人民为中心”的发展思想，把每件民生小事当成头等大事来办，着力提升老百姓的获得感幸福感安全感。优化公共服务供给。顺利建成并投入使用8家公办幼儿园，公办园在园幼儿覆盖面达到50%以上，全力推进“学在浦江”教育品牌建设，高考一段线上线人数再创历史新高，让全县学子都能上好学。县乡村三级公共卫生应急网络建成，“优质服务基层行”活动启动，县中医院医技楼主体结顶，让患者就近看好病。全速推进新增5家居家养老示范型中心建设，养老服务实现一日三餐全覆盖，就餐覆盖率排名全省第一，让老人安心吃好饭。补齐民生领域短板。扎实推进白马、檀溪集聚安置试点主体工程建设，持续加快岩头—郑宅地质灾害安置房施工，全力破解农村“住房难”问题。基本完成城乡一体化供水主管网建设，启动“西北部山区农村饮用水提升项目”建设，全力破解山区“饮水难”问题。

**全县党员干部保稳定、护平安，擦亮基层善治品牌。**始终谨记习近平总书记到浦江下访接访时的殷殷嘱托，以县域治理现代化夯实浦江高质量发展基础，纵深推进基层治理制度创新引领区建设，争当县域治理现代化排头兵。夯实基层治理基础。“下访接访”标准化工作试点获国标委批准立项，与省标准化研究院签订战略合作协议，推动领导干部下访接访“浦江经验”向“浦江标准”迈进。持续丰富好家风评价体系内涵，成功入选全省法治乡村实践优秀案例，郑宅镇获评全国乡村治理示范乡镇。推进县级矛调中心规范化建设，完成社会治理指挥中心和“城市大脑”设计立项。深化平安浦江建设。扎实推进“三个十”遗留问题化解，强化道路交通等公共安全专项整治，每月19日开展“安全生产检查日”活动，社会大局和谐稳定。全面落实法律顾问制度和公职律师制度，实施执法司法规范化水平提升年活动，依法治县氛围渐浓。1—6月，全县平安指数位列全市前列，各类案件警情保持15%以上的下降幅度，“民转刑”案件保持零发生。

**全县党员干部严作风、争表率，干部队伍风清气正。**坚持“党对一切工作的领导”，推动全面从严治党，发挥党建统领作用，把党建优势转化为发展优势。厚植基层党建根基。开展村级组织整固提升百日攻坚行动，绘制选情“三色”作战图，启动浦阳街道、前吴乡换届试点。深化“五星三强”基层党组织创建工作，打造农村“三全”党建体系，培育社区“红色绣花针”党建品牌。提升机关党建标准化规范化水平，完成机关党员干部亮身份行动。锤炼党员干部队伍。在疫情防控和稳企赋能一线考验干部，评选表彰“两战先锋”。连续六年举办“永远跟党走”主题党日活动，万名党员庆党生，万名党员上党课。持续推动省委“两个担当”良性互动机制落实落地，干部为事业担当、组织为干部担当。深化清廉浦江建设。聚焦“四风”隐形变异新动向新表现，持之以恒正风肃纪，累计开展检查147次，发现问题28个。深入推进县委第九轮巡察工作，上半年巡察村（社）132个，实现全覆盖。出台5方面21条的“强化清廉村居建设”实施意见，完善对基层公权力运行的监督和制约。

这些成绩的取得，来之不易、成之惟艰，离不开以习近平同志为核心的党中央的坚强领导，离不开省委、省政府及市委、市政府的关心关怀，离不开全县广大党员干部的担当实干。然而，当前形势错综复杂。一方面，新冠肺炎重大疫情还在全球肆虐，对经济、社会、民生产生了前所未有的影响。受疫情冲击，部分制造业、服务业、外贸企业经营困难加剧，经济增长压力持续加大；传统产业数字化转型、智能化改造步伐不快，新业态新动能培育缓慢；大项目、好项目依旧欠缺，后疫情时期实现高质量发展任重道远。另一方面，各种扶持政策加码，各种利好消息频出，万亿级专项债额度相继下达，新基建项目加速落地，发展面临前所未有的机遇。我们要看到，浦江经济社会发展健康稳定的基本面没有变，支撑高质量发展的环境没有变，长期向好的势头没有变。只要我们坚定信心、鼓足干劲，就一定能变危为机，就一定能在全省建设“重要窗口”的征途上建功立业，就一定能谱写新时代浦江高质量发展新篇章。

## 二、提高站位、全面把握，深刻认识建设“重要窗口”的重大意义

“努力成为新时代全面展示中国特色社会主义制度优越性的重要窗口”的新目标新定位，是习近平总书记在“两个一百年”奋斗目标的交汇期，立足百年未有之大变局，聚焦坚持和发展中国特色社会主义，赋予浙江的使命担当。全县上下要把深入学习领会习近平总书记考察浙江重要讲话精神作为重要政治任务，全面深刻把握建设“重要窗口”的精神实质和科学内涵，更好指引我们在高质量发展的新征程中劈波斩浪、行稳致远。

**一要以对党忠诚的自觉深入领会建设“重要窗口”的政治责任。**习近平总书记建设“重要窗口”的指示要求，是从政治方向、政治立场、政治原则、政治道路上对浙江工作确立的新目标新定位。我们要深刻认识到，建设“重要窗口”是增强“四个意识”的现实要求。增强“四个意识”不仅要在思想认识上不断提升，更要在坚决贯彻落实党中央决策部署的实践中得到锤炼。要切实增强政治意识、大局意识、核心意识、看齐意识，围绕中心谋发展、对标先进找差距，不折不扣抓好党中央和省委、市委、县委各项决策部署的贯彻落实，自觉担起“重要窗口”建设者维护者展示者的历史使命。我们要深刻认识到，建设“重要窗口”是坚定“四个自信”的集中体现。中国特色社会主义制度的优越性是“四个自信”的基础所在、底气所在。要坚持从制度中挖掘内涵，用内涵引领制度再完善，在党建统领、县域治理、高质量发展等各个领域不断提升制度建设水平、增强制度综合竞争力，从县域层面为建设“重要窗口”提供更有力的支持，为增强“四个意识”提供更鲜活的范例。我们要深刻认识到，建设“重要窗口”是做到“两个维护”的检验标准。省委十四届七次全会通过的《决议》中指出，“努力建设展示中国特色社会主义制度下加强党的全面领导、集中力量办大事的重要窗口”。这是省委对全体党员干部发出的动员令，也是建设“重要窗口”的核心要求。我们要更加自觉地把加强党的集中统一领导贯穿到建设“重要窗口”浦江实践的各领域各方面全过程，把“两个维护”作为谋思路、想问题、办事情的根本原则和首要任务，在“知”上下功夫、在“行”上出成效，坚定坚决把“两个维护”落细落地、落到实处。

**二要以为民而善的情怀深入领会建设“重要窗口”的宗旨使命。**建设“重要窗口”不是党委政府的独角戏，必须将广大群众团结在党的周围共建共享，让以人民为中心的根本立场和为人民服务的宗旨使命得到生动诠释。要坚持根植人民。习近平总书记多次强调：“中国共产党根基在人民、血脉在人民。”我们要始终保持与人民群众的密切联系，抓常抓长“三服务”“下访接访”“4+2联心服务团”等有效载体，在感情上更加贴近群众，在行动上主动深入群众，多了解民情，多听取民意，为建设“重要窗口”打下扎实的群众基础。要坚持依靠人民。人民是历史的创造者，也是建设“重要窗口”最根本的依靠力量。要充分发挥人民群众的主体作用，主动问政于民、问需于民、问计于民，大力发掘、总结和推广基层一线的优秀案例、创新经验，为更多的“浦江元素”“浦江经验”“浦江样板”注入源头活水和不竭动力。要坚持造福人民。时刻牢记“人民对美好生活的向往就是我们的奋斗目标”，把人民群众的操心事烦心事揪心事作为必须要攻坚、要突破、要解决的事，把民生实事办好、把惠民举措做实，不断满足人民日益增长的美好生活需要，让广大群众在共

享“重要窗口”成果中不断提升获得感幸福感安全感。

**三要以求真务实的作风深入领会建设“重要窗口”的实践要求。**“重要窗口”与“三个地”既一脉相承、一以贯之,又系统集成、传承创新,形成了“三地一窗口”的时代方位,标注了发展的历史坐标,明确了奋斗的前进方向,这是全省的责任所系,也是浦江的使命所在。要从理论和实践相结合的角度客观把握、有效推进。进一步坚定习近平新时代中国特色社会主义思想的指导地位,在学思践悟上再下功夫、下真功夫,强化问题导向、实践导向、需求导向,更加自觉地用习近平新时代中国特色社会主义思想指导浦江前进道路上的重大问题、关键环节,更加坚定地沿着“八八战略”指引的路子走下去,按照“两山理念”的经验走下去,牢记总书记留给浦江的殷殷嘱托走下去,切实把学习成效转化为推动浦江高质量发展的强大力量。要从历史和未来相贯通的角度全面把握、持续推进。进一步坚定一任接着一任干、一张蓝图绘到底的恒心定力,巩固好生态环境这一最宝贵的绿色财富,回答好高质量发展这一最重要的时代课题,在探索“两山”转化新通道上再突破,在实体经济“二次创业”赛道上再发力,把建设“重要窗口”各项任务部署久久为功一抓到底、持之以恒抓出成效。要从县域和省市相协同的角度统筹把握、大力推进。进一步坚定“跳出浦江看浦江、站位全局谋浦江”的理念思路,深入思考浦江的优势在哪里?下访接访“浦江经验”“好家风评价体系”“上山文化”等特色亮点能不能再凸显、再深化、再做强?浦江的弱项在哪里?新旧动能转换、美丽县城建设、乡村产业振兴等短板能不能再补齐、再改进、再提升?我们要认真对照省委全会提出的十个方面“重要窗口”、13项重大标志性成果和市委全会提出的十个方面“高分答卷”、10块具有金华辨识度、体现引领示范作用的“金”字招牌,逐条思考、逐条谋划、逐条落实,为全省书写“重要窗口”恢宏篇章贡献更多亮点和素材。

**四要以担当作为的精神深入领会建设“重要窗口”的活力源泉。**习近平总书记强调,“比认识更重要的是决心,比方法更重要的是担当”。“重要窗口”绝不是轻轻松松、敲锣打鼓就能建成的,也不是单打独斗、各自为战就能取胜的。要时刻牢记省委书记车俊“全省域都是主角,全方位都要展示”的要求,增强主人翁意识,凝聚全员力量,彰显浦江担当。担当,就要有改革的魄力和勇气。只有以敢闯敢试、敢为人先的精神,啃下骨头、涉过险滩,才能为建设“重要窗口”发挥更大作用、展现更多作为。要坚持以“最多跑一次”改革为牵引,充分激发改革的突破和先导作用,走好走实改革“最先一公里”和“最后一公里”。紧扣发展的重点、治理的难点、民生的焦点,从举措上改、从政策上改、从机制上改,奋力开创多点发力、纵深推进的改革新局面,努力形成系统集成、成熟完善的改革新成果。担当,就要有创新的智慧和方法。我们既要敢闯敢干、更要能闯能干、科学实干。不被常规标准桎梏,不被过往经验束缚,更加自觉主动地从部署中寻找思路、从落实中总结经验。要在思想上完成从“多问为什么”向“多想怎么做”的转变,从“完成任务就好”向“能不能做得更好”转变。只要始终以党和人民的事业为重,始终以全县发展大局为重,就去大胆改革、大胆创新,县委县政府是最坚强的后盾。担当,就要有攻坚的精神和姿态。攻坚是建设“重要窗口”的必由之路,更是我们答好高质量发展“浦江答卷”的必然选择。全县上下都要拿出坐不住的“责任感”,慢不得的“危机感”,等不住的“紧迫感”,持续开展营商环境、项目招引、创新发展“三大攻坚年”活动,持续实施“五大战略”,持续做好“九篇文章”,以攻坚突破的成效为建设重要窗口贡献力量。

## 三、对标对表、聚焦聚力,着力打造更多具有浦江辨识度的标志性成果

2020年是高水平全面建成小康社会和“十三五”规划收官之年,要坚持稳中求进工作总基调,坚持新发展理念,坚持以供给侧结构性改革为主线,扎实做好“六稳”工作,积极落实“六保”任务,把浦江工作放到全省“重要窗口”建设的大棋局中,认真谋划和思考建设具有浦江辨识度的十大标志性成果。

**一是在打造“重要窗口”中全面展示县域经济高质量发展的浦江成果。**习近平总书记指出:“建设现代化经济体系,必须把发展经济的着力点放在实体经济上。”要紧盯“五大战略”,紧盯“12365”实体经济翻身战奋斗目标,紧盯营商环境、项目招引、创新发展三大“攻坚年”活动,确保全年主要经济指标增速高于全省、全市平均水平,确保高水平全面建成小康社会和“十三五”规划圆满收官。向营商环境要动力。对照世界银行营商环境标准,全力打造全省营商环境最优县。持续推进营商环境“10+N”行动,制定出台《浦江县深化优化营商环境实施意见》。开展营商环境大比拼,优化营商环境考核评价体系,完善营商环境问题服务平台建设。完善降本减负长效机制,加快惠企政策集成及政策兑现,严格落实“即报即审”制度。向项目攻坚要效益。高水平编制“十四五”规划,谋划论证重大项目,力争做到规划项目化、项目具体化。深入实施招商引资“一号工程”,发挥异地商会、乡贤总会等机构作用,加强驻外招商和异地招商,引进一批龙头骨干企业、产业链配套企业、“专精特新”中小企业,确保本年度招引过亿项目50个以上。服务跟着项目走,继续每季度举行项目集中开工仪式,加大常态化服务项目工作力度,及时协调解决重大项目推进过程中存在的困难和问题。向科技创新要活力。树立人才强县、创新强县导向,坚持制度创新和科技创新双轮驱动,以超常规举措打造人才引领优势、创新驱动优势、产业创新优势。大力推动高新技术企业梯次成长,推动“制造业+互联网”“制造业+人工智能”,提升本土企业核心竞争力。完成省级水晶产业创新服务综合体创建,补齐传统产业创新要素,在关键共性技术上取得更多突破,办好线上浦江·中国水晶博览会。打造“浦江英才计划”升级版,加快集聚科技领军人才、青年科技人才和新时代工匠,努力构筑面向未来的竞争新优势。

**二是在打造“重要窗口”中全面展示改革开放的浦江成果。**唯改革才有出路,唯开放才有未来。要以改革思维寻求突破,以开放思维寻求发展,打造多层次的交流合作平台,不断激发改革开放的新活力。更大力度推动综合改革。聚焦深化“最多跑一次”改革,加强重要领域和关键环节改革。不断丰富企业“一件事”内涵,全面推行“拿地即开工”,建立投资项目行政审批中介服务标准及政府购买服务制度。进一步促进国企改革,提升国企投融资能力,做大做强国有企业。深化“亩均论英雄”改革,加大“腾笼换鸟”力度。更高水平推进浦义同城战略。进一步加强在产业、科创等领域的深度融合,鼓励开展多形式、多领域、全方位的招商合作,支持企业通过“总部+基地”“销售+基地”等模式跨区域发展,加快谋划推进浦义科技创业园项目,全面接轨“义新欧”“义甬舟”对外开放通道,大力发展市场采购贸易,合力打造都市区组团发展的典范。更快速度融入长三角一体化。以杭州为桥头堡,扩大合作区域,拓展合作领域。发挥浦江(杭州)科创中心的平台作用,着力实现“研发在杭州、落地在浦江”,打造接轨杭州的县域样板。做好杭温高铁二期(浦江段)开工准备,推进桐义东高速规划立项,

不断完善对外综合交通运输体系。

**三是在打造"重要窗口"中全面展示"两山转化"的浦江成果。**生态本身就是经济,要以"两山"理念指导实践,把绿水青山建得更美,把金山银山做得更大,坚定不移走生产发展、生活富裕、生态良好的文明发展道路。全力守牢生态防线。持续开展蓝天、碧水、净土、清废四大行动,深入实施"千万工程"和大花园建设行动计划,构建"政府有为、企业有责、市场有效、社会有序"的大生态保护格局。加快推进"污水零直排区"创建和浦阳江河湖缓冲带试点工作,增强四个污水处理厂处理能力,做好中央环保督察问题整改。实行最严格的生态环境保护制度,推进国家级生态文明建设示范县复核迎检工作,确保夺取五水共治"大禹鼎"金鼎。聚力发展全域旅游。以生态旅游为引领,打通绿水青山与金山银山的转化通道,让美丽环境绽放美丽经济。突出龙头景区引领,推动江南第一家—仙华山峰林景区AAAAA级创建,提升旅游竞争力。丰富中高端旅游产品供给,推进善庆"十畝"、九母岛等十大旅游项目建设,增强旅游吸引力。谋划召开首届旅游发展大会,加大互联网营销力度,致力打造长三角知名休闲旅游目的地。大力推动乡村振兴。完成部省共建乡村振兴示范县创建,推进美丽城镇建设,打造一批"两强两美"示范乡镇、示范村,创建省级精品村4个、示范乡镇1个。发展绿色生态农业,加大山地蔬菜、黄桃等特色农业产业扶持力度,做大做强"浦江葡萄"品牌。积极推进十大乡村振兴项目建设,鼓励发展农村电商,加快农业小微产业园建设。启动新一轮村集体经济攻坚行动,落实"科技进乡村、资金进乡村,青年回农村、乡贤回农村"长效机制。

**四是在打造"重要窗口"中全面展示社会主义先进文化的浦江成果。**作为万年上山稻作文明发源地、千年郑义门孝义文化传承地、百年书画文化兴盛地,浦江文化底蕴深厚、文化名人辈出,要努力构筑文化高地,着力培育三大文化品牌。打造诗画文化品牌。坚持"走出去"与"请进来"相结合的理念,加强与国家博物馆、中国美协、中国美院的合作对接。既要创作选派优秀作品赴外参展,又要办好第十三届中国(浦江)书画节,招引更多知名大师和新锐画家到浦江办展,有效提升"诗画浦江"的品牌辨识度和美誉度。做大文创产业,推动诗画文化与特色产业的有机融合,拓展诗画元素应用,为浦江制造注入更多诗画特色。打造孝义文化品牌。深入挖掘孝义文化内涵,创作更多体现时代精神、彰显孝义特色的优质作品,不断丰富"孝义浦江"的展示内容。大力推进孝义文化的创新性发展,开展传统文化主题研学活动,发挥潜移默化的育人作用。坚持古为今用、推陈出新,以郑义门孝义文化为牵引,在全县范围内深入挖掘更多孝义家风的新载体、新故事、新元素。打造上山文化品牌。加快推进中国·浦江上山文化村建设,积极谋划万年上山博物馆和上山遗址保护与利用二期工程,出版"上山文化"地方德育教材,高质量筹办上山文化论坛暨上山遗址发现20周年学术研讨会。加强同省委宣传部、省文旅厅、省文物局、中国水稻研究所等部门的沟通对接,打造"万年上山 世界稻源"的重大文化标识,努力把上山文化遗址公园建设成为国家级遗址公园。

**五是在打造"重要窗口"中全面展示县域智慧城市建设的浦江成果。**让城市生活更美好,是城市建设、发展、治理的价值所在。要运用大数据、云计算、人工智能等前沿技术,推动城市管理手段、管理模式、管理理念创新,从数字化到智能化再到智慧化,打造更聪明、更智慧的一流"城市大脑"。让城市更加宜居。合理安排生产、生活、生态空间,优化完善金狮湖—塔山区块、城西区块城市设计方案以及高铁小镇概念性规划和核心区城市设计方案，增强城市综合承载能力。有序推进城西区块城市有机更新，加快老旧小区改造，推动美丽社区建设。实施城区智慧停车建设工程，加快东山路、环城西路拓宽工程建设，缓解城市交通拥堵。让城市更加文明。全面对标创建标准，常态化推进文明城市创建工作，确保高分通过创建全国县级文明城市提名资格测评。加强城市精细化管理，大力整治车辆乱停乱放、部分农贸市场脏乱差等现象，树立干净城市形象。开展志愿服务活动，推进“文明出行”提升行动，全面推广“公筷公勺”，倡导健康文明生活方式。深化生活垃圾分类工作，建成100座垃圾分类“两定四分”投放点和7个省级高标准垃圾分类示范小区，确保小黄坛垃圾焚烧发电项目年内投入使用。让城市更加智慧。以新一代信息技术为手段，以华为公司力量为支撑，搭建“智慧浦江”基础支撑框架，致力建成“善政有道、惠民有方、兴业有为”的新型智慧城市。加快推进“城市大脑”建设，深化智慧城管、智慧停车、智慧医疗等应用，全面推进城市管理向智慧化升级。持续推进公共服务数字化转型，进一步拓展基础公共服务设施建设，加快政务服务2.0建设，完善政务信息系统整合与资源开放。

**六是在打造“重要窗口”中全面展示领导干部下访接访的浦江成果。**进一步深化发展“领导干部下访接访”制度，坚决扛起“下访接访”首站的责任担当，真正把习近平总书记留给我们的制度法宝用活用好。把“浦江经验”转化为“浦江标准”。坚持和深化领导干部下访接访制度，强化与省标准化研究院的战略协作，加速推进“下访接访”国家标准化试点项目。全面推行“简单信访马上办、一般信访快速办、疑难信访监督办”的信访处置机制，打造契合实际、规范务实、科学严谨的“下访接访”标准体系，以标准化提升信访工作水平。把“制度优势”转化为“治理效能”。坚持县领导每月15日的下访接访雷打不动、驻村干部每周二的民情接待雷打不动、244支“4+2”联心服务团固定联系村（社）雷打不动，真正做到“小事不出村，大事不出镇，矛盾不上交”。严格落实县领导包乡镇、“4+2”联心服务团包村、党员包户的三包制度，深化民情民访代办工作，着力形成“接访在县内、下访在乡镇、化解在村里”的信访格局。把“创建活动”转化为“民心工程”。开展村级信访积案清零行动，推进“三个十”遗留问题化解，严格落实“主官办信”制度，做好国庆等重要节点的信访维稳工作，力争连续三年创成省级“无信访积案县”，创建全省信访工作“三无县”。

**七是在打造“重要窗口”中全面展示县域治理现代化的浦江成果。**只有加强治理，才能稳定发展。要以此次新冠疫情防控为契机，积极发现、总结疫情防控工作中的成功经验和不足之处，不断深化“基层党建+社会治理”创新，推动县域治理体系和治理能力现代化水平再上新台阶。全面深化“好家风”评价体系。全域推广“好家风”评价体系，丰富褒奖惩戒措施，完善标准化设计，争取纳入国家级标准化试点项目。鼓励群众参与精细化自治，以良好家风带动淳朴民风、促进文明乡风，营造全民参与、全民尽责的乡村治理新格局。全面提升社会治理能力。以“三大员”建设为抓手，强化“基层治理四平台”运行管理，推进“全科网格”建设规范提升。加快县乡村三级社会矛盾纠纷调处化解中心（站）建设，进一步整合信访、执法、司法、仲裁、社会力量等资源，加大诉源治理力度，实现矛盾纠纷化解“只进一扇门”“最多跑一地”。全面夯实平安工作责任。秉持“大平安”理念，抓实“一月一主题”活动，勇夺“一星级平安金鼎”。深入开展安全生产综合整治三年行动，统筹推进消防、城建等领域安全专项整治，提升综合应急处置能力。打好扫黑除恶专项斗争收官战，确保各类线索全面清零。开展常态化、动态性风险隐患排查化解管控，建立健全基层社会治理风险防范体系。推进智安小区、智安单位等智慧安防建设，进一步做实平安建设的“细胞单元”。完善重大疫情防控体制机制，健全公共卫生应急管理体系，慎终如始做好疫情防控。

**八是在打造“重要窗口”中全面展示坚持以人民为中心的浦江成果。**坚持人民至上，紧紧依靠人民，不断造福人民，牢牢植根人民。优先稳就业、保民生，解决好人民群众最关心、最直接、最现实的利益问题。全力以赴保障基本民生。办好2020年度十大民生实事，推进更高水平的幼有所育、学有所教、劳有所得、病有所医、老有所养、住有所居、弱有所扶，提升群众的获得感幸福感。推进农民建房审批改革，确保不把农村无房户带入全面小康社会。加快“西北部山区农村饮用水提升项目”建设，让西部山区百姓早日喝上优质放心水。全力以赴方便群众办事。进一步梳理“全生命周期”“一件事”全流程改革事项，全面构建“代办点+自助服务终端+网格员”的便民服务模式，推行政务服务刷脸办，乡镇（街道）常用民生类政务服务就近办100%覆盖，实现群众办事“小事不出村、大事不出镇”。全力以赴促进百姓增收。全面落实就业优先战略和积极的就业政策，大力开展就业创业培训，拓宽来料加工、地摊经济、农旅美食等就业渠道，促进百姓灵活就业。持续打好低收入百姓增收攻坚战，壮大特色农业产业，提升乡村旅游品质，双通道助力农民增收，走好共同富裕之路。

**九是在打造“重要窗口”中全面展示高质量党建统领的浦江成果。**事业发展，关键在党，关键在人。要坚持党对一切工作的领导，把责任压实到每一个党支部上、压实到每一名党员干部上。党建有力量，发展才有质量；干部有担当，发展才有保障。稳妥推进村社换届。加强党的全面领导，牢牢把握村社组织换届工作的主动权主导权，全面推行“一肩挑”，实现“五好三确保”目标，高质量完成省级试点重要政治任务，确保换届工作平稳有序、平安平静，试出成效、试出经验。拉高选人标杆，坚决贯彻执行“四过硬、五不能、六不宜”要求。坚持事业选人，着眼未来五年村社发展需要，打造一支堪当重任的基层村社干部队伍。筑牢基层战斗堡垒。深入开展“三大提升行动”，扎实推进“五星三强”建设，加快各领域基层党组织标准化规范化建设，力争年内创成“五星三强”示范乡镇3个、“五星三强”基层党组织50个，推动基层党组织全面进步、全面过硬。巩固“村干部整治立规创优年”行动成果，严格执行村级重大事项决策“五议两公开”制度，充分发扬民主，坚持量力而行，完善村级组织权力运行监督机制。深化党员整治立规创优行动，加强警示教育，树牢纪律规矩意识，持续净化基层政治生态。全员争当五个表率。认真践行《浦江县党政干部“九坚持、九做到”工作规范》，争当忠诚、为民、务实、担当、清廉的表率，做到内化于心、外化于行。落实好“三个区分开来”要求，严管与厚爱结合、激励与约束并重，完善容错纠错、澄清正名等机制。以“两个担当”良性互动为牵引，让干部有奋斗激情而无后顾之忧，打造与建设“重要窗口”相匹配的高素质干部队伍。

**十是在打造“重要窗口”中全面展示党要管党、从严治党的浦江成果。**作风建设永远在路上。正如习近平总书记所说：“管党治党，必须严字当头，把严的要求贯彻全过程，做到真管真严、敢管敢严、长管长严。”突出强化政治监督。坚持把政治建设摆在首位，以践行“两个维护”的政治自觉，持续推进政治监督具体化常态化。压紧压实“两个责任”，健全完善党委主体责任、党委书记“第一责任”、班子成员“一岗双责”和纪委监督责任的“四责协同”机制。健全“不忘初心、牢记使命”长效制度，锤炼忠诚干净担当的政治品格。持续深化清廉建设。以清廉浦江建设为重要载体，一体推进不敢腐、不能腐、不想腐的体制机制，持续强化对权力运行的制约和监督，严肃查处群众身边的腐败问题。持之以恒整治“四风”，锲而不舍落实中央八项规定精神，坚定不移破除形式主义、官僚主义。推动健全清廉村居“五全模式”，更大力度开展清廉文化建设，推动社会更加清新崇廉。推进巡视巡察工作。继续加强与省委巡视办、省委巡视组的沟通对接，全面彻底做好省委巡视反馈整改工作，扎实推动巡视整改常态化长效化。深入推进县委巡察，坚持有形覆盖和有效覆盖相统一，创新组织方式和巡察方法，年内完成三轮常规巡察。组织开展巡察“回头看”，狠抓村(居)延伸巡察问题整改，对个性问题坚持立行立改，对共性问题注重建章立制，扎紧制度笼子，努力形成巡察监督如影随形、巡察利剑时刻高悬的震慑常态。

## 四、真抓实干、狠抓落实，为建设“重要窗口”提供强有力作风保障

一分部署，九分落实。要把全部热情、全部心力用到“抓落实”上，把落实作为一切工作的生命线，一步一个脚印，一项一项推进，把各项工作抓得紧之又紧、细之又细、实之又实。追根溯源平时没有落实的事项，无非就这五种原因：一是决策不科学，无法落实；二是职责不清晰，无人落实；三是能力不匹配，无力落实；四是导向不正确，不愿落实；五是干事不担当，不敢落实。我们要找准问题、深刻反思，对症下药、正本清源，真正使抓落实不再成为难题。

**一要解放思想抓落实。**没有思想上的破冰，就没有行动上的突围。思想解放的程度有多深，化危为机的动力就有多强，转型升级的潜力就有多大。小到一项工程的建成、一个项目的招引，大到一个目标的实现、一张规划的编制，无不与党员干部的思想解放程度息息相关。浦江要高质量发展，必须坚决破除传统思维的定势，破除条条框框的桎梏，破除偏安一隅的局限，以开放的视野和格局谋划新思路，创造新方法，探索新路子。

**二要心无旁骛抓落实。**抓落实是一个动态变化、循序渐进、久久为功的过程，只有起点、没有终点。当前浦江县正处于爬坡过坎、滚石上山的关键时期，面临旧矛盾和新问题的双重考验，必须充分认识狠抓落实的极端重要性和长期复杂性。要始终紧盯“12365”实体经济翻身战奋斗目标，聚焦重点领域、重点项目、重点任务，执行好任务书、路线图、时间表，把各项工作做深做细做实。绝不能把说了就当做了、把做了就当做好了，绝不能重过程而轻结果、重痕迹而轻实绩、重数量而轻质量。要扑得下身、静得下心、沉得住气，不为不办找理由、只为办好想办法，做到抓铁有痕、踏石留印，件件落实、天天坚持，不断积小胜为大胜。

**三要担当实干抓落实。**每个层级要有每个层级的担当，每个岗位要有每个岗位的担当。浦江的发展没有旁观者、没有局外人，谁也不能只说不做，置身事外。过去几年，从“五水共治”“三改一拆”到小城镇环境综合整治，我们尝到了同舟共济、众人划桨的甜头。现在，从营商环境、项目攻坚到创新发展，同样离不开每个人的担当作为、苦干实干。县四套班子领导同志要带好头，敢于喊出“向我看齐”，既要挂帅也要出征，既要想为更要善为，推动形成一级做给一级看、一级带着一级干的良好局面。每名党员干部要把担当作为一种自觉，一事未办妥，寝食难安；一事有闪失，如芒在背。在贯彻落

实上级政策时，少问为什么，多想怎么办；少说这不行，多提这样行，决不让机遇在犹豫中丧失、发展在彷徨中停滞。

**四要问题导向抓落实。**发展的症结在哪里，群众的困难在哪里，我们的工作就要延伸到哪里、落实到哪里。要增强忧患意识，坚持问题导向，找准当前存在的矛盾和短板，扎实做好治弱、弥缺、补短等各项工作，以有力有效措施补欠账、稳增长。要自觉对照年初制定的全年经济社会发展目标，对标对表、寻找差距，半年指标发布，目标是否达成？要自觉对照十大民生实事目标，检视问题、寻找短板，时间已经过半，进度是否过半？要翻箱倒柜找问题、全面彻底再剖析，建立台账，对症下药，落实到每个追赶的指标上，落实到每项具体的任务上。以问题整改倒逼责任落实，以责任落实提升办事水平，确保目标顺利实现。

**五要严督实考抓落实。**督查是推动工作落实的重要手段，没有督查就没有落实。要进一步强化考评督查，突出重点、突出时效、突出节奏，以督促改、以改增效。要以实绩论英雄，树立正确的价值取向和行为准则，让吃苦的人吃得香、实干的人得实惠、有为的人有位子。要抓住不落实的人，盯住不落实的事，持续加大通报曝光力度，不见整改不罢休，不达目标不罢休。对工作落实不力、未按期完成任务，造成严重后果的，要移交县纪委监委和县委组织部依规进行问责，坚决做到问事必问人、问人必问责、问责必到底。

中共浦江县委十四届八次全体（扩大）会议

# 浦江县人民代表大会常务委员会工作报告

## ——在浦江县第十四届人民代表大会第四次会议上的报告

浦江县人大常委会主任 虞振贤

2020年4月21日

### 一、过去一年工作回顾

2019年是新中国成立70周年，也是浦江县人大工作取得显著成效的一年。一年来，在中共浦江县委的坚强领导下，人大常委会坚持以习近平新时代中国特色社会主义思想为指导，深入贯彻党的十九大和十九届二中、三中、四中全会精神，紧紧围绕全面实施“五大战略”、深入开展“五大行动”、高水平推进县域治理现代化，依法履职，扎实工作。全年召开人大常委会会议10次、主任会议16次，听取和审议专题工作报告65个，依法作出决议决定8个，依法任免国家机关工作人员73人次，为浦江县经济社会发展和民主法治建设作出了积极贡献。

**（一）思想引领，在推进人大工作中坚定政治方向**

人大常委会扎实有效开展“不忘初心、牢记使命”主题教育，以习近平新时代中国特色社会主义思想引领新时代人大工作的政治自觉、思想自觉和行动自觉。

**坚持党的全面领导更加有力。**坚定正确政治方向，始终紧跟党中央步伐，增强“四个意识”，坚定“四个自信”，做到“两个维护”。始终把习近平总书记关于坚持和完善人民代表大会制度的重要思想，作为做好新时代人大工作的行动指南。充分发挥人大常委会党组对人大工作的领导作用，及时学习贯彻党中央、省委、市委、县委的重要会议和文件精神，定期向县委报告人大工作中的重要问题和重要工作，坚决把党的领导贯穿于人大工作全过程。

**贯彻县委决策部署更加有为。**充分发挥人大职能优势，及时将县委主张、决策、要求通过法定程序转化为全县人民的共同意志和自觉行动。坚决落实县委人事安排意图，依法依规行使人事任免权，为全县改革发展提供有力的组织保障。专题调研营商环境、经济发展、民生改善等工作，形成高质量调研报告24份，为县委科学决策提供有效参考。人大常委会班子成员坚决服从县委的工作安排，积极参与“三个十”难题化解等工作，全力服务经济社会发展。

**推动主题教育工作更加有效。**认真学习贯彻十九届四中全会精神，以高度的政治责任感和使命感抓好主题教育。学习教育有收获，运用“领读+晨读+课堂”等方式，组织学习必读内容，深刻领会习近平总书记重要讲话精神、指示精神、批示精神，系统学习近代史、党史、《可爱的中国》等内容，进一步筑牢理想信念。调查研究破难题，围绕民生方面的热点、难点、痛点和堵点，深入开展调研，先后解决百姓诉求29个，形成专题调研报告11个。检视整改重实效，全面梳理问题，全面征求意见，高质量召开专题民主生活会，完成问题整改147个，得到县委充分肯定。

**（二）强化担当，在服务发展大局中坚定主动作为**

人大常委会始终把人大工作融入全县改革

发展大局之中，发挥人大作用，在保障和促进高质量发展中发出人大声音、提供人大方案、展现人大作为。

**持续助推民营经济发展。**民营经济是浦江县经济发展的重点。人大常委会根据县委要求，重点做了以下工作。一是积极参加“三服务”活动。走访企业151家，召开座谈会21场次，发放问卷调查表256份，梳理问题清单77个，提交相关部门研究处理。二是组织召开促进民营经济高质量发展专题询问会。三是开展司法机关保障和服务民营企业健康发展专题监督。四是开展涉企部门工作评议，交办整改问题15个，对整改落实情况进行满意度测评。五是开展建筑产业专题监督，提出建议意见12条。六是作出关于促进民营经济高质量发展的审议意见。

**持续促进乡村振兴建设。**乡村振兴是国家发展战略。我们多次听取和审议乡村振兴工作情况报告，开展消除集体经济薄弱村工作专题监督，开展农业产业布局和农产品品种优化工作专题监督，开展农业产业发展工作专题视察，开展农村饮用水水质提升工作专题视察，提出建议意见33条，有力推动了农产品营销队伍建设，推动了休闲农业观光旅游工作，推动了郑宅镇“好家风指数”做法，推动了农民增收工作。

**持续推进重点项目落实。**按照县委统一部署和政府工作目标，人大常委会会议、主任会议有计划听取和审议“七个十”项目进展情况报告，有计划听取和审议民生实事进展情况报告，有计划听取和审议政府重点投资项目进展情况报告。组织省、市、县人大代表视察、座谈36场次，提出建议意见59条；组织开展民生实事工作完成情况的评估和满意度测评，10项民生实事全面完成8项，基本完成2项，推进重点项目建设取得实效。

**持续监管财经工作运行。**人大常委会加强预算审查和监督，提前介入预算编制，强化部门预算，推动预算编制更加科学合理。加强政府投资项目审查监督，提前介入项目计划编制，建议政府按照《政府投资条例》的要求，重视投资项目前期工作。加强预算执行监督，听取和审议5个部门预算执行情况报告，对2个部门预算执行情况进行审计。专题听取政府债务情况报告，提出建议意见8条。专题听取行政事业单位国有资产分类处置的工作情况报告，提出加快盘活国有资产的建议意见9条。

**（三）一切为民，在推动民生改善中坚定人民立场**

人大常委会始终不忘初心、牢记使命，坚持以人民为中心的发展思想，解决好人民群众的操心事烦心事揪心事，为不断满足人民群众对美好生活需要发挥人大作用。

**解决人民群众难点问题。**紧紧围绕老百姓的实际困难开展监督。加强城区道路畅通工程监督，有计划听取和审议专题工作报告、组织视察、开展调研，全年新增停车位1549个，修复人行道2.7万平方米，有效缓解城区停车难、出行难等问题。加强“最多跑一次”改革工作监督，组织人大代表听取工作汇报、进行现场体验、开展座谈调研，收集民情民意，提出建议意见23条。加强食品药品安全工作监督，组织人大代表视察商店超市、生猪屠宰场、食品药品检验检测中心和食品药品智慧监管平台，保障老百姓的食品药品安全。开展农民住房难工作专题监督，解决“无房户、缺房户”493户，有效改善了低收入人群的居住条件。

**维护人民群众根本利益。**积极回应老百姓切身利益诉求，不断深化民生改善。紧盯医疗卫生体制改革，两次组织人大代表视察医共体建设，听取专题工作报告，督促政府组建人民医院和中医院两个医共体，开展民营医院运行情况专题调研，提出建议意见11条。紧盯教育事业发展,听取和审议发展教育促进民生改善专题工作报告,持续助推学前教育工作,公办幼儿园已建成并投入使用4所,到2020年实现乡镇(街道)全覆盖。紧盯社会保障工作,加强养老服务行业监督,建成乡镇(街道)示范居家养老服务中心6家,实现养老信息化管理。紧盯社会和谐稳定,听取和审议“扫黑除恶”专题工作报告,保障人民安居乐业、社会安定有序。

**保障人民群众生态环境**。践行“两山”理论,切实维护和满足老百姓改善生态宜居环境的诉求。听取和审议“污水零直排区”专题工作报告,开展雨污分流改造工程专题监督,督促政府完成农村生活污水提标项目15个,完成社区雨污分流项目17个,提升了治水成果。听取和审议环境状况和环境目标任务完成情况工作报告,开展垃圾分类专题监督,开展环保工作专题监督,提升了治理水平。审查通过《浦江县域总体规划(2018—2035)》,加强金狮湖塔山区块等规划编制工作的专题监督,确保规划科学合理。

**(四)聚焦公正,在促进法治建设中坚定依法治县**

依法治国是人民当家作主的根本保证。人大常委会全面促进依法行政、严格执法、公正司法、全民守法,持续推进法治浦江建设。

**促进政府依法行政**。听取和审议县政府、市场监管局和自然资源局依法行政专题工作报告,建议加强行政执法主体的资格审查、确认和公示工作,建议加强重大行政决策的审查、把关和依法决策,建议健全依法行政工作机制。针对浦江县依法行政工作中存在的问题,开展调查研究,提出解决问题对策,推动提升浦江县依法行政水平。组织38名人大任命干部,进行任前法律知识考试、任前表态、宪法宣誓,增强法治意识,提高依法决策、依法行政、依法管理的能力水平。

**促进“两院”公正司法**。深化“两官”评议工作,走访座谈69场次,发放征求意见表325份,抽查案件80件,旁听庭审5场次,观看被评“两官”庭审录像,形成评议报告8份,评出“满意”“基本满意”的法官、检察官,并向社会公布,推进了“两官”队伍的素质提升。听取和审议“两院”半年度工作报告,组织人大代表视察“两院”工作,旁听案件审理,开展法院执行工作专题监督,提出建议意见25条,推动“两院”公正司法,努力让人民群众在每一个司法案件中感受到公平正义。

**促进法律有效实施**。开展“七五”普法,促进全民尊法学法守法用法。加强执法检查工作,开展固废污染防治“一法一条例”执法检查,开展《浙江省学前教育条例》执法检查,开展《金华市电梯安全条例》执法检查,推进工作落实。加强规范性文件备案审查工作,依法审查政府规范性文件31件。配合省人大开展《浙江省家庭教育促进条例》《浙江省宗教事务条例》等立法调研,配合市人大开展《金华市大气污染防治规定》《金华市传统村落保护条例》等立法调研,提出建议意见32条。

**(五)优化服务,在发挥代表作用中坚定主体地位**

人大常委会始终坚持人大代表主体地位,努力为人大代表履职创造条件、创建平台、创新服务,不断加强和改进代表工作,不断增强和彰显代表工作新成效。

**拓展代表联系渠道**。开展“双联系”活动,组织人大常委会组成人员走访联系人大代表160人次,收集意见建议53条,提交有关单位办理。开展人大代表向选民述职活动30次,接受选民评议评价。提升人大代表联络站15个,新建人大代表联络点8个,组织人大代表活动563人次,接待人民群众1335人次,解决人民群众诉求57个。邀请人大代表参加人大常委会会议和活动115人次。充分发挥了人大代表主体作用。

**加大建议督办力度**。健全“办前沟通、办中协调、办后跟踪”的工作机制，对14件“基本满意”建议，成立6个督查小组，开展办理工作“回头看”，进行再督办、再落实。选取6件事关人民群众切身利益、社会普遍关注的重点建议，开展满意度测评，促进社会热点难点问题有效解决。通过努力，163件人大代表建议，已经解决80件，部分解决66件，暂缓解决17件，建议办理质量进一步提升。

**提升代表履职能力**。认真组织人大代表集中培训，提高人大代表依法履职的能力水平。认真组织人大代表开展活动113次，提出建议意见157条。完善人大代表履职的工作机制、考核机制、留痕管理机制，促进人大代表履职工作制度化。制定出台《关于浦江县人大代表活动经费管理使用的意见》，规范经费管理，为人大代表依法履职提供保障。

**（六）与时俱进，在加强自身建设中坚定从严要求**

人大常委会主动适应新时代人大工作新形势、新任务、新要求，加强作风建设、制度建设和能力建设，不断创新工作，努力提升人大队伍的整体能力水平。

**狠抓队伍建设**。一是提升学习能力，定期组织人大常委会组成人员、机关干部集中学习、集中培训。二是提升服务能力，主动参与“三服务”“4+2”村（社区）联心服务团等活动，协调解决困难和问题46个，接待受理来信来访人民群众50批次，207人次。三是提升调研能力，主动探索人大工作调查研究的方式方法，提高实效性。四是提升自律能力，严格执行中央八项规定，依法依规严格管理，切实树立人大常委会机关的良好形象。

**优化体制机制**。健全人大组织机构，变更人大监察和司法委员会，设立人大社会建设委员会和人大常委会社会建设工作委员会。建立健全机关党组议事规则、中心组学习制度、专门委员会和工作委员会工作制度等9项规章。全面指导基层人大工作规范化建设，组织基层人大干部参加视察、调研、培训等活动，开展工作交流，增强整体实效。

**勇于开拓创新**。推行大会期间人大代表审议意见立交立办的做法，要求相关部门24小时内答复，快速办理审议意见28件，赢得了人大代表的好评。推行“微民生实事”的做法，组织人大代表在大会闭会期间收集人民群众身边的小事、急事、难事60件，分三批提交政府研究处理，办好老百姓关心的“关键小事”。制定出台《关于规范乡镇人民代表大会会议的意见》，对会议时间、工作报告内容等十方面提出明确规定，为乡镇依法、规范召开人民代表大会提供了依据，得到了省市人大的充分肯定。

在肯定成绩的同时，我们也清醒地认识到，对照新时代人大工作新要求，还有不少工作需要改进，特别是营商环境、依法行政、民生改善、农民增收等方面监督工作有待加强，监督方式有待改进。对这些问题，我们将高度重视，花力气加以解决。

## 二、2020年的主要任务

2020年是全面建成小康社会的决胜之年，是实现“第一个百年”奋斗目标的冲刺之年，做好人大工作，意义十分重大。今年人大常委会工作的总体要求是：以党的十九大，十九届二中、三中、四中全会精神和习近平新时代中国特色社会主义思想为指导，按照上级人大工作的要求和县委决策部署，以“一项制度”“两大机关”“六个做好”为抓手，奋力推进浦江县高质量发展，努力开创人大工作新局面，展现人大工作新作为，提升人大工作厚重感。

**践行人民代表大会制度**。全面领会习近平总书记关于坚持和完善人民代表大会制度的重要思想，贯彻十九届四中全会精神，深化人民当家作主制度体系建设。

**全面加强“工作机关”建设。**推进人大常委会机关学习教育常态化、制度化,推进政治、思想、组织、作风、纪律建设。加强基层人大工作指导,提升人大系统整体水平。

**全面加强“代表机关”建设。**加强人大代表学习培训、履职活动,发挥人大代表联络站、联络点的作用,做深“微民生实事”工作,做实“双联系”工作。

**持续做好服务大局工作。**紧紧围绕县委十四届七次全会精神,大力推进“五大战略”“九篇文章”“数字经济”“十四五”规划编制、县域治理、疫情防控等全局性工作。

**持续做好改善民生工作。**坚持在发展中改善民生,确保发展成果更多更好更公平的普惠人民群众。重点改善水电路气房、科教文卫保等内容。

**持续做好依法治县工作。**加强依法行政工作的监督,加强部门工作评议,加强司法监督和法律监督,加强执法检查,加强“两官”评议工作。

**持续做好人大监督工作。**充分利用好听取和审议专题工作报告、视察调研、执法检查、专题询问等监督手段,不断增强监督的实效性。

**持续做好人大创新工作。**探索推行清单式审议意见的做法,探索建立第三方专业人员参与监督的做法,探索深化人大代表述职评议的做法。

**持续做好人大宣传工作。**宣传人大制度,重点宣传人民代表大会制度的政治优势。宣传人大工作,重点宣传人大会议、活动和创新工作。宣传人大代表,重点宣传为民风采。

# 浦江县人民政府工作报告

## ——在浦江县第十四届人民代表大会第四次会议上的报告

浦江县人民政府县长 俞佩芬

2020年4月20日

### 一、2019年主要工作和成效

2019年，是新中国成立70周年，是高水平全面建成小康社会的关键之年。面对复杂的宏观环境和繁重的发展任务，我们坚持以习近平新时代中国特色社会主义思想为指导，全面贯彻落实党的十九大和十九届二中、三中、四中全会精神，在上级党委政府和县委的坚强领导下，在县人大的法律监督、县政协的民主监督下，全面落实省委“八八战略再深化、改革开放再出发”决策部署，紧盯打赢“九场硬战”阶段性目标，坚定“五个不动摇”，实施“五大战略”，推进“五大行动”，聚焦“八项任务”，抓实“七个十”项目，出实招、解难题、补短板、促发展，精准发力、砥砺前行，较好地完成了县十四届人大三次会议提出的各项目标任务。全年实现地区生产总值230.2亿元，同比增长6.4%；一般公共预算收入19.3亿元，同比增长0.8%；社会消费品零售总额124.8亿元，同比增长8.9%；城乡居民人均可支配收入分别达到48326元和23306元，同比增长8.0%和8.5%。

**聚焦实体经济，突出抓好营商环境优化，加快新旧动能转换，进一步推动了县域经济高质量发展。**规模以上工业增加值同比增长8.7%、制造业投资同比增长170.9%、民间项目投资同比增长117.8%、工业投资同比增长187.3%，均居全市第一。营商环境明显改善，组建县营商办并实体化运作，建立涉企府院联动常态化工作机制，构建完善“1+14”政策体系，工业科技扶持资金增加2.1亿元，减税降费4.3亿元，完成合法工业用地违法建筑分类处置132宗。要素保障不断增强，成立政策性融资担保公司，积极开展政银企对接活动，新增工业贷款30.1亿元，不良率降至1.24%，出让工业用地1003.5亩，消化批而未供土地1458亩，盘活存量建设用地993亩，完成城镇低效用地再开发707亩。平台建设稳步推进，开发区绗缝产业小微园、水晶小镇小微园、郑家坞玩具产业小微园、黄宅恒固创艺园、城区科技孵化产业园开工建设，西部挂锁园区完成企业入园，东部挂锁园区二期完成建设，水晶产业园区获评国家小型微型企业创业创新示范基地和省数字化示范园区，获评省小微企业园建设提升重点县。项目招引质量提升，建立项目遴选和联审制度，召开首届浦江乡贤大会，全年签约项目41个、落地项目33个，三思光电、杭机磨床等一批优质项目落地浦江。产业转型步伐加快，完成“个转企”301家，净增“小升规”71家，新增股交中心挂牌企业12家，举办第11届水晶玻璃产业博览会和中国纺织供应链大会，浦江纺织产业集群试点地区通过复评，获评“中国家纺绗缝流通示范基地”。有效投资持续扩大，64个集中开工重大项目完成投资39.1亿元，省集中开工项目和省市重点建设项目全部超额完成年度投资计划。建筑业保持平稳，全年实现建筑业产值61.9亿元，同比增长14.6%。对外贸易有所好转，实现外贸出口61.2亿元，同比增长11.9%，增速居全市第二；跨境小包业务量4045万件，同比增长9.0%。

**聚焦改革创新，以"最多跑一次"撬动各领域改革，进一步激发了各类主体创业创新活力。**"最多跑一次"改革不断深化，全面推行"退休一件事""出生一件事"等便民服务，新生入学"一号通"参选全国改革方案评比，设立全市首个企业开办专区，取消证明事项425项，出让"标准地"29宗，工业投资项目实现"拿地即开工"，企业开办全流程一日办结，企业投资项目开工前审批实现"最多60天"，办事时间压缩45%、材料精减52%。"亩均论英雄"改革持续推进，建立企业"亩均效益"综合评价机制，出清D类企业和亩均税收1万元以下企业82家、淘汰落后产能14家、整治低小散企业174家。创新驱动能力提升，组建浦江微电子与智能制造研究院和浦江技工学校，与省智能制造专家委员会达成战略合作并在8家企业开展先行试点，申报认定国家高新技术企业11家、省科技型中小企业75家、市级以上研发机构9家、院士专家工作站1家，高新技术产业投资同比增长70.3%，居全市第一。国企改革稳步实施，完成3家国企混改和小型水利工程产权制度改革，33宗资产完成划转注入，国企"造血"功能逐步增强，营业总收入同比增长53.6%。浦义同城融合成效显现，浦江—义乌供水工程全线通水，浦江与义乌境内高速实现一类客车免费通行，首批240项政务服务事项实现"浦义通办"，12处旅游景点对两地居民实行半价优惠，浦江企业纳入义乌转贷基金支持范围，首个"浦义同城"村集体经济发展项目——苏溪商砼项目签约落地。

**聚焦美丽县城，加快城市基础配套建设，进一步提升了城市品质形象。**"六城联创"统筹推进，创建省AAA级景区城和省食品安全县，获评省"推进大花园建设成效明显的县(市、区)"和省小城镇环境综合整治工作优秀县，通过省"无违建县"复评和国家卫生县城复审。规划体系不断完善，启动国土空间总体规划编制，完成水晶小镇控规修编、开发区控规修编、中心城区路网专项规划编制和解放西路历史文化街区保护规划编制。城市更新稳步实施，深入开展金狮湖—塔山区块城市设计和产业策划，拆除金狮湖二期已征房屋20.5万平方米，塑料厂宿舍、老浦棉厂宿舍等老旧小区完成改造；城中村改造一期4个集聚区完成交房，白林集聚区完成主体工程，文溪D区块进入主体施工；民主路北入口完成建设，凌宅巷及据家延伸区块房屋完成修缮。城市景观逐步提升，西山公园、和平路、广场东路完成彩化亮化，修复人行道2.7万平方米，建成一批城市景观小品。道路交通得到改善，完成浦南大道南苑小学段建设、环城东路改造、和平北路改造和锁具大道北延主体工程，新增停车位1549个。城市管理日益精细，与华为达成新型智慧城市建设战略合作，开展非封闭式小区物业管理试点，建成全市首个小区物业管理网，全面推行文明养犬。

**聚焦全域旅游，做精做优"旅游+"文章，进一步打响了"诗画浦江"旅游品牌。**全县旅游接待总人次达到2058.3万，同比增长21.1%，获评"中国最美乡村旅游目的地"。景区创建有序推进，江南第一家—仙华山峰林景区创AAAAA级旅游景区完成景观质量价值报告并上报省级评审，茜溪悠谷AAAA级景区和红色塘波AAA级景区完成创建，岩头入选省风情小镇培育单位，虞宅—大畈获评省乡村旅游产业集聚区，"诗人小镇"田园获评省"最美田园"，创建A级景区村庄39个、省森林城镇2个、国家森林村庄5个。民宿品质不断提升，创建星级民宿31家、星级农家乐15家，泊隐柳秀获评省金宿级民宿。

文旅资源有效融合，完成县非遗馆建设、月泉书院遗址公园一期工程和34幢历史建筑修缮，成功打造美丽乡村、诗画浦江、禅修文化、悠然古村、美丽县城5条旅游精品线，涌现出上河、薛家等一批网红村，杭坪被评为省非遗主题小镇和省民间文化艺术之乡，江南第一家入选首批省级中小学生研学实践教育基地。旅游营销丰富多彩，举办"中国·多彩非遗新浦江"全国摄影采风、"诗画浦江"乡村旅游节以及7场大型体育赛事，全省首个村级省部属企事业工会疗休养基地落户嵩溪。

**聚焦生态环保，在常态化、制度化治理上下功夫，进一步保持了生态环境质量走在前列。**五捧全省治水最高奖"大禹鼎"，荣获第十届中华环境优秀奖，生态环境质量公众满意度取得全省第二的历史最好成绩，国家级卫生乡镇实现全覆盖。实施碧水提升行动，完成15个农村生活污水提标项目和17个社区雨污分流工程建设，修复污水管网7.7千米，疏通排水管网292千米，浦阳江上仙屋出境断面水质均值稳定达到地表水Ⅲ类，壶源江出境断面水质稳定达到地表水Ⅱ类，浦阳江、茜溪获评省级美丽河湖，入选省首批河湖标准化管理县，县河长办被水利部评为"全面推行河长制先进单位"，承办全国农村水利水电工作会议。实施蓝天保卫行动，开展工地扬尘专项整治行动，加强VOCs巡查监测，新建空气监测站16座，新增新能源公交车、出租车60辆，空气优良率94.2%，列全市第三。实施净土清废行动，完成兆丰、河山、桐坞岭三处堆场水晶固废清运、覆土，城镇垃圾分类"两定四分"模式全面推行。深入实施督察整改行动，高标准做好中央、省环保督察发现问题整改以及全国第二次污染源普查，完成四座污水处理厂清洁排放技术改造，小黄坛垃圾焚烧发电项目完成主厂房建设。

**聚焦农业农村，统筹推进"五个振兴"，进一步奠定了乡村振兴坚实基础。**农业产业提质增效，完成高标准农田建设1.6万亩，新增葡萄出口基地2家，创建山地蔬菜示范点3个、专业村2个，获评省级农业绿色发展先行县，浦江葡萄农产品区域公用品牌获评全国百强，黄宅被评为全国"一村一品"示范村镇和省级特色农业强镇，横山葡萄园、靓松农场获评"中国最美葡萄园"。乡村活力逐步释放，出台农村集体资产股权管理办法，获评全国县域数字农业农村发展先进县。消薄质量不断提升，完成省财政扶持项目14个，所有行政村达到总收入超过20万元且经营性收入超过10万元的标准，低收入农户收入增长11.9%。农民住房得到改善，解决无房户、缺房户490户，改造危房户620户，获评省农村住房建设试点县，白马、檀溪集聚安置启动试点。乡村面貌更加美丽，创建星级村27个，提升村口景观20个，完成潘周家、古塘历史文化村落建设，获评省传统建筑认定试点县。基础设施不断完善，完成城乡一体化供水管网延伸21千米、单村提升和村内管网改造20个村，建成"山上浦江·美丽交通环"16.1千米。文明乡风向上向善，评选乡风文明示范村189个，农村文化礼堂实现行政村全覆盖，"好家风"经验获省委书记车俊点赞。

**聚焦民生改善，全力办好民生实事和"关键小事"，进一步提升了群众幸福感、获得感。**教育基础进一步夯实，召开全县教育大会，出台教育现代化十大行动方案，黄宅中心幼儿园、翠湖幼儿园、南苑小学、岩头中小、虞宅中小建成投用，浦阳一小分校区、岩头初中、月泉幼儿园等7所学校开工建设，举办浦江中学、中山中学80周年校庆，高考一段线上线人数再创新高。医疗水平进一步提高，组建县域医共体2个，五大共享中心初步建成，县人民医院成为全省首家通过国家心衰中心认证的县级医院。文化事业进一步发展，县融媒体中心投入使用，完成体育馆一期工程和15个小康体育村提升，公共文化服务标准化建设通过省级验收，举办第12届中国书画节等活动。民生保障进一步强化，通过省“无欠薪”县考核验收，城镇登记失业率1.9%，基本养老保险参保率96.4%，基本医保参保率99.6%，新建示范型居家养老服务中心6家、残疾人之家14所，成立全省首家关爱退役军人协会，慈善事业健康发展。基层治理进一步加强，完成行政村(社区)规模调整，创建省级民主法治村(社区)8个，获评全国“七五普法”中期法治宣传教育先进县，郑宅获评全国乡村治理示范乡镇，县人民调解委员会被评为全国坚持发展“枫桥经验”矛盾不上交工作表现突出集体。安全形势进一步稳固，扫黑除恶专项斗争扎实推进，命案保持全年零发案，“两抢”案件连续27个月零发案，交通事故全口径死亡人数相比前三年平均数下降38.1%，县生命教育体验中心获评全国“红十字应急救护示范基地”。同时，精准帮扶金口河区实现脱贫。

**聚焦自身建设，深入实施政府“两强三提高”行动，进一步提高了政府决策科学性和执行力。**“不忘初心、牢记使命”主题教育成效明显，加深了对习近平新时代中国特色社会主义思想的理解和认识，提升了理论素养、坚定了理想信念、强化了责任担当、增强了宗旨意识、筑紧了廉政防线。以人民为中心的执政理念一以贯之，“三公”经费减少4.2%，新增财力100%用于民生支出，年初承诺的十项民生实事8项完成、2项基本完成。把依法行政作为政府最基本的行为准则，严格落实行政规范性文件及重大问题、重大合同合法性审查制度，主动接受县人大法律监督和县政协民主监督，建议、提案的办理满意率、基本满意率均为99.4%。政府系统党风廉政建设深入扎实，党风廉政“一岗双责”落实到位，“四风”整治驰而不息，重点领域的监察监督和审计监督力度不断加大，进一步树立了干部清正、政府清廉、政风清明的良好形象。

与此同时，“8890”便民服务、民族宗教、台办、侨务、港澳、老干部、老龄、物价、粮食、审计、人防、统计、编制、档案、保密、气象、移动通信、地方志、住房公积金等各项工作取得新进展，工青妇、工商联、科协等群团组织在经济社会发展中发挥重要作用。

尤其是面对2020年初突如其来的新冠肺炎疫情，全县上下众志成城、共克时艰，一手抓疫情防控，一手抓复工复产，取得了显著的阶段性成效。我们严防死守、精密智控，充分发挥“党建+”优势，运用大数据管理等先进手段，密织防控网络，确保各级防控指令和制度规定第一时间落实到位，有效防止了疫情的蔓延扩散。我们精准施策、用心服务，出台了22条县级扶持政策和230条部门操作细则，组建了554支“4+2”联心服务团“一对一”包干驻企指导服务，派出了5个由县领导带队的招工专班到云南、贵州等地驻点招工，在2月底全省复工复产工作考核中，浦江县企业复工率排名全省第五、全市第一；企业产能恢复率排名全省第三、全市第一，得到市委陈龙书记的批示肯定。在此过程中，广大医务工作者、公安民警、党员干部和志愿者奋战一线，用自己的无私无畏守卫着人民群众的生命健康安全；广大乡贤、浦商心系家乡，通过捐款捐物、帮助采购防疫物资等形式全力支持家乡防疫；广大企业与政府同频共振，克服重重困难，想方设法复工复产。所有这些，充分体现了对人民的负责、对家乡的关爱、对发展的担当。

但是，我们必须清醒看到，经济社会发展中还存在不少问题和困难，主要表现在：经济发展的质量偏低，能带动产业升级的大项目好项目储备不足，新经济培育速度不快，创新资源集聚度不高，土地、资金、人才等要素的制约还很突出；美丽县城建设任务繁重,公建配套设施欠账较多,城市格局、品位有待提升;乡村振兴的创新举措不多,资源分散闲置等问题依然突出;全域旅游缺乏龙头景区引领,旅游资源缺乏统一规划和有效整合;社会稳定压力较大,历史遗留问题解决难度大,个别群体利益诉求难以得到满足;一些干部精神不佳,担当意识不强,创新办法不多,营商环境、服务质量还有很大提升空间。对于这些困难和问题,我们绝不回避、绝不懈怠,将采取更加积极、更加有效的措施,切实加以解决。

## 二、2020年目标任务和重点工作

2020年,是高质量完成“十三五”规划的收官之年,是高水平全面建成小康社会的决胜之年,是高起点编制“十四五”规划的谋篇之年,也是我们持续奋斗、赶超发展的攻坚之年。虽然,新冠肺炎疫情对经济社会发展造成了较大冲击,改革发展稳定任务将更加艰巨而繁重,但正如习近平总书记在浙江考察时所指出的“危和机总是同生并存的,克服了危即是机”,要善于从眼前的危机、眼前的困难中捕捉和创造机遇。从宏观来看,随着长三角一体化发展上升到国家战略,必将释放出更多的政策红利、改革红利,尤其是在应对新冠肺炎疫情影响和确保高水平全面建成小康社会的背景下,国家正在并持续出台一系列惠企利民、助力发展的政策举措;从县情来看,基础设施提档升级,产业结构不断优化,营商环境持续改善,全县上下人心思进、人心思干的氛围浓厚,是浦江县发展最具活力的时期之一。我们必须抢抓机遇、奋力赶超,积极融入“一带一路”建设和长三角一体化发展,深度参与省“四大建设”,不断深化浦义同城融合,努力成为金华对接杭州、参与长三角一体化发展的桥头堡,加快实现浦江经济社会高质量发展。

2020年政府工作的总体要求是:高举习近平新时代中国特色社会主义思想伟大旗帜,全面贯彻党的十九大和十九届二中、三中、四中全会精神,对标对表习近平总书记在浙江考察时提出的新目标新定位,认真落实中央、省委、市委、县委有关决策部署,紧扣“两个高水平”建设,坚持稳中求进工作总基调,以供给侧结构性改革为主线,以改革创新为动力,按照新发展理念要求,深入实施“五大战略”,全力做好“九篇文章”,扎实开展“三大攻坚年”,不断推进治理体系和治理能力现代化,下大力推动营商环境再优化、项目招引再突破、产业发展再提速、改革创新再深化、城乡建设再提升、民生福祉再改善,努力将新冠肺炎疫情影响降到最低,高质量完成“十三五”规划各项目标任务,确保高水平全面建成小康社会。

建议2020年全县经济社会发展主要预期目标为:地区生产总值增速达到省市平均水平以上;一般公共预算收入同比增长8%以上;固定资产投资同比增长30%以上,其中:民间项目投资、工业投资均同比增长30%以上;社会消费品零售总额同比增长8%以上,城乡居民人均可支配收入分别同比增长8%和9%以上;约束性指标全面完成上级下达任务。

要实现上述目标,重中之重是发展,只有主动谋求和推动发展,才能抢抓时代给予的机遇、才能破解浦江面临的难题、才能坚定我们前行的信心。因此,做好新一年政府工作,关键还是在加快推动经济的高质量发展上,必须进一步凝心聚力,全面调动和充分发挥一切积极因素,在全社会营造起聚精会神抓经济、万众一心促发展的浓厚氛围。

**一要始终坚持以服务为先,保障发展。**服务企业、服务发展是政府义不容辞的责任。我们必须牢固树立“四到”服务理念,常态化开展好“三服务”活动,主动回应企业所盼所求,及时完善相关扶持政策，依法保护各类市场主体合法权益，全力做好单家企业想做而又做不了的事，以高质量服务保障高质量发展。

**二要始终坚持以项目为王，推动发展。**项目是经济发展的“生命线”，是持续发展的重要载体。我们必须切实增强“一切围着项目转，一切围着项目干”的意识，一手抓项目引进，一手抓项目推进，主动出击、精准对接，大力营造全员抓招商、人人抓项目的浓厚氛围，提高项目招引质量，推动项目快落地、快开工、快建设、快投产。

**三要始终坚持以创新为要，激活发展。**实现经济高质量发展的关键在于创新。我们必须紧紧扭住创新这个“牛鼻子”，推动制度创新和技术创新同频共振，坚决破除制约创新的思想障碍和制度藩篱，完善创新体系，集聚创新要素，深入推进产学研融合，加快新旧动能转换，不断提升县域创新发展能力。

**四要始终坚持以争先为荣，加快发展。**百舸争流、不进则退。面对当前日益激烈的区域竞争和你追我赶的发展态势，只有奋起直追，担当攻坚，浦江实体经济“二次创业”的梦想才能真正实现。我们必须鼓足“跳起来摘桃子”的拼劲，开阔视野、提高站位、拉升标杆，勇于向先进看齐，敢于和强者较量，自我加压，主动作为，撸起袖子加油干，以超常干劲、务实举措推动高质量发展。

具体讲，就是要全力以赴抓好以下六个方面工作：

### （一）持续发力实体经济，为高质量发展打造强大引擎

深入实施工业强县战略，做大总量，提升质量，着力强化新亮点新动能支撑，坚决打赢“12365”实体经济翻身战。

**全力做好服务保障。**扎实开展营商环境攻坚年活动，充分发挥营商环境服务专线、营商环境巡查员和营商环境法律疑难问题律师咨询团的作用，实行问题清单“销号制”，建立企业难题联席破解“晚餐会”制度，确保企业反映的问题事事有回音、件件有着落；加强扶持政策绩效评估，及时修订完善相关政策条款，确保政策更加精准、务实；建立“项目管家”制度，为每个重点技改项目、每家重点企业配备“项目管家”，实行一对一精准服务。做好土地要素保障，坚持向上争取与向内挖潜并举，确保新供工业用地1000亩，消化批而未供土地600亩，盘活存量建设用地400亩，完成城镇低效用地再开发600亩，完成土地整治2000亩。深入实施融资畅通工程，引导金融机构服务重心下沉，用好用活“三张名单”，建立企业需求表、创新产品表和金融政策表，降低企业综合融资成本，扩大小微企业首贷、信用贷，增加制造业中期流贷、技改贷，力争新增工业贷款33亿元以上、不良率控制在1.5%以内。高度关注企业家队伍建设，实施企业家培训工程，完善优秀企业家激励机制，促进新生代企业家加快成长。

**全力推动产业提升。**依托市制造业重点细分行业“8+N”培育体系建设，实施传统产业提升三年行动计划和战略新兴产业培育计划，建立产业链“链长制”，突出抓好水晶、绗缝、制锁、光电等细分产业的扶持培育，新增细分行业“隐形冠军”培育企业2家。做专做精核心产品和自主品牌，梳理一批发展潜力好、增速快、技术含量高的企业进行重点培育，新增“专精特新”入库企业110家，新增“品字标浙江制造”品牌企业2家。实施大企业“一企一策”发展战略，重点扶持三思光电、亚特新材料、百川导体等龙头企业，新增产值5亿元以上企业1家，确保规模以上工业增加值同比增长8%以上。引导企业积极对接多层次资本市场，新增股份制企业6

家、股交中心挂牌企业10家。加大市场主体培育扶持，完善入库培育和动态监测机制，确保新增“个转企”350家、净增“小升规”50家。大力推进“零土地”技改，实施投资500万元以上工业(投资)技改项目50个，重点技改项目投资增速达到30%以上。办好第12届水晶玻璃产业博览会。

**全力提升招商实效。**坚持招商引资“一号工程”不动摇，扎实开展项目招引攻坚年活动，内外联动、全员招商，进一步掀起招商引资新热潮。明晰招商路径，主动承接杭州、上海、深圳、义乌等地优质产业溢出，充分发挥在外浦江乡贤、异地浦江商会、驻外招商点以及产业招商组作用，积极尝试第三方招商等新模式。开展产业链招商，组建产业链招商专班，依托三思光电、亚特新材料、杭机磨床等行业龙头企业的引领作用，积极招引上下游企业及配套延伸企业，延伸产业链，培育产业集群。提高招引质量，进一步完善项目遴选机制，严把项目准入门槛，紧盯“大好高”项目，确保全年签约1亿元以上项目不少于50个，其中3亿—5亿元项目10个、5亿—20亿元项目5个、20亿元以上项目3个。抓好项目推介，多渠道开展“十大招商引资项目”的推介活动，力争项目签约率70%以上。加快项目落地，建立县领导联系重点招商项目制度，为已签约项目提供一对一全程代办服务，及时协调解决项目落地建设中遇到的困难和问题，确保招商项目落地开工率60%以上。

**全力加快平台建设。**加快小微企业园建设，确保水晶小镇小微园建成投用，黄宅恒固创艺园、开发区绗缝产业小微园、郑家坞玩具产业小微园、城区科技孵化产业园、金属表面科技产业园完成主体工程，开工建设郑宅小微园、白马小微园，力争年底前建成和在建小微园面积300万平方米以上，企业集聚入园1000家以上。完善小微园管理办法，建立产权证分阶段管理制度和企业准入、退出机制，加强小微园和入园企业履约监管，探索企业联合体开发、龙头企业开发等多种小微园开发模式。强化浦江开发区工业主战场地位，做好体制机制改革和基础设施建设，启动二期7.6平方千米规划建设，确保规模以上工业增加值同比增长8%以上、固定资产投资同比增长35%以上，打造“产城融合”的现代化新型园区。做强做大乡镇工业功能分区，尤其是要加大黄宅工业功能分区的支持力度，将其打造成为承接义乌优质产业溢出和试点政策辐射的先行区。

### (二)持续紧盯农旅商建，为高质量发展打造新增长极

补齐农业产业短板，提升全域旅游品质，大力发展电子商务、建筑业以及夜间经济，促进各类经济业态的互补共融和快速发展。

**做强做大现代农业。**完成农业“标准地”认定1万亩，建设高标准农田1.6万亩，提升土壤地力1.5万亩。继续做好葡萄控产提质工作，引进葡萄新品种3000亩，完成葡萄物流中心建设，举办全国葡萄学术研讨会；提升高山蔬菜亩产效益，新增蔬菜特色村2个；积极发展畜牧业，新建年出栏10万头现代化养猪场1家。完善县内农业标准化体系，新增绿色食品认证企业10家以上，完成6个县级三产融合发展示范园和“悠然南山”田园综合体建设。提升发展民宿产业，强化行业自律管理和等级评定，创建省级民宿集聚村1个、省级休闲乡村(乡镇)1个。加强涉农人才队伍建设，培育青年“农创客”30人，开展高素质农民培训300人次、农村实用人才培训1000人次。持续提升消薄质量，确保完成消薄项目100个，力争总收入60万元以上村达到100个、经营性收入20万元以上村达到100个，低收入农户收入增幅达到10%以上。

**做精做美全域旅游。**召开首届全县旅游发展

大会，完成浦江县全域旅游总体规划和壶源江流域旅游发展规划编制，加强旅游资源有效整合，加快推进国家级全域旅游示范县创建。统筹实施江南第一家—仙华山峰林景区创AAAAA级项目、万年上山文旅项目、壶源江旅游项目、善庆“十畝”禅养项目等十大文旅产业项目，完成20幢历史建筑修缮，加快推进嵩溪AAAA级旅游景区、罗家源AAAA级旅游景区、水晶小镇AAA级旅游景区创建，全面提升旅游景点品质。继续做好“旅游+”文章，推动旅游与历史人文、传统工业、特色农业、体育赛事、研学交流及美丽城乡的融合发展，培育文旅融合示范村10个、农旅示范农庄10个，举办上山文化遗址发现20周年系列活动、第13届浦江·中国书画节和“万年浦江”全国中国画作品展，以及全省青少年田径锦标赛和首届浦江马拉松等赛事活动，打造更具浦江特色的旅游产品。

**做优做新多元业态。**大力发展电子商务，完成万家跨境电子商务产业园提升改造，招引入园电商40家以上；完善跨境电商生态体系，为电商企业提供服务支撑，推动传统外贸企业开拓跨境电商业务22家；完善农产品网上销售体系，培训农村电商领头人500人次，培育农产品电商销售主体5家。大力发展建筑业，鼓励和引导建筑企业资质提升、评优创杯、拓展外埠市场、做强企业品牌，确保建筑业产值增长10%以上。大力发展夜间经济，制定夜间经济发展意见，配套完善相关政策举措，以“夜游”主题观光、“夜娱”文化体验、“夜食”特色餐饮、“夜购”时尚消费为主题，培育一批特色夜消费示范街，打造“夜浦江”新品牌。

**（三）持续增强三轮驱动，为高质量发展注入强劲动力**

将改革驱动、创新驱动和开放驱动三者紧密结合，努力构建更富效率、更具活力、更为包容的发展机制和发展环境。

**纵深推进重点领域改革。**深化商事制度改革和投资项目审批改革，完善“标准地+承诺制+代办制”和“拿地即开工”等机制，实现地方设置涉企事项“零许可”和投资项目审批100%网上办，一般企业投资项目从赋码备案到竣工验收的审批时间压减至80天以内，小型项目压减至45天以内。对项目审批中介服务事项实行全周期管理，将中介诚信状况与登记机关监管、银行授信、政府招投标等挂钩。深化“无证明城市”改革，推进部门间办事“最多跑一次”，落细落实“微改革”事项，构建完善“代办点+自助服务终端+网格员”的便民服务模式。继续推进“亩均论英雄”改革，建立工业大数据平台，严格执行资源要素差别化政策，逐步提高企业出清标准，力争规模以上工业亩均税收、亩均增加值增长6.5%以上。探索工业用地全生命周期管理，完善工业用地产业准入、综合效益评估、土地使用权退出等机制，强化土地出让后的使用监管。持续推进国企改革，完善现代国有企业制度，加快优质资产的划转注入，鼓励和引导国有企业积极参与市场竞争，做大做强国有资本，完成浦江县首期国有债券发行。继续深化农村集体产权制度改革试点，出台农村产权交易细则，建立县、乡两级农村产权交易平台，开展农村“三资”智慧监管系统试点。

**着力优化创业创新生态。**扎实开展创新发展攻坚年活动，推动产业结构优化升级。大力发展数字经济，把信息化智能制造作为县域数字经济发展的主攻方向，深度推进与华为、省智能制造专家委员会的战略合作，推动信息技术、人工智能与三次产业的有机融合，实施数字化智能化改造企业6家、两化融合项目14个，新增工业机器人60台（套）、上云企业350家，规模以上数字经济核心产业增加值增长17%，推进省级两化深度融合国家示范区建设。充分发挥企业创新主体作用，持续加大科技扶持力度，新增市级以上研发机构8家、省科技型中小企业60家，新增高新技术企业10家，研发经费支出增长20%以上。构建完善科技创新支撑体系，建立科技创新服务平台绩效评价机制，积极寻求与高等院校、科研院所共建创新平台，力争高新技术产业园落地开工。加大人才招引培育力度，培训企业家500人次以上、技能型人才8000人次以上，“柔性”引进高层次人才100名以上，新增院士专家工作站1家、博士后科研工作站1家。

**不断加强对外开放合作**。深化浦义同城融合，加强浦义两地规划衔接，开通浦江汽运中心至义乌商贸城、浦江西站至义乌高铁站点对点直达客运快线，新建浦义快速公交城区公交站，做好跨区域物流产业园对接谋划。拓展对外贸易渠道，积极参与自贸试验区金华联动创新区创建，培育外贸综合服务企业，组织企业参加国内外大型展会，推进“订单+清单”监测预警系统建设，积极参与“千企万品丝路行”活动，新增外贸出口主体20家、完成义新欧班列货柜70个，力争外贸出口实现正增长。主动谋划对接杭州，完成高铁小镇产业策划专题研究、高铁小镇综合交通专题研究、高铁小镇概念性规划和核心区城市设计，启动浦江（杭州）科创中心招商运营，充分发挥接轨杭州科技创新资源的前哨阵地作用。

**（四）持续推进城乡统筹，为高质量发展筑牢坚实基础**

加快新型城镇化和城乡一体化步伐，不断提升城乡品质，加快形成城乡融合、全域美丽、宜居宜业新格局。

**聚焦城市更新改造**。高标准完成“十四五”规划纲要、国土空间总体规划、城西区块城市设计等编制，科学划定“三区三线”。扎实推进文明城市、园林城市和森林城市创建，有序实施老旧小区改造，推进老旧小区加装电梯工作，创建精品城市示范街4条，实施浦阳江城区段生态廊道连通工程。实施金狮湖生态修复与景观提升工程，加快金狮湖—塔山区块的项目招引和开发建设，做好上山文化博物馆（含浦江博物馆）、中国美术图书馆（含浦江图书馆）前期工作，并力争开工建设；加快推进理和堂区块项目落地和建设，实施民主路历史文化街区房屋修缮及配套设施建设。持续推进城中村改造，力争完成白林集聚区和文溪集聚区D区块建设，完成文溪集聚区C区块主体工程，加快推进珠红安置区二期建设，实施3个城中村（自然村）改造。加快构建“智慧城市”八大系统，进一步拓展大数据在城市管理和经营中的应用。

**打造新时代和美乡村**。推进部省共建乡村振兴示范省先行县建设，完善美丽乡村长效管护机制，创建乡村振兴示范乡镇5个、乡村振兴示范村51个、省级新时代美丽乡村57个，积极创建省市美丽城镇示范乡镇和省数字乡村建设试点示范县，完成黄都村、吴大路村等省级历史文化村落建设。新立项农房改造建设项目3个，完成岩头—郑宅地质灾害安置房、白马地质灾害安置房、岩头安置房一期和郑宅安置小区建设，完成岩头农居点二期主体建设和西部山区地质灾害安置房主体工程的70%，完成白马集聚安置试点工程和檀溪集聚安置试点主体工程的80%，积极创建全国农村住房建设试点县。深化美丽田园建设，打造美丽田园示范区10个，完成荒田复垦1000亩，建成清洁田园50000亩。推进农村饮用水达标提标，完成城乡一体化供水管网延伸10千米、单村提升和村内管网改造20个村，完成西北部山区农村供水主体工程和塘下村水系连通工程，争创国家级节水型社会建设达标县。

**构建完善交通路网**。畅通城区道路，基本完成新华路改造、宏业大道与351国道匝道建设等道路工程，东山路拓宽完成总工程量80%，启动建设环城西路，完成6个停车场智能化改造，新增临时停车场5个、停车位1300个以上。建好"四好农村路"，完成农村公路大中修37千米、农村公路等级提升17千米，完成锁具大道北延、晶城大道东延、白马高一至旌坞、黄宅集贤至郑家坞吴大路、黄宅刘铁至浦义公路、黄宅古塘至新20省道、岩头朝阳至黄宅上山、浦阳桥头至善庆等道路建设。拓展对外交通，全力保障杭温高铁二期浦江段顺利开工建设，加快推进351国道浦江联盟至兰溪界段公路和桐浦义高速（义乌疏港高速北延）前期工作。

**巩固提升生态质量。**做好第二轮中央环保督察迎检工作，坚决抓好问题整改，完成城市污水处理厂和第四污水处理厂扩容改造，完成小黄坛垃圾焚烧发电项目。积极开展"无废城市"创建，持续深化全域垃圾分类工作，加快推进城区"两定四分"模式，完成100个垃圾投放点建设，完成黄宅勇进堆场存量水晶废渣处置。深化"污水零直排区"建设，新建并修复雨污管网10千米，改造提升农村生活污水处理终端67个，加快推进浦阳江河湖缓冲带试点工作。持续推进工业废气、城市扬尘、秸秆焚烧、机动车尾气、"散乱污"企业等专项整治，完成浦江开发区废气专项治理，$PM_{2.5}$浓度控制在国家二级标准以上。

**（五）持续提升民生福祉，为高质量发展凝聚民心合力**

从人民最关心最直接最现实的利益问题入手，积极主动回应群众诉求，进一步加强基本公共服务和基本民生保障。

**夯实教育强县基础。**完成月泉、南苑、机关、岩头、虞宅等幼儿园新改扩建工程，完成平安、七里、中余等幼儿园主体工程，启动黄宅第二幼儿园建设，实现乡镇公办幼儿园全覆盖。完成园区小学、浦阳一小分校和岩头初中等新改扩建工程，完成堂头中学扩建主体工程，启动培智学校迁建、壶江初中学生宿舍楼、中山中学风雨操场等工程，改善提升中小学基础设施。加强德育教育，积极构建"德育一体化"育人大格局。深化集团化办学全覆盖，实现民办学校纳入集团化管理，随迁子女公办学校招生覆盖面达到60%以上。制定产教融合实施方案，推进技工学校建设，提高电子专业、水晶工艺与设计专业等省级名专业教育水平。确定党校选址并完成前期工作。

**推进"健康浦江"建设。**深化"双下沉、两提升"，加快县域医共体人事薪酬制度改革，优化全员岗位管理机制，扩大县域五大共享中心覆盖面。持续改善医疗基础设施，完成县中医院迁建主体工程和郑宅卫生院迁建主体工程，实现公立医疗机构智慧医疗服务全覆盖。不断完善重大突发公共卫生事件应急防控体系，加快推进县人民医院感染病区建设，实现县疾控中心硬件设施和队伍建设双提升。着力提升医疗服务质量，组建县慢性病管理中心，做实家庭医生签约服务，完成城乡参保妇女免费"两癌"筛查1.3万人，开展医养结合工作试点，加快实现医疗卫生与养老服务有机结合。扎实做好医保基础工作，加快推进DRGs付费和医保智能监控工作，确保基本医疗保险参保率在99.5%以上，大病保险选缴率在80%以上。

**完善社会保障体系。**强化创业创新服务，加快人力资源市场建设，新增城镇就业4200人以上，城镇登记失业率控制在3.5%以下。健全完善覆盖城乡居民的社会保障体系，开工建设县养老中心工程，完成残疾人托养服务中心建设，实现示范型居家养老服务中心和乡镇（街道）残疾人之家全覆盖。完善医疗救助政策，确保医疗救助政策落实率

100%、符合条件困难群众资助参保率100%。大力倡导绿色生态殡葬,完成5处安息堂和3处生态公墓建设。持续改善公共体育设施,培育体育特色村2个,完成小康体育村提升工程15个,积极创建省体育现代化县。同时,持续抓好双拥创建和优抚安置等工作。

**(六)持续改进基层治理,为高质量发展营造和谐环境**

深入推进基层治理"五治融合"改革,构建多元参与、良性互动的社会治理格局,确保平安金鼎加星。

**提升社会综合治理能力。**组织开展2020年村(居)民委员会换届选举,创建省级引领型农村社区2个。加快县级社会矛盾纠纷调处化解中心(信访超市)建设,完成社会治理综合服务中心建设,规范提升基层治理"四平台"运行管理,全面推行纠纷类警情"一警情三推送"工作机制,努力实现矛盾纠纷化解"最多跑一地"。深化领导干部下访接访制度,健全完善初信初访双交办机制、矛盾纠纷诉源治理机制和失信信访人联合惩戒机制,着力防止息访反复,确保新增积案控制在3%以内。持续开展好"包乡走村进企"联心服务活动,充分发挥"4+2"联心服务团和三级代办员作用,做实做细民情民访代办工作,确保初信初访代办率100%。

**提升社会治安防控能力。**统筹推进以扫黑除恶为重点的各项专项斗争,加大对盗窃、通信网络诈骗等民生案件打防力度,依法严打侵企违法犯罪活动。新增视频监控点位1000路,基本实现出县视频监控点位全覆盖,建设26个智慧安防小区。全面深化"村警制",每个村(社区)至少配备一名民警或辅警,新建智慧警务站2个以上。积极构建"大普法"格局,创建市级以上民主法治村(社区)26个以上。

**提升社会安全保障能力。**扎实开展重点行业领域专项整治和重点时段安全生产大检查大整治,着力提升小微企业安全生产管理水平。扎实抓好国家农产品质量安全县创建,开工建设农批市场二期,新增放心消费单位6750家、放心消费示范点2个。提升道路交通安全设施,完成7处县级事故多发隐患点整治、7座桥梁安全提升和9处路口改造。完善救援队伍协调管理机制,落实应急宣传"七进"要求,完成救护员培训1200人次、现场救护普及培训12000人次,提高全社会安全意识和应急能力。

## 三、加强政府自身建设

打铁必须自身硬。我们将毫不动摇地坚持党的领导,不忘初心、牢记使命,持之以恒转变作风、优化服务、提升效能,展现政府的新气象、新作为。

**1.在强化政治建设中践行初心使命。**健全"不忘初心、牢记使命"主题教育常态化机制,提高理论学习和党性修养的主动性,自觉用习近平新时代中国特色社会主义思想武装头脑、指导实践、推动工作,增强"四个意识"、坚定"四个自信"、做到"两个维护"。始终坚持把党对一切工作的领导贯彻到政府部门履行职责全过程,将党中央、国务院,省委、省政府,市委、市政府和县委的各项决策部署转化成一个个项目、一项项工程、一件件实事,不折不扣地抓好落实、抓出成效。

**2.在强化实干担当中践行初心使命。**进一步增强只争朝夕、大干快干的干事激情,以舍我其谁的责任担当、敢于"亮剑"的勇气锐气,做到困难面前不畏惧、问题面前不回避,切实担起发展一方、造福百姓的重任。广泛学习借鉴先进地区的好经验、好做法,坚决破除封闭僵化保守思维,倡导运用新理念、新办法推动政府工作。扎实开展重点工作大督查,健全督查考核问责机制,着力解决一批历史遗留问题,坚决整治不担当、不作为、懒政怠政行为。健全完善激励创新机制和容错纠错机制，旗帜鲜明地为担当者担当、为负责者负责，全力营造敢闯敢试、善作善成的浓厚氛围。

**3.在强化依法依规中践行初心使命。**始终坚持依法行政，以法治思维和法治方式推动工作、解决问题，确保政府各项工作在法治轨道上运行。启动全国法治政府建设示范县创建，加强行政与司法协调联动，健全公示听证、决策咨询、专家论证等制度，提高政府决策科学化、法治化水平。深化综合行政执法改革，健全完善执法联动、职责争议裁决等机制，增强行政执法的透明度、规范化，提升综合执法效能。坚持民主集中制，健全依法决策机制，加大政务公开力度，自觉接受人大和政协监督，主动接受监察、司法、审计、舆论和社会监督。加强诚信政府建设，建立健全“政府承诺+社会监督+失信问责”机制，提升政府公信力。

**4.在强化从严治政中践行初心使命。**始终把纪律和规矩挺在前面，坚持用制度管权管事管人，推动全面从严治党不断向纵深发展。高标准贯彻执行中央八项规定精神和省市县有关规定，着力整治形式主义、官僚主义，减文减会减活动，严控“三公”经费。认真落实全面从严治党主体责任，自觉履行“一岗双责”，坚持将党风廉政建设与政府重点工作同部署、同落实、同督查、同考核。健全廉政风险防控机制，严格预算管理，积极防范债务风险，切实以政府的“清廉指数”提升人民的“满意指数”。

按照“群众提、代表定、政府办”的理念，2020年我们将认真办好十项民生实事，让群众满意：

**1.教育现代化对标提升工程。**扎实推进城乡公办幼儿园补短提升建设工程，完成5所幼儿园建设，启动4所幼儿园建设，实现乡镇公办幼儿园全覆盖，力争公办在园生占比50%以上；继续推进中小学改造工程，新建小学2所，改(扩)建中学6所；实施“明眸摘镜”护眼工程，开展教室视觉环境优化行动，改造教室采光照明600间以上。

**2.继续推进农村饮用水达标提标行动。**完成西北部山区农村供水主体工程，完成城乡一体化供水管网延伸10千米，完成单村提升和村内管网改造20个村，确保农村饮用水安全。

**3.深入实施生活垃圾治理。**推进城区垃圾分类“两定四分”模式，建成100个垃圾投放点和7个省级高标准垃圾分类示范小区，建成4个再生资源回收站点。

**4.缓解城区停车难问题。**实施城区智慧停车基础设施建设工程，完成1000个以上停车位地磁安装和主城区6个地面停车场修复及道闸系统建设；新增临时停车场5个，新增停车位1300个以上；充分发挥地下停车场功能。

**5.基层医疗服务质量提升工程。**抓实抓好两大医共体建设，扩大县域五大共享中心覆盖面，将县妇保院及县域5家以上民营医院纳入共享中心服务范围，安排2000人次以上县级医疗专家到基层院区坐诊，实现医疗人员模块化培训1万人次以上，实现基层门急诊人次增长15%以上，基层就诊率达到65%以上；完成城乡参保妇女免费“两癌”筛查1.3万人，在县妇保院开设残疾儿童康复点；送药上山便民服务点扩面5个，建成24小时“网订店送”药房5家。

**6.整合资源实现城乡公交快捷化。**开通浦江汽运中心至义乌商贸城、浦江西站至义乌高铁站两条浦义直通快线；开通汽运中心经黄宅至“江南第一家”、汽运中心经中部水晶园区至“江南第一家”两条清廉旅游专线；开通花桥至塘波、中余至小普丰两条红色旅游专线；优化西站至中余班线，提升改造杭坪至石宅道路；新增“江南第一家”和杭坪石宅两个公交首末站；新建公交候车亭30个，完成浦义快速公交城区公交站建设；改造提升农村公路54千米；提升城区智慧公交普及率。

**7.农民安居工程。**完成白马集聚安置试点工程和檀溪集聚安置试点主体工程的80%，谋划全县无房户缺房户集聚安置规划布点，解决无房户缺房户400户以上，新启动3个以上集聚区建设。

**8.文化惠民提升人民幸福感。**完成历史建筑修缮20幢；组织文化走亲4次、展览24场，上山文化宣传巡展5场，送文化进社区进农村4次，非遗进景区10场，送戏下乡100场，送电影下乡（学校）3900场；完成图书馆总馆、各分馆RFID信息项目和水晶园区分馆建设。

**9.提升旅游助民致富能力。**培育10个文旅融合示范村、10个农旅示范农庄，提升改善省A级景区村，县域范围内增设10个旅游特产销售中心，重点培育前明、乌浆、冷坞等一批有资源禀赋的民宿（农家乐）集聚村，新改建旅游厕所13座，完成20位旅游经纪人培训。

**10.示范型居家养老服务中心全覆盖。**完成仙华、黄宅、郑家坞、杭坪、虞宅五个乡镇（街道）的示范型居家养老服务中心建设，实现乡镇（街道）全覆盖。

浦江县第十四届人民代表大会第四次会议

# 中国人民政治协商会议
# 浦江县第九届委员会常务委员会工作报告

## ——在政协浦江县第九届委员会第四次会议上的报告

浦江县政协主席 郑文红

2020年4月19日

## 一、2019年工作回顾

2019年是中华人民共和国成立70周年，也是人民政协成立70周年。县政协及其常委会在中共浦江县委的领导下，坚持以习近平新时代中国特色社会主义思想为指导，认真学习贯彻中共十九大和十九届二中、三中、四中全会精神，按照加强和改进人民政协工作的要求，牢牢把握团结和民主两大主题，紧紧围绕中心、服务大局，认真履行政治协商、民主监督、参政议政职能，搭台建制，切实发挥专门协商机构作用，坚持建言资政和凝聚共识双向发力，为推进县域经济社会发展作出了积极贡献。

### （一）坚持党建引领，把牢正确政治方向

常委会始终坚持党对政协工作的全面领导，坚决贯彻县委决策部署，深入开展“不忘初心、牢记使命”主题教育，切实推进政协党建工作，确保政协事业方向正确、政协工作坚定有为。

**牢牢把握政协工作方向。**发挥政协党组领导核心作用，组织全体政协委员、政协各参加单位，认真学习贯彻习近平新时代中国特色社会主义思想特别是习近平总书记关于加强和改进人民政协工作的重要思想，深入学习领会中共十九届四中全会精神，全面贯彻落实中央、省委、市委政协工作会议精神，切实增强“四个意识”，坚定“四个自信”，做到“两个维护”，增进“四个认同”。自觉坚持在县委领导下谋划和推进政协工作，重要工作主动向县委请示，重大活动积极邀请党政领导参加，协商成果及时向县委、县政府报送，积极参与县委、县政府的中心工作和重点工作，始终保持与县委县政府同频共振。

**深入开展“不忘初心、牢记使命”主题教育。**认真贯彻落实“守初心、担使命，找差距、抓落实”总要求，把学习教育、调查研究、检视问题、整改落实贯穿始终。以“两书一章”为基础，通过晨读、午学、集中研学等方式，学思践悟，提升党员干部思想政治、理论素养。深入一线，聚焦问题，推动南苑社区办公场所建设选址等一批难点问题得以有效解决。坚持开门纳言，共计征求到意见建议241条，认真开展批评与自我批评，查摆问题，做到真抓实改。

切实推进政协党建工作。认真贯彻新时代党的建设总要求，按照县委《关于加强新时代人民政协党的建设工作的实施意见》，扎实推进政协党建工作。完善政协党的组织设置，建立政协委员临时党委，组建14个政协委员临时党支部和28个党小组，实现党的组织对所有党员委员的全覆盖、党的工作对所有政协委员的全覆盖。完善政协党建工作制度，加强党员委员管理和政协机关党支部建设。狠抓党风廉政建设，全面落实党组从严治党主体责任和班子成员“一岗双责”，着力营造风清气正的政治生态。

（二）坚持服务大局，彰显政协价值作用

常委会坚持融调查研究、协商议政、民主监督于一体，用好政协话语权，助力党政增强决策科学性和施政有效性。

精心组织全体会议综合协商议政。全会期间组织委员围绕县域经济社会发展的重大问题，深入开展协商讨论，11个界别小组共提出了117条意见建议，邀请县党政领导面对面听取委员意见建议。26位委员代表各自界别就优化营商环境、推动浦江开发区新一轮跨越式发展、推进乡村振兴等问题，积极发表真知灼见。县委书记程天云高度重视，对大会发言3次作出批示，予以肯定。

扎实开展常委会议和主席会议专题协商议政。常委会围绕“推进浦义同城区域协同发展”议题，分经济政策、资源要素、规划布局、文旅资源4个课题进行调研，形成高质量的《浦义同城是区域发展的重大战略选择的建议案》，报送县委、县政府。县委书记程天云作出批示，要求改革办梳理细化，推动落实，转化为推动发展的有效成果。常委会还就“加快推进小微园区建设”进行协商讨论，形成了《关于加快推进小微企业园建设的建议案》，助力打造实体经济高质量发展新引擎。县长俞佩芬给予充分肯定，作出批示，要求分管领导抓好落实。做深会前调研，不断提升主席会议议政质量。2019年，主席会议就实体经济运行、“七个十”项目进展、扫黑除恶工作等开展协商议政，许多建设性的意见和建议被县政府及相关职能部门采纳。

注重发挥对口协商作用。常委会坚持把对口协商作为协商民主的重要着力点，按照“小型化、专题化、经常化”的工作要求，指导各专委会做实做深。2019年，各委组通过情况交流通报会、调研座谈会等形式，与党政相关部门开展对口协商32次，在招商引资、推进葡萄产业发展、科技创新、非物质文化遗产保护等方面，提出对口协商建议127条，推动了党政部门相关工作的落实。

认真开展民主监督。将“双结对”拓展到部门与企业，从政策环境、要素环境、服务环境等六个方面，分13个委组对“优化营商环境”开展专项民主监督，提出意见建议104条，有力地推动了浦江县营商环境不断优化。组织委组、委员分别对结对乡镇、村（社区），开展了“城乡生活垃圾分类处理”、行政村规模调整后续融合社会治理工作等5项民主监督和问卷调查。2019年，委员们共入村开展监督2532人次，填写调查问卷2350份，发现问题309个，促进了党委政府决策部署的落实。

（三）坚持探索实践，激发政协工作活力

常委会主动顺应新时代新要求，以新理念谋划新思路，积极探索实践，进一步推动浦江县政协事业创新发展。

搭建“请你来协商”平台。积极探索协商新模式，搭建“请你来协商”平台。先后开展了浦义同城、推进美丽县城建设、凝聚共识让营商环境更优、科技助推经济发展、缓解城区停车难、民办博物馆创建6场协商活动。坚持高标准、高质量、高要求，精心组织好每一场协商活动。围绕协商主题，组织委员、专家开展专题调研和对策建议研讨会等81场次，253名政协委员、界别群众代表和专家学者等参加了协商活动，共提出问题和建议182个，83名党委政府及相关部门领导参加并现场回应，协商互动，凝聚共识，力推发展。

县委县政府主要领导亲自点题并带头参加与政协委员的面对面协商。在浦义同城协商会上，针对委员提出的浦义二通道绿谷云溪段交通不能实现快速通行的问题，县委书记程天云当场要求相关部门做好整改。通讯《“请你来协商”活动上，浦江县委书记带头为政协委员鼓掌》，网络点击量居全国政协系统第七位。推进美丽县城建设协商会，县长俞佩芬认真听取委员们提出的建议，并邀请委员当晚参加金狮湖—塔山区块城市设计讨论会；第二天又深入历史文化街区现场办公，推进相关建议落实。缓解城区停车难问题，相关部门吸纳委员建议，专门制定解决方案，2019年新增停车位1549个。与此同时，浦江与义乌境内高速实现客车免费通行、浦义同城旅游景区门票实行半价优惠等一系列建议得到落实，政协作为专门协商机构的作用得到充分发挥。

实施提案办理“两次评价”。关口前移，增加会前预审环节，严把提案立案关。建立提案管理系统，开通手机终端，推进提案信息化建设。首次实施提案办理“两次评价”，即由委员对承办单位办理答复和办理落实情况分别进行打分评价，促进提案落实，取得较好成效。

推进反映社情民意和信息宣传工作。探索“社情民意+8890”模式，建立委员反映社情民意与县“8890”便民服务平台对接机制，打通社情民意处理最后一环。积极向上级政协报送高质量社情民意，委员王艾撰写的《关于加强非洲猪瘟防控，构建生猪生物安全区的建议》被国务院办公厅采用，实现历史性突破。采取“互联网+”模式，强化媒体联动，推进政协信息宣传工作，被省、市、县微信公众号采用网络通讯报道13篇，在《联谊报》等媒体上刊登报道23篇，提高了浦江的知名度和美誉度。全面改版《浦江政协》，进一步提升品位和质量，刊发杂志4期。

**(四)坚持一线为民，展现政协为民情怀**

常委会始终牢记人民政协的初心使命，把促进民生改善作为重要着力点，深入开展“三服务”活动，集民意、聚民智、解民忧，切实做到人民政协为人民。

深入一线建挚言。政协领导和机关干部深入基层，围绕金融支持实体经济发展、国有企业改革、“上山文化”保护与利用、社区治理等课题开展调查研究，形成12份调研报告，提出了具有针对性的意见建议。各委组结合自身特点，找准角度，深入开展调研视察活动，形成了《关于推进县域医共体建设的建议》等13份调研视察报告和专题材料，为推进发展和改善民生贡献了委员智慧。

服务一线解难题。县政协领导扎实推进联系的历史文化街区保护利用暨城西区块有机更新、国资监督管理、高铁小镇规划与设计、百幢历史建筑与古村落保护利用等工作。每位政协领导结对联系15家企业，积极协调解决企业在用地、融资等方面难题；深入开展包乡走村进企联心服务活动，解决了兆丰村危旧房改造等33个难题；积极协助联系乡镇化解信访积案和群体信访，解决遗留难题，成功化解环通济湖7家农家乐关停等信访积案。县政协机关干部深入开展“百名局长联百企”活动，“一对一”解决企业存在的实际问题，积极参与“六城联创”，认真做好“4+2”联心服务团等工作。

关注一线惠民生。以“双结对”机制为依托，组织213名县政协委员以及在浦省市政协委员，深入全县244个村宣讲政策、了解民情民意，开展结对履职活动。组织政协委员和专业技术人员开展“六送下乡”“两走进”惠民服务月活动。各委组还发挥自身优势，积极开展爱心助学、捐书、慈善救助、法律宣传咨询等富有特色的活动，让百姓感受到政协就在身边。

**(五)坚持团结民主，凝聚政协智慧力量**

常委会牢牢把握团结和民主两大主题，加强合作共事力度，增进联系，广泛凝聚政协智慧力量。

充分发挥政协优势和作用，加强合作共事。积极邀请各党派团体和各界人士参加政协组织的协商、监督、调研、视察等活动，不断加强与各民主党派、工商联、人民团体的合作共事。注重从党派和团体中遴选重点提案、大会发言和社情民意信息，畅通他们参与全县重大决策讨论的渠道。坚持“众人的事情由众人商量”，邀请社会各界人士参加政协会议，畅所欲言、共商大事，真正让政协协商民主看得见、够得着、用得上。

开展中华人民共和国和人民政协成立70周年系列庆祝活动，凝聚强大合力。举办了“70年·70人”文史资料征集、人民政协知识竞赛、“共铸辉煌”书画摄影邀请展、文体联谊等七项活动，策划开展了政协工作系列宣传报道，极大地激发了广大委员的爱国热情和奋进力量，扩大社会各界对政协工作的了解和支持，凝聚了强大合力。

开展“委员大走访”活动，增进与委员和界别群众的联系。为进一步发挥委员主体作用及在各界别中的代表作用，自10月份开始，政协主席会议成员和机关干部，分7个组开展了“听委员心声，明发展思路”委员大走访活动。主动了解委员的学习、工作、生活情况，听取委员、群众对浦江县经济社会发展和政协工作的意见建议。

做好文史资料征编工作，发挥存史资政、团结育人的作用。编辑出版《浦江文史资料》第33辑、《浦江近现代乡贤录》、《月泉吟》等文史资料4辑，向省市政协提供三亲史料17篇。在《今日浦江》开设“文史专栏”，刊登史料14篇；在浦江解放70周年纪念日，推出两个整版的纪念文章。

（六）坚持强基固本，提升政协履职能力

以改革思维、创新理念、务实举措，大力推进自身建设，不断提高政协工作的时代性、开放度、实效性。

开展“新时代人民政协的新样子”专题讨论。新时代就要有新气象、新样子。自6月份开始，组织全体委员和机关干部认真开展“新时代人民政协的新样子”专题讨论活动。重点开展“学习新思想、树立新样子”专题研讨、“新时代新风貌笔谈”、红色之旅等“十个一”活动，共征集到“新样子·金点子”83个，有效激发了奋发有为的担当精神，更好展现了人民政协的时代气质，使“政治是坚定的、定位是聚焦的、履职是有效的、精神是振奋的”新样子成为政协人的共识和追求。

加强队伍建设。组织县政协常委会成员、各委组负责人，举办了履职能力提升培训班。完善委员履职量化考评体系，落实委员年度述职制度，严格退出机制，对一名履职不到位委员予以辞退。深入践行“九坚持九做到”工作规范，以“三提四化”为抓手，提升政协机关服务水平。从严管理队伍，开展了岗位廉政风险点排查和廉政警示教育月活动。强化理论探索，《以“双结对”机制开创新时代基层政协工作新局面》获2019年度浙江省政协理论研究征文三等奖。

在肯定成绩的同时，我们也清醒地看到政协工作还存在一些不足和薄弱环节，主要是：协商议政的水平和质量有待进一步提升；委员履职的积极性主动性有待增强；履职成果转化的机制仍需不断完善等。在今后的工作实践中，我们要高度重视，认真研究，切实加以解决。

## 二、2020年工作目标任务

2020年年初，新冠肺炎疫情打乱了我们的工作安排和生产生活节奏。按照“疫情就是命令，防控就是责任”的要求，县政协先后6次召开党组扩大会议，学习贯彻习近平总书记重要批示指示精神和中共中央、省委、市委、县委决策部署，根据疫情防控形势的变化和最新工作要求，研究部署政协助力疫情防控和经济社会发展工作。发出倡议，动员全县政协委员迅速行动，与各界群众携手并肩，积极投身战疫斗争中。各界政协委员特别是医卫界委员身先士卒冲到抗击疫情第一线，全力以赴救助患者；经济界委员显担当，尽力量，全力推进疫情防控和企业复工复产；农业界委员发挥优势，倾情助力防疫复工不误农时；文艺界委员用书画、诗歌等文艺作品凝聚力量。委员们积极响应，献计出力，累计捐款捐物100.16万元。县政协机关干部连续52天共480人次参与乡镇交通卡点和街道社区疫情防控。政协领导和机关干部，深入联系乡镇、村，深入联系企业开展“三服务”，实地督查指导防疫工作，精准帮助企业复工复产，共走访服务企业115家，解决难题142个。组织开展“精准帮扶，共克时艰”专题协商和“国外疫情对进出口企业的影响”市县联动调研，专题建言献策。这一切为浦江县统筹推进疫情防控和经济社会发展发挥了重要作用，用实际行动诠释了县政协及广大委员的担当作为。

各位委员，2020年是“十三五”规划收官之年、全面建成小康社会的决胜之年，也是全面贯彻落实中央、省委、市委政协工作会议精神的关键之年。今年工作的总体要求是：高举习近平新时代中国特色社会主义思想伟大旗帜，全面贯彻落实中共十九大和十九届二中、三中、四中全会精神，全面贯彻落实习近平总书记在浙江考察时的重要讲话精神，全面贯彻落实中央、省委、市委政协工作会议精神，牢牢把握团结和民主两大主题，紧紧围绕县委十四届七次全会提出的“以县域治理现代化推动浦江高质量发展”战略目标，聚焦做好“九篇文章”，坚持建言资政与凝聚共识双向发力，奋力干出新时代人民政协的新样子。

**（一）加强理论学习，着力提高履职的能力和水平**

唯有深学，方能笃行。要持续深入学习贯彻习近平新时代中国特色社会主义思想特别是习近平总书记关于加强和改进人民政协工作的重要思想，深入学习贯彻中共十九大和十九届二中、三中、四中全会精神，深入学习贯彻习近平总书记在浙江考察时的重要讲话精神，深入学习贯彻中央、省委、市委政协工作会议精神，认真学习统一战线和人民政协理论，深刻把握新时代人民政协工作的新使命，不断增强履行政协职能的责任感，不断提高做好政协工作的能力和水平。

**（二）积极献计出力，着力推进浦江高质量发展**

紧扣统筹疫情防控和经济社会发展，聚焦发展、改革、平安、美丽等“九篇文章”，聚力营商环境、项目招引、创新发展“三个攻坚年”，精心选择履职议题，坚持调研、协商、监督一体推进，更好释放专门协商机构的潜能效能。围绕制定浦江县国民经济和社会发展第十四个五年规划、推进企业复工复产、发展全域旅游等，开展专题协商，努力提出富有建设性的意见建议。要坚持寓监督于服务之中，重点就高水平全面建成小康社会补短板工作、社会治理领域“最多跑一地”“城乡生活垃圾分类处理”、乡村产业振兴、农村生活环境整治、农村公共卫生体系建设开展省市县政协联动监督。充分发挥“双结对”机制的优势和作用，组建若干小组，以“委员联系项目”的形式，全力助推“七个十”项目实施。认真开展“优化基层组织建设，提升县域治理效能”和“提升水晶行业产业链现代化水平”重点课题调研。同时发挥专委会作用，就智慧城市建设、发展美丽经济等课题，开展专题调研。持续开展“三服务”“六送下乡”等活动，助推民生改善。

**（三）创新创优机制，着力提高“请你来协商”成效**

制定《“请你来协商”平台建设实施意见》，推进“请你来协商”制度化、规范化。坚持党政所需、政协所能，精选协商议题。深入推进协商活动进社区、进企业、进农村，反映群众呼声，凝聚发展共识，增强协商平台活力。积极探索子平台建设，着力推动形式创新、内容创新、主体创新，致力打造浦江品牌，推进“请你来协商”更加扎实、更富特色。建立健全“请你来协商”成果转化体系，不断提升协商实效。

**（四）强化凝心聚力，着力画好团结奋斗最大同心圆**

加强同各民主党派、工商联、人民团体和各界人士的联系合作，加强同广大浦江籍在外人士的团结联谊，凝聚起推进浦江高质量发展的强大合力。积极发挥委员主体作用，探索建立民情联络站，开展“委员有约”活动，创优社情民意收集渠道。持续深化“双结对”机制建设，增强委员联村服务责任感。坚持建管用育一体化，推进“委员会客厅”创建。充分利用互联网，打造“智慧政协”，广泛积聚力量，助力画好团结奋斗最大同心圆。

**（五）努力夯实基础，着力加强自身建设**

巩固深化“不忘初心、牢记使命”主题教育成果，构建长效机制。深入推进政协系统党的建设，完善政协委员临时党委、临时党支部工作规则。建立健全发挥党员委员经常性作用的平台机制，落实党员委员参加双重组织生活制度，发挥党员委员的先锋模范作用。优化委员管理制度，加大培训力度，提升委员素质，强化委员责任，引导委员做好“年度作业”。切实抓好政协机关建设，强化价值引导，激发干部工作热情，把政协机关建成温暖的委员之家和可靠的履职保障。

中国人民政治协商会议浦江县第九届委员会第四次会议

# 万年上山稻花香

## ——浦江上山遗址发现20周年记

自浦江上山遗址发现20年以来，考古共发现19处上山文化遗址。这些遗址分布于钱塘江上游和灵江流域的河谷盆地，它们共同构成了迄今发现年代最早的农业定居聚落。最新发现的义乌桥头遗址和仙居下汤遗址发现环壕、中心台地等的聚落特征，反映农业社会结构的初步发展状态。这种定居特征在上山文化初期已经出现，浦江上山遗址被严文明先生称为“远古中华第一村”，标志着一个历史阶段的开端。上山文化是中国农耕村落文化的源头。

稻作起源研究是上山文化的核心内容，上山遗址发现了包括水稻收割、加工和食用的较为完整的证据链，是迄今发现的世界上最早的稻作农业遗存。新的研究表明，在上山文化的分布区域，从大约30000年前开始，就存在野生稻分布，这为稻作起源研究中增添了关键性的一环。一万年前的上山古代先民在采集狩猎活动中具备了对遗址周边自然生长的野生稻资源的利用的条件。以浦江上山遗址为命名地的上山文化是世界稻作文化的起源地，是以南方稻作文明和北方粟作文明为基础的中华文明形成过程的重要起点。上山文化万年水稻起源、发展的证据，是对世界农业起源认识的一次重要修订。研究表明，上山文化中晚期水稻的驯化水平已经相当高，再次以丰富的实物资料，彰显了上山文化在稻作农业起源中的重要地位。农业社会、农业文化的开始，是划时代的大事情。

陶器的发达，是上山文化作为早期新石器时代遗址的重要特征。上山文化彩陶是迄今发现的世界上最早的彩陶，是中国彩陶文化的重要源头之一。彩陶中的太阳纹等图案证明了上山文化精神活动和艺术活动的复杂形态。以稻作文化为基础的上山文化是同时期最复杂、最高级的考古学文化，这种考古学文化现象与稻作农业文化的关系，值得在今后的工作中加以认真研究。

浦江上山遗址是上山文化的发现和命名地。上山考古遗址公园是浙江省第一批省级考古遗址公园，在2017年评估中得到高度肯定，“取得良好的社会效益，展现了考古遗址公园建设的魅力和方向所在”。

20年前，一粒深埋在土壤深处的碳化稻米，几块掺杂了砻糠碎壳的陶片，揭开了沉睡万年的浙江浦江上山遗址的面纱。从这里开始，距今11000年至8500年的上山文化逐渐走入大众的视线。2006年，以上山遗址为代表的考古学文化类型被正式命名为上山文化。浦江上山唱响的上山文化，把浙江的历史推进到了万年前，填补了长江下游及东南沿海地区新石器时代早期文化的空白。而上山文化遗址发现的稻作遗存、木构建筑遗迹和环壕、彩陶等，为探索人类文明起源以及农业起源等提供了更为丰富的例证。

2020年是上山遗址发现20周年。11月12—14日，“上山遗址发现20周年学术研讨会”在浦江县召开，来自国内外的专家学者针对“上山文化”“上山之稻”“农业起源”等热议连连。上山文化有哪些新的考古成果？上山文化遗址发现的核心意义是什么？万年上山为什么是世界稻作起源地？如今，关于上山文化的思考和探索仍在继续。它比河姆渡遗址早了三四千年。省文物考古研究所研究员蒋乐平亲历了上山文化发现和研究的整个过程，他感慨：“上山文化让人们跳出了宁绍平原与杭嘉湖平原，窥探到了浙江新石器时代文化的另一种面貌。上山遗址的发现，成为拓展浙中、浙西地区新石器考古工作新局面的一个契机。”

1996年，省文物考古研究所对拟建的杭金衢高速公路沿线进行前期文物调查，蒋乐平担任领队。调查历时两个多月，在250多公里的路程内多次往返，发现了古遗址、古墓葬信息数十处。其中，在诸暨市次坞镇发现的楼家桥遗址，是此次调查中唯一一处新石器时代遗址。蒋乐平告诉记者：“正是这处遗址的发现，拉开了浦阳江流域新石器时代遗址专题考古调查的序幕。”

2000年，考古调查队一行到浦阳江上游的浦江县黄宅镇渠南村。在这里，竟发现了一处良渚文化墓地，取名为査塘山背遗址。査塘山背，是渠南村的旧名，其中包括査塘、旧山背、新山背等自然村。蒋乐平回忆：“我们在一个面积约2000平方米的土丘中清理出良渚文化中期的古墓44座，这也是钱塘江以南发现的第一个良渚文化墓地。”

对于当时的考古界而言，在浦阳江上游发掘出良渚文化的墓地，为解决良渚文化分布问题提供了很好的材料。因此，考古队决定把调查范围向周边延伸，这成为上山遗址发现的契机。

在渠南村北边一个叫上山的台地上，蒋乐平等人发掘到了一种完全陌生的文化遗存，出土的遗物中有圆石球、不规则扁长方体的磨棒、形制较大且粗犷的石磨盘以及夹炭陶器等等。蒋乐平表示：“这些出土的器物与当时已知的新石器时代遗址的器物大相径庭，以上山遗址的代表性器物大口盆为例，它就和楼家桥遗址出土的陶器完全不同。因此，当时我们存在两种猜测——上山遗址或许比已知的新石器时代遗址年代更为久远；也或者，上山遗址属于‘边缘地区’新石器文化，所以落后于杭嘉湖平原和宁绍平原这些‘中心地区’。”

2003年1月，北京大学考古与文博学院把考古队送来的四片上山遗址夹炭陶片进行年代测定后，四个测年数据距今11400年至8600年，比河姆渡遗址早了三四千年，比跨湖桥遗址早了两千多年。在蒋乐平看来，上山遗址年代的测定，是上山遗址发现的真正标志。

“2004年，我们在二期发掘中意外发现了丰富的打制石器，它们‘出生’在更古老的旧石器时代。”蒋乐平告诉记者，陶器、农业和磨制石器的出现，是新石器时代到来的标志，而上山遗址中同时存在磨制石器和打制石器，也许说明它正处于新旧石器的过渡阶段。

2005年，嵊州小黄山遗址又发现了相同类型的文化遗存，进一步证明了上山文化类型不是孤立的。2007年开始，省文物考古研究所实施了“浙中地区新石器时代遗址专题调查”，永康庙山、太婆山、湖西遗址，龙游荷花山遗址，义乌桥头遗址，仙居下汤遗址等19处上山文化遗址陆续被发现。这些遗址分布在浙江中南部低山丘陵之间的河流盆地，其中以金衢盆地最为密集。通过碳十四进行年代测定后，这一系列遗址大致将上山文化分为早、中、晚三大期，进一步证实了“万年上山”不虚其名。

种植水稻的历史，在这里找到源头。水稻是当今世界最为重要的粮食作物之一，供给了世界上人口密度最高的区域人群，稻作农业的起源和发展，一直是世界考古学界持续不衰的热门话题。而上山文化最重要的一个发现，就是早期稻作遗存。

在上山考古遗址公园的展厅里，挂着一幅“万年上山 世界稻源”的题词，题写者正是中国工程院院士、“世界杂交水稻之父”袁隆平。2020年10月，蒋乐平拜访袁隆平时，指着上山文化遗址出土的石磨盘和石磨棒的照片向袁老介绍道：“这就是万年上山碾磨稻壳的工具，通过上山文化遗址，我们找到了迄今为止最为完整的稻作农业起源的证据链。”

一万年前稻米的信息，是从上山遗址中发现最多的夹炭陶里找到的。上山先民将碾碎的稻壳及稻叶掺和在陶土中制作陶器，正是这一行为，幸运地保存了一个涉及文明的重要密码：人类种植水稻的历史，在上山遗址中找到了源头。

让人惊叹的是，上山文化早期中百分之九十以上的夹炭陶中都发现了稻米遗存。根据对陶片中的谷壳进行分析发现，稻壳中保留的部分小穗轴出现了折断痕迹，且陶片中稻叶、谷壳并存，属于“割穗”收获的伴生现象，这说明上山稻米同时出现驯化和收割的双重特征，上山先民已经出现了稻的栽培行为。同时，在出土的石片、石磨盘等器物上，也发现了上山先民收割、加工稻谷等证据。

蒋乐平曾做过一个这样的实验：将适量的粳稻稻谷放在上山遗址出土的石磨盘上，用石磨棒进行挤压搓磨，五分钟后，随意抓出一把进行数数统计，结果发现，脱粒效果很好，谷壳的粉碎程度、保留形态也与夹炭陶中观察到的基本一致。

2005年秋，第一粒较为完整的碳化稻米被发现。如今，这粒碳化稻米成为了上山文化最神奇的展品，一个不起眼的小黑点，只有通过放大镜才能勉强看清楚。蒋乐平却说：“在这粒碳化稻米中，我们看到的是绵延万年的人类文化基因。”

农业起源、人类起源和国家文明起源，是考古学在全世界范围内的三大课题。它们是人类及其社会发展过程中最重要的历史节点。

上山文化遗址的考古发掘中，还出土了大量柱洞遗迹和带沟槽基础的房址，其中在桥头遗址等地还发现了环壕聚落和大批新石器时代早期的彩陶，这证明了距今1万年前后在长江中下游地区已经出现了“初级村落”。“这一概念的提出，开启了上山文化和稻作农业起源研究的一片新疆域。”蒋乐平说，中国目前发现的距今万年以上的早期新石器时代遗址中，以洞穴遗址类型为主，而上山文化遗址证明了具备稻作文化特征的“初级村落”已在钱塘江地区率先出现，这是人类走向文明的重要一步。

上山文化遗址成为迄今发现的最早告别洞穴生活方式的新石器时代遗址，稻作既是原因，也是结果。蒋乐平表示：“上山文化遗址已成为早期农业起源的一个标本，还有许多未解之谜等待我们去探索。”

一直以来，关于上山文化稻作农业起源的研究从未停止。在11月14日举行的上山遗址发现20周年学术研讨会上，中国社科院地质与地球物理研究员吕厚远又揭示了一项新的成果，其团队在上山遗址的生土层中，发现了大量3万年前至1万多年前的野生稻遗存，又在遗址第8文化层，发现了1万年前具有驯化特征的水稻植硅体，再次为距今1万年前后的上山先民已经开始水稻的利用和驯化提供了实证。与此同时，北京大学考古文博学院新体制研究员、助理教授、博士生导师邓振华团队也有了令人惊喜的新发现——桥头遗址首次发现了大量上山文化时期的高比例驯化的稻作遗存，成为上山文化稻作起源研究的又一项新突破。

上山文化考古工作的推进，同样促进了相关地区的遗址保护工作。如今，在上山遗址上已经搭起了保护棚，四周种满了金灿灿的稻谷，AB陈列馆里皆是珍贵文物，这是上山考古遗址公园的一景。

自上山遗址发现以来，对遗址的保护、研究及宣传已成为浦江县委县政府工作的重要内容。2006年5月，上山遗址被公布为全国重点文物保护单位，颁布《上山遗址保护总体规划》《上山考古遗址公园规划》。2013年，上山遗址被公布为第一批省级考古遗址公园。2016年，上山考古遗址保护和利用工程（一期）建成并向公众免费开放。2020年，上山考古遗址保护和利用工程（二期）也已建成并投入使用。

## 【附】上山文化（浦江）考古二十年大事记

2000年，上山遗址在浦江发现。浙江省文物考古研究所开展浦阳江流域新石器时代遗址的考古调查工作。考古调查队领队蒋乐平在黄宅镇渠南村北的一个高地（后定名上山），经过试掘，发现新石器时代文化层。

2001年，上山遗址第一期发掘。经国家文物局批准，浙江省文物考古研究所考古队，由蒋乐平领队进驻渠南村，对上山遗址进行第一期考古发掘。

2003年，上山遗址证明年代距今10000年左右。第一批4片夹炭陶标本，经北京大学考古文博学院碳-14年代测定距今11400—8600年。此为长江中下游地区迄今发现的最早的新石器时代遗址，浙江的史前文明上溯至一万年。

同年，《中国文物报》头版刊登《浙江浦江县发现距今万年左右的早期新石器时代遗址》一文。

2005年1月20日，上山遗址新闻发布会召开。以浙江省文物局和浦江县政府名义，在浦江博物馆召开。日本朝日新闻社专程到浦江采访，上山遗址知名度大增。

同年秋，第一粒较为完整的碳化稻米被发现。遗址出土的稻谷，是长江下游地区迄今最早的稻作遗存，对研究世界稻作农业起源提供了可靠而珍贵的资料。

同年，上山遗址第一次在国际学术刊物上被报道。蒋乐平、刘莉合作的《中国长江下游定居及稻作起源新证据》一文，在《古物》网刊上发表。

2006年5月，浦江上山遗址被国务院公布为第六批全国重点文物保护单位。

11月7日，上山文化正式命名。浦江召开“第四届中国环境考古学大会暨上山文化学术研讨会”，在考古学家严文明、张忠培的主持和见证下，“上山文化”在这次大会上正式命名。

11月22日，时任中共浙江省委书记、省人大常委会主任习近平批示：要加强对“上山文化”的研究和宣传。

2007年，上山文化陈列馆开馆，浦江县人民政府授予蒋乐平“浦江荣誉市民”称号。

同年10月15—18日，中央电视台“走近科学”栏目到浦江县拍摄专题片《发现上山》。

同年11月7日，上山文化研究中心成立。在浦江博物馆举行成立大会。

2007年，浙江省考古所实施“浙中地区以上山文化为核心的新石器时代遗址专题调查”，以上山遗址为核心向四周扩散，分别在金华、永康、武义、龙游等地发现了上山文化遗址19处。上山文化遗址群成为分布在以金衢盆地为中心的钱塘江上游及附近地区，迄今中国境内乃至东亚地区发现的规模最大、分布最为集中的早期新石器时代遗址群。

2013年7月，上山遗址被浙江省文物局公布为省级考古遗址公园。

2016年11月，浦江上山考古遗址公园建成并对外开放。同时，在上山考古遗址公园召开“上山文化命名十周年暨稻作农业起源国际学术研讨会”。会议由中国考古学会、浙江省文物局和浦江县人民政府主办。与会专家们对上山文化及稻作起源的问题有了新的共识，一致认为：上山文化聚落群是迄今中国境内乃至东亚地区发现的规模最大、分布最为集中的早期新石器时代遗址群，为长江中下游以及更广阔的地域范围内探索早期新石器时代文化提供了有价值的启示；聚落定居已经成为上山文化的生活模式，上山文化遗址是迄今发现的最早的村落；上山先民开始稻的耕种实践，以金衢盆地为中心的钱塘江地区应是世界稻作农业的重要起源地。

同年，《浦江上山》考古报告一书出版。浙江省文物考古研究所与浦江博物馆合编，由文物出版社出版发行；《上山文化：发现与记述》图录由浙江省文物考古研究所编著，文物出版社出版发行。

2019年12月，蒋乐平的“上山文化与稻作起源”课题，在上海举行的“第四届世界考古论坛”上发言。

2020年4月9日，中国工程院院士袁隆平为上山文化题词：“万年上山，世界稻源”。

同年5月22日，浦江“万年上山文化村”项目开工。

同年9月1日，由国家文物局考古专家组成员、北京大学资深教授、博导严文明为上山遗址题词“远古中华第一村”。

同年11月12日，《“上山文化”遗址联盟浦江宣言》发布。为期三天的“上山遗址发现20周年学术研讨会”在上山考古遗址公园开幕。

同年11月，《上山遗址发现20周年文学作品集》一书，由浦江县文联编印完成。

# 大事记

## 1月

**1日** 浦江县郑宅镇入选全国乡村治理示范乡镇名单。

**3日** 民进浦江总支三届四次会员大会召开，审议通过2019年度总支工作报告。

**4日** 浦江县虞宅乡、大畈乡两乡镇被认定为2019年度省级乡村旅游产业集聚区。

**5日** 浦江县浦阳江、茜溪获评2019年省级“美丽河湖”。

**6日** 县委十四届七次全体（扩大）会议召开。县委书记程天云代表县委常委会作工作报告并讲话。

△浦江县被列为农业水价综合改革省级示范县。

**8日** 县政协九届二十三次主席会议召开。

**9日** 县政协九届十五次常委会会议召开。

△县“不忘初心、牢记使命”主题教育总结大会召开。

**10日** 县十四届人大常委会第二十六次会议召开。

△县十四届人大常委会第三十九次主任会议召开。

△全县公安工作会议召开。

△县第十四次妇女代表大会召开。市妇联主席陈雷红到会祝贺并讲话。

**14日** 县领导干部会议召开，举行2019年度县级领导班子和领导干部述德述责述廉述法、民主测评（评议）和干部选拔任用工作“一报告两评议”。

△县工会第十六次代表大会召开。

△在由省市场监管局颁发的2019年省名特优食品作坊和亮化达标小微食品生产企业名单中，浦江县13家食品作坊和小微食品生产企业上榜。

**16日** 县委、县政府召开离退休老干部迎新春座谈会。县委书记程天云通报浦江县2019年经济社会发展情况和2020年工作计划。

17日 “浦义同城 山水与共”双城旅游惠民政策发布会暨浦义旅游推介会在义乌市银都酒店举行，浦义两地相关部门对旅游景区半价优惠政策进行了详细解读，现场推介浦义两地最新最热旅游线路。

19日 县十四届人大常委会第二十七次会议召开。

△县十四届人大常委会第四十次主任会议召开。

△“品味浦江 悠悠乡愁”浦江摄影年展共65幅(组)作品在县人民广场开展。

△浦江县虞宅乡新光村、岩头镇礼张村和白马镇嵩溪村被国家林业和草原局认定为第一批国家森林乡村。

21日 由县政府主办、县地方志编纂室承编的《浦江年鉴(2019)》由中国市场出版社出版发行。

△县领导程天云、俞佩芬、于文统、虞红梅、张放远与300余名五保老人共进慈善年夜饭。

27日 县委书记程天云主持召开2020年第三次中共浦江县委常委会会议，听取浦江县新型冠状病毒感染的肺炎疫情防控工作情况汇报，研判疫情防控形势，并对下一步工作进行再部署。

28日 县委书记程天云主持召开全县新型冠状病毒感染的肺炎疫情防控工作领导小组会议，贯彻中央和省市相关会议和指示精神，进一步研究部署全县疫情防控工作举措。

30日 浦江县新型冠状病毒肺炎疫情防控工作指挥部发布第1号、第2号通告。

31日 浦江县新型冠状病毒肺炎疫情防控工作指挥部发布第3号通告。

## 2月

2日 浦江县新型冠状病毒肺炎疫情防控工作指挥部发布第4号、第5号通告。

3日 市委副书记、市长尹学群率队到浦江暗访疫情防控工作。

△浦江县新型冠状病毒肺炎疫情防控指挥部发布第6号通告。

4日 浦江县新型冠状病毒肺炎疫情防控指挥部发布第7号通告。

5日 浦江县新型冠状病毒肺炎疫情防控指挥部发布第8号通告。

6日 市委书记陈龙在浦江县指导督查疫情防控工作。

△全县疫情防控工作领导小组(扩大)会议以视频会议形式召开。

8日 浦江县新型冠状病毒肺炎疫情防控指挥部发布第9号、第10号通告。

10日 浦江县新型冠状病毒肺炎疫情防控指

挥部发布第11号通告。

13日　浦江县新型冠状病毒肺炎疫情防控指挥部发布第12号通告。

18日　浦江县新型冠状病毒肺炎疫情防控指挥部发布第13号通告。

20日　浦江县新型冠状病毒肺炎疫情防控指挥部发布第14号通告。

24日　浦江县新型冠状病毒肺炎疫情防控指挥部发布第15号通告。在全县范围内严格执行“健康码”通行机制。

26日　县统筹推进新冠肺炎疫情防控和经济社会发展工作部署会召开。

27日　市委常委、组织部部长郑敏强到浦江开展“三服务”活动，指导疫情防控和复工复产工作。

29日　浙江卫视《浙江新闻联播》播出浦江“三服务”专班服务企业，推进“机器换人”，全县310家规模以上企业复产率95.2%。

## 3月

1日　2020年2月“金华好人榜”，浦江县于华英、郭黎明夫妇（浦江县人民医院妇产科护士长、浦江县公安局郑家坞派出所所长）被评为敬业奉献类好人；张伟强（浦江县浦阳街道善庆村人）被评为见义勇为类好人。

3日　省委常委、政法委书记王昌荣到浦江调研信访工作，省委副秘书长、省信访局局长王忠志，省委政法委副书记卫中强，省高级人民法院副院长何鑑伟，省司法厅副厅长蒋建森一同调研。

4日　市委常委、统战部部长、秘书长郑余良到浦江开展“三服务”，检查指导企业疫情防控和复工复产工作。

7日　金华市高层次人才“云社区”千企万岗招才活动浦江专场启动，县委书记程天云在“云社区”平台在线诚邀天下英才到浦江干事创业，共创未来。

9日　省财政厅副厅长林仁方带队到浦江调研复工复产情况和财政工作有关情况。

10日　县委、县政府召开金融工作座谈会，分析经济金融形势及金融机构支持疫情防控、复工复产情况，会上举行银企签约仪式，现场共签约15个项目，金额11.8亿元。

11日　争创国家森林城市暨2020年春季义务植树活动启动仪式在浦江开发区举行。

△浦江籍上海交通大学离休干部黄良余携妻捐款100万元积蓄助力防疫抗疫工作。

19日　县委书记程天云主持召开招商引资工作委员会第五次会议，听取招商引资项目情况汇报，研究审议《2020年浦江县招商引资“项目攻坚年”活动实施方案（送审稿）》。

**23日** 县委政法委员会全体(扩大)会议召开。

**27日** 全县工业经济大会暨“三大攻坚年”动员大会召开。

**28日** 浦江第一批(浙江省第三批)援鄂的7名“白衣战士”结束49天的救治任务返回浙江。

**31日** 县委书记程天云主持召开县委常委会第107次(扩大)会议,传达学习省、市有关会议精神,听取浦江县一季度重点工作完成情况和二季度重点工作计划汇报。

△县委书记程天云主持召开2019年度党风廉政建设专题会议,回顾总结2019年度党风廉政建设和反腐败工作情况,研究部署下一步工作任务。

△浦江县檀溪镇寺前村、檀溪镇平湖村、杭坪镇薛家村、花桥乡塘波村入选金华市2019年浙江省AAA级景区村庄名单。

△县供销联社与县邮政公司签署浦江葡萄智慧物流项目。

## 4月

**1日** 浦江县2020年一季度重大项目集中开工仪式在三思光电项目厂区举行。

△浦江县召开杭温高铁杭州至义乌段(浦江段)工作推进会议。

△浦江县召开2020年度“五水共治”工作部署会议。县委书记程天云要求全县上下要持续发力、持续攻坚,不断推动浦江“五水共治”工作再上新台阶,全力打赢治水收官战、打好污染防治攻坚战,为推进浦江高质量发展提供更坚实的保障。

△市委常委、宣传部部长吕伟强到浦江调研宣传思想文化工作。

△县建设集团以“一个坚守、三个狠抓”落实全县工业经济大会暨“三大攻坚年”动员大会精神,全面开展年度任务大攻坚。

**3日** 县委书记程天云主持召开县委常委会扩大会议,学习贯彻习近平总书记在浙江考察时的重要讲话精神,传达学习省委和市委常委会扩大会议精神。

△全县组织宣传统战工作会议召开。

**6日** 中央电视台《新闻联播》头条播出《抓好春耕备耕,扎实推行农业生产》的综合报道,提到浦江县通过运用物联网、互联网等信息化技术手段,让田间管理轻松又高效。这让浦江县的“互联网+”农业引起全国关注。

**7日** 县委副书记、县长俞佩芬主持召开县政府第51次常务会议。

**8日** 县委农村工作会议暨乡村振兴示范县创建推进会召开。

△浦江县召开文化旅游产业促进会,政府相关部门、旅行社、新闻媒体等主要负责人共话文化旅游,共商发展思路,共谋疫后重振工作。

**9日** 副省长成岳冲到浦江考察各级各类学校疫情防控和师生返校准备工作情况,指导部署下一步疫情防控和教学教育工作。

△县人大常委会组织召开乡镇(街道)人大主

席(主任)会议。县人大常委会主任虞振贤,党组成员于新宣,全县15个乡镇(街道)人大主席(主任)、县人大常委会相关工委主任出席会议。

△十四届县委第九轮巡察工作动员部署会召开。

**10日** 全县疫情防控工作指挥部(扩大)会议召开。

**12日** 县委、县政府在县城文化广场举行欢迎仪式,迎接7名援鄂医疗队员。

**13日** 浦江县迎来首日复学复课。

△浦江县召开2020年蓝天保卫战工作推进会。

**14日** 全省建设平安浙江工作视频会议召开。会议颁发了浙江省首批"一星平安金鼎",公布了获"平安金鼎""平安银鼎"和"平安牌"的市、县(市、区)。浦江县连续14年被省委、省政府命名为"平安县",被授予"平安牌"。

**15日** 县十四届人大常委会第二十九次会议召开。

△县委理论学习中心组举行会议,专题学习习近平总书记在浙江考察时的重要讲话精神。

**16日** 县委书记程天云主持召开县委常委会第110次会议,研究通过《关于应对疫情支持外贸企业渡过难关的若干意见》等议题。

△浦江县青年工作联席会议第一次会议召开。

**19—21日** 中国人民政治协商会议浦江县第九届委员会第四次会议在浦江县举行。

## 5月

**8日** 县委网络安全和信息化委员会第一次会议举行。

**9日** 浦江县成立首个城市少数民族联谊会——晶聚·民族同心绘联谊会。

**10日** 浦江县首场巾帼带货直播活动在郑宅镇"江南第一家"牌坊群广场举行。

**13日** 浦江县召开东西部扶贫协作高层联席会议。

△浦江县与浙江省标准化研究院签订"下访接访"信访工作标准化战略合作协议。

△浦江经济开发区签约普洛斯浦江国际供应链管理平台投资及运营服务项目、浙江天德塑胶科技有限公司年产6000吨聚乳酸(PLA)可降解环保新型材料一次性餐具项目、杭州晨晟汽车配件有限公司年产500万件汽车配件项目。3个项目投资总额5.5亿元。

**14日** 浦江县召开信访工作座谈会,分析当前信访形势,部署年度工作任务。

△县委书记程天云主持召开全县村和社区组织换届工作领导小组第一次会议。

△市人大常委会立法调研组一行到浦江就《金华市无偿施救规定(草案修改稿)》召开立法调研座谈会,征求各方面意见建议。

**20日** 市政协副主席邱建中一行到浦江考察

"一村一委员"工作,并召开座谈会。

22日 县人民政府和省二轻集团有限责任公司举行全面战略合作签约仪式。

25日 省政协副主席、党组副书记孙景淼率调研组到浦江,围绕"高水平全面建成小康社会补短板"专题,开展三级政协联动专项集体民主监督。

28日 市委书记陈龙到浦江调研,深入多家企业看生产、问经营,了解"稳企赋能双月攻坚"落实情况。

29日 浦江县挂锁产业党建联盟成立仪式在郑宅镇举行。

△第三届浙江省中西部乡村振兴论坛葡萄高品质发展分论坛在浦江县靓松家庭农场举行。

## 6月

3日 省退役军人事务厅厅长林云举一行到浦江调研退役军人服务保障工作。

△浙江丰瑜生态科技股份有限公司收到农业农村部颁发的"中华人民共和国肥料登记证",填补浙江省土壤调理剂产品的空白,成为全省首个获得国家级肥料登记证的企业。

5日 县人民检察院召开以"聚焦重点领域,强化检察督导,助推未成年人保护省域治理现代化"为主题的未成年人检察开放日活动。

6日 由县委宣传部、县文化和广电旅游体育局和上海嘉定区有关单位联合主办的"孺子情怀·翰墨春晖——陈琪疫情防控期间中国画书法作品展"在上海开幕。

## 7月

1日 浙江日报报业集团县级融媒体中心共享联盟浦江工作站在浦江县融媒体中心挂牌成立。

2日 市人大常委会副主任董巧娟带队到郑宅镇人大代表联络站调研,并为示范性"四好"代表联络站授牌。

3日 省人大常委会副主任赵光君到浦江调研,到企业开展"三服务"活动。

4日 浦江县获中央"两直"政策资金3.8亿元,其中特殊转移支付资金2.04亿元、抗疫特别国债1.62亿元、省级惠企利民资金1234万元。

5日 浦江县入选2020年省级乡村振兴产业发展示范建设县名单,并获省级奖补资金。

6日 中央广播电视总台《山中青年》大型主题采访团到浦江,报道浦江青年在"两山理念"指导下的创新创业事迹实践。

7日 浦江入选浙江第一批大花园示范县创建单位2019年度良好建设单位。

△市政协副主席胡锦全带队到浦江县调研文

化驱动乡村振兴工作。

△2020年“创客中国”浙江好项目·浦江赛区中小微企业创新创业大赛落幕。

8日　县纪委监委2020年上半年派驻机构工作会议召开。

△省高院审判委员会专职委员周根才带队到浦江县人民法院检查指导“六专四室”建设情况。

△浦江麒麟阁跨境电商速卖通孵化一期开班仪式在县万家跨境电商园举行，共有15家电商企业参加培训会。

9日　全县村和社区组织换届试点工作动员部署会议召开。

10日　商务部公布《2020年电子商务进农村综合示范县名单(第一批)》，浦江县获评电子商务进农村综合示范县。

15日　省委宣传部常务副部长来颖杰，省文化和旅游厅党组成员、省文物局局长柳河分别率队到浦江调研，强调要深入贯彻落实习近平总书记的重要批示精神，从讲政治的高度做好“上山文化”研究宣传，全力打造国家级考古遗址公园。

△全县乡镇(街道)人大主席(主任)会议召开。

16日　义乌市委组织部相关领导到浦江调研“帮忙老哥”老干部志愿品牌，学习交流老干部和关心下一代工作委员会工作。

△浦江县“家燕归巢·智汇浦江”大学生暑期实习实践活动启动。

18日　2020檀溪潘周家·浦江第二届越野摩托车邀请赛拉开帷幕。

19日　2020浦江县锁具装配高技能人才培训班在金垒锁业有限公司开班。

21日　商务部发布《2020年电子商务进农村综合示范县名单》，浦江县获评电子商务进农村综合示范县。

△浦江县举行2019年6月以来县政府任命的国家工作人员宪法宣誓仪式。

△由县民政局牵头打造的全县首个社会工作站在浦阳街道宣和社区启用。

22日　浦江县小黄坛垃圾焚烧发电项目入选2020年生态文明专项中央预算内投资计划，获2266万元中央资金补助。

24日　婺城区委组织部一行到浦江调研考察县融媒体中心“帮忙老哥工作室”离退休老干部志愿工作。

△浦江葡萄智慧物流中心启动，首批2000箱5000千克葡萄装箱直送上海。

△县水晶产业园区“晶聚民族同心绘”少数民族之家举行开馆仪式。

25日　2020上海第四届浙江·浦江巨峰葡萄品鉴推介会在上海松江区举行。

28日　省关心下一代工作委员会副主任江坪一行到浦江县调研关心下一代教育基地建设。

△2020浦江第十三届葡萄节合肥品鉴推介会在合肥市蜀山区举行。

**28—29日** 省民政厅党组成员、副厅长江宇一行到浦江调研村级组织换届、清廉村居建设、扶贫领域推进等工作并召开座谈会。

**29日** 省委常委、统战部部长熊建平一行到浦江开展“三服务”活动。

**30日** 中国国民党革命委员会浦江县支部第二次党员大会召开。

## 8月

**3日** 县委十四届八次全会后的第一个工作日，县委书记程天云带头到开发区宣讲县委全会精神、开展“三服务”活动。

**4日** 2020浦江县“十佳葡萄”评比活动举行。

**5日** 省政协调研组到浦江县调研“一村一委员”政协工作向基层延伸情况。

△市人大常委会副主任董巧娟带队到浦江开展社会矛盾纠纷调处化解“最多跑一地”改革专项监督。

△2020浙江·浦江第十三届葡萄节在黄宅镇横山村开幕。

**6日** 浦阳江入选全国五大美丽河湖优秀案例。

△浦江县召开2020年上半年安全生产工作例会暨第二轮安全生产综合治理三年行动部署会。

**7日** 浦江获2019年度浙江省五水共治工作优秀县“大禹鼎”银鼎。

**9日** 由中央电视台主持人董倩带队的摄制组到浦江县，就乡村振兴工作采访县委副书记、县长俞佩芬。

**10日** 金华市“七五”普法验收检查组到浦江县，对“七五”普法工作进行检查验收，并进行“八五”普法调研。

**13日** 省委老干部局副局长詹茂伟一行到浦江县调研老干部工作。

△县委书记程天云主持召开县委常委会第124次会议，研究通过《浦江县高铁小镇概念性规划和核心区城市设计方案》等议题。

△金华市侨联主席暑期读书会在浦江县举行。

**14日** 民盟金华市委会十一届四次全体（扩大）会议暨2020年暑期读书会在浦江县举行。

**19日** 全国爱国卫生运动委员会通报2019年国家卫生城市（区）和国家卫生镇（县城）复审结果，浦江榜上有名。

**25日** 省民政厅党组书记、厅长王剑侯一行到浦江县调研指导村社组织换届工作。

△“农信杯”第三届浙江省大学生乡村振兴创意大赛浦江·首届中国乡村直播专项赛决赛启动仪式在虞宅乡茜溪体育馆举行。

**27日** “多彩非遗新浦江”2019全国摄影展评选会在文景园举行。

**28日** 在市委组织部、市委宣传部主办的“使命担当、拼搏实干——金华市优秀共产党员先进事迹报告会”上，浦江县石丁丁的姐姐石清清作《若有来生，让姐姐再看你穿警服的样子》报告。

## 9月

**3—4日** 县委副书记、县长俞佩芬率浦江县代表团到四川省乐山市金口河区学习考察，对接深化东西部扶贫协作工作。

**4日** 全县平安浦江建设工作推进会暨道路安全专项整治工作部署会召开。

**6日** “万年上山文化沙龙”座谈会在金华山风景区的智者寺举行。

**7日** 中国农学会葡萄分会会长刘俊一行到浦江县就葡萄种植管理技术进行调研并授牌。

**8日** 浦江县丰源家纺有限公司向县慈善总会一次性捐赠人民币200万元，建立浦江县“丰源慈善基金”并以其基金设立冠名救助项目。

**8—9日** 全省退役军人思想政治工作现场推进会在浦江县召开。

**9日** 浙江日报报业集团党委书记、社长唐中祥一行到浦江调研融媒体工作。

△县委书记程天云主持召开全县教师代表座谈会。

**10日** 新联会江南网商园分会成立仪式暨实践创新基地授牌仪式在浦南街道石埠头网商会议中心举行。

△浦江县郑家坞镇健康养生项目——“春风长住”，入选2020中国特色小镇优秀项目品牌。

**11日** 浙江省文物局文物保护与考古处处长李新芳一行到浦江考察指导文物工作。

△县委书记程天云主持召开全县“十四五”规划思路汇报会。

△县红十字会联合县司法局、县教育局在县实验小学开展《金华市无偿施救规定》普法宣传活动。

**14日** 苏州赛伍应用技术股份有限公司2020年第一次临时股东大会审议通过《关于年产25500万平方米太阳能封装胶膜项目的议案》，浦江首个由主板上市公司直接投资的重大项目落户开发区。

△浦江县入选淘宝村百强县名单。

△浦江县杭坪镇果蔬特色农业强镇高分通过省农业“两区”办组织的验收组验收。

**15日** 省妇联副主席陆英到浦江调研深化妇联组织建设改革等工作。

**18—19日** 省委党校副校长胡云祥带领省委党校第五评估工作组到浦江，对中共浦江县委党校（浦江县行政学校）开展办学质量创优评估。

**19日** 浦江县召开欧美同学会（留学人员联谊会）第一次理事代表大会。

**20日** 浦江县与上海泛长三角城市工艺美术产业发展战略联盟人才合作洽谈签约会，在上海世界手工艺产业博览园举行。

△主题为“领航新基建，共创新时代”的第三届“绽放杯”5G应用征集大赛决赛在重庆举办。浦江移动公司“杭机股份5G+高精磨床云智造项目”获全国三等奖。

21日　上山杯“八婺颂小康”中国农民丰收节赛诗会在浦江县黄宅镇上山村举行。

△由国家体育总局宣传司、省体育局联合邀请的中央、浙江省主流新闻媒体采风团到杭坪镇薛家村，开展“看浙里，运动振兴乡村”为主题的新闻采风活动。

△2020年浦江县全国科普日系列活动之“中科院老科学家科普巡回报告会”启动仪式在县实验小学举行。

22日　浙中阿德科特学校奠基仪式在郑家坞镇吴大路村“春风长住”理想小镇项目举行。

△“浦江桃形李”通过专家组评审，成为国家地理标志登记保护产品。

23日　浦江县2020年三季度重大项目集中开工仪式在白马吉成产业园项目现场举行，本次集中开工项目共26个，项目总投资68.94亿元，年度计划投资23.29亿元，涉及传统技术产业提升改造、市政、道路、房地产、商业综合体等多个领域。其中民间投资项目18个，工业企业实施项目15个。

25日　“建设‘重要窗口’·青年说——我最喜爱的习近平总书记的一句话”宣讲比赛决赛，在县融媒体演播厅举行。

△“仙华双甲——吴茀之、张书旂诞辰120周年特展”在吴茀之纪念馆拉开帷幕。

26日　2020浦江·第十三届中国书画节开幕式暨2020“万年浦江”全国中国画（手卷）作品展开展仪式在仙华文景园举行。

△浦江县石埠头村获首批全国“最美淘宝村”荣誉称号。

△“不止于美”——中国花鸟画名家作品邀请展暨诗画小镇艺术馆开馆仪式在诗画小镇举行，马锋辉被聘为诗画小镇艺术馆名誉馆长。

△第二届“又日新”艺术展——国美教授六人油画展在山明美术院拉开帷幕。

27日　郑义门古建筑群陈列展示在“江南第一家”开展。

28日　全县民政会议暨首届慈善大会召开。

29日　“上山文化遗址联盟”预备会议在浦江县召开，上山文化19处遗址地相关部门负责人出席会议。

△省人大代表金华中心组第三小组到浦江县视察书画文化及书画推动旅游发展、乡村振兴等情况。

## 10月

3日　上海安慈公益基金会向浦江红十字会捐赠英科医疗轮椅200辆。

5—6日　2020年“浦江·沪马”杯浙江省拳击俱乐部冠军联赛在大畈乡上河村举行。

**11 日** 中国文化管理协会社会艺术水平(朗诵)等级考试在浦江电视台语言艺术中心举行。

**12 日** 全县村和社区组织换届工作动员部署会召开。

**13 日** 中国少年先锋队浦江县第九次代表大会在县府大会堂开幕。

**15 日** 省音乐家协会副主席兼秘书长、著名作曲家黄于群,省音乐家协会文学学会副会长兼秘书长、著名词作家施翔应县文联邀请,到浦江开展上山文化采风活动。

**18 日** 浙江杭机磨床智能制造基地入驻仪式在浦江经济开发区举行,浙江杭机磨床智能制造基地开始全面投产。

**19 日** 2020·中国水晶玻璃工艺创意大赛,在浦江县中部水晶园区举办。

△苏州赛伍应用技术股份有限公司董事长、总经理吴小平一行到浦江洽谈。

**21 日** 县委开展县处级以上退休干部重阳节活动,组织退休老干部看变化、谈体会、话发展,欢度重阳节。

**28 日** 中国水晶工艺博物馆开馆仪式在浦江水晶小镇客厅举行。

**29 日** 2020浦江·第12届水晶玻璃产业博览会开幕式在水晶小镇晶彩广场举行,交流洽谈专场活动在仙华国际会议中心召开,70余家国际服务贸易提供商和省外采购商与浦江县外贸企业开展对接和洽谈。

△《山中青年》融媒体系列报道总结座谈会在杭州市余杭区召开,县委宣传部和县融媒体中心获优秀组织奖,县融媒体中心记者季建明采写的《陈青松:村里的“商业”不商业》被评为《山中青年》融媒体系列报道优秀作品,浦江县“山中青年”陈青松、朱雯倩获颁《山中青年》主人公纪念杯。

△浦江县召开农村饮用水达标提标行动区级销号验收会,宣布农村饮用水达标提标三年行动实现全县“销号”。

## 11月

**1 日** 省委常委、宣传部部长朱国贤一行到浦江调研,实地走访联系乡镇郑宅镇。市领导陈龙、吕伟强,相关县领导陪同调研。

**2 日** 县委召开全县领导干部会议,传达学习党的十九届五中全会和省、市领导干部会议精神,研究部署贯彻落实工作。

**3 日** 金口河区党政考察团到浦江县考察对接东西部扶贫协作工作,通过实地走访和听取汇报的方式,对浦江县在传统产业转型升级、招商引资项目落地、“五水共治”成果转化和文化创意产业发展等方面情况展开深入了解和交流。

**4 日** 2020年金华市河(湖)长制工作培训会在浦江县召开,全市97名河长和河长制相关人员参加培训。

△县山地蔬菜产业农合联成立。

6日　市委常委、常务副市长郑余良到浦江调研村级组织换届工作;开展领导干部接访下访活动,面对面听取群众诉求。

7日　由两岸企业家峰会两岸文创产业合作联盟主办的“望乡·登高雅集”活动在仙华街道登高村举行。

8日　市委副书记、代市长邢志宏到浦江,宣讲党的十九届五中全会精神,开展工作调研。

10日　浦江县召开乡村振兴示范县创建月度例会暨扶贫工作推进会。

11日　县委书记程天云主持召开县委全面深化改革委员会第五次会议。

12日　浦江县举行“上山文化”遗址联盟第一次联席会议,通过并发布《“上山文化”遗址联盟浦江宣言》《“上山文化”遗址联盟章程》。

13日　上山遗址发现20周年学术研讨会开幕式在上山考古遗址公园举行。

△浦江县郑宅镇麟溪村党支部被授予“浙江省抗击新冠肺炎疫情先进集体”和“浙江省先进基层党组织”称号。

14日　上山遗址发现20周年学术研讨会召开总结会,认为分布于钱塘江上游和灵江流域的河谷盆地的“上山文化”遗址,共同构成了迄今发现的年代最早的农业定居聚落,“上山文化”是中国农耕村落文化的源头和中国彩陶文化的重要源头之一。

16日　2020年度全县卫生健康工作会议召开。

16—17日　浦江县廿玖间里青创基地获评省级示范性青创农场。

17日　省“文化基因解码工程”首轮巡回金华区域调研会在浦江县举行。

△浙江金垒锁具制造有限公司获“弹子铜挂锁”浙江制造认证证书,并取得CE认证国际互认证书。

△第三批省级特色农业强镇名单出炉,杭坪镇果蔬特色农业强镇榜上有名。

18日　全省首个水晶产业项目高技能人才公共实训基地在中部水晶园区挂牌。

△全市“矛盾不出企”工作现场会暨调解仲裁工作推进会在浦江县水晶园区召开。

20日　浦南街道石埠头村获评第六届全国文明村镇。

21日　“久丹杯”全国青少年女子足球挑战赛在县体育中心拉开战幕。

23日　县经济开发区通过省级园区循环化改造示范试点验收,并获省发改专项资金。

24日　省建设厅厅长项永丹到浦江调研农村生活污水治理和美丽城镇建设工作。

△浦江籍乡贤王建平获“全国先进工作者”称号。

**26日** 浦江县“江南第一家”青少年教育体验基地被中国关心下一代工作委员会评为第四批全国关心下一代党史国史教育基地。

△省体育局副局长张亚东带队到浦江，就体育服务促进乡村振兴工作开展考察调研。

△省政协教科卫体委副主任、省体育局副局长张亚东带队到浦江宣讲十九届五中全会、省委十四届八次全会精神，并就体育服务促进乡村振兴工作开展考察调研。

**27日** 浦江县社会矛盾纠纷调处化解中心人大代表联络站揭牌。

△浙江丰瑜生态科技股份有限公司海外院士工作站举行授牌仪式。

**29日** 苏州赛伍应用技术股份有限公司浦江厂区35千伏配电工程项目完成送电。

**30日** 金华市中式面点（八婺小吃）技能大赛在浦江县老齿轮·1967文创园落下帷幕。

## 12月

**1日** 县关工委、县教育局、县司法局、团县委、浦阳街道在浦阳第五小学联合举办“弘扬宪法精神，维护宪法权威”推动宪法精神进校园主题教育。

**2日** 浦江县第五届青年创业创新大赛决赛在县融媒体中心演播大厅举行。

**3日** 全市社科界骨干读书会在浦江县举办。

**5日** 浦江县第八届老年人运动会在虞宅乡茜溪体育馆举行。

**6日** 著名作家赵丽宏到浦江月泉书院，作《漫谈阅读和写作》专题讲座，吸引了全县百余名文学爱好者参与。

**7日** 浦江县获国家级节水型社会建设达标县称号。

△杭坪镇的退役军人吴树棋到省人民大会堂参加浙江省模范退役军人表彰大会，获评省模范退役军人。

**8日** 中央文明办发布2020年10月“中国好人榜”，浦江县石丁丁上榜。

△浦江县人大常委会“‘按图索骥’提升人大效能”项目获“浙江人大工作与时俱进奖”提名奖。

△浦江县召开创建全国县级文明城市“一办七组”工作汇报会。

△“我留在世界上的指纹——赵丽宏先生诗歌手稿、书画作品展”在月泉书院举行。

**9日** 市人大常委会主任陈玲玲带队到浦江开展生态文明建设工作调研，并看望慰问市人大代表。

**10日** 浦江县仙华街道马墅村入选全省第九批（2021年度）历史文化村落保护利用重点村名单。

△全县“营商环境攻坚年”工作推进会召开。

**11日** 浦江县印发《浦江县节水行动实施方案》。

**12日** 杭州市浦江商会第三届会员大会第一次会议暨浦江县招商项目推介会在杭州召开。

**14日** 浦江县获评2019年度老旧小区改造绩效评价和工作考核优秀，并获2020年省级财政专项奖励资金1136.99万元。

△吉林省伊通县党政考察团到浦江考察，共叙对口情谊、共谋合作新篇。

**14—15日** 全市人大常委会农业与农村工作座谈会在浦江县召开。

**15日** 党的十九届五中全会精神宣讲报告会在县府大会堂举行。省级专家宣讲团成员、浙江大学副校长黄先海作宣讲报告。

**16日** 浙江省语言文字工作委员会到浦江县开展语言文字工作专项调研，并对浦江县创建省语言文字规范化工作进行评估验收。

## 自然环境

**【地理位置和面积】** 浦江县位于浙江省中部偏西，在北纬29°21′～29°41′，东经119°42′～120°07′之间。浦江县城北至省城杭州市94千米（径距，下同），南距金华婺城46千米，东南离义乌市稠城27千米，东北去诸暨市城关镇46千米，西南至兰溪市兰江镇48千米，西北与建德市、桐庐县接壤，距建德市新安江镇42千米。土地总面积918.16平方千米，占浙江省陆域总面积的0.88%。土地总面积中，山地占67.48%，水域占4.25%，耕地占14.21%。

**【地貌】** 在区域性地质构造上，浦江县位于浙江江山—绍兴断裂带西侧，属华夏古陆南岭准地槽钱塘江拗陷带，地层出露较为齐全，除晚古生界外，元古界至新生界均有发育。中生界火山岩遍布全县，约占全县面积的1/3。地貌以分割破碎的低山丘陵为主，西北高东南低。县内最高峰为县北大畈乡朝天门山，海拔1050米。白马镇与诸暨县交界处的浦阳江道为全县最低点，海拔仅24米。山脉属仙霞岭龙门山脉，与会稽山脉东西遥接，分南支、北支、中支和浦东山脉。

**【土壤】** 浦江县土壤属亚热带常绿阔叶林红壤带。有红壤、黄壤、紫色土、黑色石灰土、粗骨土、石质土、新积土、潮土、水稻土等9个土类14个亚类32个土属48个土种。全县土壤中，红壤分布最广，水稻土次之。

**【气候环境】** 浦江县地处浙江省中部，属亚热带季风气候区，是一个以低山丘陵为主，又有河谷、盆地，地形比较复杂的县份，兼有亚热带季风气候和山地、盆地气候特色：冬夏季风交替明显，四季冷暖干湿分明；降水丰沛，季节分配不均，年际变化大，旱涝发生频率高；光照充足，昼夜温差大；气候类型多样，立体气候明显。

## 气　象

**【概况】** 2020年，全县没有明显灾情发生。县气象局累计发布各类气象灾害预警信号58期，发布预警信息短信94次，受众约55万人次，通过农民信箱发布其他服务信息102次，受众约1020万人次。在靓松家庭农场、黄宅镇曹街村安装葡萄农业大棚小气候监测站2套，累计安装3套，建设气象防灾减灾标准化村（社区）25个；建成气象防灾减灾科普体验区，在"3·23"世界气象日开展网上科普直播活动，实施气象科普进农村文化大礼堂活动15次，气象科普电影进农村60场；对黄宅、郑宅、白马3个省级以下平台区域进行雷电灾害风险评估。

**【年度气候统计】** 2020年，浦江国家气象观测站年平均气温18.0℃，比常年（指1981—2010年气候统计平均值）偏高1.2℃，创1968年有连续观测记录以来最高历史纪录，其中1月、2月、3月、5月显著偏高，6月、8月、11月明显偏高，10月、12月略偏高，4月、7月、9月偏低或略偏低。年最高气温38.5℃，出现在8月24日和8月25日，日最高气温35℃以上高温总日数36天，比常年多7.3天；年最低气温-7.6℃，出现在12月31日，日最低气温0℃以下低温总日数10天，比常年偏少18.9天。年降水量1656.9毫米，比常年偏多12.7%，其中4月、10月、11月、12月显著偏少，8月明显偏少，1月、6月显著偏多，5月、9月明显偏多，2月、3月、7月接近常年。10—12月，每月累计降水量分别为15.7毫米、33.8毫米、19.1毫米，分别比常年偏少75.8%、51.7%、61.0%，3个月累计降水量68.6毫米，比常年偏少62.9%，居历史第五少。年日照时数1457.7小时，比常年偏少，其中4月明显偏多，2月、8月、11月偏多，7月显著偏少，1月、3月、6月、8月、12月明显偏少，其他月份接近常年。

**2020年浦江县逐月及年气候统计表**

**表1**

| 月份 | 平均气温（℃） | | 降水量（毫米） | | 雨日（天） | | 日照时数（小时） | |
|---|---|---|---|---|---|---|---|---|
| | 2020年 | 距平均 | 2020年 | 距平均 | 2020年 | 距平均 | 2020年 | 距平均 |
| 1月 | 4.6 | 2.8 | 169.0 | 110.7% | 17 | 3.9 | 59.4 | -41.7% |
| 2月 | 6.5 | 3.3 | 80.9 | -13.4% | 15 | 1.1 | 109.7 | 20.3% |
| 3月 | 10.4 | 2.6 | 147.3 | -4.9% | 16 | -1.2 | 88.3 | -18.1% |
| 4月 | 16.5 | -0.5 | 71.4 | -53.5% | 9 | -7.2 | 188.3 | 39.6% |
| 5月 | 21.5 | 1.7 | 215.6 | 32.6% | 14 | -1.4 | 134.6 | -15.1% |
| 6月 | 24.7 | 1.5 | 470.1 | 85.8% | 19 | 3.1 | 80.7 | -44.2% |
| 7月 | 28.6 | -1.2 | 157.7 | 10.2% | 20 | 8.1 | 105.3 | -54.1% |
| 8月 | 28.0 | 1.6 | 103.2 | -24.1% | 7 | -6.0 | 224.5 | 5.8% |
| 9月 | 23.7 | -0.8 | 173.1 | 58.5% | 17 | 5.8 | 102.0 | -34.8% |

**续表1**

| 月份 | 平均气温(℃) | | 降水量(毫米) | | 雨日(天) | | 日照时数(小时) | |
|---|---|---|---|---|---|---|---|---|
| | 2020年 | 距平均 | 2020年 | 距平均 | 2020年 | 距平均 | 2020年 | 距平均 |
| 10月 | 18.4 | 0.2 | 15.7 | −75.9% | 7 | −2.3 | 127.4 | −17.4% |
| 11月 | 12.6 | 2.0 | 33.8 | −51.9% | 11 | 1.7 | 142.7 | 7.1% |
| 12月 | 6.6 | 0.6 | 19.1 | −61.3% | 9 | 0 | 94.8 | −31.2% |

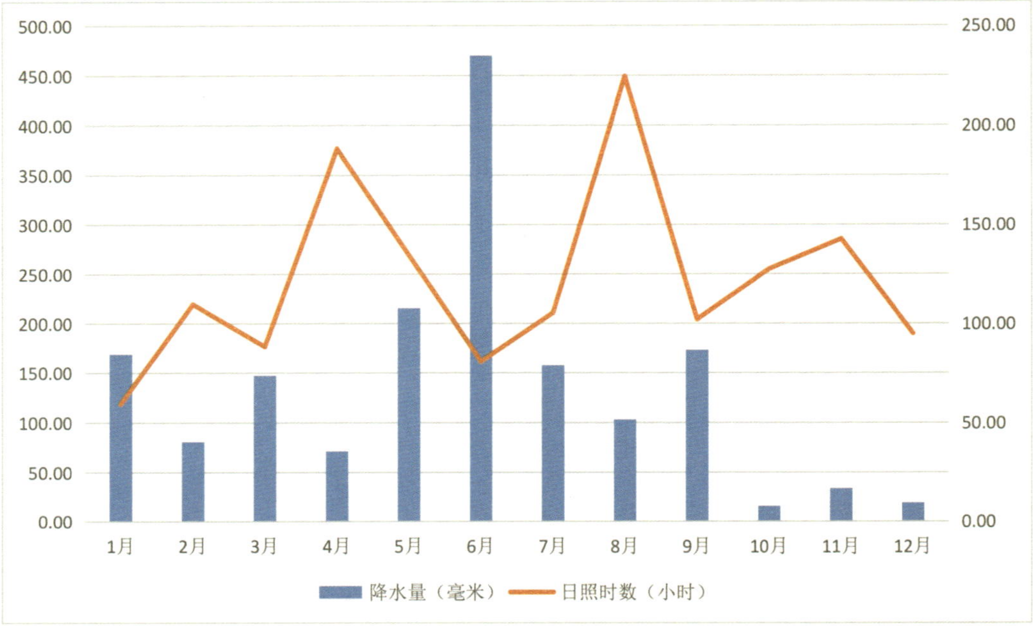


图1　2020年各月降水量、日照时数图

【强对流天气】 强对流天气多，风雹影响偏重。3月21—22日、3月26日、4月27日、5月15日、7月中旬、11月19日出现较强的强对流天气，引发雷电、大风、短时暴雨和冰雹等强对流天气过程，部分农业设施受损。

**2020年35℃以上高温天数分布情况表**

**表2**

| 月份 | 5月 | 6月 | 7月 | 8月 |
|---|---|---|---|---|
| 天数 | 1 | 4 | 9 | 12 |

【高温日】 年最高气温38.5℃，出现在8月24日和8月25日，全年35℃以上的高温天气有36天，37℃以上的有15天，浦江本站未出现40℃以上高温天气，7—9月平均温度26.7℃，比常年偏低0.1℃，整体夏季高温强度不强。

【四季气象】 根据四季划分气象标准，2020年浦江入春日期为2月20日，比常年偏早27天，入夏日期为4月30日，比常年偏早23天，入秋日期为9月18日，比常年偏早2天，入冬日期为11月28日，与常年相同。

**【寒潮影响】** 全年累计有5次寒潮影响过程，分别为1月7—9日48小时降温幅度10.7℃、2月14—16日48小时降温幅度12.9℃、3月26—28日48小时降温幅度15.6℃、12月13—14日24小时降温幅度8.7℃、12月29—31日48小时降温幅度11.7℃。其中，年末的寒潮过程造成浦江出现-7℃以下的低温冰冻天气，为1968年有连续观测记录以来12月第三低值。

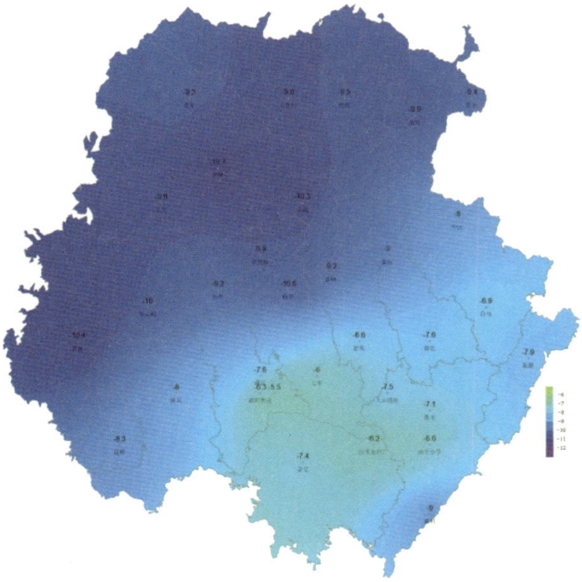

图2　2020年12月29日20时～31日08时最低温分布图（单位：℃）

**【梅雨期】** 2020年，梅雨入梅早、梅期长、强降雨区重叠、梅雨总量大。5月29日入梅、7月18日出梅，梅雨期50天，创浦江梅雨期最长纪录。全县累积梅雨量550～720毫米，呈西北多、东南少的阶梯分布特征，其中浦江气象观测站累积梅雨量641.2毫米，比常年偏多1.47倍，居历史第二。梅雨期内出现全县性大到暴雨以上降雨过程4次，其中暴雨日数4天，大暴雨日数1天。

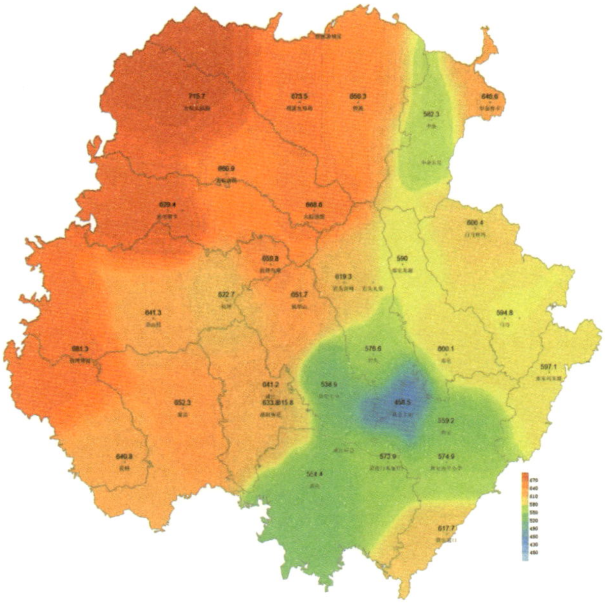

图3　2020年5月28日20时～7月18日20时梅雨期累计降水量图（单位：毫米）

**【台风“黑格比”】** 2020年，共有2个台风影响浦江，少于常年平均（2.4个/年），其中4号台风“黑格比”于8月4日凌晨在温州市乐清市沿海登陆，登陆时强度为台风级。2020年，4号台风“黑格比”于8月4日10—13时穿过金华市东部（磐安、东阳），受其影响，浦江县东部、北部地区出现暴雨，个别地区大暴雨，其他地区出现中到大雨，过程最大风力5～6级。

（李晓倩）

## 历史文化

**【建置沿革】** 自东汉建县迄今，已有1800余年历史。古称丰安县、浦阳县。1949年5月，浦江县解放。1960年1月撤销浦江县建制，1966年12月恢复浦江县，县城在浦阳镇。浦阳镇位于浦江县中南部，自唐代以来即为县治所在。2002年，浦江县行政区划规模调整后，县人民政府驻地为浦阳街道。

【人文历史】 浦江人文荟萃，人才辈出，尤以文学、书画为著。北宋，于房一家7人以博洽善文名世。南宋，方凤以文学著称于世，元代著名文人吴莱、柳贯、黄溍等皆出其门下。元初，吴渭倡组“月泉吟社”名闻海内。明代，宋濂为“明代开国文臣之首”，戴良、张孟兼等亦以诗文或书法为世所崇。清代，倪仁吉工诗善画，尤精刺绣；东皋心越诗画书法篆刻俱佳，兼通琴道，被推为“日本篆刻之父”。民国，曹聚仁、张世禄、石西民等在文学、史学和文字音韵学上卓有成就，张书旂、吴茀之、张振铎等载誉画坛。

【传统艺术】 浦江地方剧种“浦江乱弹”，约形成于明末清初，表演和音乐具有粗犷奔放的特色，曲调或高亢激越，或婉转优美，雅俗共赏。灯彩种类繁多，制作精良，熔书画、扎制工艺于一炉，有板凳龙、滚龙灯、马灯、花灯四大种类。民间曲艺以道情最为普遍，由盲艺人演唱，用渔鼓和竹夹板配奏。民间传统工艺以剪纸、麦秆贴画和草编、绗缝最为有名。

# 人口与行政区划

【人口】 2020年，全县户籍人口40.08万人，比2019年减少963人；流动人口18.28万人，比2019年增加0.86万人。全年出生人口2996人，年出生率为7.47‰，比2019年的9.01‰下降1.54个‰；死亡人口2878人，年死亡率为7.17‰，比2019年的5.62‰上升1.55个‰。全县人口自然增长118人，年自然增长率为0.29‰，比2019年的3.39‰下降3.1个‰。户籍人口中，男性208041人，占52%；女性192777人，占48%。

【行政区划】 2020年，浦江县辖3街道、7镇、5乡：浦阳街道、浦南街道、仙华街道、黄宅镇、白马镇、郑家坞镇、岩头镇、郑宅镇、檀溪镇、杭坪镇、虞宅乡、大畈乡、中余乡、前吴乡、花桥乡。全县有行政村（社区）244个。

**2020年浦江县行政区划一览表**

**表3**

| 乡镇、街道 | 社区、行政村 | 自　然　村 |
|---|---|---|
| 浦阳街道 | 文景社区 | |
| | 月泉社区 | 倒米岭脚、炉来、清水沿、柴村 |
| | 龙峰社区 | |
| | 西街社区 | 溪下 |
| | 太白社区 | |
| | 塔山社区 | |
| | 南苑社区 | |

**续表3**

| 乡镇、街道 | 社区、行政村 | 自　然　村 |
|---|---|---|
| 浦阳街道 | 宣和社区 | |
| | 西站社区 | 石马头、黄坛小区、白林新区、珠红新区 |
| | 金狮社区 | 金狮岭、前山头 |
| | 群　生 | 上季宅、横大路、许里、陈逢坑、长地 |
| | 兆　丰 | 石塔湾、杨坞、樟坞岭脚、白泥岭脚、上新铺、下新铺 |
| | 狮　岩 | 石陵、丁岩坞、竹窠头、楼宅 |
| | 善　庆 | 桃岭脚、珠山后、宋店、横山、桥头、马项颈 |
| | 联　盟 | 傅店、少桃岭、杭口岭脚、新屋来、新徐、马家、桃花岭脚、大坞塘、新杨里、塘后坤、东庄坞、东塘、岭背、炭灶坪、下篷 |
| | 沉　湖 | 乌珠山下、前王宅、樟后塘、樟畈 |
| | 铜　桥 | 溪塍头、下旺、蓬店、新屋里、乌泥畈、毛桥 |
| | 杨　田 | 杨田周、下店 |
| | 同　乐 | 石宅 |
| 仙华街道 | 中埂社区 | 蒋村、章店、金店、莲塘、茶壶窑 |
| | 金宅社区 | 陈塘、后金宅、姓谢、姓吴、后潘、廿亩山 |
| | 七里社区 | 七里、周宅、下张湾 |
| | 五里社区 | 上五里、下五里 |
| | 项宅社区 | 项宅新区（由原堂楼店、银店、山枝头、前宅、后宅自然村合并）、徐村、山背周、殿后里、梅竹园、曹村 |
| | 大　许 | 大许、前店 |
| | 后　谢 | 后谢、胡门、林村 |
| | 冯　村 | 冯村、上叶、岳塘下张、方门 |
| | 马　墅 | 马墅 |
| | 五善塘 | 五善塘、十里头、新傅村、旧傅村 |
| | 河　山 | 河上山头 |
| | 十里亭 | 仙里、蔡横塘、大店、曹村、金冠样 |
| | 后　郎 | 后郎、塘后坤、田龙来、杨梅院、金村 |
| | 天　仙 | 天仙塘、姚塘、东庄 |

**续表3**

| 乡镇、街道 | 社区、行政村 | 自　然　村 |
| --- | --- | --- |
| 仙华街道 | 红　旗 | 黄裳弄、周美角、董宅、一大塘、田畈中央 |
| | 浦　北 | 赤土岭脚、板桥、花院、胡司、后塘、西官畈、仙华新区(由原仙华山、毛店村合并)、六和小区(由原西安、毛田、云宫、黄山、石塔下、上山等村合并) |
| | 曙　光 | 张店、下店、山湾来、卢宅、灵岩朱、李宅、坦塘 |
| | 方　宅 | 方宅 |
| | 戴　宅 | 戴宅 |
| | 仙　华 | 仙华新村、金坑塘下 |
| | 登　高 | 登高山 |
| | 道　光 | 山背来、道光口、南湖塘、石宕、登高口、寺口、燕窠来、下新屋、毛竹沿 |
| 浦南街道 | 文溪社区 | 下季宅、大溪楼、毛都、牛车头、蒋塘、四方头、前溪、店来、道院前楼 |
| | 江滨社区 | |
| | 浦　南 | 魏店、寺口、下落、下落店、角山院、田畈中央、辛山黄、下新屋、上新屋、油塘顶、后家里、溪塍、叶坞、后徐 |
| | 前　于 | 前于、前于水阁、中央宅、樟树下、小四村 |
| | 平　一 | 平安张、后陈、新店 |
| | 平　二 | 平安张 |
| | 石埠头 | 石埠头 |
| | 金　星 | 吴骆山岗、吴店、琴头、徐村、芮宅、赵宅、赵田畈、楼宅、司村、丽水景宁移民村 |
| | 横　塘 | 郑横塘 |
| | 西　张 | 西张、白石源口、桃源口、水阁、上朱宅、下朱宅、大塘沿、上余 |
| | 巧　溪 | 巧溪、下于、下方、沙丘、新屋下、陈村、大房 |
| | 宋　溪 | 火烧张、上孙、严村、后孙、范马车 |
| | 七　村 | 东许、下蔡、大店、郭村、大坞口、陈台、上陈、傅村 |
| | 八　村 | 中央宅、石鼓、湖塘、樟山头 |
| | 湖　山 | 吴郎中、上湖山、下湖山、武书堂、东龙山、华墙 |
| | 丽　水 | 源口 |
| | 长　春 | 下杨 |
| | 潘　宅 | 潘宅、童店、尼山、万田、塘角、新厅、市点 |

**续表3**

| 乡镇、街道 | 社区、行政村 | 自 然 村 |
| --- | --- | --- |
| 浦南街道 | 四 村 | 桥头、胡里、新楼下 |
| | 五 村 | 麻车、东陈、程村、郭店、上东陈、前门、傅店 |
| | 三 村 | 杨先生、上黄、西杨、许堆、山头荷 |
| | 黄 都 | 黄都、下邵、余大宅、前黄 |
| | 朱 云 | 杨里、后黄、寺口、余间、洪田畈 |
| 黄宅镇 | 新 华 | 新店、黄宅市、后潘都、塘下、三角塘、新华新村 |
| | 下 店 | 下店 |
| | 永 锋 | 后店、石宅、后桑园 |
| | 信 华 | 下于市、上潮溪、下新屋 |
| | 上 市 | 上市 |
| | 群 联 | 桂花明堂、葛宅、新大份、潘都、始美堂、周塘、新小份、日乾堂、惇裕堂 |
| | 六 联 | 小份、大份、大房、小房、二房、上店 |
| | 一 心 | 上宅、鲍村、姚店 |
| | 朱 宅 | 后宅、中央宅、前宅(总称桐木殿朱宅)、后屋、前金、山头来 |
| | 智 勇 | 童村、黄司、楼宅、瑞狮塘、何村、桐树岗 |
| | 上 山 | 新骆村、旧骆村、上方村、下方村、塘塍来、新屋下、姓周、旧山背、新山背、歪塘、费宅、下畈 |
| | 合 心 | 店来、姓周、邵店、界山、新屋里、楼来、邵司、西溪、下屋、何田畈 |
| | 渠 北 | 后陈、八石塘、下何、戴山头 |
| | 鹤 塘 | 岳塘桥头、岳塘山背、岳溪、下新屋 |
| | 日 升 | 中央店、莲塘沿、前店(以上总称李源)、卤冰店、魏村 |
| | 前 一 | 前陈、康王殿 |
| | 前 二 | 前陈、戚家塘、溪后 |
| | 胜 丰 | 王先生、达塘、徐司 |
| | 后 江 | 后江村 |
| | 星 塘 | 前王郑、姓陈、立新 |
| | 西 溪 | 甄村、西庄、下宕、杨林 |
| | 横 山 | 曹街、梅石坞、蒋才文 |

**续表3**

| 乡镇、街道 | 社区、行政村 | 自 然 村 |
|---|---|---|
| 黄宅镇 | 官 岩 | 沙塍头、下于桥头、荷坟来、蒋宅 |
| | 海 塘 | 海塘 |
| | 新 宅 | 新宅 |
| | 集 贤 | 钟村、下潮溪 |
| | 红 星 | 夏杨畈、下宅市、郭村、银坞 |
| | 东 一 | 东塘、下吴 |
| | 沿 江 | 彭村、蒋村 |
| | 振 兴 | 宅口、陈三湖、蒋店、塘岭、应店、杨店、陈官 |
| | 何 村 | 何村、杨塘 |
| | 八 联 | 丁塘、余店、大园来、白露塘、下潘宅、塘沿、王家、店来 |
| | 刘 铁 | 刘铁、花园、烟塘 |
| | 张 官 | 张官 |
| | 胜 利 | 樟树下、下傅、龙田、前方、盛家 |
| | 古 塘 | 古塘、山里翁 |
| | 项 店 | 项店、任店、潘家、对店 |
| | 四 联 | 下灰山、上灰山、后盛、长塘 |
| | 六 一 | 石斛桥、石塘头、翁店 |
| | 八 一 | 上余、下湖、楼街、华塘、坑塘、姓张里、松门、宣井 |
| | 浦 口 | 戚村桥、坑城、王村、下坑、毛竹塘、安基、山塘弄、林塘、塘头、上新屋、下新屋 |
| | 赤 心 | 铁店、陈店、坞里山、沈坞、和尚楼、中戚、上戚 |
| 岩头镇 | 岩头陈 | 岩头陈 |
| | 蜈 溪 | 洪家、三步石、三星岩 |
| | 胜 建 | 芳地、岩头里、何大园、山下畈、木勺岗脚 |
| | 车 门 | 车门头、麻车山、后严 |
| | 宏 亮 | 倪山背、晓山、三雅典 |
| | 荷 塘 | 后叶、上祝、桐店、白虎头、元丘 |
| | 飞 轮 | 牛轭岙、官山头、新岭脚、金岗坞、泥都(上三村迁至牛轭岙) |

**续表3**

| 乡镇、街道 | 社区、行政村 | 自　然　村 |
| --- | --- | --- |
| 岩头镇 | 拥　建 | 高三石、后田畈、上屋(以上总称下杨)、下宅口、仙水塘、新张宅、桑园来 |
| | 和　丰 | 许村、新许村、泉塘沿口、后金、毛尤 |
| | 王　店 | 大王店、小王店、三垄王店 |
| | 三　红 | 东山、赵宅、凌宅、下东山 |
| | 宏　伟 | 姓应、后大塘、李村、五大塘、新屋来 |
| | 西　黄 | 西黄、吴店、花山 |
| | 朝　阳 | 方店、丁步头、下方店、于门、前何、湖桥、缸沿 |
| | 礼　张 | 礼张、礼东山、荷店、陈塘坞、礼沿 |
| | 龙　溪 | 刘笙、八石、黄源、少岭脚、大岭脚、大岭头、殿口 |
| | 群　丰 | 沈宅、赵宅、和祥山、闾间、马后山 |
| | 青　锋 | 静村、马路来、田来、石六、官山坞、西坞口、西坞、永盛、新长盛、东盛、上西坞 |
| | 夏　泉 | 夏泉、枣树坪 |
| | 幸福新村 | (由原岩山、湾来、黄岭头、彭岭头、石砚、徐地坞、四石、白岩岭头、长盛自然村合并) |
| 郑宅镇 | 麟　溪 | 上郑、五房、冷水塘沿、东庄 |
| | 东　明 | 郑宅后曹村、黄墙弄、后溪、板桥头、后门头、祠堂弄、上仓、下仓 |
| | 玄　鹿 | 外岭脚、上山头、高畈、枣园 |
| | 孝　门 | 孝门桥下、桃坞、田来、下新屋、石姆岭、街南、街北 |
| | 安　山 | 马鞍山、上林塘、下林塘、上桑园、山下甲、何家、鱼家塘、杨木泉、小下金 |
| | 芦　溪 | 厚庐金(后卢金) |
| | 广　方 | 前于、后黄、下方、下金、屠村、蒲塘、三份头 |
| | 深　一 | 樟桥头、郎下头、三埂口、前份、周村 |
| | 深　二 | 水阁、相连宅、西店 |
| | 前　店 | 前店、秧田王、山头店 |
| | 三　郑 | 旧三郑、新三郑、莲台塘 |
| | 青　山 | 横溪、堂头、东畈、湖顶 |
| | 龙　源 | 蒙山、塘慈坑、九婆、郑都、毛岭、牛磊井、石八畈、铁炉下、虬门、陈山、岭脚畈、阳山、大山、毛坪 |

**续表3**

| 乡镇、街道 | 社区、行政村 | 自 然 村 |
|---|---|---|
| 郑宅镇 | 寺 后 | 火龙塔、赵郎、新赵郎、寺口、花坟头、蔡村、六转、岭脚 |
| | 红 光 | 地畈、横塘、横大路、三雅、上新屋 |
| 白马镇 | 五 丰 | 傅宅 |
| | 利 丰 | 傅宅 |
| | 永 丰 | 永丰、天中寺、方横店、蓬来、洋涧岭脚、杜溪坞、金竹园 |
| | 高 坪 | 和尚庄、祥湾口、仙岭脚、虬树坪 |
| | 旌 坞 | 旌坞、江西坞、中门里 |
| | 嵩 溪 | 嵩溪、樟坞、严宅、大样山、前山 |
| | 联 丰 | 官田、贾保坞、白角湾、楮树下、东山、内坞 |
| | 双 溪 | 里傅、里里傅、沈家坞、鲍家、船塘来、梧桐、塘角 |
| | 柴 坞 | 外柴坞、里柴坞、焦坞、三百亩 |
| | 同 新 | 许家、肥地坞、塘里、上宣、寿家 |
| | 清 塘 | 清塘、宝应、珠岭 |
| | 长 地 | 长地、横溪、上纸坊、下纸坊 |
| | 柳 宅 | 柳宅 |
| | 群 心 | 刘店、祝宅、郑街铺 |
| | 夏 张 | 夏张 |
| | 东 平 | 新何、霞岩 |
| | 豪 墅 | 豪墅、前严、上新屋 |
| | 兰 塘 | 严兰塘、邵宅、上贾、塘头下贾 |
| | 联 江 | 石渠口、严店 |
| 郑家坞镇 | 吴 店 | 上吴店、吴一、吴二 |
| | 双 丰 | 下店、前葛、后葛、西山下葛 |
| | 杨 家 | 杨家、山湾、程家、小杨家、江桥 |
| | 江 东 | 溪东、大店、叶坞、郑家坞 |
| | 钟 宅 | 钟宅、方塘角、龙潭、方坞 |
| | 朱 路 | 朱路、下新屋、吴朱舍、大何街、小何街、冠桥 |

**续表3**

| 乡镇、街道 | 社区、行政村 | 自 然 村 |
|---|---|---|
| 郑家坞镇 | 沈 里 | 沈街、里仁 |
| | 云 溪 | 金宅、前山头、余店、郭坞塘 |
| | 吴大路 | 吴大路、檀树丘、皂结坑 |
| 杭坪镇 | 杭 坪 | 杭口坪、石象头、上薛宅、下陈、笑流坞口、大楼、横山 |
| | 寺 坪 | 殿后、殿口、观音堂、旧屋、八十、沙丘(以上总称寺坪)、寺坞、塘雪、果树坞、毛竹坞口 |
| | 乌 浆 | 乌浆山旧屋、乌浆山新屋、盆塘、中央畈、乌浆山、王安 |
| | 薛 家 | 薛下庄、大王潭、后山、下薛宅、里棚 |
| | 中 村 | 中村、前河、溪头 |
| | 石 宅 | 石宅、石响、外外胡、泥堆山 |
| | 大 塘 | 大塘、桐子湾、大岩岭脚、桐坞、大坪、立岗山脚、螺蛳殿、泥舍坞 |
| | 裕 民 | 东坞口、东坞、高畈、宝金山、樟山脚、上旺、珠山、何家 |
| | 东 岭 | 东岭、里朱、西山坪、里前胡、前胡 |
| | 程 家 | 程家、五家村、花厅、下新屋、中何、大坞 |
| | 登 丰 | 周坞口、下雪坞、上雪坞、何徐岭头、截柘岭头 |
| | 曹 源 | 曹源 |
| | 壶 源 | 曹源口、张山顶、张山脚、徐坞、王塘、马坞 |
| | 芦 峰 | 派顶、殿口、朱坞 |
| | 后 阳 | 后阳、石明堂、黄塘、上坞 |
| | 茶 山 | 茶山、石狮头、上马 |
| 檀溪镇 | 寺 前 | 寺前、惠云寺 |
| | 毛 店 | 下毛店、林家 |
| | 城 头 | 城头、齐陈新村 |
| | 洪 山 | 湖山、山环、洪家、下方、下大洑、上毛宅、下毛宅 |
| | 平 湖 | 平湖、石母岭下、油车、陈村、塘家会 |
| | 下 宅 | 下宅 |
| | 会 龙 | 会龙桥、山干宅、塔头、白岩殿下、车方岭脚 |
| | 潘周家 | 潘家、立前畈、周家、大梓树脚、杨家畈 |

**续表3**

| 乡镇、街道 | 社区、行政村 | 自 然 村 |
| --- | --- | --- |
| 檀溪镇 | 大 元 | 大元、湖塘 |
| | 廿七都 | 荒坞口、升舞岭脚、姚家、葛岭头、新屋、草舍、大地、柘树、姚坞、毛家、小洑、下余、项家、岭葛、小洑岭脚 |
| | 罗 家 | 里罗家、抛坑顶、扶名坞口、前溪滩、水竹湾 |
| | 九母岛 | 大坎头、盘山岭下 |
| | 赤 岩 | 外罗家、何坞口、何岭头、金家、何坞、陈家、官田后塴、前方、前方溪滩、黄塘下、赵氏岗、古塘口 |
| 前吴乡 | 塘岭金 | 塘岭金、大箬溪、木勺山、塘岭下、塘岭头 |
| | 袅 溪 | 袅溪、下大地、横坞口、和尚坪、三十田、罗桐山、英坞坪、上新屋、泥宕、后坪、下新屋、宅树坞、上大地、山头脚、上屋、前店 |
| | 毛 家 | 毛家、塘坞口、西山、大地、和尚坞、麻车、童麻车 |
| | 寿 溪 | 寿溪、上范 |
| | 马 桥 | 马桥头 |
| | 塛 山 | 塛山口 |
| | 前 吴 | 前吴、上赵、塘里、古塘 |
| | 灵 溪 | 罗塘、童宅、三桠、西桠、小东桠 |
| | 通 济 | 安头、下葛、岩下、真溪、徐店、龚坞 |
| | 朱 桥 | 朱桥头、茅田庵顶、茅田庵脚、仁忠坞、朱思坞、下方、古塘源 |
| | 罗 源 | 殿下、前山、八十(以上合称里罗)、外罗、朱源 |
| | 民 生 | 山隍殿、西源、费宅、宋宅、坞坑、觉寺、张山源、山脚、毛竹坞、徐家 |
| | 桃 源 | 里黄、章山、独塘 |
| 花桥乡 | 外黄宅 | 外黄宅、盛田畈、前坞口 |
| | 花 桥 | 花桥、双溪口、黄村、后埂、乐山庵 |
| | 源 头 | 高塘、深坑、上陈、岭脚、三十六 |
| | 林坞口 | 林坞口 |
| | 长 畈 | 长畈、王社、富世坪 |
| | 光 明 | 王纸坊、外童、金坞、上童山、童坞 |
| | 塘 波 | 塘波 |
| | 下宅溪 | 下宅溪、台头湾、西畈、横山 |

**续表3**

| 乡镇、街道 | 社区、行政村 | 自　然　村 |
|---|---|---|
| 花桥乡 | 里黄宅 | 里黄宅、马坞、马坞口、白石、范山、杨坞、王夜、东塘、岭头、竹窠 |
| | 马　宅 | 马宅、长源坑、长凹、东官殿、乌岩坪、食饭坪、尖峰坞、老虎尖 |
| | 前　坞 | 前坞、下黄、前河 |
| 虞宅乡 | 虞　宅 | 虞宅、虞宅上塘、王宅弄、西塘、寺岭脚 |
| | 马　岭 | 马岭脚、瓦屋、卢家、石大门、桥头、朱村畈、坞坑、乌儿山、程宅畈、枫树下、新店 |
| | 智　丰 | 朱宅旧屋 |
| | 新　光 | 朱宅新屋(朱宅旧屋、朱宅新屋合称朱宅,亦称廿五都朱宅)、下湾、岭脚、汤台岭脚、方坞寺、牛头殿 |
| | 前　明 | 西山、荷花塘、前山畈、后瞿岭脚、高坞口、王前庄、马坞口、海豹岭脚、西山新区、高山 |
| | 高　坑 | 外高坑、里高坑、深渡、荷叶弄、柘林、山岗后 |
| | 张　村 | 下张村、上张村、王村、石台盘、茶坪 |
| 大畈乡 | 夏　明 | 大畈、夏黄、白岩山前 |
| | 大姑源 | 郑家、大姑寺、大坪来、新田畈、华桃坑口、桑园湾、黄坞口、大官殿、门口、琴岩脚、梓木岭口、黄家、枫树坑 |
| | 小姑源 | 海母口、红火烧、田后蓬、廿三蓬、玉书、里毛山、石栏杆 |
| | 湃　桥 | 低畈、南山、湃桥、牛栏坪、葛山头、上黄、鱼家坑口、叶家、平地、前黄、上前黄、柳秀坑口、小明堂 |
| | 上　河 | 上河、时造、廊家畈、茅坪头 |
| | 建　明 | 石井于、仓来、新屋来、王山头下、燥丘、水口、新廊下 |
| | 清　溪 | 大岭口、上马坞、长店、经耕沿、方家、竹园、丁家、马村、廊下 |
| 中余乡 | 中　余 | 中余、前山脚、桥头、黄古岭脚、塘下坞、盘里坞、周宅 |
| | 蒲　阳 | 蒲阳、尖蓬、角弄、塘沿、江山岭脚、王佳山、西坞坑 |
| | 普　丰 | 芝都坞、养元坑、大地、后坞、许坞、蔡家、黄坞 |
| | 方　家 | 方家、富白坪、上湖山、石塔顶、小洑畈、里舍 |
| | 五　星 | 新店、大竹畈、栖云、前周、后山坞、黄毛 |
| | 高　桥 | 佛堂店、高桥头、杨宅坞、义村 |
| | 冷　坞 | 冷坞、坪上 |
| | 雅湖畈 | 雅湖、王家、石榴坞、塔龙、顾家、落塘、大元、思母岭脚、叶岭、东坞底、车岭顶 |

## 综　述

2020年，浦江县地区生产总值增长1.2%，一般公共预算收入增长3.9%，城镇和农村居民人均可支配收入分别增长3.3%和7.0%；规模以上工业总产值增长5.8%，规模以上数字经济核心产业增加值增长22.7%。

布置疫情防控工作，建立指挥系统，落实防疫措施，发动群众力量，运用大数据技术，准确掌握重点人员运动轨迹，8天实现全县每日新增确诊病例为零，29天实现全县确诊病例清零。常态化落实"健康码"查验、体温检测等防控措施，加大进口冷链食品的检验检疫力度，做到人物同查、同检、同管。全县开展核酸检测10.6万余人次；累计发放各类口罩356.6万只、消毒液4万千克、防护服1.2万件；7名医护人员驰援湖北，不负使命。

扶持实体经济，聚焦复工复产，制定出台8个县级扶持政策，县财政累计拨付企业奖励扶持资金4.4亿元，减税减费减租减息减支11.3亿元，企业复工率、产能恢复率均列全市前列。建立投资项目全周期管理平台，全年招引项目52个，其中亿元以上项目32个，超额完成省集中开工项目和省重点建设项目年度投资计划。新增工业贷款43.2亿元，出让工业用地67.27公顷，消化批而未供土地79.54公顷，盘活存量建设用地54.5公顷。

发展现代农业，推动全域旅游，推进电子商务行业提升改造，促进建筑业和房地产市场健康发展。完成农业"标准地"认定800公顷，建设高标准农田1600公顷；引进葡萄新品种200公顷，"浦江桃形李"通过国家农产品地理标志认证。完成全域旅游总体规划和壶源江旅游规划编制，举办上山文化遗址发现20周年学术研讨会，共同发布《"上山文化"遗址联盟浦江宣言》，新光村获评全国乡村旅游重点村，虞宅乡获评省级风情小镇，"茜溪—上河"线路获评全省美丽乡村夜经济精品线，获评全省文化和旅游产业融合发展十佳县、全国县域旅游综合实力百强县、省数字生活新服务标杆县、全国电子商务进农村综合示范县和全国"互联网+"农产品出村进城工程示范县，石埠头村获评首批全国最美淘宝村。

深化项目改革，推行"代办点+自助服务终端+网格员"便民服务模式，省定41项"一件事"全部落地，政务服务办件线上受理率和掌上执法率分别为81.3%和100%。启动挂锁行业数字化改造，新增市两化融合重点项目7家、数字化车间示范项目5家和“物联网工厂”示范项目1家。下放乡镇(街道)456项民生事项，推行“代办点+自助服务终端+网格员”便民服务模式，政务服务办件线上受理率、掌上执法率、“最多跑一次”实现率分别为81.3%、100%、100%。

社会治理开创新局，深化领导干部下访接访制度，与省标准化研究院签订“下访接访”信访工作标准化战略合作协议，信访呈现“两降两升”的态势，连续六年实现进京“零非访”。推进民情民访代办制，共代办民情民访事项7109件次，办结率99.7%。开展安全生产百日攻坚行动，各类交通事故、安全生产事故及死亡人数分别同比下降6.7%、33.3%、42.9%，实现平安创建“十四连冠”。

推进民生福祉，完成金狮湖—塔山区块、城西区块城市设计方案，新型智慧城市第一期项目建设基本完成，宣和、西街、塔山等13个社区改造项目完工。完成农村饮用水达标提标三年建设任务，获评省农村饮用水达标提标工作成绩突出县。示范型居家养老服务中心提前2年完成乡镇(街道)全覆盖的省定目标任务；6685名特困、低保、低保边缘户及困境儿童全部动态纳入基本医疗保险、大病保险、医疗救助三道保障线。中医院迁建工程主体完成，启动县人民医院改扩建工程，“双下沉、两提升”工作成效位列全省第三。

加强队伍建设，完成村级组织换届工作，党员群众参选率、候选人得票率均创历史新高。立足“五星三强”基层党组织建设，分农村、社区、“两新”(新经济和新社会组织)、机关四大领域开展专项行动，推动基层党建全领域建强、全区域提升。建立健全“两个担当”良性互动机制，累计公开反馈9件次，澄清正名10人次，全力激发和保护干部干事创业积极性。做好省委巡视反馈问题整改工作，累计整改问题41个，落实整改措施179条。纠治“四风”，查处违反中央八项规定精神问题30起，处理42人。

## 县委常委会会议

**【县委常委会第97次会议】** 1月8日，召开县委常委会第97次会议。研究县“两会”筹备情况及人大、政府、政协工作报告等相关事宜，研究“两会”有关人事事项。研究2020年浦江县政府十大民生实事项目、浦江县“七个十”项目、2020年投资项目计划、浦江县2019年国民经济和社会发展计划执行情况及2020年国民经济和社会发展计划的报告、2020年浦江县财政预算。研究《中共浦江县委关于加强新时代浦江公安工作的实施意见》并听取浦江县公安工作情况汇报、研究《“基层党建+应急管理标准化”工作实施意见》。传达贯彻《关于厉行节约坚持过紧日子的通知》《关于当前我市意识形态领域形势的通报》。听取省委巡视整改工作进展情况汇报并研究《关于浦江县委意识形态工作责任制落实情况专项检查的反馈意见》。

**【县委常委会第98次会议】** 1月20日，召开县委常委会第98次会议。传达贯彻十九届中央纪委四次全会和省纪委十四届五次全会精神、省“两会”精神。研究2019年度乡镇(街道)、机关部门年终考核及年终奖有关事项、2019年度县级文明单位、村(社区)复评和申报工作、《中共浦江县委关于省委巡视组反馈意见整改落实情况的报告》、全县工业经济大会暨“三大攻坚年”动员大会方案。

【县委常委会第99次会议】 1月27日，召开县委常委会第99次会议。传达学习习近平总书记重要指示精神和省委常委会会议、市委常委会会议精神，听取全县新型冠状病毒感染的肺炎疫情防控工作情况。

【县委常委会第100次会议】 2月3日，召开县委常委会第100次（扩大）会议。通报浦江县疫情防控工作情况及督查情况并布置下一步工作计划。

【县委常委会第101次会议】 2月10日，召开县委常委会第101次会议。传达学习习近平总书记在中央全面依法治国委员会第三次会议上的重要讲话精神和省委常委会会议、市委常委会会议精神。听取全县疫情防控工作情况汇报。研究《浦江县新型冠状病毒肺炎疫情防控工作指挥部通告（送审稿）》《浦江县新型冠状病毒肺炎疫情防控工作领导小组关于应对疫情支持企业渡过难关的意见（送审稿）》《浦江县工业企业开复工管理细则（送审稿）》。

【县委常委会第102次会议】 2月17日，召开县委常委会第102次会议。传达贯彻全省宣传思想工作会议精神、全省全市统战部部长会议精神，研究有关人事事项。听取春季征兵有关事项汇报，并研究全县新冠肺炎疫情防控和复工复产工作。

【县委常委会第103次会议】 2月18日，召开县委常委会第103次（扩大）会议。传达学习中央、省市各级会议精神，研究部署全县新型冠状病毒感染的肺炎疫情防控和企业复工复产工作。

【县委常委会第104次会议】 2月24日，召开县委常委会第104次会议。专题学习习近平总书记在统筹推进新冠肺炎疫情防控和经济社会发展工作部署会议上重要讲话精神，及省委书记车俊在全省统筹推进新冠肺炎疫情防控和经济社会发展工作部署会议上的讲话精神。

【县委常委会第105次会议】 3月6日，召开县委常委会第105次会议。传达学习省委常委、政法委书记王昌荣到浦江调研时的讲话精神和省委政法工作会议精神、《对浦江县委2019年度履行全面从严治党主体责任情况的检查反馈意见》并研究浦江县整改落实方案。听取2月重点工作完成情况和3月重点工作计划汇报。

【县委常委会第106次会议】 3月18日，召开县委常委会第106次会议。研究《浦江县关于高水平推进美丽城镇建设的实施意见》、县纪委十四届五次全会工作报告。传达学习省委农村工作会议精神、省委关于贯彻落实《中国共产党政法工作条例》的五个配套规定精神、全市宣传思想文化工作会议精神和《关于全市2019年度落实意识形态责任制检查情况的通报》。

【县委常委会第107次会议】 3月31日，召开县委常委会第107次（扩大）会议。听取一季度重点工作完成情况和4月、二季度重点工作计划汇报。传达贯彻全省复工复产安全生产工作会议、全市安全生产暨消防工作电视电话会议精神、全省组织部部长会议和全市组织工作会议精神、全省“开展扶贫开发和扶贫协作专项监督”和“强化清廉村居建设有力推动基层治理”工作推进会精神、全市统战部长会议精神并听取浦江县统一战线2019年工作总结和2020年工作重点汇报。听取江南第一家—仙华山峰林国家AAAAA级旅游景区创建工作汇报，传达学习《中共金华市委办公室关于2019年度全市落实全面从严治党主体责任综合情况的通报》,并提出了整改落实意见。

【县委常委会第108次会议】 4月3日,召开县委常委会第108次(扩大)会议。专题学习贯彻习近平总书记在浙江视察时的重要讲话精神和省委常委会扩大会议、金华市委常委会扩大会议精神。

【县委常委会第109次会议】 4月10日,召开县委常委会第109次会议。研究县"两会"有关事项、浦江县第七次县级劳动模范和模范集体评选有关事项、《浦江县"拼搏实干、争先进位"作风建设专项行动实施方案》。传达贯彻市委政法工作会议精神并研究浦江县员额法官、检察官单独职务序列等级有关待遇保障事项。传达贯彻全国安全生产电视电话会议精神。研究有关人事事项。

【县委常委会第110次会议】 4月16日,召开县委常委会第110次会议。研究《关于应对疫情支持外贸企业渡过难关的若干意见》《2020年浦江县"营商环境攻坚年"活动实施方案》《2020年浦江县"创新发展攻坚年"活动实施方案》《2020年浦江县"项目招引攻坚年"活动实施方案》。传达学习《关于深入开展"五星三强"基层党组织建设打造基层党建引领基层治理示范市的实施意见》并研究浦江县贯彻落实意见。传达贯彻市委人才工作领导小组(扩大)会议精神。听取浦江县"两会"疫情防控组工作方案汇报。

【县委常委会第111次会议】 4月24日,召开县委常委会第111次(扩大)会议。传达贯彻省委常委、组织部部长黄建发到浦江调研时的重要讲话精神。

【县委常委会第112次会议】 5月7日,召开县委常委会第112次会议。听取浦江县4月重点工作完成情况和5月重点工作计划汇报、县各专班工作情况汇报。

【县委常委会第113次会议】 5月19日,召开县委常委会第113次会议。传达学习习近平总书记在中共中央政治局会议和中共中央政治局常务委员会会议上的重要讲话精神,以及全省、全市争先创优行动月度工作例会精神。听取浦江县1—4月经济形势分析和相关重点项目推进情况、各专班工作情况汇报,并研究贯彻落实意见,部署下一步工作。

【县委常委会第114次会议】 6月1日,召开县委常委会第114次会议。传达贯彻习近平总书记在决战决胜脱贫攻坚座谈会上的重要讲话精神并研究浦江县2020年度对口工作重点任务、近期上级有关县级矛盾纠纷调处化解中心建设工作相关会议精神。传达学习市委书记陈龙到浦江调研时的重要讲话精神,听取浦江县5月重点工作完成情况、6月重点工作计划和5月各专班工作情况汇报并研究部署浦江县贯彻落实举措。研究《关于落实"市委检查组对浦江县委2019年度意识形态工作责任制落实情况检查的反馈意见"的整改报告》。传达贯彻《关于持续解决形式主义突出问题为基层减负的若干措施》《中共浙江省委关于加强各级领导班子政治建设的若干意见》,全国巡视工作会议暨十九届中央第五轮巡视动员部署会精神以及有关反恐怖工作系列指示、批示、会议精神并听取了浦江县反恐怖工作情况汇报。

【县委常委会第115次会议】 6月2日,召开县委常委会第115次(扩大)会议。讨论金狮湖—塔山区块城市设计方案、讨论城西区块城市设计、解放西路保护和改造设计方案以及浦阳江生态廊道连通工程设计方案。

**【县委常委会第116次会议】** 6月16日，召开县委常委会第116次会议。传达学习省委书记车俊在省委常委会会议上关于安全生产和疫情防控工作的重要讲话精神和市委书记陈龙在检查安全生产工作时的重要讲话精神、全国市县巡察工作西北、中南片区调研座谈会精神、全省新时代文明实践中心暨农村文化礼堂建设工作推进会精神、市“五星三强”示范乡镇建设暨“三大员”工作推进会精神、全市对台工作会议精神和县（市）委履行主体责任推进党校创优评估专题会精神。听取各专班工作情况汇报。研究《浦江县有关单位生态环境保护工作职责》《关于新时代加强和改进人民政协工作的实施意见》。研究职级晋升和年度考核有关事项。

**【县委常委会第117次会议】** 6月19日，召开县委常委会第117次（扩大）会议。传达学习省委十四届七次全体（扩大）会议精神。

**【县委常委会第118次会议】** 6月28日，召开县委常委会第118次（扩大）会议。传达学习省委书记车俊到金华到浦江调研时的重要指示精神并研究贯彻落实意见，研究有关人事事项。

**【县委常委会第119次会议】** 7月2日，召开县委常委会第119次（扩大）会议。听取浦江县上半年度重点工作完成情况和7月份、三季度重点工作计划汇报，部署防汛抗旱和安全生产等工作。

**【县委常委会第120次会议】** 7月17日，召开县委常委会第120次会议。传达学习习近平总书记在中央政治局第二十一次集体学习时的重要讲话精神和省委书记车俊在省管领导班子政治建设座谈会上的讲话精神，传达贯彻省委书记车俊对浦江上山文化和交通工作有关报告的批示精神，传达贯彻省委、省政府领导就防范和惩治统计造假有关指示批示精神。传达贯彻省委常委、秘书长陈金彪在全省档案工作暨表彰先进会议上的讲话精神和浙江省第六次民族团结进步表彰大会精神。研究《浦江县高水平全面建成小康社会补短板工作清单》《浦江县第二轮安全生产综合治理三年行动计划实施方案》《关于2020年浦义战略合作发展思路》《新建杭州至温州铁路（杭州至义乌段）浦江站建筑概念设计方案》。

**【县委常委会第121次会议】** 7月23日，召开县委常委会第121次会议。专题研究浦江县上半年度党风廉政建设工作。研究关于追授王朝晖、石丁丁为浦江县优秀共产党员的有关事项。

**【县委常委会第122次会议】** 7月29日，召开县委常委会第122次（扩大）会议。传达学习贯彻中央和省市有关会议精神并听取浦江县上半年经济社会形势情况和主要问题、对策建议及8月重点工作计划汇报。传达学习关于开展全省低收入农户高水平全面小康攻坚有关通知精神，研究部署浦江县贯彻落实、全省新时代青年理论宣讲工作现场会和浙江省社科联第八次代表大会精神、省市有关县级矛盾纠纷调处化解中心建设工作会议精神并研究《关于加强新时代浦江政法队伍建设的若干意见》。研究《县委十四届八次全体（扩大）会议暨县政府第四次全体会议报告（送审稿）》《中共浦江县委关于深入学习贯彻习近平总书记考察浙江重要讲话精神努力在建设“重要窗口”中展现浦江形象的意见(送审稿)》和《中共浦江县委关于建设高质量人才队伍打造高水平创新型县的决定(送审稿)》。研究县委委员递补有关事项。

**【县委常委会第123次会议】** 7月31日,召开县委常委会第123次会议。专题研究共享产业项目投资和招引事项。

**【县委常委会第124次会议】** 8月13日,召开县委常委会第124次会议。研究《浦江县国有企业退休人员社会化管理实施方案》《2020年度综合考核办法(送审稿)》《浦江县高铁小镇概念性规划和核心区城市设计方案》。传达学习《中国共产党基层组织选举工作条例》、全省新乡贤工作推进会精神、全省科学技术奖励大会精神、《中共金华市纪委关于2020年上半年全市查处违反中央八项规定精神问题情况的通报》。

**【县委常委会第125次会议】** 9月2日,召开县委常委会第125次会议。听取8月重点工作完成情况和9月重点工作计划汇报,研究《杭温铁路(浦江段)工程征地拆迁工作实施办法(送审稿)》《浦江县“三线一单”生态环境分区管控方案(送审稿)》《浦江县浦阳街道善庆村桃岭自然村搬迁安置实施方案(送审稿)》和《浦江县仙华街道登高村房屋搬迁安置方案(送审稿)》,研究苏州赛伍应用技术有限公司年产2.55万平方米太阳能封装胶膜项目。

**【县委常委会第126次会议】** 9月11日,召开县委常委会第126次(扩大)会议。传达贯彻省委书记袁家军在省委党校2020年秋季学期开学典礼上的讲话精神。

**【县委常委会第127次会议】** 9月17日,召开县委常委会第127次会议。研究县委党校迁建选址有关事项、《2020浦江·第十三届中国书画节工作方案(送审稿)》、杭温高铁浦江站房立面方案。

**【县委常委会第128次会议】** 9月22日,召开县委常委会第128次会议。研究金狮湖—塔山区块城市设计方案、城西区块城市设计方案。

**【县委常委会第129次会议】** 10月10日,召开县委常委会第129次(扩大)会议。听取浦江县三季度重点工作完成情况和10月份、四季度重点工作计划汇报。传达贯彻习近平总书记对制止餐饮浪费行为的重要指示精神和《浙江省坚决制止餐饮浪费行为行动方案》、习近平总书记对新时代民营经济统战工作重要指示精神和全国民营经济统战工作会议精神。传达贯彻全省全市村社组织换届工作动员部署会精神、全省农村乱占耕地建房问题专项整治行动电视电话会议精神、全省网络生态“瞭望哨”工程建设现场推进会精神、许罗德在全省巡视巡察工作会议暨十四届省委第十轮巡视动员部署会上的讲话精神。传达学习习近平总书记在中央政治局第23次集体学习时的重要讲话精神(关于考古工作)。研究《2020中国浦江·第十二届水晶玻璃产业博览会工作方案(送审稿)》。

**【县委常委会第130次会议】** 10月27日,召开县委常委会第130次会议。传达学习习近平总书记在中央党校(国家行政学院)中青年干部培训班开班式的重要讲话精神、习近平总书记在深圳经济特区建立40周年庆祝大会的重要讲话精神,习近平总书记对供销合作社工作重要指示精神、习近平总书记对脱贫攻坚工作重要指示精神。传达学习习近平总书记在参观“铭记伟大胜利 捍卫和平争议——纪念中国人民志愿军抗美援朝出国作战70周年主题展览”时、在纪念中国人民志愿军抗美援朝出国作战70周年大会上的重要讲话精神。听取浦江县前三季度经济形势情况和主要问题、对策建议、浦江县2020年前三季度法治政府建设工作情况汇报。研究《上山遗址发现20周年学术研讨会工作方案(送审稿)》。传达贯彻《党委(党组)意识形态工作责任制实施办法》、十九届中央第六轮巡视工作动员部署会和中央第四巡视组巡视浙江省工作动员会议精神。传达学习《全面准确认识当前形势 努力完成今年经济社会发展目标任务》和《中国制度面对面》,听取当前反邪教斗争形势分析和浦江县反邪教专项整治工作开展情况汇报。

**【县委常委会第131次会议】** 11月4日,召开县委常委会第131次会议。审定金狮湖—塔山区块城市设计方案。听取浦江县国土资源局空间总体规划方案的汇报。

**【县委常委会第132次会议】** 11月10日,召开县委常委会第132次会议。传达学习习近平总书记在党外人士座谈会上的重要讲话精神、习近平总书记在第三届中国国际进口博览会开幕式上的重要讲话精神、习近平总书记对推进农村土地制度改革、做好农村承包地管理工作的重要指示精神、习近平总书记对做好第七次全国人口普查工作的重要指示精神。传达学习全省组织系统学习贯彻习近平总书记重要讲话精神贯彻落实新时代党的组织路线视频部署会精神。传达贯彻全市高水平建设新时代美丽金华暨生态环境保护工作述职大会精神并听取第二轮中央环保督察迎检和“五水共治”工作汇报。听取10月重点工作完成情况和11月重点工作计划汇报。研究浦江县垃圾分类和环境卫生工作。

**【县委常委会第133次会议】** 11月20日,召开县委常委会第133次(扩大)会议。传达学习省委十四届八次全体(扩大)会议精神。

**【县委常委会第134次会议】** 11月20日,召开县委常委会第134次会议。传达学习习近平总书记关于考古工作的重要精神并听取上山遗址发现20周年研讨会成果和下一步建议汇报。

**【县委常委会第135次会议】** 12月1日,召开县委常委会第135次会议。传达学习习近平总书记在全面推动长江经济带发展座谈会、浦东开发开放30周年庆祝大会、全面依法治国工作会议、全国劳动模范和先进工作者表彰大会上的重要讲话精神。传达学习李克强总理在2020年全国大众创业万众创新活动周启动仪式上的重要讲话精神。传达学习习近平总书记对平安中国建设、关心下一代工作的重要指示精神。传达学习全国精神文明建设表彰大会精神。传达贯彻省委书记袁家军、省长郑栅洁到金华调研的指示精神和中国(浙江)自由贸易试验区建设推进大会、全省深化“千万工程”建设新时代美丽乡村现场会精神。传达贯彻国家卫健委新冠肺炎疫情防控会议和省委常委会冬春季疫情防控专题工作会议精神及省委常委、统战部部长熊建平对浦江县“乡贤乡居”工作有关批示精神。听取浦江县11月重点工作完成情况和12月重点工作计划汇报。研究金狮湖—塔山区块城市规划设计方案、浦江万年上山文化村项目变更开发战略合作单位有关事项。研究金华市抗击新冠肺炎疫情先进个人、先进集体、先进基层党组织推荐对象名单以及有关人事事项。

**【县委常委会第136次会议】** 12月16日，召开县委常委会第136次(扩大)会议。传达贯彻市委七届八次全体(扩大)会议精神，研究《做好被征地农民参加基本养老保险工作实施方案(送审稿)》。

**【县委常委会第137次会议】** 12月22日，召开县委常委会第137次会议。宣布人事调整事项。

**【县委常委会第138次会议】** 12月31日，召开县委常委会第138次(扩大)会议。传达学习习近平总书记在中共中央政治局民主生活会上的重要讲话精神、中央农村工作会议精神。传达贯彻中央和省委经济工作会议精神。听取2021年春节前后重点工作计划汇报。讨论《中共浦江县委关于制定浦江县国民经济和社会发展第十四个五年规划和二〇三五年远景目标的建议(送审稿)》。讨论双溪水库工程筹建和建设方案。

## 重要会议与活动

**【县委十四届七次全体(扩大)会议】** 1月6日，中共浦江县委十四届七次全体(扩大)会议召开。县委书记程天云代表县委常委会作题为《以县域治理现代化推动浦江高质量发展》的工作报告。会议审议通过《中共浦江县委关于认真学习贯彻党的十九届四中全会精神，高水平推进县域治理现代化的决定》。

**【全县“不忘初心、牢记使命”主题教育总结大会】** 1月9日，全县“不忘初心、牢记使命”主题教育总结大会召开。县委书记程天云出席会议并讲话。市委第四巡回指导组副组长陈剑云作总结讲话。县委副书记、县长俞佩芬主持会议。程天云指出，必须坚持以人民为中心，把群众观点和群众路线植根于思想中、落实到行动上；必须坚持党建统领、推动发展，以高质量党建统领高质量发展；必须坚持问题导向、建章立制，解决好群众的热点难点问题；必须坚持以上率下、层层联动，推动广大党员干部心往一处想、劲往一处使。认识、重视当前党员干部队伍中存在的问题并加以解决。

**【县第十四次妇女代表大会】** 1月10日，县第十四次妇女代表大会召开。县委书记程天云在开幕式上强调，全县妇联组织和广大妇女工作者要发挥妇女在社会生活和家庭生活中的“两个独特”作用，做浦江高质量发展的建设者、奋进者，积极建言献策、建功立业，为建设“水晶之都、诗画浦江”贡献半边天力量。

**【全县公安工作会议】** 1月10日，全县公安工作会议召开。县委书记程天云强调，忠诚践行新时代公安工作职责使命，护航县域治理现代化和高质量发展。

**【县工会第十六次代表大会】** 1月14日，浦江县工会第十六次代表大会召开。县委书记程天云出席会议并讲话。金华市总工会党组书记兰景贵到会祝贺。县领导俞佩芬、俞建辉等出席会议。张再创代表县总工会第十五届委员会作工作报告。

**【全县领导干部会议】** 1月14日，全县领导干部会议召开。举行2019年度县级领导班子和领导干部述德述责述廉述法、民主测评(评议)和干部选拔任用工作“一报告两评议”。县委书记程天云代表县委领导班子作年度工作总结报告、干部选拔任用情况报告并作个人述德述责述廉述法报告。县委副书记、县长俞佩芬代表县政府领导班子作年度工作总结报告并作个人述德述责述廉述法报告。县人大、县政协领导班子及其他县级领导干部分别以书面形式进行总结和述德述责述廉述法。会议对县级领导班子和领导干部进行民主测评,市委组织部干部综合处正科级组织员彭春燕作民主测评(评议)说明。

**【党建、人才和意识形态述职评议会】** 1月20日,县委召开2019年度党建、人才和意识形态述职评议会。县委书记程天云出席会议并讲话。市委组织部部务会议成员、市纪委监委驻市委组织部纪检监察组长杨国良到会指导并作点评讲话。县领导俞佩芬、虞振贤、郑文红、俞建辉及县委常委出席会议。

**【新冠肺炎疫情防控工作领导小组会议】** 1月28日,县委书记程天云主持召开全县新型冠状病毒感染的肺炎疫情防控工作领导小组会议。贯彻中央和省市会议指示精神,研究部署全县疫情防控工作。县委副书记、县长俞佩芬,县委副书记、政法委书记俞建辉等出席会议。会议决定,在县委统一领导下开展工作,全方位落实党中央国务院和省市决策部署。实行实体化运作、分工负责,集中办公、每日商会、信息报送、请示汇报、应急备勤等工作制度,打好持久战的准备。同日,程天云带队到基层检查疫情防控工作、慰问一线工作人员。

**【全县疫情防控区工作领导小组(扩大)会议】** 2月6日,全县疫情防控区工作领导小组(扩大)会议以视频形式召开。会议传达学习习近平总书记在中央政治局常委会会议上的讲话精神和省市有关指示,分析浦江疫情,部署下一阶段任务。县委书记程天云强调,全速推进"清零"行动,查清底数,防止变数;高效应对"返岗、返工、返学"人群,严格程序,精准施策。

**【全县统筹推进新冠肺炎疫情防控和经济社会发展工作部署会】** 2月26日,全县统筹推进新冠肺炎疫情防控和经济社会发展工作部署会召开。县委书记程天云强调,贯彻落实习近平总书记在中央统筹推进新冠肺炎疫情防控和经济社会发展工作部署会议上的重要讲话精神,保持"不获全胜决不轻言成功"的定力和韧劲,保障推动全面复工复产。全县各级党组织、全体党员干部要保持战时状态,践行党员干部的初心和使命。县委副书记、县长俞佩芬作工作部署。县领导虞振贤、郑文红、俞建辉等出席会议。

**【全县疫情防控领导小组(扩大)会议】** 3月10日,县委书记程天云主持召开全县疫情防控领导小组(扩大)会议,传达学习习近平总书记在中央政治局常委会会议上的重要讲话精神和省委、市委常委会会议精神,部署全县疫情防控和复工复产等工作。程天云强调,健全联防联控、群防群控机制,打造"精密型智控"的最小防控单元。盯住境外高风险国家或地区可能返浦来浦人员,落实各项管控举措。俞佩芬、虞振贤、郑文红、俞建辉等县领导参加会议。

**【金融工作座谈会】** 3月10日,县委、县政府举行金融工作座谈会。县委书记程天云强调,政银企三方要共战疫情、聚力发展,实现金融机构和实体经济互利共赢的良性循环,夺取疫情防控阻击战和发展总体战的全面胜利,如期完成"12365"实体经济翻身战奋斗目标，推动浦江实体经济“二次创业”。县委副书记、县长俞佩芬主持会议。

**【招商引资工作委员会会议】** 3月19日，县委书记程天云主持召开招商引资工作委员会会议。听取招商引资项目情况汇报，研究审议《2020年浦江县招商引资“项目攻坚年”活动实施方案(送审稿)》。程天云强调，要加快落实“项目招引”攻坚年活动，实现经济社会发展的“半年红”“全年红”。县领导俞佩芬、虞振贤、郑文红等出席。

**【中国共产党浦江县第十四届纪律检查委员会第五次全体会议】** 3月20日，中国共产党浦江县第十四届纪律检查委员会第五次全体会议召开。全会号召要更加紧密地团结在以习近平同志为核心的党中央周围，在市纪委和县委的领导下，不忘初心、牢记使命，推进纪检监察工作高质量发展，推进党风廉政建设和反腐败工作，为浦江县高水平全面建成小康社会提供坚强保障。

**【全县工业经济会议暨“三大攻坚年”动员会】** 3月27日，全县工业经济会议暨“三大攻坚年”动员会召开。县委书记程天云强调，开展营商环境、项目招引、创新发展“三大攻坚年”活动，做好疫情防控“后半篇文章”，打赢疫情防控的人民战争、总体战、阻击战。掀起“抢抓机遇、抢抓项目、抢抓发展”热潮，以新担当新作为推动浦江高质量发展，实现“三大攻坚年”各项目标任务，确保如期高水平全面建成小康社会，确保实现“十三五”圆满收官。县长俞佩芬主持会议并作工作部署。县领导虞振贤、郑文红、俞建辉等出席会议。

**【全县2020年度“五水共治”工作部署会】** 4月1日，全县2020年度“五水共治”工作部署会议召开。县委书记程天云强调，全县上下要持续发力、持续攻坚，推动浦江“五水共治”工作再上新台阶，打赢治水收官战、打好污染防治攻坚战，为推进浦江高质量发展提供保障。县委副书记俞建辉主持会议，副县长周建丰部署工作。

**【全县组织宣传统战工作会议】** 4月3日，全县组织宣传统战工作会议召开。县委书记程天云强调，组织宣传统战部门要以坚定的理想信念、昂扬的精神状态、扎实的工作作风，推动党务工作更大作为，实现经济社会更大发展，为打赢实体经济翻身战、建设“水晶之都、诗画浦江”作贡献。

**【县委农村工作会议暨乡村振兴示范县创建推进会】** 4月8日，县委农村工作会议暨乡村振兴示范县创建推进会召开。会议贯彻落实中央“一号文件”精神，回顾总结2019年全县农业农村工作取得的成绩，部署2020年农业农村工作，动员全县上下振奋精神，高质量完成全省首批部省共建乡村振兴示范县创建任务，推动乡村振兴走在前列，开创浦江“三农”工作新局面。县委书记程天云出席并讲话。县委副书记、县长俞佩芬布置工作。各乡镇(街道)设分会场。

**【县委第九轮巡察工作动员部署会】** 4月9日，县委第九轮巡察工作动员部署会召开。县委书记程天云强调，有力有序推进巡察工作。全县各级各部门要强化责任担当、加强组织保障，既各司其职，又牢固树立“一盘棋”的思想，做好巡察工作。

**【县委理论学习中心组学习会】** 4月15日，县委理论学习中心组举行学习会，专题学习习近平总书记在浙江考察时的重要讲话精神。县委书记程天云主持学习会并强调，要全面贯彻落实习近平总书记对浙江工作的最新指示要求，把握“努力成为新时代全面展示中国特色社会主义制度优越性的重要窗口”这一新目标新定位的内涵和导向，推动习近平新时代中国特色社会主义思想在浦江的实践，承担起“重要窗口”建设者、展示者、奋斗者的使命担当。县各套班子领导参加学习会。县委常委、县人大常委会主任、县政协主席在会上作交流发言。

**【县委政法工作会议暨建设平安浦江工作会议】** 4月17日，县委政法工作会议暨建设平安浦江工作会议召开。县委书记程天云强调，全县政法队伍要围绕中心、聚焦重点，真抓实干、奋力攻坚，提高新时代政法和平安建设工作水平，打造高质量“基层党建+社会治理”样板县，以政法工作和平安建设的有力有为，为“重要窗口”建设提供保障。

**【中国人民政治协商会议浦江县第九届委员会第四次会议】** 4月19日，中国人民政治协商会议浦江县第九届委员会第四次会议召开。县委书记程天云勉励县政协和广大政协委员，履行政治协商、民主监督、参政议政职能，深入政协党建工作，协商建言更加有效，民主监督更加有力，自身建设更加有为，为县委、县政府科学决策提供了重要参考，为浦江各项事业发展贡献了重要力量。县政协主席郑文红向大会作常委会工作报告。

**【浦江县第十四届人民代表大会第四次会议】** 4月20日，浦江县第十四届人民代表大会第四次会议召开。会议表决通过了《大会选举办法》《民生实事项目表决办法》《县十四届人大相关专门委员会人员人选通过办法》。县委副书记、县长俞佩芬作政府工作报告。

**【2020年度县重点工作任务领办会暨二季度工作攻坚动员部署会】** 4月30日，2020年度县重点工作任务领办会暨二季度工作攻坚动员部署会召开。县委书记程天云号召全县广大党员干部拿出攻坚的姿态、攻坚的能力、攻坚的作为，聚焦发展、接续奋斗，攻坚二季度，为实现“半年红”“全年红”打实基础。

**【县委网络安全和信息化委员会】** 5月8日，县委网络安全和信息化委员会第一次会议举行。县委书记、县委网络安全和信息化委员会主任程天云出席会议并讲话。县领导俞佩芬、俞建辉、朱俊华、徐利民等出席会议。会议传达学习习近平总书记关于网络安全和网信工作的重要论述精选，解读《中国共产党浙江省委员会领导网络安全和信息化工作规定》，听取2019年以来网信工作情况汇报，审议通过《中共浦江县委网络安全和信息化委员会工作规划》《浦江县“民情暖哨”工程实施意见》等议题。

**【东西部扶贫协作高层联席会】** 5月13日，东西部扶贫协作高层联席会议召开。县委书记程天云与到浦江考察的金口河区委书记张建红一行就持续深化协作、共谋发展新篇进行深入沟通交流。县领导虞振贤、郑文红、韦钟铺等参加会议并陪同考察。四川省乐山市金口河区是浦江县东西部扶贫协作结对地区。2017年两地“联姻”，在产业扶贫、教育、旅游、干部交流等领域进行合作，建立了深厚友谊。

**【全县关心下一代工作暨“双先”表彰会】** 5月29日，浦江县关心下一代工作暨“双先”表彰会议召开。县领导俞建辉、蒋涛、戴忠泉、陈子华、张放远参加会议。会议贯彻落实习近平总书记在浙江考察期间的重要讲话精神,学习习近平总书记对关心下一代工作的重要指示和全国、全省关心下一代工作会议精神,表彰2018—2019年度浦江县关心下一代工作先进集体和先进个人,总结2019年全县关心下一代工作并部署2020年工作任务。

**【全县领导干部会议】** 6月1日,县委召开全县领导干部会议,传达学习全国"两会"精神,对全县学习贯彻工作作出部署。县委书记程天云主持会议并讲话。县委副书记、县长俞佩芬传达全国"两会"精神。县领导虞振贤、郑文红、俞建辉等出席会议。程天云指出,要按照中央、省委、市委的统一部署,把握全国"两会"精神的核心要义和丰富内涵。学习习近平总书记在"两会"期间的重要讲话精神和政府工作报告的系列重要部署,学习全国人大立法和决定的重大意义。

**【浦江(杭州)科创中心揭牌启动仪式】** 6月19日,浦江(杭州)科创中心揭牌启动仪式在杭州举行,标志着浦江首个科创和人才飞地启动运营。浦江(杭州)科创中心位于杭州恒生科技园,搭建集招商引资、招才引智、项目孵化、产学研对接、技术研发等五大功能于一体的综合性服务平台,成为浦江拥抱杭州、融入杭州的重要跳板。县领导程天云、张昆仑、蒋涛、楼新有出席启动仪式。

**【庆祝中国共产党建党99周年暨万名党员"永远跟党走"主题活动】** 6月28—29日,浦江县举行庆祝中国共产党建党99周年暨万名党员"永远跟党走"主题活动,号召全县广大党员坚持党建统领,争当五个表率,为决战决胜高水平全面建成小康社会、为全省建设"重要窗口"贡献浦江力量。县领导程天云、俞佩芬、虞振贤、郑文红、俞建辉等在相关乡镇(街道)参加活动并上专题党课。

**【全县村和社区组织换届试点工作动员部署会】** 7月9日,全县村和社区组织换届试点工作动员部署会议召开。会议学习贯彻中央有关精神和省委十四届七次全会以及全省、全市村社组织换届试点工作动员会精神,部署全县试点工作,推动换届工作高质量开局,为建设"重要窗口"提供保障。县委书记程天云出席会议并讲话。县领导俞佩芬、虞振贤、郑文红、俞建辉、蒋涛等出席会议。

**【2020年青年骨干培训班和90后年轻干部培训班】** 7月16日,浦江县2020年青年骨干培训班和90后年轻干部培训班开班。县委书记程天云出席开班仪式并上第一课,强调广大年轻干部要坚定理想信念、不负美好年华,争当"忠诚、为民、务实、担当、清廉"的表率,自觉践行"九坚持九做到"工作规范,以实际行动和担当为建设"重要窗口"贡献浦江青年力量。县委常委、组织部部长蒋涛主持开班仪式。

**【2020浙江·浦江第十三届葡萄节开幕式】** 8月5日,2020浙江·浦江第十三届葡萄节在黄宅镇横山村开幕。浙江省农业农村厅巡视员陆元林宣布开幕。浙江省供销合作社联合社副主任张建、中国果品流通协会副会长兼秘书长张庆丰、中国农学会葡萄分会常务副会长田淑芬、县委书记程天云出席并致辞。县委副书记、县长俞佩芬主持开幕式。

**【全县"五星三强"基层党组织建设暨社区党建工作推进会】** 8月6日,全县"五星三强"基层党组织建设暨社区党建工作推进会召开。县委书记程天云强调，要深入学习贯彻县委十四届八次全会精神，深化“五星三强”创建，推动全县社区党建工作走深走实，把党建优势转化为发展优势、治理效能，为建设“重要窗口”提供组织保障。

【全市小微企业园区建设现场会】 8月7日，全市小微企业园区建设现场会在浦江县召开。会议强调，全市上下要全面贯彻落实习近平总书记在浙江考察时的重要讲话精神，统一思想、凝聚共识，创新举措，打造升级版小微企业园，为打造民营经济金字招牌、建设“重要窗口”添彩。金华市副市长张新宇，市政府副秘书长程长生，县委副书记、县长俞佩芬，副县长楼新有参加会议。

【全县“五水共治”工作推进会】 8月14日，全县“五水共治”工作推进会召开。县委书记程天云强调，全县上下要深入践行“绿水青山就是金山银山”的发展理念，完成“五水共治”各项工作任务，守好绿水青山，做大金山银山，让蓝天白云永驻，让百姓生活更加幸福。县委副书记俞建辉主持会议，副县长周建丰部署“五水共治”工作。

【2020年二季度重点工作“晒拼创”会议】 8月19日，2020年二季度重点工作“晒拼创”会议召开。县委书记程天云强调，要以“晒拼创”推动任务落实，确保完成年初确定的各项目标任务，高水平全面建成小康社会，为建设“重要窗口”彰显浦江更大作为。县领导俞佩芬、虞振贤、韦钟铺等参加会议。

【全省退役军人思想政治工作现场推进会】 9月8—9日，全省退役军人思想政治工作现场推进会在浦江县召开。会议围绕退役军人思想教育、党员管理、阵地建设、权益维护、典型宣传、作用发挥等方面，分析查找短板，总结交流经验，推动“思想政治工作年”活动深入开展。省退役军人事务厅副厅长金登尚，市退役军人事务局局长范晓东、市大数据发展管理局局长叶顺清，县领导俞建辉、虞红梅出席会议。会前，县委副书记、县长俞佩芬陪同与会者考察了县退役军人服务中心和乡镇(街道)、社区(村)退役军人服务站。

【县委政协工作会议】 9月24日，县委政协工作会议召开。县委书记程天云强调，要深入贯彻习近平总书记关于加强和改进人民政协工作的重要思想，推动各项工作走深走实，在推进“三大攻坚年”活动、打赢实体经济翻身战中，彰显政协作为、贡献政协力量；在“忠实践行‘八八战略’、奋力打造‘重要窗口’”中，干出新业绩、谱写新篇章。

【2020浦江·第十三届中国书画节开幕式】 9月26日，2020浦江·第十三届中国书画节开幕式暨2020“万年浦江”全国中国画(手卷)作品展开展仪式在仙华文景园举行。浙江省政府原副省长、党组副书记，省政协原副主席、党组副书记，省慈善联合总会会长陈加元宣布开幕、开展。浙江省文化和旅游厅党组书记、厅长褚子育，浙江省文学艺术界联合会党组书记、副主席、书记处常务书记陈瑶，中国美术家协会秘书长、一级巡视员马锋辉，上海市美术家协会副主席陈琪等分别讲话。县委书记程天云致辞。县委副书记、县长俞佩芬主持仪式。

【全县民政会议暨首届慈善大会】 9月28日，全县民政会议暨首届慈善大会召开。县委书记程天云要求全县上下认真贯彻“民政爱民、民政为民”的工作理念,保障民生、服务群众,促进和谐、服务发展,在“忠实践行‘八八战略’、奋力打造‘重要窗口’”中彰显浦江民政担当、贡献浦江民政力量。

**【全县村和社区组织换届工作动员部署会】** 10月12日,全县村和社区组织换届工作动员部署会召开。县村和社区组织换届工作领导小组组长程天云出席会议并讲话。程天云强调,要深入学习贯彻习近平总书记关于基层组织建设的重要指示精神,贯彻落实省、市村社组织换届工作会议精神,力求全面高质量、全程高质量,确保浦江县村社组织换届选举工作圆满成功。县领导俞佩芬、虞振贤、郑文红、俞建辉等出席会议。

**【中国少年先锋队浦江县第九次代表大会】** 10月13日,中国少年先锋队浦江县第九次代表大会开幕。县委书记程天云宣布大会开幕并讲话。县领导俞佩芬、虞振贤、郑文红、俞建辉等出席会议。共青团金华市委副书记、市少工委主任刘熙到会讲话。

**【浦江县创建全国县级文明城市工作推进会】** 10月16日,浦江县创建全国县级文明城市工作推进会召开。县委书记程天云出席会议并讲话,县委副书记、县长俞佩芬主持会议。程天云强调,严格按照创建要求逐项分解落实,确保硬件不失分、软件得高分,补齐问题短板,夺取提名资格。县领导虞振贤、俞建辉、韦钟铺、张昆仑、蒋涛、徐利民、傅晓辉等出席会议。会议以视频形式召开,在各机关部门和乡镇(街道)设分会场。

**【中国水晶工艺博物馆开馆仪式】** 10月28日,中国水晶工艺博物馆开馆仪式在浦江水晶小镇客厅举行。县委书记程天云宣布开馆,县委副书记俞建辉致辞。中国水晶工艺博物馆位于浦江水晶小镇客厅二楼,有馆藏物品1000余件,包括天然水晶原石标本、中国历代水晶琉璃制品和当代玻璃艺术品,以及世界各地的水晶艺术珍品。

**【2020浦江·第12届水晶玻璃产业博览会开幕式】** 10月29日,2020浦江·第12届水晶玻璃产业博览会开幕式在水晶小镇晶彩广场举行。来自全国各地的宾朋和客商齐聚浦江。浙江省政府原副省长、省政协原副主席、长三角(浙江)民营经济研究会会长王建满出席并宣布开幕。中国日用玻璃协会理事长郑舞虹、金华市政协副主席荣安华出席开幕式并讲话。县委书记程天云致辞。县委副书记、县长俞佩芬主持开幕式。

**【全县领导干部会议】** 11月2日,县委召开全县领导干部会议,传达学习党的十九届五中全会和省、市领导干部会议精神,研究部署贯彻落实工作。县委书记程天云指出,党的十九届五中全会是在全面建成小康社会胜利在望、全面建设社会主义现代化国家新征程即将开启的重要历史时刻召开的一次十分重要的会议。学习贯彻五中全会精神是当前和今后一个时期的重要政治任务,全县党员干部要深刻领会全会精神实质,切实把思想和行动统一到全会精神上来。

**【上山遗址发现20周年学术研讨会】** 11月13日,上山遗址发现20周年学术研讨会开幕式在上山考古遗址公园举行。省政府原副省长、省政协原副主席,省慈善联合总会会长陈加元宣布开幕。省委宣传部副部长、省电影局局长葛学斌,中国考古学会理事长、中国社会科学院学部委员王巍,省文化和旅游厅党组成员、副厅长叶菁，中国水稻研究所党委书记高士军分别讲话。市委常委、宣传部部长吕伟强，县委书记程天云分别致辞。县委副书记、县长俞佩芬主持仪式。开幕式上举行了“上山文化研究中心”“中华万年考古遗址联盟”“上山文化遗址联盟”“中国水稻研究所上山稻作研究基地”等授牌仪式，以及“远古中华第一村”揭牌仪式。

**【金融支持浦江发展恳谈会】** 12月11日，金融支持浦江发展恳谈会举行。县委书记程天云致辞，县长俞佩芬主持会议。金华市金融办副主任盛建、人行金华市中心支行副行长傅赞、金华市银保监分局副局长施晓霞出席并讲话。与会者围绕金融服务浦江经济社会发展作交流发言，并举行银企融资合作意向签约。

**【党的十九届五中全会精神宣讲报告会】** 12月15日，党的十九届五中全会精神宣讲报告会召开。省级专家宣讲团成员、浙江大学副校长黄先海作宣讲报告。县委书记程天云在会议上强调，要坚持学习不停步，深入学、广泛学，营造学习宣传十九届五中全会精神的浓厚氛围。

**【领导干部会议】** 12月30日，浦江县召开领导干部会议，宣布省委、市委关于浦江县党政主要领导同志职务调整的决定：俞佩芬任中共浦江县委书记；戴翀任中共浦江县委委员、常委、副书记，提名为浦江县县长候选人。市委书记陈龙出席会议并讲话。市委组织部副部长陆品能宣读省委和市委决定。俞佩芬、戴翀作表态发言。

（黄青青）

## 重要调研

2月3日，金华市委副书记、市长尹学群率队到浦江暗访新冠肺炎疫情防控工作。金华市政府秘书长楼东江参加活动。

2月20日，省委常委、宣传部部长朱国贤到浦江调研指导新冠肺炎疫情防控和复工复产工作，开展“三服务”活动，帮助企业破解难题，为项目排忧解难。

3月3日，省委常委、政法委书记王昌荣到浦江调研信访工作。省委副秘书长、省信访局局长王忠志一同调研。

3月4日，市委常委、统战部部长、秘书长郑余良到浦江开展“三服务”，检查指导企业疫情防控和复工复产工作。

3月9日，省财政厅副厅长林仁方带队到浦江调研复工复产情况和财政工作有关情况。他们先后到访亚特新材料有限公司、三思光电有限公司、杭机股份磨床智能制造产业化建设项目和县治水馆。县委副书记、县长俞佩芬就浦江县复工复产基本情况和财政工作有关情况作了汇报。林仁方对浦江县复工复产工作和2019年社会经济发展情况给予肯定。

4月1日，市委常委、宣传部部长吕伟强到浦江调研宣传思想文化工作。

4月3日，省生态环境厅督察专员马青骏带队到浦江调研生态环保工作，深入企业开展“三服务”活动。

4月9日，副省长成岳冲到浦江考察各级各类学校疫情防控和师生返校准备工作情况，指导部署下一步疫情防控和教学教育工作。

4月29日，副省长高兴夫到浦江调研工业企业产业链安全工作时强调，产业链安全事关经济社会发展，各地要聚焦重点、强化创新、精准发力，全力保障产业链安全，持续提升企业竞争力，推动经济高质量发展。

5月25日，省政协副主席、党组副书记孙景淼率调研组到浦江，围绕“高水平全面建成小康社会补短板”专题，开展三级政协联动专项集体民主监督。

5月28日，市委书记陈龙到浦江调研，深入多家企业看生产、问经营，了解“稳企赋能双月攻坚”落实情况。陈龙强调，要学习贯彻习近平总书记在浙江考察时的重要讲话精神，按照中央和省委、市委决策部署，抓紧抓实经济工作，走高质量发展之路，为谱写建设“重要窗口”的金华新篇章贡献更多力量。

6月3日，省退役军人事务厅厅长林云举一行到浦江调研浦江县退役军人服务保障工作。

6月4至5日，省政协副主席蔡秀军一行到浦江开展“送体育下乡”活动。

6月30日，金华市委常委、常务副市长郑余良到所联系的郑宅镇东明村调研村组织换届工作时指出，村社组织换届是2020年基层组织建设的关键之举，要深入贯彻中央和省市委的决策部署，以万全准备确保组织意图落实到换届选举的各个环节，打好主动仗，选出好班子。

7月3日，省人大常委会副主任赵光君到浦江调研，并深入企业开展“三服务”。赵光君实地考察了郑宅镇、浦南街道等地，听取浦江县小微企业园建设、实体经济发展“12365”翻身战奋斗目标、交通建设、项目招引等工作汇报。

7月15日，省委宣传部常务副部长来颖杰，省文旅厅党组成员、省文物局局长柳河分别率队到浦江调研时强调，要贯彻落实习近平总书记的重要批示精神，从讲政治的高度做好“上山文化”研究宣传，打造国家级考古遗址公园。

7月28—29日，省民政厅党组成员、副厅长江宇一行到浦江调研村级组织换届、清廉村居建设、扶贫领域推进等工作。

7月29日，省委常委、统战部部长熊建平一行到浦江开展“三服务”活动。

8月5日，市人大常委会副主任董巧娟带队到浦江开展社会矛盾纠纷调处化解“最多跑一地”改革专项监督。

8月19日，贵州省铜仁市委常委、石阡县委书记皮贵怀率党政考察团到浦江考察“五水共治”和美丽乡村等工作。

8月25日，省民政厅党组书记、厅长王剑侯一行到浦江调研指导村社组织换届工作。王剑侯等先后到浦阳街道同乐村、前吴乡桃源村现场观摩村民委员会选举过程，对浦江思想重视、工作扎实的换届工作良好开局予以肯定。

9月9日，浙江日报报业集团党委书记、社长唐中祥一行到浦江调研。自2019年上半年与浙报集团合作以来，县融媒体中心在平台建设、媒体融合、业务提升等方面取得了显著成效。7月，浙报集团县级融媒体中心共享联盟浦江站成功挂牌，将双方从原来浅层合作转向深度合作。

9月29日，省人大代表金华中心组第三小组到浦江视察书画文化及书画推动旅游发展、乡村振兴等情况。

10月21日，由昆明市副市长赵学农带队的考察团到浦江考察治水和美丽乡村建设工作。

10月22日，金华市委常委、统战部部长张伟亚带队到浦江开展统战工作调研。

11月1日，省委常委、宣传部部长朱国贤一行到浦江调研，再次实地走访联系乡镇郑宅镇，深入农村座谈交流，走访慰问麟溪村生活困难群众。

11月3日，四川省金河口区党政考察团到浦江考察对接东西部扶贫协作工作。考察团对浦江传统产业升级、招商引资项目落地、“五水共治”成果转化和文化创意产业发展等方面情况展开深入了解和交流。金河口区领导段俊辉、袁彦、马跃、张卫东参加考察。

11月6日，市委常委、常务副市长郑余良到浦江调研村级组织换届工作，开展领导干部接访下访活动，面对面听取群众诉求。

11月8日，市委副书记、代市长邢志宏到浦江宣讲党的十九届五中全会精神，开展工作调研。

11月24日，省建设厅厅长项永丹到浦江调研农村生活污水治理和美丽城镇建设工作。项永丹一行考察了白马镇塘里村生活污水处理设施和郑宅镇美丽城镇建设情况。

12月9日，市人大常委会主任陈玲玲带队到浦江开展生态文明建设工作调研，并看望慰问市人大代表。

12月14日，吉林省伊通县党政考察团到浦江考察。县委书记程天云和伊通县委书记张恒分别讲话。县长俞佩芬和伊通县长叶永兴分别介绍两地经济社会发展情况。县政协主席郑文红和伊通县政协主席何旭明等参加考察。根据国家关于建立东北地区与东部地区对口合作机制重大决策，浦江与伊通满族自治县结为对口合作城市。

（黄青青）

## 县委办工作

【办文办会工作】 2020年，完成县委全会、第十三届葡萄节、中国书画节、第12届水晶博览会、上山遗址发现20周年学术研讨会等21次全县性重大活动的筹备工作，保障重大活动的顺利进行。全年共起草、审核、印发文件204个，及时登记、拟办、流转和归档各级收文1338份，登记转发信访件298件，交办领导批示件15件，做到了及时准确，政令畅通。

【督查考评工作】 紧盯县委、县政府中心工作和领导交办工作，全年累计联合县纪委、相关职能部门开展50余次督查，下发29期督查通报，28个督办单，上报主要领导督查专报13期，推动了疫情防控、招商引资等一批重点工作的顺利开展，促成了苏州赛伍应用技术股份有限公司、诗画文化中心等一批重点项目的建设；对“七个十”项目、十件民生实事进展每月进行梳理汇总，对“12365”指标、全会分解任务进展进行每季度梳理汇总，通过现场走访和对接联系方式督促进度不理想的工作；做好十余批次重要领导到浦江调研环境卫生整治提升工作，共计交办跟踪沿线乡镇、交通局、执法局等部门200余个问题的整改；及时完成《今日聚焦》反馈2次，《正风问效》反馈1次，2020年曝光问题全部整改到位；与营商办共同跟踪督办主要领导服务企业、服务基层时交办的34项工作；制定2020年度综合考核办法，做好年终考核资料收集、分数统计工作。

【改革工作】 推进省定41项“一件事”落地实施，因地制宜推行伤情鉴定“一件事”，迭代升级个体工商户开业“一件事”。推进九大领域公共场所服务大提升，深入实施便利化、智慧化、人性化、特色化、规范化“五化行动”。开展机关内部“最多跑一次”改革，建设完善机关内部协同办公平台，上线41个部门324项办事事项，办件量4622项，“最多跑一次”实现率100%。

【信息工作】 全年共编发《浦江工作》各类信息124期，其中《领导参阅》8期、《动态信息》56期、《工作情况交流》56期、《业务通讯》4期；组织向上级报送信息400余条，被采用200余条；市委采用基层复工复产、"上山文化"研究宣传、村社换届选举等主题的专报5篇，其中2篇获市委书记陈龙批示。参与疫情防控，全年编发疫情防控简报300余期；加强信息员队伍建设，全年开展各类培训4次，接收2人来信息科顶岗学习。

【档案工作】 2020年，档案管理科主动服务疫情防控建档工作，组织召开疫情防控建档工作部署会，收集41家单位抗疫资料165GB，14个单位的纸质材料约350盒；完成村社档案清整工作，制定并下发《关于做好全县村和社区组织换届档案收集整理和移交工作的通知》，推动全县15个乡镇（街道）均保质保量完成村社档案清整工作；推进省级数字档案室创建和省级档案目标管理认定工作，经省、市档案局验收，浦江县5家单位通过省示范数字档案室测评，20家单位通过省规范化数字档案室测评，1家单位通过省一级档案目标管理认定，4家单位通过省二级档案目标管理认定，11家单位通过省三级档案目标管理认定。

【法规工作】 2020年，法规科对照省委办、市委办下发的《2020年党内法规工作要点》，开展规范性文件审查、备案，党务公开等各项工作。对部门代拟的规范性文件进行前置审核，规范代拟文稿制定程序，提高规范性文件制定质量，2020年向市委备案规范性文件22件。推进"下备一级"审查工作，推动全县10个党委部门和17个党（工）委均明确了分管领导、工作机构和人员，全年审查党委部门、乡镇（街道）报备的规范性文件54件。深化党务公开工作，下发《中共浦江县委党务公开目录》，实现全县81家单位制定并公布党务公开目录。

【党史工作】 2020年，继续编写《中国共产党浦江县历史》第二卷，形成《中国共产党浦江县历史》第二卷（1949—1978）征求意见稿。编写《2020年浦江县委大事记》。向《夜读党史》专栏、《春秋》报送党史文稿2篇：《新中国成立前浦江党组织的创立和发展》和《红色印记：中共浦江县委旧址》。向金华党史网提供信息3篇。完成市委党史研究室《八婺红色印记》宣传画册图文资料的报送。完成张新锦、陈洪、朱耀章3位革命英烈传略的编写任务。

【对台工作】 2020年，完成8个台联分会的换届工作并开展活动。走访台胞台属并赠送挂历千余份，慰问在浦台胞困难台属等30余人，向在台浦江乡亲寄送贺年卡等30余份。帮助台胞做好防疫抗疫及复工复产工作，为回浦台胞做好相关政策咨询，落实防疫措施。"四个一"活动继续推进，与在台乡亲加强网络微信联系。发动台胞台属参与抗疫并筹集抗疫善款2万余元。组织观看爱国主义影片并进行讨论。建立基础数据电子数据库。

【外事工作】 2020年，县外事办全面抓好境外新冠肺炎疫情防控工作、助力企业复工复产。排摸在浦外籍人士相关情况，发放英文告知书，协助申领浙江健康码，做好外籍人士在浦防疫工作。主动承担境外疫情输入防控工作，全面参与境外到浦返浦人员信息排摸、接机转运、每日数据报送等工作，做好外籍人员到浦返浦联络和服务保障工作，提供翻译服务。同时，用好外籍人士入境"快捷通道"政策，为从事重要商务、生产和技术服务等领域的必要、紧缺人员，以及高新科技项目复工复产人员来华提供签证协助和入境便利，助力企业复工复产。2020年，通过县经济商务局向上报送邀请申请5批6人次。举办2020年APEC商务旅行卡推荐会，协助企业办理商务旅行卡50余张，为疫情后企业“走出去”提供便利。

**【“三服务”工作】** 率先在全市推行服务体制改革，理顺“三服务”办、作风办、营商办职能，创新推出“三办合一”。建立“三服务”工作闭环机制，推进“三大员”队伍建设，“三服务”小管家平台收集问题17293件，办结率99.71%。组建554支“4+2”联心服务团包村驻企。开展四次县领导“集中破难攻坚月”专项行动，搜集企业难题70个，解决67个。开展“大家访、大代办、大接访、大化解”活动，化解市交办的13起农村建房重复信访案。

**【“作风办”工作】** 2020年，紧扣“拼搏实干、争先进位”作风建设主题，结合“三大攻坚年”和九篇文章目标任务，开展作风建设“十七大比拼”活动。制定《浦江县“拼搏实干、争先进位”作风建设专项行动实施方案》，每月总结回顾进展情况。推出“拼搏实干、争先进位”专栏组稿，内容围绕争先进位目标、重点工作任务和“三服务”举措，41个单位参与，营造“拼搏实干、争先进位”干事创业氛围。定期开展正风肃纪专项检查，围绕交办件办理、项目推进、办事流程便捷度、工作纪律等方面开展正风肃纪专项检查470余次，发现问题130个，下发督查通报35期，处理11人。制定下发《2020年度浦江县“三服务”、作风建设考核细则》和“4+2”联心服务团服务力指数考评办法。

**【“营商办”工作】** 率先在全市推行优化营商环境服务体制改革，围绕“问题发现汇总”“难题协调解决”“服务实效考核”等版块，构建全覆盖、全方位、全天候的营商环境工作体系，实现服务企业事项“多个口子进，一个口子出”，得到市委主要领导批示肯定。推进“营商环境攻坚年”活动，完善优化营商环境工作制度、工作平台和工作考评等载体，“清单化”抓实抓细27项重点任务。推行“解难题直通车”，即时收集、交办、督办、跟踪问效企业发展过程中遇到的特别是涉及部门协调的各类难题，全年交办难题110件，办结92件。持续推行“88912365”营商环境服务热线，交办各类企业诉求374件，推动解决销号308件。做好营商环境评价工作，制定《“一指标一专班”争先创优清单》，每项指标均设立一名牵头县领导，一个牵头单位，明确排名全省前10位的先进县市作为对标对象，对36项低于全省平均水平的短板指标逐项进行整改提升，2020年度营商环境便利度全省排名较2019年度上升23位，位列全省第27位。

（黄青青）

## 组织工作

**【概况】** 2020年，全县发展党员363人，其中女党员138人，占38%；35岁以下242人，占66.67%；大专以上247人，占68%。全县共有党员26476人，其中35岁以下5876人，36—45岁4769人，46—55岁5459人，56—60岁2423人，60岁以上7949人；大专以上12884人，高中（含中专）6270人，初中及以下7322人。全县各级党组织1216个，其中党（工）委59个，党总支44个，党支部1113个。全县15个乡镇（街道）、65个机关单位的班子成员和其他县管干部共605名，法院、检察院等市管班子成员31名。

领导班子成员平均年龄45.7岁，在科级领导干部中，35周岁以下年轻干部36名，女干部83名，党外干部21名。县委坚持“好干部”五条标准，提拔或使用55名工作实绩突出、群众口碑良好的干部，1名“90后”年轻干部走上科级领导干部岗位。全县引进高层次人才110名、实用型人才3680名。累计成功申报国家级、省级人才工程4人；享受国务院特殊津贴1人；创业高层次人才4人；浦江籍在外国家级领军人才9人。拥有院士专家工作站2家、博士后科研工作站4家、省级企业研究院3家、省级高技能人才公共实训基地1家、省级技能大师工作室3家。全县共有离休干部30人，其中县内离休干部28人(包括安置在外4人)，外地安置在浦江县2人。年龄最小的87岁，年龄最大的97岁，平均年龄91.5岁。

【助力新冠肺炎疫情防控与复工复产】 2020年，制定下发《充分发挥党组织的战斗堡垒作用和党员干部先锋模范作用，坚决打赢疫情防控阻击战》通知，在黄宅高速入口等9个重点路段和21个入境卡口成立一线临时党支部，以“党建+微网格”为载体，发挥党员联系群众机制，动员全县1113个党组织计

2月9日，由兰塘村、夏张村、兰塘纸业有限公司、贾氏集团有限公司部分党员组成的白马镇首个“村企联战”临时党支部

2.6万名党员干部投身到防疫情、稳企业、增动能、补短板、保平安等工作一线。出台“两新”组织助力复工复产五大举措，组建“红色班组”200余个，推动实施“三师助企无微不至”专项行动，覆盖对接八大省级小微园区，解决企业难题300余个。

【村社组织换届】 2020年，压实县乡村三级换届责任体系。31名县领导、18家换届领导小组成员单位、244个“4+2”联心服务团深入基层，落实“三包四联”机制，开展督查指导、矛盾化解等工作，形成上下联动、齐抓共管的格局。依托“三色图”系统，制定出台“338”转色标准，开展村级组织整固提升百日攻坚“六大行动”，推动村居巡察实现全覆盖，整转16个软弱落后村。7—9月完成浦阳街道、前吴乡省级村社组织换届试点工作；9—12月，完成全县其他13个乡镇(街道)换届工作。换届工作共计产生新一届村社“两委”干部1609名，其中村社党组织班子成员1106名，村(居)委员会成员1120名。

5月14日，浦江县村和社区组织换届工作领导小组召开第一次会议 (高 攀 摄)

【“五星三强”村社党组织创建】 实行农村“三全”党建体系二次创新，建立联村干部包村指数、农村党组织书记履职指数，推广党员先锋指数“十二分制”管理，抓实“党委政府、村两委、农村党员”为主体的基层骨干队伍。推行联村干部“518”工作机

制，在村便民服务中心设立联村干部岗，每周5天确保每天有1名联村干部在村工作8小时，推动包村工作走深走实。通过深化党群联动网格、创设“好家风指数”、修订《治村公约》，全域推广农户“好家风”评价体系，串联自治、德治、法治三个环节。深化镇村联建公司市场化消薄模式，创新“村村抱团、整镇抱团、跨镇抱团、全县抱团、跨县抱团”的五重抱团模式，推动村级造血项目全覆盖。截至12月，所有薄弱村、低收入村全部消除，190个村总收入超30万元，经营性收入超15万元。

6月11日，全县组织系统“三拼三争”工作推进会暨6月份组工例会

【党员整治立规创优行动】 4月起，金华市开展党员整治立规创优行动。根据市委组织部文件精神，制定下发全县《关于开展党员整治立规创优行动的实施方案》，落实各单位党(工)委(党组)党员队伍管理主体责任，提升党员队伍整体素质。开展“对标找差距”活动、联系服务群众提升活动、长效管理建章立制活动、先进典型选树看齐活动以及法纪规矩教育整治活动，对于违法违纪党员实行“三个一律”处置举措，并严格执行问责追责机制，同时对酒驾醉驾、赌博问题进行专项整治。自党员整治立规创优行动以来，全县共通报、处置违法违纪党员73人。

【推进“两新”党建提质增效】 构建“班子成员包片区、联企干部包网格、党建指导员包企业”三级责任体系，开展“两新”领域大排查，有效推进“两个覆盖”工作，新建单建“两新”党组织12个、功能型“两新”党组织21个、“四化重组”党建联盟12个。打造挂锁产业集群党建联盟，整合政府部门、科研平台、社会组织等资源优势，覆盖推动182家挂锁企业抱团发展。开展“三师助企·无微不至”专项行动，出台“三个六”工作规范，动员12家单位50余名专业人员组成“三师服务团”，对企业、园区精准提供法务体检、财务咨询、税费指导等助企服务。深化商户“好商风”指数评价体系，制定商户行为评价准则——商户“好商风”指数评价标准，实行“2+1”考评办法，完成浦南街道石埠头村、仙华街道金宅社区两大电商产业集群村社的“好商风”评选。

5月19日，浦江县挂锁产业党建联盟成立仪式暨“三师入企·金锁同行”对接会 (张君敏 摄)

## 干部工作

【助力疫情防控和复工复产】 2020年，组织1100余名机关党员干部下沉村社一线、执勤卡口、医疗

观察点，24小时轮岗开展志愿服务，选派1860名干部组成554支“4+2”联企服务团，下沉规模以上企业和重点培育企业定点服务，帮扶解难6000余个，服务保障“两手硬两战赢”。

【实施干部“一线历练”行动】 聚焦县委县政府中心工作，精准搭建干部实战实践平台，梳理一线城市驻点招商、文溪城中村改造、信访积案化解、村社组织换届等重点任务，选派185名干部认领攻坚、干事创业。

【领导干部政治表现专项考察】 常态考察干部政治表现，用日常了解、调研谈话、核实甄别等手段，收集掌握巡视巡察、个人有关事项报告查核、实绩考评等情况，对干部政治素质进行分析研判，为158名领导干部建立政治素质档案，将考察结果运用到干部选任、管理、培养等环节。

【推进新录用公务员“递进培养”计划】 制定《新录用公务员“递进培养”五年行动计划》，建立“一对一”结对、“多元化”培训、“体验式”锻炼、“清单化”管理等培养机制，“一人一表”建立个人成长档案，实现新录用公务员动态跟踪、链条管理。

11月24日，新录用公务员在县重大招商项目建设赛伍工地现场

【“雁归故里”招引行动】 面向全省公务员和省外浦江籍公务员开展公开选调，对外招引优秀干部人才，招调全日制研究生和985、211高校全日制本科毕业生等13名，实现干部队伍结构优化调整。

【“两个担当”良性互动机制】 建立健全容错纠错机制，为10名干部启动容错纠错和澄清保护程序，推进形成“干部为事业担当，组织为干部担当”良性互动机制；出台《浦江县受问责干部管理办法》，回访受处理处分干部56人，调整表现较好8人，大胆使用表现突出5人；制定“五激励五保障”十条举措，表彰表扬先进集体20个、先进个人80人，嘉奖干部1159人，优先晋升职级30人。

【选人用人“五查五看”检查】 聚焦基层选人用人突出问题和巡视巡察选人用人专项检查反馈问题整改情况开展“回头看”，对标市委组织部反馈的2方面5大类25个问题，制定80条整改措施，形成责任清单，逐一落实牵头领导、责任人和完成时限，形成整改路线图、时间表。同时召集相关单位对整改任务进行部署明确，下发立项督办单，“一对一”交办任务。

## 人才工作

【党管人才工作】 5月，召开县委人才工作领导小组会议专题研究全年重点人才工作，制定出台《县委人才领导小组2020年工作要点》和《2020年全县党政领导人才工作目标责任制考核评价办法》，系统谋划并整体推进全县人才工作。6月，成立全县引才工作领导小组和20个部门、乡镇（街道）、产业园区引才专班，召开全县“人才招引大比拼”活动动员部署会、全县重点人才工作任务分析会，督促完成“十百千”引才目标。10月，组织全县人才工作者到全国首批创新型县（市）、营商环境百强县温州乐清市学习，提高人才工作队伍专业技能水平。

【人才引进储备】 2020年，开展“云社区”千企万岗招才、“十县万岗进校园”等引才活动，鼓励企业“线下+线上”全方位招引人才，通过各类引才活动，推动1095家企业与4188名人才达成签约意向。5月，开展“百名浦江籍专家进百企服务”活动，发动98名具有博士学位或高级职称的浦江籍专家与规模以上企业“一对一”建立合作关系，达成合作项目207个，相关做法在《浙江日报》刊发。7月，开展“揭榜挂帅·全球引才”活动，以“线上”形式为企业50个关

3月7日，2020年金华市高层次人才“云社区”千企万岗招才活动（浦江专场）

5月28日，“百名浦江籍专家进百企服务”活动启动仪式

7月3日，金华市“揭榜挂帅·全球引才”浦江专场活动暨浦江县“人才新政2.0版”发布会

键核心技术需求项目发布榜单、亮出榜额，在全球范围吸引能者揭榜，帮助解决企业“卡脖子”难题，吸引浙江大学、杭州科技大学等20余所高校院所各领域专家参与揭榜，成功揭榜项目36个，并促成1名院士在合作企业建立“海外院士工作站”。10月，举办“中国水晶玻璃工艺创意大赛”，共收到来自海内外7个城市，涉及水晶玻璃切割、组合打磨、雕刻等多种工艺的245件作品，评选出41件获奖作品，促成企业与25名获奖作者达成合作。

【抢抓发展机遇】 1月，启动科创园二期工程建设，涵盖人才公寓、科研大楼、商业用房等建设项目，可增加100家左右人才企业“创业空间”。6月，启用浦江（杭州）人才飞地，借助自持物业优势，着力建成集招才引智、招商引资、项目孵化、产学研对接、技术研发等五大功能于一体的综合性服务平台，走出一条“孵化在杭州、生产在浦江”的人才发展路径，招引三家人才企业入驻。9月，走访上海浦江籍人才联络站，参加“上海·金华周”人才活动，开展城市推介、政策推介、项目推介，并与中科院上海有机化学研究所、泛长三角城市工艺美术产业发展联盟等科研院所达成人才合作协议。

【本土人才培养】 全年组织锁具装配、钳工等22个项目的职业技能比武活动，参赛人数8574人次，取得技师、高级工、高级专项能力证书人数分别为53人、3152人、588人；实施中青年书画名家培养计划，先后举办第二批中青年书画名家抗疫作品展、书画节作品展，共展出180件优秀作品。

7月31日，浦江县职业技能竞赛启动仪式暨汽车修理工技能竞赛

【关注人才发展】 5月，出台《关于加快高层次人才和实用型人才集聚的实施意见》，通过10条专项政策，构建从最高全球顶尖人才亿元资助到最低高中学历千元资助的“全链条”人才引进扶持体系，破解县域人才工作面临的高层次人才引进难、创业孵化平台发展难、浦江籍大学生回归难、企业招工难等“四难”问题。7月，县委十四届八次全会专题讨论并通过《关于建设高质量人才队伍打造高水平创新型县域的决定》，对全力建设“重要窗口”的县域创新发展重要区域、更具影响力吸引力的人才洼地等5大领域、21个方面工作内容作出全面、系统部署。8月，联合浙江人才发展研究院专家力量，起草《浦江县建设高质量人才队伍“十四五”规划》，研究提出系统推进人才工作“2915”工程体系，即形成人才发展与平台发展两大系统，明确九个模块人才工作内容和实施十五项人才工程计划，力争以高水平的人才行动纲领引领人才工作的高质量发展。

## 机关党建

【实行“三三制”工作法】 2020年，动员机关企事业党员干部助力疫情防控和复工复产工作，全面实行“三三制”工作法，即留守本单位做好本职工作三分之一，助力农村社区服务工作三分之一，帮助企业复工复产三分之一。实行24小时轮岗执勤制，服务出入卡点、居家观察点、“清零”排查等工作8100余人次。

【机关党建标准化规范化建设】 编印下发《浦江县机关党建工作标准体系（试行）》，从机关党组织设置、换届选举、党支部组织生活等8个方面进行规范说明。下发《关于全面启用浦江县机关党建在线评价平台的通知》，全面启用以“三会一课”、主题党日活动等为考评内容的系统平台，对289个机关党支部党建工作规范性实行线上考评。

【开展机关党员干部亮身份行动】 2020年，发放5500块“机关党员户”、6400块“机关干部户”标识牌，引导机关党员干部公开亮明身份，接受群众八小时外监督。深化“双报到”“双报告”工作制度，以党员居住地社区、单位共建社区、联系乡镇为重点，助推全国文明城市创建工作，开展文明劝导、卫生整治等志愿服务活动。

【机关创意主题党日活动】 4月2日，下发《关于进一步规范机关支部主题党日活动的通知》，确定每月10日为全县机关支部主题党日活动日。推行“3+X”的活动模式，即“3”个规定动作——重温入党誓词、政治理论学习、交纳党费，“X”为自选动作——按照每月主题设计自选实践活动。在“浦江组工”

公众号开设“有创新 更出彩”机关主题党日展播专栏，择优宣传各支部主题党日活动开展情况，汇编《机关创意主题党日活动100例》。

【举办“决胜小康 奋斗有我”微型党课比赛】 4月26日，联合县委宣传部、县融媒体中心举办“决胜小康，奋斗有我；共享小康，幸福有我”微型党课比赛，组织乡镇（街道）、机关单位等28名党员参赛，比赛评出特别奖1名、一等奖3名、二等奖5名、三等奖8名、优秀奖11名。

4月26日，“决胜小康 奋斗有我，共享小康 幸福有我”微型党课比赛 （黄萍萍 摄）

【评选清廉机关示范点】 开展清廉机关示范点申报评选工作，经自主申报、综合考评、纪检部门审核、公示等，10月29日在机关单位中评选出46家清廉机关示范点，予以公布。

【举办机关党支部书记专题培训班】 11月2—6日，组织机关工委下属的68名机关党组织书记在浙江大学参加“建设清廉机关、创建模范机关”专题培训班。培训以机关党的政治理论、机关党建理论知识、机关党务干部政治素养为主要内容。

【开展机关党务干部培训】 5—10月，对近400个机关党支部、1200余名支部委员开展党建业务系统化培训，以大党委分系统培训、小单位集中培训的形式，分5期实现全员轮训，提高机关党务干部在党员发展、支部换届、党费缴纳、党内组织生活等方面的业务能力和规范化水平。

【党建品牌创建】 深化开展机关党建工作品牌创建活动，择优汇编30个机关党建品牌述职材料，1月17日，15名机关党组织书记口头汇报机关党建品牌特色亮点工作。1月20日，评选表彰“蒲公英公共法律服务志愿团”等10个十佳“双服务”机关党建工作品牌和“红袖套在行动”等5个优秀“双服务”机关党建工作品牌。

【党建工作督查】 对71个机关党组织的党建工作开展两轮督查。5—12月，通过查阅资料、座谈会、走访调研等形式，对党支部“三会一课”、机关主题党日活动、支部换届、党员发展等基础党建工作进行检查，指出问题并限时整改到位。8—9月，协同开展县委巡查工作，以排查“双报到、双报告”工作制度落实情况和“双建”工作推进情况为重点，入驻医保局、信访局等8个单位进行专项督查，指出问题13个，及时指导并完成整改。

## 社区党建

【打造城市基层党建“红色绣花针”品牌】 2020年，打造城市基层党建“红色绣花针”品牌，将党建统领与社会治理、精细服务深度融合，组织共建单位、驻区单位、商家店铺及各类社会组织，构建块状式组织架构区域化党建联盟，打造出宣和社区的绣花样板，辐射带动其他社区。

【社区党建工作推进会】 8月6日，组织召开全县"五星三强"基层党组织建设暨社区党建工作推进会。县委主要领导实地走访了中埂社区、江滨社区、宣和社区、塔山社区4个社区，现场办公协调破解党群服务中心建设难题。截至12月，9个社区完成建设，6个社区建设中。

【公开招聘专职社区工作者】 11月6日，县委组织部、县人力社保局、县民政局联合发布公开招聘专职社区工作者公告，经过报名、笔试、面试、体检、考察等程序，招录专职社区工作者18名，其中浦阳街道11名、仙华街道4名、浦南街道3名。

【细化社区网格化管理】 推行"党建+微网格"工作体系，制定"好家风·红色台门里"工作制度，在农村、城市社区、园区下设层级，构建架构体系。在"社区—网格片—网格—楼组—户"五个层级中的楼组层级同步设置"红色台门里"。按照"就近就便"原则，鼓励机关在职党员担任"红色里长"和党小组组长。

（谢翔宇　周升帅　柳超俊　黄萍萍）

## 宣传工作

【概况】 2020年，县委宣传部成立新冠肺炎疫情防控宣传工作专班，建立高效的审稿机制，宣传抗疫故事，组织撰写"朴轩"时评，掌握舆论宣传的主动权，宣传工作专班被评为首批"战役先锋"团队。组建"丰安青年""兵哥开讲"等8支宣讲团，开展党的十九届五中全会精神等各类宣讲活动2000余场。在省市举办的各类宣讲比赛中，累计获一等奖、优秀奖等各类荣誉16人次。全县"学习强国"平台学情和刊稿量都列全市前列，社科工作在省测评中获评优秀。全县建成新时代文明实践所15个、实践站244个，实现县域全覆盖。全年评选表彰102位"最美浦江人"，荣获金华好人13例、浙江好人2例，石丁丁入选"中国好人榜"。创建全国文明村镇1家，省级文明村镇4家，省级文明单位2家，并取得第七届全国文明城市提名资格。11月12日，上山遗址发现20周年学术研讨会召开。水稻界泰斗袁隆平、考古界泰斗严文明分别为上山文化和浦江上山遗址题词"万年上山、世界稻源""远古中华第一村"。

根据省市网络生态"瞭望哨"工作要求，整合"线上线下"资源，创新推出统一集成的"民情暖哨"工程。线下，建成县级指挥中心1个，基层哨点244个，组建400余名基层哨兵队伍。线上，整合浦江发布、"诗画浦江"App等县内网络问政版块，建立"清朗浦江"网络服务平台，全年累计收到各类民情诉求和建议7000余件，办结率、满意率分别为99%和95%以上。

【理论武装】 2020年，县委理论学习中心组围绕"习近平总书记在浙江考察时的重要讲话精神"、《中共浙江省委贯彻〈中国共产党宣传工作条例〉实施办法》和"忠实践行'八八战略'、奋力打造'重要窗口'"等主题进行5次交流研讨，全年共集中学习16次。组建"十百千"宣讲队伍，成立丰安青年理论宣讲团，宣讲团由乡镇（街道）和机关部门70余支宣讲小队、160余名青年宣讲员组成，其中骨干宣讲员45名。创建丰安理论宣讲名师工作室和丰安思政宣讲工作室。举办"决胜小康　奋斗有我；共享小康　幸福有我"微型党课比赛和"建设'重要窗口'·青年说——我最喜爱的习总书记的一句话"宣讲比赛。其中，1名选手在浙江省第十一届微型党课大赛网络海选中获优胜奖。1名选手在金华市“建设‘重要窗口’·青年说——我最喜爱的习总书记的一句话”宣讲比赛中获一等奖。开展“我最喜爱的习总书记一句话”·青年说微视频展播活动，累计推送13期。开展2020年度党委(党组)意识形态工作责任制落实情况巡察，制定巡察方案，加强意识形态工作的督促检查和考核评价，完成对县人民法院、县建设集团、县国资办、县文旅集团、县水务集团、县信访局、县交通集团、县农业农村局、县统计局、县供销联社、县行政服务中心、县经济商务局、县科技局等单位的意识形态工作专项巡查。

**【新闻宣传】** 2020年，依托县级融媒体中心建设，持续打造“诗画浦江”“浦江发布”等主流新媒体宣传矩阵，围绕“三大攻坚年”“三大员”“最多跑一次”、高质量全面建成小康社会、浦义同城、上山文化等县委县政府中心工作和枇杷节、葡萄节、书画节、水晶博览会等重大节会活动的宣传。全年打造50余条阅读量破10万的爆款产品。在中央、省市等主流媒体刊出相关报道3000余篇，在全省、全市都居前列，连续三年获省级“先进报道组”称号。其中，中央广播电视总台播出《山中青年》，讲述“绿水青山就是金山银山”理念下，浦江十五年间乡村面貌的发展和变化；浙江卫视在浦江野马岭、江南第一家、新光村、潘周家、上山考古遗址公园录制的一期以“回家”为主题的综艺节目《还有诗和远方》，播出后，相关微博话题阅读量6.6亿，排在微博综艺热播榜日榜第一名，全网短视频播放量破3亿，人民网客户端、新华网客户端、央视频、“学习强国”App等权威媒体发文好评。

**【新时代文明实践工作】** 2020年，开展“垃圾分类”“文明就餐”“公筷公勺”“文明劝导”等文明实践活动，做大志愿服务“生态圈”，开展志愿服务活动共2539场次，参与35887人次，累计服务时长14.9万小时。稳步推进移风易俗工作，指导浦阳街道、前吴乡开展试点建设。创新推出“新时代台门里”好家风治理体系，开展一系列以台门为基本单元的邻里互助、楼道评比等新时代文明实践活动，同步推行家风、门风指数评比和奖惩机制，探索形成共建共治共享共融的基层治理标准体系，实现睦邻友好、守望互助、共建共享的社区共同体，该体系受到省委宣传部常务副部长来颖杰、副部长卢春中批示肯定。创新开展“小货郎 大实践”活动，组织300余名未成年人进市场体验摆摊售物，并将1.6万元义卖收益及价值10万元的募捐扶贫物资全部捐献给四川省金口河区儿童，推动“真善美”种子工程落地落实。利用暑期开展防溺水、安全用电、防火防灾等“春泥计划”活动2025次，在全省未成年人思想道德建设现场交流活动中，浦江县作“春泥计划”工作经验交流。

5月31日，浦阳街道宣和社区开展“红色台门里睦邻季”系列活动 （邵一丹 摄）

**【全国县级文明城市创建工作】** 2020年，制定推出《2020年度浦江县创建全国文明县城工作考核办法》《浦江县街道社区、城郊(中)村、共建单位文明创建工作督查考评办法》。开展社区“十大顽疾”、户外广告、交通秩序等各类专项整治行动，全年累计处罚垃圾未分类行为698起，整治各类广告牌1539处，清理破损横幅等10725处。完成县仙华农贸城省级“五化”市场验收，整改各市场内问题240项，劝导占道经营296起。新建停车场6个，新划分停车位1370个。整治非机动车违章25400起。寄送公职人员“违法一次”温馨提示单3318份，抄送“违法两次”的违法行为函278份。培训41名城市“文明啄木鸟”志愿者，共计解决民意诉求977件。常态化督查斑马线劝导，下发督查通报共6期，累计通报44家单位，要求整改164人次。发放文明创建宣传折页140000份，编制《创建工作简报》13期。

【新闻出版和电影管理】 2020年，全县共有出版物经营单位58家，其中批发企业1家，零售单位57家，网上书店6家。从业人员410人，营业收入4474万元，实现利润564.5万元。新批准设立印刷企业10家、出版物零售单位8家、出版物发行分支机构2家，协助办理出版物批发单位2家。通过市场监管局双告知系统、行政执法专项检查、乡镇街道专题清查、基层网格员日常巡查等形式，整合多方资源，形成联动机制，齐抓共管做好文化市场监管工作。全年开展“新风”“护苗”等专项行动日常检查1024人次，检查场所825家次，其中电影院96家次、出版物印刷517家次、出版物经营单位202家次。查处违规1家次，办结行政处罚案件5件，没收非法所得5114元，罚款900元。刑事案件在办3件，3名涉案嫌疑人被采取刑事强制措施，劝离无证经营印刷作坊5家。

【网络宣传】 2020年，健全和完善领导班子成员落实网络意识形态工作的责任体系。在“诗画浦江”App、“浦江发布”公众号开辟“捉谣记”专栏，推送各类辟谣信息30余条。全面优化提升“和美乡村”百姓群建设，严格规范建立县乡村三级“和美乡村”百姓微信群，实现227个行政村建群全覆盖，入群率90.5%。启动“丰安E课”网络文化传播培训班，邀请省内外网络大V以网络授课、在线直播互动等方式，分批次、分层级对网评员开展业务知识培训。对15个乡镇、团委系统和6个重点部门近500人，共计授课60课时的培训。组织网评员和属地网民参与话题互动讨论，共计发布原创微博和互动讨论2100余条，精品微博25条，贡献话题阅读量900多万。

【文化文艺】 2020年，研究制定《浦江县促进文化产业事业发展专项资金管理办法(试行)》，浦江老齿轮·1967文创园初定为省级文化创意街区。浙江一正文化用品有限公司被评为第四批浙江省成长型文化企业。在郑宅镇“江南第一家”推出“爱周末”文化活动，开展35场文化活动，参与人数将近50万人次。组织开展村级换届文艺演出、上山杯中国农民丰收节赛诗会、书画节、童话剧创作表演、广场舞比赛等系列文艺活动。其中，浦阳第一小学的童话剧《老蒲—丑八怪一起当》在金华市首届童话创作表演赛上，获得了全场最高分。浦江县多支舞蹈团队在全市广场舞比赛中分获金、银、铜奖项。

【省委、市委宣传部领导到浦江调研】 2月20日，省委常委、宣传部部长朱国贤到浦江调研，市委常委、宣传部部长吕伟强陪同调研并参加座谈会，县委书记程天云汇报浦江工作，俞佩芬、俞建辉、徐利民等县领导分别陪同或参加汇报会。调研组先后实地走访郑宅镇麟溪村、浦江荷花锁业有限公司、浦江伯虎链条有限公司、浦江中部产业园区、塔山社区、人民医院、浦江富利华水晶制品有限公司、浦江三思光电技术有限公司等地，调研指导浦江县新冠肺炎疫情防控和复工复产工作，开展“三服务”活动，帮助企业破解难题，为项目排忧解难。11月1日，朱国贤一行再次到浦江，实地走访了联系乡镇郑宅镇。金华市领导陈龙、吕伟强，县领导程天云、俞佩芬、张昆仑、徐利民分别陪同调研。县委书记程天云和郑宅镇麟溪村领导分别汇报工作情况。朱国贤强调，要认真学习领会党的十九届五中全会精神，自觉把思想和行动统一到党中央决策部署上来。要站位全局、结合实际，把学习贯彻党的十九届五中全会精神和中心工作紧密结合起来，以村社组织换届选举工作为契机，激发广大党员干部干事创业的活力和激情，共同推动浦江经济社会各项事业高质量发展。

**【上山遗址发现20周年学术研讨会】** 11月12—14日，上山遗址发现20周年学术研讨会在浦江上山考古遗址公园举行。浙江省委宣传部副部长葛学斌，浙江省文化和旅游厅副厅长叶菁，中国考古学会理事长、中国社会科学院学部委员王巍，中国水稻研究所党委书记高士军等参加会议并讲话，金华市委常委、宣传部部长吕伟强，中共浦江县委书记程天云致辞；浙江省政府原副省长、党组副书记陈加元宣布会议开幕。会议期间成立“上山文化研究中心”“中国水稻研究所上山稻作研究基地”“上山文化遗址联盟”“中华万年考古遗址联盟”，发布了《“上山文化”遗址联盟浦江宣言》，举行“远古中华第一村”揭牌仪式、上山文化考古新成果展、浙江水稻品种变迁展等活动。来自国内外的40余名考古专家学者参加研讨会，中国考古学界泰斗级人物、国家文物局考古专家组成员、北京大学资深教授严文明作视频发言，杂交水稻之父袁隆平也发来贺信，预祝会议圆满成功。本次会议明确了上山是世

11月13日，上山遗址发现20周年学术研讨会开幕式　　（高　攀　摄）

11月，上山遗址发现20周年学术研讨会现场　　（高　攀　摄）

界稻作农业的起源地，上山文化是中国农耕村落文化的源头，上山遗址的彩陶是迄今发现的世界上最早的彩陶。

（郑　璐）

## 统一战线

**【概况】** 2020年，中共浦江县委统一战线工作部（简称“县委统战部”）以习近平新时代中国特色社会主义思想为指导，贯彻落实中央和省、市、县委关于统一战线工作的决策部署，以大团结大联合为主

题，以新乡贤工作为主抓手，做到新冠肺炎疫情防控和工作推进两不误，相关工作获省委常委、统战部部长熊建平批示肯定1次，市委常委、常务副市长郑余良批示肯定2次，市委常委、统战部部长张伟亚批示肯定3次。疫情防控期间，统一战线成员捐款捐物价值1700余万元，其中口罩25.3万余只，抗疫物资3400余箱，占县红十字会所收抗疫捐赠的90%。新乡贤直接投资项目、牵线搭桥引进项目43个，预计总投资94亿元，占全县招商引资项目总数的83%。各民主党派、工商联和无党派人士在县"两会"上提交个人建议、提案81件，提交团体提案12件。

1月，召开2019年度浦江县党外科级干部述职会，11名党外科级干部以"口头+PPT"形式述职，9名党外科级干部递交书面述职报告。4月，组织各民主党派、统战团体学习习近平总书记考察浙江重要讲话精神。5月，成立中共浦江县委统战部党总支。7—9月，整改县委第三巡察组巡察反馈的问题。9月，召开民主党派座谈会，对各民主党派履职做出要求；举办党外代表人士和基层统战干部培训班，66名学员参加培训；2800余名新乡贤助力村社换届，99名新乡贤担任村社"两委"班子，其中书记29人。11月，组织各民主党派、统战团体学习中共十九届五中全会精神。

民盟浦江支部获民盟浙江省委会"抗击新冠肺炎疫情先进集体"称号，民进浦江总支获评全省"2020年度优秀基层组织"与"市级优秀基层组织"。民进浦江总支主委张放远被评为全国民进"履职能力建设"先进会员，委员许淑芬获评全省"最美公务员"，委员陈建浦被评为"金华市当担作为好干部"。

**【新冠肺炎疫情防控与复工复产】** 1月26日，发布《浦江县统一战线防控新型冠状病毒肺炎疫情倡议书》，号召广大统一战线成员做好个人防护，为疫情防控贡献智慧和力量。除捐赠口罩等抗疫物资外，虞文奎等5名医疗卫生界乡贤驰援武汉，县委统战部全体党员干部助力仙华街道五里社区疫情防控，民革浦江县支部等民主党派全员参与志愿服务，并向隔离对象提供心理疏导，一批艺术界乡贤以绘画、作诗、创作歌曲等方式以"艺"战疫。县委统战部开通24小时咨询热线，接听电话90余个，劝导60余人暂缓回国。疫情防控期间，推送浦江统战同心抗疫系列报道57篇。开展"助企抗疫情，联企复生产"活动，选派机关工作人员组成7个联企工作小组，分片联系101家工商联执委企业，19家基层商会联动开展活动，建立复工复产服务小组19个，为本地本行业企业复工复产提供服务，利用公众号和微信群推送疫情防控、复工复产、政策法规等信息96条，帮助解决各类困难问题228个，协调职能部门帮助解决问题53个。3月，县工商联执常委企业100%复工复产。5月，向15个异地浦江商会发放价值100万元的旅游券2000份。

**【民主党派】** 2020年，全县有民主党派成员115人，其中民革浦江县支部21人，民盟浦江支部18人，民进浦江总支64人，九三学社金华市直属浦江县支社12人。全年新发展民主党派成员14人，其中民革发展党员3名，民盟发展盟员4名，民进发展会员5名，九三学社发展社员2名。

7月，民革浦江县支部召开第二次党员大会，完成支部换届。"两会"闭会期间报送社情民意8篇，其中1篇被省委会参政议政研讨会录用。民革法律援助中心工作站办理法律援助案件41件，开展普法宣传、家长课堂、法务培训等150余场次，荣获"浦江最美抗疫社会组织"。民革党员金海莹联合县妇联等开设"家长课堂"和"民革公益课堂"10余次，受益群众1000余人。11月，民革党员张冲作为浙江省唯一基层代表，参加首届中山论坛。

5月，民盟浦江支部举行纪念中共发布“五一”口号72周年写作评比。7月，民盟金华市委会在全市开展“见证·初心”经典讲述活动，浦江支部荣获一等奖。10月，在浦江美术馆举办“相约浦江”2020国庆主题日美术作品展，展出9位画家、60余件作品。12月，到四川金口河区进行扶贫对口调研，赠送金口河区3幅国画。

1月，邀请民进婺城区基层委员会副主委，省、市政协特邀信息员邵发明为全体会员作社情民意信息写作培训。4—8月，民进浦江总支开展“随手拍”活动，抓拍电动车违法违章照片30余张，提出交通整治建议10余条，并向县委统战部报送《关于加强电动自行车违法违章治理的建议》。5月，制定《民进浦江总支会员发展工作规范(试行)》。12月，民进浦江总支医卫支部为黄宅镇西溪村70余位村民进行健康义诊。与民进浙江外国语学院支部联谊，就“文化艺术振兴乡村”进行专题研讨，形成研究论文5篇，得到时任县长俞佩芬批示肯定。

九三学社全年参与浦江县百分百志愿者公益活动，服务各乡镇(街道)及社区10余次。10月，开展送医下乡、义诊、法律服务等活动，服务群众67人次。

【新乡贤】 2020年，浦江新乡贤工作入选省委统战部《一方乡土、“浙”里乡情——浙江省新乡贤工作30例》。5月，浦江县乡贤总会杭州分会召开各工作部门召集人圆桌会议，讨论研究浦江县乡贤总会杭州分会工作安排。在郑宅镇举行“一贤一事为家乡”活动试点。8月，浦江乡贤总会杭州分会开展高考志愿填报咨询活动。岩头镇召开乡贤助农座谈会暨鲜果采摘季乡贤带货洽谈会，销售葡萄、黄桃等各类鲜果300余吨，销售额400余万元，义乌市浦江商会、浙江万福染整有限公司与岩头两家农业企业签订战略合作框架协议。9月，在《今日浦江》报开辟《一贤一事为家乡》专栏，宣传优秀新乡贤19名。中秋国庆期间，召开乡贤恳谈会、茶叙会等164场，其中村级154场、镇级10场，返乡参会乡贤2800余名，新吸收117名乡贤加入各级乡贤联谊会组织，新乡贤为家乡发展提出意见建议300余条。12月，向15个乡镇(街道)下发《关于开展“一贤一事为家乡”活动的通知》。前吴乡举行新乡贤助力乡村振兴项目揭榜仪式，新乡贤揭榜支援乡村振兴项目15个。全年建立15个新乡贤调解室，实现乡镇(街道)全覆盖，130余名新乡贤加入调解室参与基层治理，2020年成功化解矛盾纠纷300余起，相关工作经验被中纪委官网、人民网刊登宣传。

前吴乡新乡贤助力乡村振兴暨新乡贤揭榜仪式

(黄圣妍 摄)

【民族宗教】 2020年，浦江县佑岩禅寺获评“七五”普法省级宗教法治宣传教育基地，郑宅教堂获评“2019年度省级平安宗教活动场所”。5月，在中部水晶园区召开少数民族座谈会，48名少数民族代表参加座谈，并成立浦江首个少数民族联谊会——“晶聚民族同心绘”联谊会。投资110万元建设中部水晶园区“晶聚民族同心绘”民族之家，入选“浙江省第三批省级民族团结进步重点培育单位”。6月，在宗教互动场所内开展《中华人民共和国民法典》宣讲工作。7月，举办第六届“六月六”少数民族民俗活动，水族、苗族等13个民族群众汇聚一堂，各展才艺。围绕“1+9”指标创建体系，在郑家坞镇试行宗教活动场所“三色”管理制度。8月，对佑岩禅寺、基督教中心教堂等19家宗教活动场所开展财务管理大检查，并举办全县宗教界人士法律法规、财务培训会，135名宗教界人士参加培训。11月，在基督教中心堂召开浦江县基督教第十次代表会议，完成基督教“两会”换届工作。

与少数民族群众座谈　　（陈　侃　摄）

**【“非公经济”】** 县跨境贸易商会发挥自身优势，服务会员企业取得成效，案例入选省工商联9月份服务“两个健康”优秀案例。组织开展“千名干部进百企”活动，全年走访企业86家，商会19家；联合20余个职能部门，召开“亲清直通车·政企恳谈会”10场，为企业解决问题困难200余个。7月，指导大畈乡商会完成换届。8月，组织30余名民营经济代表人士集中学习“习近平总书记在企业家座谈会上的重要讲话”精神；组织10余家国有企业负责人到四川金口河区开展“万企帮万村”结对帮扶活动，与16个贫困村签订帮扶协议，捐赠帮扶资金48万元，完成上级下达村企结对任务。9月，与建设银行浦江支行签署战略合作协议，为浦江中小微企业解决企业融资难题。10月，联合县检察院举办“服务‘六稳’‘六保’护航民企发展”检察开放日活动。12月，指导常州市浦江商会、杭州市浦江商会完成换届，并在杭州市浦江商会第三届一次会员大会上签署招商引资项目4个。2020年，浦江县工商联获评全省工商联系统专项工作先进单位。

**【侨务】** 疫情防控期间，向海外侨胞宣传防疫知识和各项政策，为华人、华侨、留学生提供一对一咨询服务50余次。2020年，县侨联解决涉侨纠纷20余起，牵头引进一家产值5000万元的巴拉圭华侨企业。3月，开展侨务工作情况调查。4月，开展浦江籍海外留学生防疫“健康包”免费寄送活动，向30余个国家寄出“健康包”350份。6月，召开浦江县第六次归侨侨眷代表大会，完成侨联换届，县委统战部副部长蒋建正当选为主席。9月，成立浦江县欧美同学会（留学人员联谊会），82名留学人员代表参加会议，民革党员、浦江县加百列生物科技有限公司董事长、日本华侨张冲当选为会长。

成立浦江县欧美同学会（留学人员联谊会）

（张世千　摄）

【统战团体与党外代表人士】 1月14日，县新联会联合花桥乡商会在花桥乡举行“新心”公益行动，为花桥乡11户困难家庭送去慰问金、年货礼包。疫情防控期间，新联会开展复工复产“暖企”行动，法律咨询部现场走访36余家企业，解决法律问题20个，金融服务部帮助5家资金流转困难企业顺利融资。5月，县知联会会员陈有林制作抖音短视频帮助农户直播带货推销枇杷6500千克。虞宅乡新光村“创客·同心绘”创新实践基地发起以“茜溪乡味，老家味道”为主题的助农直播，帮村民卖火糕、玉米片、土猪肉等特色农产品。6月，为全县224名无党派人士颁发证书，并开展业务培训。9月，在浦南街道石埠头村成立浦江县新联会江南网商园分会并设立实践创新基地，该基地获评市级新的社会阶层人士实践创新基地。12月，组织20余名党外代表人士视察招商引资项目，先后对中国水晶城商业综合体等4个项目进行视察。

（张洵洵）

## 机构编制

【概况】 2020年4月，根据《中共浦江县委机构编制委员会工作规则》，明确机构性质，县委机构编制委员会办公室（以下简称“县委编办”）作为县委机构编制委员会（以下简称“县委编委”）的办事机构，承担县委编委日常工作，作为县委工作机关，归口县委组织部管理。根据《中共浦江县委机构编制委员会办公室工作细则》，明确县委编办主要职责。2020年，县委编办组织完成全县事业单位改革，推进机关内部“最多跑一次”改革，推进综合行政执法体制改革，指导乡镇（街道）、部门做好权责清单动态调整工作，探索开展事业单位登记法人“双随机”抽查监管，推进全县机构编制管理工作。

【事业单位改革】 5月13日，召开县委机构编制委员会第二次（扩大）会议，会议审议通过浦江县事业单位改革实施意见及具体方案、浦江县科级事业单位机构编制框架、浦江县五大领域综合执法队机构编制框架等内容。在完成承担行政职能类事业单位改革基础上，结合五大领域综合执法改革和公益类、生产经营类事业单位改革及事业单位清理规范整合，统筹推进事业单位分类改革。改革后，33家单位性质调整为公益类，7家公益类单位予以撤并，26家进行名称规范；4家生产经营类单位改革到位；26家单位调整定类与经费保障相一致。对全县66家编制数少于3名的单位予以撤销、整合或调整。规范机构设置，明晰功能定位，强化公益属性，对全县18家科级和131家股级事业单位进行规范，实现机构编制规定全覆盖。开展督查，跟进落实机构挂牌调整、人员转隶、班子配备等，共注销事业单位37家、变更131家，实名制系统数据更新163家、撤销53家，转隶人员336人。本轮事业单位改革共涉及改革206家，编制总数1662名，精简事业单位43家，精简比例为20.87%，高于省定限额5.87%。

【“最多跑一次”改革】 2020年，重点实施好机关“内跑”一件事改革。指导部门做好“内跑”改革事项梳理公布和动态调整，共调整公布“内跑”事项324项、多部门联办一件事20项；协调推进公务员和事业人员职业生涯全周期管理一件事改革。将人员交流调动、辞职、退休等16个方面职业生涯管理中涉及组织人事、机构编制、财政、社保、医保、公积金等部门办理事项纳入改革，实现一个事项一次提交多部门并联办理。全年“一件事”平台办理

2655件，100%办结；做好本办“内跑”改革，梳理“内跑”事项20项，全年网办用编申请、执法人员资格审核等180件，全面协同“一件事”平台办理人员出入编及实名制信息变动，办结率均为100%；督促部门提升“内跑”网办总量，重点做好高频事项网办工作。全年“内跑”网办事项324项，其中高频事项38项，网办率100%；网办总量4842件，居全市第二位。会同行政服务中心、大数据中心部署县级部门开展政务服务2.0事项梳理与入库工作，全县共新增入库权力事项385项。配合做好乡镇基层行政审批改革，做好“最多跑一次”改革向基层延伸方便群众办事。

【综合行政执法体制改革】 2020年，配合综合行政执法局分批做好相关领域纳入综合行政执法范围的行政处罚权及相关行政监督检查、强制职权的划转工作，于9月底前完成全省综合执法指导目录事项划转工作。对调整完善县综合行政执法局机构职责开展调研，对提交的调整方案进行初审和反馈。推进行政执法权限和力量向基层延伸与下沉，强化乡镇（街道）统一指挥和统筹协调职责，开展一支队伍管执法工作调研。细化厘清每个处罚事项在职权划转后的相关部门监管职责边界，并予以明确。

【政府权力清单和责任清单制度】 2020年，按照县政府部门权力清单管理办法和职责管理办法要求，结合机构、职责调整和法律法规修改和上级简政放权等情况，指导部门开展权责清单动态调整、报备审核，并及时公布乡镇（街道）、政府部门2020年度重点工作目标。推进权力清单标准化建设，配合做好权力事项上网运行工作。做好部门职责争议的协调，理顺新出现的职责交叉和职责真空等问题，明确部门职责边界划分。梳理公布乡镇（街道）法定事项基本目录事项，根据省指导目录，重新梳理发布140项乡镇法定权力事项，以及每个事项的认领与申请材料、流程图、法定和承诺期限等信息的维护与推送。指导乡镇（街道）窗口人员做好权力事项个性化信息的维护工作。

【事业单位登记管理】 2020年，共办理设立登记14家，变更登记189家，注销登记41家，规范事业单位法人活动。完成全县213家法人事业单位2019年度报告审核公示。首次开展事业单位法人“双随机”抽查监管，切实加强事中事后监管，规范事业单位法人活动。11月，成立检查组，对6家法人事业单位进行随机抽查，对存在问题向被核查单位及举办单位提出整改意见。2020年，撤销登记1家，下发督促限期整改反馈函5家。做好统一社会信用代码赋码工作，按“只跑一次”要求做好机关部门统一社会信用代码证书初领、换领、撤销和赋码变更等工作，全年完成变更17家，撤销3家。

（黄早艳）

## 信访工作

【概况】 2020年，浦江县受理群众信访件5894件（人）次。其中来信190件次，来访124批840人次，网上信访2733次，来电2131件。全年围绕新冠肺炎防疫抗疫恢复生产信访保障的主线，实现来信来访下降、网上信访来电上升的“两降两升”良好的信访生态，初次信访事项受理100%，办结率100%，满意率99.37%，平均办理时长3.82天，连续六年实现进京“零非访”，被国家信访局评为“三无县”，连续三年获“全省无信访积案县”称号。

【领导下访】 常态化开展“县领导带头下访、乡镇(街道)领导随时接访、村(社)干部上门走访、‘4+2’联心服务团组团包村”的“四级联动”贯通网络体系,真下真访民情,全心全意办事。5月13日,浦江县与浙江省标准化研究院签订“下访接访”信访工作标准化战略合作协议。7月20日,县委、县政府办公室联合下发《关于印发〈浦江“下访接访”信访工作标准化试点建设推进方案〉的通知》,固化2003年习近平同志下访浦江接待群众的经验做法,实现信访“最多跑一次”“最多跑一地”改革要求,把“浦江经验”上升为“浦江标准”“浦江样本”。

5月13日,浦江县人民政府与浙江省标准化研究院“下访接访”信访工作标准化战略合作协议签署仪式

【社会矛盾纠纷调处化解中心】 3月30日,县委、县政府办公室联合印发《关于进一步明确县社会矛盾纠纷调处化解中心(信访超市)进驻单位工作职责的通知》,按照习近平总书记考察浙江时指出要“让老百姓遇到问题能有地方‘找个说法’”的要求,规范县乡村三级社会矛盾调处化解中心(站)建设,建章立制,规范运营,发挥专业人民调解委员会在行业矛盾纠纷调解中的作用,让进入矛调中心的案件得到化解,实现“一站式服务、全链条解决”,全年共受理化解来访1687件。

【无信访积案县】 全县共梳理库存信访积案98件,按照对标对表积案化解要求和全省“无信访积案县”争创5项指标,通过县领导包案、社会第三方参与化解、“一案一专班”等多种渠道和载体,全年共化解85件,化解率为86.7%。

【信访防疫】 6月30日,国家信访局门户网站刊发《信访“浦江经验”如何炼成:落脚点放在“事要解决”上,杜绝“漂亮话”“太极拳”》一文。2020年,疫情防控工作中,畅通“12345”政府热线、来电、网上信访的信访投诉渠道,推进“简单信访马上办、一般信访快速办、疑难信访监督办”的信访化解提速机制,探索“信访超市”“民情民访代办制”等改革机制。县信访局“4+2”联心服务团助力疫情防控工作,派驻浦阳街道兆丰村出入口卡点助力疫情防控工作,参与抗击疫情行动。

(张顺学)

## 社会治理综合服务

【概况】 2020年,县“8890”便民服务中心更名为浦江县社会治理综合服务中心(简称“服务中心”)共接打电话19.06万余个;受理市民诉求10.4万余件,其中咨询服务类3.8万余件,生活服务类5.5万余件,效能服务类1.1万余件,办结率和回访满意率分别为100%和98.7%以上。受理、交办营商环境诉求62件,限办时间内办结62件,办结率100%;受理、移交“12345”统一政务平台诉求2429件;交办矛调中心诉求67件,限时办结65件,办结率97%;受理、办结微信诉求170条。

6月,服务中心信息科荣获全市“8890”

("12345")政务服务热线"三比三化"岗位练兵比武三等奖。10月,服务中心获评县级首批"清廉机关"示范点;12月,服务中心先后被授予市级"青年文明号"、县级"青年文明号"称号,获评市级文明单位。

**【助力新冠肺炎疫情防控】** 疫情防控期间,共受理、交办群众涉"疫"诉求24495件,限时100%当天办结;分别派出小分队助力郑家坞镇开展疫情"清零行动",协助南苑社区、"4+2"联心村做好特殊群体居家隔离、卡点执勤等工作;动员加盟企业、志愿者等力量保障生活服务正常开展,累计为市民提供代灌煤气、电器维修、疏通管道等服务600余次;成立志愿服务队,对30余起困难群众和弱势群体提供力所能及的帮助。

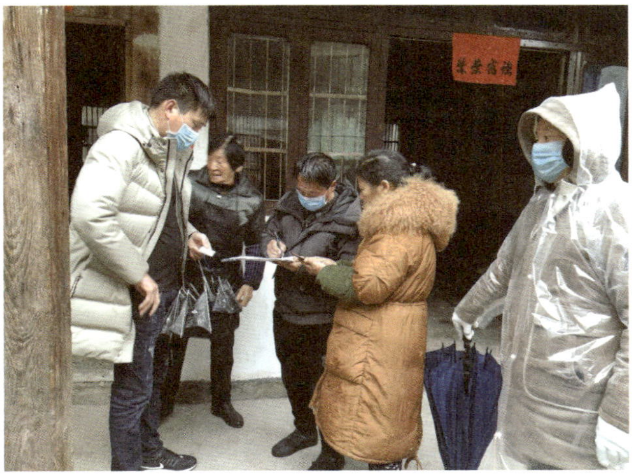

协助郑家坞镇开展疫情"清零行动"

(朱国松 摄)

**【联合打造矛调中心】** 4月,按照《浙江省县级矛盾纠纷调处化解中心规范化建设指引(试行)》文件精神,会同县委政法委、县信访局等单位创新社会治理模式,提出全县矛调中心建设规范化建议方案;设置综合受理窗口,开发一窗受理系统;整合资源,推动纪委监委、政法委、信访、公安、法院、检察院、司法行政、人力社保、市场监管、民政、卫生健康、综合执法、教育、建设、自然资源、生态环境、农业农村、经济商务等21个部门常驻,交通、文广旅体、水务、妇联等部门轮驻,变"多中心"为"一中心"。制定出台《浦江县矛盾纠纷调处化解中心规范化建设推进矛盾纠纷化解"最多跑一地"操作规程》和《浦江县矛盾纠纷调处化解中心人员管理办法(试行)》,通过"一体化运作、一站式接待、一条龙调处、一揽子化解",助力全县实现矛盾纠纷化解"最多跑一地"。

**【调整内设机构】** 7月,根据县委编办印发的《浦江县社会治理综合服务中心主要职责、内设机构和人员编制规定》文件要求,调整服务中心内设机构,设置综合科、协调科、督查科、指挥科和信息科5个职能科室。

**【筹建社会治理综合服务中心】** 3月,为筹建社会治理综合服务中心建设项目,先后带队到金华、杭州、德清、昆山等地学习考察,组织规划、环保、建设、大数据等单位开展选址论证,组织政法、公安、市场监管、卫生健康、应急、执法、大数据等入驻单位召开设计需求座谈会,制定多套县社会治理综合服务中心建设方案。根据县委的工作部署,决定先整体搬迁至原二轻大楼过渡。截至12月,完成原二轻大楼改建基建工程项目。

**【助力社会维稳】** 2020年,建立数据研判分析机制。定期对群众集中反映的热点、重点、难点问题开展分析研判,累计报送不稳定因素信息19次,分析研判报告7期,先后到乡镇(街道)调查核实无理件10次,组织部门间走访沟通40余次,编发督查通报3期,上报改革案例事例6份,提升诉求件办理实效;优化疑难件协调破解机制。召开未成年人进酒吧失管、非机动车道(自行车道)管理职责不明等疑难诉求协调会9次,破解疑难件10余项。

(朱国松)

## 老干部工作

**【概况】** 2020年,全县有离休干部30人,其中县内离休干部28人(包括安置在外4人),外地安置在浦江县2人。年龄最小的87岁,年龄最大的97岁,平均年龄91.5岁。

在社区试点成立"银辉党支部",选配退休党员干部担任银辉党支部委员,并按照专业特长、兴趣爱好、居住地点等因素,形成"银辉支部+特长党员"的功能性党组织设置模式,完善离退休干部党员"一方隶属、多方管理、全面覆盖"的党建工作机制,实现离退休干部"关系在单位、活动在区域、奉献在社区"的党建互联互动新格局。成立"银领议事会"、老干部工作室,引导老同志参与"台门里"事务。

紧扣"银耀浦江"品牌建设,坚持党建统领,抓实"帮忙老哥"工作室建设,健全完善上下联动、多管齐下、整体推进的工作机制,着力把离退休干部政治、经验和威望优势转换为基层治理效能,示范引领全县离退休干部聚合力、添能量、助发展,打造出一张党建引领老干部参与基层治理的"金名片"。

**【省委老干部局到浦江调研】** 8月12日,省委老干部局副局长詹茂伟一行到浦江开展"三服务"活动,调研离退休干部党建融入城市基层党建以及离退休干部作用发挥等工作。省委老干部局副局长詹茂伟先后调研考察了浙江锋华创芯微电子有限公司、宣和社区和"帮忙老哥"工作室,听取相关工作汇报。

**【市老干部局局长会议】** 12月28—29日,金华市老干部局长会议在浦江召开。市委老干部局,各县(市、区)委组织部分管领导或老干部局局长、有关科室负责人,金华开发区老干部工作分管领导、科室负责人等参加会议。会议围绕各县(市、区)聚焦"建言'十四五'规划,共绘明年工作新蓝图"主题,开展集中研讨,提出对策举措。金华市委组织部副部长、老干部局局长洪雅群作工作部署,听取各县(市、区)2020年度老干部工作,并对2021年全市老干部工作思路提出要求。会前,与会人员到浦江县"帮忙老哥"工作室,现场观看老干部助力农产品直播带货,以及《群众吹哨 老哥报到 浦江县打造银耀浦江——"帮忙老哥"志愿服务新平台》专题片,了解老干部志愿服务活动开展情况;到浦阳街道宣和社区,考察"红色绣花针"品牌建设,了解离退休干部助力基层治理工作。

**【政治待遇】** 1月16日,县委县政府召开离退休干部迎新春座谈会,县委书记程天云通报浦江县2019

1月16日,全县离退休干部迎新春座谈会

(高 攀 摄)

年经济社会发展情况和2020年工作计划。县领导和离退休老干部、老同志共商发展大计，共贺新春佳节，并在会后带队走访部分离退休干部。10月21日，县委开展县处级以上退休干部重阳节活动，组织退休老干部看变化谈体会话发展。退休干部先后实地考察浙江赛伍应用技术有限公司项目、杭机股份有限公司、三思光电技术有限公司和水晶小镇小微园，并乘车游览恒昌集团有限公司、一正文具制造有限公司、纺缝小微园和三思光电技术有限公司等新建项目。

【生活待遇】 通过电话、微信等方式向离退休老同志宣传疫情防控知识和相关政策，为老干部提供代办代跑等服务保障。坚持"六必访"制度，帮助解决防疫物资短缺、因封路造成看病难等各类问题11个，上门走访慰问老干部及上医院看望住院老干部192人次，协助处理3名离休干部后事。利用"老干部困难帮扶资金"，为66名特殊困难离休干部及遗属发放帮扶资金4.05万元。组织开展"夏日送清凉"活动，县委老干部局分组上门慰问全县离休干部。

【"帮忙老哥"品牌建设】 2020年，"帮忙老哥"工作室由成立之初的7人扩展到312人，累计开展志愿服务1.3万余人次，协调解决矛盾纠纷689起，群众满意度100%。《深化"帮忙老哥"品牌建设，推动老干部当好基层治理"红管家"》做法获省委组织部副部长、老干部局局长鲍秀英和市委组织部副部长、老干部局局长洪雅群批示肯定。

【"两个阵地"建设】 2020年，县老年大学开设"空中课堂"，推动"停课不停学"。推进老年大学分校和"家门口老年大学"建设，完成老年大学虞宅分校和宣和社区等5个家门口老年大学教学点建设。投入40万余元，对老年大学基础设施进行提升改造。

（陈孙浪）

## 党校教育

【概况】 2020年，县委党校创新出台以课题、课件、课堂为内容的"三课"赛马制度，活动期间，党校教师撰写的《不误农时不负春》《精准复工，马力全开》《企业复工复产需"三减压"》《"互联网+"背景下的乡村旅游发展路径探究》等11篇理论文章，在"学习强国"App、"钱江潮评""浙江在线""党政视野"等各类媒体、期刊刊登，同时开展课堂展示竞赛活动12期。开发形成《领导干部下访的"浦江经验"》《〈郑氏规范〉当代治理意义》等校内核心课程6门。出台《县领导进党校上党课、听党课工作办法》《县委党校领导班子成员领衔重点课题调研制度》《县委党校初心讲堂全员授课制度》等9个制度。

在《共产党员》、"学习强国"App、《中国纪检监察报》等多个媒体平台刊发了近60篇文章。县委党校主编的《郑氏规范》(中韩英三文合集本)，由中共中央党校出版社出版，并分别在中国和韩国发行。县委党校通过2020年浙江省市县党校办学质量创优评估，并在全县年度考核中获得优秀；获评2020年度浦江县综合考核工作优秀单位。

【"三课"赛马*活动】 3月，委党校开展首期"三课"赛马活动。在课题方面，立项省市课题14项，其中1篇入选金华市党校系统重大集体项目立项课题，获浙江省党校系统优秀决策咨询成果三等奖；完成县委主要领导以及县政协交办的课题，分别入选2020年浙江县域高质量发展10个典型案例，获浙江省政协理论研究会三等奖；编发5期领导参阅，其中2篇受到县人大常委会主任虞振贤、县政协主席郑文红等领导的批示肯定；上报省、市党校理论研讨会及相关征文活动文章共21篇，共获12项奖项。在课件方面，全员备课新增课件30余个，推出一批具有浦江地域特色的核心课程6门；微党课《“小康路”上唱起“富民歌”》获县“决胜小康 奋斗有我”微型党课比赛一等奖。在课堂方面，按照《2020年浦江县干部教育培训主体班次计划》，共举办主体班次8期，培训党员领导干部400余人次；在做好疫情防控的同时，有序推进对外培训工作，共举办外来班次7期，接待学员390余人次，举办入党积极分子培训班4期，培训440余人。依托“初心讲堂”开展基层宣讲活动，共计50场次，培训2000余人。

▲“三课”赛马活动是浦江党校以制度治校的新举措，旨在通过“课题、课件、课堂”竞赛实现党校在疫情防控期间主业主课的“稳扎稳打”。其基本做法是通过教职工课题文章成果竞赛来服务中心工作，全面打造“红色智库”；发挥团队力量，形成合力制课件，全员锻造“红色熔炉”；在校内轮番开展课堂教学“大比武”，反复实践磨课堂，全心共筑“红色阵地”。

【全县青年骨干培训班】 7月16日至10月10日，由县委组织部和县委党校联合举办全县青年骨干培训班和“90后”年轻干部培训班。县委书记程天云出席开班仪式。培训班采取专题教学、现场教学、外出学习、社会实践、基层调研多教学方式结合的方法，共有79位学员，分别来自全县32家党政机关部门单位、15个乡镇（街道）、4家国有企业、2家垂直管理单位，95%的学员是全日制大学本科学历，其中有5人是全日制研究生毕业。

全县青年骨干培训班开班仪式

【《郑氏规范》出版发行】 12月，由浦江县委党校主编，浦江县行政学校和韩国瑞山君襄烈公郑仁卿先生纪念事业会合作推出的《郑氏规范》（中韩英三文合集本）由中共中央党校出版社出版，并分别在中国和韩国发行。该书由“序言”“郑氏规范”“翻译心得及翻译者简介”“后记”4部分构成，全书标题和每个段落均采用中、韩、英三文并列的方式呈现给读者，方便中外读者对比阅读。

《郑氏规范》（中韩英三文合集本）封面剪影

（吴文娟）

# 档案管理

【概况】 县档案馆为县委直属事业单位。2020年，机构改革局馆分家，理顺局馆关系和工作职责，许可、处罚等行政职能划转县档案局，档案馆三定方案经县委机构编制委员会确定，设置办公室、接收指导科、保管利用科、编研文化科4个科室，下属事业单位县地方志编纂室，加挂档案数字备份中心牌子。

加强档案资源建设，接收机关单位档案的同时进行数字化加工，推进政府数字化转型。一大批红色档案、宗谱资料、名人档案、史料实物等专项档案征集进馆，馆藏量由15万卷增加到255072卷267744件，馆藏档案数字化率提升到94.7%。跨馆服务，开展预约查档、异地查档，电话、传真查档，服务长三角一体化，方便快捷提供档案服务。全年共接待查档5593人次、利用档案2981卷3286件，打印5638张。

配合县档案局开展“双随机”掌上执法检查和新修订《中华人民共和国档案法》宣传及讲座，指导数字档案室创建单位和目标管理认定复评，走访、检查县建设局、县信访局等20余家单位，针对存在的问题，提出整改建议。开展省级数字档案室创建和省级档案目标管理认定，5家单位通过省示范数字档案室、20家单位通过省规范数字档案室测评，目标管理认定省一级1家、省二级4家、省三级11家。召开“行政审批事项电子化归档”推进会，收到相关单位行政审批事项电子化归档数据3549条。推行局、馆21个事项即办率、网办率、掌办率等核心指标配置和检查。举办家庭档案讲座、教育系统与全县档案业务培训，参加人员250余人。

【新冠肺炎疫情防控建档】 下发疫情防控建档工作文件，发布《新型冠状病毒疫情归档范围》，开展业务指导，第一时间疫情建档；根据疫情形势，通过微信、QQ、钉钉、电话等媒体工具，开通网上查档、咨询通道，指导疫情防控建档工作，解决群众需求，并指派专人到县疫情防控指挥部对防控档案进行收集和指导；参加县里疫情防控队伍，全体工作人员助力结对社区、“4+2”结对村和联系乡镇疫情防控工作，为“4+2”结对村赠送疫情防控物资；协调县委办公室组织召开疫情防控建档工作部署会，进行档案人员简短培训，组织专人定点收集新冠肺炎疫情防控档案，共收集41家单位抗疫资料165GB和14个单位的纸质材料约350盒。

【工业企业档案服务月】 县档案馆走访恒昌集团有限公司、浙江百川导体技术股份有限公司、浙江浦江伯虎链条股份有限公司等规模以上企业，调研了解生产情况，实地查看档案室建档工作，发放企业建档参考资料，逐家为企业建档提供针对性的指导，召开座谈会共同探讨企业建档工作。举办工业企业专题档案培训会，60余家企业共计100余人参加培训。

【档案服务农村试点】 申报档案工作服务农村基层社会治理试点工作，白马镇被确定为省级村档乡管试点单位，多次派人指导与服务。省委副秘书长、省档案局局长刘芸与市委副秘书长、市档案局局长、市档案馆馆长陈艳艳到浦江调研基层档案工作情况。

【村级组织换届建档】 协调召开村级换届建档工作会议，协调下发《关于做好全县村和社区组织换届档案收集整理和移交工作的通知》文件，在前吴乡建立村级组织换届建档工作试点，对接浦阳街道、黄宅镇、白马镇、虞宅乡、花桥乡等乡镇开展服务指导和培训，用时3个月完成全县244个村社5318卷档案清理整顿工作。

**【档案征集接收】** 全年接收土地确权档案共100266卷，其中农户档案84216卷，土地确权发包方档案16050卷；接收企业帮扶工作办公室档案348卷、县食品药品管理局874卷1669件、县信访局113卷1946件、县人力社保局117件、县气象局115卷1529件、县农办2015—2018年档案1346件。收集各机关单位、乡镇街道2020年度重点工作的文字、视频、照片等资料6.24GB，收集破产企业档案（力霸王集团档案）104件。征集重要领导人到浦江相关电子档案7.34GB，11个乡镇文化礼堂图片、文字等相关内容51.7GB、图书资料480册、书画档案1件。在查档大厅与办公室设置民间档案征集处，与相关部门联合下发征集通知，通过“诗画浦江”App、《今日浦江》报刊发征集信息，收集县史资料、名人档案、村情村史资料、红色档案、各姓宗谱，收到社会各界人士捐赠的宗谱、书籍共12套41册，收藏珍贵民国宗谱3套，与每位捐赠者签订捐赠协议、颁发收藏证书。

**【馆藏档案资源建设】** 开展民国档案整理工作，争取中央资金80余万元，编写录入民国档案条目6万余条。争取省级资金，购置精密空调、除湿机等设备，通过“政采云”平台采购樟木书柜，设置特藏室和宗谱中心，将全宗档案和书画、古籍档案等单独收纳，集中保管，对资料详细编目。清理馆藏奖牌、印章，开展数字化扫描并妥善保管。推进档案开放鉴定工作，组织全体人员利用每周半天时间开展开放鉴定工作，全年鉴定117个全宗共533826件，其中开放数221160件。

**【档案数字化】** 开展馆藏档案37个全宗的鉴定、整理、编目、扫描工作，全年共鉴定整理36964卷，扫描635510页，编目36331卷。鉴定数字化加工进馆档案18个全宗（包括图书目录），编目2542卷、150件，整理加工编目实物档案1319件，扫描总页数587825页。完成库房所有档案条目数字化，编制档案名册。协助上传最新一批的退伍军人档案约650条。完成土地确权档案67.26万条目663GB数据上传。

**【档案安全】** 完成浙江泰宇建设管理咨询有限公司新提交的50个全宗约26.14万条档案数字化成果检测任务及第6期48个单子档案数据量核验；受理37家单位的档案登记申请、40家单位的档案数据备份申请，备份数据0.9TB；完成2019年度档案登记、备份资料和数据整理入库及2012年度、2013年度的备份数据148张光盘迁移。对数字档案室、馆藏档案管理平台等系统进行维护，修复平台中数据无法移交和“四性检测”（准确性、完整性、可用性、安全性）等问题。

**【档案宣传与编研】** 联合24家单位共同参与制作新冠肺炎疫情防控图片，与疫情防控工作指挥部在城区文化广场举办以“抗击新冠肺炎，我们在行动”为主题的第十三个“国际档案日”图片展，副县长陈子华到现场观展并指导工作。在白马镇等乡镇举办乡镇文化礼堂档案知识巡回展，赠送档案编研书籍、档案盒。完成《浦江古村落》招标和120余家单位全宗指南编纂。协助省档案馆收集“我们的美好生活——档案寻觅发展轨迹”展览素材，报送《抗日战争档案汇编》相关资料数据。

（李　雄）

## 地方志工作

**【概况】** 2020年5月13日，按浦编委〔2020〕11号、13号文件，浦江县地方志编纂室、浦江县电子文件和数字档案备份中心职能整合，组建为浦江县地方志编纂室。浦江县地方志编纂室为浦江县档案馆管理的公益一类事业单位，机构规格为正股级，加挂浦江县数字档案备份中心牌子。6月18日，1990年版《浦江县志（修订本）》公开招投标，由浙江人民出版社中标。组织召开评审专家讨论会，文字已校对十稿，完成样稿。继续完善课题评审标准，发动社会各界申报志书编纂，地方文献、地方名人著作整理，民俗、民间手艺、民间艺术、口述历史收集整理课题。10月，县地方志编纂室完成《浦江年鉴（2020）》编纂、出版工作。完成《浦江方志》第四期、第五期印制，其中第四期《史志中记载的浦江江溪泉水利专辑》于3月印制，第五期《史志中记载的浦江风俗专辑》于11月印制。影印古籍《光绪浦江县志》《民国浦江县志》。11月12日，历史文化课题评审专家库评审5个课题。指导做好部门志、村志、家谱志、地情资料等文化典籍的编纂工作。完善浦江县人民政府网站“走进浦江”“史说浦江”网站内容，开展浦江方志数字化工作。完成每周大事记的编辑工作，对每一周重点工作进行整理，以大事记形式发布。

**【《浦江年鉴（2020）》出版】** 4月，《浦江年鉴（2020）》编纂工作由县委办公室、县府办公室联合下发文件，协调全县99个单位6月底前完成稿件，9月底前完成排版校对。10月，由浦江县人民政府主办、县地方志编纂室承编的《浦江年鉴（2020）》由方志出版社出版发行。《浦江年鉴（2020）》是浦江县第三部年鉴。全书设类目26个，分目140个，子分目26个，条目1095个，共430页，698千字。鉴首彩色插图67幅，按照政治建设、经济建设、社会建设、文化建设和生态建设呈现。随文插图308幅，随文表格21张。《浦江年鉴（2020）》实事求是地记载了2019年度浦江县自然、政治、经济和社会等方面基本情况，以及各行各业取得的新发展、新经验、新成就。

**【《浦江方志》编印】** 2020年，印制《浦江方志》第四期和第五期。第四期《史志中记载的浦江江溪泉水利专辑》于3月印制，是浦江史上首本关于江溪泉水利的资料汇编本。全书设15个分目，记录江、溪、源、潭、滩、泉、塘、堰、井、涧、水利、桥梁分布情况，并附录浦阳十景图、舆图、乡井。第五期《史志中记载的浦江风俗专辑》于11月印制。全书设七编、26个分目，详细叙述浦江的生活、礼仪、岁时习俗等。

**【历史文化课题研究】** 2020年，县地方志编纂室共收到社会各界申报历史文化课题5个。经专家审核，文史整理类《浦江历代诗选编纂》《钟士瀛诗文辑存》《张若骝诗文选》《月泉书院志（古代部分）编纂》4个课题和村志类《浦南村志》1个课题被确定为2020年重点课题。11月12日，历史文化课题评审专家库评审5个课题，其中《浦江历代诗选编纂》评定为一级课题，《钟士瀛诗文辑存》《张若骝诗文选》《月泉书院志（古代部分）编纂》《浦南村志》评定为二级课题。课题评审结果在浦江县人民政府网站上公示一周，公示结束签订资助协议，县地方志编纂室给予一定的资助，并协助整理校对印刷。5个课题已印刷完成。

（金月红）

## 综　述

【概况】 浦江县人大常委会全年召开人大常委会会议9次、主任会议10次，听取和审议专项工作报告24个，作出决议决定11个，依法任免国家机关工作人员116人次。

理论学习更加深入，把学习贯彻习近平新时代中国特色社会主义思想作为重要政治任务，把习近平总书记关于坚持和完善人民代表大会制度重要思想作为长期学习内容，把党委和上级人大的会议精神、领导讲话、文件资料作为必学内容，进一步提高政治站位；制度创新更加有力，对人民当家作主制度体系建设进行积极探索和实践，研制人大工作26张流程图，形成一套内容全面的人大工作体系，获得“浙江人大工作与时俱进奖”提名奖，得到省人大常委会的通报表彰；工作落实更加到位，自觉接受县委领导，严格执行定期向县委请示报告制度，认真领会县委的工作意图，参与县委中心工作，主动作为、勇于担当，扎实做好各项工作。

推动经济高质量发展，把优化营商环境作为重点监督内容，贯彻实施《浙江省民营企业发展促进条例》，保障民营企业合法权益，开展数字经济发展专项监督，促进数字产业化和产业数字化高质量发展；打赢疫情防控阻击战，第一时间学习贯彻习近平总书记关于疫情防控工作的重要讲话精神，发动人大常委会组成人员和机关干部全力参与疫情防控，动员926名各级人大代表积极参与疫情防控；支持双重工作落地见效，开展“十四五”规划和2035年远景目标纲要编制、老旧小区改造和管理、历史街区保护利用和城西区块有机更新工作专项监督，提出建议意见72条；保障公共财政规范运行，听取和审议预算执行、预算调整、决算情况等工作报告，提出建议意见12条，听取和审议审计工作情况和问题整改落实情况报告，首次听取和审议政府关于自然资源国有资产管理情况的报告，提出建议意见16条。

促进公共服务提升，持续4年推进学前教育工作，督促政府加快公办幼儿园建设，浦江县首批通过全国学前教育普及普惠县省级督导评估，开展社会养老服务工作专题调研，调研报告在省委《政策瞭望》第九期上发表；促进生态环境改善，听取和审议环境状况和环境保护目标完成情况、创建全域旅游示范县情况的报告。开展河道、池塘等水体保洁工作专题调研，开展水资源管护与开发利用工作、"污水零直排区"建设工作、田园综合体开发建设工作专项监督，提出建议意见40条；促进农民增收致富，把促进农民增收作为一项长期性工作，对浦江县农民增收情况进行全方位调研，开展农民增收、春耕备耕、葡萄产业发展等工作专项监督，开展抛荒田整治监督活动，帮助种植户销售农产品，建立专业村联系制度；促进民生实事完成，围绕十大民生实事项目，制定专门监督方案，开展监督活动20次，督促问题整改15个。经评估，10项民生实事全面完成9项，基本完成1项。深化"微民生实事"做法，收集到老百姓迫切需要解决的微民生实事125件。

推进依法行政，多次听取和审议法治政府建设工作情况报告，督促政府严格依法决策。开展领导干部依法行政工作专题调研，提出建议意见15条。做好人大任命干部任前法律知识考试、任后法律知识培训、任职表态发言、宪法宣誓等工作；维护公正司法，继续开展"两官"评议工作，随机选定10名员额法官、4名员额检察官作为被评议对象，走访相关律师、案件当事人172人次，抽查案卷140份，提出建议意见48条；保障法律实施，听取和审议"七五"普法实施情况的报告，依法审查规范性文件19个，配合省人大、市人大开展立法调研，提出建议意见23条；创新县域治理，开展社会矛盾纠纷调处化解"最多跑一地"改革专项监督，开展安全生产检查和森林防火应急演练专题视察，提出建议意见9条。接待受理群众来信来访155人次，解决一批合理诉求。

拓展代表履职平台，新建县矛调中心人大代表联络站，提升人大代表联络站15个，新建人大代表联络点34个，推行100%收集民意、100%回应民意的做法，得到上级人大充分肯定；保障代表履职活动，深入开展"双联系"活动，人大常委会组成人员联系人大代表161人次，人大代表向选民述职35人次。开展监督小组活动36次，开展专业监督小组活动11次；提高建议办理实效，持续深化人大常委会领导参与督办、相关工委分工督办的工作机制，选取6件重点建议开展满意度测评。2020年，150件建议，已经解决98件，部分解决50件，暂缓解决2件，办理质量明显提升。

加强学习能力建设，健全完善人大常委会组成人员集体学习、人大代表集中学习、人大机关干部定期学习的机制，经常开展理论知识、法律知识、专业知识的学习，为做好人大工作打下良好基础；加强清廉作风建设，认真执行中央八项规定和省市县委要求，开展家访、谈心谈话、警示宣传教育等活动，树立了风清气正的人大常委会机关、人大代表和人大干部良好形象；加强基层组织建设，始终重视上下联动，发挥人大整体优势，健全人大常委会联系指导基层人大工作机制，定期开展工作交流，不断提升人大工作整体水平。

**【规范街道人大工作】** 出台《关于贯彻〈浙江省街道人大工作条例〉的实施方案》，明确街道人大的职责、定位与行权方式，加强和规范街道人大工作。县人大常委会第三十三次会议经表决通过，依法任命18名人大街道工委委员，这是浦江首次任命人大街道工委委员，标志着县人大常委会各街道工委委员全部配齐，为街道人大工委队伍注入了新活力，推动街道人大工作进入新阶段。

**【提升代表联络站】** 新建县矛调中心人大代表联络站，提升人大代表联络站15个，新建人大代表联络点34个。制作人大代表联络站接待工作流程图，建立政府组成部门进人大代表联络站工作制度。

积极探索“四个结合”(固定与流动结合、征求与征集结合、座谈与走访结合、解决与解释结合)工作法,丰富人大代表联络站的工作内涵、流程、方法,实现人大代表进站全员化、联系活动常态化、联系工作网络化、活动机制规范化,全力提高运行效能。

【推动实施两个“百分百”工作法】 为充分发挥人大代表联络站作用,密切代表同人民群众的联系,提升代表联系群众实效,县人大常委会提出收集群众诉求及意见“百分百”、及时有效回应群众诉求“百分百”的目标,以代表联络站为依托,完善代表联系群众制度,健全民意收集、回应机制,广泛联系群众,倾听群众心声,了解群众诉求,实实在在帮助群众解决实际困难。前吴乡人大以保障民生作为履职的出发点和立足点,按照县人大两个“百分百”的目标要求,先行先试,探索创新代表联系群众的机制,取得了一定成效。县人大常委会总结完善前吴乡人大两个“百分百”的做法,推行两个“百分百”工作法,打造人大代表联系人民群众的浦江模式,取得了积极成效,得到上级人大充分肯定。

【制作工作流程图】 组织人员对原来的规范性文件和有关制度进行清理完善,并在此基础上制成26张工作流程图,形成一套内容较为全面的流程图框架体系,将各项人大工作的“规定动作”、主体责任、职责要求、工作时限通过一张张图表直观地展现,简洁明了、通俗易懂,让工作人员对各环节一目了然、烂熟于心,促进人大各项工作上水平、登台阶。“工作流程图”的做法,获2020年度“浙江人大工作与时俱进奖”提名奖,得到省人大常委会通报表彰。

【深化“微民生实事”】 坚持以民生需求为导向,继续推行“微民生实事”工作,组织代表在闭会期间通过代表联络站、网上联络站、走访选民,代表小组活动等方式收集到的一些群众反映的囿于“单个项目资金量小,审批程序过长,相关政策支持欠缺”等因素的影响,而无法及时落实的急事、难事、小事,经主任会议研究讨论后,交由县政府研究处理,提升群众的满意度和获得感。深化“微民生实事”做法,通过发动人大代表进联络站、走访群众等渠道,收集到老百姓迫切需要解决的微民生实事125件,解决了一批群众关注度高、贴近生活,群众迫切希望解决的惠民小项目,让老百姓得到实实在在的获得感。

## 重要会议

【县十四届人大第四次会议】 4月19—22日,县第十四届人民代表大会第四次会议在县城召开。来自各条战线的二百余名人大代表出席盛会。会议听取和审议了县人大常委会和“一府两院”工作报告,审议批准国民经济和社会发展计划及本级财政预算报告,确定150件建议意见。会议采用电子表决器表决方式,通过《关于浦江县人民政府工作报告的决议》《关于浦江县2019年国民经济和社会发展计划执行情况与2020年国民经济和社会发展计划的决议》《关于浦江县2019年财政预算执行情况和2020年财政预算的决议》《关于浦江县人民代表大会常务委员会工作报告的决议》《关于浦江县人民法院工作报告的决议》《关于浦江县人民检察院工作报告的决议》。大会通过电子表决器表决,确定浦江县2020年政府民生实事项目。大会以无记名投票方式,补选县十四届人大常委会副主任1名,县监察委员会主任1名,县人民检察院检察长1

名，县十四届人大常委会委员5名。大会以电子表决器表决方式，通过县第十四届人民代表大会监察和司法委员会组成人员人选名单以及县第十四届人民代表大会财政经济委员会组成人员人选名单。

**【县人大常委会会议】** 1月10日，县十四届人大常委会第二十六次会议召开。会议书面审议县政府关于2020年民生实事候选项目情况的报告，听取审议关于县2020年政府投资项目计划（草案）的报告，以电子表决的方式通过2020年民生实事候选项目、2020年政府重大投资项目和关于批准浦江县2020年政府投资重大项目的决定，关于补选县人大代表资格的审查报告和有关市七届人大代表辞职建议案。以无记名投票方式通过县人大常委会主任会议、县人民政府、县人民法院、县人民检察院有关人事提请，补选市七届人大代表2名。会议听取关于县第十四届人民代表大会第四次会议的筹备情况、县第十四届人民代表大会第四次会议有关人员名单（草案），审议通过县人大常委会工作报告稿，以电子表决的方式通过县第十四届人民代表大会第四次会议列席人员名单。听取审议县人大常委会关于调整县第十四届人民代表大会第四次会议召开时间的决定（草案），书面审议县第十四届人民代表大会第四次会议日程（草案），“一府两院”工作报告稿，县第十四届人民代表大会第四次会议选举办法（草案），县第十四届人民代表大会第四次会议关于浦江县第十四届人民代表大会监察和司法委员会、财政经济委员会主任委员及副主任委员人选通过办法（草案），县第十四届人民代表大会第四次会议民生实事票决办法（草案），关于浦江县2019年国民经济和社会发展计划执行情况及2020年国民经济和社会发展计划（草案），关于浦江县2019年财政预算执行情况和2020年财政预算草案的报告，以电子表决的方式通过县人民代表大会常务委员会关于调整浦江县第十四届人民代表大会第四次会议召开时间的决定（草案）。

1月19日，县十四届人大常委会第二十七次会议召开。会议以无记名投票方式通过县人大常委会主任会议、县监察委员会、县人民检察院有关人事提请和有关辞职建议案。传达学习省“两会”精神。

3月30日，县十四届人大常委会第二十八次会议召开。会议以无记名投票方式通过县人民法院有关人事提请。听取审议县政府关于春耕备耕工作情况的报告、关于农民增收工作情况的报告，审议通过县人大常委会2020年工作要点。书面审议县2019年财政预算执行情况的报告和2020年财政预算（草案）。

4月15日，县十四届人大常委会第二十九次会议召开。会议以无记名投票方式通过县人民政府有关人事提请。听取审议县十四届人民代表大会第四次会议有关人事安排的说明。

5月27日，县十四届人大常委会第三十次会议召开。会议听取审议县政府关于创建全域旅游示范县工作情况的报告。以电子表决的方式通过县人大常委会关于许可县公安局对县人大代表采取刑事强制措施的决定。

6月29日，县十四届人大常委会第三十一次会议召开。会议以无记名投票方式通过县监察委员会、县人民法院、县人民检察院有关人事提请，以电子表决的方式通过有关辞职建议案。

7月30日，县十四届人大常委会第三十二次会议召开。会议听取审议县政府关于2020年上半年全县经济和社会发展情况及下半年工作安排的报告、关于2020年上半年财政预算执行情况的报告，书面审议县政府关于县域及城区交通情况的报告。

听取审议县政府关于2019年财政决算(草案)的报告、关于2019年度财政预算执行情况和其他财政收支情况的审计报告,书面审议县法院、县检察院2020年上半年工作情况和下半年主要工作安排的报告,以电子表决的方式通过县人大常委会关于批准浦江县2019年财政决算的决议、关于补选县人大代表资格的审查报告。

9月27日,县十四届人大常委会第三十三次会议召开。会议以电子表决的方式通过县人大常委会主任会议有关人事提请,以无记名投票方式通过县人民法院有关人事提请。听取审议县政府关于2015—2020年法治政府建设情况和“七五”普法决议执行情况的报告、关于“数字经济”发展情况的报告、关于2020年地方政府债务限额及财政预算调整方案的报告、关于2020年浦江县投资项目计划调整的报告、关于全县水资源管护和开发利用工作情况的报告、关于社会养老服务事业工作情况报告。会议以电子表决的方式通过县人大常委会关于批准2020年地方政府债务限额及财政预算调整方案的决定、人民医院改扩建工程(含临床公共卫生中心)项目以及关于批准调整浦江县2020年政府重大投资项目的决定。

10月14日,县十四届人大常委会第三十四次会议召开。会议以电子表决的方式通过县人大常委会关于许可县公安局对县人大代表采取刑事强制措施的决定。

11月30日,县十四届人大常委会第三十五次会议召开。会议以电子表决的方式通过县人民检察院有关人事提请。听取审议县政府关于国有自然资源资产管理工作情况的报告、关于调整2020年国民经济和社会发展计划的报告、关于代表建议办理情况的报告和14名被评议法官、检察官的履职报告,书面审议6个部门办理代表建议情况的说明、“两官”履职评议工作小组的调查报告,并开展满意度测评。会议听取审议2名市人大代表的述职报告,书面审议3名市人大代表的述职报告、浦江县2020年环境状况和环境保护目标完成情况的报告,以电子表决的方式通过县人大常委会关于批准调整2020年国民经济和社会发展计划的决定。

12月31日,县十四届人大常委会第三十六次会议召开。会议以无记名投票方式通过县人大常委会主任会议、县人民政府有关人事提请,以电子表决的方式通过有关辞职建议案、有关县人大代表辞职建议案、有关市七届人大代表辞职建议案。会议以电子表决的方式通过县人大常委会关于召开县第十四届人民代表大会第五次会议的决定,并对县十四届人民代表大会第五次会议有关筹备工作作了进一步部署。

(薛　莲)

# 浦江县人民政府

## 综　述

2020年，浦江县实现地区生产总值234.5亿元，同比增长1.2%；一般公共预算收入20.03亿元，同比增长3.9%；社会消费品零售总额97.39亿元，同比下降5%；城乡居民人均可支配收入分别为49943元和24948元，同比增长3.3%和7.0%。

科学防治、精准施策，成立由县委书记、县长任双组长的新冠肺炎疫情防控工作领导小组，下设指挥部和8个工作组，每晚召开指挥部会商研判会议，及时分析研究上级指令和新情况新问题，每日对照工作指令和任务清单开展督查。发动群众力量，打好"巷战"、守住"小门"，织密织牢疫情防控网；运用大数据技术，准确掌握重点人员运动轨迹，确保应对及时；常态化落实"健康码"查验、体温检测等防控措施，加大进口冷链食品的检验检疫力度，做到人员物品"同查、同检、同管"。全县开展核酸检测10.6万余人次；确保防疫物资供应，累计发放各类口罩356.6万只、消毒液4万千克、防护服1.2万件；选派7名医护人员驰援湖北。

应对疫情冲击影响和经济下行压力，开展"争先创优"行动，助力实体经济摆脱困境、平稳发展。建立"1+11+N"争先创优攻坚体系，制定出台8个县级扶持政策，县财政累计拨付企业奖励扶持资金4.4亿元，减税减费减租减息减支11.3亿元，在全市提前实现"两直"资金确认率和兑付率"两个百分百"，企业复工率、产能恢复率均列全市第一位，MEI指数得分全省排名逐月上升。建立投资项目全周期管理平台，全年招引项目52个，其中亿元以上项目32个，省集中开工项目和省重点建设项目全部超额完成年度投资计划，81个县集中开工重大项目完成投资45.6亿元，十大工业投资(技改)项目和132个投资500万元以上工业投资项目完成投资12.2亿元，制造业投资增长34.7%。新增省"隐形冠军"培育企业2家、"专精特新"入库企业110家，新增股份制企业9家、股交中心挂牌企业12家，规模以上企业323家，规模以上工业总产值增长5.8%。水晶小镇小微园建成投用，黄宅恒固创艺园等5个小微园主体工程完工，白马小微园开工建设，浦江做法在全省小微园区建设现场会上作介绍；浦江开发区在省级开发区综合排名上升9位，通过省级园区循环化改造示范试点验收。新增工业贷款43.2亿元，出让工业用地67.27公顷，消化批而未供土地79.54公顷，盘活存量建设用地54.5公顷，城镇低效用地再开发56.2公顷，争取财政奖补资金9.8亿元、地方政府专项债券额度19亿元。

农业“标准地”认定800公顷，建设高标准农田1600公顷；引进葡萄新品种200公顷，新增蔬菜特色村2个，白马现代生态养殖场完成主体建设，葡萄产值11.4亿元，“浦江桃形李”通过国家农产品地理标志认证；培训高素质农民300人次、农村实用人才1000人次，完成消薄项目101个，低收入农户收入增长25.2%；获评全国县域数字农业农村发展先进县和省级农业主导产业“机器换人”示范县，绿色崛起模式入选“浙江乡村振兴十大模式”，杭坪镇被评为省级特色农业强镇。编制全域旅游总体规划和壶源江旅游规划，修缮历史建筑20幢，培育文旅融合示范村10个、农旅示范农庄10个、旅游特产销售中心10个，举办上山文化遗址发现20周年学术研讨会，新光村获评全国乡村旅游重点村，虞宅乡获评省级风情小镇，“茜溪—上河”线路获评全省美丽乡村夜经济精品线，“走进浦江发现文旅”登上央视频道，获评全省文化和旅游产业融合发展十佳县、全国县域旅游综合实力百强县。提升改造万家跨境电子商务产业园，45家企业开拓跨境电商业务，新增跨境电商店铺260家，培育淘宝镇5个、淘宝村12个，石埠头村获评首批全国最美淘宝村，获评省数字生活新服务标杆县、全国电子商务进农村综合示范县和全国“互联网+”农产品出村进城工程示范县。新增建筑业企业6家，21家建筑业企业取得新资质，建筑业产值增长16.7%，房地产销售面积增长28.8%。

推行“代办点+自助服务终端+网格员”便民服务模式，省定41项“一件事”全部落地，政务服务办件线上受理率和掌上执法率分别为81.3%和100%；工业用地实现全生命周期管理，工业大数据平台建成投用，出清D类企业33家，规模以上工业亩均税收、亩均增加值分别增长24.1%和22.6%；“基金+股权+项目”招商取得突破，发行两期共18亿元公司债券；出台农村产权交易细则，农民建房审批实行“一张表”及“线下联审+线上审批”模式。启动挂锁行业数字化改造，新增市两化融合重点项目7家、数字化车间示范项目5家和“物联网工厂”示范项目1家，新增市级以上研发机构21家、省科技型中小企业75家、高新技术企业16家，规模以上数字经济核心产业增加值增长22.7%，梅花锁业获评省上云企业标杆，浦江热电获评省大数据应用示范企业，伯虎链条入选“浙江制造精品”，2个项目入选省“四个百项”重点技术改造示范项目计划，水晶产业园获评长三角G60科创走廊工业互联网标杆园区。开通浦江汽运中心至义乌商贸城交通快线，政务服务浦义通办做法在省委改革办《竞跑者》刊登；积极参与自贸试验区金华联动创新区建设，出台《支持企业海外仓建设实施细则》，新增外贸出口主体82家，发送“义新欧”班列货柜178个；谋划对接杭州，编制高铁小镇产业策划、高铁小镇综合交通以及高铁小镇概念性规划、核心区城市设计等。

改造老旧小区13个、建设美丽社区项目21个，新增绿地27.9万平方米，创建精品城市示范街4条；解放西路道路基础设施配套完工，完成房屋修缮总工程量的80%；白林集聚区建设完工，文溪集聚区D区块完成总工程量的75%，桃岭自然村和登高村签约腾空。建立美丽乡村长效管理机制，创建省级新时代美丽乡村93个，建设地质灾害安置区2个，改造省级历史文化村落2个；上河村获评中国美丽休闲乡村，大畈乡获评省生态文化基地，郑宅镇获评新时代美丽城镇建设省级样板镇；西北部山区农村供水主体工程和塘下村水系连通工程完工，城乡一体化供水管网延伸10千米、单村提升和村内管网改造20个村，获评国家级节水型社会建设达标县和省农村饮用水达标提标工作成绩突出县。建设环城西路（文溪西路至江滨西路段）工程、新华路道路改造工程和锁具大道北延工程，智能化改造停车场10个，新增停车位1370个；农村公路大中修45千米、等级提升22千米，新建公交候车点30个，杭温高铁二期浦江段开工建设。完成第二轮中央环保督察迎检工作，城市和第四污水处理厂扩容改造、小黄坛垃圾焚烧发电厂、小微产废企业危险废物收集点、一般工业固体废物收集分拣处置中心等建设完工，“污水零直排区”通过验收；新建生活垃圾“两定四分”投放点112座，创建省高标准生活垃圾分类示范小区10个；持续推进大气污染治理，完成浦江开发区废气专项治理，大气环境质量达到国家二级标准；浦阳江入选全国首批美丽河湖（港湾）典型案例，壶源江获评省级美丽河湖。

建成投用9所公办幼儿园，全国学前教育普及普惠县创建通过省级评估；浦阳第一小学月泉校区和园区小学投入使用，随迁子女公办学校招生覆盖面达60%，高考一段线上线人数再创佳绩，堂头中学爱国主义教育入选教育部德育工作案例，4所学校获评省级现代化学校。县慢性病管理中心挂牌成立，县人民医院改扩建工程开工建设，中医院迁建工程、郑宅镇卫生院迁建工程完成主体建设，杭坪镇卫生院完成扩建，“双下沉、两提升”工作成效评估列全省第三位，公立医疗机构智慧医疗服务实现全覆盖，县域就诊率90.2%，基本医疗保险参保率和大病保险选缴率分别为99.94%和80%以上，公立医院医疗总费用下降4.7%。创新推出“1+N”行业技能人才自主评价培训体系，省级高技能人才公共实训基地——水晶基地投入使用，城镇登记失业率控制在1.8%以下；县残疾人托养服务中心建设完工，示范型居家养老服务中心、“残疾人之家”和退役军人服务站实现全覆盖，医疗救助政策落实率、困难群众资助参保率均为100%；新建安息堂4个、生态公墓3处；小康体育村提升工程建设完工15个，承办全省青少年田径锦标赛等4场省级赛事。

村社组织换届工作中，党员群众参选率、候选人得票率比往年有所提高。推进“下访接访”信访工作国家级标准化试点项目建设，完成县级社会矛盾纠纷调处化解中心规范化建设和社会治理综合服务中心建设。建立“一中心、四平台、一网格”县域社会治理新模式，代办民情民访事项7109件次，办结率99.7%，郑宅镇获评全国乡村治理示范乡镇，创建省级引领型农村社区2个。部门涉案财物管理中心建成投用，新建智慧安防小区25个、“智安单位”57家、智慧警务站2个，新增视频监控点位1000路，出县视频监控点位实现全覆盖，刑事警情、治安警情分别下降24.6%和25.7%，创建市级以上民主法治村（社区）42个。开展重点行业领域专项整治和重点时段安全生产大检查大整治，消除各类事故隐患；创建国家农产品质量安全县，浦江县农产品批发交易市场二期项目工程开工建设，培育放心消费单位11247家；提升道路交通安全设施，整治县级事故多发隐患点7处、桥梁安全提升7座，路口改造9处；增强全民安全救助能力，开展救护员培训1200人次、现场救护普及培训12000人次。

（陈东钢）

## 政府常务会议

**【浦江县第十四届人民政府第46次常务会议】** 2019年12月23日召开。会议学习统计相关法律法规。会议研究浦江(杭州)科创中心运行方案及管理实施细则、农业水务和民政民宗专业安委会工作、塔山区块资产收购处置方案、《浦江县专职社区工作者管理试行办法》《浦江县政府法律顾问考核评价办法》《浦江县行政机关负责人出庭应诉工作管理办法》《浦江县行政诉讼败诉案件通报与过错责任追究暂行办法》。

【浦江县第十四届人民政府第47次常务会议】 1月6日召开。会议研究浦江县2019年财政预算执行情况和2020年财政预算(草案)、2020年政府工作报告(征求意见稿)、2020年政府十大民生实事汇总(征求意见稿)、2020年"七个十"项目安排(征求意见稿)、浦江县2020年投资项目计划(征求意见稿)、2020年国民经济计划报告(征求意见稿)。

【浦江县第十四届人民政府第48次常务会议】 1月21日召开。会议听取2019年工业经济运行和经济形势分析汇报。会议研究《浦江县关于高水平推进美丽城镇建设的实施意见》、单村供水工程和联村集中式供水工程取水的农村生活用水水资源费免征范围、《浦江中国水晶城商业综合体项目投资补充协议》、《江南商务新区0579-PJ-CQ-JN-04街区局部控规调整方案》、浙江省浦江高峰管道燃气有限公司与天津新奥燃气发展有限公司战略合作相关事宜。

【浦江县第十四届人民政府第49次常务会议】 2月17日召开。会议传达学习中央、省、市关于新冠肺炎疫情防控工作重要精神,研究浦江县企业复工复产工作。会议听取2020年省市重点建设项目、省重大产业项目、省市县长项目工程谋划及复工情况汇报、2020年政府投资续建类项目复工情况汇报。会议研究《白马镇第三期拟供地块控制性详细规划(白马小微创业园)》《浦江县人民政府关于2019年法治政府建设情况的报告》。

【浦江县第十四届人民政府第50次常务会议】 3月2日召开。会议学习《中华人民共和国野生动物保护法》。会议听取浦江开发区和水晶产业园区专业安委会汇报、2020年度"七个十"工作安排汇报。会议研究《浦江县畜禽养殖禁养区划分调整方案》。

【浦江县第十四届人民政府第51次常务会议】 4月7日召开。会议听取浦江县能源工作形势的汇报。会议研究《关于加强工业用地全生命周期管理实施意见》《浦江县工业固体废物专项整治行动实施方案》《2020年浦江县"项目招引攻坚年"活动实施方案》《2020年浦江县"创新发展攻坚年"活动实施方案》《浦江县政策性融资担保业务管理暂行办法》《浦江县惠农转资金管理办法(修订稿)》《浦江县郑宅镇江南第一家壹号地块控制性详细规划》、增加杭温高铁浦江站站房面积相关事宜。

【浦江县第十四届人民政府第52次常务会议】 4月24日召开。会议传达市一季度经济运行情况汇报会有关精神,听取全县一季度工业经济运行和经济形势分析汇报。会议研究《浦江县东部城镇路网专项规划》《浦江县残疾人专职委员招聘和使用实施方案》。

【浦江县第十四届人民政府第53次常务会议】 5月6日召开。会议学习《浙江省民营企业发展促进条例》。会议听取2019年浦义战略合作进展情况,研究2020年工作思路。会议研究浦江县2020年度对口工作重点任务、《浦江县域美丽城镇建设行动方案》。

【浦江县第十四届人民政府第54次常务会议】 5月14日召开。会议研究浦江经济开发区控制性详细规划修编方案局部调整、浦江县黄宅镇小微企业园控制性详细规划、郑家坞镇老火车站区块控制性详细规划、2020年度历史建筑保护利用工程政策沿用相关事宜、确定浦江县第二批151处历史建筑名录。

【浦江县第十四届人民政府第55次常务会议】 5月25日召开。会议听取2019年全县教育主要工作及近期教育重点工作和返校复学情况汇报、《浦江县2020年义务教育阶段学校招生工作实施方案》制定情况的汇报、《浦江县开展县域学前教育普及普惠督导评估实施方案》制定情况的汇报。会议研究关于成立浦江县人民政府教育督导委员会相关事宜。

【浦江县第十四届人民政府第56次常务会议】 6月5日召开。会议学习《中华人民共和国土地管理法》。会议听取"十三五"发展指标运行评估及短板分析汇报、人力社保和科技专业安委会工作汇报、浦阳江城区段生态廊道连通工程设计方案汇报、污水处理厂扩容和清洁排放改造工程相关情况汇报。会议研究《2020年政府系统建议提案交办方案》、《浦江县2020年度"珍爱生命、远离车祸"道路交通安全大会战实施方案》、浦江县科创园运营管理公司补充协议及考核指标、《郑家坞老火车站区块第一期国有土地上房屋征收补偿方案》、明确浦江县公共停车资源运营管理相关事宜。

【浦江县第十四届人民政府第57次常务会议】 6月24日召开。会议研究《浦江县"十四五"规划编制目录》《浦江县创建国家森林城市工作实施方案》《浦江县备战浙江省第十七届运动会实施方案》《浦江县国有企业采购管理办法》《浦江县县属国有企业重大事项决策及报告制度》《浦江县工业企业亩均效益综合评价办法(2020年修订)》、关于调整浦江县征地补偿安置政策的事项、《杭温铁路(浦江段)通信线路综合管道迁改工作方案》《浙江檀溪七湾度假村旅游开发项目控制性详细规划》。会议听取浦江县解决农房确权历史遗留问题补办规划审批意见的情况汇报。

【浦江县第十四届人民政府第58次常务会议】 7月13日召开。会议听取2020年上半年法治政府建设情况汇报。会议研究《浦江县第二轮安全生产综合治理三年行动计划实施方案》《浦江县国有企业退休人员社会化管理实施方案》《浦江县"无废城市"建设实施方案》、浦江县5G通信基础设施专项规划等相关事宜。

【浦江县第十四届人民政府第59次常务会议】 7月26日召开。会议听取县国投集团关于共享产业项目投资及招引事项的情况汇报。

【浦江县第十四届人民政府第60次常务会议】 7月30日召开。会议学习《中华人民共和国民法典》。会议听取2020年上半年工业经济运行和经济形势分析汇报。会议研究《进一步规范乡镇专职消防队建设和管理实施意见》,调整《浦江农副产品批发交易市场项目投资协议》。

【浦江县第十四届人民政府第61次常务会议】 8月13日召开。会议研究《浦江县"三线一单"生态环境分区管控方案》《浦江县健康促进县创建工作实施方案》《浦江县通济转贷基金管理办法》《杭温高铁(浦江段)工程征地拆迁工作实施办法》《浦江县乡镇财政管理体制改革实施方案(送审稿)》、委托县自然资源和规划局实施征地相关公告的事项。

【浦江县第十四届人民政府第62次常务会议】 8月27日召开。会议研究《2020年度浦江县政府重大行政决策事项目录》《浦江县关于促进3岁以下婴幼儿照护服务发展的实施方案》《浦江县浦阳街道善庆村桃岭自然村搬迁安置实施方案(送审稿)》《浦江县仙华街道登高村房屋搬迁安置方案(送审稿)》。

【浦江县第十四届人民政府第63次常务会议】 9月23日召开。会议学习《最高人民法院关于审理行政协议案件若干问题的规定》(行政协议解释)。会议听取文化旅游农业水务和民政民宗专业安委会工作汇报。会议研究《关于推进新时代浦江民政事业高质量发展的实施意见》《浦江县科技创新券实施管理办法》《浦江县城区经济适用住房上市交易办法(试行)》《浦江县人民医院改扩建工程建设方案》、2020年浦江县投资项目调整计划、浦江县综合行政执法事项统一目录相关事宜。

【浦江县第十四届人民政府第64次常务会议】 10月13日召开。会议听取浦江县2020年度省市县民生实事进展情况的汇报。会议研究给予浦江中学记三等功和其他高中嘉奖有关事宜、给予浦江中学教育教学突出贡献奖励和其他高中学校教育教学贡献奖励有关事宜、《浦江县2020—2021年度松材线虫病防治工作实施方案》、浦江岳塘水库以南地块控制性详细规划。会议传达全省村(社区)组织换届工作业务培训会相关精神。

【浦江县第十四届人民政府第65次常务会议】 11月6日召开。会议研究补充约定和调整郑家坞镇健康养生项目部分规划条件和出让条件,调整2020年国民经济和社会发展计划,规范农村宅基地审批管理工作有关事项,审议《浦江县节水行动实施方案》、浦江县120急救指挥中心建设实施方案,明确351国道浦江联盟至兰溪界段工程建设主体、资金保障、建设模式等问题。会议听取教育卫生和市场监管专业安委会工作汇报。会议书面交流县政府1—10月“七个十”项目的进展情况。

【浦江县第十四届人民政府第66次常务会议】 11月12日召开。会议研究明确全县“交通违法车、交通事故车、僵尸车”处置运营机制相关事宜、《浦江县金狮湖区块控制性详细规划修编》、《浦江县黄宅镇小微企业园控制性详细规划修编》。

【浦江县第十四届人民政府第67次常务会议】 11月30日召开。会议研究《浦江县涉农惠民补贴资金“乡镇公共财政服务平台+一卡通”发放管理的实施意见(送审稿)》、浦江万年上山文化村项目变更开发战略合作单位的事项、《浦江县新世纪房地产开发有限公司产权公开出让方案》、浦江县乡镇级国土空间总体规划编制有关事宜。

【浦江县第十四届人民政府第68次常务会议】 12月3日召开。会议研究《浦江县“千吨万人”饮用水水源保护区划分方案》、新建杭州至温州铁路杭州至义乌段工程征地拆迁包干协议、杭温铁路(浦江段)电力线路迁改工作方案。

【浦江县第十四届人民政府第69次常务会议】 12月15日召开。会议研究《做好被征地农民参加基本养老保险工作实施方案(送审稿)》。

## 重要政事

**【国企监管机制】** 出台《浦江县县属国有企业重大事项决策及报告制度》《浦江县国有企业采购管理办法》，完善经营性国有资产统一监管制度，推动国企监管职能从管资产向管资本转变。出台《企业功能定位实施分类监管指导意见》，遵循“突出主业、分层确定、鼓励竞争、动态管理”原则，推进县属国有企业分类改革和监管，增强县属国有企业整体功能，提高配置效率。结合政府投资项目运作和政府债务管控要求，出台国资系统评优评先考核办法，鼓励国有企业参与市场化项目运作，加快谋划符合市场规律的投入产出机制，激发企业活力。

**【创新招商模式】** 依托中央企业、省属企业的优势资源，开辟“基金+股权+项目”招商引资新形式，联合浙江富浙资本管理有限公司，共同投资入股深圳来电科技有限公司，成为浦江县首个利用基金撬动社会资本投资的招商引资项目，完成浦江来电注册工作，开展业务平移工作；创新“科技+国资”（“科技”负责项目审批，“国资”负责尽职调查、产业基金支持等）招商模式，招引科技型企业，带动一个产业入驻。2020年，莱恩医疗科技、杭州宇泛智能科技有限公司、浦门公社等项目已通过初步尽职调查，上海纳深机器人、国辰机器人、智能电表、阿比特智能半导体等项目正在推进中。

**【投融资体制改革】** 浦江县首支非公开公司债券获上海证券交易所批准，发行总额不超过25亿元，2020年发行规模18亿元，票面利率5.79%。定向债务融资工具（PPN）15亿元的注册申报通过主承销商民生银行省行的审批。不超过2亿元的债权融资计划由恒丰银行提交北金所备案进行审查反馈。浦江县国企接连在直接融资市场亮相，为后续通过资本市场融资打下基础。与浙商银行建立战略合作关系，优化浦江县投融资结构。六大集团公司融资余额累计85.67亿元，融资成本比2019年下降80BP以上。

**【市场主体创新能力提升】** 培育16家国家高新技术企业（完成市下达15家考核目标任务）。申报认定省科技型中小企业75家，市级高新技术研发中心17家；申报省级高新技术企业研发中心3家（浦江县一正文具制造有限公司、浦江三思光电科技有限公司、浦江永进工贸有限公司）；申报省企业研究院1家（浙江万赛汽车零部件股份有限公司）。浦江凯鼎蔬菜省级星创天地通过省级专家评选；创建省级水晶产业创新服务综合体，获省政府2000万元的资金支持。

**【社会创新活力增强】** 2020年兑现科技政策扶持资金3958.62万元，同比增长26.9%。2020年度企业研发费用支出4.33亿元，同比增长47.1%，增幅排名全市第一。高新技术产业投资6.98亿元，同比增长81.2%，列全市第二，高新技术产业增加值11.37亿元，同比增长11.3%，增幅排名全市第三。技术交易额登记3.45亿元，发明专利产业化项目登记30项；创新券使用295.28万元，超额完成市下达指标。

**【科技创新服务水平增强】** 百川导体技术股份有限公司的“高性能特种钢材料与制品研发及应用”，杭机股份有限公司的“高精度立式复合磨床整机研发与应用”入选2021年省重点研发计划竞争性项目。完成县级各类科技计划项目验收121项(其中工业项目35项,农业项目29项,卫生项目26项,省级新产品试制计划项目31项);浦江(杭州)科创中心开园,县科创园引进孵化类科技项目7项。

**【就业形势稳定】** 全县城镇新增就业13945人,城镇失业人员再就业3489人,城镇登记失业率1.78%;开展建档立卡贫困人员职业技能培训317人次,帮助中西部22省建档立卡贫困人员到浦江就业5525人;新增贵州省关岭县、水城县、惠水县、黄平县以及四川省美姑县5个劳务协作基地。

**【用工保障有力】** 新冠肺炎疫情防控期间,首推“绿色通”返浦专线,累计接回6588名员工返浦上岗;全年开展线上、线下高校招聘会52场,878家企业推出人才岗位数12477个,达成意向4950人,新引进大学生2121人,帮助浙江亚特新材料股份有限公司等3家企业与高校签订合作协议;累计举办各类职业技能竞赛23场,产生高级工3393人,技师55人;浦江县首个省级高技能人才公共实训基地——水晶基地于11月13日挂牌使用。

**【技能人才培养】** 开展职业技能提升行动,开展职业技能培训26340人次,培训人数创历史新高。持续深化“农村电商领头人”培育计划,培训农村电商领头人917人次。推动技工学校建设,新增电气自动化设备安装与维护专业、3D打印技术应用两个专业4个班,招收新生200名。完成浙江丰瑜生态科技股份有限公司博士后科研工作站申报工作;牵线浦江县水晶行业和泛长三角城市工艺美术战略联盟的大师建立长期战略合作,水晶产业人才工作得到副省长王文序批示肯定。

**【完善营商环境】** 建立营商办、“三服务”办、作风办“三办合一”合署办公机制,制订“营商环境攻坚年”活动实施方案,建立和完善优化营商环境工作制度、平台和考评等政策保障体系。制定《营商环境评价“一指标一专班”争先创优清单》,每项营商环境评价指标均设立一名牵头县领导,一个牵头单位,一个责任单位,明确排名全省前10位的先进县市作为对标赶超对象,制定赶超目标、赶超举措。建立服务项目、服务企业“解难题直通车”制度,定期交办督办、跟踪问效,交办104件,已办结难题71个,待办结14个,其余19个有序推进。推进营商环境问题服务平台建设,通过平台系统向相关乡镇(街道)或职能部门交办企业各类企业诉求370件,推动解决销号308件。开展涉企中介费用调查,排摸出全县涉审中介服务事项共25项,其中9项实现政府买单。梳理工程招投标领域投标人(企业)所需的标书工本费、合同公证费、交易服务费、投标保证金等费用,制定《工程招标投标领域推进减负和保障服务的工作方案》。安排义务教育阶段随迁子女入学,2020年安排优质企业高管子女入学优质学校15人,规模以上企业高管、技术骨干子女就近安排公办学校19人。

**【“最多跑一次”改革】** 受理各类审批服务事项90.5万余件,办结率99.96%,平均办结时间缩减到1.58个工作日,提速35.2%,群众满意率99.91%。企业服务更周全,升级便民利企“一件事”,个体“开办”一件事向“开业”一件事迭代升级,实现个体户开业由准入阶段、准营阶段、开业阶段申请“一次跑一窗”,预计每年可惠及个体户5000余家,少跑至少2万次,缩短3.4万余个工作日;开展医疗机构审批综合许可,实行医疗机构审批“六证合一”,实现“一次申请、一套材料”;开辟“助企政策一件事专窗”,

由多部门受理变为“一窗受理”，并实行统一交办、督办。群众办事更便捷，完善基层“1+N+金融”服务模式，基层延伸事项在430项的基础上，梳理下放第二批延伸政务服务事项121项和梳理公布涉企代办服务事项92项；完善杭坪镇“基层治理”一网联办模式，累计上线涉及社保、医保、卫健、民政、残联、市监等20个高频事项；推进水电气网等公共服务集成办，80项公共服务事项在乡镇“365”、村（社区）便民服务中心、营业网点落实到位，实现全域办、无盲区。创新亮点更突出，实现城乡居民保险参保、家庭共济等28项医保业务掌上“亲情代办”、农商行网点“一窗办”，特殊病种异地联网结算，医保办事第三方满意度调查居全市前列；推行政务服务浦义通办，梳理出首批涉及公安、社保、医保和不动产4个部门240项事项，其中全流程办理164项，占比68.3%，办件量8900余件，获2020年国务院大督查中第十督查组高度肯定，被省委改革办《竞跑者》刊登推广。

**【争取资源要素】** 夯实大花园示范建设成果，结合省市行动计划，制定印发《2020年浦江县大花园典型示范建设工作要点》，开展生态环境质量提升、全域旅游推进、绿色产业发展、基础设施提升、绿色发展机制创新五大工程建设，以及“人人成园丁 处处成花园”重点活动。浦江成为全市唯一，在始发杭州往返北京的列车上拥有一节自己的主题专属车厢——10号车厢。该车厢内天幕、海报以及小桌板上展示“上山遗址”“郑义门”等浦江元素，宣传浦江县大花园示范县创建成果。浦江县在抢抓窗口期争取国家政策上多项指标居前列。2020年，合温高速（桐庐—义乌）浦江段列入省政府争取列入国家专项规划项目清单；351国道联盟至浦兰交界段建设工程、杭温高铁二期浦江段工程两个项目列入国家委托授权审批用地项目；小黄坛垃圾焚烧发电项目、杭机床智能磨床项目共获得中央预算内资金5694万元；中医院迁建项目、杭温高铁二期浦江段建设项目、智慧停车场建设项目共获14亿元专项债券；浦江三思光电技术有限公司智慧照明和智能交通项目列入省重大产业项目。

**【“1+6+X”投资项目全周期管理平台】** 搭建1个平台，统筹“项目谋划、计划管理、审批监管、项目推进、问题交办、合同管理”6大功能，拓展“工程变更、竣工验收”等X项业务。建立“项目进度量化、问题交办督办、投资监测赛拼”三大机制，在项目审批上实现新的突破。全县共有118个项目录入平台，开通账号60个，与省投资在线审批监管平台（3.0版）打通数据接口18项，通报进度排名3期。

**【新型智慧城市建设】** 浦江县新型智慧城市第一期项目受疫情影响，实际施工9个月，共建设22个子系统项目，其中100%完成的项目10个（虚拟化平台、接口平台、安全等保、无线覆盖、智慧政务、生态预警、后厨监管、IOT物联网平台、GIS地理信息平台、视频云）；90%完成的项目10个（数据治理、共享交换、公交反恐、天地图、三维空间、IOC呈现、智慧停车、智慧交通信号、公交支付、智慧路灯）；70%完成的项目1个（人脸识别系统），50%完成的项目1个（“120”急救指挥调度系统）。

**【工业用地全生命周期管理】** 《关于加强工业用地全生命周期管理的实施办法（试行）》实施以来，提升项目招引质量，遏制炒卖工业用地行为，降低企业用地成本。该政策执行受到社会各界普遍认可。截至11月，全县纳入工业用地全生命周期管理的地块共98宗、总面积79.37公顷，其中新供工业用地

10宗、面积11.07公顷，存量工业用地转让88宗、面积68.3公顷。

**【五水共治】** 浦江县自2014年开始，连续6年荣获浙江省“五水共治”（河长制）工作优秀县（市、区）“大禹鼎”；自2017年开始，连续4年生态环境质量公众满意度位居全市第一、全省前五；省“五水共治”工作群众满意度连续4年位列全市第一、全省前三。金华市生态环境局浦江分局被国务院第二次全国污染源普查领导小组办公室表彰为第二次全国污染源普查表现突出先进集体，被省政府表彰为浙江生态省建设突出贡献集体，荣立集体三等功。浦江县生态环境保护综合行政执法队参加全国环境执法大练兵知识竞赛获全省第一。

**【水环境综合治理】** 全面推进“河（湖）长制”提档升级，探索推行“临时河长”全民制新模式，鼓励游客扮演“临时河长”参与监督。创新采用高层隔油池、简易收集池、窨井盖塞建议安装毛发收集器等措施抓实“六小行业”污水排摸整治工作。全域开展“污水零直排区”创建，完成12个工业园区（工业集聚区）、1232家企业的“污水零直排”建设工作。4座污水处理厂提标扩容和清洁排放工程达到浙江省清洁排放标准。建立浦江县断面水质防反弹联合工作机制，引进水质走航监测车，实时掌握水质监测结果，实现智能化、科学化、可视化水环境治理。在污水处理厂提标改造期间，每日对浦阳江开展预警预测，出具水质分析日报280期，及时研判水质现状和趋势。完成浦阳江生态缓冲带划定和生态修复试点方案及浦阳江国家级湿地水生生物多样性调查。

**【大气污染防治】** 深入实施$PM_{2.5}$和$O_3$“双控双减”行动方案，运用激光雷达、无人机、空气自动站、道路扬尘监控、走航车等先进监测手段建立“点、面、域”监测体系。创新红、橙、黄、绿“四色法”，对各乡镇（街道）空气质量进行预警通报及排名。率先在全市内开展乡镇级大气污染源解析工作，实现大气污染防治精准治污、靶向施测。完成6个重点行业VOCs（挥发性有机物）治理减排、22个重点行业VOCs源头替代项目及184家涉VOCs排放企业工业废气治理工作。淘汰城市建成区内1台生物质锅炉，提标改造33台生物质锅炉，低氮改造36台燃气锅炉，深度治理5台工业炉窑。淘汰营运柴油货车44辆，清洁能源车比例为80%以上，安装联网150辆重型柴油车尾气远程在线监控设备。

**【土壤固废污染防治】** 印发《浦江县“无废城市”建设实施方案》，全年完成8个建设项目及25个指标任务。以“二污普”数据为底数，排摸3858家企业固体废料并录入浙江省固体废物信息监管系统。小微企业危废收集、贮存、转运中心启动收运，一般工业固废收集、分拣、资源化利用中心基础建设完成。完成16家重点行业企业用地采样布点方案。4个农用地土壤超标点位“对账销号”，开展15家企业土壤和地下水自行监测工作。

**【第二轮中央生态环境保护督察问题整改】** 9月1日至10月1日，中央第三生态环境保护督察组对浙江省开展为期一月的第二轮中央生态环境保护督察。下沉督察期间，共交办信访件37件（含重点件1件），完成整改34件（含重点件1件），其余两件市级层面分办件均按时完成整改。第一轮中央环保督察反馈问题4个，3个完成整改并销号，1个按时序推进中。省环保督察反馈问题20个，19个问题完成整改或达到时序进度。

【国省道公路养护】 完成351国道台小线(314省道浦兰线)浦江农贸市场至桐坞岭段2020年公路养护大中修工程、普通国省道隧道提质升级工程。完成“十三五”全国干线公路养护管理治理能力评价工作,获交通运输部评价组高度肯定。351国道浦江段(郑宅—联盟)获评省级特色精品道路。

【“四好农村路”建设】 完成锁具大道北延、黄宅集贤至郑家坞吴大路、白马高一至旌坞等工程。完成整合实现城乡公交快捷化民生实事工程,开通2条清廉旅游专线、2条红色旅游专线,开通浦江西站至义乌火车站直通班线,完成建设浦义快速公交城区公交站、30个公交候车亭,实施农村公路大中修、等级提升工程。建设67个“四好农村路”物流点。全市公路系统“四好农村路”交流会在浦江召开。七郑线获评市级绿化美化精品道路。

【绿色智慧交通】 超额完成老旧营运车辆两年(2019—2020年)淘汰任务,共计淘汰107辆(含淘汰79辆、转籍28辆),完成率1.55倍。全市首个人脸识别防控系统安装于所有运营公交车。运行“浦江行”微信小程序,用于定制班线的线上运营。新启用5处非现场执法系统。

【全域土地整治】 檀溪全域土地整治项目洪山区块,总面积67.05公顷,新增田块面积58.05公顷,其中水田51.13公顷,旱地6.92公顷。8月底完成项目主体工程,11月通过省、市、县级验收,入围省级示范项目备选名单。

【农村饮水安全】 建立城乡供水、水质检测、运行管护等体系,完成农村饮用水达标提标三年建设任务,获评2019年度省农村饮用水达标提标工作成绩突出县,获省级农饮水奖补资金3000万元。2018年以来累计投入4.15亿元,实施项目173个,惠及人口12.08万人,达标人口覆盖率97%以上,供水保证率97%以上,水质达标率由41.18%提升至91.07%,规模水厂覆盖人口比例由72.4%提升至95.3%,建立健全县级统管长效管护机制,基本实现城乡饮水“同质、同价、同服务”。

【美丽河湖创建】 壶源江(檀溪镇檀溪大桥—杭坪镇石宅村)获评省级“美丽河湖”,白麟溪(郑宅镇寺后村—浦阳江汇合口)获评市级“美丽河湖”。通过河道综合治理、河湖水系连通、提升生态景观、健全管护机制、水文化展示等一系列措施,提高整体防洪能力,改善水生态环境,同时创建完成流域2个“乐水小镇”、10个“水美乡村”,打造“一村一品一水景、一镇一韵一水乡、一城一画一水廊”的全流域幸福样板。

【水旱灾害防御】 2020年,全县汛情总体较为平稳,无重大灾情产生。汛前出动700余人次开展水旱灾害大检查,在《今日浦江》报刊出明确基层防汛防台体系管理乡镇(街道)和行政村(社区)行政责任人259人,山塘巡查人员325人,小型水库巡查人员61人等;实行24小时值班值守,落实责任到人;编制完成《浦阳江流域洪水调度方案》《浦阳江超标准洪水防御预案》等预案;发布水旱灾害防御信息31期,发布洪水预报6期,发送预警短信165条计9189人次;下发水库调度令8次,科学调度水库,确保通济桥水库、金坑岭水库等中型水库安全度汛;开展浙江安全码(小流域山洪)排查录入工作,全县共完成4916人的录入与赋码。

全年累计平均降水量为1698.3毫米,占多年平均降水量(1470.0毫米)的115%,比2019年同期

1804.9毫米少109.3毫米。全年累计平均降水天数为157天,比2019年同期少2天。国家基本雨量站年最大降水量海母口站为1988毫米,最小降水量黄宅站为1478毫米。浦江县5月29日入梅,7月18日出梅,梅雨量621.4毫米,占多年平均梅雨量(257毫米)的242%,比2019年480毫米多141.4毫米,为1962年以来第二历史高位(梅雨量最大的是1973年683.8毫米)。梅雨期间降水量最大的站点为罗家站807.5毫米,超过700毫米的有海母口、林坞口、茶壶里水库三个站点。2020年梅汛主要呈现入梅早、梅期长、雨量多三个特点,入梅仅比1971年迟2天,梅雨期长达50天,梅雨期和梅雨量是常年的一倍多。

【水资源管理】 2020年,通过完善节水管理制度,推进节水载体建设,推行农业水价改革,开展多元节水宣传等措施,全力推动县域节水型社会达标建设。2020年,全县用水总量、万元GDP用水量、万元工业增加值用水量较2015年分别下降23.18%、38.54%、53.31%,农田灌溉水有效利用系数提高到0.580,5个水功能区水质达标率为100%,实现国家和省级县域节水型社会建设"双达标",获评全国节水型社会建设达标县。

【河湖管护】 2020年,编制《浦阳江、大陈江水域岸线管理保护规划》《浦江县水域保护规划修编》等规划,在全省率先公布浦江县乡级河道名录,完成全县河道及河流(溪沟)划界工作,划定乡级河道40条,河段总长247千米,河湖标准化管理工作获省级优秀奖。

【小水电清理整改】 2020年,通过核定生态流量、编制"一站一策"、改造泄放设施、建设监控平台等举措,实行逐站整改、销号管理,全年整改销号小水电站21座,其中整改类16座、退出类5座;建成1个县级生态流量泄放在线监管平台,资料填报、综合评估、一站一策、整改进度、退出进度等5项指标完成率均为100%。

【水利工程管理"三化"改革】 根据《浙江省水利工程管理"三化"改革三年行动方案》以及水利工程产权化、物业化、数字化的要求,推进水利工程"三化"改革,提升水利工程运管水平。全年完成43座水库、300座山塘及77座泵站共420处水利工程的确权发证。培育5家本地物业管理公司,小型水库、山塘、市县级河道物业化覆盖率100%。对全县重要河道、水库、屋顶和饮用水山塘安装视频监控372个、水雨情监测64套,实现对县域内重要河湖库塘水文监测、视频监控系统全覆盖。11月,浦江县被评为浙江省水利工程管理"三化"改革试点县。

【浦义供水合作纵深发展】 2020年,累计向义乌供水738万吨,同比增长148万吨,新冠肺炎疫情防控期间,同步实行"企业到户水价下调10%"优惠政策,累计减免水费94万元。浦义两地自来水公司发挥"水纽带"作用,开展供水业务交流活动,累计举办研讨会6次,技术岗位交流学习100余人次。

【西北部山区农村供水工程建设】 该工程为2020年县十大民生实事工程之一,计划投资1.99亿元,涉及大畈乡、虞宅乡、中余乡、杭坪镇、檀溪镇5个乡镇约6.08万人,生活供水规模为10000吨/日。工程主要建设内容为外胡水厂工程、38千米主管网工程、100千米支管网工程、24个村村内改造工程。其中外胡水厂主体工程和主管网安装任务于10月初动工建设,历时90余天,12月底前完成建设任务。

【2020浙江·浦江第十三届葡萄节】 8月5日，2020浙江·浦江第十三届葡萄节在黄宅镇横山村开幕，旨在展示浦江优质葡萄，加强葡萄产业合作交流，持续打响"浦江葡萄"品牌，促进葡萄产业健康发展。浙江省农业农村厅巡视员陆元林宣布开幕。浙江省供销合作社联合社副主任张建、中国果品流通协会副会长兼秘书长张庆丰、中国农学会葡萄分会常务副会长田淑芬、县委书记程天云出席并致辞。浙江省农业科学院科研与合作处书记朱富云，浙农控股集团有限公司党委书记、董事长汪路平，金华海关关长吴伟栋，金华市农业农村局副局长杜跃强，金华市供销合作社联合社副主任李玉明，以及县领导虞振贤、郑文红、俞建辉、虞红梅出席。县委副书记、县长俞佩芬主持开幕式。

该届葡萄节由中国果品流通协会、中国农学会葡萄分会、浙江省农业农村厅、浙江省供销合作社联合社、浙江省农民合作经济组织联合会、浙江省农业科学院主办，浦江县人民政府承办。除了开幕式，还有浦江"十佳葡萄"评比、"网上葡萄节"、智慧物流启动仪式、浦江葡萄"走出去、请进来"等系列活动。

【2020浦江·第十三届中国书画节】 9月26日，2020浦江·第十三届中国书画节开幕式暨2020"万年浦江"全国中国画(手卷)作品展开展仪式在仙华文景园举行。浙江省政府原副省长、党组副书记，省政协原副主席、党组副书记，省慈善联合总会会长陈加元宣布开幕、开展。浙江省文化和旅游厅党组书记、厅长褚子育，浙江省文学艺术界联合会党组书记、副主席、书记处常务书记陈瑶，中国美术家协会秘书长、一级巡视员马锋辉，上海市美术家协会副主席陈琪等分别讲话。县委书记程天云致辞。县委副书记、县长俞佩芬主持。本届书画节由中国美术家协会、浙江省文化和旅游厅、浙江省文学艺术界联合会主办，中国文联美术艺术中心、浙江省美术家协会、浦江人民政府承办。

该届书画节共安排了20场活动，除了开幕式，还有9场书画活动、7场文化产业活动和3场文化旅游周活动。为深化"万年浦江"书画品牌形象，在2020年"万年浦江"全国中国画(手卷)作品展40件入会资格作品中，浦江县人民政府首次评选出"方增先艺术奖"获奖作品5件。

【小微企业和个体工商户"两直"补助】 6月8日，承担省市场监管局"精准定"工作试点，48小时内完成17860家市场主体核实，受到省市场监督管理局局长章根明批示肯定，"一盘棋 一张网 一个调"工作经验在全省小微企业和个体工商户工作部署暨业务培训会议上作经验交流。7月19日，全省"两直"补助工作启动。7月24日，浦江县小微企业和个体工商户纾困专班出台《浦江县小微企业和个体工商户"两直"补助工作实施方案》。7月28日，在全市率先实现"两直"补助市场主体信息确认100%、财政资金兑付100%的"两个百分百"目标，共计补助市场主体6716家，兑付金额5757万元。

【2019年度履行教育职责情况通过省级督查】 10月29—30日，省市场监管局二级巡视员陈晓明带领督查组，对浦江县政府2019年履行教育职责情况进行实地督查。省督查组通过现场走访、召开座谈、查阅资料、讨论汇总等，全面了解浦江县政府履行教育职责工作情况。浦江县政府履行教育职责总得分96.3分，列全省第四。

【通过全国学前教育普及普惠县省级评估】 9月17日，省评估组对浦江县进行为期两天的全国学前教育普及普惠县评估，并通过省级评估。2018年以来，浦江县有马良、月泉、白马等13所公办幼儿园建成投入使用，完成投资额3.5亿元，新增班额184个，新增学位5520个，实现乡镇公办幼儿园全覆盖，缓解了“入公办园难”的问题。到2020年9月，浦江共创建普惠性一级园2所，普惠性二级园25所，普惠性三级园33所。2018—2020年，共招聘幼儿教师110名，公办幼儿园教师持证率100%，大专及以上学历比例100%，提升速度居金华市前列。全县学前教育获国家级荣誉16项，省级荣誉68项，市级荣誉257项。

【工业经济】 全县上下积极应对新冠肺炎疫情冲击影响和经济下行压力，开展“三大攻坚年”活动，优服务、强保障，助力实体经济摆脱困境、平稳发展，实现主要经济指标“V”型回升。全年实现工业总产值432.42亿元，同比增长5.7%，规模以上工业总产值174.93亿元，同比增长5.8%。建立“1+11+N”争先创优攻坚体系，制定出台8个县级扶持政策，县财政累计拨付企业奖励扶持资金4.4亿元，减税减费减租减息减支11.3亿元，在全市率先实现“两直”资金确认率和兑付率“两个百分百”，企业复工率、产能恢复率均列全市第一，MEI指数得分全省排名逐月上升。十大工业投资(技改)项目和132个投资500万元以上工业投资项目完成投资12.2亿元，制造业投资增长34.7%。

【数字经济】 启动挂锁行业数字化改造，新增市两化融合重点项目7家、数字化车间示范项目5家和“物联网工厂”示范项目1家，新增市级以上研发机构21家、省科技型中小企业75家、高新技术企业16家，规模以上数字经济核心产业增加值增长22.7%，浙江浦江梅花锁业集团有限公司获评省上云标杆企业，浦江热电有限公司获评省大数据应用示范企业，浙江浦江伯虎链条有限公司入选“浙江制造精品”名单，2个项目入选省“四个百项”重点技术改造示范项目计划，水晶产业园获评长三角G60科创走廊工业互联网标杆园区。电子商务快速发展，万家跨境电子商务产业园完成提升改造，45家企业开拓跨境电商业务，新增跨境电商店铺260家，培育淘宝镇5个、淘宝村12个，石埠头村获评全国首批最美淘宝村，获评省数字生活新服务标杆县、全国电子商务进农村综合示范县和全国“互联网+”农产品出村进城工程示范县。浙江景程无纺布有限公司、浦江聚衣堂电子商务有限公司分别获评市跨境电子商务十强制造业企业和市电子商务十强企业。

【市场主体培育】 新增省“隐形冠军”培育企业2家、“专精特新”入库企业110家，新增股份制企业9家、股交中心挂牌企业12家，“小升规”净增58家，规模以上企业总数368家，规模以上工业亩均税收、亩均增加值分别增长24.1%和22.6%。浙江万赛汽车零部件股份有限公司、浙江浦江梅花锁业集团有限公司被评为市级“隐形冠军”企业，浦江海工机械有限公司被评为金华市高成长标杆企业。浦江一正文化用品有限公司、浙江浦江梅花锁业集团有限公司、浙江金垒锁具制造有限公司3家企业被评为“品字标”浙江制造品牌企业。

【小微园建设】 水晶小镇小微园建成投用，黄宅恒固创艺园等5个小微园完成主体工程，白马小微园开工建设，浦江做法在全省小微园区建设现场会上作介绍；浦江开发区在省级开发区综合排名上升9位，通过省级园区循环化改造示范试点验收。

【贸易发展】 全年实现外贸出口11.67亿美元，同比增长31.67%。组织448家企业参加省市商务、贸促部门96场出口网上交易会。举办2020浙江国际服务贸易(浦江)展,150余家县域内外向型企业代表、国际服务贸易企业等参与对接洽谈。举办2020浙江(浦江)出口网上交易会5场。成功召开第12届水晶玻璃产业博览会。参与自贸区联动创新区建设,复制推广自贸试验区改革试点103条,完成义新欧班列货源103个柜,新增外贸出口主体82家。

**【招商引资】** 2020年,浦江县开展“项目招引攻坚年”活动,招引项目52个,总投资102.2亿元,其中1亿元以上项目32个,3亿元以上项目7个,项目落地率44.2%,重大产业项目到位资金28.5亿元,完成市下达目标任务的142.5%。苏州赛伍应用技术股份有限公司项目创下浦江县制造业项目发展史上谈判时间短、投资强度大、亩均税收高、投资主体强、建设进度快等多项纪录。

**【垃圾分类】** 围绕“双零”工作目标,贯彻全市垃圾革命“争前三”的工作要求,全品类、全覆盖、全流程推进垃圾分类工作。小黄坛垃圾焚烧发电厂于10月点火启炉试运行,11月并网发电,每日可焚烧生活垃圾800吨,处理餐厨垃圾60吨,实现生活垃圾“零填埋”;推进城镇垃圾分类“两定四分”投放点全覆盖,建成投用投放点112个,拟新建投放点120个,实现城区“两定四分”全覆盖,创建7个省级高标准垃圾分类示范小区、1个示范片区和2条试点商业街;完善“两网融合”再生资源回收体系建设,推动回收网络建设,做到中低附加值的“应收尽收”,在城区建立1个再生资源回收(换购)中心和4个回收站点,设立再生资源预约回收点280余个,构建全域回收网络体系,完成再生资源回收率45%目标;开展环境卫生、垃圾分类“双随机、一公开”月度检查18期,累计评选出12个黄牌警告村、3个黄牌警告社区,发放整改提醒单288份,城乡环境卫生面貌有较大改观。

**【“三改一拆”】** 全面巩固“无违建县”创建成果,部署并完成小微企业违建摸排,排查5133家企业,发现生产、消防安全隐患问题36家,完成整改36家。完成全县系统存量违建“清零”任务和年度“三改一拆”任务数,拆除501宗,建筑面积14.44万平方米;旧住宅改造910户,建筑面积10.24万平方米;旧厂区改造13户,建筑面积17.28万平方米。

**【“四边三化”】** 推进“四边三化”工作,全年开展34次全域巡查,22次专项巡查,处置和交办乱拉横幅、乱搭建和青山白化等各类问题300余处,整改完成率100%。完成“四边三化”精品道路351国道、210省道的评审验收,其中浦江县351国道浦江段(郑宅—联盟)获评省级特色精品道路和省级绿化美化精品道路。

**【旧村改造】** 全面推进浦江县城中村(棚户区)改造二期集聚区安置房建设,其中文溪安置区C、D区块设计采购施工(EPC)总承包工程被评为2020年度浙江省智慧工地示范项目;完成文溪626户安置户的安置房选房、结算、交付工作;白林区块完成总工程量的89%,文溪D区块完成总工程量的73%,文溪C区块完成总工程量的20%。落实花桥乡、前吴乡、杭坪镇等地252户因地质灾害需要异地搬迁至珠红新区的安置工作;完成上山文化村建设前期工作,浦口村风和自然村98户共222人的整体搬迁工作;完成对仙华街道登高村三个批次185户共652人的整体搬迁和第一、二批次100余户搬迁村民的安置房分房工作;完成浦阳街道善庆村桃岭自然村131户共330余人的整体搬迁。

【美丽社区建设和老旧小区改造】 美丽社区建设第一批21个子项目基本完成。老旧小区完成13个公房小区、2个自建房小区改造，在全省老旧小区改造绩效评价中获优秀；浦江首批既有住宅（仙华安置区）加装电梯完成实地安装，另有5台加装电梯获联合审批。

【美丽城镇建设】 2020年，浦江县县域美丽城镇建设行动方案、郑宅镇美丽城镇建设行动方案、虞宅乡美丽城镇建设行动方案获评“省级优秀行动方案”；杭坪镇、大畈乡美丽城镇建设行动方案获评“市级优秀行动方案”；郑宅镇创建“省级示范样板乡镇”，虞宅乡、杭坪镇、大畈乡创建“省级基本达标乡镇”。

【农村生活污水治理】 2020年，全县84个30吨以上设施全部完成标准化运维并上传平台，86个污水处理设施建设改造项目全部开工建设。10月，浦江县作为全省先进典型在浙江省农村生活污水治理现场推进会上发言；11月，省建设厅厅长项永丹到浦江调研，对农村生活污水治理工作给予肯定。浦江县获评“全省农村生活污水治理设施运维管理考核优秀县”。

【建筑业和房地产业】 发展建筑业，鼓励和引导建筑企业资质提升、评优创杯、拓展外埠市场、做强企业品牌。万洋众创城、浦江县浦阳一小分校区建设工程项目、浦江县岩头中小迁建工程被评为2020年度“浙江省建筑施工安全生产标准化管理优良工地”。全年建筑业产值约64.3亿元，同比上涨约16.7%，实现税收34143万元，税收占比12.82%。重视房地产企业投资，帮助企业纾忧解困，全年商品房销售4617套，销售面积72.11万平方米，销售金额53.93亿元，同比分别上涨34.31%、47.20%，实现税收5.77亿元，占比21.64%。

【公共事业】 实施4座污水处理厂扩容提标工程，排放标准由一级A提标至浙江省清洁排放标准。完成城区主要道路标识标牌完善提升工程；完成仙华路、大桥路、月泉路、新华路4条精品城市示范街创建。全年新增临时停车场6个，新增临时停车位1370个；实施路灯节能改造，完成主城区范围1800余盏路灯灯头更换；完成新华路改造、宏业大道与351国道南匝道建设，东山路、环城西路（文溪西路—江滨西路段）拓宽改造工程实现通车。完成省级绿道贯通及县级绿道配套提升建设工程；启动浦阳江城区段生态综合治理工程建设；完成万苑路、纵六路行道树种植，完成湖滨一号南侧绿地景观工程建设，全年累计更换草花120余万盆。

## 政府信息公开

【信息调研】 围绕县委、县政府的中心工作收集和上报信息，展现浦江工作的亮点和特色，为领导决策提供参考和依据。2020年，通过省市信息平台共上报政务信息375篇，其中省级政务信息61篇，市级政务信息304篇。政务信息被省级采用12篇，被市级采用99篇，其中省级领导批示7篇，市领导批示3篇。编发浦江工作55期。

【信息公开】 2020年，政府信息公开工作以习近平新时代中国特色社会主义思想为指导，全面贯彻落实国务院及省、市政府关于全面推进政务公开工作的决策部署，围绕县委、县政府中心工作，坚持以公开为常态、不公开为例外，以政府门户网站和浙江政务服务网为依托，完善公开制度，深化公开内容，加强解读回应，狠抓载体建设，推进政务“五公开”，提升政务公开标准化规范化水平，助推全县营商环境和政务环境优化提升，构建人民群众满意的服务型政府。全年公开政府信息16441条。全年收到依申请公开政府信息106件；收到因政府信息公开而引起的行政复议6起；收到因政府信息公开而引起的行政诉讼7起。

【建议提案办理】 2020年，浦江县政府承接人大建议、政协提案327件，其中县人大代表建议146件，县政协委员提案181件。6月10日，县政府召开人大建议政协提案交办会，将办理任务分解落实到64个承办单位。通过明确主办单位和会办单位，采取领导督办、重点催办、专人承办等措施，经过各承办单位2个多月的共同努力，建议提案的办理答复工作圆满完成。从代表、委员对已办理答复建议、提案的反馈情况看，满意、基本满意率为99.7%。

## 大数据发展

【概况】 浦江县大数据发展中心于2019年10月21日设立，为浦江县人民政府直属公益一类事业单位，机构规格为正科级，归口浦江县人民政府办公室管理。承担公共数据和党政系统电子政务、数字政府发展管理的辅助工作。研究落实公共数据和党政系统电子政务、数字政府建设发展规划、计划和政策并提出建议。落实“最多跑一次”改革、“无证明城市”改革相关的信息系统建设及应用推进等工作，推进“互联网+政务”深度融合、政府数字化转型及智慧城市建设等工作。统筹全县重点（跨部门）电子政务应用项目的规划、设计、建设工作，推进政务服务平台的应用推广。统筹全县政务服务跨部门、跨层级、跨系统的业务协同工作。组织协调公共数据资源整合、归集、应用、共享、开放，负责全县公共数据平台的建设和运行。编制公共数据资源目录和开放目录，组织实施有关标准规范。推进各部门信息系统互联互通，实现数据共享。推进电子政务基础设施和公共应用基础支撑平台建设及运维。组织实施公共数据和电子政务的安全规划、标准规范。负责电子政务外网、公共应用基础支撑平台等信息安全工作。负责县政府门户网站的建设与运维。

【新型智慧城市建设】 4—12月，初步建成“一个底座，两个方向（善政和惠民），一个呈现”的基础框架，包含无线覆盖、智慧政务、生态预警、后厨监管、IOT物联网平台、GIS地理信息平台等22项子系统，统筹规划、整体协同推动城市治理体系和治理能力。

【政府数字化转型】 5—11月，建设事业单位“一件事”系统、机关内部“最多跑一次”系统和“公务员职业生涯全周期”管理系统。7—12月，改进OA协同办公系统，该系统涵盖收发公文、督查督办、联合发文、综合审批、人大议案系统、政协提案系统等模块，使用系统单位从115家增至160家，全县各政府部门工作人员均有账号。从“钉钉”1.0版本迁移“浦江OA”“智慧党建浦江民哨”“浦江县政协提案系统”到“浙政钉”2.0版本。9—12月，在重点村社和人员密集场所新增14台自助服务终端，全县累计安装34台，服务终端可办理107个事项，可查询和打印80类电子证件，可缴费7项，可申报366个事项。

【基础设施与网络安全体系】 8—10月，将县档案馆和县财政局的应用系统迁移到县数据中心机房；启动5个网络安全三级保护2.0和4个网络安全二级保护2.0的测评工作；新增12台部门防火墙。

【政府网站集约化建设】 8月，将县政府网站群迁移至省政府网站集群。新增26个重点领域专栏（如重大建设项目、养老服务等领域），服务部门用户统一工作平台和“依申请公开”▲都集成至省平台。

▲“依申请公开”，是指行政机关根据公民、法人或者其他组织的申请，依照法律规定和本机关的职权，向申请人公开政府信息的行政行为。

（严小丽）

## 机关事务管理

【概况】 县机关事务保障中心为县人民政府直属的公益一类事业单位，机构规格为正科级。由县府办统一管理，负责机关后勤保障事宜，内设综合科、接待科、后勤管理科、资产管理科、公务公车管理科、保卫科6个内设机构。

中心职责是执行国家、省、市、县有关机关事务工作的法规政策。会同有关部门拟订全县机关事务的政策、规划和标准并组织实施。指导全县机关事务工作；负责县委、县人大、县政府、县政协重要接待工作。负责县级领导重要外出考察的后勤服务工作；推进机关事务体制改革，指导所属单位管理、经营、服务、保障等业务工作；负责委托管理的国有资产配置、使用、处置、收益收缴、产权界定、清查登记等资产管理工作；负责县有关重大活动和重要会议的后勤保障工作；拟订全县机关办公用房使用管理制度并组织实施，协助监督检查办公用房使用管理情况。负责机关办公用房的规划、权属管理、调剂使用、维修改造、处置等工作。审核机关办公用房建设项目和维修计划。负责机关办公用房等基本建设项目；会同有关部门拟订公务用车管理制度并组织实施。负责党政机关公务用车管理，按照分工实行统一编制、统一标准、统一购置经费、统一采购配备管理。保障县级领导公务用车、县重要会议、重要活动的工作用车以及接待用车；拟订其他服务保障有关制度规范并组织实施；负责县政府机关大院等集中办公区域的管理工作，负责县级机关集中办公区域的安全保卫、消防、物业管理等有关后勤服务保障工作；完成县委、县政府交办的其他任务。

【公务用车管理】 2020年，机关事务保障中心通过智能化管理平台软件对公务用车实行智能化管理，全年出车6700车次，安全里程数740013千米；更新车辆5辆。为中国农学会、2020浙江·浦江第十三届葡萄节、2020浦江·第十三届中国书画节、第12届水晶玻璃产业博览会、上山文化发现20周年研讨会、新建杭州至温州铁路杭州至义乌段开工典礼等一系列大型活动提供车辆服务。

【办公用房管理】 2020年，在办公用房管理数字化和信息化管理上对资产管理软件内容及可操作性进行完善和深化。统计上报2020年度党政机关办公用房信息；完成老县府机关大院及原二轻大楼（稠州银行）的不动产登记工作；将县府机关大院2号楼2楼整合给工业专班、农业专班、重大项目专班等。

【接待服务工作】 2020年，接待科接待各类考察、督查、招商引资等561批次共5733人次。组织完成水利部、全国扫黑办、中国农学会、中国水稻研究所、国家文物局、中国农业科学院、中国建筑设计院等领导及单位到浦江考察调研活动的接待服务工作。完成“中国共产党为什么能”第九季《“两山”理念15年》录制、“还有诗和远方”摄制组拍摄、“家乡水 美丽河”集中采访、长三角书画名家走进“三个地”采风等后勤保障工作。提供各类考察、督查、招商引资等会议服务950余次。完成全国农村生活垃圾分类和资源化利用示范县调研、2020浙江·浦江第十三届葡萄节、2020浦江·第十三届中国书画节、第12届水晶玻璃产业博览会、上山文化发现20周年研讨会、省“四大建设”督查组、全市老干部局长会议、金融发展恳谈会等活动、会议的后勤保障工作。

（张娟红）

## 行政服务

【概况】 2020年，浦江县行政服务中心设立办事窗口84个，同比减少44.7%，集中办理各类政务服务事项2700余项，政务服务2.0事项上线运行1310项，上线率100%。全县受理各类行政审批与服务事项76.8万余件，办结率99.99%，网办率85.5%；平均办结时间缩减到4.23个工作日，提速33%，群众满意率99.86%；实现“一证通办”100%，“网办率”99.66%，“掌办率”98.5%，“零跑次率”98.2%。

行政服务中心设有综合服务、投资项目审批、不动产等级、人力社保、公安、市场监管服务等综合受理区，先后被评为2020改革服务先进集体、全县舆情信息工作先进集体、浦江县对外宣传报道先进集体、市级文明单位。

8月，实施公共服务“集成办”改革。全县15个乡镇“365”便民服务中心、244个村社区和32个公共服务单位营业厅实现水电气网共80个公共服务事项集成通办。12月，根据《浙江省公共资源交易平台综合评分标准（2020版）》，中心平台考核成绩为全省第三名。

【推行政务服务浦义通办】 1月，在浦江—义乌同城融合上下功夫，梳理出首批涉及公安、社保、医保和不动产4个部门240项事项，其中全流程办理164项，占比68.3%，累计办件量8900余件，获2020年国务院大督查中第十督查组肯定（被《人民日报》刊登），被省委改革办《竞跑者》刊登推广。

【投资项目高效审批】 1月，全县范围内所有新增工业用地推行“标准地+区域评估+承诺制+代办制”；分阶段、分环节开展项目立项、规划许可、施工许可前三阶段“最多50天”和竣工验收“最多30天”审批效能监测。截至12月，县行政许可审批平均承诺期限1.69，位列全市排名第二位；平均跑动次数0.0147，位列全市排名第二位，高于全省县市平均值0.0445；事项即办率66.9%，位列全市排名第三位。

【政务服务延伸】 3月，完善杭坪镇“基层治理”一网联办模式，实现村级事务信息在“基层治理”信息系统前端和后端动态交互式管理。截至12月，累计上线涉及社保、医保、卫健、民政、残联、市监等20个高频事项，便民服务事项办件197件，同比上升50.5%。10月，完善基层“1+N+金融”服务模式，基层延伸事项在430项的基础上，梳理下放第二批延伸政务服务事项121项和梳理公布涉企代办服务事项92项，全年办理民生事项9652件。

“基层治理”信息系统展示大屏现场演示

（潘　飞　摄）

【民生领域“零跑直享”】 4月，实现城乡居民保险参保、家庭共济等28项医保业务掌上“亲情代办”、农商行网点“一窗办”，特殊病种异地联网结算，8月，医保办事第三方满意度调查位列全市第一位；社保待遇领取资格认证“网上秒办”，委托邮储银行兜底上门代办。

【激活监控优作风】 5月，借助“互联网+”和纪检监察力量，激活监控，“小视频”做好作风建设“大文章”，通过激活监控视频、下发督查通告、派驻纪检组暗访等方式严查窗口不良行为，以监督促作风转变。截至10月，累计公开曝光窗口16个，点名批评38人，该项工作在《中央纪检监察报》、省纪委网站、《金华日报》刊登交流。

【升级便民利企“一件事”】 6月，实行企业“开办”一件事向个体户“开业”一件事迭代升级，通过部门数据共享、信息内部流转、人员上门服务等方式，实现个体户开业由原来的申请多次跑多窗到现在申请一次跑一窗。截至12月，完成个体户“开业”一件事受理631家，群众少跑2300余趟，审批时间缩短5800余个工作日；开展医疗机构审批综合许可，实行医疗机构审批“六证合一”，实现“一次申请、一套材料”。7月，开辟“助企政策一件事专窗”，由多部门受理变为“一窗受理”，并实行统一交办、督办。

【打造政务服务2.0】 7月，推进办理窗口与自助终端设备接入政务服务2.0，推广“机器换窗、人机联办”服务模式。截至11月，上线运行1227项，占比100%；促进“网上办”“掌上办”事项办理，全县政务网权力办件系统办件量全年累计55万余件，线上收件47万余件，网办率85.5%，提前完成省年终考核要求；新增投放14台综合政务服务终端，推动自助服务网点向医院、社区、汽运中心等场所延伸，综合自助机实现事项查询打印类事项80项，缴费类7项，申报类366项。

（王瑞丽）

## 公共资源交易

【概况】 2020年，金华市公共资源交易中心浦江县分中心（简称“交易中心”）共进场各类公共资源交易项目777个（次），交易总额27.77亿元，同比2019年交易额增加8.03亿元。建设工程交易项目314个，同比增加17.60%。总预算18.44亿元，实际中标金额15.96亿元，同比增加6.76%，节约资金2.48亿元，节支率13.45%。采购活动381次，总预算54547.49万元，实际采购50902.33万元，节约资金3645.16万元，节支率6.68%。其中，政府集中采购53次，实际采购20338.49万元，节约资金781.28万元；政府分散采购239次，实际采购19938.05万元，节约资金1820.13万元；国企采购89次，实际采购10625.79万元，节约资金1043.75万元。产权交易共组织82次，底价62212.18万元，成交价67176.63万元，总体增值4964.45万元，增值率7.98%。

交易中心推出“钉钉直播”不见面开标，做到新冠肺炎疫情防控和项目交易两不误。推进工程、采购、产权交易全流程电子化全覆盖，工程交易试行评定分离，配合完成远程评标业务；增设开标等候区，优化开评标区管理，实现场地预约全程网上办；修订和完善内部管理制度，促进提质增效、优化营商环境，被市公共资源办、市公共资源交易中心评为全市公共资源交易工作“优秀单位”。在省财政厅组织的浙江省2018—2019年度集中采购代理机构考核中评定为优秀；在全省县级公共资源平台考核中位列全省前七名。

**【机构改革】** 根据上级关于事业单位机构改革的工作部署，明确交易中心为县行政服务中心管理的公益一类事业单位，机构规格为正股级。结合中心实际，提任傅俪见为交易中心副主任并调整交易中心班子成员分工；调整科室设置为综合信息科、交易服务科、工程交易科、政府采购科；原县公共资源办朱叶丽、张姗姗、孙慧雯转隶至交易中心，退休干部温丽娟也转交易中心统一管理。

**【“钉钉直播”不见面开标】** 新冠肺炎疫情防控期间，推出“钉钉直播”不见面开标新模式。举办“钉钉直播”知识培训，印制发放《“钉钉直播”不见面开标操作手册》，推动“不见面开标”顺利进行，确保疫情防控期间招投标工作“不打烊”。1—12月，“钉钉直播”开标项目共计293个，“钉钉直播”率93.31%，涉及项目资金约18亿元，零投诉。该项做法获《中国纪检监察》杂志、《中国纪检监察报》、中共中央纪律检查委员会、中华人民共和国国家监察委员会网站刊登推广。

**【政府采购网超价格巡检】** 根据浙江省财政厅《关于印发浙江省政府采购电子卖场采购管理暂行办法的通知》文件要求，交易中心委托政采云公司开展政府采购网上超市价格巡检工作。2020年，监测成交订单1796个，违约供应商17家，违约商品19个，经查实的供应商有11家，分别作出诚信扣分、价格预警以及暂停“全省一张网”协议的处罚，规范网超采购。

**【CA数字证书互通互用】** 浦江交易平台CA数字证书支持不同CA数字证书企业对接。5月，实现浦江交易平台与金华各县（市、区）公共资源电子交易系统之间CA数字证书的互通互用，投标企业不再需要多次办理、重复缴费。按全年800家企业在浦江投标测算，仅办理CA费用可为投标企业节约22万元。

**【交易信息公开】** 因网站集约化建设不再保留浦江公共资源交易网（http://ggzy.pj.gov.cn/），网站原有内容将迁移至浦江县人民政府官网“公共资源交易”专栏。6月，浦江县公共资源交易专栏启用新网址（http://www.pj.gov.cn/pjzx/ggzy/）。依法依规落实公共资源配置领域信息公开，开辟“交易全景展示”专栏，提供“一站式”综合检索服务功能。实现与省政府采购网系统联通，在省网发布的交易各项信息无缝实时推送到浦江县公共资源交易专栏进行发布，实现信息共享。

**【投标保证金管理与创新】** 2020年，印发《关于进一步做好招标代理退还工程建设项目投标保证金工作的通知》，促使保证金退还便捷高效。免收政府采购项目和施工单项合同估算价在400万元以下工程建设项目的投标保证金，工程建设项目投标保证金上限由80万元降低到50万元。7月起，取消并退还浦江县施工企业年度投标保证金。

11月26日，交易中心首个应用电子保单方式缴纳投标保证金的项目——浦江第二中学食堂建设工程项目开标，意味着浦江投标保证的缴纳方式迈入电子保单时代，受到金华新闻客户端的刊登推广。参与本次项目投标的企业有29家，其中14家选用电子保单，盘活企业周转资金152万元。引入保险机制，扩大投标人自主选择权，使投标保证金缴纳方式更加多元、灵活。选择电子保单方式只需要缴纳千分之五的保费，全程线上操作，缓解了企业资金的周转问题。

（张成装　潘海东）

## 应急管理

【概况】 浦江县应急管理局内设办公室、政策法规科、应急指挥中心、减灾救灾科、综合协调科、危险化学品和矿山安全监管科6个职能科室，下属浦江县安全生产监察大队、浦江县应急救援指挥中心、浦江县人防工程和信息保障中心3个事业单位，指导全县各乡镇（街道）、各部门应对安全生产类、自然灾害类等突发事件和综合防灾减灾救灾工作。负责安全生产综合监督管理和工矿商贸行业安全生产监督管理工作。2020年，全县共发生生产安全责任事故14起、死亡6人、受伤10人，同比分别下降26.3%、25%、44.4%。全年未发生较大及以上事故和社会较大影响事件。

开展“最多跑一次”审批制度改革，推进一次受理、并联审批、行政许可代办、企业“零上门”等改革举措。办理行政许可31件，各类备案24件，各类人防审批258件。

以安全生产集中整治为工作抓手，严格重点时段安全监管，部署开展岁末年初安全防范工作、护航复工复产安全生产攻坚行动、安全生产集中排查整治、第二轮安全生产综合治理三年行动等安全生产隐患大排查大整治。全年累计检查各类生产经营单位、出租房31500余家次，排查并整改隐患27400余项，落实整改资金794.9万元。

【安全生产管理】 结合企业实际，在现有安全管理体系框架基础上，试点开展企业安全风险管控体系建设，进行风险辨识、评估和分级。鼓励和支持安全生产条件差、安全管理能力弱的小微企业实行委托管理，解决自身“无人管、不会管、管不好”的问题。2020年，实行委托管理企业2140余家次。全县1600余家生产经营单位安装使用智慧用电系统2580余套。

【新冠肺炎疫情防控】 疫情发生期间，应急管理局先后负责3个县级集中隔离点的准备和后勤保障工

1月23日，县内第一个集中隔离点前期准备工作

疫情防控期间为隔离群众免费提供一日三餐和生活用品

作。召集社会救援力量备勤7支228人，执行任务400次，出动3638人，指导协助防疫工作累计865人次。指导督促企业复工复产前开展安全生产“六个一”活动，创新线上线下有机结合的安全生产培训方式方法，强化“一企一策”对接服务，开展重点企业帮扶，落实安全生产许可审查临时措施等活动，多举措助力企业复工复产。全年检查、服务企业3248家，出动人员1640余人次，发现并整改隐患1010余项。

【应急管理体系】 成立以县长为主任、常务副县长和分管副县长为副主任、相关部门主要负责人为成员的县应急管理委员会，常设防汛防旱、森林防灭火、突发地质灾害、防震减灾、减灾救灾、人民防空6个专项指挥部并下设办公室，具体负责相关突发事件组织协调和现场处置等应对工作。以应急管理委员会为统领，加强相关部门协调配合，明确职责分工和协调机制，加强、优化、提升应急能力。

建立健全乡镇（街道）—村（社区）—网格三级应急管理工作体系，整合网格员和现有各灾种巡防力量，实现“网格化”管理。按照应急管理工作“六个有”、村（社区）避灾自救“七个一”的要求，建立村级应急救灾物资储备仓库并实行规范化管理，实行应急救灾物资统一存放、专人管理。2020年，全县共有避灾安置场所112个、乡镇级避灾安置场所15个、村级避灾安置场所97个，完成规范化建设105个，合计可临时安置5962人避灾。

【应急救援】 整合森林消防7支半专业化队伍和7支社会志愿救援队伍，以消防救援大队为主，专业救援队伍、社会救援队伍为辅，培育和引导应急救援队伍参与各类抢险救援和新冠肺炎疫情防控，形成平战结合、以战为练的应急救援力量联动机制。探索“乡镇消防+社会救援”新模式，黄宅镇消防救援队整合“蓝天救援—浦江仙华公益救援中心”进驻消防站，共同开展森林防灭火、抢险救援等多灾种应急协同联动救援。

组织基层消防站和社会志愿队伍共同开展森林防灭火夜训

【防灾救灾】 建立健全救灾物资保障体系，组织开展县级救灾物资采购、储备、调拨、紧急配送等工作，采购卫星电话50台、发电机256台、排水泵265台、对讲机280台，实现多灾易灾乡镇（街道）配备卫星电话、应急发电机和排水泵等重要物资全覆盖。

（李彦卿）

【消防救援】 浦江县消防救援大队（以下简称“县大队”）下属文溪东路站、乐门大道站和月泉站。2020年，县大队接警出动292起，出动车辆699辆次，出动警力3935人次，抢救被困人员35人，疏散被困人员11人，抢救财产价值6990.1万元。其中，火警187起，抢险救援80起，社会救助16起，其他出动9起。县大队监督执法检查社会单位1678家，督促整改隐患1800余处，下发责令改正通知书201份，下发行政处罚决定书92份。

县大队走访县政府、各部门、各乡镇（街道）、县公安局、县检察院、县法院等单位，征求对消防工作的意见和建议。利用报纸、电视、互联网和新媒体广泛宣传消防安全知识。

县大队到企业巡查

节假日期间，组织指战员与群众一起包饺子、煮面条等亲民活动，推进温暖营区建设。开展心理咨询服务，大、中队主官带头开展谈心交心，帮助解决指战员实际问题，增强指战员的归属感和认同感。每周开展谈话谈心6～8人、进行个别心理疏导3～4人次，化解指战员思想顾虑。

推进实战化训练消防队伍建设，针对重点单位、人员密集场所，制作修订完善数字化预案136份，微型消防站检查拉动1818余次，维修保养消火栓817个。2020年，开展实战化训练80余次，重点单位演练80家，科学制定大队级力量编程，开展实战化练兵工作。

浦江县消防救援大队获评“2020年度综合考核工作优秀单位”

2020年，文溪东路站团支部被支队表彰为“先进团支部”。县大队被县委县政府评为“优秀单位”；大队政治教导员朱献洲被总队表彰为“优秀党务工作者”，大队副队长吕蒙获支队表彰“优秀共产党员”。

【比武竞赛】 1—6月，县大队参加支队冬训课目体能对抗赛，获大队总分第一名，获应急通信总分第一名。6月，在支队组织的体能对抗赛中，乐门大道站获非编站总分第一名。7—12月，中心站获支队夏训操法技能比武总分并列第三名。11月，在支队组织的实战化比武中，浦江大队应急通信操法总分获支队第二名，傅晓峰获个人总分第二名，乐门大道站获非编站总分第二名。

【远程监控系统联网】 全县火灾高危单位远程监控系统联网率100%，县大队联合县住房和城乡建设局、乡镇（街道）开展全县范围内高层建筑排摸和隐患整改指导，强化责任制落实，将消防安全纳入物业服务企业信用考评机制，开通物业维修基金绿色通道，提升高层建筑自动消防设施完好率、远程监控接入率和建立微型消防站分别为96.36%、98.4%、100%；属于消防安全重点单位的劳动密集型企业和公众聚集场所，安装智慧用电系统率和安装远程监控系统率分别为70%、60%，具备条件的消防安全重点单位联网率100%。

2020年，县大队先进典型徐君君

【树立先进典型】 2020年，县大队树立徐君君先进典型。入伍9年以来，徐君君严格要求自己，先后参加各类灭火抢险任务1200余次，抢救出被困人员上百人次，被评为"优秀消防员"并多次获嘉奖。

2012年，台风"海葵"登陆浙江，金华市消防救援支队接到网上的求助信息，有3个旅游团被台风困在靠近土山的农家乐里，求助期间屋内已全部断电，随时有遭遇泥石流的危险。徐君君带领队友连夜出击，排摸山崖、峭壁等危险地带，当他们赶到现场后发现，由于持续的暴雨天气，通往事故现场的唯一一条公路已经被大水淹没，无法通行，他们又绕路穿过狭小的山路靠近现场。经过30余小时奋战，游客全部被转移到安全位置。在这次搜救当中，徐君君奋力争先，表现突出，获个人嘉奖一次。

【拥政爱民】 2020年，县大队开展走访慰问工作，看望指战员家属代表，送去组织的关怀和慰问品；县大队采取组织比赛、相互走访、交流经验等形式，落实拥政爱民工作。

（赵　陆）

# 中国人民政治协商会议浙江省浦江县委员会

## 综　述

【概况】 2020年，中国人民政治协商会议浙江省浦江县委员会（以下简称“县政协”）在新冠肺炎疫情初期，发出倡议书，广大政协委员迅速行动，医疗卫生界委员坚守抗击疫情第一线。各界别委员投身基层，捐款捐物，开展法律援助，创作文艺作品，参加志愿服务，以实际行动展现责任担当。政协班子成员和机关干部，进村入企指导抗击疫情和复工复产，共计走访企业362家次，解决问题203个。

助力“三大攻坚年”，围绕“营商环境攻坚年”活动，针对不动产权证办理、企业分证融资、数据共享等改革中存在的难题提出系列建议，得到县委、县政府主要领导的双批示。围绕“项目攻坚年”活动，县政协13个委组、70个监督小组，以“委员联系项目”的形式，对浦江县2020年“七个十”项目，进行全过程跟踪监督，提出监督建议211条，助推项目的实施。围绕“创新发展攻坚年”活动，开展“提升浦江县水晶行业产业链现代化水平”常委会重点课题调研，提出5个方面意见建议，得到县政府采纳。

助力村（社）组织换届，换届试点部署前，围绕“加强村级组织建设，提升基层治理效能”课题，常委会组织调研组开展专题调研活动，撰写高质量调研报告，召开县政协常委会会议进行广泛协商，形成建议案报送县委，为村级组织换届工作提出前瞻性意见建议。试点工作期间，政协联系领导深入试点乡镇，把握关键节点，抓牢重点环节，靠前指导换届，两个试点乡镇（街道）32个村（社区）“一肩挑”人选均高票当选，确保了试点工作的圆满成功。全县换届工作铺开后，政协班子成员、联心服务团以及每个村的联村委员，进村入户，理顺关系，化解矛盾，为全县村（社）组织换届顺利完成贡献了政协力量。

推进历史文化街区保护利用暨城西区块有机更新、国资监督管理、高铁小镇规划与设计、百幢历史建筑与古村落保护利用等工作。积极参与招商引资工作，全力推进项目招引。开展“三服务”和“集中破难攻坚月”活动，千方百计协助联系企业解决生产经营中的实际困难，疏通技改项目堵点，推动房产与土地证过户、原材料紧缺、融资难等一批难点问题的解决。

开展民主监督，围绕“项目攻坚年”活动，分13个委组、70个监督小组对“七个十”项目实施全方位、全过程的民主监督，提出监督建议211条。围绕高水平推进县域治理现代化建设，提出硬件提升扩容、提升智慧治理能力等4方面监督建议。组织委组、委员分别对结对乡镇、村(社区)开展社会治理领域“最多跑一地”改革、垃圾革命、“一村一品”乡村产业发展、农村公共卫生体系建设等6项民主监督和问卷调查，共开展监督2631人次，填写调查问卷831份。此外，组织各委组通过情况交流通报会、调研座谈会等形式，与党政相关部门开展对口协商15次，提出建议85条，促进了党委政府决策部署的落实。

探索民情联络站创建，按照“问需于民、协商于民、服务于民”的功能定位，以“不建机构建机制”的原则，先后在前吴乡、开发区等5个单位开展民情联络站试点工作，搭建反映社情民意的直通车，激发委员常态化基层履职积极性。全年共收到社情民意信息151条，报县委县政府领导参阅23条，转相关部门落实84条，社情民意百分百回应。此外，在民情联络站建设的基础上，县政协引导各委组延伸协商工作触角，搭建“丰安微协商”子平台，全年共开展“加快吴莱书院建设”“城区道路岔口改造”“推进科创平台建设”等微协商活动13场，委员参与308人次。政协机关新增资源环境与农业农村委员会，配置专职正副主任，充实新生力量，机关干部的年龄、专业结构得到优化。

【信息宣传】 抓好政协对外宣传工作，在省级以上新闻媒体发表报道文章53篇，其中《人民政协报》4篇。《在基层治理中展现政协作为》理论文章获2020年度浙江省政协理论研究征文三等奖。

【提案工作】 广大政协委员、政协各参加单位围绕县委、县政府中心工作和人民群众普遍关心的热点、难点问题，运用提案形式履行职能，全年共收到以提案形式提出的建议建议210件，经审查及归并整理，立案195件，全部办复。提案中所提意见建议，被采纳的130件，占提案总数的66.7%；部分采纳的63件，占32.3%；留作参考的2件，占1%。委员对提案答复表示满意、基本满意的192件，占98.5%；不满意的3件，经二次交办后转为满意或基本满意。委员对提案办理落实情况满意的占93.3%，基本满意的占6.2%，不满意的占0.5%。在九届四次会议召开前两个月，发挥提案委委员集体作用，与县委办、县府办沟通，编印提案参考目录。建立提案指导员队伍，从各委组选择骨干委员开展专题业务培训。实施“五审”立案制度，发挥委组作用，增加会前“委组自审”环节，前移立案审查关口。减量提质，倡导撰写联合提案、联名提案、集体提案。

【文史工作】 承办省政协“送体育下乡”活动，江钰源等5名体育冠军及运动员到浦江捐赠体育器材，为全县人民献上一场体育盛宴；联系市政协，组织市级体育协会负责人到浦江对接体育赛事，《体育为乡村带来更多活力》在《人民政协报》刊登；出版30万字的《上山遗址发现二十周年特辑》，作为上山文化20周年研讨会的宣传资料，得到专家学者肯定；发挥文史资料存史资政、团结育人作用，编撰《浦江历代碑刻拾遗》，在国家和省市各级媒体刊登文史类文章35篇。

【党建工作】 县政协党组履行“把方向、管大局、保落实”的政治责任。建立委组活动学习制度，推动委员履职期间党组织活动常态化，发挥党员委员模范带头作用，夯实党建工作基础。强化日常监督，推进正风肃纪，提高政协机关党的建设水平。全面落实党组从严治党主体责任和班子成员“一岗双责”，支持驻政协机关纪检监察组履行监督责任，深入开展“清廉机关”建设，营造风清气正的政治生态。

**【“请你来协商”活动】** 完善制度建设，出台《浦江县政协关于组织开展“请你来协商”活动的实施意见》。在前期充分调研的基础上，实施“菜单式选题、开放式协商、清单式建议”，有效发挥委员主体作用，提升协商的质量和成效。开展精准服务，共克时艰；提质促销—聚焦浦江葡萄发展瓶颈；完善防疫体系，守护生命健康；聚力部门协作，跑出办证加速度；整合旅游资源，提升线路品质；加强小区管理，提升社区治理水平6场协商活动，提出意见建议65条，县党政主要领导连续4期作出批示。同时，以“一委组一乡镇”“一委员一村庄”的“双结对”机制为依托，延伸协商工作触角，搭建“丰安微协商”子平台。各委组分别在结对乡镇举行微协商活动，委员们同乡镇干部、基层群众、乡贤以及与议题相关的部门、专家，以丰富多彩的形式，开展“加快吴莱书院建设”“城区道路岔口改造”“推进科创平台建设”等活动13场，委员参与308人次，推动相关问题的解决和民生实事落地见效。

## 重要会议

**【县政协九届四次会议】** 4月19—21日，县政协召开九届四次会议。会议听取中共浦江县委书记讲话；听取和讨论政协浦江县第九届委员会常务委员会工作报告；听取和讨论政协浦江县第九届委员会常务委员会关于九届三次会议以来提案工作报告；列席浦江县第十四届人民代表大会第四次会议，听取和讨论政府工作报告及其他有关报告；审议通过政协浦江县第九届委员会提案委员会关于县政协九届四次会议提案审查情况的报告、政协浦江县第九届委员会第四次会议决议；表彰2019年度政协工作先进委组、优秀政协委员、优秀提案、提案积极分子、本次会议优秀大会发言。

**【县政协常委会会议】** 1月9日，县政协召开九届十五次常委会会议。会议听取了县政府工作报告起草情况、县政协九届四次会议筹备情况、县政协九届常委会工作报告及提案工作报告起草情况的说明以及政协九届四次会议相关文件，会议还通过有关人事事项。

4月21日，县政协召开九届十六次常委会会议。会议听取各组讨论情况的汇报；审议通过大会选举办法（草案）、总监票人和监票人名单（草案）、选举工作人员名单九届四次会议决议（草案）、九届四次会议提案审查情况的报告（草案）、《政协浦江县委员会委员履职考评办法（试行）》。协商决定补选县政协副主席、秘书长、常务委员正式候选人名单，研究有关人事事项。

7月6日，县政协召开九届十七次常委会会议。会议听取县政府关于村级组织建设工作情况通报和县政协调研组关于“加强村级组织建设，提升基层治理效能”课题调研情况汇报，并进行协商讨论，提出意见建议。

9月29日，县政协召开九届十八次常委会会议。会议听取县政府关于浦江县水晶行业全产业链发展情况的通报和县政协调研组关于“提升浦江县水晶行业产业链现代化水平”调研情况的汇报，并进行协商讨论，提出意见建议。

12月4日，县政协召开九届十九次常委会会议。县政协常委会组成成员、相关提案委员对提案办理情况分别作视察。同日举行全体会议，听取县委办、县府办对提案办理情况的书面通报和6个提案承办单位对提案办理工作情况的介绍，并对6件提案的办理工作分别进行满意度测评。

# 纪检监察

## 综　述

【概况】　2020年，县纪委县监委共处置问题线索669件，同比下降10.2%；运用"四种形态"处理660人次，其中，第一、第二、第三、第四种形态分别占62.42%、25.15%、8.49%、3.94%。严格落实中央八项规定及其实施细则精神，抓住重要节点，紧盯隐形变异问题，深化"清风护航"专项行动，强力整饬"四不"问题。开展正风肃纪检查428次，发现问题128个，通报党组织4个、党员干部15人。

深化制止餐饮浪费行为专项监督，紧盯公务活动用餐、党政机关和国有企事业单位食堂等重点场所，开展监督检查169次，检查单位287家，发现问题54个，组织处理3人，健全完善制度6项，下发通报1期。开展私车公养专项整治，发现问题74个，规范、清退资金21万余元，处理35人，下发监察建议书8份，推动建章立制3项。开展"烟票"问题专项整治，检查场所76家，查获烟票36张。开展私人会所整治"回头看"，排查单位场所273家，发现、整改问题2个。

探索制定《浦江县乡镇（街道）纪检监察工作规范化建设"六统一六规范"30条标准》，推进规范化建设工作。收集业务流程图、文书模板、履职规范、小微权力清单等内容，形成《浦江县乡镇（街道）纪检监察工作指导手册》。整理印发《浦江县纪检监察常用法律法规选编》《浦江县纪检监察相关制度文件选编》，推动基层监督工作有据可依、有章可循。全面落实村（社）监察工作联络站设立工作，全县15个乡镇（街道）244个村（社区）实现全覆盖，共聘任站长244人，联络员616名，出台制度6项。基层监督效能提升明显，乡镇（街道）自办案件全面破零，累计办理自办案件64件，其中8个乡镇（街道）达5件以上。

全年共受理涉纪信访举报206件，同比下降41.6%。梳理2018—2020年农村13类突出问题和8个信访主要矛盾，剖析基层农村干部违纪违法深层次原因，分析农村信访形势，分类施策向属地乡镇"提前预警"。做好村干部任职联审工作，累计审核村干部5697人次。保持惩治腐败高压态势，全年党纪政务立案227件，党纪政务处分217人，组织措施1人，移送检察机关4人。12月11日，对县农业农村局经济特产站原站长陈鸿才采取留置措施。

组织开展“十个一”警示教育月活动。围绕“六对照、六查摆”目标，召开“严纪律、守规矩、强作风”主题民主生活会和组织生活会，检视剖析自身和干部队伍中存在的苗头性、倾向性问题。探索实施全员、全景、全程纪检监察干部“三全”画像工程，打造干部“行为记录仪、清廉身份证”，提升内部监督科学化、规范化水平，相关做法得到金华市委常委、市纪委书记、市监委主任郎文荣批示肯定。制定《县纪检监察及巡察工作年度考核办法》，强化考核“指挥棒”作用，激发干部工作积极性和主动性。常态化开展谈心谈话、家访走访、时节慰问，传递组织温暖。组织参加全市纪检监察系统第三届趣味运动会、“争当‘重要窗口’建设排头兵”演讲比赛，双双夺得全市第一名。

**【全县纪检监察业务培训班】** 8月19—21日，为期三天的全县纪检监察业务培训班在党校举行，全县150余名纪检监察干部参加培训。该次培训专门邀请市纪委市监委、市委党校专家及县纪委县监委领导、业务骨干担任主讲人，围绕省委十四届七次全会精神、清廉浦江建设、党风政风、监督执纪审查和审理等9个方面开展专题授课。

**【清廉村居建设】** 印发《关于强化清廉村居建设 有力推动基层治理专项工作的实施意见》，深化小微权力规范运行，推动以清廉村居建设为载体，坚决整治群众身边的不正之风和腐败问题，强化对基层公权力运行的制约和监督，促进基层自治、法治、德治深度融合。全年共查处群众身边的不正之风和腐败问题23起，党纪政务处分33人。开展村级债务风险三色预警工作，共确定红色高风险区39个、黄色中风险区68个、蓝色低风险区138个，分别占全县总数的15.9%、27.8%和56.3%，为加强村居债务监管、规范集体资金使用、预防债务风险提供重要参考。

**【上级领导到浦江调研】** 7月9日，市纪委常委徐燕到浦江调研审理工作。9月9日，市监委委员陈敏一行到浦江开展重点工作调研督导，先后走访白马镇、檀溪镇、黄宅镇，并听取相关汇报。9月10日，市纪委常委、巡察办主任周维尧到浦江调研法院系统交叉巡察工作，县委常委、县纪委书记、县监委主任傅晓辉，县纪委常委、县纪委常务副书记、监委副主任魏然陪同。12月10日，市纪委副书记、市监委副主任王宽民一行到浦江调研，宣讲十九届五中全会精神，走访调研乡镇纪检监察工作规范化、清廉村居建设等工作。县委常委、县纪委书记、县监委主任傅晓辉陪同调研。

市纪委副书记、市监委副主任王宽民（右二）调研乡镇纪检监察工作规范化建设工作

## 重要会议

**【中共浦江县第十四届纪律检查委员会第五次全体会议】** 3月20日，县纪委十四届五次全会召开。县委书记程天云出席会议并讲话，县委常委、县纪

中共浦江县第十四届纪律检查委员会第五次全体会议

委书记、县监委代主任傅晓辉在会上作题为《持之以恒推进纪检监察工作高质量发展 为我县高水平全面建成小康社会提供坚强保障》的工作报告，会议审议通过中国共产党浦江县第十四届纪律检查委员会第五次全体会议决议。

【常委会（扩大）会议】 11月18日，县纪委召开常委会（扩大）会议，专题传达学习中共中央政治局常委、中央纪委书记赵乐际在浙江考察时重要讲话精神和省、市纪委常委会会议精神。县委常委、县纪委书记、县监委主任傅晓辉主持会议并作讲话。

【全县纪检监察系统务虚会】 12月29日，全县纪检监察系统务虚会召开，县委常委、县纪委书记、县监委主任傅晓辉出席会议并讲话。县纪委常务副书记、县监委副主任魏然主持，县纪委副书记、县监委副主任祝懋发，县纪委县监委班子成员，县委巡察机构负责人，乡镇（街道）纪（工）委负责人、专职副书记，派驻纪检监察组组长、副组长，委机关各室负责人等参加会议。会上，各乡镇（街道）纪（工）委、派驻纪检监察组负责人依次汇报交流2020年特色亮点工作和2021年工作思路。

【派驻机构和乡镇（街道）纪（工）委阶段工作会议】 7月8—9日，县纪委县监委先后召开派驻机构和乡镇（街道）纪（工）委阶段工作会议，总结回顾前一阶段工作情况，谋划部署后一阶段重点工作任务。县委常委、县纪委书记、县监委主任傅晓辉出席会议并讲话。各派驻组组长、乡镇（街道）纪（工）委书记在会上逐一作交流发言。

## 巡察工作

【十四届县委第九轮巡察工作动员部署会】 4月9日，十四届县委第九轮巡察工作动员部署会召开。会议深入学习贯彻习近平总书记关于巡视巡察工作重要讲话和全国市县巡察工作推进会精神，全面落实省委、市委关于开展市县党委巡察工作决策部署，统一思想认识，明确目标任务，推动巡察工作顺利开局、稳步推进、富有成效。县委书记程天云出席并作动员讲话。县委常委、郑宅镇党委书记朱俊华参加会议。县委常委、组织部部长蒋涛宣布县委第九轮巡察组成员及被巡察单位名单。县委常委、纪委书记、县监委代主任傅晓辉主持并宣读2019年度县委巡察工作先进单位和先进个人名单。

**【巡察工作开展情况】** 把握政治监督的本质属性，对8个单位开展常规巡察，对23个单位、乡镇（街道）开展扶贫领域专项巡察，配合完成市委对浦江法院、金东法院的提级交叉巡察，以及对县委统战部的上下联动巡察。巡察共发现问题2252个，移交问题线索109条，立案15人，第一种形态处理15人。紧紧围绕村（社）巡察全覆盖目标，围绕家风指数、作风建设、工作实绩、社会反映、组织评定等9大类28小项评价内容，量化村干部“正面评价指数”“反向测评评价指数”，对村干部进行“全员画像”，为村级组织换届提供参考。制定《巡察发现财务问题汇编》与工作专报，均得到金华市委常委、市纪委书记、市监委主任郎文荣批示肯定。

# 人民团体

## 总工会

【概况】 2020年，累计组建工会1261家，组建率86.8%。其中单建工会1140家，联合工会121家；工会会员74080人，入会率98.2%。

抗击突如其来的新冠肺炎疫情，助力企业复工复产。对1000名一线医务工作人员、200名一线公安干警、37名医护人员及援鄂医护工作者进行慰问，发放慰问资金15.6万元。发布工会“暖心十条”，成立党员先锋服务队、劳模工匠志愿服务队、企业工会防疫服务队投入抗疫工作。小微企业工会经费返还191.1万元。举办“春风行动”线上招聘活动10期，参加招聘单位69家，招聘岗位300余个，提供岗位人数2292个。

开展助力乡村振兴行动。共有11658名职工参加县内疗休养，消费金额3363万余元；全县工会春秋游11042人次，消费240万余元；发放节日慰问品7813人次，消费548万元（其中采购金口河农特产品187万余元）。全年共计消费4151万余元。做好“浦义同城”工作，5—6月，义乌市1500余名职工到浦江参加“工会春秋游、义浦同城情”活动。6月，开展“携手浦义东 疗养穿越行”活动，与兰溪市总工

“携手浦义东·疗养穿越行”活动在横店圆明新园景区举行发布会 （黄丹东 摄）

会签订疗休养合作协议，兰溪市1000名职工到浦江疗休养。吸引浙江省能源集团有限公司600余名职工到浦江疗休养，每人疗休养费用3000～5000元，浙江省能源集团有限公司篮球友谊赛在浦江开展，共有800名职工参加，在浦江消费400万元。

开展产业工人技能提升行动。组织县级9期、基层工会500余场次技能培训，参加培训职工15000余人次；开展汽车维修、锁具装配、中式烹调师、中式面点师等11项县级职业技能竞赛，参与企业800余家、参与职工10000余人次，通过竞赛选拔出技术能手87人、技术标兵54人，共有588人取得专项能力证书，其中高级工300余人，技师30余人，高级专项150余人。创建市级高技能人才（劳模）创新工作室3家，组建劳模工匠服务队5支，全年共开展服务11场次。

开展基层工会组建行动。1月14—15日，召开浦江工会换届选举大会，选举产生县总工会16届委员会和经审委员会。完成17个乡镇街道总工会和财贸工会、建设工会、机关工会等3个产业系统工会换届选举工作，新组建成立浦江县国资工会。开展互联网企业、特色小镇、“新八大员”等新经济、新产业、新群体的集中入会行动，新组建工会51家。水晶产业园区总工会确定为2019年金华市“新经济、新领域、新业态”工会组建品牌项目。7月底、8月初分2批在浙江省总干校举办乡镇级工会干部培训班，129名干部参加培训。8月、11月分2批在义乌举办企业等基层工会办班培训班，200余名基层工会干部参加培训。2020年上半年，“金华工会”微信公众号浦江县职工关注量突破五万。

开展职工安全意识提升行动。举办“安康杯”竞赛活动，发放各种安全生产警示牌9000块。开展“查安全隐患保企业、职工安全，提合理化建议”专项活动，全县上报20条合理化建议，推荐上报市总工会2条，参加2020年度安全合理化建议的评选。

关爱职工，开展县第七次劳动模范评选工作，联审并考察了79名劳动模范推荐人选。完成第七期在职职工医疗互助保障活动，共有394家企事业单位参保，参保人数22496人。开展集体协商工作，签订集体劳动合同915份。建设3家“心灵港湾工作室”，11家“妈咪暖心小屋”和16家“爱心驿站”站点，服务一线职工。开设电子商务培训课程，完成企业转岗再就业技能培训40人。举办5期青年职工相亲交友活动，为300余名青年男女职工提供相亲交友机会。举办茶艺、餐饮、导游解说等十余项文化技能培训班20余期，受惠职工2700余人。举办县级趣味运动会、气排球比赛等文体活动，开展送文化进企业、车间、班组活动5场次，乡镇和产业系统工会开展百余场文体活动。

县总工会举行“悦工作·悦生活”开班典礼暨培训基地揭牌仪式　（黄丹东　摄）

开展产业工人队伍建设改革行动。5月31日，出台《新时代浦江产业工人队伍建设改革实施方案》，成立县产业工人队伍建设改革综合协调机构，开展调研工作，启动郑宅镇和浙江亚特新材料股份有限公司试点工作。10月，召开产业工人队伍建设改革工作第一次协调小组会议，审议通过《推进新时代产业工人队伍建设改革工作协调小组办公室工作细则》《推进新时代浦江产业工人队伍建设改革工作协调小组工作规则》等文件，确定成立产业工人队伍建设改革工作专项基金。

开展“清廉工会”建设行动。全县56家基层工会开展工会经费审计和182家基层工会经费审查工作，发现问题212项，全部督促整改到位。组织25名机关干部深入企业“当一周工人，体工会初心”活动，为企业服务，为职工办实事。

**【县工会“十六大”】** 1月14—15日，浦江县工会第十六次代表大会召开，来自全县各行各业的270余名工会代表参加会议。市总工会党组书记兰景贵，县委书记程天云出席会议并讲话。会议选举出新一届县总工会主席张再创，副主席罗黎青、张秀娟、石淑兰（挂职）、张岚岚（兼职）、费昆琪（兼职）。会议同时选举产生县总工会第十六届委员会委员和经费委员会委员。

**【“浦工缘”青年交友会】** 6月29日，组织“浦工缘”青年交友会，200余名体制内青年男女职工报名参加。五天四晚的疗休养旅程，大家同吃同游，以旅行的方式互相认识、了解。整个行程设计围绕“联谊、青春、收获”三个关键词开展活动。线下，结合景点设置“你好陌生人”“达人改造计划”“300元挑战全家餐”“携手闯天涯”等各类游戏互动环节。建立微信群，选派情感导师上线，定期发送婚恋知识，发起互动话题，输送正确的婚恋观。截至2020年，有12对情侣牵手成功。

县总工会“浦工缘”七夕交友联谊活动开启青年联谊乡村之旅　　（黄丹东　摄）

（黄岚岚）

## 共青团浦江县委员会

**【概况】** 2020年，全县625个基层团组织，派驻基层团委40个，团工委8个，团总支8个，团支部569个，共发展新团员1050人，专职团干部19人，兼职团干部907人，团员26731人，少先队员33423人，少先队大队辅导员48人。

团县委获得全国荣誉2项，全国优秀少先队集体（浦江龙峰国际学校大队），全国优秀少先队员（国美小学申镫镫）；获得省级荣誉8项，市级荣誉13项，县级荣誉2项。在中国共青团、浙江团情、今日头条等新媒体平台累计推送各类宣传21篇。

**【共青团浦江县第十八届三次全委（扩大）会议】** 5月12日，共青团浦江县第十八届三次全委（扩大）会议召开。县委副书记、政法委书记俞建辉，县纪委县监委派驻第七纪检监察组组长郎荣贵，团县委书记黄鹏甫出席会议。县委副书记俞建辉充分肯定了2019年浦江共青团的工作，并就如何做好新形势下共青团工作提出4点希望和要求。团县委书记黄鹏甫代表团县委常委会作《高举旗帜勇作为 实干争先创佳绩 奋力谱写建设新时代全面展示中国特色社会主义制度优越性的重要窗口的浦江青春新篇章》的主题报告，回顾总结2019年浦江县共青团的工作成果，谋划部署2020年工作任务。

**【共青团基层队伍建设】** 2020年，召开县青年工作联席会议第一次全体会议，审议通过浦江县青年工作联席会议工作规则和成员单位职责分工，明确未来浦江县青年工作方向；在全县21个中学共青团同步推进共青团基层组织改革省级专项试点工作，制订出台《浦江县“五星双评”入团积极分子全过程培养实施意见（试行）》；依托智慧团建系统，开展系统操作培训，完善组织框架，做好“学社衔接”、基层组织对标定级，实现基层团建信息共融互通。全年有毕业生团员1681人，转出1669人，转出发起率100%，转出成功率99.3%，县外转入团员数1550人，“学社衔接”率99.1%。推进全县“两新”团组织建设，开展非公企业、社会组织等“两新”领域团员青年排摸，加强与县“两新”工委的沟通协调；加强村社团组织换届工作的组织领导，在全面排摸和争取县委重视支持的基础上，制定下发《浦江县村和社区团组织换届工作试点方案》，较好地完成了试点乡镇街道的青年委员配备工作，两个试点乡镇32个村社，配备了35周岁以下青年委员41人，配备率为84.5%，32个村社团组织书记中，由村“两委”班子成员兼任的30名，兼任率93.8%。

**【引导青少年践行社会主义核心价值观】** 2020年，召开浦江县第九次少先队代表大会，举行“星星火炬代代相传 红领巾永远跟党走”主题活动，全县41所中小学开展星星火炬传递；开展“崇尚真善美 争做好少年”“晒一晒我的清明节”“禁毒手抄报”等主题队日活动36次，评选“浦江县新时代好少年”53名，4名少先队员获评金华市“新时代好少年”；开展入队仪式、离队入团仪式活动65场，全县692名“五星”青年和5400余名小学生通过线上“云”入团（队）。

**【共青团助力疫情防控】** 1月26日起，全县共43支青年突击队，1.2万余名志愿者、团干部、团员青年坚守在抗疫一线，参与隔离点看护、交通卡点值守等各类抗疫志愿服务活动，累计服务时长4.3万小时；根据共青团助力企业复工复产八项措施，坚持问题导向提供精准服务，为11家企业提供上门理发服务，服务企业员工1200余人，开展助力厂区消杀工作，为43家企业消杀面积35万余平方米。举办“共青团助力企业复工复产2020浦江春季网络招聘会”，发动424家企业参加，提供就业岗位1176个，岗位浏览15.3万余次，投递简历6971份；用心用情关爱一线工作人员，发动团属社会力量捐资捐物，累计捐款捐物33万余元，成立关爱援鄂医护家属青年志愿服务团，到防疫一线医务人员家中，为医护家属送生活物资，同时及时了解需求，协助解决问题；关注青少年成长教育，为2名因疫致困青少年解决线上学习问题。开展正面宣传引导，制作推出“青春战疫、志愿有我”“战疫突击”等系列报道44期，挖掘选树青年典型63名。

**【关爱青少年】** 2020年，团县委联合县青联、县青企协在年初和“六一”、端午等时间节点，开展“关爱困境青少年、爱心点亮微心愿”“情暖童心 爱在端午”等主题活动，走访慰问372名困境青少年和外来务工子女，累计帮扶物资金额8万余元；开展东西扶贫结对帮扶工作，5月，金口河区团区委18名团干部到浦江考察交流共青团工作；开展“浦金携手奔小康，青春建功献力量”公益募捐活动，全年筹集爱心物资共计22745件，价值约120万元。在保质保量完成平安考核月评月报等相关工作的基础上，筹备文具、书籍、食品等慰问物资，组织各乡镇对重点青少年开展走访；举办“伯虎金秋助学金”发放仪式，全年“圆梦助学行动”共资助对象29名，累计发放助学金14.5万元。

【“青字号”品牌建设】 2020年，开展“团委书记当主播、团团为你来带货”等青春助力乡村振兴活动共11场，首场观看3000余人，获5万余次点赞；整转提升家庭农场、涉农青创平台9个，高标准推进省级青创农场1家、市级青创农场7家，推荐11名新农人参加新农人培训班；围绕“最多跑一次”改革和文明城市创建等，积极争创市级县级青年文明号、青年岗位能手，同时开展县级文明号互评互比工作；举办“青春助农”主题沙龙，邀请县政协委员、人大代表与全县30余名青农人面对面交流，帮助解决市场拓展、农产品销售等问题；推进“两进两回”工作，开展“家燕归巢·智汇浦江”大学生暑期实习实践活动，共征集乡镇(街道)、机关企事业单位83个岗位、247个职位，落实73名浦江籍大学生回乡参与社会实践。

【参与社会治理创新】 推出浦江县“文明习惯养成行动”暨争“红领巾文明奖章”活动，全县4万余名少先队员积极参与创文活动；联合开展“全民护水，我们在行动”——“五水共治”溯源寻踪活动，发动全县乡镇街道、机关企事业单位50余支“河小二”护水队参与巡河护水。

(吴君笑)

## 妇女联合会

【概况】 2020年，全县共有街道妇联3个、乡镇妇联12个、开发区妇联1个、水晶产业园区妇联1个、社区妇联17个、村妇联227个、机关企业单位妇女工作委员会24个、团体会员单位1个。

全县共有来料加工点188个，来料加工经纪人453名，从业人员10725人，发放加工费23262.6万元；县、乡两级举办来料技工比武16场，729名来料加工选手参加比赛。评选出2019年度优秀经纪人42名、示范户93户、先进乡镇(街道)3个。实施“巾帼云创”行动，引领妇女转变传统销售模式，在新业态下焕发创新创业活力，辐射周边人群就业增收。举办巾帼主播培训班2期，培训学员150余人；选树“巾帼云创培训基地”1个、培育巾帼直播示范基地10个；组织大型巾帼直播活动4场，吸粉10余万人次，销售额40余万元。

开展志愿服务，助力文明城市创建。“丰安姊妹”志愿服务队发放巾帼创文倡议书、宣传品20000余份，参与环境卫生整治、垃圾分类劝导等活动7289人次，监督生态洗涤房后期运维2198人次，居家养老照料中心开展“三助”活动6704次。“丰安姊妹”志愿服务队获浦江县“十佳垃圾分类达人”称号。

建立“和姐”工作机制，在县、乡、村三级建立“和姐”工作站(室)260个、“和姐”工作队伍260支，共有“和姐”1630名，常态化开展婚姻家庭纠纷调解。对180名留守困境女童开展“三色”关爱活动。完成妇女民情民访代办1600余件，排解矛盾纠纷263件，成功化解254件，化解率96.58%。

聚焦“家”文化品牌，开展家庭系列和最美系列选树活动，授予240户家庭和个人各类先进荣誉称号；举办女性书画展，共征集作品115件，其中25件作品获奖。各乡镇(街道)妇联开展“好家风·红色台门里”“家风四进”等特色活动；县妇联开展“光盘行动，‘筷’乐生活”征集活动，倡导所有家庭“公筷公勺、文明就餐”。

聚焦妇女儿童福祉，联合县残联实施“微书房”公益项目，为困境儿童打造“一张书桌、一把椅子、一盏护眼灯”的“微书房”；给157户残疾妇女儿童家庭送去无障碍设施和儿童推车102辆、行李箱15只。走访工作30年以上离任村妇代会主任122名、困境妇女55名，为757名低保女性缴纳健康保险。依托“丰安家长学堂”平台，举办《浙江省家庭教育促进条例》《中华人民共和国未成年人保护法》《中华人民共和国民法典》(婚姻家庭编)等主题内容的线上线下讲座123场，开展各种普法活动60场，发放资料6万余份。开展“十三五”妇女儿童发展规划的统计监测工作和“十四五”妇女儿童发展规划编制工作方案意见征求，召开浦江县政府妇女儿童工作委员会全体(扩大)会议，启动“十四五”妇女儿童规划编制工作。

抗击新冠肺炎疫情，助力复工复产。成立巾帼志愿服务队伍，开展防疫知识宣传、疫情排查、卡点执勤；给居家观察对象及逆行者家属进行心理疏导；与援鄂和一线抗疫医务人员家属建立一对一帮扶机制；参与爱心募捐，捐款捐物70余万元。评选出51名浦江县“最美防疫巾帼志愿者”和36对“最美防疫伉俪”。“丰安姊妹”志愿服务队获“浦江好人”称号。抢抓复工复产机遇，通过线上宣传发动、线下送政策解难题，下发《关于做好来料加工点返工人员防控保障工作的通知》，鼓励联系企业和来料加工点有序复工。

【基层妇联组织建设】 2020年，浦江县第十四次妇女代表大会召开，选举产生新一届县妇联领导班子，组织新当选的妇联执委到省妇女干部学校进行培训，提高履职能力；“一格一姐”网格全覆盖，全县244个村(社区)建立妇联网格，由村妇联执委、妇女代表、女党员以及热心公益事业有责任心的优秀女性组成“一格一姐”工作队伍，每位“格姐”联系30～50户家庭，经常性开展走访慰问活动；村(社区)妇联组织换届圆满完成，完成全县244个村(社区)妇联组织换届工作，村(社区)妇联主席100%进“两委”，党员比例增加，年龄结构趋于年轻化，文化程度明显提升。换届选举产生新一届执委1777人(其中主席244人，副主席342人)；在妇字号企业、行业协会、社会组织等领域新建企业妇联组织12家、协会组织1家。新建县级示范“妇女微家”13家，市级示范“妇女微家”2家。

【浦江县第十四次妇女代表大会】 1月10日，召开浦江县第十四次妇女代表大会。市妇联主席陈雷红，县委书记程天云出席会议并讲话，各行各业、各条战线的300余名妇女代表参加。大会总结过去五年的工作，研究部署今后五年的工作目标和主要任务，选举产生新一届县妇联领导班子。

浦江县第十四次妇女代表大会

【市妇联领导到浦江调研】 2月25日，金华市妇联党组书记严小俊、副主席郑月琴等到浦江走访调研企业复工复产工作，县妇联党组书记、主席黄碧娟陪同调研。严小俊实地调研浦江吴氏锁业有限公司和浦江超瀛家纺有限公司，了解企业生产经营状况、企业复工复产保障和新冠肺炎疫情防控措施落实情况，询问存在的困难和问题；走访杭坪镇春心农业基地，听取基地负责人介绍基地种植现状，查看蔬菜、水果培育情况，询问防疫和耕作存在的困难。严小俊表示，县妇联要主动对接联系企业，了解他们所需，助力企业安全有序“应复尽复”。4月9日，市妇联党组书记、主席严小俊，党组成员、副主席朱玲，副局长级领导刘艾春一行到浦江走访调研。县委常委朱俊华，县妇联党组书记、主席黄碧娟陪同。在浦江县生命教育体验中心，县红十字会专职副会长黄晓红介绍了体验中心的整体情况，学习地震、火灾、溺水等意外事故发生时的自救互救技能；在市妇联七届执委杨春肖的“执委工作室”，重点对妇女创业创新方面进行调研；在虞宅乡新光村、杭坪镇牡丹园，实地查看“丰安姊妹”助力美丽乡村建设的成果。

**【“赏美景、尝美食，品妈妈的味道”直播活动】** 5月10日，“赏美景、尝美食，品妈妈的味道”直播活动在浦江“江南第一家”举办。金华市妇联党组书记、主席严小俊，浦江县委常委、郑宅镇党委书记朱俊华，金华市妇联副局长级领导刘艾春，郑宅镇人民政府镇长薛海平等出席开播仪式。县妇联党组书记、主席黄碧娟主持。此次直播邀请义乌快手“一哥”和“一姐”到现场助阵，30位本土巾帼主播参与活动，为浦江农产品代言推介。活动现场分为浦江茶食品牌“丰安茶食”展播、土特产“美食达人”展播、农特产品展播三个区域。巾帼主播们现场展示手工面、豆腐皮、腐乳、南宋古法糕点等浦江特色农产品。此次直播活动，线上线下订单破万份，销售额10万余元。

举办“赏美景、尝美食，品妈妈的味道”直播活动

**【“微书房”项目】** 5月17日，县妇联和县残联在“江南第一家”廉政教育基地联合举办“微书房”项目启动仪式。浦江县委常委、郑宅镇党委书记朱俊华，中国狮子联会浙江代表处副主任陆一军，中国狮子联会浙江代表处助残委主席韦青，县妇联党组书记、主席黄碧娟，县残联党组书记、理事长贾亦农等参加仪式。“微书房”项目由中国狮子联会支持，县妇联、残联搭建平台。该项目实施为期三年，每年为全县60户困境、残疾家庭捐赠“微书房”一套（一张书桌、一把椅子和一盏护目灯）。

**【“一格一姐”▲“和姐”工作推进会】** 5月23日，县妇联在浦南街道石埠头村召开“一格一姐”“和姐”工作推进会。全县各乡镇（街道）、浦江开发区、县水晶产业园区妇联主席和县妇联机关干部职工参加会议。浦南街道党工委副书记方延军、石埠头村支书黄惟善陪同大家参观学习石埠头村“一格一姐”“和姐”工作。浦南街道妇联主席周凌作经验介绍，各乡镇（街道）妇联主席总结工作推进情况，县妇联各分管领导部署具体工作。县妇联党组书记、主席黄碧娟专题宣讲《习近平总书记在浙江考察时的重要讲话精神》。

▲“一格一姐”：按照“就近、就便、区域化管理”原则，建立巾帼志愿者“一格一姐”联系制度，将所在区域划分成若干网格，每个网格由一名村妇委、女党员、女代表或巾帼志愿者任“格姐”，负责联系网格内住户，在环境保护、纠纷调解、服务老弱、文明宣传、民情代办等方面提供志愿服务。

【巾帼云直播培训班】 6月6日，县妇联联合县农业农村局举办的“农村女性实用人才暨巾帼云直播培训班”在浦江县菁华电脑学校（石埠头村）开班，迎来浦江县农村女性互联网电商创业第一课，80余位女性参加培训。培训班设置直播短视频策划、抖音推广及变现、快手引流、手机剪辑视频技巧、微信直播七部曲、直播间搭建与直播实战等多样化授课教程，让学员们掌握开店技巧，店铺设计、推广、运用等知识，带领大家步入“直播的小门”。县妇联党组书记、主席黄碧娟鼓励广大姐妹投身网络经济，参与云端创业，希望参训学员学有所思、学有所获、学有所用。

巾帼云直播培训班

【浦江县巾帼直播示范基地】 7月5日，浦阳街道直播节开幕暨聚光灯美学空间开业仪式在浦江聚光灯美学空间举行。副县长虞红梅宣布开幕，县妇联党组书记、主席黄碧娟为聚光灯美学空间授牌“浦江县巾帼直播示范基地”，打造属于浦阳街道的直播品牌，助力农产品销售、农民增收。

【基层妇联干部培训班】 7月8—10日，县妇联在浙江省妇女干部学校举办全县基层妇联干部培训班。县妇联十四届执委、各乡镇（街道）妇联主席、部分村（社区）妇联主席、县妇联机关干部共44人参加培训。浙江省妇女干部学校党委副书记、副校长张武萍出席开班仪式并致辞。培训班开设新时代妇联工作改革创新、新时代妇女维权工作实务、社会治理与基层妇女工作等课程，提高妇女干部自身政治理论素养和综合素质。

【全市妇联工作会议】 7月30日，金华市妇联七届五次执委（扩大）会议暨巾帼助力美丽经济建设推进会在浦江召开。金华市妇联七届执委，各县（市、区）妇联主席、副主席，金华开发区妇工委主任，市妇联全体人员参加会议。会议分两个阶段，第一阶段现场考察郑宅镇“好家风信用贷”工作和东明村“妇女儿童之家”“美丽庭院”，走进聚光灯美学空间“巾帼直播示范基地”的直播间现场，体味浦江的“吴氏盛宴”；第二阶段召开金华市妇联七届五次执委（扩大）会议暨巾帼助力美丽经济建设推进会，县委常委、郑宅镇书记张昆仑致辞并作“好家风信用贷”经验介绍，各县（市、区）妇联主席做汇报交流。金华市妇联主席严小俊总结上半年妇联工作，并做下半年重点工作部署。

【普法宣讲会】 8月25日，县妇联举办“民法典进家庭”宣讲会。各乡镇（街道）、浦江开发区、县水晶产业园区妇联主席，部分村（社区）“和姐”骨干，各单位妇委会主任，县妇联机关全体干部职工参加会议。县弘哲律师事务所律师陈国权通过“以案说法”的方式，解读《中华人民共和国民法典》（婚姻家庭编）相关内容；县妇联兼职副主席、检察官陈明南以《你是人间最美四月天》为题作法治讲座，引导妇女干部在家中给孩子上好“家庭法治课”，在社会给单位女性职工和广大妇女群众普及保护未成年人相关法律知识。2020年，县妇联在各乡镇（街道）组织开展15场“民法典进家庭”宣讲会。

**【浦江县人民政府妇女儿童工作委员会全体(扩大)会议】** 9月9日,浦江县人民政府妇女儿童工作委员会全体(扩大)会议召开。县政府妇儿工委主任、副县长陈子华,县妇儿工委副主任、县府办副主任、县大数据发展中心主任潘文戎及各成员单位分管领导、联络员等70余人参加。县民政局、县人力社保局、县卫生健康局3家成员单位就妇女儿童工作完成情况、存在问题、主要做法与举措、“十四五”规划谋划等方面进行交流发言。县政府妇儿工委办副主任、妇联副主席楼鸳鸯解读“十三五”规划指标监测数据。县政府妇儿工委主任、副县长陈子华肯定浦江县妇女儿童发展“十三五”规划实施以来妇女儿童各项工作取得的成效,并提出新要求。

**【省妇联副主席陆英到浦江调研】** 9月15日,省妇联党组成员、副主席陆英,省妇联常委、组织部部长李辉等到浦江调研深化妇联组织建设改革、实施“八大破难行动”工作情况,市、县相关领导陪同调研。陆英一行走访调研了浦阳街道文景社区、宣和社区、浦江县巾帼直播示范基地聚光灯美学空间、虞宅乡新光村等地。陆英肯定浦江县妇联组织建设工作,要求落实“八大破难行动”“四必到四必访”工作任务,发挥各级妇联干部、妇联执委的作用,推动直播带货销售新模式,深化妇联“三服务”活动,组织县、乡、村三级妇联干部和执委开展入户联企走亲行动。

**【第十三届来料加工技术比赛】** 9月29日,第十三届来料加工技术比赛在浦阳街道杨田村举行,来自全县各乡镇(街道)的17支队伍303名选手参赛。副县长陈子华,县府办副主任、县大数据发展中心主任潘文戎,浦阳街道党工委副书记、办事处主任洪伟等出席开幕式。本次大赛共设串门帘、头巾包装、塑料插花3个项目,评选出一等奖8名,二等奖29名,三等奖60名。

浦江县第十三届来料加工技术比赛

**【妇联组织换届工作推进会】** 11月3日,县妇联召集各乡镇(街道)妇联主席召开浦江县村和社区妇联组织换届工作推进会。浦阳街道、前吴乡妇联主席就村(社)妇联组织换届试点工作进行发言。县妇联党组成员、副主席黄凰作业务培训,解读《关于村(社区)妇联换届工作的实施方案》和具体工作流程。县妇联党组书记、主席黄碧娟对村和社区妇联组织换届工作提出相关要求。

**【妇联工作会议】** 12月25日,县妇联召开年度基层妇联工作会议。各乡镇(街道)、浦江开发区、县水晶产业园区妇联主席、县妇联全体干部职工参加会议。各乡镇(街道)妇联主席汇报2020年度妇联特色亮点工作及村级妇联组织换届完成情况,谋划2021年妇联各项工作。县妇联党组书记、主席黄碧娟对2020年各乡镇(街道)的妇联工作给予肯定,对2021年重点工作进行强调部署。会后,相关人员考察了檀溪镇潘周家村巾帼居家创业就业基地、岩头镇和丰村“妇女微家”。

(朱晓倩)

# 科学技术协会

【概况】 县科协在全县15个乡镇(街道)建有科协组织,228个村(社区)实现科普服务站全覆盖,县科协下辖业务指导学协会3个。2020年,新增海外院士专家工作站1家,新增专家工作站1家。评定市级农村科普示范基地2家,县级农村科普示范基地6家。

【院士专家工作站】 新建浙江艾杰斯生物科技有限公司专家工作站和浙江丰瑜生态科技股份有限公司海外院士工作站。2020年,中国科学院院士朱位秋、都有为,中国工程院院士陈剑平,联合国国际生态与生命安全科学院院士刘宗超4位院士到浦江考察。走访慰问中国工程院院士何新贵、涂善东和中国科学院院士朱美芳,为引进院士工作做好基础工作。

浙江丰瑜生态科技股份有限公司海外院士工作站授牌仪式

【科普宣传活动】 在各大主流媒体和新兴平台上开辟科普栏目,如《今日浦江》报的"科技工作者风采"栏目,FM105.8电台的"科普大讲堂","诗画浦江"App的"科普浦江"子栏目,户外大型电子屏、公交站台电子屏、学校电子屏等播放科普短片,社区23个科普画廊定期更换展板,将科普e站与"三农"信息社平台融合。购买25套科普展品、16台跳舞机器人小艾和VR眼镜用于宣传。

联合县教育局、团县委等全民科学素质领导小组成员单位,举办"青少年科技节""青少年科技创新大赛""流动少年宫"等活动。在第35届金华市青少年科技创新大赛中,全县获各类项目一等奖10个、二等奖8个和三等奖13个。

完善社区科普活动室、科普图书室、科普画廊等基础设施,利用社区科普服务站宣传员和志愿者队伍,开展暑期科技夏令营、卫生保健知识讲座、消防演练等科普宣传活动。联合县总工会、县经商局、县人力社保局等部门,依托职工学校和其他职业教育培训机构,开展职业技能培训。

在县文化广场举办"5·12"全国防灾减灾日宣传活动,以"提升基层应急能力,筑牢防灾减灾救灾的人民防线"为主题,提高市民防灾减灾的应急能力。

6月7日,由县科协、县教育局共同主办,浙江电视台经济生活频道承办的金华市《冲刺!科学+》之"科学勇者"浦江县城市预选赛在县实验中学举行,共有50组小学三年级至初二的青少年及家长100人参加比赛,最终有5组家庭晋级金华复赛。

《冲刺!科学+》之"科学勇者"浦江县城市预选赛

举办“全国科普日”系列活动，以“科普好声音”微课竞赛为主场活动，71名选手经过角逐，产生一等奖2名、二等级3名、三等奖6名和优胜奖20名。比赛采用网络直播的方式进行，优秀选手比赛视频在“诗画浦江”App上展播，活动被中国科协评为“全国科普日优秀活动”。

“科普好声音”微课竞赛决赛

“中科院老科学家科普巡回报告会”活动邀请中国科学院微生物研究所研究员杨海花，为浦江县10所学校作《人类友好微生物的故事》科普报告，并通过飞课的形式与四川金口河区永和镇第一小学师生视频同步互动，浦金两地受益学生3000余名。

“中科院老科学家科普巡回报告会”活动在县实验小学举行(右二为杨海花)

**【助推乡村振兴战略】** 5月29日，在浦江靓松家庭农场举办第三届浙江省中西部乡村振兴论坛葡萄高品质发展分论坛，邀请浙江省农业科学院研究员、国家葡萄产业体系杭州试验站站长吴江为果农授课，县果业协会葡萄分会全体理事、部分会员代表等100余人参加论坛。6月18日，中国农业科学院茶叶研究所博士蔡晓明到浦江凯凯茶叶、东坪高山茶、前吴黄金芽茶叶基地指导基地绿色防控设施建设，为中国工程院院士陈宗懋签订项目合作协议作前期准备工作。11月9—13日，浙江农民大学农函大校区第三期新型农业经营主体带头人(桃产业)轮训班在浦江举办，邀请罗朝喜、叶正文、俞明亮、马瑞娟、张慧琴等国家桃现代产业技术体系的岗位科学家，为来自丽水、金东、兰溪、浦江的69名

第三届浙江省中西部乡村振兴论坛葡萄高品质发展分论坛

浙江省农业科学院研究员、国家葡萄产业体系杭州试验站站长吴江(右一)为果农授课

学员授课，提高桃农的技术水平，助推浙江省桃产业发展。浦江县“十里阳光”葡萄种植科普示范基地、浦江县大潘家庭农场创建市级农村科普示范基地；经基地申报，乡镇科协审核推荐，专家组评定，浦江县欣名家庭农场、长丰果园、鼎诚农场、德元农业、德联农业、昌诚家庭农场6家基地被认定为县级农村科普示范基地。

【优化人才成长环境】 5月28日，县委副书记俞建辉、县委常委张昆仑带队开展“5·30”全国科技工作者日走访慰问活动，分别看望一线的优秀科技工作者代表，并在各大主流媒体上宣传浦江县科技工作者风采。经县科协推荐，浦江县水晶园区科协入选“浙江省百佳企业科协”，水晶园区科协秘书长张洁入选“浙江省百佳企业科协工作者”，浙江圣力工贸有限公司宣黎建入选“浙江省百佳企业科技工作者”。在2019年组建10支学协会科技志愿者队伍的基础上，于2020年4月下发《关于招募科技志愿者的通知》，面向全县医护人员、农技专家、科学教师等所有科技人员以及社会各界热心科普事业的人士进行招募，通过“志愿汇”App和“科技志愿服务信息平台”进行管理，结合党员志愿活动，开展围绕中心工作的科普宣教活动。

（盛　婕）

## 工商业联合会

【概况】 2020年，浦江县工商业联合会（以下简称“县工商联”）所属基层商会19个，其中乡镇商会12个，街道商会3个，开发区商会1个，行业商会2个，其他商会1个；会员1847个，其中企业会员1724个，团体会员34个，个人会员89个。县工商联履行工作职责，开展抗击新冠肺炎疫情工作，服务“六稳、六保”，助力“两手硬、两战赢”；开展“三服务”和“千名干部进百企”活动，服务民营企业健康发展和民营经济人士健康成长；开展招商引资工作，引导浦商回归，助力打赢“12365”实体经济翻身战；开展“万企帮万村”和“百企结百村、消灭薄弱村”活动，助力脱贫攻坚和乡村振兴；推进工商联和所属商会改革，推动工商联商会自身建设进步。县工商联被评为2020年度全省工商联系统先进单位。

【参政议政】 组织引导会员中人大代表和政协委员参政议政、建言献策，提交提案建议26件，其中7件被列为重点提案，《优化营商环境服务企业发展》被评为优秀提案，3名企业家政协委员被评为提案积极分子。在政协会议发言《关于打造最优营商环境，促进民营经济高质量发展的建议》。开展新冠肺炎疫情复工复产专题调研，调研民营企业203家，商会19家，梳理上报复工复产困难问题6条，意见建议9条，为县委县政府决策提供依据。协助调研全国工商联民营企业社会责任、县级工商联组织建设、全省工商联会员发展、《浙商青蓝接力发展研究》等工作。

【抗击新冠肺炎疫情】 新冠肺炎疫情防控期间，县工商联发出《致民营企业家、浦江县各商会会员的公开信》，号召全县商会和民营企业家支援疫情防控工作，协助党和政府打好疫情防控阻击战。法国、北京、上海、杭州、宁波、嘉兴、常熟等地浦江商会筹措采购价值83.17万元的医用口罩、防护服、消毒水等疫情防控紧缺物资捐赠给家乡，组织会员捐款148.1万元。黄宅镇商会、水晶商会、仙华街道商会、跨境贸易商会、郑宅镇商会、郑家坞镇商会、白马镇商会、花桥乡商会等发动会员企业参与疫情防控，组织会员捐款509.8万元，送慰问物资61.91万元。浦江万固房地产开发有限公司、上海鑫广科技集团有限公司、浦江三思光电有限公司、浙江杭机股份有限公司、县农商行等314家民营企业向县红十字会捐赠防疫资金938.02万元，物资184.40万元。2020年，县内外民营企业家、商会共捐赠新冠肺炎疫情防控专项资金1038.05万元、物资253.01万元，款物合计1291.06万元。浦江万固房地产开发有限公司、浦江三思光电有限公司、浙江浦江梅花锁业有限公司被省工商联授予“抗击新冠肺炎疫情先进浙商企业”称号。浙江天晨胶业股份有限公司被全国工商联授予“抗击新冠肺炎疫情先进民营企业”称号。2月16日，县工商联与县委统战部联合开展“助企抗疫情、联企复生产”专项行动，工商联及所属商会联系企业1500余家，利用公众号和微信群推送疫情防控、复工复产、政策法规等信息96条，帮助解决各类困难问题228个，执常委企业复工复产率100%。

组织县跨境贸易商会向杭坪镇裕民村赠送防疫物资

【教育培训】 1月3日，县工商联组织专题学习《中共中央国务院关于营造更好发展环境支持民营企业改革发展的意见》和省委十四届六次全会精神，工商联（总商会）八届副主席、副会长，基层商会会长39人参加。1—3月，组织开展“新时代工商联（商会）的新样子”大讨论活动，工商联机关和基层商会围绕“六个如何”，开展“六个一”活动，撰写笔谈文章30篇，录制“企业家心目中的工商联（商会）”微视频访谈5期，举办学习研讨会22次。8月21日，县工商组织召开习近平总书记在企业家座谈会上的重要讲话精神专题学习会，各基层商会会长、秘书长等30余人参加。9月9日，县工商联联合县人力社保局、县税务局、县法院、县消防大队开展普法培训，各基层商会60余名会员参加。与基层商会联合开展跨境电商业务、企业管理、政策法规等培训13次，组织企业到浙江步森集团等游学考察5次，组织基层商会到兄弟商会开展考察学习和经验交流2次，推荐20名企业家参加上级统战部、工商联举办的各类培训。全年培训会员900人次。

【服务经济】 发挥在外浦江商会资源优势，开展招商引资，收集报送招商项目信息8条。邀请伟业控股集团有限公司、宁波盛道科技股份有限公司2家意向企业到浦江考察投资项目。1月23日，组织召开工商界、人才界新春团拜会，统战部部长张建顺、组织部部长蒋涛、副县长楼新有和各异地商会会长、秘书长、在外浦江籍专家学者共47人参加。组织异地浦江商会助力浦江全域旅游战略，向15个异地浦江商会发放价值100万元的旅游券2000份。组织上海、杭州、宁波等地浦江商会以召开葡萄品鉴会、直播带货等形式助力浦江葡萄销售，服务乡村振兴。搭建政企沟通平台，联合20余个职能部门，4个基层商会举办10场“亲清直通车·政企恳谈会”，参会企业家101名，收集困难问题98个，帮助解决96个。开展“三服务”和“千名干部进百企”活动，走访企业86家，商会19家，成功调解永在商品混凝土有限公司股东纠纷，帮助浙江红石生态林业有限公司解决再贷款难题，解决困难问题31个。与建行浦江县支行签署战略合作协议，搭建融资服务平台，解决小微企业融资难题。发挥基层商会作用，形成服务民营企业工作合力。县跨境贸易商会开展跨境电商业务培训、专题沙龙、专家会诊、上门辅导等服务会员企业发展，工作案例入选省工商联9月份服务“两个健康”优秀案例。郑家坞镇商会开展商会调解工作，为会员企业排忧解难。县水晶商会参与水晶行业的国家标准、部级标准、行业标准制定。

“亲清直通车·政企恳谈会”

**【组织建设】** 1月10日，兰溪市浦江商会举行换届，浙江三建刷业有限公司董事长傅建桥连任第二届会长。1月13日，白马镇商会举行换届，浙江兰塘纸业有限公司总经理严明甫当选第四届会长。7月14日，大畈乡商会举行换届，浙江赛璞环保科技有限公司总经理周宏鸣当选第四届会长。12月12日，杭州市浦江商会举行换届，圣奥集团有限公司董事长倪良正连任第三届会长。12月28日，常熟市浦江商会举行换届，江苏鸽球环保科技集团有限公司董事长蒋永峰连任第四届会长。对照上级改革方案，结合浦江实际抓好工商联商会改革工作。县水晶商会、县跨境贸易商会被市工商联认定为2020年度金华市“四好”商会，郑家坞镇商会被认定为2019—2020年度全国“四好”商会。

杭州浦江商会换届大会

**【光彩事业】** 落实党中央、国务院乡村振兴战略。组织民营企业参与东西部对口帮扶工作，动员16家民营企业与四川乐山市金口河16个贫困村签订“万企帮万村”扶贫结对协议，捐赠帮扶资金48万元。开展“百企结百村、消灭薄弱村”活动，组织动员192家民营企业与县内192个集体经济薄弱村结对开展消薄项目160个。5月16日，义乌市浦江商会向岩头镇中心小学捐赠口罩3箱、篮球1箱、足球1箱、84消毒液3桶。花桥乡商会与义乌市浦江商会签订来料加工合作协议，帮助当地农民开展来料加工，增加农民收入，推动乡村振兴。“八一”前夕，组织县跨

“万企帮万村”结对捐赠仪式

境贸易商会、仙华街道商会开展双拥工作，慰问县人武部、武警中队，送去水果、空调被、水杯等价值1万余元的慰问品。

【重要会议】 1月3日，县工商联八届二次主席（会长）会议召开，八届主席、副主席、秘书长、总商会副会长，基层商会会长共39人出席会议，县委常委、统战部部长张建顺出席会议。会议通报2019年县工商联工作情况，传达学习《中共中央国务院关于营造更好发展环境支持民营企业改革发展的意见》和省委十四届六次全会精神，听取各商会2020年度工作思路汇报和对县工商联2020年度工作思路的意见建议。同日，召开“新时代工商联（商会）新样子大讨论”活动座谈会，与会人员围绕工商联（商会）发挥自身优势、服务浦江民营经济发展、以实际行动树立新时代工商联（商会）新样子进行座谈交流。

（赵益民）

## 文学艺术界联合会

【概况】 浦江县文学艺术界联合会（简称“县文联”）是由县级文艺家协会组成的专业性人民团体，主要职责是对各团体会员开展联络、协调、服务工作，发挥对文艺工作者的组织、引导、服务、维权作用以及对团体会员进行业务指导。下设浦江县作家协会、浦江县美术家协会、浦江县书法家协会、浦江县音乐家协会、浦江县舞蹈家协会、浦江县曲艺家协会、浦江县戏剧家协会、浦江县摄影家协会、浦江县民间文艺家协会、浦江县根艺美术学会、浦江县诗词楹联学会、浦江县月泉学社、浦江县诗书画艺术协会、浦江县旗袍艺术研究会、浦江县朗诵协会，共有会员2200余人，其中国家级会员100余人，省级会员160余人，市级会员150余人。

开展新冠肺炎疫情防控工作，助力复工复产。发动文艺家创作200余件抗疫作品，《加油，武汉》等歌曲被“学习强国”App采用。疫情防控取得阶段性胜利后，县文联班子成员分别前往各联系企业、行政村，帮助开展复工复产，恢复正常生产生活秩序。

举办“戏迷好声音”第三季，经过海选和决赛，选出一等奖2名，二等奖3名，三等奖6名，优秀奖6名；举办“农商杯”浦江县青少年征信书画大赛，经专家评审，分别评出组织奖11名，各类作品一等奖10件、二等奖14件、三等奖14件和入展作品68件；举办浦江县女性书画大赛，评出一等奖3名，二等奖5名，三等奖7名，优秀奖10名；举办浦江县“平安杯”书画艺术大赛，评出一等奖2件、二等奖4件、三等奖8件、提名奖作品15件和入展作品64件。

9月25日，省文联党组书记陈瑶一行到浦江调研文联工作，并于9月26日参加2020浦江·第十三届中国书画节开幕式暨2020“万年浦江”全国中国画（手卷）作品展开展仪式，代表省文联对2020浦江·第十三届中国书画节开幕表示祝贺。

县文联承办丰安韶华·浦江县中青年书画名家作品展，赵丽宏诗歌手稿、书画作品展，迎新春·浦江县第二批中青年书画名家第一回作品展，浦江县女性书画作品展，浦江县“平安杯”书画作品展，“农商杯”浦江县青少年征信书画作品展，诸、义、浦、桐四地书画联展，展出作品700余件。

开展文艺公益培训，利用月泉书院、农村文化礼堂等开设书画、摄影、文学、笛子、古诗词等8个公益培训班，参训人数1500人次。邀请赵丽宏、吴重生、叶舒宪、黄于群、施翔等艺术名家对文艺骨干开展辅导培训10余次。

完善硬件设施，完成月泉书院日常维护和停车场建设。开展创建“无烟书院”“文明用餐”“节约用水半壶行动”“社区共建”“礼让斑马线”文明交通劝导、环境卫生整治等创建活动，被评为“金华市文明单位”。

**【五大“文艺专班”】** 4月28日，浦江县服务全县中心工作“文艺专班”成立仪式在月泉书院举行。各文艺专班围绕中心工作创作1000余件作品。“工业强县文艺专班”创编印发《投资宝地看浦江——浦江招商引资好故事》1500册，为万洋众创城外来务工子女举办暑假书画公益夏令营。“乡村振兴文艺专班”开展“百名会员助葡农，千幅书画送客户”活动，将780余幅作品交给县供销联社、县邮政局，通过他们捐赠给浦江葡萄经销商、网购客户。“全域旅游文艺专班”在大畈乡上河村成立“中国美协浦江写生基地上河写生点”，开展10余次活动，开辟了乡村旅游的一条新路子。“小县大城文艺专班”组织专班成员开展“礼让斑马线”文明交通劝导活动，创作文艺作品58件。“上山文化宣传文艺专班”创作了40余件文艺作品，编印《上山遗址发现20周年》文学作品集，创作歌曲《万年上山》《把万年文明追寻》、浦江乱弹《上山是我家》、道情《上山的稻谷金灿灿》等，举办“万年上山 世界稻源”——上山遗址发现20周年文艺晚会。

浦江县服务全县中心工作“文艺专班”成立仪式

**【书协临时党支部成立】** 6月29日，浦江县文联举行县书法家协会临时党支部成立大会，并开展“百名会员助葡农，千幅书画送客户”活动，将作品交给县供销社，随机赠送给葡萄网购客户，助力葡萄营销。

“百名会员助葡农，千幅书画送客户”活动

**【上河暑期美术写生公益讲座】** 8月10日，上河暑期美术写生公益讲座开班。此次培训活动为期5天4夜，以现场写生、系列讲座、习作点评的方式，展开基础素描、装饰画、风景写生等系列课程活动。8月14日，中国美术家协会浦江写生基地上河写生点揭牌。

**【“八婺颂小康”中国农民丰收节赛诗会】** 9月21日，由金华市文学艺术界联合、金华市广播电视总台、金华日报社主办，中共浦江县委宣传部、浦江县文学艺术界联合会、浦江县黄宅镇人民政府承办的“八婺颂小康”中国农民丰收节赛诗会在黄宅镇上山村举行，来自金华市各地的29名选手参加比赛，比赛选出一等奖2名，二等奖4名，三等奖8名，优秀奖15名。

**【“万年上山 世界稻源”——上山遗址发现20周年文艺晚会】** 11月13日，由县委宣传部、县文广旅体局、县文联主办，县月泉书院管理中心、县文化馆承办的“万年上山 世界稻源”——上山遗址发现20周年文艺晚会在东山公园群文大舞台举行。晚会共10个节目，百余人参与表演，千余人观看演出。

“万年上山 世界稻源”——上山遗址发现20周年文艺晚会

【赵丽宏到浦江采风、讲座并办展】 12月6—8日，应中共浦江县委宣传部、县文联邀请，全国政协委员、中国作家协会全国委员会委员、中国散文学会副会长、上海市人民政府参事、上海市作家协会副主席、《上海文学》杂志社社长、著名作家赵丽宏与旅京乡贤、浙江日报报业集团北京分社社长吴重生到浦江开展采风、讲座、办展系列活动。12月6日，赵丽宏在月泉书院作《漫谈阅读和写作》专题讲座。

著名作家赵丽宏在月泉书院作《漫谈阅读和写作》专题讲座

12月8日，“我留在世界上的指纹——赵丽宏先生诗歌手稿、书画作品展”在月泉书院举行。为宣传上山文化，赵丽宏撰写《寻访万年稻源》一文，于2021年1月9日在《人民日报》发表，并被人民日报文艺副刊、今日头条、澎湃新闻等权威网站转载。

（楼艳艳）

## 残疾人联合会

【概况】 2020年，全县“两项补贴”发放3062万余元，其中困难残疾人生活困难补贴4234名，发放资金982万余元；重度残疾人护理补贴7071名，发放资金2080万余元。

慰问贫困残疾人家庭185户、培智学校残疾儿童49人，发放资金17.2万元；对286名因病因灾发生困难的贫困残疾人实行医疗救助，发放补助款48.5万元；实施残疾人大学生和贫困残疾人家庭子女大学生学费补助15人次，发放补助资金17.3万元；开展“四访四助”活动，实现6名有就业意愿残疾人大学毕业生就业、61户困难残疾人家庭危房改造、年人均收入8000元以下困难残疾人家庭问题清零，完成33户困难残疾人户“净居亮居”改造工程。

辅助器具助力脱贫攻坚案例《独脚农场主——张运发》获全国一等奖；为128人免费适配或以现金补助形式发放轮椅、假肢、助听器等各类辅助器具；接受儿童康复训练申请67人；对272名门诊服药的持证精神残人进行药物资金保障；投入13.5万元建设残疾人康复站3个。

残疾人数据动态更新和收入监测工作居全省前列，通过调查全县12200余名残疾人，摸清全县持证残疾人在家庭收入及住房、教育、就业扶贫、社会保障、康复、无障碍等方面基本状况和需求底数，为制定残疾人事业发展规划，实施残疾人精准服务提供基础数据。

县残联以村（社区）换届为契机，推动首批32个村（社区）的残协建设，由村（社区）“两委”成员担任残协主席、副主席和委员，并推选1人为村（社区）残疾人工作专职委员，打通服务残疾人的“最后一公里”。此项工作被作为好经验在全省推广。2020年，招聘17名乡镇（街道）残疾人专职委员。

根据县委、县政府东西部扶贫部署，结合金口河区残联的实际需求，制订方案，“一户一策”，拨付15.3万元，助力四川金口河的残疾人脱贫攻坚。

**【助残“一件事”改革】** 完成助残服务“一件事”改革，围绕“残疾人证办理、惠残助残政策讲解、困难残疾人生活补贴、重度残疾人护理补贴”等助残服务“一件事”，建立部门联办、一站式服务，实现申请、评残、惠残政策落实“最多跑一次”。全年进行集中评定10次，上门评定10次，发放残疾人证1100余本。

**【“残疾人之家”】** 县残联立足“残疾人之家”规范化建设，打造升级版“残疾人之家”。提升改造浦阳街道、檀溪镇等6家“残疾人之家”，全县建成星级“残疾人之家”15家，保障残疾人232名，实现1万人口以上的乡镇（街道）“残疾人之家”全覆盖，累计帮助35名残疾人回归社会。

“残疾人之家”

**【托养服务中心】** 残疾人托养服务中心占地0.45公顷，总建筑面积为4553平方米，建设床位数120张，总投资1780万元，2020年投资1000万余元。服务中心位于浦阳街道月泉西路以南、351国道以东地块，工程设计包含托养中心综合楼和后勤服务楼，内设托养宿舍、生活技能劳动室、教育培训室、多功能厅、餐厅、厨房、职工宿舍、办公室、会议室等，同时配建活动场、停车场。

残疾人托养中心

**【“助残贷”助力就业创业】** 与县农商行合作发布“助残贷”项目，授信1亿元支持残疾人就业创业，县农商银行发放1020万元“助残贷”专项贷款，预计落实受贴息60万余元，惠及残疾人家庭46户。

**【开展公益活动】** 启动“微书房”项目，为全县60户残疾人家庭子女提供书桌、椅子、护目灯。与县文旅集团合作，浦江县持证残疾人（含1名陪护）可免费游览县域内所有国有景区、景点。联合县文明办、创建办等部门组织盲人开展体验盲道活动。残疾人书画家多次在全国、省级比赛中获奖。国际残疾人日，宣和“残疾人之家”和浦江县悦心社会工作服务中心、浦江县龙峰公益之家联合举办“扶残助残 情满浦阳”活动，开展“趣味保龄球”“你比我猜”“齐心协力纸杯赛”“挑战套圈高手”等一系列游戏。

【省级无障碍社区和无障碍设施进家庭】 实施浦阳街道金狮社区的金狮新村、众毅名城2个大型小区内30余处公共场所及30户社区残疾人和老年人家庭无障碍设施改造工作，在金狮新村内新建康复站1处并通过验收，被评为省级无障碍社区；完成“江南第一家”无障碍景区建设；全县完成99户困难残疾人无障碍进家庭改造，其中完成99户卫生间、厨房、过道扶手、各种坡道改造，赠送辅具17户。“江南第一家”无障碍景区的道路、停车场、厕所、便民服务中心等25处公共场所的改造，增加无障碍地图平台、无障碍二维码系统、无障碍虚拟漫游系统、无障碍综合管控平台等无障碍配套设施。

景区共享轮椅

（吴惠萍）

## 红十字会

【概况】 2020年，全县有212个红十字基层组织，其中机关红十字会2个、乡镇（街道）红十字会15个、村（社区）红十字会137个、学校红十字会49个、医疗机构红十字会9个，缴纳会费75400元。青少年会员注册22620名，团体会员26家，8支志愿者队伍共计注册志愿者1857名。县生命教育体验中心获评中国红十字总会“红十字应急救护培训示范基地”称号和“金华市中华慈善奖”；浦江县红十字会获评全省红十字会系统“十三五”期间先进集体；浦江县红十字会获中共浦江县委、浦江县人民政府2020年度综合考核工作优秀单位，并获金华市红十字会2020年度红十字工作综合评估优秀单位、浙江省红十字会2020年度浙江省红十字工作先进单位；浦江县红十字会人文关怀志愿者队获评“浙江省红十字会突出贡献红十字志愿服务团队”；浦江县浦阳街道宣和社区红十字会获“浙江省红十字会突出贡献红十字基层组织”称号；由县红十字会组织参赛的应急救护培训师团队获“金华市红十字应急救护培训师教学技能大赛”三等奖；胡东辉、朱柏烽获“浙江省红十字会突出贡献红十字会员”称号；倪朝刚获“浙江省红十字会突出贡献红十字志愿者”称号。由县红十字会推选的浙江圣奥慈善基金会获评“浙江省红十字会人道公益捐赠单位”，黄尚渭获评“浙江省红十字会人道公益捐赠个人”，浙江万固房地产开发有限公司获评“浦江县慈善捐赠先进单位”，浦江凯瑞生物科技股份有限公司获评“浦江县慈善捐赠先进单位”，鑫广再生资源（上海）有限公司获评“浦江县慈善捐赠先进单位”，浙江圣奥慈善基金会获“浦江县慈善捐赠先进单位”等荣誉称号。

2020年，县红十字会开展应急救护培训“六进”工作，组织救护员培训24期，培训救护员1325人次，完成指标217.21%，普及人数43810人次，完成指标718.21%。推动无偿献血和造血干细胞捐献采样、人体器官捐献工作，动员571位爱心人士献血179405毫升，有113名爱心人士参加造血干细胞捐献采样，动员器官捐献10人，捐献9个肝脏、20个肾脏、1个心脏和17枚眼角膜。通过“推项目，促筹资”,全年募得爱心款物2236.3万元,其中新冠肺炎疫情防控捐赠款物1860.51万元,支出2849.28万元,直接受益人数2万余人。募得爱心款38万元,实施“博爱携手夕阳·乡村红十字志愿服务站”项目(第二期)和“阿尔茨海默病老人平安回家”项目(第二期)。建立100个村(社区)居家养老红十字志愿服务站,吸收264位红十字志愿者开展1330次志愿服务,志愿服务时长4441.8小时,受益人数17009人次;实施“阿尔茨海默病老人平安回家”项目(第二期),为全县400位易走失贫困失智老人发放远程监护定位手环,避免老人走失。安全围栏提示3000余次,通过定位及时找回2位走失老人;开展“博爱送万家”项目,自筹资金,春节前开展对尿毒症患者等“因病致贫”特殊群众和器官捐献困难家庭的慰问工作,救助141人,金额15.3万元;推出“小桔灯”公益项目,为器官捐献困难家庭子女开展助学活动,全年救助16名器官捐献困难家庭子女,发放助学金52000元;筹得240余万元建立县人民医院基建发展基金、42万元建立奖教基金,支持卫生、教育工作。

5月8日,召开2020年度基层组织建设工作推进会,副县长、会长陈子华出席会议并讲话。会议表彰了2019年度红十字工作先进单位、红十字优秀基层组织、红十字优秀志愿者团队、红十字先进个人、“十佳”红十字志愿者以及一批优秀红十字志愿者。

【疫情防控】 根据县新冠肺炎疫情防控指挥部指令,疫情防控初期县红十字会招募212位志愿者组建“红十字防疫检查志愿先锋队”,全程参与全县5个重要交通卡点开展量体温、问询、发放宣传单等工作,累计检查过往司乘人员近10万人次;动员社会各界开展疫情防控专项募捐,累计接收专项捐赠款物约1805.85万元,其中资金约1309.51万元,物资价值约496.34万元。累计支出捐赠款物约1700.25万元。规范防疫款物发放工作,每日公示,做到捐赠公开透明;回访70余家爱心企业,向所有爱心企业和个人发放捐赠发票和证书。年初,县审计局对县红十字会疫情防控期间款物捐赠情况进行专项审计,结果良好。8月,按中国红十字总会以及省、市红十字会的要求,对8月31日前的疫情捐赠再次进行专项审计,审计结果获上级红十字会肯定。

【“博爱送万家”活动】 1月,县红十字会开展“博爱送万家”活动,对家庭困难的红十字志愿者、红十字救护员、“因病致贫”的尿毒症患者、无偿捐献器官的捐献者家属等141个特殊家庭开展春节前慰问,发放慰问金153000元,大米、食用油等慰问品17320元。

【“博爱寻亲”项目】 受新冠肺炎疫情影响,5月起恢复每月寻亲人士DNA采样工作,开展了三次浦江与外地视频连线寻亲专场。全年共有108名寻亲者DNA采样录入博爱基因库,并促成6对寻亲者团聚。

浦江县第三届博爱寻亲会

【救援队工作】 县红十字应急救援队参与新冠肺炎疫情防控工作,招募58名队员参加全县所有进出浦江通道的司乘人员开展量体温、问询、发放宣传单等执勤工作，累计服务13920小时。5月，县红十字会对应急救援队重新整队。11月，应急救援队在县民政局登记注册，并向市红十字会述职。2020年，应急救援队参与搜救走失老人和驴友6次，参与队员105人次，受益群众8人。摘除马蜂窝53个，出动队员125人次，受益群众5300余人。同时，应急救援队先后参加了书画节值勤和国庆节风景点救护值勤工作。

**【“高考、学考免费接送”活动】** 7月，县红十字会与县教育局、浦江县红十字会万顺叫车志愿者队共同开展“高考、学考免费接送”活动，历时三天，共有100余名志愿者参与活动，接送考生500余名。

**【康心基金大型义诊活动】** 10月，由浙江省红十字会主办，浦江县红十字会、东阳市人民医院共同承办的“康心基金心脏病患者救助项目七进浦江专家义诊”活动在浦江县文化广场举办，97位心脏病病友接受免费体检和辅助检查，其中2位病友符合手术指征，获该基金资助治疗。

康心基金心脏病患者救助项目七进浦江专家义诊活动

**【“人文关怀进院区”】** 县红十字会人文关怀志愿者队在县人民医院、县中医院、县祥和养老院、县献礼康复医院4个城区红十字志愿服务站常规开展为病弱人士理发、陪聊等人文关怀活动各1次，参与志愿者120人次，服务1800余人次。

（张娟丽）

## 政法委及综治

【概况】 2020年，县委政法委以“誓夺星级平安金鼎”为工作总目标，深化平安创建，全力维护社会稳定，持续提升基层基础，推动县域社会治理现代化，打造全面过硬的政法铁军，全力护航党委政府中心工作，为浦江县决胜“三大攻坚年”创造安全的政治环境、稳定的社会环境、公正的法治环境、优质的服务环境。

【应对疫情服务企业十条措施】 贯彻落实党中央、省委、市委和县委有关新冠肺炎疫情防控的决策部署，立足政法职能，服务企业返工复工，县委政法委于2月推出应对疫情服务企业十条措施，包括组建服务企业工作专班、筑牢群防群控防线、优化返工治安管理、指导企业落实疫情管控、排查化解涉企矛盾纠纷、强化公共法律服务、开辟涉企物资运输绿色通道、实行“白名单”快速入浦机制、妥善办理涉企诉讼案件、严厉打击侵企违法犯罪等举措。

【召开浦江县委政法委全体(扩大)会议】 3月23日，浦江县委政法委全体(扩大)会议召开。县委副书记、政法委书记俞建辉出席会议并讲话。会议学习贯彻习近平总书记关于政法工作重要指示精神，传达学习贯彻中央、省委、市委政法工作会议精神，研究部署当前和今后一个时期全县政法和平安工作。政法委书记俞建辉强调，要坚持党对政法工作的绝对领导，切实提升浦江政法队伍核心战斗力，在重点工作、重点任务上再下功夫、再添举措，推动各项工作深入开展，为建设平安浦江、法治浦江提供坚强保障。

【县委政法工作会议暨建设平安浦江工作会议】 4月17日，县委政法工作会议暨建设平安浦江工作会议在县府大会堂召开，各乡镇(街道)设分会场。县委书记程天云出席会议并讲话。会议强调，全县上下要进一步认清形势、凝聚共识，全力拉长板、补短板、争样板，以打造高质量“基层党建+社会治理”样板县，争夺星级平安金鼎为总目标，全力构建更具活力和效率的新型基层社会治理模式，建设更高水平的平安浦江。

【全省邪教问题重点整治工作】　加强组织领导，厘清工作职责，成立领导小组，明确各部门及乡镇街道职责工作。将专项整治工作纳入县委县府年度重点工作和年度考核内容。多形式开展反邪教宣传，健全反邪教“三员”队伍，县、乡、村三级都按要求建有反邪教警示教育基地，在全市率先完成重点人员清零，高标准通过省级验收。

# 公　安

## 综　述

【概况】　浦江县公安局（以下简称“县公安局”）辖区总面积920平方千米，辖7镇5乡3街道，共有244个行政村（社区），户籍人口40.08万人，在册流动人口13.6万人。内设机构8个，直属单位2个，下辖派出机构10个。

2020年，总接警12.65万起，同比下降5.24%，侵财警情数同比下降11.11%，盗窃警情数同比下降15.09%，盗窃案件破案率52.7%；刑事案件立案1287起，同比下降9.3%，破获361起，刑事拘留789人次，取保候审568人次，逮捕465人次，移送起诉犯罪嫌疑人809人次；受理治安案件1769起，查处863起。

2020年，县公安局被评为“平安浙江建设先进集体”，全市公安机关综合实绩评估“优秀单位”；郑宅派出所被省委宣传部、省公安厅评为“最美警队”；交通警察大队、黄宅派出所、郑宅派出所立集体三等功；1名民警被评为“浙江省抗击新冠肺炎疫情先进个人”；2名民警立个人二等功；27名民警立个人三等功；原辅警石丁丁（因工死亡）入选2020年10月“中国好人榜”；5名辅警获二等治安荣誉奖章。

【浦江县刑事诉讼涉案财务管理中心及公安局巡特警（反恐）业务用房启用】　12月27日，县公安局刑事诉讼涉案财务管理中心及县公安局巡特警（反恐）业务用房启用。该业务用房位于县公安局大楼以东、建设银行以南，占地面积6667平方米，建筑面积10557.08平方米。

【创建红色示范所队】　3月，县公安局根据《金华市公安机关创建“红色示范所队”活动实施方案》文件精神，开展“红色示范所队”创建活动，黄宅派出所、出入境管理大队被评为全市公安机关“红色示范所队”，看守所、城东派出所、浦南派出所、白马派出所、石马派出所、交通警察大队、交警城区中队、交警黄宅中队、交警杭坪中队、交警郑宅中队达到创建标准。

【开展实战大练兵活动】　2020年，县公安局组织开展全警实战大练兵活动。9月28日，获全市公安机关公共基础科目比武团体第二名；12月16日，获全市警务辅助人员比武第一名；12月19日，获全市信息化应用比武第一名。

全体机关民警体能训练

## 社会治安

【概况】 2020年，县公安局全力做好新冠肺炎疫情防控工作，维护社会稳定，保障群众安全；完成全国“两会”、第三届中国国际进口博览会、浦江第十三届中国书画节等重要活动期间安保任务；开展防范电信网络诈骗宣传工作，守护百姓钱袋子；推进智安单位、智安小区建设，提升安全防范水平。

【“百万警进千万家”】 2020年，县公安局组织警力开展“进农村、进社区、进企业、进学校、进家庭，听民声、访民意、察民情、排民忧、解民难”的“百万警进千万家”活动。走访企事业单位2866家，党政机关128家，走访群众17.8万人次。

【“大清查大整治”系列行动】 2020年，县公安局组织开展5次大清查大整治行动，做好设卡盘查、安全检查、隐患整治、人员管控等工作。出动警力3890余人，检查行业场所单位4567家，清查各类人员5466人次，发现整改安全隐患325处，抓获违法犯罪嫌疑人29人。

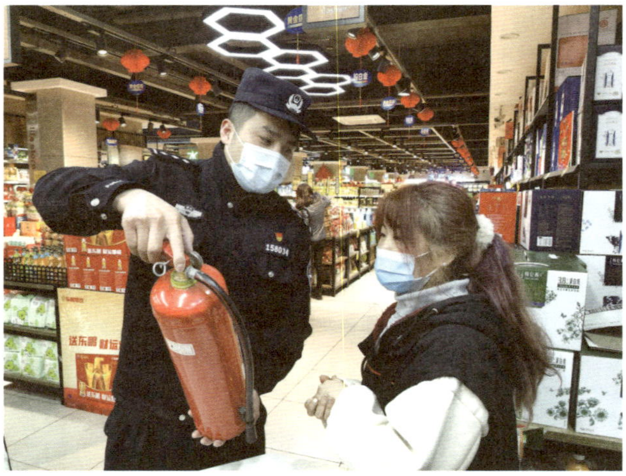

治安大清查行动中对超市消防安全进行检查

【打击整治枪爆违法犯罪专项行动】 2020年，县公安局破获涉枪刑事案件2起，移送起诉9人，移交外地公安机关处理4人。收缴小口径步枪1支、气枪24支、火药枪1支、弩2把；破获涉枪犯罪行政案件1起，抓获犯罪嫌疑人11名，追缴疑似枪支24把，其中16把为具备致伤能力的气枪；收缴军用子弹242发、猎弹44发、小口径弹43发、其他弹1390发；炮弹1发，管制刀具35把。

## 交通管理

【概况】 2020年，全县机动车保有量152888辆，机动车驾驶员184065人。县公安局根据“减量控大”部署要求，开展“珍爱生命、远离车祸”大会战行动，确保道路交通安全形势良好。全县发生事故21769起，同比下降4.35%，人伤事故5075起，同比下降7.19%，死亡事故51起，造成52人死亡，同比增加11人，上升26.83%。全年查处各类交通违法行为40384起，同比增长35.76%，其中酒驾671起，醉驾96起，现场纠违78460起。8月1日起，县公安局每周二、周四早晚高峰期开展“礼让斑马线”文明劝导活动，劝导纠正不文明交通行为1.2万余起。

时代广场路口开展文明交通劝导工作

【"路口革命"专项行动】 10—12月，县公安局开展"路口革命"专项行动。县交警大队将排查出的71处道路路口开口隐患及整改措施建议报送至县道路交通安全管理办公室，推动党委政府开展隐患治理，共整改65处。

## 打击违法犯罪

【概况】 2020年，县公安局持续推进"扫黑除恶""云剑""蓝剑""猎狐"等专项行动，严厉打击各类违法犯罪活动。全年打击处理侵财类犯罪人员449名，其中抓获电信网络诈骗犯罪嫌疑人301名；打击处理侵犯知识产权犯罪人员43名，抓获涉众型经济犯罪嫌疑人24名；抓获涉毒犯罪嫌疑人42名，查处吸毒人员54名，强制戒毒13名，缴获各类毒品600余克；抓获境外逃犯3名。

【"打四黑除四害"专项整治活动】 2020年，县公安局继续开展涉黄涉赌专项整治行动，采取刑事强制措施184人，行政拘留336人，办理部督案件1起，省督案件2起。在"打击食品药品和环境污染犯罪"专项行动中，抓获犯罪嫌疑人111名，办理部督案件1起、省督案件3起。

【全市首起十人以上网络贩枪案】 5月，县公安局与金华海关部门开展联合侦查，抓获非法买卖枪支犯罪嫌疑人王某龙。县公安局以王某龙为突破口，奋战两个多月，行程上万公里，抓获犯罪嫌疑人11名，追缴疑似枪支24把。经鉴定，其中16把为具备致伤能力的气枪，摧毁全市首个十人以上网络贩枪犯罪团伙。该案被公安部评为十大典型案例。

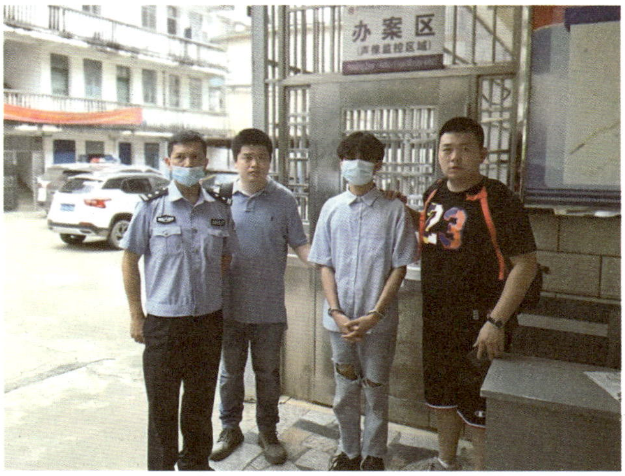


5月29日，刑侦大队民警在广西南宁抓获非法买卖枪支犯罪嫌疑人

【"8·10"生产、销售假烟案】 12月，县公安局经过四个月侦查，成功破获"8·10"专案，案件涉及浙江、福建、广西等多省，涉案金额1000余万元。专案组调动70余名警力参加统一收网行动，现场查获各类香烟4200余条，抓获犯罪嫌疑人36人，采取刑事强制措施26人。

## 执法规范化建设

【概况】 2020年，县公安局建设完成建筑面积1000余平方米的涉案财物管理中心。实现与省厅执法办案平台无缝对接，并配置AI巡航设备和移动查询App等智能化手段，公、检、法、财政全面入驻履职，实现"集中式保管、换押式移交、规范化处置"，提高涉案物品管理水平和效率。

【推进刑事案件繁简分流机制】 2020年，县公安局以速裁法庭为载体，对于事实清楚且犯罪嫌疑人认罪认罚的简单刑事案件，检察院、法院同步介入，推

4月24日，县公安局完成柳某某涉嫌非法捕捞一案速裁速判

进刑拘直诉工作，提高办案效率，节约司法成本。共速裁速判58起60人次，平均用时29小时。

（黄寒丹）

## 检　察

【概况】 2020年，县人民检察院开展刑事检察工作，受理公安机关提请逮捕的各类刑事案件334件485人，批准逮捕267件346人，逮捕率同比下降7.92%。受理各类移送审查起诉刑事案件573件835人，提起公诉459件711人，起诉率同比下降5.03%；共监督侦查机关立案57人，纠正漏捕7人，追诉漏犯7人，制发纠正违法通知书15份，对不构成犯罪的依法绝对不起诉1人。开展刑事审判活动监督，抗诉并获改判3件，列席法院审委会6次。开展刑罚执行活动监督，监督收监执行2人，组织剥夺政治权利执行情况专项监督，联审村社干部资格4253人。依法办理监察机关移送职务犯罪案件3人。

开展民事检察工作，加大对虚假诉讼行为惩治力度，依法提请15件抗诉均获支持，1起工程建设领域虚假调解监督案入选全省精品案例。制发执行监督检察建议26份，制发审判程序监督检察建议8份。做好申请监督释法说理、调处息诉工作，促成当事人和解、撤回监督申请和不支持监督申请3件。

开展行政检察工作，与县法院、县司法局会签《共同推进行政争议实质性化解的实施办法》，成功化解7件，调处1起24年前的土地登记纠纷案，化解1起征收补偿纠纷案入选全省典型案例。聚焦生态环境和资源保护、国有土地出让等领域，开展行政非诉执行监督，办理相关案件17件。

开展公益诉讼检察工作，落实省人大常委会《关于加强检察公益诉讼工作的决定》，办理散装食品销售、违规销售处方药、无障碍设施建设、农产品用药安全等系列行政公益诉讼案52件，民事公益诉讼案5件，办理1起销售有毒有害食品案件，让违法者付出10倍民事赔偿的代价。联合有关部门开展外来入侵物种“加拿大一枝黄花”整治，保护范围80余公顷，被市检察院在全市推广。加强国有资产保护，督促追回违规领取政府补助资金49.55万元。开展古树古文物保护，郑义门“谷口遗风”文物保护案入选全省优秀案例。

开展未成年人检察工作，落实最高检“一号检察建议”，联合公安等部门常态化开展未成年人出入网吧、酒吧、KTV等场所专项排查，推动网络平台向未成年人出售烟酒、校园周边扬尘等专项治理。依法起诉侵害未成年人权益犯罪28人，对受害未成年人实行“一对一”心理辅导机制，指控1起情节恶劣的性侵未成年人案件，一审提档判处有期徒刑十三年。提出青少年网络安全防范检察建议，经省检察院转发至省教育厅在全省推广。注重挽救轻微犯罪未成年人，依法不批捕8人、不起诉21人，同步开展教育帮教工作。深化“法治进校园”活动，选派

19名业务骨干担任法治副校长，开展普法宣讲60余场，受众3万余人次，微视频《“未”爱行动》获评第二届“平安浙江”微视频优秀作品。

推进诉源治理，对733人适用认罪认罚从宽制度，依法不批捕117人、不起诉118人，变更强制措施13人。建立健全与县乡两级社会矛盾纠纷调处化解中心工作对接机制，落实群众来信来访“件件有回复”制度，化解矛盾纠纷24件，其中协助省检察院检察长包案化解信访积案1件，配合市检察院化解1起8年信访积案。办理司法救助案8件，发放救助金6.6万元。

推进检察业务改革，开展司法规范化水平提升年活动，加大案件质量评查力度，解决拖延办案、法律文书不规范等问题。创新运行检察官联席会议制度，加强办案内部监督。注重业务素能提升，组织演讲赛、辩论赛等岗位练兵活动。深化检校共建，与西北政法大学开展检校合作课题研究，提升理论研究能力。坚持智慧赋能，协同推进单轨制和智能辅助办案系统试点工作，试点经验被省检察院吸收推广。

2020年，县人民检察院相关工作在省级平台交流4次，入选全国典型案例2件，入选全省精品、优秀、典型案例6件，获全国检察宣传先进个人、全省政法系统执法办案成绩突出个人、全省刑检业务领军人才等市级以上荣誉表彰20人次。

【法检“两长”同庭审理徐某口罩诈骗案】 2月21日，县人民法院公开开庭审理被告人徐某口罩诈骗案。县人民检察院代检察长翁寒屏作为公诉人出庭履职，县人民法院院长丁胜担任审判长。2月初，被告人徐某得知被害人想购买大量口罩，便谎称自己有十几万只口罩库存，骗取被害人34.25万元货款后，徐某谎称因快递公司停运、出售口罩的朋友被抓等原因无法发货，并拉黑被害人微信，将骗取的财物用于购买某著名品牌汽车。县检察院在该案审查起诉期间，联合公安机关及时追回全部赃款并发还被害人。公诉人指控被告人徐某实施诈骗妨害疫情防控犯罪，依法应予从重处罚，并综合本案具体情节，提出明确的量刑建议，被法院采纳。法庭经审理后当庭宣判被告人徐某犯诈骗罪，一审判处有期徒刑五年零六个月，并处罚金8万元。该案获评最高人民检察院第五批妨害疫情防控犯罪典型案例和全省检察机关“枫桥经验”优秀案例。

2月21日，法检“两长”同庭审理徐某口罩诈骗案

（章　赟　摄）

【举行不起诉公开宣告会】 7月1日，县人民检察院在壶源江畔对8名涉嫌非法捕捞水产品罪的犯罪嫌疑人公开宣告不起诉决定，督促放流32万尾鱼苗。3—5月，周某等8人在壶源江相关水域使用电鱼设备非法捕捞石斑鱼、黄刺鱼等野生鱼类，被公安机关当场查获。县人民检察院践行宽严相济刑事政策推进“少捕慎诉”，探索“两法衔接”治理模式，在作出不起诉决定的同时移送行政处罚，根据与县农业农村局等四部门会签的《关于在野生动物保护公益诉讼工作中加强协作配合的意见》中的线索双向移送机制和相关法律规定，督促县农业农村局履行生态环境监管职责，同时向其制发检察建议，要求对被不起诉人跟进行政处罚，承担生态修

复补偿责任。8名被不起诉人共缴纳生态修复补偿金1.6万元，并用该补偿金购买32万尾鱼苗投放至壶源江内，对因刑事犯罪而被破坏的生态环境进行集中修复补偿，实现惩治违法、教育感化、保护生态有机统一。

7月1日，对8名涉嫌非法捕捞水产品罪的犯罪嫌疑人公开宣告不起诉决定　（金倩如　摄）

【驻法院法律监督办公室成立】　8月21日，县人民检察院驻县人民法院法律监督办公室挂牌仪式在县法院举行，金华市中级人民法院院长汤海庆，金华市人民检察院检察长毛建岳，县委书记程天云、县长俞佩芬、县人大常委会主任虞振贤、县委副书记俞建辉等出席，县检察院检察长翁寒屏主持挂牌仪式。派驻检察官可以通过法律监督办公室查询

8月21日，金华市中级人民法院院长汤海庆（左）、金华市人民检察院检察长毛建岳（右）共同为法律监督办公室揭牌　（高　攀　摄）

法院的民事、行政等案件的受理、立案、裁判、执行等信息，共享完整案卷材料，对法院已经发生法律效力的民事、行政判决、裁定、调解书和审判等重点领域进行法律监督，同时也增进对法院审判、执行工作的了解，适应以审判为中心的诉讼制度改革。

【"一枝黄花"公益诉讼案】　10月，县检察院第五检察部接到群众反映，称发现路边出现大量"一枝黄花"。经查，这些植物为外来入侵物种，会对周边生态环境造成破坏，对本地生物多样性构成威胁，县人民检察院向县农业农村局以及受影响严重的乡镇发出诉前检察建议，督促相关管理部门配合农业农村局合力铲除该植物。同时联合相关部门，通过广播、宣传栏、农民邮箱等形式，发动全县群众参与专项清除行动，并于11月16日收到县农业农村局回函，称"一枝黄花"得到有效清除。11月18日，县人民检察院承办检察官回访351国道岩头镇路段，对办理的"一枝黄花"公益诉讼案进行"回头看"，现场调查核实，该处"一枝黄花"已被清除。该项做法被金华市人民检察院在全市范围内推广。

（章　赟）

## 法　院

【概况】　浦江县人民法院（以下简称"县法院"）内设机构14个，下设黄宅法庭、浦东法庭、杭坪法庭、仙华法庭4个人民法庭，下属1个事业单位（审判保障中心）。

2020年，新收各类案件13491件（不包括财产保全类案件2291件），办结14399件，同比分别下降16.98%、14.02%。其中，民商事收案5081件，同比下降31.53%，3个人民法庭收案平均下降23.34%。吴文伟、黄小英、黄国振获最高人民法院“荣誉天平纪念章”，刑事审判庭获“全省政法系统执法办案成绩突出集体”，审判管理办公室荣立浙江省高级人民法院集体二等功。

受理刑事案件464件，审结456件。审结陈元宝、杨峥嵘等涉恶势力犯罪集团案件3件9人，“保护伞”案件2件2人，追缴、没收违法所得250万余元。审结电信网络等涉众型经济犯罪案件50余件、食品安全类案件3件。

受理民事案件5081件，审结5899件。组建小额速裁、民间借贷、家事纠纷等12个专审团队，平均审理天数同比缩短9.03天。审结婚姻家庭、继承抚养等案件412件，劳动就业、教育医疗等案件45件。探索交通事故类纠纷诉前鉴定机制，案件调解成功率50.86%，机动车交通事故案件同比下降53.32%，为保险公司节省557余万元。

受理行政案件21件，审结27件。发布行政审判白皮书、发送司法建议22条、制作精品课程10个、拍摄法治纪实节目5期、各级各类媒体上发表法治宣传报道301篇，常态化报送“法治政府创建”“矛调机制完善”“营商环境优化”三大司法专报。

受理执行案件6919件，执结6956件，执行到位金额6.42亿元，实际执行率52.56%。查封车辆1073辆、查封房产203宗、罚款到位599人、老赖曝光312人、拒执移送22人、限制出境679人、限制高消费4909人，每月开展2次“六稳六保”专项集中执行行动。

优化营商环境，在开发区增设仙华人民法庭，专审金融、买卖、破产类案件，发布金融类审判白皮书和在线诉讼指导意见；加强府院联动，引入社会参与，实质推进荣建置业、塔山宾馆等一批积案难案化解。完善“执转破”工作机制，处置僵尸企业35家，盘活土地资源10公顷、厂房8万平方米。

加强智能建设，对接银行、律师事务所等19家高频诉讼主体，先后完成全市首例无纸化债权人会议和上诉移送，各项无纸化指标完成率100%。运用“浙江移动微法院”平台开展证据交换、调解开庭、执行约谈等移动应用，发挥在线诉讼平台效能，累计网上立案5839件、在线调解成功1246件、跨区域异地立案13件。

**【涉疫物资诈骗案】** 2月21日，县法院公开开庭审理并当庭宣判1起虚假出售口罩诈骗案，以诈骗罪判处被告人徐某清有期徒刑五年六个月，并处罚金8万元。该案由“法检”两长分别担任审判长、公诉人。

公开开庭审理涉疫物资诈骗案

**【公证处司法辅助中心】** 4月24日，县法院与县公证处联合成立公证处司法辅助中心。该中心设在

公证处司法辅助中心挂牌成立

县法院，通过派驻公证员参与执行公证、终本案件审查、司法评估、执行和解等司法辅助事务，规范执行工作，提高执行效率。

**【通济湖生态修复司法保护基地】** 6月3日，县法院环境资源巡回审判点——通济湖生态修复司法保护基地在前吴乡综治中心挂牌启用，发挥“宣传教育、生态修复、以案说法、志愿服务”四大功能，助推前吴乡走出一条水源保护与发展并重的新路子。

**【仙华人民法庭启用】** 8月21日，仙华人民法庭在浦江开发区启用。该庭配有员额法官4名、司法辅助人员4名，建有标准化数字审判庭2个，专门审理金融、破产、买卖类案件，服务企业发展和防控金融风险。启用以来，收案88件，结案55件。

金华市中级人民法院党组书记、院长汤海庆(右三)和浦江县委书记程天云(左二)共同揭牌

(石巧巧)

## 司法行政

**【概况】** 2020年，县司法局设有政治处及内设机构9个：办公室、法规监督科、应诉协调科、行政复议科、社区矫正科(挂社区矫正执法大队牌子)、普法与依法治理科、人民参与和促进法治科、律师公证管理科、公共法律服务科。下属事业单位2个：浙江省浦江县公证处、浦江县依法行政信息中心。

法治助力新冠肺炎疫情防控，开展“疫情防控法治同行”专项法治宣传活动，发布疫情防控普法信息30余条，阅读量近10万人次；“帮忙老哥”普法宣传专栏发布案例80余个。各律师事务所、法律服务所捐款7.8万余元，累计服务700余家企业。法治护航村级换届选举，严格把握候选人(自荐人)资格条件，对4200余名候选人开展联查联审。开展涉及村级组织换届选举的矛盾纠纷排查1436次，受理纠纷6件，成功调处6件。开展法治讲座23场次，发放、张贴法律宣传资料3000余份。法治护航营商环境，深化“无证明城市”改革，取消182项涉企证明事项。宣传贯彻《浙江省民营企业发展促进条例》(以下简称“《条例》”)，以走进开发区企业、挂锁行业现场“云直播”方式解读《条例》，在线观看人数合计2万人次；开展《条例》宣传活动20余次，发放宣传资料2200余份，指导编发并发放给企业《案例说条例》普法书籍2000余册。组织律师为全县758家民营企业提供专业法治体检，当场解决法律问题206个，提供解决方案101个，参与矛盾纠纷化解121次。

压实“一把手”履职主体责任，出台《浦江县党政主要负责人履行推进法治建设第一责任人职责情况列入年终述职内容实施方案》，将党政主要负责人就履行推进法治政府建设第一责任人情况纳入年终述职内容。重大行政决策实现目录化管理，制定出台《重大行政决策目录化管理专项行动实施方案(2020年)》《关于推进合法性审核全覆盖工作的意见》，县政府及15个乡镇(街道)均编制了重大行政决策事项目录，年度重大行政决策事项实行档案化管理，各乡镇(街道)、各政府部门全面推进重大决策、规范性文件等事项的合法性审核工作，全年审查各类决策事项315件，各司法所审查80件。加大行政争议实质性化解力度，成立县行政复议咨询委员会、重大疑难案件审理委员会，与县法院、检察院联合出台《关于共同推进行政争议实质性化解的实施办法》，联合县法院推动成立浦江县行政争议调解中心，并在县社会矛盾纠纷调处化解中心挂牌，全年开展案件调解15件，成功化解4件，行政复议协调调解率47%。文溪应诉专班对24个二审判决败诉的案件进行分析讨论，根据败诉理由收集证据，分析制作“文溪胜诉户法律解决途径及风险点”流程图，提出七条赔偿程序中存在的风险及与之对应的解决途径，同时就其中23件二审败诉案件向浙江省高级人民法院申请再审。

降低法律援助申请门槛，向农民工、残疾人等弱势群体提供公共法律服务资源。办理涉及农民工讨薪法律援助案件8件，受援人数24人，挽回经济损失58.6万元。增加基层公共法律服务供给，推动村（社区）法律顾问定点定期到顾问村坐班，实现244个村（社区）法律顾问全覆盖。深化“蒲公英”“弘哲普法工作站”等普法品牌，下乡开展文艺演出4场、法治宣讲超过400场、各类送法活动50余次。开展农村法治文化阵地建设，创建国家级民主法治村2个，省级22个，市级118个。发挥人民调解作用，2020年，全县各级调解组织开展各类纠纷排查10314次，受理调处1997起，调处成功1996起，调处成功率99.9%，涉案金额15161.63万元。

开展社区矫正和安置帮教工作，全年接收社区矫正对象103人，在册社区矫正对象累计250人，无脱管、漏管人员；新增安置帮教对象258人，共组织162名在监人员会见家属399人次。全县未发生社区矫正对象和刑满释放人员涉嫌严重刑事犯罪案件、参与涉稳群体事件、参与越级信访级重大舆情事件等情况。

2020年，县司法局获评省“公共法律服务体系建设成绩突出集体”，在浙江省“七五”普法成果展中获评“优秀组织奖”。

**【城乡公共法律服务实体站点】** 县司法局在全县建立健全“县公共法律服务中心、乡镇（街道）公共法律服务工作站、村（社区）公共法律服务点”的三级公共法律服务实体站点。全县建有1个公共法律服务中心、23个公共法律服务站、244个公共法律服务点（村级实现全覆盖），均按标准挂牌，实现标准化建设。

公共法律服务站（点）

**【“最多跑一次”】** 县司法局深化“最多跑一次”改革，落实“律师代为受理申请制度”“容缺受理”“证

网上申请法律服务

明事项告知承诺制”等制度，发展线上公证、法律援助申请等服务模式，引导群众使用“公共法律服务人工智能自助机”“浙里办”App，推动更多公共法律服务事项掌上办、网上办。2020年，乡镇(街道)法律服务站智能自助机配备率为60%。

【司法辅助中心】 4月，县公证处与县法院联合成立司法辅助中心，参与司法拍卖、终本管理、公证提存、公证保管等司法辅助业务。2020年，办理终本案件1907件，司法拍卖97件(成交85件)，涉及拍卖款24362.69万元，执行款提存81件，公证保全7件。

司法辅助中心

(张巧青)

## 人民武装

【概况】 2020年，县人武部党委坚持以习近平新时代中国特色社会主义思想和习近平强军思想为指导，学习贯彻习近平主席系列重要讲话，增强“四个意识”，坚定“四个自信”，做到“两个维护”。贯彻党中央、中央军委决策部署，围绕新时代强军目标，推动落实基层武装部正规化建设，服务地方经济社会发展，按照“平时服务、急时应急、战时应战”的职能要求，提高民兵应急应战水平。

【军事训练】 按照习近平主席“听党指挥、能打胜仗、作风优良”的要求，县人武部贯彻上级有关军事训练的指示精神及各项规定，以《首长机关军事训练大纲》和《民兵军事训练大纲》为依据，抓好首长机关业务水平、民兵分队整体素质和遂行任务能力。严格首长机关“月训三天、季考一次”制度，组织全体现役军官、文职进行基础训练、业务训练和课题研练，每季度落实首长机关理论考核、体能考核、轻武器射击考核。6月15—21日，在县民兵训练基地组织县民兵应急连和综合救援连集训，开展反恐维稳常识、抢险救灾常识、盾牌警棍操、防暴装备器材操作使用、抗震救灾装备器材操作使用和灭

民兵专业分队训练　　（陈子轩 摄）

参加军分区岗位练兵大比武　　（陈子轩 摄）

火救灾装备器材使用等训练。10月12—18日，组织担架勤务连在岗训练，强化战场医疗救护、战救技术、阵地（坑道）卫生、战场救护行动四个方面内容。10月26—30日，组织通信保障专业基地化轮训，开展军事通信基础知识、无线通信装备操作使用、机上通话和被复线架设基本技术训练。8月7日，集中保交护路分队进行为期3天的集训，并参加全市岗位练兵大比武，单项成绩进入前三。

【主题教育】 聚焦“传承红色基因、担当强军重任”主题深化思想政治教育，集中组织学习党史党章、党的新时代创新理论；结合日常例会开展安全形势、战斗精神教育；以年初战“疫”行动、6月国防动员现场会、8月岗位练兵大比武为载体，开展“强军有我、使命有我”专项教育；8月开展“最美新时代国动人”（国防动员工作人员，简称“国动人”）评选活动。

【国防教育】 以党管武装为重点，结合县情实际，以企业为依托，以社区为重点，以学校为阵地，通过多种渠道，采取有效措施，开展国防教育活动，激发全县干部群众的爱国主义热情和国防意识。以国防教育日、征兵工作为契机，宣传《中华人民共和国国防教育法》；以领导干部、民兵预备役人员和青少年学生为重点，开展国防教育，促进全民国防教育普及。指派专人到农村文化礼堂和中小学校指导建立“军人荣誉墙”，人武部领导带头下基层、进学校，开展国防教育宣讲；结合八一建军节在报刊和电视上刊登（播出）“八一”光荣榜。

【秋季征兵】 6月，组织各乡镇（街道）武装部在适龄青年自行网上兵役登记的基础上开展集中兵役登记。通过发放征兵宣传册，播放征兵宣传片，展示征兵图板，宣传征兵政策、大学生参军优待政策和浦江籍大学生士兵建功军营的典型事例，鼓励高学历青年积极应征、报效祖国。7月13日，组织各乡镇（街道）对预征对象进行目测初检；7月28日至8月3日，对全县乡镇（街道）目测体检合格青年进行集中体检；9月2日，举行定兵会议；9月5日，组织开展役前教育训练；9月9日，举行新兵欢送大会。

【民兵整组】 4月，结合《民兵组织整顿实施办法》，对人员、行政区划、基层武装部、应急装备、预征预储装备、专武干部6类信息组织集中会审；抓好各乡镇（街道）应急、专业和特殊3大类队伍整组；新质队伍、专业分队落实编兵领域、专业技术岗位“双对口”；5月26日，组织全县基干民兵点验，到点率98%，“七率”均达到上级要求。

【安全管理】 贯彻关于抓正规化建设、抓安全隐患排查的重要指示，树立依据条令抓建设的发展理念，全年安全稳定无事故；围绕中心工作抓管理，落实重点人员定期谈话、要害部位定期巡视、装备车辆定期检查、安全形势定期分析等制度。结合年度大项教育和风气建设，把思想工作作为管理工作切入点，经常性思想教育与重大节日、事件专题教育

组织安全训练　　（陈子轩 摄）

相结合，组织学习《中国人民解放军共同条令》《中国人民解放军安全条例》《中国人民解放军预防犯罪工作条例》《中国人民解放军严密防范网络泄密十条禁令》和《中国人民解放军保密条例》等法规文件；严格人员管控，结合各级干部管理规定和人武部各类人员管理规定，着重解决组织纪律观念不强、执纪不严、虚假漂浮等问题，针对问题逐个剖析，逐条制定整改方案。坚持一日生活制度，加强八小时以外管理力度。

【疫情防控】 2月，紧急启用县民兵训练基地作为隔离人员医学观察点，设置65个集中隔离医学观察点，由民兵综合救援连全程值守；组织辖区内基干民兵深入村镇、社区、路口开展新冠肺炎疫情防控工作，共协助排查可疑人员2516次、车辆3242辆；参与走访摸排住户9668户，发放各类宣传册21437份，派发口罩等防护物品23638件，开展跑腿代购等群众性服务1963次；组织动员各乡镇（街道）应急排对辖区内复工复产企业进行防控知识教育、人员体温检测、办公环境消毒等工作。

（陈子轩）

## 人民防空

【人防工程建设】 2020年，落实投资项目在线审批监管平台（3.0版）应用工作，深化行政审批制度改革，创新工程建设项目审批服务方式，提高工程建设项目审批效率和便利化程度，共办结相关事项170余件。7月，启用人防工程易地建设费电子票据，取消领取纸质发票的传统模式，实现票据“零跑腿”，打通非税收入征收便民服务“最后一公里”。

（季彦卿）

## 发展与改革

【概况】 2020年，浦江县发展和改革局（以下简称"县发改局"）组织编制《2020年浦江县政府投资项目计划》，实施项目43个，项目总投资50.0亿元，年度计划投资29.5亿元。其中续建项目12个，项目总投资22.6亿元，2020年计划投资10.1亿元；新建项目31个，项目总投资27.4亿元，2020年计划投资19.4亿元。组织编制《2020年浦江县国有企业及乡镇街道投资项目建设计划》，实施项目55个，项目总投资119.4亿元，年度计划投资38.3亿元。其中国企非营利性投资项目33个，项目总投资25.8亿元，2020年计划投资10.4亿元；国企营利性投资项目18个，项目总投资92.4亿元，2020年计划投资27.1亿元；乡镇街道投资项目4个，项目总投资1.3亿元，2020年计划投资0.8亿元。

浦江县省重点建设项目2个，项目总投资10.05亿元，2020年计划投资2.8亿元，项目累计完成投资6.79亿元，1—12月完成投资2.84亿元，年度投资完成率101.6%。市重点建设项目31个，总投资225.2亿元，2020年计划投资50.5亿元，项目累计完成投资126.52亿元，1—12月完成投资65.51亿元，完成年度投资计划的129.7%。全省集中开工项目12个，项目总投资79.82亿元，2020年计划投资25.39亿元，项目累计完成投资37.43亿元，1—12月完成投资37.43亿元，年度投资完成率147.4%。

浦江县老旧小区改造项目获保障性安居工程2020年第三批中央预算内投资计划资金2385万元；浦江开发区省级循环化改造试点验收通过，获专项资金1284万元；浦江县小黄坛垃圾焚烧发电项目获生态文明建设专项2020年中央预算内投资2266万元；杭温高铁二期浦江段、浦江县中医院迁建工程、浦江县人民医院改扩建项目、智慧便民停车场项目、全域土地综合整治与生态修复工程、西北部山区农村供水工程6个项目获地方政府专项债券额度19亿元。

全县能源费总量113.17万吨标准煤，单位生产总值能耗降低率5.3%。全社会用电量24.13亿千瓦时，同比下降0.24%，工业用电量16.52亿千瓦时，同比下降1.49%。第一产业用电量（线损未摊）652万千瓦时，占用电量的0.27%；第二产业用电量169926万千瓦时，占用电量的70.42%；第三产业用电量

28146万千瓦时，占总用电量的11.66%；城乡居民生活用电42570万千瓦时，占总用电量的17.64%。全社会天然气消费量4630.16万立方米，同比增长6.89%。全社会集中供热蒸汽消费量125.14万吨，同比增长2.88%。

全县设置11个价格监测点，监测品种65个。每月5、15、25日固定监测点的价格采集日报工作，监测全县重要商品和服务价格变动情况，了解市场价格动态，完成每月重要民生商品价格监测分析。在疫情防控及节假日等重要时间节点，增加监测频次，关注粮油副食品价格走势，了解粮油副食品货源、需求、价格变化情况，及时发现和报告倾向性、苗头性问题；加强对大米、肉禽蛋、蔬菜市场供应、批发、零售环节价格变动的分析，掌握粮油副食品价格变动趋势，提出措施建议。

**【集中开工仪式】** 2020年，开展3次集中开工仪式，参与项目共计81个，涉及总投资181.6亿元，项目累计完成投资45.67亿元，其中一季度集中开工项目28个，累计完成投资18.35亿元；二季度集中开工项目27个，累计完成投资9.71亿元；三季度集中开工项目26个，累计完成投资17.61亿元。

**【一般企业投资项目“最多80天”改革】** 1—12月，一般企业投资项目，从项目赋码到竣工验收全过程审批时间不超过80个自然日。其中，项目立项、规划许可、施工许可三个阶段审批总时间不超过50个自然日，竣工验收阶段（包括公用事业接入服务、核发不动产证）审批时间不超过30个自然日。全年赋码备案并竣工验收的项目共122个，“最多80天”实现率100%，全过程平均用时55.4天，其中政府审批和政府委托中介平均用时4.1天，企业平均用时51.3天。

**【义浦战略合作】** 4月，两地签订义乌—浦江生态环境保护战略合作备忘录。5—6月，义乌市安排1047名职工到浦江旅游，浦江安排500余名职工到义乌旅游。7月，义乌、浦江图书馆“文化走亲”活动——义乌农耕文化展览在县图书馆举办。9月，义乌总工会组织60名基层工会干部到浦江学习培训，走访基层工会、美丽乡村。12月，义浦二线拓宽工程完成项目前期并开工建设；白马“小微企业园”项目和年出栏10万头现代化生猪养殖场建设项目动工建设；总投资1800万元的分层取水工程完成建设。

浦江西站—义乌火车站直通车开通仪式

**【浦江县“十四五”发展规划编制】** 2月，形成“十四五”发展规划基本思路初稿。4月，召开“十四五”发展规划基本思路座谈会。6月，根据省市“十四五”发展规划目录，结合浦江实际情况，印发浦江县“十四五”发展规划目录；启动38个“十四五”专项规划编制；联合县社科联，开展“十四五”规划征文活动。8月，形成一批“十四五”专项规划初稿成果。9月，召开“十四五”发展规划基本思路成果汇报会。10月，初步形成“十四五”发展规划纲要初稿。12月，完成“十四五”发展规划纲要，并明确“十四五”规划主要经济社会指标目标任务。

【告知承诺制审批模式】 创新告知承诺制审批模式，实行环境影响评价审批正面清单制度，试行施工许可告知承诺制，将建筑工程施工许可办理前移，解决办理建设工程规划许可难题，鼓励企业实行施工图自审承诺。2020年，全县半数以上项目实现“双承诺制”审批。

【杭温高铁二期建设】 2月28日，成立浙江杭温铁路有限公司。3月4日，杭温高铁杭州至义乌段可行性研究报告获省发展和改革委员会批复。7月7日，杭温高铁杭州至义乌段初步设计报告获省发展和改革委员会批复。7月23日，国家铁路总公司对杭温高铁杭州至义乌段项目施工图进行审查。9月25日，按照杭温高铁二期征地报批部署会的要求，开启征地程序。11月2日，铁路上海局与浙江杭温公司签订杭温铁路杭州至义乌段代建协议。11月3日，杭温铁路杭州至义乌段控制性工程施工图获批，12月30日，杭温铁路杭州至义乌段控制性工程开工。

杭温铁路杭州至义乌段开工典礼

【对口支援帮扶】 2020年，浦江县继续加大帮扶力度，合理配置资金和项目，确保扶贫资金发挥最大效益。落实到位资金5000万元（另有计划外财政援助资金115.3万元），实施对口支援帮扶项目11个，其中产业项目4个，劳务协作项目2个，人才交流项目1个，改善民生项目4个。完成帮扶投资4866万元，资金拨付4584万元，资金拨付率91.68%，带动建档立卡贫困人口数4030人。调动社会力量参与东西部扶贫行动，县民政局、红十字会、慈善总会、团县委及工商联等部门，以及社会组织向金口河区捐赠社会帮扶资金（捐资捐物）357.44万元。通过产业项目收益与建档立卡残疾人、贫困户建立利益联结，以固定分红、务工方式带动建档立卡残疾人623人。

浦江县—金口河区东西部扶贫协作高层联席会

【打造四川省中药材重点县】 浦江县、金口河区把发展特色中药材作为东西部扶贫协作工作重点，累计投入东西部扶贫协作中药材产业资金4090万元。通过共建基地、共育主体、共塑品牌、共创园区带动发展川牛膝等道地中药材1733.33公顷、乌天麻6.5万平方米。实现产值2亿余元，带动全区4486名建档立卡贫困户累计增收650万元。金口河区被纳入四川省20个中药材重点县之一。

【信用建设】 3月，在“信用浦江”网站首页设置浮动窗口，增设“新冠肺炎疫情失信信息曝光台”专栏，将疫情防控期间参与一线防控等8920条守信信息和隐瞒疾病史、散布谣言、虚假宣传等6条失信信息统一纳入个人信用档案。12月，推出社会信用体系创新产品“信义金”，首批“信义金”为市民提供“信义+公共出行”“信义+阅读”“信义+旅游”等城市公共服务措施和景点门票等奖励兑换。

【减税降费政策专班】 5月，浦江县成立减税降费政策专班，落实减税降费政策，推进惠企政策落地见效，助力市场主体纾困和经济发展。截至2020年，全县累计落实“五减”金额11.32亿元，完成率253.24%，其中减税1.91亿元、减费4.07亿元、减租1.21亿元、减息1.28亿元、减支2.85亿元。

【价格管理】 2020年，贯彻落实企业用水电气价格优惠政策6个，督促供能企业落实降低企业用水用电用气价格政策，减轻企业用能成本，全年落实企业用电用水用气优惠金额6600万余元。经成本监审、公开征求意见、集体审议等程序，调整仙华外国语学校、文德学校等民办学校的相关收费标准，开展公办幼儿园保教费调价，促进学校健康运行；牵头制定《浦江县城镇非居民用水超定额累进加价实施意见》，发挥价格调节作用，促进城镇节水减排；调整浦江县城区道路机动车停车收费范围，核定城区公共停车场停车收费标准，缓解城区停车难问题，方便群众出行。

（郭傲然）

## 市场监督管理

【概况】 浦江县市场监督管理局经2014年5月、2015年7月、2019年1月3次机构改革后成立，承担原工商行政管理局、食品药品监管局、质监局、县发展和改革局的物价监督检查与反垄断相关职责、县科学技术局的知识产权保护协调和专利行政执法职责、县经济商务局的打击侵犯知识产权和假冒伪劣商品以及反垄断职责、食安委职责。2020年12月7日，县食品安全委员会调整为县食品药品安全委员会，县市场监督管理局承担日常工作。

2020年，浦江县市场监督管理局实施综合行政执法改革，实行“局队合一”体制，挂浦江县市场监管综合行政执法队牌子。综合行政执法队设6个内设机构（直属中队、浦阳中队、仙华中队、黄宅中队、白马中队、檀溪中队）。全局共设15个内设机构、17个市场监督管理所、2个直属机构（消费者权益保护分局、价格检查和反垄断与反不正当竞争分局）、2个下属事业单位（消保委、产商品研究院）。

2020年，全县新增各类市场主体11188户，同比增长6.36%；新增注册资本116.41亿元，同比增长41.63%。新增企业4864户（其中个转企395户），同比增长25.88%，注册资本107.27亿元，同比增长46.97%；新增个体工商户6317户，同比减少4.98%；新增农民专业合作社7户，同比减少58.82%。全县共注销各类内资市场主体9599户，同比增长86.39%，其中内资企业1732户，同比增长55.76%；个体工商户7868户（其中依职权注销6270户），依申请注销同比增长43.7%；农民专业合作社注销11户，同比减少69.44%。全县累计在册内资市场主体53308户，同比增长1.27%，注册资本871.28亿元，同比增长13.35%，其中内资企业19276户，同比增长222.47%，注册资本823.68亿元，同比增长14.46%；个体工商户33626户，同比减少7.78%；农民专业合作社406户，同比减少7.52%。全县新增外商投资企业5户，同比减少44.44%，注册资本929.5万美元，同比减少78.73%，其中外方认缴901.5万美元，占全部注册资本的96.99%。注销外资企业15户，与2019年持平。期末实有外商投资企业131户，同比减少3.68%。

新申请专利3737件，专利授权2781件，新增商标注册2044件。每万人发明专利拥有量为15件，申请PCT国际专利14件。通过《企业知识产权管理规范》国家标准认证的企业20家。全县有效商标注册量16385件。累计发放知识产权奖励资金690.20万元。完成商标和专利质押融资1.58亿元。

发布国家标准2个、行业标准1个、“浙江制造”标准5个、团体标准2个。兑现各类标准制订奖励210万元。浙江金垒锁具制造有限公司获浦江首张“浙江制造”国际互认证书。对标国际先进标准，55家企业完成对标达标，占全县规模以上企业18.3%。制定“品字标浙江制造”品牌三年培育计划，创建品字标企业3家。兑现2019年度政府质量奖和贡献奖60万元，“品字标”认证奖励100万元。为269家企业开放实验室服务，减免费用39.4万元。

建成15家24小时“网订店送”药房和5个“送药上山进岛便民服务点”。建成14家农村家宴“放心厨房”和30家中小学、等级幼儿园食堂智能“阳光厨房”。投入80万元创建仙华农贸城为“五化”标准市场，创建3家省级放心农贸市场、4家星级农贸市场。新增放心消费单位培育11094家，其中新增无理由退货承诺单位4807家、放心工厂2014家、放心消费街区6个。

受理投诉举报案件7040件，比2019年的3428件增加3612件，同比增长105.37%。其中，受理消费纠纷投诉1745件，减少7.67%；消费纠纷举报5295件，同比增长244.05%。共计为消费者挽回经济损失116.01万元。

查办各类案件485件，罚没款约611万余元，入选省级典型案件6起，市级典型案件2起，移送公安部门追究刑事责任案件4起，案件数完成率居全市前列，罚没款数、药械化案件数、食品案件数完成率均居全市前列。打击违规收费行为，减免清退房租、水电气费1000万余元，惠及商家2000余户。在浦南市场监管所成立“小个专”党建工作指导站，为企业提供知识产权、计量标准、认证许可等各类培训指导100余场。

**【县领导检查春节市场供应和食品安全工作】** 1月21日，县委副书记、县长俞佩芬检查春节市场供应和食品安全工作。在仙华农贸城先后查看肉摊、蔬菜区和食品安全快检室，重点了解猪肉的供应能否满足人民需求、价格是否稳定以及食品安全保障、食用农产品检测时间、近期食品安全检测结果等方面情况。

1月21日，县领导俞佩芬（左四）检查仙华农贸城

**【出台服务企业复工复产举措】** 2月13日，出台《浦江县市场监督管理局关于服务企业复工复产全力稳企业稳经济稳发展若干举措》，包括维护企业公平竞争秩序和权益、提供高效便捷的准入服务、优化食品生产经营许可服务、保障企业复工复产用餐需求、延长部分特种设备定期检验周期和作业人员证书复审期限、有序开展电梯按需维保、强化标准化工作支撑、优化计量与认证服务、优化知识产权（商标专利）业务办理、加大企业检验检测减负力

度十方面举措。2月17日，出台《浦江县市场监督管理局关于实施稳企业稳经济稳发展第二批服务举措的通知》，包括强化计量检测服务、提供标准技术支撑、开展质量提升行动、强化企业计量帮扶、开通检验检测“绿色通道”、减免检验检测服务收费六方面举措。

【新冠肺炎疫情防疫物资专项整治行动】 打击制售假劣药品、医疗器械等违法行为，依法查处与疫情防控有关的药械违法案件，先后查处以假冒“飘安”口罩为典型的多起违法案件。对全县的口罩生产企业进行抽检，查处生产不符合标准的防护口罩的违法行为。2020年，累计查处防疫物资相关案件20起，移送公安机关1起。

【“送药上山便民服务点”建设】 2020年，县市场监管局先后建设花桥乡、前吴乡民生村、虞宅乡新光村、檀溪镇罗家村、大畈乡上河村5个“送药上山进岛便民服务点”。4月1日，浦江县花桥乡“送药上山便民服务点”揭牌启用，该服务点为2020年金华市首个建成的“送药上山便民服务点”。金华市市场监管局党委副书记、副局长卢赛华，浦江县人民政府副县长陈子华，金华市市场监管局药品流通处处长朱安东，花桥乡党委书记金灵占出席揭牌仪式。县市场监管局党委书记、局长贾国锋主持揭牌仪式。

花桥乡“送药上山便民服务点”揭牌仪式

【小微企业和个体工商户“两直”补助】 6月8日，县市场监管局作为省市场监管局“精准定”工作试点单位，48小时内完成17860家市场主体核实工作，“一盘棋 一张网 一个调”工作经验在全省小微企业和个体工商户工作部署暨业务培训会议上作经验交流。7月19日，全省“两直”补助工作启动。7月24日，浦江县小微企业和个体工商户纾困专班出台《浦江县小微企业和个体工商户“两直”补助工作实施方案》。截至7月28日晚7时，实现“两直”补助市场主体信息确认100%、财政资金兑付100%的“两个百分百”目标，共计补助市场主体6716家，兑付金额5757万元。县市场监管局获浙江省小微企业和个体工商户“两直”工作集体三等功。

【经济户口“月月清”】 8月，出台《经济户口日常管理工作规范》(以下简称《工作规范》)。该《工作规范》要求辖区市场监管所自文件印发当月起，对辖区内上一月新设(含住所变更)的增量经济户口，由片区监管干部实行“月月清”现场核查；对于2020年7月之前登记在册的辖区内存量经济户口，特别是实行住所申报登记的经济户口，实行“滚动核查”(“滚动核查”频次由各所自行决定，原则上在一年内完成)。同时，要求核查时能用尽用“浙政钉·掌上执法”系统，如确因监管人员年龄偏大、手机网络信号较差、掌上执法系统不稳定等原因导致无法使用“掌上执法”的，可以使用书面核查。核查内容包括通过登记的住所能否与经营者取得联系、自主申报的住所使用权是否真实、自主申报的住所是否属于违章建筑或危险房屋。2020年,有2532户市场主体因查无下落,被县市场监管局列入经营异常名录或标记为经营异常状态;包括依职权注销在内,累计有3052户有查无下落失信记录的个体工商户被清出市场;有4家中介代理机构或代理人员因违背住所告知承诺被立案查处;有5名自然人被界定为失信主体而受到不得以告知承诺方式取得行政许可的信用约束。

【"小微守重贷"专项贷款】 8月18日,县市场监管局和浦江农商银行联合推出"小微守重贷"专项贷款,并举行双方战略合作签约暨"小微守重贷"授信仪式。活动中,县市场监管局和浦江农商银行双方签署全面战略合作协议,并向全县"守合同重信用"企业群体整体授信2亿元,7家企业客户代表现场接受"小微守重贷"专项贷款授信1400万元 。

【"质量月"活动】 9月,县市场监管局开展以"建设质量强县,决胜全面小康"为主题的"质量月"活动,围绕主题宣传、质量提升、质量整治、群众性质量活动4个重点内容,开展"浙江制造宣传周""实验室开放日"等主题活动20余项。

【"质量助企服务队"成立】 9月,由局长任队长,分管副局长任副队长,市场合同科、知识产权科、标准计量科、质量监管科干部为队员的质量助企服务队成立,开通服务热线,为企业提供知识产权、标准计量、质量提升、认证许可等方面的服务。

【新设企业首套公章政府买单】 10月1日起,推出新设企业首套公章政府买单服务,在县域内新设立的企业(有限公司、个人独资企业、合伙企业,不包括个体工商户和农民专业合作社),可享受免费刻制首套公章服务,包括企业公章、发票专用章、合同专用章、财务专用章共4枚。

【浦江县创建全国县级文明城市市场环境专项组工作推进会】 10月23日,县市场监管局组织召开浦江县创建全国县级文明城市市场环境专项组工作推进会。副县长、市场环境专项组组长陈子华,创建办主任、县委宣传部常务副部长方向阳,县市场环境专项组副组长潘文戎、贾国锋、张建新,市场环境专项组各责任单位、浦江开发区、浦阳街道、仙华街道、浦南街道分管领导,仙华农贸市场、中心农贸市场、七里农贸市场、农批市场、江南农贸市场、潘宅农贸市场主要负责人及县市场监管局全体干部共计180余人参加会议。会议对文明城市创建工作进行部署,对各成员单位的职责进行细化分工,明确创建工作定位,解读测评标准,对下一步工作思路进行说明。

【"五化"市场】 11月25日,浙江省市场监督管理局印发《关于全省第一批农贸市场和专业市场"五化"改造情况的通报》,浦江县仙华农贸城通过验收,建成浦江首家"五化"标准市场。其中,"便利化"方面,设立"最多跑一次"代办点,设置经营户"全周期管理"服务事项办理功能区,修缮公厕内墙壁、天花板、照明灯等设施,规范市场引导体系;"智慧化"方面,建立网上菜场,构建信息公示查询平台;"人性化"方面,引入"啄木鸟""平安浦江""红十字"等志愿者团队,参与市场环境整治、新冠肺炎疫情防控、文明城市创建等工作,改造母婴室,设置老年人休息室,配备无障碍通道、轮椅、AED设备、急救医药箱、共享雨伞等设施设备;"特色化"方面,设置饮食文化墙,邀请浦江当地书画名家绘制蔬果鱼虾水墨国画100幅,悬挂于市场顶端,打造食品、农产品科普教育基地和浦江土特产品直播间；“规范化”方面，完善食品安全、卫生管理、安全管理、计量管理等管理制度及考核奖惩评分细则，开展快检并在查询平台公示。

【浦江县产商品检验检测研究院挂牌成立】 12月29日，浦江县产商品检验检测研究院挂牌成立，副县长陈子华，金华市食品药品检验检测研究院院长李胜陆，县市场监管局党委书记、局长贾国锋及县市场监管局班子成员和科、队长参加揭牌仪式。县产商品检验检测研究院整合食品药品检验检测、产品质量检验检测、计量检定等相关检验检测领域职责，主要承担授权范围内的产商品质量检验，负责药品不良反应监测、医疗器械不良事件监测工作；负责建立和维护社会公用计量标准，实施量值传递；开展标准化研究以及相关信息与技术服务工作。

（王夏旎）

## 审　计

【概况】 县审计局内设办公室、法规审理科（挂内部审计指导监督科牌子）、财政金融和行政事业审计科、固定资产投资和工商企业审计科、经济责任审计科。设下属事业单位1个，即浦江县审计中心，于2020年更名为浦江县计算机审计和内部审计指导中心。2020年，县审计局组织实施审计项目28个，查出问题资金76421万元，其中不规范资金76131万元，违规资金184万元，损失浪费105万元；移送违纪违法问题线索11件；提出审计建议74条，被采纳65条；上报专报22个，受到县主要领导批示22次、其他县领导批示8次。

县审计局参与村（社区）新冠肺炎疫情防控志愿服务300余人次，与群众共同抗击疫情。助力全国文明城市创建工作，开展文明劝导、社区共建活动，为“4+2”联心服务企业、村解决实际问题157个。联系督导虞宅乡顺利完成村组织换届选举工作。开展“争先进位、拼搏实干”审计项目大比拼活动。坚持审计大讲堂和周一夜学制度，组织全员集中整训，安排参加业务培训和考试40余人次，提升政治素质和业务能力。

2020年，县审计局被评为全县首批“清廉机关”示范单位、四星基层党组织，连续20年保持“省级文明单位”荣誉称号。

【财政预算执行审计】 组织开展本级财政预算执行和决算草案审计、部门预算执行审计，推动提高财政资金绩效，落实过“紧日子”的要求。首次对全县26家一级预算单位实现预算执行审计全覆盖。运用大数据技术核查疑点问题，核实7大类36个方面65个具体问题。财政预算执行审计工作报告中所反映问题涉及的45家被审单位已如期反馈整改情况。

【经济责任审计】 首次对20个单位、44名党政主要领导干部离任经济事项进行集中交接，对12名党政主要领导干部、国有企事业单位主要领导人员开展经济责任审计。落实《党政主要领导干部和国有企事业单位主要领导人员经济责任审计规定》，规范提升审计实施、审计评价，多方协调增强结果运用。探索“审计+巡察”工作模式，在多个经济责任审计项目中与县巡察组合作，提升审计成效。制定《浦江县经济责任审计工作联席会议议事规则》《浦江县经济责任审计工作联席会议办公室工作规则》《浦江县本级经济责任审计公开规范操作实施办法

（试行）》《浦江县县管党政主要领导干部和国有企事业单位主要领导人员经济责任审计规划（2020—2024年）》，推动机制健全和制度完善，深化经济责任审计结果运用。

**【政府投资项目审计】** 开展监理履职情况专项审计调查，通过走访18家监理单位、调查8个政府投资项目监理履职情况，发现在监理招标、监理履职、监理监管等方面存在的13个问题，提出7条审计建议，并将相关问题报送县主要领导，获县委主要领导批示。协助建设单位完成61个项目审价工作，节约财政资金23167万元。持续跟踪中医院迁建、南苑小学建设、宝掌山居道路配套和城区人民路、环城南路、和平路立面整治工程审计，出具审计意见书4份，提出审计整改问题13个，为中医院节约建设资金231万元。

**【政策落实跟踪】** 县审计局开展乡村振兴专项审计，加快农村基础设施建设，提高消薄资金使用绩效；持续跟踪新冠肺炎疫情防控专项审计，推动落实疫情防控政策，促进企业复工复产，促成出台建立制度机制6个，整改资金1091万元。开展“两直”资金审计，推动抗疫特别国债基建项目存在问题整改，收回违规资金1932万元。开展城镇职工养老保险专项调查，维护群众权益。

（张倩倩）

## 统　计

**【概况】** 2020年，县统计局每月核查50家以上企业数据，及时了解企业发展经营状况，以走访、指导、服务等形式开展巡查，发现苗头性、倾向性问题，及时提醒、教育，防止数据失实反弹，抓早抓小、防微杜渐；加大统计执法检查力度，对发现的统计违纪违法行为予以立案查处，配合省、市统计局完成39家统计违法企业执法案件办理工作。开展企业统计基础“四大体系”规范化建设工作，规范企业统计工作，保障统计资料的真实性、及时性、完整性，提高统计源头数据质量。

开发统计资料系列产品，定时发布《统计公报》《统计月报》《统计专报》，完善提升信息量、有用性与时效等方面，适当扩大发行面，增强统计产品的多样性、时效性和权威性；开展“统计三分工作法”，要求工作人员定期对数据统计、分析应用和基层走访情况进行总结汇报，每个季度由统计局局长点评，总结工作落实的经验和短板，明确下一阶段工作的思路和方向。

新纳入建筑业3家，房地产业6家，服务业1家，工业101家，批零住餐业43家，投资业23家。补招3名编外专职统计员，完善乡镇统计基础建设；开展统计人员业务培训，针对统计人员召开业务培训会超20余次，超1600人次。

**【人口普查】** 贯彻落实国务院和省第七次全国人口普查领导小组会议精神，部署第七次全国人口普查前期各项准备工作。按工作流程开展户口整顿、区域划分、部门资料收集整理等工作；通过浦江电视台、《今日浦江》等传统主流媒体，以及横幅标语、宣传展板、LED显示屏、宣传折页、小喇叭和“社区邻里相助”微信群等宣传载体，做到主要街道路口、单位、小区、商户宣传全覆盖，提高居民住户对人口普查的知晓率。试点工作中，县统计局人口普查负责人带队每日轮流巡回指导，实行“一日一安排、一日一梳理、一日一解答、一日一总结”

工作机制，做到发现问题不过夜、解答问题不过夜、解决问题不过夜。全县2180余名普查员按照工作计划，自10月11日开始摸底工作，至10月30日基本结束，并于11月1日前完成摸底阶段质量控制验收工作。

（郑杨妍　楼成龙）

## 国有资产监督管理

【概况】 县国有资产监督管理办公室（简称“县国资办”）为县政府组成部门，主要职责是贯彻执行国家和省、市、县国有资产管理的法律、法规、规章和政策，并根据县政府授权，监管县属经营性国有资产，负责对所监管企业国有资产保值增值的监督，指导推进国有企业改革和重组，指导国有企业建立现代企业制度，建立健全经营者激励约束机制，指导所监管企业的安全生产管理工作等。内设办公室、企业改革与产权管理科、财务监督与业绩考核科，负责监管浦江县国有资产经营集团有限公司（以下简称“县国资集团”）、浦江县交通集团有限公司（以下简称“县交通集团”）、浦江县建设集团有限公司（以下简称“县建设集团”）、浦江县文化旅游集团有限公司（以下简称“县文旅集团”）、浦江水务集团有限公司（以下简称“县水务集团”），2020年共实现营业收入9.42亿元。

【非公开发行公司债券】 3月23日，取得中诚信国际给予AA主体信用等级的评定；4月28日，获批非公开公司债券发行资格，发行总额不超过25亿元，采取分期发行方式发行；7月14日，浦江县首期公司债券发行，发行规模10亿元、票面利率5.79%；11月19日，第二期非公开公司债券发行，发行规模8亿元、票面利率5.79%。

【出台《浦江县国有企业劳动用工管理办法》】 4月29日，印发《浦江县国有企业劳动用工管理办法》，明确县属国有企业劳动用工管理应遵循计划管理原则，县国资办实行总体监管。企业劳动用工实行A、B、C类管理制度。按照“增人不增资，减人不减资”的原则，实行企业工资总额与经营业绩和经营效益相挂钩，鼓励企业精简人员提高劳动效率，加强县属国有企业劳动用工管理，规范劳动用工行为。

【出台《关于明确县属国有企业功能定位实施分类监管指导意见》】 6月11日，印发《关于明确县属国有企业功能定位实施分类监管指导意见》。根据突出主业、分层确定、鼓励竞争、动态管理的原则，将浙江浦江龙峰公路工程有限公司等23家企业定位为竞争类，浙江省浦江县汽车运输有限公司等14家企业定位为功能类，推进分类改革和分类监管，优化国有资本布局、完善企业法人治理结构、加强国有资产监管。

【出台《浦江县县属国有企业重大事项决策及报告制度》】 7月12日，印发《浦江县县属国有企业重大事项决策及报告制度》。该制度分六部分，包括重大事项报告事项、重大事项决策程序、重大事项报告程序、监督检查、责任追究、附则，规范县属国有企业重大决策、重要人事任免、重大项目安排和大额资金运作的决策行为，提高决策水平，防范决策风险。

【出台《浦江县国有企业采购管理办法》】 7月16日，印发《浦江县国有企业采购管理办法》。明确国有企业采购实行采购人负责制。采购方式包括公开招标采购和非公开招标采购方式。公开招标应作为国有企业采购的主要采购方式。非公开招标采购包括邀请招标、竞争性谈判、竞争性磋商、单一来源、询价等方式。

【招引科技项目】 8月3—13日，依托中央企业、省属企业的优势资源，开辟“基金+股权+项目”招商引资新形式，联合浙江富浙资本管理有限公司共同投资入股深圳来电科技有限公司，成为浦江县首个利用基金撬动社会资本投资的招商引资项目。

8月12日，来电科技项目签约仪式

【国有企业退休人员社会化管理】 8月20日，印发《浦江县国有企业退休人员社会化管理实施方案》。9月30日，完成县属国有企业318名退休人员社会化管理转接工作。11月30日，完成央企、省企300名退休人员社会化管理转接工作。

（张　琳）

## 国有资产经营

【概况】 2020年，浦江县国有资产经营集团有限公司（以下简称“县国资集团”）共有浦江县市场开发服务有限公司、浦江县民用爆破器材专营有限公司、浦江县联运物流场站建设有限公司、浦江县建材市场有限公司、浦江中国水晶城有限公司、浦江县国资加油站有限公司、浦江县粮食收储有限公司、浦江县保安服务有限公司、浦江县丰安人力资源开发有限公司、金华市浦发拍卖有限公司、浦江县电子商务发展有限公司、浦江县城市管理服务有限公司12家全资子公司；2家参股企业，分别为浦江县中石化经营有限公司、浦江县六和食品有限责任公司。各子公司实行集团领导下自主经营、自负盈亏。

4月23日，县委组织部任命陈钦银为县国资集团党组书记、董事长。2020年，县国资集团全年实现商品销售收入25645.78万元，利润总额2632.91万元，净利润2255.37万元，总资产418230.34万元，净资产86439.43万元；上缴税收3184.17万元，被评为“2020年度全县纳税十强企业”。

【新冠肺炎疫情防控】 1月，新冠肺炎疫情突袭而至，县国资集团以“保民生”为首要政治任务，组织75名党员和100余名干部职工成立攻坚队，投入农贸市场及物流中心一线，外防输入内防反弹，有力保障“菜篮子”供应。启动粮油储备应急预案和粮食应急加工措施，确保粮油货源充足。克服新冠肺

新冠肺炎疫情防控期间，县国资集团员工投入防控第一线

炎疫情和非洲猪瘟双重影响，保障生猪肉市场供应，会同职能部门，合力防范未经检疫猪肉产品上市，确保群众吃到放心肉。履行国企社会责任，落实纾困政策措施。对承租户、市场经营户等主体，采取延长租期、减免3个月租金等举措，帮助其渡过难关，累计减免金额1032.62万元(含税)。

【浦江中国水晶城资产转让】 4月16日，县国资集团与海沅(浦江县)企业管理有限公司(以下简称“海沅公司”)签订《浦江中国水晶城资产转让协议》，以人民币2.433亿元的价格，将该处资产转让于海沅公司。

【浦江中心农贸市场提升改造】 6月4日，县国资集团组织召开浦江中心农贸市场提升改造方案论证会，杭州一鸿市场研究咨询有限公司提交三套设计方案，会议最终选定以“山水入景·诗画入梦”为主题的设计方案。9月，浦江中心农贸市场实施内部拆建。12月完成建设，于2021年1月1日重新开门营业。新市场运用现代科技，采用智慧管理系统，经营区块布局合理，基础设施配套齐全，标识标牌清晰明确。

浦江中心农贸市场改造后重新开业

【书画名家精品展】 9月27日至10月1日，由县国资集团下属金华市浦发拍卖有限公司承办的2020年“金秋寻墨”浦江籍书画名家精品展暨线上慈善拍卖会在老齿轮·1967文创园举行，成功拍卖37幅慈善捐赠作品，所得拍卖款项定向捐赠于县红十字会生命体验教育中心项目。

【首届“国资杯”篮球赛】 10月19日，县国资办主办、县国资集团承办的首届“国资杯”篮球赛开赛，来自县国资集团、县交通集团、县建设集团、县文旅集团、县水务集团的5支代表队通过8天角逐，最终由县交通集团、县国资集团、县文旅集团分获冠、亚、季军。

(黄绿荣)

## 财　政

【概况】 2020年，全县实现财政总收入29.61亿元，增长2.1%，其中一般公共预算收入20.03亿元，增长3.9%，完成年度预算的96.2%。一般公共预算收入中税收收入16.03亿元，增长2.3%，完成年度预算的99.7%；全年非税收入4亿元，增长10.4%，其中纳入一般公共预算收入管理的非税收入4亿元，增长10.4%。全县一般公共预算支出39.76亿元，下降0.5%，完成预期的97.5%，其中十项民生支出30.90亿元，下降1.6%。

提升救助保障水平，城乡居民最低生活保障标准提至800元/人·月，城乡居民养老保险基础养老金标准190元/人·月，拨付新冠肺炎疫情防控资金4948万元。筹措资金支持小城镇环境整治、农村生活污水治理、美丽校园、城区街景改造、美丽社区等政府投资项目建设。全年教育支出9.52亿元，增长13.5%，实现义务教育阶段教师平均工资收入水平略高于公务员平均工资收入水平目标，浦江县通过“全国学前教育普及普惠县”省级评估。

2020年，浦江县获“两直”政策资金、“绿色转化”财政专项激励、乡村振兴产业发展示范项目、“一事一议”助推美丽乡村建设试点等上级财政补助资金。浦江县被列入全国建制县区隐性债务风险化解试点，争取到国家发行的再融资债券额度30亿元，债券资金19.5亿元。

县财政局被县委、县政府评为2020年度综合考核工作优秀单位、2019年度信访工作先进集体；被县委宣传部评为2020年度宣传思想文化工作先进集体、2020年度对外宣传报道先进集体；被中共浦江县委直属机关工作委员会评为“清廉机关”示范单位；被县委巡察工作领导小组办公室评为2020年度县委巡察工作先进单位。

上门服务为企业排忧解难　（黄　婕　摄）

【疫情防控和企业复工复产保障服务】　落实阶段性减税降费政策，全年减免税费8.84亿元、社会保险费2.28亿元。1月26日，县财政局开通新冠肺炎疫情防控物资采购“绿色通道”，简化采购方式和程序。2月18日，县财政局制定出台疫情防控期间支持企业复工复产十条措施，成立企业复工财政服务专班，为企业纾困解难。3月10日，县财政局、县人力社保局出台《浦江县应对新冠肺炎疫情促进企业复工复产的意见》。县财政局全年累计拨付企业扶持政策资金4.43亿元，其中工业科技扶持政策资金2.41亿元，较2019年提前5个月兑现，惠及全县684家企业。对疫情防控重点企业贷款给予财政贴息，全年累计贴息717万元。开通转贷基金网上办理业务，全年办理通济转贷业务1019笔，金额48.46亿元，为831家企业减轻财务负担约3811万元。

【助力脱贫攻坚】　2020年，县财政局把农业农村农民作为财政支出优先保障领域，全年“三农”领域支出19.98亿元。推进产业扶贫和壮大村集体经济工作，安排扶贫资金1.19亿元，确保全县4049户建档立卡贫困户如期脱贫。统筹设立4亿元乡村振兴示范县创建专项资金，浦江县获评省级乡村振兴产业发展示范建设县。运转“惠农转”资金，取消额度10万元下限，全年完成3700笔转贷业务，金额12.52亿元。开展全县基层财政资金安全专项检查及扶贫资金专项检查工作，实现县域内财政扶贫专项资金项目自查及检查覆盖面100%目标。

【财政体制改革】　9月，县财政局出台《浦江县预算绩效指标库管理办法》；12月，出台《浦江县预算绩效运行监控管理办法》，首次通过绩效管理系统实现2021年度绩效目标项目线上申报“全覆盖”。全年选

全县财政管理业务培训班　（黄　婕　摄）

取10个重点项目开展绩效评价工作，涉及资金1.99亿元。实地走访调查“两直”资金预算单位13家，核查项目22个，涉及中央“两直”资金5.78亿元，规范资金3332万元。紧抓控流节支，集中财力投向重点领域和关键环节，全年压减财政支出2.86亿元。

【乡镇财政管理】 5月13日，浦江县人民政府办公室举办全县财政管理业务培训班，邀请各部门业务骨干为全县乡（镇）长和财务人员授课，时任县委副书记、县长俞佩芬到县财政局参加开班仪式。8月，中共浦江县委、浦江县人民政府出台《浦江县完善乡镇财政管理体制实施方案》。浦江县财政局建立乡镇总会计“一月一例会、一季一观摩”制度，提升乡镇财政干部队伍综合素质和服务能力。通过全县“乡镇公共财政服务平台+一卡通”平台，全年发放项目47个，补助资金7770余万元。

【技能培训和业务大比武】 8月，浦江县财政局联合相关部门举办财务人员业务能力提升培训班，邀请上海国家会计学院教授、浙江省会计领军人才及各部门业务骨干为全县620名行政事业单位和企业会计人员进行为期五天的授课。11月，浦江县财政局联合浦江县总工会、浦江县人力资源和社会保障局举办全县首届会计人员技能培训和业务大比武

浦江县首届会计人员技能大比武（黄　婕　摄）

活动，比赛分企业组和行政事业组进行，参加人数180余人。

【不动产确权登记和处置】 清理盘活全县资产资源，推进全县行政事业单位不动产确权登记和经营性资产处置工作，清理、处置闲散、低效资产。2020年，完成交通、工商、文化、卫生、教育等系统不动产确权登记403宗，实现行政事业单位城市道路、公园等公共基础设施资产和不动产登记入账45亿元。

【财政数字化转型】 2020年，县财政局推出“互联网+财政审核”模式，实现财政投资评审业务全部通过网上报送，全年审核751个政府投资项目，净核减资金1.27亿元。开创“云上开标”模式，完成浦江首例以视频直播形式进行的政府采购招投标工作，全年批复全县行政事业单位政府采购计划4123项，交易金额4.82亿元。推行财政电子票据改革，实现缴费、取票网上办成，全年通过统一支付平台实现缴费62.97万人次，缴费金额23.53亿元。

（周　萌）

## 税　务

【概况】 2020年，浦江县税务局累计组织税费收入45.37亿元，同比增长2.8%。其中，税收收入26.64亿元，同比下降0.3%；社保基金收入17.91亿元，同比增长8.33%；非税收入0.82亿元，同比下降7.14%。办理出口退免税7.6亿元，其中出口退税5.7亿元。2020年，在浦江县委、县政府综合考核中，被评为“综合考核工作优秀单位”，被浦江县节水型社会建

设工作领导小组评为“2020年浦江县节水型单位”。纳税服务股(办税服务厅)被金华市“双争”活动指导委员会授予“2020年度市级青年文明号”称号。

浦江县税务局党委委员、副局长徐上(右一)走访百川导体了解复工情况

【税收法治】 推进税务行政执法公示制度、执法全过程记录制度、重大执法决定法制审核制度工作。根据执法音像记录工作指引要求,配备执法记录仪9台。2020年,县税务局累计记录执法音像649条。加强涉税司法处置工作,针对破产企业注销难及“僵尸企业”破产重组中欠税征管难问题,与浦江县人民法院开展联动,全程介入破产处理程序。聘请律师担任法律顾问,为重大行政复议、涉诉涉访等案件提供法律咨询或代理,对干部职工进行法学基础理论和依法依规行政执法培训,防范执法风险。在浦江县大溪中心小学设立“税收普法教育基地”,增强学生税收法治观念和纳税意识。

【税费政策落实】 2020年,县税务局办理留抵退税9665万元,比2019年增加7928万元,增长456.42%。分类梳理生活服务业、新冠肺炎疫情防控捐赠企业等8类纳税人清册,做好政策宣传。走访列入疫情防控重点保障物资生产企业名单的纳税人19户。对接浦江县卫生健康局,掌握支援湖北医务人员、定点医院直接参与防疫工作人员疫情防治临时性工作补助和奖金情况,对48名医务人员免征个人所得税。每月关注符合享受留抵退税政策条件的重点保障物资生产企业,每日查询监控小规模纳税人开具3%征收率发票情况,强化政策宣传和辅导。关注防疫捐赠企业的企业所得税税前扣除情况,确保178户企业捐赠的现金及物资在企业所得税申报时予以税前扣除。强化政策落实情况后续管理,依托浙江省电子税务局增值税政策落实模块,对政策落实疑点进行核实。为疫情防控期间符合条件的1390户企业减免房产税、城镇土地使用税。

浦江县税务局工作人员在金宅卡点对返浦人员进行登记

【税种管理】 推进增值税专用发票电子化工作,开展全流程闭环测试演练。做好核定征收企业所得税的鉴定工作,除21户无账号企业无法进行重新鉴定外,其余2016户企业全部完成重新鉴定工作。实施个人所得税首次年度汇算清缴工作,抽调25名业务骨干组建专家服务团队,处理疑难问题,进行现场咨询。组建2个钉钉交流群,开展线上个人所得税年度汇算培训辅导,申报率117%。开展“后汇算期”精准服务,清理多缴退税。对153家机关事业单位进行个人所得税申报、汇算的回访和问卷调查,对78名医务人员填报错误问题进行辅导更正。

【办税缴费服务】 推广"非接触式"办税，网上办税率上升至97.4%。深化"税邮共建"战略合作，为4800户次纳税人免费邮寄发票28.38万份。推行税收社会共治平台，办税服务点实现城区全覆盖。推广增值税电子发票，开具增值税电子普通发票139.85万份，占全部增值税普通发票开具量的83.44%，电子发票累计推行比例64.99%。成立重大项目服务专班，组织专班人员下沉项目一线和施工现场83户次、承建单位59家，累计收集意见建议39条，回复率和满意率100%。扩大"银税互动"规模，运用税收数据将全县2.6万户纳税人纳入享受政策利好范围，助力银行为697户企业投放贷款3.35亿元。

浦江县税务局工作人员在自助办税区辅导纳税人处理涉税业务

【征收管理】 完成社会保险费征收职责划转，会同县医疗保障局完成2021年度城乡居民医疗保险集中征缴工作，征缴率100%。落实分片包干制，指定人员参加乡镇（街道）工作布置会，按网格化管理要求，安排专人对接各村（社区）了解动态、征集问题。组建征缴支援小组，在县行政服务中心辅导缴费人使用社会保险费自助机、支付宝和微信缴费等工作。推进非税收入征管职责划转，调研2021年划转至税务部门的四项非税收入，掌握2019年和2020年四项非税收入的征收情况、政策文件落实及现行征管流程，做好资料移交、系统对接等工作。

【政务管理】 依法做好政府信息公开工作，落实执法公示制度。在办税服务厅对定期定额户、企业所得税核定、非正常户认定等按规定进行公示。公开最新税收政策、"最多跑一次"清单、办税流程、岗责权限等信息。公布监督电话，方便纳税人提出意见和建议，现场接受纳税人评议。2020年，县税务局通过门户网站和金税三期系统（工程）执法公示平台公示准予行政许可1702条、税务行政处罚53条。

【教育培训】 推广"学习兴税"App和钉钉网络直播等平台，引导干部职工开展线上自学。组织练兵模拟测试5次，检验学习成果。参加浙江省税务局、金华市税务局"岗位大练兵、业务大比武"活动，1人获浙江省税务系统综合文秘类个人第九名，1人获金华市税务系统征管评估类第三名，1人获金华市税务系统信息技术类第三名。拍摄"我与练兵比武这五年"微视频，作品《乘风破浪、练兵不止，岗位能手、C位出道》在金华市税务局成果展示中获三等奖。

（李航倩）

# 金　融

## 金融管理

【概况】 2月18日，县金融办、县人行出台金融支持企业复工复产十条措施。3月23日，县金融办与县财政局、县人行联合下文调整浦江县公款竞争性存放综合评价指标。4月13日，县金融办与县财政局、县人行出台做好财政贴息支持企业复工复产工作实施细则。5月初，成立浦江县金融专班，下设综合组、信息收集组、企业协调组、风险稳控组、督查考评组等5个工作组。5月8日，举办首期金融沙龙，促进各金融机构加强联系沟通，共同服务浦江实体经济发展。5月20日，出台浦江县银行业金融机构“稳企赋能双月攻坚”考评奖励办法。6月和8月，浦江县10家企业在浙江股权交易中心创新板挂牌。7月24日，召开2020年半年度金融工作会议，总结上半年金融工作，分析研判当前金融形势及存在问题，研究部署下半年工作，邀请县法院领导进行金融风险防范授课。7月30日，成立浦江县金融保险人民调解委员会，聘用专职调解员2名。8月19日，全市金融办系统二季度“晒拼创”工作会议在浦江召开，各县(市、区)金融办负责人参加会议，浦江县副县长楼新有致辞，市金融办主任方永华到会并讲话。12月11日，召开金融支持浦江发展恳谈会，深化政银企合作，优化金融生态环境，推动银行业支持浦江经济社会高质量发展，16家银行为县内42家企业授信47.7亿元。

## 中国人民银行浦江县支行

【概况】 2020年，全县有银行业金融机构16家，银行网点84个。各项存款余额478.45亿元，比年初增加55.73亿元，同比增长13.18%；各项贷款余额389.02亿元，比年初增加48.35亿元，同比增长14.19%；不良贷款余额2.99亿元，不良贷款率0.77%，比年初下降0.47个百分点。

【支持企业复工复产】 2020年，中国人民银行浦江县支行(简称“县人行”)联合县金融办出台金融支持企业复工复产10条措施，指导金融机构出台59条金融惠企政策，联合县金融办、县财政局修订公款竞争性存放综合评价办法，出台财政贴息政策、支持外贸企业渡过难关若干意见、“稳企赋能双月攻坚”考评奖励办法、一万亿专项再贷款财政贴息管理办法，支持企业复工复产。全年减免金融息费12807万元；免除48家企业计689人纳入逾期征信记录，涉及贷款金额4.32亿元；为604家企业财政贴息1054万元，其中为57家外贸企业贴息136万元。

【用好央行政策工具】 县人行争取专项再贷款资金12.48亿元，其中向6家省级重点防疫企业合计发放1.38亿元，财政贴息后，企业实际融资成本为1.18%。向辖内法人金融机构发放支农支小再贷款11.1亿元，支持小微企业及涉农主体2239户，平均贷款年利率4.69%，引导小微企业融资成本下行。截至12月，全县能享受普惠小微企业贷款阶段性延期还本付息优惠政策的企业5864家，涉及延期本金17.99亿元，延期利息116万元，延期率居全市第三位，获中国人民银行（简称“央行”）激励金额1799万元；享受普惠小微企业信用贷款支持政策的企业14352家，金额19.03亿元，获央行免息再贷款7.36亿元，落地金额4238万元。

【支持小微企业】 2020年，小微企业贷款余额138.24亿元，比年初增加34.8亿元，同比增长33.6%，高出全部贷款增速19.41个百分点。制造业贷款余额105.75亿元，比年初增加24.8亿元，同比增长30.5%，高出全部贷款增速16.31个百分点。银行机构减费让利1.28亿元，普惠口径小微企业贷款平均发放利率5.08%，较上年同期下降0.59个百分点。

【实施清单式助企纾困】 县人行把省级重点支持企业名单、县领导和联心服务团收集的134家企业资金需求清单、外贸企业名单等交办给责任银行，通过金融联络员制度，做到“一企一员”，实行限时办理，开展困难企业精准帮扶。2020年，为147家骨干企业授信3.28亿元，发放贷款2.23亿元，解决营商办交办的企业金融诉求11件。对接上级行反馈的“订单+清单”外贸企业，为149家企业增加贷款9.12亿元，企业支持率居全市第三位。汇总更新银行机构企业信贷产品编印成册，发放给全县工业企业和涉企部门，扩大普及度。通过“浦江发布”微信公众号公布“授权、授信、尽职免责”三张清单，提高社会公众信息透明度，落实“最多跑一次”改革，推动银行内部形成“敢贷、愿贷”长效机制。

【畅通银企对接渠道】 组织开展银企对接会20余次，促成128家企业达成融资意向1.4亿元。举办金融集市、金融大讲堂、金融沙龙7期，参与企业600余家。开展“百名行长助企复工复产”行动，组织16家县级银行机构邀请上级行领导70余人到53家企业开展走访调研活动，解决企业反馈的金融服务问题22个，满足融资需求6.79亿元。开展金融支持浦江发展恳谈会，邀请市级相关部门及金融机构领导47人到浦江考察座谈，辖内16家金融机构现场为42家企业授信47.7亿元。

【健全金融风险防控机制】 修订《浦江县金融稳定考核办法》，召开行长联席会议、金融工作会议、金融专班会议，落实金融稳定责任。加强金融风险监测，排查金融系统相关风险点，关注出险企业后续处置和资产质量的明显变化，做好不良贷款情况预测分析。引导银行机构争取不良贷款处置的政策倾斜，加大不良贷款处置力度。开展“存款保险 保护您珍贵的存款”系列宣传活动，组织各银行机构开展存款保险标识制作、使用培训，确保存款保险标识启用工作稳步推进。

【打击治理电信网络诈骗】 联合公安部门在全县开展打击治理电信网络新型违法犯罪专项行动、打击治理“两卡”专项行动，压实银行机构账户管理的主体责任，落实账户实名制要求，完善涉案账户查控机制，共同遵守行政事业单位账户服务自律公约。建立警银联络机制，做好“盯案制”工作，加强信息共享，保持对假币违法犯罪、洗钱犯罪、企业逃废债的高压打击。关注非法集资、跨境赌博等金融乱象领域，推进“9·12”地下钱庄案件工作。

【外汇金融服务】 新冠肺炎疫情防控期间，县人行开通绿色通道，累计办理疫情防控物资进口付汇6笔，疫情防控外汇捐赠收入1笔，金额合计17万美元。引导银行机构简化汇兑手续，对受疫情影响的外贸企业提供手续费减免等优惠措施，共计降低汇兑成本100万元。引导银行机构推广跨境区块链系统和资本项目收入便利化试点，加强对涉外经济的融资比重，优先保证进出口贸易企业、外商投资企业的资金需求。多渠道引导企业通过数字外管平台办理业务，优化办事流程，落实“马上办”“一次办”“最多跑一次”改革，实现网上办理行政许可业务81笔。

【推进移动支付建设】 制定《2020年度移动支付便民工程工作计划》，开展“一分钱坐公交”“跟着“云闪付”，吃在浦江”“一元购”等活动，提高“云闪付”App的支付率。2020年，通过“一元购”拓展新用户50975户，公交交易量38.89万笔，优质小微美食商户451家，月均活跃用户数12205户。推进乡镇一级支付场景建设，截至12月，全县所有助农服务点完成移动支付全覆盖，设立ATM、自助终端等自助设备456台，POS机5280台，便利民众自助服务。

【创造现金安全环境】 督促银行机构落实现金收支两条线管理，做好回笼现金消毒处理和安全管控措施。与县财政局、县市场监管局协作，完成县域“两直”资金支付，帮助小微企业和个体工商户回笼资金。开展整治拒收人民币现金专项行动，推进大额现金管理试点和2020年版第五套人民币5元纸币发行工作，落实银行机构残损人民币首兑责任制。2020年，共接受霉烂、火烧、鼠咬等残缺、污损人民币兑换4次，兑换各种面额人民币221张(枚)，合计金额1.92万元。

【提升征信服务水平】 做好互联网查询、个人信用报告收费查询、个人信用报告自助查询机代理网点查询等工作，在全县布放9台自助查询机。推广应收账款融资服务平台，推进完善公共信用信息综合服务平台，推动“信用县”创建。开展2020年青少年征信书画大赛，推广“好家风信用贷”。2020年，发放“好家风信用贷”17473户，比年初增加82户，贷款余额20.72亿元。

【维护金融消费者权益】 县人行联合县法院发文《关于开展金融类纠纷案件在线诉讼活动的若干意见》，促成县5家银行完成无纸化办案签约。开展“金融广告随手拍”微信小程序上线推广应用，扩充金融广告监测力量，提高金融广告监测精准度。完成第二批银行业金融机构金融消费者投诉数据统计监测分析系统对接，实现投诉数据网间互联，共处理上级行、浙江省统一政务咨询投诉、“8890”、“清朗浦江”等平台转交的金融消费投诉24起，满意率100%。

（方艳艳）

## 中国工商银行股份有限公司浦江支行

【概况】 2020年,中国工商银行股份有限公司浦江支行(简称"工行浦江支行")各项存款余额69.14亿元,比年初增加14.1亿元;各项贷款余额34.4亿元,比年初增加4亿元。不良贷款余额325万元,较年初减少334万元;不良率0.09%,较年初下降0.12个百分点。经营总体良好。

【支持项目建设】 坚持稳住经济基本盘,围绕政府投资、工业企业技改、招商引资三大类项目,主动对接制定融资方案,为浦江县重大项目落地提供金融保障。2020年,投放项目4个,金额合计6.63亿元;完成审批待投放2个,金额合计7亿元。

【普惠金融】 不忘支持实体经济和民营企业的初心,坚定"不做小微就没有未来"的理念,发展普惠金融,支持小微发展。2020年,成立小微专营机构,优化服务流程,提升服务效率;加大企业走访,结合"三服务""百行进万企""百地行长助企业复工复产"等活动对接金融服务,打通资金到达实体经济的"最后一公里"。全年新增普惠贷款2.33亿元。

【帮扶企业】 在新冠肺炎疫情防控期间,支持企业复工复产。出台疫情防控期间小微企业贷款利率优惠政策,对受疫情影响较大的制造业、批发和零售业、住宿和餐饮业等行业主动减免利息。截至12月,累计息费减免160余万元,缓解企业的付息压力。

【金融维稳】 面对新冠肺炎疫情对信贷资产质量的冲击,加强风险把控,帮扶困难企业。"一户一策"制定帮扶所持,通过无本续贷、政府转贷资金等帮助受困企业渡过难关。2020年,使用政府转贷资金额2.5亿元,办理无还本续贷1.5亿元。

【服务为民】 投入资金,与县内民生商户开展惠民消费活动和到店消费立减活动。完善住房金融服务,支持居民家庭刚性和改善型住房消费的信贷需求。截至12月,发放个人住房贷款金额1.8亿元。

(潘丽丽)

## 中国农业银行股份有限公司浦江县支行

【概况】 2020年,中国农业银行股份有限公司浦江县支行(简称"农行浦江县支行")各项存款总额79.5亿元,比年初增长5.24%,总量居浦江国有四大银行第一位。各项贷款总额73.91亿元,比年初增长16.74%,总量、增量均居浦江国有四大银行第一位。不良贷款余额0.42亿元,不良率0.57%。营业收入2.64亿元,同比增加14%;中间业务收入4478万元,居浦江国有四大银行第一位。

【普惠金融】 结合"三服务""百行进万企"等活动,开展企业走访,了解企业情况和需求,结合实际制定服务方案。实行最多跑一次、限时办结、存量贷款周转预审批制度等,完善服务终端,实现多渠道随借随还功能。利用大数据推广"小微网贷""抵押E贷"等线上金融产品,为优质小微企业提供信用贷款。2020年,新增制造业贷款4.26亿元;新增民营企业贷款6.54亿元;新增3000万以内小微企业法人贷款5亿元，完成率204%，其中普惠型小微企业完成率222%，普惠型小微企业户数完成率102%，三项指标任务完成率居全市农行系统内前列，获总行“小微企业秋实专项营销活动”先进集体称号。

【服务“三农”】 紧盯乡村振兴、专项竞赛、数字乡村建设等重点工作，落实上级行各项专项行动方案，组织旺季线上闭环营销、掌银攻坚行动、医保电子凭证营销等专项活动。推进互联网金融服务“三农”一号工程，新增惠农e贷1.24亿元。建设“孝义东明”数字乡村，全年累计安装“户联码”智能门牌859块，入驻数字乡村惠农商圈7家，成为全市农行系统内首个示范点。开展精准扶贫，加大资金投入和帮扶力度，完成消费扶贫和低收入扶贫贷款攻坚任务。开展全县“惠农通”商户防电信诈骗和拒收现金宣传活动，优化助农终端的服务效率，规范服务流程，提升商户人员防范风险与服务能力，畅通金融服务的“最后一公里”。

【减费让利】 推进“六稳”工作，落实“六保”任务，通过下调贷款利率、直接减免部分利息、充分利用政府各项贴息政策等措施，为企业减轻各项财务成本。对于受新冠肺炎疫情影响较大的批发零售、住宿餐饮、物流运输等行业，不抽贷、不断贷、不压贷。针对受疫情影响较大的客户，给予延期还款和减免息支持，为22家企业办理延期还款1.84亿元；为261家企业减免息费1141万元；为160余个客户计超17亿元贷款享受不高于同期LPR的优惠利率贷款。做到让利惠民，实现金融与实体经济良性互动、协同发展。

【风险管理】 坚持稳健经营理念，强化“信贷质量立行”，把防范化解风险与服务实体经济更好结合起来，强化风险管理三道防线。加大不良贷款清收力度，全年清收不良贷款额（含信用卡）1.5亿元。针对市场波动增大、不确定因素增多的情况，强化前瞻研判和协同防控，市场和流动性风险总体可控。着力强化合规管理的主体责任和岗位责任。落实反洗钱、反恐与制裁合规等相关监管要求。通过强化管理、创新模式、科技赋能、落实责任人，提升风控案防能力，强化基础管理。

【企业文化】 加大宣传力度，组织策划普惠金融、网络金融、反假防诈等方面的主题宣传，在总行媒体及省级主流媒体刊发报道26篇。开展劳动竞赛、首届“短视频”制作创意大赛和“好产品 我代言”线上营销达人秀等活动。在县金融系统职工业务技能比赛中，获团体第二名，其中“金融服务礼仪”项目获第一名。推进人文关怀，组织一年一次的健康体检、医疗保障、先进疗休、员工礼颁奖等活动，有序开展“两家互动”“四送服务”。获浦江县“支持工业经济发展优秀金融机构”“纳税二十强企业”称号。连续12年获县人行综合评价“A等行”称号。

（黄丽娜）

## 中国银行股份有限公司浦江县支行

【概况】 2020年，中国银行股份有限公司浦江县支行（简称“中行浦江县支行”）净营业收入8852万元，其中净利息收入6641万元，非利息净收入2211万元，拨备前利润6241万元，不良余额837万元。全行本外币存款余额25.33亿元，较年初下降4.82亿元，本外币各项贷款余额19.62亿元，较年初下降2.56亿元。

2020年，中行浦江县支行获“浦江县纳税五十强企业”“浦江县金融系统技能比赛个人点钞多指多张第三名”“省行中银卓越团队、卓越案例”等荣誉；营业部被授予县金融系统“星级服务网点”称号；季玲玲、周晓雯获评“2020县金融系统服务之星”。

【校园服务】　中行浦江县支行深耕浦江教育系统智慧校园场景项目，加强三方合作和场景嵌入，累计上线11所学校的“校园一卡通”项目，摆脱实体校园卡易丢失、忘带卡、排队拥挤等诸多不便，实现学校内部的“一卡多用、一卡通用”信息化功能；上线2所学校的“云缴费”在线支付项目，实现微信、支付宝扫码缴费，为广大师生提供安全、便捷的金融服务。

【减费让利】　2020年，中行浦江县支行联系100余家小微企业，下调利率至3.65%，为企业降低融资费用260万余元，同时为企业减免评估费、抵押登记费、保险费等各项费用合计40万余元。根据政策清单内的新冠肺炎疫情防控重点企业贷款定价不高于2.05%；对于1年期的普惠金融客户，给予企业贷款年息低至3.65%，降低客户融资成本。

【医保服务】　中行浦江县支行为保障民生，服务百姓，响应城市医保电子凭证签发激活工作，通过银行渠道将医疗场景便民服务推向全县医保居民，累计激活医保电子凭证户5240户，实现百姓医院就医、药店购药不带卡，提升客户体验，为客户提供安全、高效、便捷的金融服务。

【普惠金融】　中行浦江县支行提高小微企业金融服务水平，践行普惠金融，助推浦江县经济转型升级、提质增效。通过普惠金融宣传帮助企业了解和认识支持民营企业发展的相关政策，介绍多元化、国际化的平台优势；结合浦江县支持实体经济贴息方案，通过信贷工厂、中银企E贷、重点产品和案例、外汇汇率避险产品等特色服务，为企业降本减负，助力中小微企业成长壮大，加大线上产品及信用贷的推广，线上产品推广及完成率在金华辖内中行排名第一位。截至12月，普惠新增1.68亿元，其中黄宅支行作为普惠专业支行新增1.1亿元，普惠增量排名中行全省前十。

（吴　菲）

## 中国建设银行股份有限公司浦江支行

【概况】　2020年，中国建设银行股份有限公司浦江支行（简称“建行浦江支行”）年末一般性存款时点余额40.8亿元，比年初新增5.27亿元，日均余额36.8亿元，比年初新增0.83亿元；各项贷款余额32.79亿元，比年初新增3.04亿元；不良贷款余额926万元，比年初下降2191万元，不良贷款率0.28%，比年初下降0.77%；实现中间业务收入2192万元，同比增量-102万元；实现拨备前利润1.09亿元，实现税前利润-471万元。贯彻乡村振兴战略，深挖金融科技潜力，宣传推广“葡萄惠农贷”“文明助农贷”“好家庭信用贷”，截至12月，投放“葡萄惠农贷”“文明助农贷”“好家庭信用贷”6303万元，推动“文明助农e贷”与所辖55个文明村签约。

【重点项目授信与投放】　落地浦江县国投集团综合授信17亿元，为后续支行加大对各大集团内子公司融资提供支撑；支持县中医院搬迁扩建，落地浦江县中医院流贷授信1亿元；支持县内重点招商引资项目，落地浙江杭机股份有限公司授信8000万元；加大对县域重点基础建设的支持，投放浦江县新农居项目和棚改二期项目2.3亿元。

【"浦江衣架贷"】 贯彻落实总行《增强信贷投放能力 促进制造业高质量发展指导意见》和《中国建设银行信贷支持乡村振兴指导意见》精神，落实国家乡村振兴战略和普惠金融战略，推进信贷支持乡村振兴工作，根据县黄宅镇后江村衣架经营户融资需求特点，向省建行开展产品创新申报。12月18日，省建行下文《中国建设银行浙江省分行"浦江衣架贷"业务服务方案(2020年版)》，12月23日为客户投放首笔业务100万元，创新产品成功推向市场。

【经营类贷款发展】 上线"个体工商户经营快贷"和"个体工商户抵押快贷"产品，满足经营实体的自然人生产经营资金需求。截至12月，个体工商户经营快贷余额5317万元。

【普惠金融】 开展小微企业大走访，参加银企对接会、走村入户宣传推介，开展客户经理业务拓展PK赛，细化专项考核方案。截至12月，投放普惠金融贷款9.31亿元，比年初增加3.72亿元，计划完成率169.13%，金华市建行系统内排名第一位。

【抗疫金融支持】 建行浦江支行分别于2月3日是、2月8日、3月3日发起三次"同心抗疫 奉献爱心"捐款倡议，员工累计捐款30156.3元，分别捐向湖北省慈善总会、浦江县慈善总会。新冠肺炎抗疫期间，为全县7位援鄂白衣勇士和人民医院50位一线医护工作人员无偿提供0.57亿元专属保险保障；为浙江浦江加百列生态科技有限公司的462名环卫工人，塔山社区、西街社区、金狮社区、月泉社区、文景社区的53名社区工作人员提供515份"爱心战疫保"保险保障，累计保额0.515亿元，并专设建信人寿保险快速理赔绿色通道。开展减费让利，支持企业复工复产，下发致小微企业客户的一封信和受疫情影响信贷资金周转困难客户情况表，推出"云义贷""守护e贷"低息信用产品，分二批次为信贷企业为减免为利息70万元，为亿利洁能(浦江)有限公司投放抗疫专项再贷款1000万元。

【社会责任】 参加文明城市共建与文明劝导工作以及"结队帮联 共创文明"活动，将创建精神与改变行风行貌、优化网点营业环境、提升员工服务品质相结合，向共建单位浦阳街道金狮社区捐资国家卫生城市创建资金1万元，向前吴乡民生村捐资精神文明重点项目建设资金0.5万元，同时以普惠金融服务推动帮联共创，助力乡村振兴，展现良好的社会形象。

（吴丽晓）

## 中国农业发展银行浦江县支行

【概况】 2020年，中国农业发展银行浦江县支行(简称"农发行浦江县支行")各项贷款余额15.17亿元，较年初增加4.29亿元，增幅39.43%；日均贷款余额14.6亿元，较年初增加3.66亿元，增幅33.45%。各项存款余额为3.64亿元，比年初增加5381万元，增幅17.36%，存款日均余额3.54亿元，同比下降4055万元，降幅10.28 %。账面利润1558万元。

【粮油业务】 执行国家粮食宏观调控政策，保障中央和地方各类政策性粮油资金供应及地方粮食安全；落实政策制定职责，加强粮食收购资金管理，促进全县粮食安全体系建设；加强销售环节的监督，做好粮食销售货款回笼的监管工作。2020年，向浦江县粮食收储有限公司发放贷款2836万元，收回贷款3633万元。执行查库制度，盯住粮食库存数量增减变化情况。

【主体业务】 服务长江大保护战略，根据支行工作实际，将浦江县污水排水项目确定为业务突破口，获批水利建设贷款8.5亿元并投放5亿元。服务生猪全产业链，确定主要生产饲料添加剂的浙江艾杰斯生物科技有限公司作为重点支持企业并列出融资方案，实现1000万元流动资金贷款的高效投放。支持实体经济发展，小微企业信贷实现量质双增。提升粮棉油市场份额提升与支持小微企业结合，将粮食专业合作社、粮食加工、粮食批发零售、饲料加工行业等作为重点营销目标。与浦江壶源江粮食发展有限公司建立合作关系，支持金额300万元，已完成投放。1—6月，累计新增小微企业贷款1300万元。2020年，产业扶贫贷款净增1000万元，引进帮扶资金1万元，购买贫困地区农产品0.35万元，定点投入帮扶资金0.35万元。

（潘姣娇）

## 金华银行股份有限公司浦江支行

【概况】 2020年，金华银行股份有限公司浦江支行（简称“金华银行浦江支行”）各项业务稳健发展。年末总资产15.29亿元，各项存款余额9.86亿元，各项贷款余额14.96亿元，全年纳税总额460万元。

【暖企纾困】 金华银行浦江支行落实各级党委、政府和监管部门实施融资畅通助力企业纾困要求，多措并举济民惠商，提升普惠金融支持力度。降低贷款利率，惠及转贷贷款2.96亿元；利用预审制、续贷通、转贷宝等无还本续贷信贷产品，办理无还本续贷1.57亿元；推进普惠小微企业贷款延期还本付息，应延尽延3425万元；通过减费让利等多项措施为143家企业和个人贷款户降低成本支出700万余元；面向全县小微企业、个体工商户投放“额度高、利率低”的支小贷产品12638万元，助力企业复工复产、稳企稳岗。

【“金色助企”】 金华银行浦江支行开展企业精准帮扶。落实“百行进万企”“深化三服务、普惠进千企”“金融暖园”“对公客户大走访”“金色助企”等深入走访工作，为企业复工复产提供精准金融服务。累计走访企业800余家，为民营和小微企业解决问题45个，解决融资需求9212万元。推进“三张清单”金融服务机制。深化贷款市场报价利率（LPR）改革，参与“五减”工作，对信贷系统定价功能进行完善，对小微企业及个人经营性等贷款给予利率下调，并下放相应的贷款利率定价权限，减少利率优惠上报审批频次，提高审批效率。

【风险管控】 金华银行浦江支行实行资产质量“一把手”负责制，落实行长、分管行长责任，建立不良清收处置计划清单，实现名单节点销号管理。加大不良贷款核销力度，采用核销、贷款重组等方式，加快清收进度，并加强与政府、法院及公安等协作，推进执行进程。截至12月，不良贷款余额202万元，比年初下降5992万元，不良贷款率0.13%，比年初下降4.18%。

【社会责任】 金华银行浦江支行配合有关部门开

展各项金融宣传工作，全年组织“3·15”消费者权益教育保护宣传、“金融知识普及”、“防范电信网络诈骗”、“防范非法集资”、“6·29”全国反欺诈宣传日等各类宣传活动20余次，宣传金融知识，提升民众金融素养、增强金融安全意识。

（刘菲菲）

## 浙江浦江农村商业银行股份有限公司

【概况】 2020年，浙江浦江农村商业银行股份有限公司(简称“浦江农商银行”)共设1个营业部、13家支行、17家分理处，在全县各乡镇(街道)布设助农服务点251家，ATM自助存取款机105台，建成“丰收驿站”综合惠民服务站116个。截至12月，浦江农商银行各项存款余额122.38亿元，占全县金融系统市场份额25.58%；各项贷款余额97.82亿元，占全县金融系统市场份额25.14%，其中普惠型小微企业贷款余额72.97亿元，涉农贷款余额90.65亿元；实现各项收入76585万元，缴纳各类税收6694万元。

【支持复工复产】 1月，浦江农商银行出台新冠肺炎疫情防控期间信贷服务专项举措，专设2亿元疫情防控信贷资金，对3月底前新发放的1000万元(不含)以下小微企业贷款利率，在原贷款利率定价基础上优惠80个基点执行，最低低至贷款市场报价利率(LPR)基础利率4.05%。

【支持疫情防控】 1月，浦江农商银行向县红十字会捐款30万元，向郑宅镇定向捐款5万元，专项用于县内新型冠状病毒疫情防控工作。

【农户小额普惠贷款】 6月23日，浦江县农业农村局、浦江农商银行联合召开浦江县农村普惠金融工作推进会，对全县农户小额普惠贷款工作进行动员部署。9月，浦江农商银行完成全县80624户农户授信工作，授信金额52.12亿元，除去负面清单农户，实现县域农户授信100%覆盖。

【小微企业普惠金融工程】 浦江农商银行成立小微企业普惠金融专营团队，实施园区小微普惠、市场小微普惠、产业小微普惠和个体小微普惠行动。截至12月，与县域10个小微园区达成合作，实现县域小微园区100%对接，支持入园企业342家、发放贷款11.83亿元；发放普惠型小微企业信用贷款19.32亿元，累计为2743户有贷款延展期需求的借款主体办理延展期20.39亿元。

【徐佶到浦江调研】 6月30日，金华银保监分局党委委员、二级调研员徐佶到浦江开展企业走访调研。徐佶走访了浦江经济开发区、浦江东部水晶园区等地的小微企业，了解企业复工情况、外贸出口情况、经营中存在的困难以及金融机构支持企业情况。徐佶要求金融机构要切实提升服务、落实举措，与企业共克时艰。

【王小龙到浦江调研】 7月23日，浙江省农村信用社联合社党委书记、理事长王小龙，党委委员、副主任吴斌等一行到浦江调研，走访浦江农商银行总部并进行交流座谈。座谈会上，王小龙要求浦江农商银行提升战略引领力，坚持沿着浙江农信既定的大方向，全力支农支小、服务乡村振兴、融入社会治理等；提升队伍执行力，强化使命担当，坚持用成绩说话、用贡献度说话；提升金融服务力，坚持把服务挺在最前面，助力地方发展。

【职工业务技能比赛】 10月23—24日，浦江县第十三届金融系统职工业务技能比赛在浦江农商银行举办。比赛设置电脑汉字输入、传票输入、机器整把点钞、单指单张点钞、多指多张点钞、服务礼仪与技能大赛6个项目，全县15家金融单位参加比赛，浦江农商银行获团体第一名。

（贾晓琳）

## 中国邮政储蓄银行股份有限公司浦江县支行

【概况】 2020年，中国邮政储蓄银行浦江县支行（简称“邮储银行浦江县支行”）个人储蓄存款时点余额53.92亿元，对公存款时点余额5.5亿元。各项贷款余额为27.52亿元，较年初增加3.94亿元。邮储银行浦江县支行落实县委县政府支持实体经济发展的重要决策部署，维护金融稳定，获中国人民银行浦江县支行关于2020年度浦江县银行业金融机构综合评价“A等行”称号、2020年度银行业金融机构金融消费者权益保护“A等行”称号。

【服务地方经济】 提高金融服务乡村振兴能力，助力脱贫攻坚。2020年，累计发放涉农贷款14.24亿元，全年新增2.07亿元；发放精准扶贫贷款519.93万元。发展绿色金融，开展绿色贷款的投放工作，发放绿色贷款1.82亿元。落实加大支持复工复产要求，为企业减费让利，全年为33家企业节约利息11.45万元。

【提升金融环境】 2020年，组织“金融知识进万家”等宣传活动13次，发放宣传折页3.8万余张。开展“弘扬宪法精神 传播法制文明”为主题的宪法宣传、“整治拒收人民币现金”宣传和“打击防范电信网络诈骗”宣传活动，维护金融秩序。

（黄一航）

## 浙商银行股份有限公司金华浦江支行

【概况】 2020年，浙商银行股份有限公司金华浦江支行（简称“浙商银行浦江支行”）各项存款余额为30.7亿元，较年初新增11.65亿元；各项贷款余额31.2亿元，较年初下降3.61亿元；个人金融资产余额42.3亿元，较年初新增12.88亿元。实现营业增加值8800万元，人均营增276万元。不良贷款余额2180万元，比年初下降2570万元，不良率占比0.7%，比年初下降0.66%。

【普惠金融】 2020年，浙商银行浦江支行新拓浦江恒固创艺园、绗缝小微园、郑家坞玩具集聚小微园3个集群项目，有6个合作的小微园区集群项目，累计投放小微企业贷款7.98亿元。首贷拓户71户，金额2.3亿元，全年新增普惠小微企业贷款1.59亿元，增速13%，余额13.86亿元，占比44%。

【助企复工复产】 2020年，为支持新冠肺炎疫情防控和企业复工复产，浙商银行浦江支行从延长还款期限、增加信用贷款投放、提升授信额度、利率费用优惠减免等方面多措并举，帮助企业排忧纾困。全年延期还款2225万元，息费减免1064万元，无还本续贷金额39892万元，新增信用贷款8940万元。

【银政关系】 2020年，完成兰溪市国有资产投资发展有限公司1.6亿元贷款转化为金华分行首笔“北金所三年期债权融资计划”业务。浦江县基础设施建设投资有限公司9.8亿元贷款延期。7月，浙商银行浦江支行与浦江国资系企业建立全面战略合作关系。12月，给予浦江县国有资本投资集团有限公司新增授信3亿元。

【开展零售业务】 浙商银行浦江支行员工分组进行每周外拓营销，进社区、走市场，全面开展外拓营销，提升全行品牌知名度。截至12月，零售客户数增至2.73万户，零售优质客户数6708户，在浙商银行209家机构排名21位。

【履行社会责任】 2020年，浙商银行浦江支行配合有关部门开展各项金融宣传工作，组织开展各类宣传活动20余次，宣传金融知识、提升民众金融素养，增加金融安全意识。7月，堵截一起非法集资事件，为客户挽回30万元的经济损失；开展“点滴清凉 点赞守护”公益赠饮活动，为坚守岗位的公安、消防、交警、环卫工人等高温下的工作者送清凉、献爱心，同时在网点设置“清凉补给站”，送出特标水超3600瓶；参与公益业，开展“慈善一日捐”活动，向浦江县慈善总会筹集善款6200元；参与社区共建、抗击疫情等志愿活动50余次。

（张深波）

## 浙江稠州商业银行股份有限公司浦江支行

【概况】 2020年，浙江稠州商业银行股份有限公司浦江支行（简称“稠州银行浦江支行”）支行存款余额11.66亿元，比年初新增6.04亿元，增幅107.36%；贷款余额7.35亿元，账面营业净收入3611万元，考核净利润1955万元。稠州银行浦江支行连续9年获浦江县“纳税优胜企业”“纳税百强企业”称号。

【支持实体经济】 稠州银行浦江支行与县开发区、各乡镇对接，通过上门走访、银企恳谈会等形式了解工业企业金融需求服务支持实体经济。截至12月，支行贷款余额7.35亿元，其中普惠口径小微企业贷款余额4.38亿元，占全部贷款的60%，比年初新增1.21亿元，增幅38%（增幅在全县16家金融机构中排名第4位）；小微企业贷款余额35933万元，占全部贷款的48.9%，比年初新增1654万元，增速5%；制造业贷款余额34900万元，占全部贷款的47.5%，比年初新增621万元，增速2%。

【助力乡村振兴】 2020年，稠州银行浦江支行推进普惠金融服务站试点建设，践行普惠金融发展要求，探索发展农村普惠金融服务站，建立农村普惠金融服务供给新模式。服务站主要功能即以党建为引领，弘扬光荣传统，并通过普惠助力新农村建设；主要服务项目为小额现金存取款、转账汇款、水电费缴纳、金融知识普及、移动支付普及、信用贷款等，致力于打通农村金融服务“最后一公里”，服务“三农”发展，服务农村居民。截至12月，建设普惠金融服务站38家（包括乡邻小站30家）。与杭坪镇政府对接，走访杭坪镇经济薄弱村登丰村，了解进展情况及提供帮扶脱困计划，慰问帮扶村居家养老，致力乡村振兴。

【创新信贷产品】 2020年，稠州银行浦江支行推出“线上安心贷”：纯信用，额度最高20万；授信期限最长3年，随借随还；手机扫码即可申请，手机提款，秒批秒贷（一般10分钟内出款）。随借随还，借一天付一天利息，方便快捷，可补急用之需。截至12月，发放贷款91笔计682万元。推出“二抵贷”：其他行按揭贷款抵押率7折以内扣减按揭贷款余额部分，可在稠州银行浦江支行办理二次抵押。截至12月，发放贷款10笔计397万元。推出“政保贷”：可按评估价格给予100%额度的贷款。截至12月，发放贷款23笔计1136万元。

【推进智慧金融】　稠州银行浦江支行打造旅游智慧场景服务助力文旅富县，为杭坪趣野吧开通智慧场景服务，此服务支持多项目复杂景区的购票无纸化核销一条龙服务，从购票到核销游客和景区通过手机操作即可实现，购票免排队，2秒过检，通过率100%；支持多项目同时段运营以及景区线上线下联合运营的便捷化操作。推进智慧教育场景建设，为浦江县文德学校、高途教育等教培机构在原有智慧学费收缴功能基础上增加排课、考勤、家校互动、财务管理、营养膳食等场景功能，为构建家校互动提供实时、高效、方便的场景平台。

【履行社会责任】　2020年，在新冠肺炎疫情形势下，稠州银行浦江支行根据总行出台的多项惠企惠民措施及优惠政策支持疫情防控及企业复工复产，按照“特事特办、急事急办”原则，开通线上申请渠道，通过远程手机微信、视频申报流程线上办公，设置绿色审批通道，简化审批流程，加快放贷和转贷服务效率，优先办理发放与生活、疫情防控物品供应等密切相关行业的贷款。针对小微客户复工的贷款申请，实现3小时完成调查、审批和放款，跑出“稠行速度”。对于受疫情影响遇到暂时性经营困难的企业，特别是与疫情防控相关的民营企业、小微企业及个体工商户，根据实际情况，通过办理展期、延长还款期限、调整还息周期等方式推迟本金或利息还款。针对经营正常的企业，业务到期支持无还本续贷，减轻企业到期续贷的资金压力，全力保障金融服务。1—12月，稠州银行浦江支行累计投放低利率（年利率不超过4.95%）支小再贷款160笔合计金额1.15亿元，为普惠贷款户累计办理延期还本转贷709笔计5.26亿元，其中采用无还本续贷93笔计0.62亿元，采用重组借新还旧62笔计1.29亿元，续贷554笔计3.35亿元。

（潘玲俐）

## 浙江浦江嘉银村镇银行股份有限公司

【概况】　2020年，浙江浦江嘉银村镇银行股份有限公司（简称“浦江嘉银村镇银行”）各项资产总额9.86亿元，各项负债总额8.44亿元，各项存款余额6.96亿元，各项贷款余额8.18亿元，不良贷款余额0.12亿元，不良率1.49%，全年实现净利润0.05万元。浦江嘉银村镇银行在县金融系统职工业务技能比赛中获团队第5名、嘉兴银行第九届职工运动会中获团体第2名，被县人行评为“A等行”。

【创新产品】　浦江嘉银村镇银行推广“小微固贷”“嘉抵贷”“轻松贷”等创新产品，深化“银担贷”服务，全年新增创新贷款111户余额11416万元。优化担保方式，11月推出第二顺位抵押，全年新增5户余额1410万元。

【普惠金融】　浦江嘉银村镇银行拓宽聚资渠道，运用央行各项政策，申请支农支小再贷款1.09亿元，惠及小微企业和农户238户，加权平均利率5%；申请普惠小微企业延期还本付息政策，惠及525户金额1.65亿元。完善现代支付渠道，“仙华卡”上线微信提现功能。

【履行社会责任】 新冠肺炎疫情防控期间，浦江嘉银村镇银行助力街道和乡镇疫情防控工作，参与105人次，为乡镇、企业捐赠各类物资价值约2.4万元，并连续一周为志愿者及医务人员送上暖心夜宵，当好抗疫一线的“后援团”。复工复产期间，配套出台“六大”信贷优惠举措，为客户节省融资成本106万元，惠及信贷客户379户，贷款金额20220万元。

（黄　珂）

## 交通银行股份有限公司浦江支行

【概况】 2020年，交通银行股份有限公司浦江支行（简称“交通银行浦江支行”），人民币存款日均余额5.32亿元，较年初增加0.72亿元，增幅13.53%；人民币各项贷款余额13.43亿元，较年初增加5.53亿元，增幅41.17%；与保全条线配合，通过打包、抵押物拍卖等完成资产处置共计8291.2万元，涉及企业13家。

【助力复工复产】 2020年，新冠肺炎疫情防控期间，交通银行浦江支行响应政府号召，学习《关于应对疫情支持企业渡过难关的意见》文件精神，助力企业复工复产。2月26日，以LPR下调100个BP的优惠利率发放浦江县首笔防疫专项贷款3000万元；授信6户重点防疫名单内3户企业7400万元，合计放款金额5400万元。加大对医疗行业的支持力度，新增流贷4000万元。

【支持工业经济发展】 交通银行浦江支行响应并落实全县工业大会暨“三大攻坚年”动员大会会议精神及要求，支持创建更好的营商环境，以新担当新作为助力浦江高质量发展。3月10日，新增银团贷款4亿元。2020年，新增小微企业贷款34815万元，新增工业企业贷款40695万元，被评为2020年度“支持工业经济发展优秀金融机构”。

【履行社会责任】 新冠肺炎疫情防控期间，交通银行浦江支行全体员工自助捐款4700元；7月28日，发起“扶贫助农，请接力——交行·爱传递”活动，帮助县贫困残疾果农，活动合计接力购买桃形李274箱，爱心款10960元；8月28日，组织全行员工开展“慈善一日捐”活动，共筹善款3200元。交通银行浦江支行配合有关部门开展各项金融宣传工作，举行金融知识万里行等宣传活动20余次，宣传金融知识，做好自身案件防控工作，组织开展干部员工警示教育活动。在“最美浙江交行人”手机摄影微视频征集活动中，交通银行浦江支行作品《点赞》获全省一等奖；《党课开讲啦》之拒绝“舌尖上的浪费”专题党课获省行级优秀党课奖。

（黄丽丽）

## 平安银行股份有限公司金华浦江支行

【概况】 2020年，平安银行股份有限公司金华浦江支行（简称“平安银行浦江支行”）各项存款余额

46874万元；各项贷款余额为24810万元，其中小企业贷款余额10582.44万元；不良贷款余额1034万元(个人不良贷款22万元，企业不良贷款1012万元)，不良贷款率4.17%，全年累计处置不良贷款4294.55万元(个人650.55万元，公司3644万元)。支持全县"五水共治"和公共交通基础建设，投放政府"五水共治"建设贷款余额9400万元，投放公共交通基础建设贷款7500万元。这两笔贷款到期已自动归还。

【风险管理】 实施风险监测，采取"早识别、早预警、早化解"策略，应对新常态下风险压力。2020年，通过抵押物拍卖、贷款核销等问题资产处置方式涉及的企业有5家，金额计4294.55万元。

【改革创新】 2020年，按照总行零售银行发展战略，推出以房贷、保险单为依据的"新一贷"信用贷款和"平安白领贷"等业务。推出"不排队银行"项目，强化自助服务区功能，实现现金柜台的"瘦身"，让更多的柜员走出来为客户提供一对一、面对面、一站式服务。FB自助设备增加到5台，可支持30余种银行业务的自助办理，客户即来即办无须排队等待，遇到问题随时咨询陪同在身边的服务人员，为理财经理和客户构建小型的"洽谈区"，理财经理可使用移动iPad为客户在"洽谈区"提供服务。

【社会责任】 开展金融知识普及宣传活动，3月走进企业开展"3·15金融消费者权益日"宣传；9月走进汽运中心和浦南街道文溪村，普及金融网络安全、防范通信网络诈骗、支付结算等金融知识；10月走进东山公园开展红色故事会等活动。参与公益事业，开展"慈善一日捐"活动，向县慈善总会筹集善款1500元。

(于　航)

## 广发银行股份有限公司金华浦江支行

【概况】 2020年，广发银行股份有限公司金华浦江支行(简称"广发银行浦江支行")各项存款余额11156万元，较年初增加740万元，增幅6.6%；人民币各项贷款余额58276万元，较年初增加20776万元，增幅35.65%；不良贷款余额10.5万元，不良率为0.02%。

【普惠金融】 2020年，广发银行浦江支行支持小微企业的发展，推进"支持实体经济，促进小微企业发展"战略，在政策及利率两方面给予支持和优惠，支持个人经营性贷款和小微企业贷款的营销。支持实体经济发展的抵押易专案已获批，在抵押率、贷款利率等方面获得优惠政策。广发银行浦江支行通过自行承担抵质押评估费用、承担抵押物登记费用、免除多项柜面收费服务项目等一系列措施，降低企业融资成本，支持小微企业发展。全年新增对公贷款客户3户，金额3.78亿元；个人经营性贷款35笔，金额5644万元。

【资产质量】 2020年，广发银行浦江支行共处置不良贷款1.2万元，不良贷款为10.5万元。运用诉讼、打包、核销等手段化解风险客户；加大力度管控存量客户及新客户的风险，对于存量客户广发银行浦江支行定期不定期进行走访，严把新营销客户的准入关，严控风险。

【金融宣传】 2020年，广发银行浦江支行配合有关部门开展各项金融宣传工作，参加"百名行长助企业复工复产"企业走访调研活动、"金融知识进万家

争做理性投资者 争做金融好网民”活动、人民币知识宣传进社区以及反假宣传工作等宣传活动20余次，宣传金融知识，促进社会民众安全意识。广发银行浦江支行被授予2020年度金融系统“星级服务网点”称号。

（张筱烽）

## 浙江泰隆商业银行股份有限公司金华浦江支行

【概况】 2020年，浙江泰隆商业银行股份有限公司金华浦江支行（简称“泰隆银行浦江支行”）在浦江城区设立综合性支行1家，在郑宅镇设立小微企业专营支行1家。资产总额36869万元，较年初增加8740万元，增幅31.07%；贷款客户799户，户均46万；各项存款余额43057万元，较年初增加12292万元，增幅40%。

【抗击疫情】 新冠肺炎疫情防控期间，泰隆银行浦江支行强化疫情防控，落实一把手责任制，建立日报监测机制，实现支行员工无一感染、无一疑似；支持企业复产复工，落实县政府及监管部门各项政策，累计实施延期还本付息政策118户，金额6558.7万元，为企业息费减免约395万元。

【助力企业复工】 推动“信融通”“义融通”等信用类贷款以及“接力贷”“长享贷”等特色产品；推动产品创新，推广“E票通”，满足客户大票换小票需求，全年办理11笔“E票通”授信额度；推进“环保贷”，为企业“私人定制”信贷方式。截至12月，泰隆银行浦江支行发放环保贷款156笔，合同金额9863万元，新增承兑企业17家，办理承兑金额6364万元，为企业节约成本约190万元。

【扩大获客渠道】 资产业务由单一客户发展立体式关系网全面梳理，实现综合经营。2020年，走访近1300名客户，关系网梳理168名客户。搭建平台，主动对接开发区内片区网格员、黄宅工业办公室，依托政府人员协同走访，打开影响力，深挖经营性客户上下游客群。

【完善风控机制】 2020年，泰隆银行浦江支行提升合规意识，常态化开展行风行纪检查；强化内控管理，优化新产品、新业务及重大业务审查机制；强化资产保全，探索线上催收；建立账户风险监测系统，防范异常开户1笔、电信诈骗2起，全年未发生重大账户风险事件、“三防一保”案件。被评为2020年市级平安示范单位，连续3年获市级荣誉。

（盛少博）

## 台州银行股份有限公司金华浦江小微企业专营支行

【概况】 2020年，台州银行股份有限公司金华浦江小微企业专营支行（简称“台州银行浦江支行”）存款余额11377万元，较年初增长1912万元，增幅20.2%；贷款余额22178万元，信用贷款9379万，占比42.28%；存量贷款户617户，贷款户均36万元，符合小微企业伙伴银行的市场定位。台州银行浦江支行坚持自身的市场定位，发挥经营优势与产品特色，契合浦江县小微民营经济发展环境，推进产品创新，加大对县内实体经济的支持力度，致力于为小微企业创造平等的金融服务机会，让更多的弱势群体享有公平的融资权。

【移动工作站】 台州银行浦江支行移送工作站实现客户贷款最少跑零次。客户在线上提交贷款申请信息后，后台中心进行集中处理，系统自动把“订单”派送至辖区就近的营业网点，信贷人员接收任务后，开展线下信贷服务。客户经理通过移动工作站上门为客户办理贷款手续，不需要客户上门即可发放贷款。移动工作站已经支持全行80%以上的业务操作，营销人员持移动工作站在客户家中可以完成信贷全流程操作，包括账户开立、贷款申请、征信查询、报表制作、合同签订等，实现客户“足不出户”即可享受信贷服务，提升服务效率。新客户贷款业务办理时间从传统作业的1~2天缩减到1~2小时，提高客户服务效率和成效。

【普惠银行】 重视为村民创业者、农村常住居民、小微企业主提供金融服务，针对其“小、散、频、急”的金融需求特点“量体裁衣”，通过发放额小面广的各类贷款产品，满足小微客户临时性周转的需求。2020年，台州银行浦江支行普惠型小微企业贷款余额5315万元，较年初增长816万元。

【创新银行】 调研目标客户群体的特点，设计多款信用化、自助化和定制化的贷款产品。信用化是指为简化担保方式，不断推进信用贷款发展；自助化是指各类贷款在授信额度内可循环借款、自主还款、随借随还；定制化是指针对不同客户推出了不同的贷款产品，如对小微企业推出“畅易贷”、对农村客户推出“兴农卡”、对工薪阶层推出“薪金贷”等，且根据客户的资金状况等制定不同的还款方式，为客户减少财务支出。

【科技银行】 通过引入大数据、云计算、视频直播、生物识别等新技术，创建台行特色“台行移动营业厅”，为客户提供“有温度、有速度、有深度”的优质服务。推出视频柜员服务，服务范围包含转账、贷款申请、贷款放款、手机号码修改、身份证有效期修改、职业信息修改、业务咨询等。客户在办理相关业务时，如遇到操作过程不熟悉、身份证有效期修改必须柜台办理以及电话进行业务咨询需要诸多步骤等问题，通过视频柜员全部可以解决，为客户简化服务，提高客户体验感和满意度。

【免费银行】 始终践行“服务不收费，服务更到位”的服务承诺，推出42项减费让利措施，免费范围涵盖所有结算类项目，以及其他一些常用业务，如跨行转账汇款手续费、ATM跨行取款手续费、网上银行和手机银行跨行汇款手续费等，为民众打造“免费银行”，让利最广大的中小客户，推出的免费服务涵盖所有人民币基本结算类业务服务项目以及其他一些服务，为客户带来实惠。

【公益银行】 开展“金融服务进村居”“百行进万企”等公益活动，选择当前群众关注的热点问题，制作通俗易懂的宣传海报和漫画，开展公益宣传活动，让广大村民不出家门就能享受到贴身的金融服务，建立起广泛覆盖的农村金融服务网络。

（芮俪琳）

## 中国人寿保险股份有限公司<br>浦江县支公司

【概况】 2020年，中国人寿保险股份有限公司浦江县支公司(简称“中国人寿浦江县支公司”)实现保费收入2.04亿元,同比增长3.55%,其中新单保费6094.54万元。各类给付支出6660.76万元,其中处理各类赔案8572件,理赔给付2279.43万元,同比增长8.92%,年金、满期金给付2797.89万元,其他应付类支出1583.44万元。

2020年,中国人寿浦江县支公司获第十四届“浦江县消费者信得过单位”称号、浦江县财贸工会先进单位,客户服务中心被评为“金华市分公司客户服务管理质量考核第一名”;被授予浦江县金融系统“星级服务网点”称号。

【经营管理】 多措并举推进业务高质量发展,优化业务结构,发展长期期交业务、保障型期交业务,逐步取消趸交保费业务;推进创新驱动,推广E化工具,无纸化、微回执、微回访等科技工具,提升科技水平,完善E化服务;推广理赔直付,加快理赔时效,提升社会影响力;强化内部管控,构建网格化风险管理体系,建立风控联络员队伍,组织开展“银保监风险大排查”、“保险中介市场乱象整治及风险大排查回头看”、反洗钱客户信息治理和反洗钱专项自查等风险排查;探索“党建+”模式,推动党建与业务共促共进,开展学习党的十九届五中全会精神和“不忘初心、牢记使命”党建主题教育。

【服务质量】 开展柜面人员业务知识技能、送保险知识进社区、礼仪培训、“国寿小画家”等客户服务活动,组织“6·16”客户服务节,举办“3·15”消费者权益保护宣传活动;6月,组织开展“防范和处置非法集资”宣传月活动,受众人数300余人,提高公众非法集资防范意识,自觉抵制非法集资;组织“7·8”保险公众宣传日宣传活动,提升社会民众保险意识。

【政保合作】 履行社会责任,做好大病保险服务,建立“大病保险服务专员”队伍,进社区、进企业、进乡镇等形式展开宣传。2020年,浦江大病保险选缴人数达37.18万人,提升浦江城乡居民重特大疾病保障水平。开展农村小额保险和两性安康保险,农村小额承保人数3万人,女性安康、男性安康承保人数1.7万人,扩大城乡居民保险覆盖面。开展补充工伤保险服务,为全县18家用人单位提供保险保障服务,保费21.35万元。1月,联合县计生协会开展“生育关怀—圆梦微心愿”困难帮扶、消费扶贫活动,对20家困难计生家庭、困难残疾人等弱势人群进行走访慰问;联合县妇联对女性安康、男性安康保险理赔出险户家庭进行走访。10月,开展重阳节慰问五保老人党日活动。积极参与政府2020年文明创建活动,组织员工参与共建区浦阳街道同乐村、善庆村垃圾清理、“礼让斑马线文明交通劝导”值勤等活动热心公益事业,开展“慈善一日捐”、帮扶定点结对村、员工“7·8”保险扶贫健步走等活动,履行中国人寿社会责任。

(王利丹)

## 中国人民财产保险股份有限公司浦江支公司

【概况】 2020年,中国人民财产保险股份有限公司浦江支公司(简称“人保财险浦江支公司”)实现保费收入23965.97万元;业务量占全县财险市场的54.69%;缴纳、代收入库各类税金2004.4万元,支付各类赔款14268.7万元。

服务县委县政府工作大局,做好新冠肺炎疫情防控和经营发展,出台十项政策措施,拓宽金融服务保障和范围，推出复工复产企业综合保险，为8家汽车4S店提供总保额160万元的风险保障，为中小微企业复工复产保驾护航。服务乡村振兴战略，推进扩面增品提标，发展政策性葡萄保险、农业设施大棚保险业务和浦江葡萄价格指数综合保险，提升"三农"综合金融服务能力。其中浦江葡萄价格指数综合保险承保122.87公顷，是2019年的4.65倍。7月14日，浙江省农业农村厅党组成员、副厅长孙飞翔一行到黄宅镇横山村调研浦江葡萄产业发展情况。联合省农科院等单位，协助制定优质葡萄种植标准；开展"三服务"，协助打造葡萄示范基地，为葡萄种植农在食品安全、种植风险、价格托底等各方面提供保障。与县自然资源和规划局首签野生动物肇事公众责任保险协议，构建居民与野生动物和谐共生的良好生态。深化"警保联动"，设立专门的窗口，为符合条件的车主提供免检标志核发服务，服务政府"放管服"改革，助力社会综合治理。发挥红色央企作用，履行社会责任，组织全体党员到大畈乡上河村卡点参与新冠肺炎疫情防控工作，"做有温度的人民保险"。

2020年，人保财险浦江支公司被评为第十四届"浦江县消费者信得过单位"，被授予浦江县金融系统"星级服务网点"称号。

【助力葡萄产业】 3月27日，人保财险浦江支公司、鲜丰水果股份有限公司、浦江县果业协会在浦江县靓松家庭农场签署战略合作框架协议，三方共同建立信息联动机制，推动浦江葡萄价格指数综合保险试点工作。县人大常委会副主任戴忠泉、县人大办农业农村工委副主任楼正钢、浦江县农业农村局副局长傅积善、人保财险浙江省分公司资深主管廖维海、浙江省水果产业协会秘书长冯得心、人保财险浦江支公司总经理张盼盼、浦江县果业协会葡萄分会会长陈青松、鲜丰水果产品总监杨有恒等人出席签约仪式。

3月27日，鲜丰水果、浦江县果业协会、人保财险浦江支公司战略合作框架协议签约仪式

（崔凤娇　摄）

【政保合作】 承办全县基本医保参保人员意外伤害医疗经办服务采购（2020—2021）项目，实行基本医疗意外伤害政保合作，推动医保基金安全运行。立足服务群众，做到"马上办、用心办、快速办、专业办"，县外报销时间由原来的60天缩短到20天，提升办事效率。2020年，查实不符合基本医保报销的案件325起，节省医保基金384.72万元；查实需追缴医保基金的案件5件，金额11.14万元；核查非外伤需纳入基本医疗报销案件120件，累计金额94.12万元。

【成立金华市保险行业人民调解委员会浦江工作室】 4月，在县法院、县司法、金华市保险行业协会等单位的协同配合下，成立金华市保险行业人民调解委员会浦江工作室（简称"保调室"），初步实现纠纷过滤功能和鉴定前置功效，改变法院多庭室处理道路交通事故责任纠纷案件的情况，促进道路交通事故纠纷源头治理和高效化解。截至12月，保调室收案458件，庭外和解撤诉42件，调解成功137件。

（张钢标）

## 综　述

【概况】　2020年，浦江县建设局完成新华路道路改造、宏业大道与351国道南匝道建设，东山路、环城西路（文溪西路—江滨西路段）拓宽改造工程实现通车；完成省级绿道贯通及县级绿道配套提升建设工程；全年新增临时停车场6个，新增临时停车位1370个。

浦江县公租房保障和棚户区改造获省级绩效评价优秀；浦江县城中村（棚户区）改造二期工程文溪安置区C、D区块设计采购施工（EPC）总承包工程被评为2020年度浙江省智慧工地示范项目，浦江县刑事诉讼涉案财物管理中心及公安局巡特警（反恐）业务用房建设工程被评为2020年度金华市建筑施工安全生产标准化管理优良工地；黄宅镇初级中学获2020年度浙江省园林式居住区（单位）。

【"十四五"规划】　组织谋划《浦江县住房和城乡建设事业发展"十四五"规划》，推进实施"强、美、韧、精"四大战略，做强中心城区，做美诗画浦江，做韧新老基建，做精建设管理，开拓形成"一核两廊五片"城市化发展格局。8月启动规划编制工作，11月向全县各部门征求意见，12月形成规划初稿。

【美丽社区建设和老旧小区】　2020年，完成美丽社区建设第一批21个子项目。改造老旧小区13个公房小区、2个自建房小区，在全省老旧小区改造绩效评价中获优秀；浦江首批既有住宅（仙华安置区）加装电梯完成实地安装，联合审批5台加装电梯。

11月，仙华安置区加装电梯　　（赵新尧　摄）

【项目审批改革创新】 完善投资项目“最多跑一次”和重点投资项目“一次不跑”工作机制。全年企业投资项目从赋码到竣工验收项目数94个，全过程平均用时45.7天，最多70天，实现率100%；小型项目121个，全过程平均用时3.74天，最多40天，实现率100%。深化房屋建筑和市政基础设施工程施工图管理改革，出台工程建设项目审批便利化工作机制，实现一般工业项目实现建筑许可办理6个环节、6份材料、3天办结。

【美丽城镇建设】 2020年，浦江县域美丽城镇建设行动方案、郑宅镇美丽城镇建设行动方案、虞宅乡美丽城镇建设行动方案获评“省级优秀行动方案”；杭坪镇、大畈乡美丽城镇建设行动方案获评“市级优秀行动方案”；郑宅镇创建“省级示范样板乡镇”，虞宅乡、杭坪镇、大畈乡创建“省级基本达标乡镇”。

【农村危旧房改造】 通过参与乡镇联动大排查、实施“一房一方案”、严把质量关、出台补助政策、班子领衔督促等行动，改善困难家庭住房条件，确保“动态清零 一户不落”。截至12月，改造农村困难家庭危房141户。

【传统建筑认定试点县】 9月，根据省、市级传统建筑认定试点县要求，对10个传统村落建筑开展普查行动，制订《浦江县传统建筑分类保护办法》。开展檀溪镇小洑村、大畈乡湃桥村农村住房建设示范试点创建、美丽宜居示范村创建和传统村落风貌提升指导工作，形成一批可借鉴、可复制、可推广的示范村，助推美丽浦江建设。其中，仙华街道登高村、岩头镇礼张村获“国家级传统村落风貌保护提升验收优秀村庄”，虞宅乡前明村获“省级美丽宜居示范村创建优秀村庄”。

## 公用事业

【概况】 2020年，按照省市要求，对4座污水处理厂进行扩容提标，将其排放标准由一级A提标至浙江省清洁排放标准。完成城区主要道路标识标牌完善提升工程；完成仙华路、大桥路、月泉路、新华路4条精品城市示范街创建；实施路灯节能改造，更换主城区范围1800余盏路灯灯头。

浦江县第四污水处理厂

（浦江富春紫光水务有限公司提供）

【绿化美化城市】 推进“六城联创”，创建国家园林县城，县建设局向建设部与省建设厅递交申报国家园林县城的报告，推进东山公园扩建项目、西山公园扩建项目、严家山公园二期工程前期工作；启动浦阳江城区段生态综合治理工程建设；完成万苑路、纵六路行道树种植，完成湖滨一号南侧绿地景观工程建设；全年累计更换草花120万余盆。

【节水型城市创建】 2020年，县建设局印发《浦江县省级节水型城市创建工作实施方案》，编制《浦江县城市节约用水规划》报批稿，草拟《浦江县2020年度城区节水型城市达标建设工作计划》《加强非常规水资源开发利用》《浦江县城市供水管理办法市》

等规范性文件，创建省级节水型小区19个、省级节水型单位8个、省级节水型企业2个，单位总用水量130万吨。

【农村生活污水治理】 2020年，全县84个30吨以上设施完成标准化运维并上传平台，86个污水处理设施建设改造项目实现开工建设。10月，浦江县作为全省先进典型在浙江省农村生活污水治理现场推进会上发言；11月，省建设厅厅长项永丹到浦江调研，对农村生活污水治理工作给予肯定。浦江县获评"全省农村生活污水治理设施运维管理考核优秀县"。

## 建筑业

【概况】 2020年，县建设局鼓励和引导建筑企业资质提升、评优创杯、拓展外埠市场、做强企业品牌。建筑业产值约64.3亿元，同比上涨约16.7%；实现税收34143万元，税收占比12.82%。

【推进建筑工地施工文明】 10月，县建设局下发《关于迅速落实会议精神全面开展建筑工地国家级文明城市创建工作的通知》，在全县在建房屋建筑工地开展文明创建活动，指导企业参与文明标化工地创建。万洋众创城、浦江县浦阳一小分校区建设工程项目、浦江县岩头中小迁建工程被评为2020年度"浙江省建筑施工安全生产标准化管理优良工地"。

【建设行业职业技能大赛】 11月，联合县总工会、县人力社保局等部门开展2020年浦江县建设行业职业技能大赛，以赛促学、以赛促精，提升全县建设行业从业人员劳动技术水平和创业创新能力。比赛包含实操比赛和理论考试2个环节，有21家建筑企业120名选手参赛。

11月，浦江县建设行业职业技能大赛

（薛晓倩　摄）

## 房地产业

【概况】 2020年，商品房销售4569套，销售面积71.49万平方米，销售金额52.6亿元，同比分别增长4.6%、35.8%和54.7%，其中住宅销售2755套，销售面积36.45万平方米，销售金额40.5亿元，同比分别增长59.89%、71.2%和78.96%。房地产实现税收5.77亿元，在全县税收中占比21.64%。完成绿达世纪晶城、湖滨壹号、锦绣学苑、新城盛昱、绿谷云溪二期和东望学苑6个项目交工交付备案，交付面积67.5万平方米。二手房销售2853套，销售面积64.14万平方米，销售金额42.4亿元，同比分别增长18.38%、33.05%和54.02%。

【保障性住房】 制定《关于应对新冠病毒疫情支持企业复工复产加强外来务工人员和公益人员（公

交、环卫、消防文职、园林工人）阶段性住房保障的意见》，满足外来务工人员和特定公益人员的阶段性住房需求。2020年，新增住房保障3700人，公租房保障覆盖率为城镇常住人口的1.62%。装修公共租赁住房95套。

（黄 佳）

## 建设工程

【概况】 2020年，县建设集团与山西四建集团有限公司签订战略合作协议，完成对浙江金华伽元建设工程有限公司的股权转让，将水利水电工程施工总承包二级、建筑工程施工总承包二级和市政公用工程施工总承包二级3个施工资质分立到县建设集团，为集团参与县域内、外建筑行业市场竞争、拓展集团承接业务范围、增强发展后劲打下基础。

县建设集团开展国企体制改革，完善现代企业制度。推进城乡基础设施建设、公共配套设施建设、园林绿化养护、雨污水管网运维等中心工作，推进东山路拓宽改造工程、环城西路建设工程、新华路道路改造工程、雨污水管道排查等政府性工程项目。全年实现资产总额55.91亿元，营业总收入9992.92万元。县建设集团获2020年度全县纳税状元奖、2020年争先移位奖、2020年度地方税费大户奖。

【中国·浦江万年上山文化村项目】 中国·浦江万年上山文化村项目于11月19日至12月17日经浦江县产权交易有限公司公开挂牌，由杭州浦利企业管理咨询合伙企业竞得万年上山项目95%股权及100%债权。12月21日，签订万年上山股权转让合同。项目位于黄宅镇，规划用地约222公顷，其中建设用地11.94公顷，其余为流转（出租）土地。项目总投资约52亿元，依托浙江省二轻集团有限责任公司（简称“浙江省二轻集团”）和浙江大学创新技术研究院医养结合研究中心在文旅领域以及康养领域的核心资源优势，实现康、养、旅、居、学、创在浦江的融合发展。整合浙江省二轻集团的高端文旅资源以及浙江大学医学院和其附属医院的高端医疗服务资源、大健康培训资源，打造集上山文化体验、主题IP游乐、自然文化研学、康养度假旅居和企业总部办公为一体的国家级上山文旅康养综合体。

【东山路拓宽改造工程】 该路段为老城区东西向的城市次干道，道路全长936.71米，改造范围从民主北路口至中山北路段，道路红线宽24～41米。工程内容包括路基、路面、人行道、排水工程、电力管

新华桥拱桥拱圈钢筋绑扎施工 （戴自谦 摄）

东山路通车 （洪招丹 摄）

线预埋、路灯管线预埋及安装、标志标线、智能交通系统、桥梁等。工程总投资5152万元,勘察单位:核工业金华工程勘察院;设计单位:同创工程设计有限公司;监理单位:浦江县华宇建设监理有限公司;施工单位:山西四建集团有限公司。8月10日开工建设,截至12月,完成雨污水管道铺设、电力管道铺装,主车道沥青铺设,新建新华桥桥梁和东山路拱桥。

**【环城西路建设工程】** 该工程南起文溪西路,北至江滨西路,道路长度为711.56米,道路红线宽38米,为新建城市次干道路,工程内容包括道路、排水、人行道、桥涵、电力、路灯、弱电、交通设施、绿化工程等,沿线建1座箱涵,1座桥梁(桥梁全长78.05米,跨境布置3×25米)。工程总投资2408万元,合同工期为180日历天。勘察单位:浙江省浙中地质工程勘察院有限公司;设计单位:中国瑞林工程技术股份有限公司;监理单位:浦江县华宇建设监理有限公司;施工单位:龙元建设集团股份有限公司。2020年实现全线通车。

**【晶城路东延工程】** 该工程位于浦江县岩头镇水晶小镇,呈东西走向,连接永在大道与宏业大道两条城市主干道。道路全长931米,道路红线宽度30米,设计为双向六车道道路设计时速40千米/时。工程总造价约2490万元,2020年完成粗粒式沥青摊铺2万立方米,管道安装3000米,宕渣回填5万立方米。

**【新华路道路改造工程】** 该工程内容包括施工图纸范围内的车行道铺设沥青、人行道改造、雨污水管道、电力电讯管线、路灯工程、交通标志线标牌等,工程总造价为731万元,合同工期为130日历天,9月11日开工,12月31日完工。设计单位:浙江省义乌市城市规划设计研究院;监理单位:浦江县华宇建设监理有限公司;施工单位:浙江中叶建设有限公司。

**【浦阳江城区段生态综合治理工程】** 该工程位于浦阳江城区段两侧,西起翠湖公园(翠湖橡胶坝)、东至体育公园(亚太大道平安桥),全长4.5千米,绿道总长约9.1千米(北岸长4.8千米,南岸长4.3千米),占地面积约77.35公顷。项目总投资约8600万元,分为九个标段实施,均开工建设,2020年完成总工程量的30%。项目以"一江两岸"的绿道贯通、景观提升为主,结合水利水文资料进行美丽生态廊道的建设,建立丰富完善的慢行交通系统,通过运动绿道串联各块公园绿地,加强公园之间、岸上水下的联系,导入城市休闲活动功能,通过运动绿道、亲水空间、休闲健身设施等,提供多样、活力的空间体验,激活浦阳江沿岸开放空间。

**【白马镇地质灾害安置房工程】** 该工程位于白马镇夏张村,浦峰路以东,用于白马镇嵩溪村瓦坞自然村北东侧山沟泥石流地质灾害避让搬迁以及因危房、无房等原因需要搬迁和愿意搬迁所引起的征地、拆迁及安置工作。工程总用地面积13310平方米,总建筑面积为37461.86平方米,其中地上建筑面积31443.93平方米。工程分为一期、二期,工程总投资1.39亿元,共4幢楼242套住宅,套型有70、90、120、140平方米4种。2020年,项目一期完工,二期工程由浙江宸泰建筑设计研究院有限公司设计,浦江县华宇建设监理有限公司监理,杭州余杭林海建筑有限公司中标,6月8日开工建设,截至12月,完成二期主体8层,完成总工程量的60%。

【文景东路二期拆迁安置区基础设施配套工程】 该工程内容包括市政道路建设、园林绿化、弱电安装、开闭所建筑等,根据第92次县长办公会议纪要要求,由县建设集团下属浙江省浦江县市政建设有限公司施工文景东路二期拆迁安置区基础设施配套工程,文景安置区位于万苑路北侧,亚太大道西侧,8月1日工程开工,12月31日完工,总工程造价约650万元。截至12月,完成混凝土路面浇筑约1.5万平方米,管道安装2000余米,园林绿化4000平方米。

【郑家坞镇全域土地整治(土地整理)项目一区块】 该区块位于郑家坞镇古塘后水库南侧地块,项目区地属皂结坑村、朱路村和沈里村,共分3个片区。采用社会资本投资建设政府收购模式,项目区规划红线面积39.55公顷,改造后总计新增水田面积34.87公顷,新增旱地面积0.45公顷,改造后耕地质量等级要求为九级。该项目通过严格工程施工管理、质量把控,安全生产管理、严格工程成本核算,将土地整治成可学习、可复制的现代化浦江标准、浦江样板。2020年,完成挖土方30万余立方米,挖石方18万余立方米,外运石方18万余立方米,浆砌石挡墙7000余立方米,砌筑边沟3500余米,完成水稻标准田13.3余公顷,完成土地整理改造约30公顷。

【岩头镇车门村西侧旱改水项目】 该项目位于岩头镇车门村,距离浦江县城区3千米,工程内容包括土地开挖、平整、坡改梯、田埂加固、沟渠开挖、田间道路修筑、石坎砌筑加固等,由浙江省浦江县市政建设有限公司负责实施。项目规模4.32公顷,工程施工费252.14万元,亩均施工费3.89万元。2020年,成田1.99公顷,为提高土地利用率,改善项目区农业生产条件,为百姓的农作物增收提供保障。

【虞宅乡智丰村旱改水项目】 项目位于虞宅乡智丰村,距离浦江县城区约12千米,工程内容包括土地开挖、平整、坡改梯、田埂加固、沟渠开挖、田间道路修筑、石坎砌筑加固等,由浙江省浦江县市政建设有限公司负责实施。项目开发规模5.58公顷,项目实施后增加水田面积4.95公顷,工程施工费428.83万元,亩均施工费5.12万元。2020年,成田2.62公顷,该项目改善农业种植条件,提高耕地产出率,增加农民收入。

【金狮湖公园绿化养护】 金狮湖公园绿化养护、道路和湖面保洁等共计面积54.7万平方米,合同价款400万元。日常工作包含公园内绿地保护和绿地苗木、草坪、地被等日常养护〔包括除草、病虫害防治、施肥、修剪、抗旱、抗台、排涝、防冻、复壮、补植(现

金狮湖补种乔木 (黄 幸 摄)

金狮湖补种色块苗 (项 涛 摄)

状)、抹芽、树穴松土等〕。发包方为浦江县金狮湖建设发展有限公司,承包方为浦江县大地园林绿化工程有限公司。

**【翠湖、治水公园养护】** 翠湖公园绿化养护、湖面保洁等面积共计18.81万平方米,治水公园绿地、道路、水域保洁、清捞等面积共计12.79万平方米,合同价款共计156万元。日常养护工作包含负责管理范围内环境绿化美化及景点、小品的维护、保养;负责辖区绿化的养护、修整工作;负责园林、绿化的病虫害防治工作等。发包方为金华市生态环境局浦江分局,承包方为浦江县大地园林绿化工程有限公司。

**【宏业大道向北延伸工程的绿化工程】** 绿地起坡造型20150平方米,种植乔木440余株、灌木181余株,栽植色带23614平方米,铺设草坪762平方米,安放景观石31吨,工程合同款273万元。发包方为浦江县建设集团,承包方为浦江县大地园林绿化工程有限公司。

**【生态廊道口袋公园】** 生态廊道口袋公园平整绿化面积6372平方米,种植乔木144株、灌木11.22万余株,栽植色带3028平方米、铺设草皮3538平方米。工程合同价款约66万元,发包方为浦江县建设集团,承包方为浦江县大地园林绿化工程有限公司。

**【融资保障】** 2020年,县建设集团贷款余额17.19亿元,其中兴业银行股份有限公司义乌分行营业部流动贷款7亿元,用于支付公益性工程项目工程款;排水公司向富春紫光污水管网售后回租5亿元,用于全县污水管网改造建设;金华银行贷款余额4500万元,用于白马镇安置房一期项目建设;市政公司农行贷款6600万元,用于集团购买白马原红砖厂地块;新增农发行贷款5亿元,截至12月,贷款余额4.08亿元,其中用于购买污水管网的有3.5亿元,用于支付公益性工程项目工程款0.58亿元。

**【智慧停车基础设施建设项目一期工程】** 2020年,县建设集团对城区部分道路、停车场进行智能化改造,推进浦江县智慧停车综合管理平台调试。智能化改造江滨中路、新华西路、宣和路、人民西路、县府西侧、环城东路等道路路侧停车位1214个。完成东街北侧(新华东路)、福泰隆北侧、原公安局、供销社北侧、浦江大厦东、浦江大厦西、东山公园西侧等主城区7个停车场地面修复及智能化改造。建设书画街与人民东路岔口、实验小学东侧、小金狮湖北侧、东山路北侧(2个)、人民东路北侧6个临时停车场。

**【浙江杭机磨床智能制造基地入驻测绘项目】** 10月18日,浙江杭机磨床智能制造基地入驻浦江。为助推企业发展、打造更优环境,县建设集团测绘公司助力浙江杭机股份有限公司完成测绘工作,入驻之前完成房产测量71139.16平方米、土地测量97167平方米、竣工测量5幢,为企业发展提供基础保障。

浙江杭机股份有限公司"三测合一"测量现场

(赵云雷 摄)

【城区管网运维管理】 2020年，县建设集团对城区约210千米雨污水管网进行日常运行和维护，包括管道疏通、清掏、窨井盖破损更换。对城区主要道路、一级、二级排水管网巡查共计310千米，出动管网巡查人员660人次，疏通排水管网107.5千米，出动疏通人员1248人次。更换圆形井盖125套、方形雨水篦132套。清理雨水收集井约3.1万只，出动清掏人员1435人次。出动126人次对城区道路积水点、易涝点进行巡查和应急处置，出动1000立方米/小时抢险排涝车10次。受理"8890""110"等应急事件147起，出动应急人员500余人次，修复异响井盖1209处。通过设备采购、人员培训等掌握管道非开挖修复技术，提升管网运维效果。

（季娟樨）

## 旧城改造

【概况】 2020年，城中村改造二期集聚区安置房建设，总投资累计4.14亿元。8月，完成对文溪626户安置户的安置房选房、结算、交付工作。主导并协调城中村改造一期项宅安置区内项宅幼儿园的前期规划、设计、建设、设备添置等工作，并在8月底交付教育局使用。

【城中村（棚户区）安置房建设】 城中村改造二期集聚区安置房建设，总投资累计4.14亿元。完成白林区块总工程量的89%，完成裙房、公建部位地下室地坪、墙面拉毛工作，窗户栏杆玻璃安装85%、室内装修95%、外墙油漆100%、景观市政25%、室内电梯安装90%。完成文溪D区块总工程量的73%；完成文溪C区块总工程量的20%。完成C区1号楼7层浇筑、2号楼6层浇筑、3号楼5层浇筑、4号楼5层浇筑、5号3层浇筑；完成D区块结顶、砌体，结束6～11号楼抹灰，完成地下室主楼部分顶板腻子100%、车库部分腻子50%。

【其他搬迁改造】 会同县自然资源局以及所属乡镇，落实花桥乡、前吴乡、杭坪镇等地252户因地质灾害需要异地搬迁至珠红新区的安置工作。协助黄宅镇完成上山文化村建设前期工作，浦口村风和自然村98户计222人的整体搬迁工作；协助仙华街道完成对登高自然村三个批次185户计652人的整体搬迁及第一、二批次100余户搬迁村民的安置房分房工作；协助浦阳街道完成对善庆村桃岭自然村131户计330余人的整体搬迁项目；协助虞宅乡对马岭脚村部分搬迁异地公寓安置的政策制定。对浦阳街道清水沿、倒米岭脚两个自然村53户涉及搬迁户，做前期数据收集、草拟搬迁初步方案并加以完善。

（黄琪琪）

## 城乡环境卫生

【概况】 县执法局深入开展源头减量、回收利用、处置能力提升、制度创制、文明风尚五大专项行动，围绕"双零"工作目标，贯彻全市垃圾革命"争前三"的工作要求，全品类、全覆盖、全流程推进垃圾分类工作。

【垃圾分类】 全县建成投用投放点112个，拟新建投放点120个，实现城区"两定四分"全覆盖。通过"执法智慧监管+街道社区网格监督+专人定时定点督导”三级监督体系，建立科学长效的分类和监管模式。同时，创建7个省级高标准垃圾分类示范小区、1个示范片区和2条试点商业街。创新“氛围足、标识对、设施齐、分类准、监督好、台账齐、规范运”21字工作法，全面创建机关企事业示范单位。

**【垃圾回收】** 推动回收网络建设，做好中低附加值的“应收尽收”这篇文章，以开放式“两定四分”投放点建设、上门预约式回收服务等创新举措为抓手，“两网融合”深化回收利用专项行动，完成再生资源回收率45%目标。在城区建立1个再生资源回收（换购）中心和4个回收站点，设立再生资源预约回收点280余个，构建全域回收网络体系。统一委托现有市场化保洁公司，开展高价回收和低价换购，以及预约式精准收运和低附加值可回收物的兜底回收服务。实现政府“零补贴”、市场化兜底运营和资源化利用积极性提升的多赢局面。

**【“城管进社区”活动】** 结合“城管进社区”活动，以动态巡查、重点督查、夜间抽查、群众举报等多种方式，形成“环卫橙”“志愿红”“执法蓝”三色联动机制。对未分类投放、不按规定运输、不履行管理职责等行为严查严处，办理垃圾分类、环境卫生案件2659起。通过电视、网络、报纸等媒体予以曝光，起到“执法一处、带动一片”的良好效果。开展行政村、社区环境卫生、垃圾分类“双随机、一公开”月度检查18期，累计评选出12个黄牌警告村、3个黄牌警告社区，发放整改提醒单288份，城乡环境卫生面貌有较大改观。

局领导带队开展“双随机、一公开”月度检查

**【垃圾分类达人挑战赛文艺会演】** 7月30日，加百列杯·浦江县垃圾分类达人挑战赛文艺汇演暨深化垃圾分类“八进”活动启动仪式在文化广场举行。县委常委、宣传部部长徐利民，县人大常委会副主任朱晓飞，副县长周建丰，县政协副主席胡晓红，各机关部门、乡镇街道、社会团体组织及垃圾分类达人约350人参加活动。

垃圾分类达人挑战赛文艺会演暨深化垃圾分类“八进”活动启动仪式

## 小城镇环境综合整治

**【小黄坛垃圾焚烧厂投入运营】** 2020年，县执法局为降低新冠肺炎疫情不利影响，统筹部署，推动项目第一时间复工，在确保质量和安全的前提下，加班加点抢抓进度，提前完成年底前建成投产的目

标。小黄坛焚烧厂于9月开始接收垃圾进场，1号和2号焚烧炉相继于10月和11月点火启炉试运行焚烧垃圾和并网发电。11月，完成“72+24小时”满负荷试行后，垃圾焚烧厂投产运行。垃圾焚烧厂投产后，每日可焚烧生活垃圾800吨，处理餐厨垃圾60吨，实现浦江县生活垃圾“零填埋”。

浦江县小黄坛垃圾焚烧发电厂

【“三改一拆”】 县执法局部署并完成小微企业违建摸排，共排查5133家企业，发现生产、消防安全隐患问题36家，完成整改36家。完成全县系统存量违建“清零”任务和年度“三改一拆”任务数，拆除501宗，建筑面积14.44万平方米；旧住宅改造910户，建筑面积10.24万平方米；旧厂区改造13户，建筑面积17.28万平方米。12月9—11日，市“三改一拆”办自

无违建乡镇考核验收

然资源执法支队副支队长丁纪红领导带队到浦江进行“无违建乡镇（街道）”考核验收。

【“四边三化”】 推进“四边三化”工作，全年开展34次全域巡查，22次专项巡查，处置和交办乱拉横幅、乱搭建和青山白化等各类问题300余处，整改完成率100%。完成“四边三化”精品道路351国道、210省道的评审验收，其中浦江县351国道浦江段（郑宅—联盟）获评省级特色精品道路和省级绿化美化精品道路。11月24日，省公路与运输管理中心副调研员张珮带队到浦江，对351国道和210省道浦江段道路进行评审验收。

（盛能忠）

## 住房公积金管理

【概况】 2020年，全年新增住房公积金缴存人数4316人；归集住房公积金5.40亿元，同比增长7.32%，全县建立住房公积金人数48715人，住房公积金归集余额15.69亿元。支取住房公积金4141人次计4.68亿元，同比增长39.17%，住房公积金支取额占全年住房公积金缴存额的86.77%，累计支取住房公积金24.49亿元。发放个人住房公积金贷款651户计3.6亿元，同比增长75.88%，个人住房公积金贷款余额占住房公积金余额的91.95%，累计发放个人住房公积金贷款7785户计27.59亿元，贷款余额为14.43亿元，贷款逾期率为0。全年住房公积金业务收入5222.42万元，业务支出2588.07万元，增值收益2634.35万元，提取风险准备金1580.61万元，提取廉租住房补充资金761.84万元，上缴县财政局廉租住房补充资金542.04万元。

**【住房公积金政策实施和调整】** 根据《关于妥善应对新冠肺炎疫情进一步实施住房公积金阶段性支持政策的通知》文件，6月30日前，实施新冠肺炎疫情防控期间住房公积金阶段性支持政策。5月20日，调整个人住房公积金贷款政策。在规定的贷款比例和最高贷款限额内，住房公积金贷款额不超过贷款申请时申请人及配偶各自公积金账户余额的20倍。二手房申请住房公积金贷款，二手房房龄与贷款申请人的申请年限相加不超过40年。根据《关于做好浦江县城区既有住宅加装电梯提取住房公积金有关工作的通知》，6月17日起，浦江县城区既有住宅加装电梯可提取住房公积金。根据《关于调整2020年浦江县住房公积金缴存工资基数的通知》，7月1日起，全县住房公积金缴存基数调整。机关、企事业单位住房公积金缴存工资基数范围为1800～25458元，月缴存额最高为6110元，最低为180元。个体工商户、自由职业人员住房公积金缴存工资基数范围为4865～25458元，月缴存额最高为6110元，最低为486元。无房职工提取住房公积金支付房租由原来的每年1.55万元提高至每年2.4万元。

**【"最多跑一次"】** 2020年，金华市住房公积金管理中心浦江分中心（简称"浦江分中心"）推进"最多跑一次"改革工作，公积金29个服务事项对接政务2.0平台，全年受理线上业务70667件，网上受理率91.08%。实现"长三角"地区公积金业务"互联互通"；实现公务员一件事、事业一件事、退休一件事、逝者身后事、企业开办一件事等"一件事"部门联办，全年通过"一件事"平台办理业务3155件；实现公积金贷款"一件事"线上办，组合贷款"跑一次"，公积金开户、转移、封存、启封、提取业务"零次跑"；实现住房公积金业务"就近办"，全县延伸网点总数49家，银行承办业务从公积金开户、提取到贷款业务全面受理。

**【竞争性存放招标】** 根据《浦江县县级行政事业单位公款竞争性存放管理办法（试行）》，4月23日，浦江分中心对住房公积金资金定期存款进行公开招标，存放金额6000万元。按照综合评分法的原则，工商银行浦江支行、农业银行浦江县支行、建设银行浦江支行、浦江农商银行中标。6月11日，住房公积金资金定期存款公开招标，存放金额4850万元。按照综合评分法的原则，工商银行浦江支行、农业银行浦江县支行、建设银行浦江支行、浦江农商银行中标。9月24日，住房公积金资金定期存款项目公开招标，存放金额6000万元。按照综合评分法的原则，工商银行浦江支行、农业银行浦江县支行、建设银行浦江支行、浦江农商银行中标。11月10日，住房公积金资金定期存款项目公开招标，存放金额4000万元。按照综合评分法的原则，工商银行浦江支行、农业银行浦江县支行、建设银行浦江支行、浦江农商银行中标。12月22日，住房公积金资金定期存款公开招标，存放金额2670万元。按照综合评分法的原则，工商银行浦江支行、农业银行浦江县支行、建设银行浦江支行、浦江农商银行中标。

（方　芬）

## 综　述

【概况】 2020年，浦江县自然资源和规划局围绕县委、县政府“五大战略”“九篇文章”和“三大攻坚年”目标任务，推进疫情防控和自然资源重点工作落实，完成年度目标任务，实现“十三五”发展目标。

优化“三服务”举措，发挥“会商会办”制度优势，解决问题287个。深化“最多跑一次”改革，推进“互联网+不动产登记”工作，实现一般登记3个工作日，抵押登记1个工作日办结，一般商品房交易登记1个工作日办结，申请材料压缩至3件以内，群众办理环节压减至1个以内。实施工业用地全生命周期管理降低企业用地成本，出台《关于加强工业用地全生命周期管理的实施办法(试行)》，提升项目招引质量，遏制炒卖工业用地行为，降低企业用地成本。

县自然资源和规划局被浙江省委、省政府评为“森林浙江”建设工作突出贡献集体，被浙江省林业局评为浙江省林业产业先进集体，被浦江县委、县政府授予2020年度综合考核工作优秀单位，保留浦江县文明单位荣誉称号。

【土地管理】 2020年，浦江县自然资源和规划局加大土地整治力度，完成垦造耕地60公顷，完成率110%；垦造水田(含旱改水)53.33公顷，完成率153%；建设用地复垦6.66公顷，完成率125%；耕地耕作层剥离40公顷，完成率500%。推进全域土地综合整治与生态修复工程，项目完成1个(檀溪镇洪山村等2村)，正在实施3个(檀溪镇寺前村等3村、郑家坞镇朱路村等5村、黄宅镇上山村等10村)，计划实施3个(白马镇嵩溪村等4村、杭坪镇杭坪村等7村、檀溪镇罗家村等3村)，实施方案获省级批复，其中白马镇嵩溪村等4村全域土地综合整治实施方案作为3个市优秀方案之一向副省长彭佳学进行汇报。完成第三次全国国土调查数据成果更新，最终成果通过国家级、省级第三次全国国土调查领导小组办公室核查，初始调查阶段国家级核查差错率为0.01%，列全市第一位。

【用地保障】 2020年，增加建设用地指标161公顷，规划空间指标90.36公顷，林地占用指标54.82公顷，耕地占补平衡指标113.33公顷，保障各类基础设施、工业、农业和民生项目落地。盘活资源要素“存量”，全年消化批而未供79.54公顷，完成率

216%；盘活存量54.5公顷，完成率109%；低效用地再开发56.24公顷，完成率106%。供好“两块地”，全年新供工业用地45宗67.27公顷，“标准地”出让率96%；出让商住用地57宗40.23公顷，土地出让金收入36.96亿元，同比增长93.8%。

【资源保护】 落实耕地保护激励机制，发放2020年度耕地保护奖补资金1572.13万元。推进地质灾害整体“智治”提升，实现地质灾害防治从“静态隐患点管理”到“动态风险管控”转变，2020年，地质灾害应急响应47次，出动146人次，开展地质灾害隐患点工程治理3个。强化生态公益林管理，发放2020年度森林生态效益补偿资金2021.88万元。加强森林防火宣传，全年接森林火警20次，发生森林火灾1次，过火面积6.9公顷，森林火灾受害率低于0.8‰。加大有害生物防治力度，投入资金1350万余元，清理2019—2020年枯死松木3.32万吨，完成松树打孔注药1.8万株，完成全年度松褐天牛测报和松材线虫病秋季普查。完成“十四五”采伐限额编制，审批木材6.06万立方米。完成建设项目林地占用报批27个，计110.3公顷。开展林地事中事后监管75次，开展林业“双随机”执法工作16次。新冠肺炎疫情防控期间，全县禁止野生动物交易，下发《关于禁止野生动物猎捕和交易通告》，全年救助野生动物88次，其中国家二级保护动物35只，投放人工繁育的义乌小鲵400余尾。完成仙华山风景名胜区总体规划编制初稿和浦江县自然保护地整合优化工作，方案获浙江省林业局通过并上报国家林业和草原局；完成诗画文化中心及配套用房建设工程、郑宅镇传统文化研学营地建设项目、薛家生态园一期项目等重点建设项目。加强浦阳江国家湿地公园（试点）管理，准备国家林业和草原局复检的各项工作。

【执法监察】 2020年，浦江县自然资源和规划局推进农村乱占耕地建房问题专项整治，控制耕地非农化，落实政治任务，部署、推进农村乱占耕地建房问题专项整治三年行动，全年摸排图斑15194宗，经分析研判后确定上报违法房屋95宗，涉及面积2.82公顷。

【安置区工作】 实施农民安居工程，完成地质灾害搬迁安置区3个（岩头镇一期、岩头镇二期、白马镇）和无房户集聚安置区主体工程建设2个（白马镇、檀溪镇）。统筹用地指标保障农民建房，安排农民建房专项指标5.80公顷，全年解决无房户、缺房户423户。加快农房确权登记发证工作，完成权籍调查144348宗，成果全部入库，新增登记发证数4040宗。

【城乡规划】 推进国土空间总体规划编制，形成县级国土空间总体规划初步方案阶段成果，提出大、中、小三套建设用地模拟方案。完成“双评估”“双评价”“三区三线”评估与划定研究、县域产业空间布局专题研究、国土空间综合整治与生态修复专题研究、义浦同城化发展策略研究6个专题研究。上报浦江县生态保护红线评估调整方案，等待国务院批复；上报浦江县自然保护地整合优化方案，等待国家林业和草原局审定。

【春季绿化造林】 开展“新增百万亩国土绿化行动”，全年新增国土绿化和“落地上图”面积316.67公顷，完成率121.8%。推进“百万株珍贵树五年行动”，全年种植珍贵树20.9万株，建立示范点2个、示范单位2家，完成率100%。建成浙中生态廊道白马段浦阳江彩色林带5千米。

【创建国家森林城市】 推进国家森林城市创建，印发《浦江县创建国家森林城市工作实施方案》，完成创建国家森林城市评估工作的招标，并启动评估工作。创建省级森林城镇（中余乡）1个，实现省级“森林城镇”全覆盖，建设“一村万树”示范村7个，创建市级森林村庄11个，申报浙江省森林氧吧（大畈乡上河村）1个、浙江省生态文化村（花桥乡塘波村）1个。

【林业产业】 2020年，全县香榧鲜蒲产量1000吨，油茶鲜果产量35吨；发展林下经济13.33公顷；发放县农发资金项目补助317.77万元、中央财政林业贴息贷款17.8万元；推广“一亩山万元钱”实用新技术，全年新建培育93.33公顷、辐射推广266.67公顷、巩固深化433.33公顷，总计793.33公顷，被浙江省林业局列为“一亩山万元钱”智慧平台试点县。推进林业技术推广工作，开展集中培训5次计300余人，送科技下乡服务94次。监管食用林产品，完成省级抽检香榧13批次、油茶8批次、组织开展县级抽检工作，完成抽检春笋20批次、土壤10批次、油茶8批次，合格率100%。

（郑燕颖）

## 环境质量

【概况】 2020年，浦阳江上仙屋出境断面水质均值稳定达到地表水Ⅲ类标准，壶源江保持Ⅱ类水质标准；全县51条支流水质全部达到或优于Ⅲ类标准；金坑岭水库、通济桥水库、仙华水库均达到Ⅱ类及以上水质标准，符合饮用水源水质要求。全年城区环境空气优良率97.5%，同比上升4.6个百分点。细颗粒物（$PM_{2.5}$）浓度26微克/立方米，同比下降16.1%。城市区域噪声均值为55.8分贝，7个城市功能区噪声监测点的达标率100%。监测交通声环境道路达标路长17650米，道路交通噪声平均等效声级为66.6分贝。

浦江县连续6年获浙江省“五水共治”（河长制）工作优秀县（市、区）“大禹鼎”，省生态环境质量公众满意度连续4年位居全省前五、全市第一，省“五水共治”工作群众满意度连续4年居全省前三、全市第一。浦阳江入选全国首批7个美丽河湖优秀案例。金华市生态环境局浦江分局被国务院第二次全国污染源普查领导小组办公室评为第二次全国污染源普查表现突出先进集体，被省政府评为浙江生态省建设突出贡献集体，荣立集体三等功。浦江县生态环境保护综合行政执法队参加全国环境执法大练兵知识竞赛，获全省第一名。

【美丽河湖优秀案例▲】 7月29日，生态环境部召开首届美丽河湖、美丽海湾优秀案例征集活动媒体座谈会，浦阳江作为全国7个美丽河湖典型案例之一在会上作经验交流，浦阳江的治水经验受到生态环境部总工程师张波的肯定，人民日报社、新华社、等13家国家级新闻媒体、中央电视台以及参会的省（区、市）代表也一致点赞浦江县美丽河湖建设工作。

▲美丽河湖、美丽海湾优秀案例征集和推广宣传活动由生态环境部组织，每年生态环境部都会根据公众评议投票结果和专家评议，择优确定全国美丽河湖、美丽海湾优秀案例，并对外推广宣传，旨在深化全国流域环境和海洋环境治理，集中体现建设美丽中国的好经验好做法。

## 环境综合治理

【水环境综合治理】 推进“河（湖）长制”提档升级，推行“临时河长”全民制模式，鼓励游客扮演“临时河长”参与监督。采用高层隔油池、简易收集池、窨井盖塞简易毛发收集器等措施落实“六小行业”污水排摸整治工作。全面完成12个工业园区(工业集聚区)计1232家企业的“污水零直排”建设工作,全域“污水零直排区”通过市级验收。4座污水处理厂提标扩容和清洁排放工程达到浙江省清洁排放标准。建立《浦江县断面水质防反弹联合工作机制》,引进水质走航监测车,实时掌握水质监测结果,实现智能化、科学化、可视化水环境治理。在污水处理厂提标改造期间,每日对浦阳江开展预警预测,出具水质分析日报280期,研判水质现状和趋势。完成浦阳江生态缓冲带划定和生态修复试点方案及浦阳江国家级湿地水生物多样性调查。

【大气污染防治】 2020年,实施$PM_{2.5}$和$O_3$“双控双减”行动方案,运用激光雷达、无人机、空气自动站、道路扬尘监控、走航车等监测手段建立“点、面、域”监测体系。实施红、橙、黄、绿“四色法”,对各乡镇(街道)空气质量进行预警通报及排名。开展乡镇级大气污染源解析工作,实现大气污染防治精准治污、靶向施测。完成6个重点行业VOCs治理减排、22个重点行业VOCs源头替代项目及184家涉VOCs排放企业工业废气治理工作。淘汰城市建成区内1台生物质锅炉,提标改造33台生物质锅炉,低氮改造36台燃气锅炉,深度治理5台工业炉窑。淘汰营运柴油货车44辆,清洁能源车比例超80%,安装联网150辆重型柴油车尾气远程在线监控设备。

【土壤固废污染防治】 印发《浦江县“无废城市”建设实施方案》,全年完成8个建设项目及25个指标任务。以“二污普”数据为底数,排摸3858家企业固废工作并录入浙江省固体废物信息监管系统。小微企业危险废物收集、贮存、转运中心启动收运,一般工业固废收集、分拣、资源化利用中心基础建设完工。完成16家重点行业企业用地采样布点方案。4个农用地土壤超标点位“对账销号”,开展15家企业土壤和地下水自行监测工作。

## 环境管理执法

【环境执法】 实施“双随机”执法机制,开展检查9次计181家企业(单位)。结合中央生态环境保护督察及全省环境执法大练兵活动,组织全县生态环境突出问题“大排查、大整治”专项行动3次。强化部门联动,开展“清水斩污”、化工行业、涉VOCs排放企业重点领域专项整治22次,全年出动执法人员6430余人次,检查企业2270余家次,下达行政处罚决定书36份,罚款金额536余万元,查封扣押1期,移送公安机关6起,行政拘留2人。建立实行环境信访领导包案制度,接待和处理重点访、重复访,全年受理群众投诉420件,满意率100%。

【环境管理】 推进金属表面科技产业园建设。制定下发《印染、工业涂装、印刷等行业VOCs治理检查表》《企业环境有序管理要点》,服务指导重点行业做好污染防治工作,等标化改造重点排污单位自动监控设施及安装视频门禁设备,指导重点排污单位完成自行监测任务并进行公开,通过重点企业超低环保电价县级初审,制定《浦江县第二轮安全生产综合治理三年行动计划实施方案》,与26家重点企业签订安全生产目标责任书。

**【体制机制改革】** 实行局队合一制度，制定实施《浦江县生态环境保护综合行政执法改革实施方案》。实施环评审批正面清单和环评告知承诺制，实现建设项目环评审批3个100%，审批时限从平均30日缩短至3日。创新实施“一三五”工作法，完成排污许可发证登记工作。签订《义乌—浦江生态环境保护战略合作备忘录》，探索县域间生态环境保护一体化制度创新模式。建立轻微生态环境损害赔偿制度，追偿立案调查3起，达成赔偿协议2起，赔偿到位2起，赔偿额计8万元。

**【环保督察问题整改】** 9月1日至10月1日，中央第三生态环境保护督察组对浙江省开展为期一月的第二轮中央生态环境保护督察。下沉督察期间，共交办信访件37件（含重点件1件），完成整改34件（含重点件1件），其余两件市级层面分办件均按时完成整改。第一轮中央环保督察反馈问题4个，3个已完成整改并销号，1项按时序推进中。省环保督察反馈问题20个，19个问题完成整改或达到时序进度。

**【服务企业】** 采用“党建+服务”模式，创建“碧水蓝天”青年突击队党建品牌和“重点企业（园区）环保服务员”制度，对6个园区和34家重点企业安排工作人员一对一服务，全年服务企业120家次，出动人员400余人次，解决难题30余个。出台《浦江县“环保管家”服务管理办法（试行）》，排查园区4轮，服务企业2200次。落实“企业环保咨询日”制度，将金属表面科技产业园建设项目列入服务重点，每周召开工作例会共33次，解决问题20余个。组织印染企业到义乌交流学习定型及废气治理相关技术，开展培训课程，为企业解读环境管理、环境风险点管控等相关内容。

**【环境宣教】** 借助生态环境新媒体宣传平台，发布信息200余条。组织开展“美丽中国 我是行动者”为主题的“6·5”世界环境日宣教活动，联合多部门完成五水共治溯源寻踪活动、“义浦同城”环保开放日、公益短信宣传、“人之变”和翠湖湿地公园鱼种放流等系列子活动。以翠湖湿地公园、治水主题馆为载体，发挥线上线下融合优势，打造“云参观”线上平台，全年直播在线参与人数超3万人次。组织县内5000余名四年级学生开展“环保日记”系列活动，形成以学生带动家庭、以学校辐射社会的联动效果。

（黄　东）

# 工 业

## 综 述

【概况】 2020年，全县实现工业总产值432.42亿元，同比增长5.7%；规模以上工业总产值174.93亿元，同比增长5.8%；规模以上工业增加值35.07亿元，同比增长4%，全市排名第七位；工业投资27.62亿元，同比增长9.4%，增幅全市排名第五位；实际利用外资1462万美元，完成率194.93%，全市排名第一位；引进内资44.85亿元，同比增长0.3%，列全市第六位。

全县有规模以上工业企业368家，净增规模以上企业58家，其中亿元企业31家，10亿元企业2家（国网浙江浦江县供电有限公司、浙江亚特新材料有限公司）。加大企业扶持力度，兑现2019年度企业升级奖、装备提升奖励、数字经济发展、绿色制造、企业自主创新、境内外参展奖励、出口奖等工业政策奖励资金19144.93万元。

【保障全县防疫物资】 2月，县经济商务局成立新冠肺炎疫情防控物资保障专班，按照底数更清、补货更快、配货更实、应急更早的要求，开展应急物资保障等防控工作。打通国外防疫物资采购渠道进行物资购买，采购人员冒着被感染的风险到外地抢购防疫物资。全年累计采购或受赠各类口罩371万只、消毒液4.1万千克、一次性手术帽2.3万只等应急防疫物资；累计发放各类口罩371万只、消毒液4.1万千克、防护服2.2万件、测温仪847个等大批应急防疫物资。组织条件具备的企业转型生产，协调推动浙江景程无纺布有限公司、浦江鑫泰无纺布有限公司、浦江县兰美诺防护用品有限公司和浦江县一正文具制造有限公司等企业利用自身优势，转型生产防护口罩，实现口罩生产从零供给向自给自足跨越。浦江县防疫物资采购工作专班和经济商务局助企服务团先后被市评为"战疫先锋"团队。

【助力企业复工复产】 通过简化企业复工审批手续，累计对8批次794家企业进行备案，快速有序推进企业复工复产。第一时间为企业提供防疫物资，为企业开复工保驾护航，累计保障企业防护口罩67.8万只、消毒液31吨、额温枪182把。搭建政企"连心桥"，依托"4+2"联心服务团，对全县310家规模以上企业、155家重点培育企业进行一对一包干驻企指导服务，共同抓好疫情防控和企业复工复产工作，解决企业难题685件。截至12月，浦江县企业开复工率、电力指数连续排名全市第一位。

【提前兑现工业扶持政策】 按照“即报即审”的原则，优化兑现流程，加快兑现进度，提升兑现效率。4月30日，提前5个月兑现工业扶持政策资金2.41亿元，同比增长170%，惠及企业684家，缓解企业资金需求压力。

【组建专班】 5月，浦江县设立工业、出口、消费3个专班，各专班办公室设在县经济商务局。5月12日，县工业、出口、消费专班抽调县文广旅体局、市场监督管理局、税务局、浦江开发区、县融媒体中心、浦阳街道、中余乡等单位工作人员7名，落实到位专班工作场地和办公设备，开始实体化办公。5月20日，县委、县政府下发三大专班工作方案，按照“季目标、月评比、专班干、重激励、争高分”的要求，明确工作目标和工作举措，确定工作机制；建立任务清单，排摸工业、出口、消费存量及增量挖潜方向，倒排工作进度，在“保底线”和“争高分”上双向发力；对标省市评价体系，聚焦考核指标及重点工作，排出每周工作计划，落实落细任务清单，将各项指数内容落实到具体企业、具体项目、具体点位上。

【数字化改造】 2020年，浦江县新增市两化融合重点项目7个、数字化车间示范项目5个、“物联网工厂”示范项目1个。建设市两化融合重点项目3个和数字化车间示范项目1个，全部通过专家验收。浙江安保龙智能安防科技有限公司、浙江浦江梅花锁业集团有限公司获评省第四批上云标杆企业，浙江物产环能浦江热电有限公司获评省第六批大数据应用示范企业。《杭机股份5G+高精磨床云智造项目》获工信部主办的5G应用征集大赛第三名，取得国家专项资金补助。“企业数字化改造、行业平台化服务”改造提升项目累计17家，10家试点示范企业通过阶段性验收，其中9家企业全年产值合计24.13亿元，产值达到全县规模以上企业一成以上。2020年，浦江县数字经济核心产业制造业增加值累计1.9亿元，增速22.7%，位列全市第四位。

【重点领域专项整治】 2020年，开展“低散乱”问题企业整治和淘汰落后产能工作，整治“低散乱”企业130家，淘汰落后产能涉及企业8家。加快推进绿色循环低碳发展，创建清洁生产企业7家，省级节水型企业2家。开展成品油市场专项整治工作，共查处安全隐患5处，发放整改书5次。

【小微园区建设】 2020年，全县通过省认定小微园8个，分别为水晶园区、东部挂锁园（一期）、西部挂锁园、科技创业园、白马服装针织园、智联电商园、金华万洋众创城文教玩具小微园、金华万洋众创城纺织服饰小微园。6月18日，浦江县“四个坚持”推进小微企业园建设提升做法和成效，得到副省长高兴夫的批示肯定；7月28日，全省小微企业园建设现场推进会上，浦江县就小微企业园建设做“浦江县‘四个坚持’打造升级版小微企业园，助推小微企业高质量发展”的交流发言；8月7日，全市小微企业园区建设现场会在浦江召开，会议旨在贯彻落实省、市加快小微企业园高质量发展的决策部署，总结交流小微企业园建设的经验做法，促进小微企业园扩量提质，打造小微企业高质量发展的基础性平台。

【“亩均论英雄”改革】 2020年，评价2019年度工业企业784家，A类企业79家，B类企业494家，C类企业169家，D类企业42家。全县工业企业亩均税收10.33万元，比2018年度提高了3.25万元，同比上升45.9%。其中，规模以上企业亩均税收14.24万元，比2019年11.48万元提高2.76万元，同比增长24.06%。推进资源要素差别化政策，通过实施差别化水、电价，处置D类企业37家，处置完成率88.1%。

【企业梯队分类培育】 2020年，全县实行企业梯队分类培育。实施“小升规”企业培育计划，全年净增“小升规”企业58家，规模以上企业总数368家。浙江万赛汽车零部件股份有限公司、浙江一正文化用品有限公司、浙江浦江三建工具有限公司被评为省“隐形冠军”培育企业，浙江浦江梅花锁业集团有限公司、浙江万赛汽车零部件股份有限公司被评为市“隐形冠军”企业。全年新增股份制企业9家，浙江省股交中心挂牌12家。

【工业投入】 2020年，工业投资完成27.62亿元，同比增长9.4%，制造业投资完成21.79亿元，同比增长34.7%。浙江杭机股份有限公司磨床智能制造产业化建设项目、浦江三思光电技术有限公司、浦江鑫泰无纺布有限公司年产6000吨SMS无纺布和年产7000万只非医用口罩生产线技改项目3个项目入选2020年度省“四个百项”重点技术改造示范项目计划。推进香港聚丰集团水晶佛像及工艺酒具项目、恒昌集团有限公司年产3万吨功能性再生纤维制造项目等十大工业技改项目，全年完成投资4.8亿元。

【技术创新】 2020年，全县推进创新平台建设，全年备案浙江省工业新产品新技术65只。浙江浦江伯虎链条股份有限公司“汽车防滑链”被评为2020年度“浙江制造精品”。浦江三思光电技术有限公司、浦江中宝机械有限公司被评为市企业技术中心。

【企业培训】 实施企业家素质提升工程，对全县规模以上企业的企业家和高管进行多形式、分类别、多途径的轮训。全年的培训主要分为企业上规辅导班、数字经济提升班、专家大师分享会、省内考察游学、企业家沙龙五个部分，重点围绕疫情下如何使企业保稳定促增长、企业数字化智能化改造、企业精细化管理、互联网+经营销售新模式等领域和内容，全面提升企业家和经营管理人员的综合素质，增强企业战略管理能力、经营决策能力、市场运作能力和开拓创新能力。2020年，组织义乌货郎先生对接考察、“生命的意义”主题沙龙、《工业大数据时代下的智能制造》、新昌湖州杭州游学考察、《企业精细化管理实施》等培训12场，培训企业家400余人次，企业高管2000余人次。

【中小微企业创新创业大赛】 7月7日，2020年“创客中国”浙江好项目·浦江赛区中小微企业创新创业大赛在县融媒体中心演播大厅举行。大赛在浙江省经济和信息化厅、金华市经济和信息化局的指导下，由县经济商务局主办，浦江县中小企业公共服务平台承办。浙江浦江伯虎链条股份有限公司的汽车轮胎防滑装置——防滑链项目、浙江百马锁业有限公司的智能锁芯项目以及浙江慧筑材料科技有限公司的薄壁多孔装配式保温砌块项目获前三名，并推荐入选金华市复赛，其中伯虎链条的汽车轮胎防滑装置——防滑链项目获金华市决赛第一名。

【2020浦江·第12届水晶玻璃产业博览会】 10月29日，2020浦江·第12届水晶玻璃产业博览会开幕

式在水晶小镇晶彩广场举行。浙江省政府原副省长、省政协原副主席、长三角(浙江)民营经济研究会会长王建满出席并宣布开幕。中国日用玻璃协会理事长郑舞虹、金华市政协副主席荣安华出席并讲话。县委书记程天云致辞。县委副书记、县长俞佩芬主持开幕式。与会领导为2020·中国水晶玻璃工艺创意大赛获奖者颁奖。水晶玻璃产业博览会为期3天,由中国日用玻璃协会、浙江省经济和信息化厅、浙江省商务厅、中国国际贸易促进委员会浙江省委员会主办,浦江县人民政府承办。以"创新智造 晶彩未来"为主题,采取线上+线下活动的形式,突出体验式的展览概念。由开幕式、创意大赛作品展、当代玻璃艺术大师作品展、水晶玻璃产业产品展览、2020浙江国际服务贸易(浦江)展览、交流洽谈专场活动、水晶品牌秀活动、工艺技能展示8项活动组成。

10月29—31日,2020中国浦江·第12届水晶玻璃产业博览会

## 主要行业

【制锁行业】 2020年,全县制锁业有企业331家,规模以上企业13家。全行业实现工业产值44.2亿元,实现出口交货值13.1亿元,利润总额2.4亿元,规模以上产值6.1亿元。浙江省浦江吴氏锁业有限公司、浙江金垒锁具制造有限公司等15家企业参加了2020浙江金华出口网上交易会(越南站——五金工具专场);浙江浦江梅花锁业集团有限公司、浙江浦江雷力仕锁业有限公司等15家企业参加了第26届中国义乌国际小商品(标准)博览会;浙江百马锁业有限公司参加了第11届中国(永康)国际门业展览会、第22届中国建博会、第20届成都建博会现代锁业联合展和2020年浙江国际优品"海淘会"。

【绗缝制品行业】 2020年,全县绗缝制品业有企业424家,规模以上企业62家。全行业实现工业总产值33亿元,出口交货值26.3亿元,规模以上产值20亿元。浙江千百卉家纺有限公司、浦江康佳工艺品有限公司等18家企业参加中国国际家用纺织品及辅料(秋冬)博览会;浦江睿铭家纺有限公司、浦江温馨家纺工艺厂2家企业参加2020年法兰克福家纺展;浙江浦江金龙工艺有限公司、浦江康佳工艺品有限公司2家企业参加2020中国国际电子商务博览会暨数字贸易博览会。

【水晶制品行业】 2020年,全县水晶制品业有企业508家,规模以上企业39家。全行业实现工业总产值60.9亿元,出口交货值15.8亿元,利润总额1亿元,规模以上产值10亿元。浦江多艺水晶珠宝有限公司、浦江县玮瓒工贸有限公司等10家企业参加2020摩登上海时尚家居展;浙江浦江晶盛水晶有限公司、浦江县圣火工贸有限公司等20家企业参加第26届中国义乌国际小商品(标准)博览会。

【针织品行业】 2020年,全县针织品业有规模以上企业28家,产值8.8亿元。全行业实现工业总产值

43.5亿元，出口交货值16.6亿元，利润总额1.4亿元。

**【服装行业】** 2020年，全县服装业有规模以上企业61家，产值18.1亿元。全行业实现工业总产值79.5亿元，出口交货值26.3亿元，利润总额3亿元。

**【化学纤维行业】** 2020年，全县化学纤维业有规模以上企业3家，产值10.5亿元。全行业实现工业总产值11.6亿元，利润总额0.5亿元。

## 企业选介

**【浙江杭机股份有限公司】** 浙江杭机股份有限公司以生产各类高端精密磨床为核心产业，公司产品广泛应用于精密零件加工、航空航天、国防军工、汽车、机械、3C电子、制冷设备、包装等行业。2020年，完成国家重大专项"2018ZX04015001-002超大口径光学超声磨抛加工技术及装备"所需的HZ-101CNC非球面超精密铣磨设备、HZ-102CNC多自由度快速研抛机床的研发和制造工作。启动口罩机项目及相关零部件的研发制造工作，杭机旗下的"浦天"牌口罩成功出产。参与浙江省重点研发计划"精密与超精密数控机床"专项"精密数控机床数字孪生系统研发及应用"项目。2020年，产值1.40亿元，利润1.96亿元，投资额5.05亿元。浙江杭机股份有限公司获2020年第三届"绽放杯"5G应用征集大赛全国三等奖，2020年第三届"绽放杯"5G应用征集大赛浙江分赛二等奖，2020年浙江省新基建应用场景创新大赛二等奖，2020年金华市工业互联网大赛三等奖；入选2020年浙江省数字经济"五新"优秀案例；被评为2020年金华市"物联网工厂"示范单位，浦江县2020年"智能化改造标杆企业""科技创新先进企业"。

**【浦江三思光电技术有限公司】** 浦江三思光电技术有限公司创办于2008年5月，总投资1.25亿元，建成厂房面积36000平方米，主要从事LED照明、LED显示屏的研发、制造和销售等及相关技术咨询。公司生产的LED科技产品应用到美国纽约时代广场、港珠澳大桥、中国国际进口博览会、中国航天飞行控制中心、北京城市副中心、西昌卫星发射中心、中国上海世界博览会开闭幕式、G20杭州峰会等超过1万项国内外大型标志性工程上。2020年，产值3.9亿元，利润5570万元，投资额5000万元。浦江三思光电技术有限公司被授予"金华市模范集体"、浦江县"2020年慈善捐赠先进单位"称号；被评为"全国百佳质量检验诚信标杆企业"、浦江县"智能化改造标杆企业"、浦江县"安全生产标准化三级企业"，浦江县"纳税三十强"企业。公司为资信等级AAA级企业，公司产品被认定为"全国质量检验稳定合格产品""全国质量信得过产品"。

**【浙江万赛汽车零部件股份有限公司】** 浙江万赛汽车零部件股份有限公司主要生产汽车、摩托车及工程机械摩擦片，为中国刹车片制造行业的领军企业之一。2020年，产值15200亿元，利润1589万元，投资额1713万元。2020年，公司开始智能化"数字工厂"建设项目，加快陶瓷配方体系验证，研发的环保纳米硅酸钙无铜无锑陶瓷汽车刹车片具有"制动稳定可靠、无噪声、落灰小、寿命长、无铜无污染"等特点。开发国内平台体系1家，经销商33家，外贸成功开发欧洲二线品牌1家。2020年，企业主导起草制订国家标准《电动自行车用制动衬片总成》。

浙江万赛汽车零部件股份有限公司获2020年金华市高成长标杆企业“金豹奖”；被评为省“隐形冠军”培育企业、市“隐形冠军”培育企业、市学习型企业、市商标品牌示范企业；被授予“市级统计诚信示范单位”称号；通过“知识产权贯标”企业认证，创建2020年度省级企业研究院。《摩托车用盘式制动块》被确定为“浙江制造”团体标准。公司产品被认定为市知名品牌、市出口名牌。

**【浙江一正文化用品有限公司】** 浙江一正文化用品有限公司是一家致力制造创意文具的生产型企业，是全国创意文具生产细分市场龙头企业。2020年，完成产值7110万元，利润504万元，投资额12000万元。投入研发费用398万元，获发明专利4项、实用新型专利13项、外观专利12项。浙江一正文化用品有限公司被金华市人民政府评为“金华市专利示范企业”“金华市高新技术企业”和浦江县“纳税百强企业”“科技创新先进企业”。公司商标“一正”为金华市著名商标。

**【浙江浦江伯虎链条股份有限公司】** 浙江浦江伯虎链条股份有限公司主要生产经营汽车防滑链、起重链条、动物链条、装饰链条、圆环链条、畜牧链条等十大系列4000余个规格品种，是中国防滑链标准领衔起草单位、主导制定并发布“浙江制造”标准的企业。公司逐步实现数字化、自动化转型，全面提升信息化应用水平，公司引进和改造生产设备、管理系统，优化工业流水线、生产单元、工作中心，实现智能制造目标。2020年，产值12066万元，利润2651万元，投资额1402万元。全年申请专利28项、增加省级工业新产品1个、县级科技项目1个。浙江浦江伯虎链条股份有限公司被评为“国家高新技术企业”、2020年“省级制造业”与互联网融合发展示范企业、2020年度“浙江制造”精品企业、2020年金华市数字化车间大数据应用示范企业、2020年金华市“隐形冠军”培育企业、2020年金华市商标品牌示范企业、2020年“金华市消费品牌50强”企业。

（张彩彩）

## 电力工业

**【概况】** 2020年，浦江县售电量22.63亿千瓦时；全社会用电量22.19亿千瓦时；工业用电量16.79亿千瓦时，同比降低4.61%；三大传统行业——非金属制品（水晶）、纺织业、金属制品业用电量分别为3.46亿千瓦时、2.26亿千瓦时、2.04亿千瓦时；综合供电电压合格率99.94%；供电可靠率99.98%；线损率3.67%；全社会最高负荷50.63万千瓦，同比增长6.81%。

国网浙江省电力有限公司浦江县供电有限公司（简称“县供电公司”）完成“十四五”配电网规划。投产110千伏义门变和110千伏岩头扩工程。新建10千伏线路19条，改造10千伏线路14条，新增配变容量5.31万千伏安，配网联络率100%。研制并使用金华市首台配网架空线路超声波局放检测仪，实现架空线路隐蔽缺陷的提前预控。增加7条轻载线路综合利用率，回收用户专线2条。完成与诸暨、义乌的线路跨区互联互通。利用退役母线，解决白马变全停改造期间两条10千伏高负载专线无法转供的问题。启动金华市首个“电力+数字”小微园区综合能源战略合作项目。建成金华市首座“电力北斗”地面增强基站。

开展安全生产巡查和第五轮安评，启动安全生产专项整治三年行动。强化电网风险管控，完成21项六级电网风险压降、2214项作业风险管控。推进

15个专项隐患整治工作，发现的1项隐患获省公司安全生产重大贡献奖，3项获市公司安全生产重大贡献奖。开展“到岗到位”828人次，实施现场稽查3228次。成立电力行政执法大队，建立全县电力设施保护联合执法工作机制。组织开展浦江县大面积停电应急演练。助力浦江县全国文明城市创建，开展电力设施安全隐患专项整治，强化设备安全管理。承接110千伏变电站设备检修委托下放工作，完成首次变电站技改项目、首次变电站综合检修工作。加大不停电作业力度，累计开展带电作业1552次，城区取消计划停电。配网管理提升指数95.07%，金华市排名第一位。加强220千伏变电站保供建设，完成金华地区220千伏朱云变电站、丰安变电站第三路所用电源建设投运任务。

开展电力营商环境再提升行动，压降业扩时限，高压业扩全流程平均时长20.59天，同比下降22.3%。打造方案咨询、过程管控、手续代办等一站式服务团队，实现客户“一次都不跑”的目标。落实国家阶段性优惠电价政策，累计为企业减免电费5099.82万元。推进“网融链”服务，帮助企业融资458万元。以供电零故障支撑全县抗疫斗争。助力政府招商引资，营造良好营商环境。开展“千户万灯”公益项目，为30户残疾人家庭改造室内线路。组建通信员团队，成立融媒体工作站，构建意识形态全方位立体化传播平台。

县供电公司连续8年获全国“安康杯”竞赛先进单位称号。党建部许欢欢获国网公司保密竞赛团体二等奖、个人三等奖。安监部陈红星获金华公司援藏先进个人。平湖供电所安全员黄宏伟获金华市“最美家庭”。

【配电自动化管理提升专项行动】 2020年，根据《国网浦江县供电公司配网自动化管理提升行动方案》，县供电公司开展配电自动化管理提升专项行动。排查故障指示器1388套，移装故障指示器230套。配网自动化有效覆盖率指标84.11%，其中架空线路有效覆盖率97.16%，终端在线率99.93%。

【老旧线路专项治理】 2020年，根据《关于印发10千伏老旧线路“三年清零”工作方案的通知》，县供电公司开展10千伏老旧线路“三年清零”行动。全县大部分老旧线路存在运行环境差、维护困难、抗御自然灾害能力不足等问题，县供电公司推进配网线路改造工作，治理设备运行年限20年以上、导线线径小于50平方毫米以及跨鱼塘、大棚、对地（建筑物）安全距离不足的老旧线路，落实线路差异化改造、铁塔化改造、绝缘化改造等措施，消除配网管理短板，提升配网设备健康水平和供电可靠性。全年改造57条线路，改造长度62.2千米，投入资金3360万元。

（范姝玥）

## 经济开发区

【概况】 2020年，浦江经济开发区（简称“开发区”）总规划面积20.26平方千米。一期规划10平方千米建设完工，东至岳塘水库，南至恒昌大道，西至班班大道，北至新浦后公路；二期规划10.26平方千米处于施工建设阶段。开发区有企业2080家，其中规模以上企业195家，落地企业434家，国家级高新技术企业33家，解决就业人口24113人。工业总产值142亿元，同比增长5.19%；规模以上工业总产值106.8亿元，同比增长3.53%；规模以上工业增加值21.2亿元，同比增长3.8%；规模以上出口交货值30.98亿元，同比增长14.69%；固定资产投资12.43

亿元，同比增长73.2%；工业投资12.37亿元，同比增长73.9%；技改投资5.71亿元，同比增长56.9%。

开发区报批农转用土地共16.13公顷，其中岳塘水库以南地块配套工程0.45公顷，永在大道以西、振兴路以南地块一0.15公顷，前方大道以南地块13.36公顷，永在大道以东保尔路以南地块0.08公顷，宝掌大道向北延伸段地块一0.24公顷，宝掌大道向北延伸段地块二0.48公顷，平七路以东、前方大道以南地块一1.38公顷。出让“标准地”9宗，累计出让土地21.13公顷，出让金额1.16亿元。办理过户流转手续41宗，流转面积33.6公顷。

【转型升级】 开发区全年新增规模以上工业企业43家，共达到196家，实现“个转企”40家，电商企业升规5家，企业挂牌5家。新申报国家高新技术企业9家，新认定省级科技型中小企业37家；新申报“两化融合”项目12个，新增加市级以上研发机构12家；签约“百名专家进百企”活动人才31名，其中“国千人才”2名，新申报“省千人才”1名，引进大学生400名，专业技术人员356名。开发区获评浙江省“绗缝时尚产业链长制”试点单位。

【招商引资】 开发区引进重大产业项目19个，总投资29.25亿元，完成“标准地”供地9宗，共计21公顷；引进预计年产值2000万元以上“零土地”项目30个，盘活闲置土地13公顷、闲置厂房6.5万平方米；利用外资1200.7万美元，同比增长99.5%；引进内资13.15亿元，同比增长30.3%。

【浙江赛伍太阳能封装胶膜项目】 2020年，开发区引进浙江赛伍太阳能封装胶膜项目，该项目总投资10.26亿元，预计年产值15亿～18亿元、税收超6000万元，项目从接洽到签约历时24天，从落地到主厂房交付使用历时61天，从设备进场到正式投产历时37天。厂区分搅拌釜混料车间、生产车间、仓储区和办公区等，全部按照自动化生产设计。生产的太阳能封装胶膜广泛应用于双面发电光伏组件。该项目创下了浦江县制造业发展多项纪录，受到副省长高兴夫、市委书记陈龙、县委书记俞佩芬批示肯定。

【项目建设】 开发区全年在建项目39个，其中省级重大产业项目1个、省重点项目1个、市县重点项目7个。固定资产投资12.43亿元，同比增长73.2%；工业投资12.37亿元，同比增长73.9%。在技术改造建设方面，全年新启动实施技改项目146个，其中投资500万元以上技改项目81个，实现技改投资5.71亿元，同比增长56.9%。

【园区建设】 开发区全年启动5条道路改造提升，其中投资274万元的晶雅路、投资740万元的三禾路改造提升工程竣工通车；投资300万元的许山路延伸段工程进度为95%；投资600万元的保尔路工程进度为85%；投资1100万元的金垒大道改造提升工程启动建设。同时对岳塘溪、中干渠部分河段进行改造提升。

【企业服务】 开发区践行“围墙内的事企业干，围墙外的事园区办”的工作理念，在企业难题化解方面，实施全程代办服务、干部挂牌服务等工作机制，全年帮助企业解决各类难题1427个，“心艺袜业宿舍楼”等一批历史遗留问题得到化解。在强化服务保障方面，构建政银联动“五项机制”，开展专场银企对接会12次，为420家企业增加贷款19.9亿元。在维护园区稳定方面，全年接受并办理信访投诉111件，办结率100%，其中化解劳资纠纷44起，追回金额356万元。

【疫情防控】 为应对新冠肺炎对企业的影响，开发区以“早、细、严”破题，对全区2080家企业开展三轮大排查，安抚劝导366名返乡湖北籍员工；设置112个隔离点，隔离管控397名人员，动态管理2456名人员。成立复工复产工作专班，制定发布《开复工指南》、“助企六条”和线上招聘公告，帮助1456家工业企业完成开复工备案，复工复产各项指标均居全市、全县前列。开发区全年疫情防控得到有效管控，保障了全区经济发展健康、平稳，被评为金华市战役先锋团队、浦江县“青年战疫先锋”集体。

（张娴娴）

## 水晶产业园区

【概况】 浦江县水晶产业园区管理委员会（简称“水晶产业园区”），全年实现工业总产值55.73亿元，同比增长9.1%；规模以上工业总产值5.96亿元，同比增长4.95%。引进内资1.62亿元。引进外资800万美元。完成年度任务的160%。

2020年，水晶产业园区获评长三角G60科创走廊工业互联网标杆园区；浙江省四星级小微企业园；浙江省级中小企业公共服务示范平台；浙江省级中小企业公共服务示范平台；被列为第三批省级民族团结进步重点培育单位；金华市和谐劳动关系园区；2020年度安全生产、消防安全先进单位；浦江县年度考核优秀单位。

【水晶玻璃产品展销】 10月29—31日，2020浦江·第12届水晶玻璃产业博览会（简称“晶博会”）在浦江水晶小镇举行。此届晶博会首次由水晶产业园区管委会承办。晶博会以“创新智造 晶彩未来”为主题，在水晶小镇设4个展馆，面积约5000平方米，共75个展位。其中，一楼A馆面积约2800平方米，设75个展位。一楼规划馆设有创意大赛作品展区，二楼设两个独立灯饰馆。展会以水晶产业垂直产业链成品展示为主，涵盖工艺品、灯饰、灯具、饰品、日用品、汽车玻璃用品配件等多种水晶制品，扩大浦江水晶玻璃产业对外交流与合作。晶博会首次实行线上线下同时举行。

【招商引资】 1月22日，水晶产业园区举行永豪光电项目签约仪式，总投资6300万元。该项目入驻水晶小镇小微园，部分设备已进场生产；8月7日，总投资额3亿元的中意灯饰水晶智能供应链产业项目签约，该项目入驻西部园区厂房，并已上规，待供地后扩大生产规模；11月13日，举行集中签约仪式，投资1.2亿元的茂丰工艺品项目及投资1000万美元的斯铂瑞高品质烫钻项目（外资）签约。截至12月，斯铂瑞到位外资300万美元，并供地开工建设。

【水晶小镇项目】 小微企业园工程于2019年12月17日开工，建筑面积163633.88平方米，投资额5.2亿元，2020年完成总工程量的97%，装饰装修完成95%，水电安装完成90%，市政完成70%。计划于2021年4月7日对该项目进行竣工初验。浙江哈维丝特实业有限公司建设项目于5月22日开工，项目占地面积为16166.08平方米，总建筑面积30048平方米，总投资1206万美元。截至12月，完成2号厂房主体结顶。计划于2021年12月竣工。

【金属表面科技产业园建设】 4月14日，浦江宏安金属表面处理有限公司1号、2号、3号厂房开工，工程总用地面积13444.02平方米，总建筑面积42248.63平方米，投资1.89亿元；金华伯安工贸有限公司厂房开工，工程总用地面积3206.44平方米，总建筑面积10259.47平方米，投资0.65亿元；浦江县兴启工贸有限公司厂房开工，工程总用地面积9095.98平方米，总建筑面积27787.78平方米，投资1.35亿元；10月18日，浦江晶创金属有限公司厂房开工，工程总用地面积7033.87平方米，总建筑面积21728.16平方米，投资近1.6亿元，截至12月，厂房主体结顶。

**【东部园区二期项目】** 7月18日，盛博饰品建设项目开工，该工程总用地面积10020.05平方米，总建筑面积27858.51平方米，投资0.61亿元。截至12月，1号厂房竣工，2号厂房完成基础工程。计划于2021年4月完成2号厂房完成三层结构梁板施工。

**【环保督察】** 开展水晶产业园区环保工作“日查周督”活动、3个污水处理厂技改工作和东部水晶园区二期污水处理厂配套设施项目建设。做好中央环保督察组到园区督查的迎检工作。9月1日至10月1日，中央第三生态环境保护督察组进驻浙江期间，水晶产业园区确保做到环保“零信访”，环保工作得到中央环保督察组和省环保厅领导的肯定。

**【“晶聚民族同心绘”开馆】** 7月24日，水晶产业园区“晶聚民族同心绘”——少数民族之家举行开馆仪式。该活动中心占地面积800余平方米，总投资110万元。内设展示区：少数民族笑脸墙、民族政策宣传展板、多媒体液晶显示屏，民族传统乐器、服装展示区，议事室、舞蹈室、亲子活动室、演艺大厅等设施，可同时容纳200余人参加。

**【县图书馆水晶园区分馆开馆】** 6月16日，浦江县图书馆水晶园区分馆开馆，该馆由县图书馆和浦江水晶产业集聚园区开发有限公司共同投资130余万元建设，坐落于中部水晶园区，建筑面积2087平方米，藏书1.5万余册，阅览座位近100个，设有少儿阅览区、成人阅览区、阅读分享区等功能区块，同时特设水晶类图书专架和少数民族图书专区，突出水晶产业园区特色，满足读者个性化需求。室内配置图书自助借还机，提供智慧化管理和服务，实现与县图书馆之间的通借通还。除阅读区外，还配套有电子阅览室、阅读表演台等活动场所。

**【省级高技能人才公共实训基地挂牌】** 11月13日，浙江省高技能人才公共实训基地举行挂牌仪式。该基地作为浙江省高技能人才公共实训基地扩建项目，由浙江省机电技师学院与水晶产业园共同申报设立，浙江省机电技师学院通过产品造型设计、3D打印技术、数控加工技术、电子商务4个专业与浦江水晶产业对接。基地设在中部水晶园区20幢楼1楼，总建筑面积8000余平方米。

**【中国水晶工艺博物馆开馆】** 10月27日，中国水晶工艺博物馆举行开馆仪式。该馆设在水晶小镇二楼，建筑面积931平方米，馆藏文物1000余件，包括天然水晶原石标本、中国历代水晶琉璃制品和当代玻璃艺术品，以及世界各地的水晶艺术珍品。博物馆由“多彩玲珑石——天然水晶原石”“天然去雕饰——古代水晶藏品”“匠心巧琢磨——日益精进的制作工艺”“结作成珍宝——当代水晶玻璃大师及其代表作品”四块内容组成，按时间脉络由古至今展示水晶工艺的演变历程。

**【技能竞赛】** 11月13日，县总工会、县科技局、县人力社保局、水晶产业园区联合举办浦江县第二届水晶行业技能大赛，大赛分水晶玻璃刻面、水晶玻璃拉丝、水晶玻璃热成型(手动)3个比赛项目举行。来自全县各水晶企业的12支参赛队伍计69名选手分赛区开展竞赛,比赛共决出一等奖3名、二等奖6名、三等奖9名,团体优胜奖2个、优秀组织奖2个,并对获一等奖的3名选手授予"浦江县技术标兵"称号。

【创意大赛】 10月19日,由中国日用玻璃协会、浦江县人民政府联合主办,中国日用玻璃协会工艺水晶玻璃专业委员会、浦江县水晶产业园区管委会、浙江省水晶工艺制品协会联合承办的2020·中国水晶玻璃工艺创意大赛在中部水晶园区举办。此次大赛作品征集时间为期两个月,截至9月30日,收到来自全国各地的参赛作品245件,其中实物类作品195件,设计类作品50件。评委会根据艺术表现效果、创新性、构思立意、工艺难度4个方面对作品进行综合打分,选出特等奖作品1名、金奖2名、银奖3名、铜奖5名、优秀奖18名。

【创新服务综合体】 11月2日,《浙江省科技领导小组办公室关于公布2020年浙江省产业创新服务综合体创建名单的通知》中,浦江水晶产业创新服务综合体被列入40家省级创建名单之一。综合体的建设运营单位为浦江县水晶产业集聚区管理服务有限公司。

(张浦建)

# 行业协会

## 浙江省水晶工艺制品协会

【概况】 2020年,浙江省水晶工艺制品协会(简称"水晶协会")有会员单位315家。水晶协会协助县政府完成第12届水晶玻璃产业博览(简称"晶博会")以及中国水晶玻璃工艺创意大赛各项筹备、组展等工作;以晶博会招展为契机,组织企业考察山东省淄博市、山西省祁县、闻喜县、江苏省宝应县参观水晶玻璃行业,组织企业参观2020义乌雕刻、切割、激光设备展。

水晶协会组织企业参加政府举办的各类座谈会,提交《关于外贸企业免抵额纳入企业税收的建议》《关于为水晶规上企业(租赁)提供土地的建议》《疫情期间原材料供应情况以及建议》等多个报告;反映会员诉求,让政府了解实情,采取针对性措施;不定期走访会员企业,了解企业实际问题与困难,帮助企业解决问题;组织企业参加法律服务活动、协助劳动部门解决企业用工问题等。

组织24家企业参加"第26届义乌国际小商品博览会""第二届中国(祁县)玻璃器皿博览会",开设展位52个,协助企业开拓国内外市场,增加贸易合作机会。水晶协会作为全国日用玻璃标准化委员会工艺水晶分技术委员会的秘书处单位,发布实施轻工行业基础标准《工艺水晶玻璃制品术语及分类》,申请立项《工艺水晶玻璃行业生产环保技术规范》和《烫钻行业生产安全技术规范》两项标准,修订国家标准《工艺水晶饰品》。

在水晶玻璃行业内组织开展"第四届水晶玻璃工艺美术师"的评审工作。经过评审,评选出水晶玻璃工艺美术大师10名和水晶玻璃工艺美术师19名。水晶协会在水晶玻璃行业举办第二届浙江省水晶名牌产品评比工作,经过评比,评选出24个名牌产品。协会成立人民调解委员会,调解2项知识产权纠纷,发挥行业协会的优势,解决知识产权纠纷、保护知识产权。

【助力复工复产】 新冠肺炎疫情防控期间,水晶协会开展“抗击疫情，水晶协会爱心助力捐赠”活动，向会员企业发出捐赠助力抗击疫情倡议，水晶协会的爱心企业纷纷捐款捐物，支援疫情防控工作。此次捐赠，共组织53家企业捐款捐物，捐赠款项62.6万元，捐赠物资18.5万元。复工期间，水晶协会帮助74家企业购买额温枪，为企业统一采购消毒物品，会长王淑东捐1.25万个口罩赠送会员企业，帮助企业解决复工难题。

**【水晶行业岗位技能竞赛】** 由县总工会、县人力社保局、县科技局、水晶产业园区管理委员会牵头举办，水晶协会承办的浦江县第二届水晶行业岗位技能竞赛在水晶产业园区举办。竞赛分为水晶玻璃刻面、水晶玻璃拉丝、水晶玻璃热成型（手动）及水晶玻璃热成型（自动）4个类别开展，县内不同水晶企业的15支队伍计200多名参赛选手同台竞赛。奖项设立有个人一等奖、二等奖、三等奖和优秀组织奖，经过一轮又一轮紧张的比拼，最终评选出个人奖项一等奖3名，二等奖6名，三等奖9名，优秀组织奖5支队伍、团体优胜奖2支队伍。

**【预警机制】** 水晶协会作为浦江水晶玻璃对外贸易预警示范点（简称“预警点”）的承办单位，预警点下设16位预警员，负责预警信息的上报。预警点负责收集信息与检测重点国家，每季度进行一次数据统计、信息整理、分析、编报，发现问题上报商务部门和反馈企业。预警点每年召开外贸预警信息员会议并组织外出考察，增加团队凝聚力；撰写《全球新冠肺炎疫情下浦江水晶外贸企业面临的困难》《新冠肺炎疫情下浦江水晶产业面临的困难》《疫情下，水晶企业如何渡过难关》原创性外贸预警分析报告3篇。针对美国公布新一批2000亿美元加征关税商品清单项下的产品排除公告，发动企业提交评论意见争取免税机会。

（陈晓黎）

## 浙江省纺缝工艺协会

**【概况】** 2020年，浙江省纺缝工艺协会（简称“纺缝协会”）在册会员单位142家，其中浦江县境内140家、衢州市1家、金华市1家，发展会员2家。开展集中座谈调研2次，分组走访调研40家次，深入交流与了解新冠肺炎疫情影响下纺缝出口形势、内外销市场上遇到的困难与挑战，就如何利用好协会设计研发中心及企业预警联络员，加强协会与企业之间的沟通联系提出相关的意见和建议。由纺缝协会承办的浦江纺缝家纺制品对外贸易预警点，被浙江省商务厅评为“2020年度优秀预警点”。

**【推进企业复工复产】** 1月31日，纺缝协会关注企业生产经营状况，通过微信及电话沟通模式摸底排查企业遇到的困难和瓶颈，并向省市商务部门提交反馈。2月6日，行文《浦江纺缝家纺产业集群情况反馈及建议》向国家发改委、中国家纺协会上报浦江县纺缝产业基本情况，并在银行贷款利率、税费优惠、社保减免等政策问题上提请建议。2月24日，向浦江县政府就产业复工及原材料供应和采购事宜进行会议沟通。2月27日，会同县人力社保局一行6人到贵州省六盘水市水城县、关岭县及黔南布依族苗族自治州惠水县对接缺工用工事宜，推进产业复工复产。4月2日，召集8家行业龙头骨干出口企业召开座谈会，向县政协主席郑文红及工商等部门领导汇报纺缝家纺企业复工复产后遇到的新情况和新问题，重点反映银行汇率结算、仓储安全、员工工资及各项税费、社保的减免等重要问题，希望政府针对企业出台相应的措施，并督促落实，帮助企业度过当前难关，提振企业信心。

【四届六次理事会召开】 4月27日，召开纺缝协会四届六次理事会，会议由纺缝协会会长潘鸣主持。会议通报2019年度协会工作报告、2019年协会财务及研发中心资金运行情况，审议通过组织部分骨干企业外出考察调研，加强校企合作，维护家纺设计研发中心平台及组织筹备各展会工作等2021年主要工作安排。邀请县经济商务局副局长陈善友在理事会作企业智能化改造的讲座，会议最后议程是纺缝协会与仙华律师事务所进行法律援助结对仪式。双方约定咨询费全免，诉讼费减免，讲座、辅导、培训不收费。

【展览、推介活动】 纺缝协会组织开展线上线下参展交流合作，帮助企业在新冠肺炎疫情防控期间开拓市场，减缓压力。3月，组织20家企业参加中国家用纺织品及辅料博览会线上云展会；6月，分别组织11家、15家企业参加2020浙江（浦江）出口网上交易会（东南亚站—家居饰品专场）和2020浙江（浦江）出口网上交易会（欧洲站—家居饰品专场）；7月，组织15家企业参加浙江浦江出口网上交易会（香港家纺线上展览），15家浦江纺缝企业通过香港贸发局“贸发网采购平台”设立“浦江专区”，向海外买家展示和推介浦江企业及产品；8月，组织浙江千百卉家纺有限公司、浙江嘉泰工艺品有限公司等20家企业参加2020（上海）中国家用纺织品及辅料博览会，开设展位40个；11月，组织企业参加金华工科会和温州、义乌等境内展会5家次，开设展位12个。

【举办外贸预警培训】 9月19日，面对新冠肺炎疫情带给纺缝外贸企业的影响，纺缝协会组织纺缝外贸企业的总负责人及业务骨干30人在家纺设计研发中心进行外贸预警培训，省商务厅处长陈志诚辅导讲座，向广大纺缝外贸企业支招，提出以变应变、以快制变，线上洽谈，线下展示，供销配对、精准施策，走出困境的建议，让企业家具备预警意识。培训还邀请浙江省律师协会副会长、浙江金道律师事务所合伙人崔海燕为企业作《后疫情背景下外贸企业的法律风险应对》讲座及发生案例时处置程序选项等指导。

【家纺设计研发中心】 浦江县家纺设计研发中心成立于2018年，有18名武汉纺织大学师生常驻浦江，以零距离服务浦江本地纺缝家纺企业。纺缝协会加大研发设计投入，自主研发新产品，设计花样满足不同客户族群的需要。至2020年，研发中心开发花型设计图稿8000余件，其中1100余件图稿被企业选中投入生产领域；开发外包装、广告、标志等设计稿100余件；建立中心花稿资料库，内存花稿资料2.5万余件，为企业提供服务；接洽企业各类咨询服务平均1.5次/周，委派设计人员下企业平均1次/周一对一开展研发服务，现场为企业排解困难，为企业排忧解难，服务企业32家。

（楼湘君）

## 浙江省挂锁行业协会

【概况】 2020年，浙江省挂锁行业协会（简称“挂锁协会”）启动数字化改造工程；开展3次技能培训、1场职业技能竞赛、1场省挂锁杯羽毛球比赛；发布2

项团体标准；召开四届第六次会长常务、四届第八、九次会长办公会议，收集归纳挂锁行业存在的行业形势、产业链配套、品牌建设、产品质量、市场建设等困难问题，提出《疫情期间外地返浦职工正常上工问题及对策》《疫情期间剩余员工安置指导性意见》《关于尽快解决铁锁体供应问题的报告》《关于要求全面禁止使用塑料锁芯的报告》等各类意见和建议10余条；组织企业参加肯尼亚、越南两场线上交易会和中国义乌小商品博览会；组织104人次参加“品质浙货　行销天下”自贸协定应用开拓市场政策等5场线上宣讲培训。

【数字化改造】　9月8日，县经济商务局组织的浦江县智能制造新一轮专家指导组派驻对接暨“提质扩面”推进会在浦江举行，20家挂锁（五金）企业入选第一轮数字化改造名单，为企业建立数字化改造平台，完善各企业数字化改造的具体方案和措施。11月6日，县经济商务局副局长陈善友带队，挂锁协会组织22家挂锁（五金）企业到绍兴市新昌县考察学习发展数字经济的先进经验和做法。观看智能装备小镇建设宣传片，了解新昌智能制造模式，结合5G和VR技术应用，现场体验当地企业的数字化生产车间。12月21日，组织召开数字化改造会议，与9家服务商调研深入车间一线，看设备、看工艺、看流程，就数字化改造方案涉及的每个细节问题进行探讨，提出具有可行性、有效性、接地气的“一厂一策”改造方案，通过数字化改造，推动整个行业的发展。

【职业技能培训】　6月7日，全县首期锁具装配专项职业技能培训班在郑宅镇开班。培训班邀请挂锁行业的高级技工、技能大师，以及县技工学校老师授课，对20余家制锁企业计1927名企业职工进行为期一个月的培训，让职工了解掌握相关锁具的各级标准、装备工艺流程及车间5S管理等理论知识，以及相应装配设备操作规范和装配技巧、设备调试、锁具修复等技术操作；11月15日，第二期锁具装配专项技能培训开班，6家制锁企业370余人参加培训。7月19日，2020浦江县锁具装配高技能人才培训班开班。此次培训为锁具装配职业技能竞赛量身订制，在6家锁业公司分设6个培训班，有16家制锁企业的670余名学员参加培训。11月24日，浦江县职业技能（装修钳工）项目制培训在浙江浦江梅花锁业集团有限公司开班。有20余家制锁企业2262名企业职工参加为期一个月的培训。课程为企业量身定制，授课老师除行业技术翘楚外，还有企业本身的班组长、技术能手等老师傅，通过培训了解掌握相关职业道德、机械加工基础知识、质量管理知识、识图知识以及安全操作与劳动保护、钳工、电工等技术操作。

2020浦江县锁具装配专项职业技能培训

（陈丽容　摄）

【职业技能竞赛】 8月9日，县总工会、县人力社保局组织开展2020浦江县锁具装配职业技能竞赛，挂锁行业有676名装配工选手参加竞赛。陈孟亚、安行前、杨玉香、邱绒、闫秀勤获锁具装配弹子组“浦江县技术标兵”；蹇洪会、金函建、周志敏获锁具装配叶片组“浦江县技术标兵”；邹火英、潘武平、潘梅、杨光燕、付丹舒、吴小红、杨丽平获锁具装配弹子组“浦江县技术能手”；伍培英、江秋菊、李照先、谢禾香、刘霞获锁具装配叶片组“浦江县技术能手”。

浦江县锁具装配职业技能竞赛　　（陈丽容　摄）

10月10日，为期3天的“省挂锁杯”羽毛球混合团体暨双打邀请赛比赛结束。混合团体赛中，县总工会获冠军，县人力社保局获亚军，省挂锁协会获季军；双打比赛中，省挂锁协会胡艳玲、朱素娥获冠军，县总工会黄新根、毛嘉伟获亚军，县人力社保局楼志静、陈玉明获第三名，金文生、季诚安分获第四名。

【团体标准发布】 制定《圆饼锁》和《插芯门锁锁头（第1部分：葫芦形弹子结构）》2个团体标准，并在国家标准化管理委员会官网上发布。在标准制定过程中，挂锁协会注重行业特性，注重性能指标的科学性、先进性和有效性，召开10余次专题会议进行研究，组织起草编制组成员到相关企业调研，倾听征求企业老板、技术人员意见，科学设置技术性能指标。

【应对贸易摩擦】 3月24日，浦江县锁具产品对外预警机制预警点（简称“预警点”）开展行业对外商业预警工作，组织16家企业的预警信息员观看“品质浙货 行销天下”自贸协定应用拓市场政策线上宣讲会。会上，杭州市海关专家介绍全国自由贸易区的情况和降税安排，中国国际贸易促进委员会浙江省委员会（简称“省贸促会”）专家详细讲解贸促会原产地证签证实务。4月1日，预警点组织16家企业的预警信息员收看由省商务厅举办“品质浙货 行销天下”市场开拓风险防范外贸云课堂。4月8日，“浙”里有“援”——“云”上大讲堂专题培训暨2020年外经贸“云”上法律服务月启动仪式在杭州召开。浦江预警点组织16家企业的预警信息员通过钉钉群在线收看。浙江省商务厅副厅长张曙明到会并讲话，浙江省司法厅相关负责人作动员讲话。杭州、温州、绍兴等市商务局分管领导分别介绍境外疫情蔓延下，辖区内企业情况和采取的举措等。5月29日，浙江外经贸法律服务团走进浦江县，开展2020浙江省外经贸“云”上法律服务月活动，采取律师专家面对面专题授课、与企业互动交流等形式，做到针对问题、精准服务。浦江县经济商务局副局长黄韡主持会议，预警点组织40余人参加活动。10月15日，2020经贸摩擦应对工作推进会在衢州召开。会议由浙江省商务厅、衢州市人民政府主办，浙江省对外贸易服务中心、衢州市商务局承办。活动全程通过网络直播在线开展，现场及钉钉视频端参会企业涵盖全省105个预警点400余家企业，浦江县组织40余家企业参加。

【国内外展览】 6月22日，组织21家企业参加浙江浦江出口网上交易会（肯尼亚站——挂锁专场），邀请境外意向采购商约50名，实现60余场次的对接，意向洽谈金额约260万美金。6月29日，组织17家企业参加浙江金华出口网上交易会（越南站——五金工具站），实现40余场次的对接，意向洽谈金额约60万美元。10月21日，为期5天的第26届中国义乌国际小商品（标准）博览会在义乌国际博览中心开幕。协会组织17家企业设33个摊位参展，接待意向客户100余人次。

【品牌建设】 夯实品牌基础、树立品牌意识，在企业自愿、专家审定的基础上，浙江金垒锁具制造有限公司、浙江浦江梅花锁业集团有限公司、浙江省浦江吴氏锁业有限公司、浦江亚环锁业有限公司、浦江宝儿制锁有限公司、浙江浦江雷力仕锁业有限公司、浙江浦江圣力工贸有限公司、浦江县寿星锁厂、浙江百马锁业有限公司的挂锁通过浙江省挂锁行业名牌产品复评；浦江宝儿制锁有限公司、浦江县卓业金属制品有限公司、浦江县龙和五金厂、浦江尘缘环保设备有限公司、浦江县超刚弹子锁业有限公司通过浙江省挂锁行业优秀配件配套企业复评。浦江超格锁业有限公司的“威力”牌挂锁获评浙江省挂锁行业名牌产品、浦江琪莹工贸有限公司获浙江省挂锁行业优秀配件配套企业。

（陈丽容）

## 国内贸易

【概况】　2020年，全县实现社会消费品零售总额97.4亿元，同比下降5%，列全市第六位，其中限额以上社会消费品零售总额167748.3万元，同比下降17.4%，列全市第六位；批发业商品销售额39.2亿元，较2019年同比增长0.5%，列全市第十位，其中限额以上批发业销售额24.1亿元，同比增长3.7%，列全市第十位；零售业商品销售额76.1亿元，较2019年同比下降5.9%，列全市第八位，其中限额以上零售业销售额16.9亿元，同比下降0.9%，列全市第八位。产销(主辅)分离企业2家，新增限上批零住餐企业(下升上入统)44家。组织开展2020年省级特色商业村建设试点项目等5个项目申报和调研工作。

## 国外贸易

【概况】　2020年，新冠肺炎疫情防控期间，浦江县成立出口专班应对疫情稳定外贸经济。2月10日，浦江县出台首轮帮助外贸企业渡难关的扶持政策；4月、5月，相继出台第二轮、第三轮稳外贸政策；4月30日，完成2019年度“1+N”政策体系的扶持资金兑付工作，共计兑付外经贸政策奖扶资金3441.16万元，同比增长51.2%；6月，完成疫情防控期间第一轮出口信保、企业参展等扶持政策的资金兑付，共计266.6万元。全年开展“稳外贸、拓市场”专项活动6场次；组织448家企业参加省市商务、贸促部门96场出口网上交易会；组织48家企业和涉企部门到第三届中国国际进口博览会观展；组织10家企业抱团参加摩登上海时尚家居展。先后组织125家企业参加第26届中国义乌国际小商品(标准)博览会、中国国际家用纺织品及辅料(秋冬)博览会、2020年浙江国际优品“海淘会”、第30届中国华东进出口商品交易会、第127届和128届中国进出口商品交易会等境内外重大展会。

鼓励企业参加出口信用保险，推进小微外贸企业统一联保制度，中国出口信用保险公司浙江分公司营业部围绕浦江外经贸发展重点，向浦江投保企业推送“信用风险预警”48次。1—12月，参与出口信用保险企业302家，覆盖率60.04%。自2016—

2020年，浦江先后被评选为“省外贸转型升级试点示范县”“跨境电商试点县”“境外外经贸综合服务体系试点县”。

2020年，全县自营出口总额11.67亿美元，同比增长31.67%。进口额1055万美元，同比下降80.43%。“一带一路”沿线国家贸易出口额4.78亿美元，同比增长31.71%，新增自营出口企业98家。

**2020年浦江县主体市场自营出口情况表**

**表4**

| 地区/国家 | 出口地 | 2020年 | | 2019年 | | 同比增减(%) | 比重增减(%) |
|---|---|---|---|---|---|---|---|
| | | 出口总额(美元) | 占比重(%) | 出口总额(美元) | 占比重(%) | | |
| 地区 | 合　计 | 1167350485 | — | 886599588 | — | 31.67 | — |
| | 亚　洲 | 440652467 | 37.75 | 317379351 | 35.80 | 38.84 | 1.95 |
| | 北美洲 | 295594210 | 25.32 | 222601422 | 25.11 | 32.79 | 0.21 |
| | 欧　洲 | 246776856 | 21.14 | 204652930 | 23.08 | 20.58 | -1.94 |
| | 欧盟(27) | 127878161 | 10.95 | 107491755 | 12.12 | 18.97 | -1.17 |
| | 拉丁美洲 | 114998304 | 9.85 | 97129099 | 10.96 | 18.40 | -1.10 |
| | 东盟(10) | 113521491 | 9.72 | 55248304 | 6.23 | 105.48 | 3.49 |
| | 非　洲 | 56298252 | 4.82 | 39823246 | 4.49 | 41.37 | 0.33 |
| | 大洋洲 | 13030396 | 1.12 | 5013540 | 0.57 | 159.90 | 0.55 |
| 国家 | 美　国 | 262663840 | 22.50 | 213696337 | 24.10 | 22.91 | -1.60 |
| | 阿联酋 | 79514439 | 6.81 | 79963428 | 9.02 | -0.56 | -2.21 |
| | 俄罗斯 | 72034028 | 6.17 | 64105009 | 7.23 | 12.37 | -1.06 |
| | 韩　国 | 58375251 | 5.00 | 34408126 | 3.88 | 69.66 | 1.12 |
| | 印　度 | 54912582 | 4.70 | 58312316 | 6.58 | -5.83 | -1.87 |
| | 智　利 | 36158604 | 3.10 | 27709674 | 3.13 | 30.49 | -0.03 |
| | 加拿大 | 32930370 | 2.82 | 8904375 | 1.00 | 269.82 | 1.82 |
| | 马来西亚 | 31593895 | 2.71 | 18003552 | 2.03 | 75.49 | 0.68 |
| | 德　国 | 29401035 | 2.52 | 23938222 | 2.70 | 22.82 | -0.18 |
| | 英　国 | 28226493 | 2.42 | 21939493 | 2.47 | 28.66 | -0.06 |
| | 巴　西 | 26854315 | 2.30 | 24052070 | 2.71 | 11.65 | -0.41 |
| | 荷　兰 | 26097234 | 2.24 | 16601141 | 1.87 | 57.20 | 0.36 |
| | 伊拉克 | 24735248 | 2.12 | 6839472 | 0.77 | 261.65 | 1.35 |
| | 印度尼西亚 | 23704279 | 2.03 | 13523586 | 1.53 | 75.28 | 0.51 |

**续表4**

| 地区/国家 | 出口地 | 2020年 | | 2019年 | | 同比增减(%) | 比重增减(%) |
|---|---|---|---|---|---|---|---|
| | | 出口总额(美元) | 占比重(%) | 出口总额(美元) | 占比重(%) | | |
| 国家 | 新加坡 | 21925692 | 1.88 | 1264009 | 0.14 | 1634.62 | 1.74 |
| | 墨西哥 | 21167433 | 1.81 | 20183156 | 2.28 | 4.88 | -0.46 |
| | 日　本 | 16382287 | 1.40 | 9284179 | 1.05 | 76.45 | 0.36 |
| | 沙特阿拉伯 | 16096759 | 1.38 | 12239844 | 1.38 | 31.51 | 0.00 |
| | 土耳其 | 15256736 | 1.31 | 8964640 | 1.01 | 70.19 | 0.30 |
| | 巴基斯坦 | 15007076 | 1.29 | 20954237 | 2.36 | -28.38 | -1.08 |
| | 泰　国 | 14488513 | 1.24 | 9176825 | 1.04 | 57.88 | 0.21 |
| | 乌克兰 | 13856575 | 1.19 | 7546832 | 0.85 | 83.61 | 0.34 |
| | 法　国 | 13577063 | 1.16 | 9264457 | 1.04 | 46.55 | 0.12 |
| | 西班牙 | 12074273 | 1.03 | 10911454 | 1.23 | 10.66 | -0.20 |
| | 澳大利亚 | 10219734 | 0.88 | 4185540 | 0.47 | 144.17 | 0.40 |

**2020年浦江县自营出口商品情况表**

**表5**

| 序号 | 分行业 | 2020年出口金额(美元) | 2019年出口金额(美元) | 同比出口金额增减(%) | 占比(%) |
|---|---|---|---|---|---|
| 浦江县 | | 1167350485 | 886599588 | 31.67 | — |
| 1 | 绗　缝 | 167751119 | 184477539 | -9.07 | 14.37 |
| 2 | 贸　易 | 502979775 | 221562253 | 127.02 | 43.09 |
| 3 | 服　装 | 180479263 | 143926534 | 25.40 | 15.46 |
| 4 | 锁　业 | 50509674 | 57145172 | -11.61 | 4.33 |
| 5 | 鞋　业 | 9960472 | 11480253 | -13.24 | 0.85 |
| 6 | 袜　业 | 16099364 | 27117054 | -40.63 | 1.38 |
| 7 | 水　晶 | 35983023 | 49486988 | -27.29 | 3.08 |
| 8 | 五　金 | 37821169 | 42604793 | -11.23 | 3.24 |
| 9 | 化妆品 | 14339714 | 14948695 | -4.07 | 1.23 |
| 10 | LED | 8024192 | 11038853 | -27.31 | 0.69 |
| 11 | 地　毯 | 5618296 | 5163042 | 8.82 | 0.48 |
| 12 | 针　织 | 28894479 | 23055298 | 25.33 | 2.48 |
| 13 | 其　他 | 108889945 | 94593114 | 15.11 | 9.33 |

【线上展会浦江专场】 6月，主办2020浙江（浦江）出口网上交易会东南亚站家居装饰品专场、2020浙江（浦江）出口网上交易会肯尼亚站挂锁专场、2020浙江（浦江）出口网上交易会欧洲站家居装饰品专场3场线上展会，共吸引全县159家企业报名参加，配对对接20场次，意向成交额300万美元。

【线上广交会参展业务培训】 5月7日，举办127届广交会线上参展业务暨直播带货培训会。培训会以“线下+线上”的模式进行，全县37家参展企业共104人在线下会场参加培训，500余人在线上观看直播培训课程。培训会上，浙江时代展览公司总经理助理叶琦应就“如何更有效地参加线上广交会”做了经验分享，菁华培训学校校长余爱高针对“如何提前布局，提前推广，提前完善，才有可能在线上广交会拔得头筹”为企业出谋划策，并对“线上广交会”直播间选题、主播技巧及直播脚本策划等项目进行培训。

【“云”上法律服务】 5月29日，浦江县经济商务局联合省商务厅贸易救济局、市商务局举办2020年浙江省外经贸“云”上法律服务月浦江站活动。以新冠肺炎疫情防控期间企业如何规避风险、应对突发情况为主题，对外贸企业开展有针对性的指导，提高浦江县企业的国际经营能力，防范和化解疫情给企业造成的冲击。

【国际服贸交流洽谈专场活动】 10月29日，中国国际服务贸易会交流洽谈专场活动在仙华国际会议中心召开，中国国际贸易促进委员会浙江省委员会副会长、省国际商会副会长张善坤、县委副书记、县长俞佩芬分别致辞。浙江省商务研究院院长兰健、上海博华国际展览有限公司总经理章学强分别作《当前浙江外贸形势应对》《企业贸易交易辅导》主题演讲。70余家国际服务贸易提供商和省外采购商与浦江县外贸企业开展对接和洽谈。举行2020浙江国际服务贸易（浦江）展，共有30余家国际通关物流、国际质量检测、知识产权保护、跨境电商、国际商事法律、国际金融等全球优秀国际贸易企业参与。浙江省商务厅副厅长张钱江到会指导。

（张彩彩）

## 粮食和物资储备

【概况】 严格县级储备粮油管理，认真组织开展政策性粮食库存数量和质量大清查问题整改“回头看”专项行动暨库存检查，每季度对县粮食收储有限公司各粮库进行“一符四无”粮仓检查鉴定，并按要求完成“双随机”抽查，县级储备粮油数量真实，质量可靠。重视粮食安全应急保障，修订完善粮食安全应急预案，健全粮食应急供应网络，落实粮食应急供应网点19个，粮食应急加工能力由80吨/日提高到120吨/日。

【粮食轮换】 调整政策性储粮结构，在保证现有储粮规模不变的前提下，成品粮储备由原来的230吨增加到700吨，晚稻比例由原来的25%增加到30%。2020年，通过网上公开招拍、市内余缺调剂等形式，县级储备粮油共轮换10830吨，其中早籼谷通过市内余缺调剂从东阳市调入2350.5吨。执行库存管理规定，全年月末储备实物库存占储备规模比例均达到国家考核要求70%以上。2020年，县级储备粮食27200吨，其中小麦9000吨、早籼稻谷

10000吨、晚籼稻谷7500吨、成品粮700吨，县级储备食用油一级豆油30吨。

【粮食收购】 落实粮食订单收购政策，对早稻实行县内订单全覆盖，晚稻敞开收购。2020年，与5个粮食专业合作社签订早稻订单合同，订单面积56.7公顷，订单粮食340吨，实际收购早稻149.5吨、晚稻87.75吨。订单早籼谷收购价每50千克124元，订单早籼谷价外奖励每50千克30元，由财政补贴资金"一卡通"支付，中晚籼稻收购价为每50千克145元(含政府奖励每50千克15元)，政府奖励在粮食收购时直接兑现。当年生产的早籼稻(三等)、中晚籼稻和晚粳稻省最低收购价格分别为每50千克124元、130元和133元，分别比国家公布的最低收购价格高出3元。

【应急物资储备】 根据现有储备物资和全县灾情实际情况，与县应急管理局沟通协调，根据补库需求进行救灾物资采购和入库。2020年，投入10.15万元采购棉被、帐篷、防潮垫、行军床(折叠床)、应急灯、应急生活包等救灾物资。加强重要物资储备，协议储备冻猪肉130吨。

(张彩彩)

## 供销合作

【概况】 2020年，全县供销系统资产总额1.58亿元，所有者权益0.31亿元，上缴税金115万元。全县有基层供销社2家，下属全资企业4家(浦江县兴合资产经营有限公司、浦江县供销电子商务有限公司、浦江县烟花爆竹专营有限公司、浦江县供销农副产品经营有限公司)。

浦江县供销合作社联合社(以下简称"县供销联社")从资产出租、资产维修、资产改造和租金减免4个方面加强对社有资产分类管理，即执行社有资产管理实施办法，邀请有资质的第三方评估机构对房屋租金进行评估并作出预案，确保社有资产收益最大化；配合县政府雨污分流整治整改工作，社有资产进行雨水管道整改维修，对结构陈旧、存在安全隐患的房屋进行加固维修；7月，下属基层社通过公开招标，投入近150万元，对和平南路18号办公楼1900平方米的办公区域进行全面改造提升；受新冠肺炎疫情影响，对124家经营户实施租金减免，共计242万余元，占全年租金的25%。

2020年，县供销联社落实主体安全责任。年初与所有承租者签订安全责任书，落实安全责任主体，全社全年共签订责任书120份，组织检查110轮，参与人员330人次，整改安全隐患4处，更换到期灭火器10只，新增灭火器12只，对所辖资产实行日常性、全覆盖、无死角的检查，确保企业资产安全运行。

【农贸市场运营】 潘宅农贸市场以创建文明城市为契机，通过加大硬件设施投入，加强管理与运营水平；在新冠肺炎疫情防控期间，严格按照市场监管部门的要求规范运行。2020年，潘宅农贸市场实现销售收入5447万元，同比增长9.2%；农残检测5800余批次，同比增加5.4%；市场内客流量28万人次；租金收入(含店面)102.47万元，同比增长5.1%。

【县农民合作经济组织联合会】 2020年，县农民合作经济组织联合会(简称"农合联")开展村级综合服务社建设，在15个乡镇建立村级综合服务社并设立农资销售联络点，实现乡镇全覆盖，降低农资成本，便利农户的农资采购。推进现代农业综合服务中心建设，新组建产业农合联5家，完成组建2家

（黄桃产业农合联、山地蔬菜产业农合联），筹备1家（枇杷产业农合联）。规范化肥、农药等重要商品的应急储备管理。8月底，储备应急农资化肥1200吨、农药4吨，保障应急供应，调控稳定市场。开展线上线下涉农及人才培训，县农合联全年组织开展"农业三服务"座谈会7场，解决农户生产销售难题20余个；培训"农产品经纪人达人"4批，受益268人次；农村电商培训十余场，参与人数2500余人次；关于枇杷、葡萄、黄桃种植管理培训10场，培训人次1000人。

**【浦江葡萄智慧物流项目】** 2020年，县供销联社以助农惠农为出发点，采用"政府+企业+基地"的产业新模式，与中国邮政浦江分公司联合开发浦江葡萄智慧物流项目，定制"极速鲜寄递""落地配模式"等差异化物流模式。在黄宅、郑宅、岩头、浦南、郑家坞等乡镇（街道）设立揽收点18个，葡萄寄递物流成本整体下降20%；与377家合作社、家庭农村建立合作关系，与5家葡萄种植大户合作成立示范基地，与20家优质合作社建立产销关系。项目实施以来，助力浦江葡萄网上销售18.49万件，业务量同比增长近4倍，同时为资金困难的葡萄种植户发放助农贷款2353万元，推动了葡萄等农产品的电商发展。

**【农产品宣传推广】** 2020浙江·浦江第十三届葡萄节期间，县供销联社承担了市场走访、引进客商、产销对接等服务工作。组织农产品经纪人到十余个省市开展走访推介，协助县政府组织农产品经纪人队伍在上海、长沙、合肥三地举办浦江葡萄品鉴推介会，吸引超过100余位协会负责人、市场管理方和经销商代表到浦江参加葡萄节并开展洽谈对接，促成长沙绿叶集团与浦江县浙蕾专业合作社签订1300吨葡萄购销协议；鲜丰水果与黄宅镇签订500吨葡萄购销协议。举办多场直播带货活动，如京东平台的"京源助农"直播活动、天猫产地"溯源直播"、百万粉丝级主播及小网红主播直播，点击观看人数268万，商品点击数2.2万人次。由天猫美食发起的"可以嗦的浦江葡萄"话题，点击率3200余万，引发2.4万余人的讨论；8月，在网易、搜狐、凤凰、中国新闻在线、国际在线等15家媒体上，以《天猫正宗原产地牵手浦江，品质巨峰搭上互联网快车》等文章进行宣传报道，页面浏览量超2.1亿。浦江"枇杷"节期间，县供销联社协助浦江融媒体公司完成旌坞枇杷节的宣传片拍摄。

（赵一琰）

## 烟草专卖

**【概况】** 2020年，累计销售卷烟15519箱，同比增长3.45%；实现税利1.74亿元，同比增长8.87%；单箱销售额4.25万元，同比增长4.85%。重点品牌销量13491箱，同比增长6.15%；定制品牌销量158.4箱，同比增长62.86%。终端建设赋能增值，建成合作终端34家，比重1.3%。现代终端628户，比重24%。"香溢通"店铺管理系统安装客户826户，占比31.61%，安装双屏机359台，占比13.74%；组建"香溢坊"诚信互助小组185个，吸纳2396户零售户，覆盖率91%，开展座谈、培训等活动共110次；"香溢家"消费会员超6.6万个，年度活跃会员比值28.18%。全年实现非烟销售275.8万元，零售户非烟进货面50.8%。

2020年，县烟草专卖局查处各类违法经营案件120起，查获卷烟3.29万条，同比增长105.48%，其中假私烟5697.3条，同比增长140%。突出"违法大户""重点籍"零售户监管，查获"双五"真烟案件22

起，同比增长83.33%，停业整顿20户，取缔经营资格3户，查获省外卷烟6150条，同比增长1160%。对接政务服务2.0建设，网上办证申请率99.92%，清理各类问题许可证64本。

2020年，县烟草专卖局综合业绩考核在全市烟草系统排名第二位。

【"4·20"非法经营网络案】 2019年4月，县烟草专卖局获得一条通过互联网微信方式销售违法卷烟的线索。经过前期侦控，2020年5月，县公安局会同县烟草专卖局成立专案组开展调查。7月20日，专案组到广西壮族自治区玉林市抓捕以庞某旺为首的售假团伙，抓获庞某某上家吴某全，在其仓库查获假冒卷烟1700余条，在庞某旺家中抓获同伙周某冰，并在其家中查获假冒卷烟160余条。根据上述人员的供述，8月6日在江苏省盐城市抓获庞某旺团伙上家叶某明，同时查获叶某明的账本。8月20日，在广东省东莞市抓获庞某旺的下家张某荣。根据叶某明的供述以及其账目记录，9月18日，在辽宁省锦州市抓获叶某明的下家于某超，9月20日，在北京市抓获叶某明的下家李某东，10月10日，在广西壮族自治区钦州市抓获叶某明的下家施某朝，10月20日，在浙江省金华市抓获叶某明的下家施某庭。该案件涉案人员9人，查获各类假冒卷烟1800余条，所有人员已判刑。

（王奕辰）

## 电子商务

【概况】 2020年，全县实现国内网络零售额113.9亿元，全市排名第六位，同比增长3.1%，全省排名第48位；农产品网络零售额为4.3亿元，同比增长37.9%，金华市排名第七位。有各类网店近1.7万家，其中活跃经营主体7940家，活跃网络零售网店总数在金华市排名第三位，在全省排名第27位。电子商务就业创业氛围良好，直接解决就业岗位2.25万个，间接带动就业岗位5.92万个。省级电子商务专业村12个，专业镇5个。全年累计开展培训、沙龙、资源对接会等353场，培训企业数5146家次，线上线下共计辐射20454人次，其中开展线上线下跨境电商培训296场次，惠及12731人次。新增260家跨境电商店铺，其中助力120家企业开通阿里巴巴国际站。12月12日，浦江县人民政府与杭州和达高科技企业发展集团有限公司签订《关于发展浦江跨境电商的战略合作协议》，旨在借助杭州和达高科技企业发展集团的资源和平台，助推浦江县传统产业、特色产品利用数字贸易形态进行数字化、网络化提升。

【启动"浦江制造·春雷计划"】 5月22日，浦江县联合阿里巴巴集团召开"浦江制造·春雷计划"发布会。副县长楼新有，阿里巴巴B2B政府事务总监刘琳，县经济商务局、县市场监管局等相关部门负责人及全县160家制造业与传统外贸企业参加发布会。阿里巴巴集团"春雷计划"各业务版块负责人围绕"C2M超级工厂计划""浦江厂货通天下""源头工厂外贸转内贸解决方案"3个方面进行业务分享。启动浦江制造"春雷计划"，以数字化赋能浦江制造，推动中小企业构建数字化产销体系，助力浦江制造依托平台开拓国内外市场。

【入选国家电子商务进农村示范县】 浦江县电子商务工作以发展农村电商为突破口，推进农产品流通现代化，提升农业"互联网+"水平，形成浦江特色的电商发展新模式。2020年，浦江县通过产业规模、产业集聚、农村市场体系建设、电商扶贫、电商公共服务体系等8个方面、15个要素的评审，入选全省12个“2020年国家电子商务进农村示范县”之一。

【“浦江制造·春雷计划”对接会】 8月17日，浦江县在中部水晶园区与万家跨境电子商务产业园分别召开2场“浦江制造·春雷计划”——C2M超级工厂计划暨行业招商培育（绿色通道）对接会，为水晶、绗缝、鞋服、五金、卫浴等行业的30家市终端消费品类生产企业负责人与业务人员进行专场培训，讲解入驻选品流程，提供开店绿色通道，为深化“百网万品”拓市场行动、推动制造业企业营销全数字化转型、打响“浦江制造”品牌、拓展国内国际市场助力，对接会当天有14家企业对接开通淘宝特价版。

【第四届电子商务创业创新大赛】 8月19日，“之江创客”2020全球电子商务创业创新大赛浦江选拔赛暨浦江县第四届电子商务创业创新大赛在县融媒体中心演播大厅举行。此次大赛由金华市商务局指导，县经济商务局、县人力社保局、团县委和县融媒体主办，县电子商务协会承办。大赛以“新动能 新数字 新未来”为主题，有10个项目入围本次比赛，横跨新零售电商、农村电商、跨境电商三个类别，涵盖了直播基地建设、物流成本控制、互联网平台打造、农产品上行等新兴产业。浦江亚迪制衣有限公司选送的“浦江休闲裤产业互联网服务平台”项目获一等奖。获得一等奖、二等奖和三等奖的6个项目，代表浦江参加金华市第四届电子商务创业创新大赛总决赛。10月，启鸣直播短视频电商基地、浦江休闲裤产业互联网服务平台均获三等奖。

【跨境电商游学活动】 10月19日，为帮助浦江优秀本土企业抢抓跨境电商发展机遇，拓展布局海外渠道与市场，助力品牌出海，县经济商务局组织全县涉及跨境电商的业务部门负责人、乡镇（街道）分管领导、跨境电商、外贸企业负责人共计30人，到杭州开展为期5天的跨境电商游学活动。

【直播网红专业化培训】 10月19日至11月1日，县经济商务局在浦江万家跨境电商园、水晶园区、智联电商园、黄宅镇消防体验中心组织开展五期直播网红专业化培训活动，每场培训为期7天，共52课时，吸引近1000人次参加。11月2日，为满足中小企业和创业者掌握直播技巧、提升短视频带货成功率的需求，打造浦江本土专业主播，助力浦江双十一直播团队的搭建，县经济商务局在万家跨境电商园推出一期电商网红直播培训进阶班，吸引全县从业者和创业新秀报名参加。该进阶班包含3天线下和4天线上课程。简洁高效介绍产品的九大步骤、拿来即用的标准化直播流程、唤醒粉丝购物欲望的高成交话术、直播脚本的策划、精益运营的直播数据诊断，有50余名学员经培训获得结业证。

浦江县电商网红直播培训

（张彩彩）

# 农　业

## 综　述

**【概况】** 2020年，全县农林牧渔业增加值11.63亿元，按可比价增长1.8%；农业生产总值11.48亿元，同比增加3.9%。农民人均收入24948元，同比增加1642元，增长7.04%；城镇和农村居民收入比2.00。

夯实农业产业基础，推进高标准农田建设，提升农业基础设施，保障农产品质量安全。壮大农业农村产业，发展粮食、水果、蔬菜、茶叶、畜牧业、水产业、民宿（农家乐）。开展美丽乡村建设，做好乡村振兴示范创建、新时代美丽乡村建设、历史文化村落建设、田园综合体建设等工作。增强乡村内生活力，开展"数字三农"建设，深化农村集成改革，巩固脱贫攻坚成果，完成省示范性现代国有农场创建，推进葡萄机器换人示范县创建工作，深化农业综合行政执法改革。

**【稳产保供】** 出台《浦江县农业产业稳产保供扶持政策》，实施粮食增产保供行动、生猪生产攻坚行动、农业种植增收行动、农民增收专项行动、涉农统计业务提升行动五大专项行动。出台《关于深化"三服务"扎实开展"三联三送三落实"活动的通知》，成立13个"4+2"技术联心服务团、33支"三农三员"服务队、4支农业首席专家服务组，开展"三联三送三落实"活动，联系农户1540户、农业企业572家、基地616个，有效解决问题264个。

## 种植业

**【概况】** 全县粮食播种面积4586.6公顷，总产量2.19万吨，总产值0.65亿元。创新主粮种植模式，推广葡萄园套种马铃薯。全县水果总面积7126.6公顷，总产量14.84万吨，产值13.65亿元，其中葡萄种植面积4686.6公顷，产量12.79万吨，产值11.43亿元。樱桃、火龙果、蓝莓、杨梅、枇杷、猕猴桃等特色水果有大幅增长，凤梨、南五味子等新品种水果开始种植。全县蔬菜播种总面积5100公顷，总产量12.49万吨，总产值3.08亿元，其中山地蔬菜播种面积2040公顷，产量6.75万吨，产值1.62亿元。全县茶园总面积2653.3公顷，总产量1085吨，总产值8470万元。

推行蔬菜“三分六统”经营管理模式，杭坪镇大塘村番茄全年亩产1万千克以上，亩产值9万元。8月19日，浦江县选送的“阳光玫瑰”葡萄和“巨峰”葡萄分别获全国优质阳光玫瑰葡萄果品品质评选金奖和“浙江省十佳葡萄”；9月21日，“阳光玫瑰”葡萄和“巨峰”葡萄获全国优质晚熟葡萄金奖。12月25日，“浦江桃形李”经国家农产品地理标志登记专家评审会专家组评审通过，获农业农村部地理标志登记保护。12月31日，省农业农村、发展改革、财政、科技、自然资源、生态环境、水利等部门联合认定并公布浦江为葡萄特色农产品优势区。“葡萄新品种选育与节本增效关键技术及应用”项目由金华市农业科学研究院与浙江省农业科学院等合作完成，获浙江省科学技术进步奖三等奖。

“浦江桃形李”参加国家农产品地理标志专家评审会　　（任骞栋　摄）

（陈健锋　黄巧巧）

【特色强镇建设】　2月19日，县农业农村局、县财政局发放给黄宅镇人民政府葡萄特色农业强镇建设奖补资金500万元，用于黄宅镇葡萄特色农业强镇的重点建设项目建设提升等工作，推进黄宅葡萄等区域特色水果产业融合发展。9月14日，省农业“两区”办组织相关专家对杭坪镇创建省级特色农业强镇工作进行验收。工作组实地查看了创建现场，听取创建工作汇报，查阅相关台账资料，形成杭坪果蔬特色农业强镇建设规划布局合理、产业特色鲜明、农旅有机融合、绿色创新发展的意见。经验收工作组验收，浦江县创建省级特色农业强镇建设各方面工作达到预期目标，对照建设方案和验收标准，经专家综合评分，杭坪果蔬特色农业强镇建设以95分的成绩通过验收，并于11月6日下文，对杭坪果蔬特色农业强镇予以省级认定，下拨省级财政补助500万元，用于杭坪果蔬特色农业强镇提升建设。

（楼基道）

【茶产业发展】　5月21日，为庆祝首个“国际茶日”，组织开展以现场展示、发放茶知识宣传资料、免费为广大市民提供茶品、座谈会等多种形式的活动。6月3日，在大畈乡上河村举办主题为“好山·好水·品好茶”的直播带货活动，县委常委虞红梅到直播间为浦江茶代言，邀请教授级高级工程师、国家一级评茶师、国家职业技能鉴定高级考评员沈红进行现场点评。10月25日，举办重阳节敬老茶会，邀请老领导、道德模范、劳动模范、新冠肺炎疫情抗疫英雄等60余名代表参加。县域内选取比较有代表性的66.67公顷茶叶基地实施绿色防控，安装灰茶尺蠖性信息素诱捕器5500套等，使用省补资金63.05万元。东坪茶叶被评为第13届中国义乌国际森林产品博览会金奖；杭坪凯凯茶叶基地创建为2020年省级“生态茶园”示范基地；浙江浦江唯高茶业有限公司的13.33公顷茶园通过有机认证；浙江莓蓝芳农业开发有限公司在杭州西湖景区旁的马儿山5号开办浦江茶等农产品推介窗口，扩大浦江茶的影响力。举办三期茶艺技能培训，培训二级茶艺技师2名、高级茶艺师69名、中级茶艺师13名、初级茶艺师17名。

（黄巧巧）

【浦江县高标准农田建设项目市级评审会】 6月2日，2020年浦江县高标准农田建设项目初步设计市级评审会在县农业农村局召开，评审专家组由金华市农业农村局计财处处长徐宏、副主任徐敬峰，东阳评审专家组等5位专家组成，局分管负责人胡真伟、局农业项目服务中心全体人员，县府办、县财政、县自然资源局、县水务局等相关科室负责人、13个项目涉及所在乡镇街道分管分责任人参加评审。此次会议采取PPT汇报，5位评审专家现场点评，13个建设项目通过市级评审。

（徐欢泽）

【耕地质量提升】 7月，下发《关于印发商品有机肥推广应用实施细则的通知》，将推广任务分解落实到乡镇，全年推广商品有机肥1.5万吨。加强商品有机肥的质量监管，全年共抽取商品有机肥厂家5家，送检样本15份。8月，下发《关于对2020年标准农田质量提升项目增施商品有机肥等农用物资的通知》，实施标准农田质量提升984.6公顷。全年化验土样875项次。

【耕地酸化治理】 9月，下发《2020年浦江县酸化耕地治理项目实施方案》，建立水稻、葡萄酸化耕地示范区1000公顷。推广测土配方施肥技术20333.3公顷，提高肥料利用率，减少化肥对环境的污染。

（柴有忠）

【高标准农田建设】 贯彻落实"藏粮于地、藏粮于技"战略，推进高标准农田建设工作，并将此项工作作为助推乡村振兴的基础工程和改善民生的民心工程，在改善农田基础设施、提高土地效益、保障粮食安全、增加农民收入等方面发挥作用。通过实施高标准农田建设，完善农田基础设施，提高农业生产条件。上级下达高标准农田建设任务533.3公顷（其中高效节水灌溉面积80公顷），结合基本农田划定工作、粮食生产功能区建设、千万亩标准农田质量提升等项目建设，整合土地整治项目、农业综合开发项目、农田水利基本建设等各类农田整治项目，建设高标准农田面积1733.33公顷（其中高效节水200公顷），超150%完成年度建设任务，预计新增和改善灌溉达标面积1373.3公顷，新增和改善排水达标面积493.3公顷，年节约水量127万立方米，灌溉水利用率提高6%，道路通达率达到92%，粮食总产量增加近500吨，项目区直接受益农民年纯收入增加1446万元。

（徐欢泽）

## 养殖业

【水产养殖技术推广】 由于受新冠肺炎疫情影响，全县第一季度渔业产量下降3%以上，为增产保供，县成立渔业专班，开展系列工作，全县新增水产养殖面积10.3公顷，其中推广青虾养殖面积4.3公顷；新增35.2公顷21万尾大口黑鲈养殖。县域内实施稻渔综合种养，杭坪镇中村粮食专业合作社7.3公顷稻渔综合种养示范创建点项目获省农业农村厅资金20万元支持，并通过省级验收，稻渔综合种养效益明显，创建点基本不打农药，化肥减少了三分之一以上，稻米价格是原先的3倍以上，水产品产量平均增加0.01吨。创建2家健康养殖示范场，分别是浦江县张加根甲鱼养殖场、浦江县躬乐家庭农场。通过养殖尾水治理，9家规模养殖场实现养殖尾水零直排。发展数字水产，3家养殖企业安装了监控设备，2家养殖企业安装了自动增氧设备，1家养殖企业安装了水质调控设备。通过加强初级水产品安全监督、监管，全县34批次各级监测合格率100%。

（胡旭昶）

## 农村经济

【概况】 推进消除集体经济薄弱村工作，全县集体经济总收入2.34亿元，经营性收入8916万元；190个村达到总收入30万元且经营性收入15万元，总收入60万元以上的村128个，经营性收入20万元以上的村133个，所有村达到集体经济总收入20万元且经营性收入10万元以上，集体经济总收入增速9.57%。开展美丽乡村建设，创建星级村16个(其中精品村3个)，村口景观3个，完成精品线提升建设项目9个。57个村创建为省级新时代美丽乡村(其中达标村38个，精品村19个)，13个村创建为市级现代化和美乡村示范村。前吴乡被评为浙江省美丽乡村示范乡镇，新光马岭茜溪线被评为浙江省示范精品线，同乐村、方宅村、旌坞村、里黄宅村被评为浙江省美丽乡村特色精品村。开展美丽乡村长效管理工作，出台《浦江县新时代美丽乡村长效管理办法》，150个村列入管护范围。开展历史文化村落建设，完成第七批重点村吴大路村第二年建设任务、启动第三年建设任务前期准备工作；完成第七批一般村马墅村三年建设任务；完成第八批一般村张官村、利丰村三年建设任务的30%形象进度；申报第九批重点村马墅村。上河村被评为省级历史文化保护和利用示范村。

【推进乡村振兴】 3—11月，县乡村振兴领导小组办公室召开三次示范村项目推进会，县乡村振兴领导小组成员和乡镇负责人现场参观了仙华街道、郑宅镇、岩头镇等示范村建设，对乡村振兴示范村创建进度等提出了要求。召开两次乡村振兴示范村创建遴选评审会，由各有关部门专家共同评审，最终立项两批次示范村创建项目，共有78个行政村被列为示范村创建对象，乡村振兴项目共计156个，其中产业建设类项目42个、经济作物类项目40个、环境设施改善类项目36个、农旅结合类项目24个、农副产品加工类项目14个。截至12月，完成示范村项目创建的行政村10个，基本完成示范村项目创建的行政村16个，创建进度过半的行政村18个。拨付项目启动资金4304.24万元，续建项目通过验收后，需要补助资金13327万元，项目完成并运营后，可实现集体经济收入36700万元、工商资本投入1亿元，村民人均可支配收入3.5万元以上，低收入农户最低收入水平11000元以上。组织“农信杯”浙江省第三届大学生乡村振兴创意大赛浦江·首届中国乡村直播专项赛，决赛经过三小时直播，40个账号共计观众数30997，粉丝数69325，点赞数320万，售出农产品152448.7元，为浦江乡村产业注入新观念、新方法、新销售。

【农村“三资”管理】 6月11日，郑宅镇召开农村“三资”智慧监管系统试点推进动员会，县农业农村局总农艺师黄向明参会，并对试点工作提出具体要求。6月23日，全县农村普惠金融工作推进会在县融媒体中心演播大厅举行，副县长虞红梅作重要讲话，局长楼建超主持会议。7月22日，市农业农村局副局长王培涨带队到浦江前吴乡寿溪村、虞宅乡新光村、岩头镇龙溪村、郑宅镇广方村、白马镇夏张村进行清廉村居示范综合考评检查，县纪委副书记、监委副主任祝懋发、县纪委常委董铁飞以及县农业农村局局长楼建超、总农艺师黄向明和县民政局主要领导陪同。10月30日，省农业农村厅副厅长孙飞翔带合作经济处处长李锋、副处长陈建明到浦江调研宅基地相关工作，以座谈会形式举行，副县长虞红梅和县农业农村局局长楼建超参加座谈。

6月23日，浦江县农村普惠金融工作推进会

（陈奇志 摄）

【消薄工作】 6月24日，县消薄办召集相关部门对消薄项目进行立项评审，县农业农村总农艺师黄向明参加评审会。7月6日，县消薄办会同县委组织部、县财政局验收省财政扶持项目仙华街道徐村物业大楼。8月7日，县农业农村局总农艺师黄向明带队到江南第一家文化培训基地检查督促工程质量、施工进度。8月20日，丽水市农业农村局总农艺师胡丽红带领丽水市消薄考察团100余人到浦江郑宅镇、杭坪镇、大畈乡考察消薄工作，县农业农村局总农艺师黄向明陪同。8月26日，市农业农村局党委委员严光轶带队到浦江指导消薄、示范性家庭农场创建、善治村工作，县农业农村局总农艺师黄向明陪同。

（陈奇志）

## 农产品质量安全监管

【概况】 2020年，先后开展浦江县农产品质量安全专项整治“利剑”行动，分为以蔬菜、水果等种植业产品为主的“利剑1号”行动、以畜禽产品为主的“利剑2号”行动、以养殖水产品为主的“利剑3号”行动，共出动各类监管执法人员739人次，检查生产经营主体422家次，开展各种形式的宣传72次，发放各种资料1000余份。

【农产品质量检测】 加强农产品例行监督监测，全年县级定量抽检20次，共607批次，其中茶叶30批次，水果215批次，粮食19批次，蔬菜205批次，畜禽产品126批次，水产品12批次；部级抽样8批次，合格率100%；省级抽样156批次，合格率100%，其中风险和专项抽样46批次，监督抽样36批次，例行抽样74批次；市级抽样121批次，其中应急抽样7批次，监督抽样45批次，例行抽样69批次。各类农产品定量抽检合格率98%以上。指导乡镇街道和局属相关单位完成定性快速检测任务26299批次，其中种植业6439批次，快速检测合格率98%以上；养殖环节乡镇抽检“瘦肉精”3909批次，屠宰环节监督检测15951批次，未发现瘦肉精阳性尿样。

【“三品一标”认证】 全县有效期内共有无公害农产品主体15家，面积138.4公顷，浦江县盆地省级现代农业综合区和13个乡镇街道粮食功能区通过无公害农产品产地认定，面积分别为2341.9公顷、4069.5公顷；绿色食品主体42家，面积499.9公顷；有机食品主体4家，面积80.3公顷；农产品地理标志2个，浦江葡萄种植面积1800公顷，浦江桃形李种植面积1333.3公顷。其中,2020年通过无公害复认定主体3家,面积58.7公顷;新增绿色食品主体20家,面积121公顷;新增有机食品2家,面积41.9公顷;新增农产品地理标志1个,浦江桃形李面积1333.3公顷。

(任骞栋)

## 农业执法

【概况】 全年开展3次春、夏、秋三季“绿剑”行动、3次种植业领域专项执法行动、“渔政亮剑2020”专项行动、农产品“利剑”专项行动、生猪违规调运整治行动、“护农保春耕”联合行动、生猪屠宰专项行动等,出动执法人员1700余人次,检查经营单位、现场600余家次,抽检农业投入品100只。组织开展“浙政钉掌上执法”“双随机、一公开”事项抽查工作,完成“互联网+监管”各项工作指标。市交叉检查组到浦江检查3次。办理农业执法案件64起,罚没15.5万余元(无行政复议和行政诉讼案件),发放责令整改通知书21份。解决农业生产事故5起,补偿农户经济损失7万余元。组织“放心农资下乡”活动1次,运送下乡进村农资300余吨,免除运费、装卸费。开展普法宣传,全年发放宣传资料5000余份,发放法律法规手册1000余本,发放账册800余本,签订承诺书100余份。开展培训1起,受训人员62人次,选取3个典型案例在县农业农村局公众号进行普法宣传。

【农药废弃包装物回收与处置】 全年共回收农药废弃包装物30.83吨,回收率175.5%,无害化集中处置29.36吨,处置率185.7%,超额完成省里下达的任务。

【动物检疫、生猪屠宰】 全年累计动物产地检疫出证1408张,检疫生猪82003头;生猪屠宰检疫出证36087张,屠宰生猪44296头;省外调入动物及动物产品备案审批540批次,调入生猪22394头、动物产品1635吨。

【“肥药两制”改革】 推进全县农药购买实名制和化肥使用定额制,加快落实“肥药两制”改革建设工作,投资39万余元,为全县62家农资经营主体免费安装“人脸识别”农资购销系统,在金华市实现农资经营主体100%“人脸识别”系统覆盖。该系统的上线完善了浦江县原先的农资追溯体系,做到来源可追踪,去向可追溯。2020年,浦江县5家农资店完成“肥药两制”改革。

“肥药两制”改革农资店创建工作验收

(黄碧漪 摄)

## 农业机械及设备

【概况】 全县农机总动力7.68万千瓦,农机总数量23447台,落实中央及省、县各级财政购机补贴资金151.81万元(中央补贴资金135.71万元,省级补贴资金6.44万元，县级补贴资金9.66万元），受益农户和农机（业）合作组织454户。新增各类财政补贴农业机械546台，其中耕整地机械278台，种植施肥机械13台，田间管理机械165台，收获机械2台，收获后处理机械2台，农产品初加工机械54台，畜牧机械5台，水产机械8台，设施农业设备2台，动力机械15台，其他机械2台。报废补偿拖拉机527辆（其中提前报废淘汰变型拖拉机497辆），发放报废（提前报废）补偿资金602.35万元（其中县财政支付提前报废补偿资金423.9万元）。12月，浦江县获评省2020年度农业主导产业（水果）"机器换人"示范县。

**2020年度全县农机基本情况表**

**表6**

| 名　称 | 数量（台） | 动力（千瓦） |
|---|---|---|
| 合计 | 23447 | 76827 |
| 耕作机械 | 1963 | 10537 |
| 种植机械 | 32 | 283 |
| 排灌机械 | 7987 | 19470 |
| 植保机械 | 8607 | 13057 |
| 收获机械 | 26 | 1383 |
| 收获后处理机械 | 178 | 932 |
| 农产品初加工机械 | 692 | 4964 |
| 畜牧养殖机械 | 231 | 1538 |
| 渔业机械 | 185 | 314 |
| 林果业机械 | 328 | 1100 |
| 茶叶机械 | 2848 | 5593 |
| 食用菌机械 | 17 | 81 |
| 运输机械 | 35 | 32 |
| 农田基本建设机械 | 318 | 17543 |

**【农机安全生产管理】** 全县免费实地检验大中型耕作拖拉机、联合收割机、粮食烘干机58台。根据省市关于上道路变型拖拉机提前报废淘汰政策精神和工作部署，县府办转发金华市农业农村局四部门印发的《金华市拖拉机限行禁入和提前报废淘汰专项治理行动方案》，组织各乡镇街道做好宣传动员工作，按市农业农村局要求在11月底前完成存量变型拖拉机报废淘汰清零。

**【新型农机推广】** 县畜牧农机发展中心帮助种粮大户引进植保无人机5台，开展葡萄"机器换人"示范县创建，以电动卷膜装备、管道喷雾系统和臭氧水发生器为重点，推广提升葡萄生产高效植保机械化水平。组织1批次共10人参加全市政农机操作手培训，组织2名老农机操作手参加农机教练员培训；推荐农机修理工和操作工各1人参加全省农业职业技能大赛，分别获全省二等奖、三等奖。12月2日，浦江县通过省市验收组关于农业主导产业（水果）"机器换人"示范县的验收。

葡萄基地管道喷雾系统喷施臭氧水代替杀菌农药，效率达30亩/小时以上　　（陈荣辉　摄）

（陈荣辉）

# 水　务

【概况】 2020年，浦江县水务局(简称“县水务局”)完成水利投资2.4亿元。岳塘溪(开发区段)河道综合治理工程开工建设;壶源江综合治理工程(檀溪段)完成水保、环保专项验收及标准化建设;通济桥水库综合整治二期工程七二线新建堰坝、部分库区物理隔离与信息化改造提升通过完工验收;完成石洋塘等5座水库除险加固、大塘坞等8座山塘整治;编制《浦江县水安全保障“十四五”规划》;完成农村饮用水达标提标三年行动建设任务;农业水价综合改革工作全市首个通过省市验收;“十三五”农村水电增效扩容改造涉及河流高分通过省绩效评价工作。

浦江县被评为全国第三批节水型社会建设达标县、2019年省农村饮用水达标提标行动成绩突出县、全省水利工程管理“三化”改革试点县。金坑岭水库被评为全省优级饮用水水源地;壶源江水电站、仙华水电站获评全国绿色小水电示范电站。壶源江获评省级“美丽河湖”,白麟溪获评市级“美丽河湖”。2019年度实行最严格水资源管理制度考核获优秀等次;河湖标准化管理县总结评估获省级优秀。

【农村饮水安全】 2020年，县水务局建立城乡供水、水质检测、运行管护等体系，完成农村饮用水达标提标三年建设任务，获评2019年度省农村饮用水达标提标工作成绩突出县，获省级农饮水奖补资金3000万元。2018—2020年，累计投入资金4.15亿元，实施项目173个，提升人口12.08万人，达标人口覆盖率97%以上，供水保证率97%以上，水质达标率由41.18%提升至91.07%,规模水厂覆盖人口比例由72.4%提升至95.3%,建立健全县级统管长效管护机制，基本实现城乡饮水“同质、同价、同服务”。

【美丽河湖创建】 根据《关于开展2020年度美丽河湖验收工作的通知》《浙江省“美丽河湖”建设验收管理办法及评价标准(试行)》,壶源江(檀溪镇檀溪大桥—杭坪镇石宅村)获评省级“美丽河湖”,白麟溪(郑宅镇寺后村—浦阳江汇合口)获评市级“美丽河湖”。通过河道综合治理、河湖水系连通、提升生态景观、健全管护机制、水文化展示等一系列措施，提高整体防洪能力，改善水生态环境，创建流域2个“乐水小镇”、10个“水美乡村”,打造“一村一品一水景、一镇一韵一水乡、一城一画一水廊”的全流域幸福样板。

【水旱灾害防御】 2020年，全县汛情总体较为平稳，无重大灾情产生。汛前出动700余人次开展水旱灾害大检查，在《今日浦江》报刊出明确基层防汛防台体系管理乡镇(街道)和行政村(社区)行政责任人259人，山塘巡查人员325人，小型水库巡查人员61人等;实行24小时值班值守，落实责任到人;编制《浦阳江流域洪水调度方案》《浦阳江超标准洪水防御预案》等预案;发布水旱灾害防御信息31期，发布洪水预报6期，发送预警短信165条计9189人次;下发水库调度令8次，科学调度水库，确保通济桥水库、金坑岭水库等中型水库安全度汛;开展“浙江安全码”(小流域山洪)排查录入工作，全县共完成4916人的录入与赋码。全年累计平均降水量为1698.3毫米，占多年平均降水量(1470毫米)的115%,比2019年同期1804.9毫米少109.3毫米。全年累计平均降水天数为157天，比2019年同期少2

天。国家基本雨量站年最大降水量海母口站为1988毫米，最小降水量黄宅站为1478毫米。浦江县5月29日入梅，7月18日出梅，梅雨量621.4毫米，占多年平均梅雨量（257毫米）的242%，比2019年480毫米多141.4毫米，为1962年以来第二历史高位（梅雨量最大的是1973年683.8毫米）。梅雨期间降水量最大的站点为罗家站807.5毫米，超过700毫米的有海母口、林坞口、茶壶里水库三个站点。全年梅汛主要呈现入梅早、梅期长、雨量多三个特点，入梅仅比1971年迟2天，梅雨期长达50天，梅雨期和梅雨量是常年的一倍多。

**【水资源管理】** 2020年，通过完善节水管理制度，推进节水载体建设，推行农业水价改革，开展多元节水宣传等措施，推动县域节水型社会达标建设。2020年，全县用水总量、万元GDP用水量、万元工业增加值用水量较2015年分别下降23.18%、38.54%、53.31%，农田灌溉水有效利用系数提高到0.580，5个水功能区水质达标率为100%，实现国家和省级县域节水型社会建设“双达标”，获评全国节水型社会建设达标县。

**【河湖管护】** 2020年，编制《浦阳江、大陈江水域岸线管理保护规划》《浦江县水域保护规划修编》等规划，在全省率先公布浦江县乡级河道名录，完成全县河道及河流（溪沟）划界工作，共划定乡级河道40条，河段总长247千米，河湖标准化管理工作获省级优秀。

**【小水电清理整改】** 2020年，通过核定生态流量、编制“一站一策”、改造泄放设施、建设监控平台等举措，实行逐站整改、销号管理，全年整改销号小水电站21座，其中整改类16座、退出类5座；建成1个县级生态流量泄放在线监管平台，资料填报、综合评估、一站一策、整改进度、退出进度5项指标完成率均100%。

**【水利工程管理“三化”改革】** 根据《浙江省水利工程管理“三化”改革三年行动方案》以及水利工程产权化、物业化、数字化的要求，推进水利工程“三化”改革，提升水利工程运管水平。全年完成43座水库、300座山塘及77座泵站共420处水利工程的确权发证。培育5家本地物业管理公司，小型水库、山塘、市县级河道物业化覆盖率均实现100%。对全县重要河道、水库、屋顶和饮用水山塘安装视频监控372个、水雨情监测64套，实现对县域内重要河湖库塘水文监测、视频监控系统全覆盖。11月，浦江县被评为浙江省水利工程管理“三化”改革试点县。

**【水政执法检查】** 2020年，水政监察大队组织河湖执法巡查50余次计150余人次，查处涉嫌涉水违法行为12个，发放限期整改通知书5份，现场处理河道采砂（少量）2次，涉水违建1次。开展联合执法行动5次，联合县自然资源和规划局对县纪委移送的仙华街道牛角坞山塘占用水域问题进行现场执法；联合黄宅镇人民政府对浦阳江、洪巡溪管理范围内种植农作物行为劝导整改；联合檀溪镇对水竹湾森林公园违法建设拦水坝进行检查处理；联合县人民检察院、县治水办、白马镇开展守护“美丽河湖”专项行动；联合县执法局、市监局开展非法取用地下水整治专项行动。开展水资源专项行动，对全县范围内违规取用水行为进行整顿，严格按照省市要求统一审批入取水实时监测系统监测。开展省级年度水域遥感监测复核工作，查处4处乱建、乱占图斑。创建东溪、西溪与壶源江3条河道共计50.3

千米的"无违建河道",完成省下达的无违建河道创建任务。

（周诗静）

## 水务集团

【概况】 2020年,浦江水务集团有限公司(简称"县水务集团")资产总额50.4亿元。县水务集团推进全县域城乡供水"一张网"建设,城市供水能力21万吨/天,供水面积175平方千米,供水管道(DN75以上)总长度677千米,供水人口约40万人。农村饮用水单村管护供水站共计209个,集中式水厂10个,受益人口约7.9万人。

县水务集团被评为市级"文明单位",城乡自来水有限公司被评为"五星基层党组织""战疫先锋先进集体",供水服务中心被授予省级"巾帼文明岗"称号,有十余人获县级及以上荣誉。

【里存水厂完工通水】 杭坪镇里存水厂工程于6月3日开工建设,6月30日建设完工并通水,工期用时27天,工程总投资461万元,为浦江首座膜处理工艺水厂。建设内容包括水厂主体工程1座、加压泵站3座,安装水处理设备1套、铺设主管道6000余米。水厂供水规模420立方米/天,供水范围覆盖杭坪镇东岭村、裕民村2个高海拔行政村,共计11个自然村,受益村民约2000人。

里存水厂　　（何　敏　摄）

【西北部山区农村供水工程建设】 该工程为2020年县十大民生实事工程之一,计划投资1.99亿元,涉及大畈乡、虞宅乡、中余乡、杭坪镇、檀溪镇5个乡镇约6.08万人,生活供水规模10000吨/天。工程主要建设内容为外胡水厂工程、38千米主管网工程、100千米支管网工程、24个村村内改造工程,其中外胡水厂主体工程和主管网安装工程于10月初动工建设,历时90余天,12月已建设完工。

外胡水厂建设工程　　（何　敏　摄）

【农饮水管护】 浦江县农村饮用水管护服务有限公司前期通过对农村供水工程现状的调查摸底,建

立岗山脚村供水管道抢修　　（石颖强　摄）

立专业化管理队8支，经常性开展巡查、检测等日常管理工作，提高供水保证率和安全性。截至2020年，农村饮用水合格率从托管前20%提升至90%，单村水厂供水保证率90%以上，基本实现城乡供水“同标、同质、同服务”。

【城乡供水一体化工程】 6月30日，城乡一体化供水管网延伸工程（前吴乡灵溪线、毛家线、朱桥罗源线和郑宅镇堂头线）建设完工通水，工程投资1572.46万元，安装管道20.5千米，化解罗塘、三垭、毛家等9个行政村（自然村）共计7000余人的安全用水问题。

郑宅镇堂头线管道敷设现场 （何　敏　摄）

【新增浦东营业网点】 5月28日，浦江县城乡自来水有限公司浦东营业所在白马镇天中路22号挂牌成立，该所服务范围涵盖郑家坞镇和白马镇嵩溪村、联江村等35平方千米，服务人口2万余人，为浦东用户提供方便快捷的“一站式”服务体验。

【浦义供水合作】 2020年，累计向义乌供水738万吨，同比增长148万吨，新冠肺炎疫情防控期间，同步实行“企业到户水价下调10%”优惠政策，累计减免水费94万元。浦义两地自来水公司发挥“水纽带”作用，开展供水业务交流活动，全年累计举办研讨会6次，技术岗位交流学习100余人次。

【助力企业复工复产】 新冠肺炎疫情防控期间，县水务集团响应县委县政府决策部署，推出“欠费不停水”、“一对一”专员服务、“水保姆”管护服务、“121”服务目标等7项惠民便企举措，落实浙江省发展和改革委员会“企业到户水价下调10%”优惠政策，期间优惠企业水费516.82万元，向村（社区）、企业捐助酒精、次氯酸钠、帐篷、方便面、矿泉水等物资7万余元，执行各类抢修、检漏任务96次。

【“线上游”栏目】 3月22日，因新冠肺炎疫情防控需要，县水务集团启动线上“水厂开放日”活动，以“沉浸式体验”为主题，情景式展现了通济水厂制水工艺流程，以线上视频播出方式，引导市民探索认知自来水的生产加工始末，观看人数超8000人，播放量20000次，提高广大市民科学用水和节水意识。

（周冰清）

## 文化·旅游·体育

【概况】 2020年,浦江县文化和广电旅游体育局(简称"县文广旅体局")落实新冠肺炎疫情防控和复工复产各项举措,坚持"两手抓两手硬",在抓好疫情防控的基础上,坚持突出重点、项目为王、创新为要,全力做好招商引资、项目建设和产业发展,推动全县文化旅游体育事业高质量发展。全年共接待游客1923万人次,恢复到2019年同期水平的93.5%;实现旅游收入196亿元,恢复到93.4%。

举办浦江·第十三届中国书画节、上山遗址发现20周年学术研讨会等文旅节庆活动。开展文化走亲14次,举办展览40次、上山文化宣传巡展16场、送文化进社区进农村14次、非遗进景区10场、送戏下乡100场、送电影下乡(学校)3900场,开展拥军活动2场。完成图书馆总馆、各分馆RFID信息项目以及水晶园区图书馆分馆建设并投入使用。

举办第七届全县乡村旅游节,开展"百县千碗·拾味浦江"推介活动,深化"旅游+"文章,推进"旅游+"文化、非物质文化遗产、美食、农业、体育等活动,展示浦江旅游特色。

浦江县获评全国县域旅游综合实力百强县、全省文化和旅游产业融合发展十佳县。"走进浦江发现文旅"宣传片登上中央电视台播出。"茜溪—上河"线路获评全省美丽乡村夜经济精品线。培育文旅融合示范村10个、农旅示范农庄10个,创建旅游特产销售中心10个,创建省A级景区村20个,提升省AAA级景区村5个,创建景区镇3个,新建旅游公厕13座,嵩溪村通过国家AAAA级景区景观质量评审,虞宅乡评为"省级风情小镇"。

完成3个社区多功能公共运动场、8个百姓健身房、15个体育小康提升村升级工程,建成虞宅乡前明村笼式足球场、游泳池。

浦江县获评2019浙江文化和旅游产业融合发展十佳县区

【车俊调研上山考古遗址公园】 6月23日，省委书记车俊到浦江调研，实地考察上山考古遗址公园后强调，上山遗址很有意义，还有更多可以挖掘、可以研究、可以发现的空间，要贯彻落实习近平总书记“要加强对上山文化的研究和宣传”的批示精神，深入研究、挖掘上山文化，增强认可度，做好上山这篇文章。7月5日，省委书记车俊作出批示：“上山文化”的研究、保护和宣传应该予以重视。

中共浙江省委书记车俊（右二）调研上山考古遗址公园

【疫情防控和复工复产】 2020年，新冠肺炎疫情发生后，第一时间关停各类文化旅游经营类场所，从1月23日起持续四个月，强化值班值守和场所排查，落实落细各项管控措施，做到分类施策、不漏一家。精准服务企业复工复产，出台《浦江县文化和广电旅游体育局企业复工和景区有序开放指导意见》，严把复工开头关，逐家开展复工指导检查。兑现旅游发展扶持资金378.56万元，给予旅游企业直接补助67万元。推出“千万旅游券”活动，总计发放旅游券800万元，引导消费者到景区和住餐企业进行消费；联合旅行社组织开展“万人游仙华 健康养生游”“春风和畅浦江健康游”“万年浦江千人行”等系列活动，促进旅游市场复苏；开展“乡贤回归游”“浦义同城游”活动，吸引在外乡贤回家乡畅游，开展浦义游客互送等；开展网络直播活动，参与浙江省文化和旅游宣传推广信息中心、腾讯·大浙网联合发起的“48小时云游浙江”活动，线上直播江南第一家，观看量103.70万，浙江FM107电台联合新浪视频直播平台开展“期待的旅行——浦江民生花海”直播活动，累计观看量113万。

【万年上山文化村项目开工】 5月22日，浦江县2020年二季度重大项目集中开工暨中国浦江万年上山文化村项目开工仪式举行。省委宣传部副部长、省电影局局长葛学斌，省国资委党委书记、主任冯波声，省文化和旅游厅党组书记、厅长褚子育等领导出席开工仪式。万年上山文化村项目以弘扬和传承上山文化为出发点，依托上山文化资源，整合二轻集团等开发单位优势，打造一处集上山文化体验、主题IP游乐、自然文化研学、康养度假旅居和企业总部办公为一体的国家级上山文旅康养综合体。项目规划面积222.07公顷，建设用地面积11.94公顷，总建筑面积33.46万平方米，计划建设上山文化国际会议中心、上山文化艺术中心、上山非遗街、上山驿精品酒店、上山健康管理中心等。项目总投资42亿元，年度计划投资5亿元。

【“文化和自然遗产日”活动】 6月13日，“文化和自然遗产日”暨浦江非遗进景区展示展演活动在“江南第一家”牌坊群广场举行。12家非遗美食项目和12项手工技艺项目参与非遗技艺展示，引入网络直播，线上线下推广活动同步进行；展演了浦江什锦《板凳龙》、浦江乱弹《巡营》、戏曲舞蹈《袖舞蹁跹》、浦江乱弹《油彩变脸》《女子滚地龙》等具有非遗特色的节目；举办浦江首届陶瓷展、文明序曲——上山文化图片展、非遗代表性传承人培训会、非遗购物节、非遗免费教学等活动。

“文化和自然遗产日”暨浦江非遗进景区展示展演活动全景 （吴拥军 摄）

“文化和自然遗产日”暨浦江非遗进景区展示展演活动现场 （吴拥军 摄）

**【“茜溪—上河”线路获评全省美丽乡村夜经济精品线】** 8月17日，浙江省农业农村厅在全省美丽乡村夜经济推进会上发布了全省12条美丽乡村夜经济精品线，浦江“茜溪—上河”线路入选。该线路覆盖区域为虞宅乡新光村和大畈乡前明村、上河村，游人可以畅游古村，打卡网红景点，品尝农家美食，赏夜间灯管秀、水幕舞台，青创歌谣基地体验青创咖啡、树皮画、瓷器制作、VR等特色项目。

**【浦江·第十三届中国书画节】** 9月26日，浦江·第十三届中国书画节暨“万年浦江”全国中国画（手卷）作品展在文景园仙龙广场开幕。书画节为期13天，共举办各类系列活动20余项，其中书画活动9项，文化产业活动7项，文化旅游周活动4项，文化旅游周系列活动为2020年书画节新增项目。本届书画节吸引了全国各地书画爱好者参与，其中线上4370.89万人次，线下23.96万人次。

**【郑义门古建筑群陈列展】** 9月27日，郑义门古建筑群陈列展示在江南第一家开展，县委副书记俞建辉等县领导出席展示仪式。郑义门古建筑群之郑氏宗祠、昌三公祠、昌七公祠陈列展示工程共投入资金385万元，将郑氏家规、郑氏家仪、郑义门营造技艺、郑氏家族同居史和宋濂对郑氏家族的影响等内容，以喜闻乐见的形式、多媒体的手段展出，通过“一门孝义三朝旌表”“一砖一瓦皆具匠心”“典籍双壁名扬天下”等建筑的展示，阐释郑氏家族文化。2020年，实施年度历史建筑保护利用工程，全年修缮20幢历史建筑，共投入资金1490万元。

**【上山遗址发现20周年学术研讨会】** 11月13—14日，“上山遗址发现20周年学术研讨会”在浦江召开。会议以上山文化与稻作农业起源研究和上山文化综合利用的可行性研究为主题，邀请40余名国内外知名专家学者参加研讨，来自北京大学、中国社会科学院考古研究所、美国斯坦福大学等单位的国内外顶尖专家进行主旨发言和视频发言。会议明确了上山是世界稻作农业的起源地、上山文化是中国农耕村落文化的源头、上山遗址的彩陶是世界上最早的彩陶。“世界杂交水稻之父”袁隆平、考古专家严文明向大会发来贺信，并分别题词“万年上山、世界稻源”和“远古中华第一村”。授牌成立“上山文化研究中心”“中华万年考古遗址联盟”“上山文化遗址联盟”“中国水稻研究所上山稻作研究基地”，发布《浦江宣言》，并授予上山文化发现者——省文物考古研究所研究员蒋乐平“上山文化突出贡献奖”。2020年，浦江县投资1300余万元，实施上山遗址保护与利用工程二期和省AAA级景区提升工程，对上山遗址核心区北区和周边环境进行保护提升。

【文化民生实事】 2020年，开展“文化走亲”活动14次，举办展览40场、上山文化宣传巡展16场、送文化进社区进农村14次、非遗进景区10场、送戏下乡100场、送电影下乡（学校）3900场，开展拥军活动2场。完成图书馆总馆、各分馆RFID信息项目以及水晶园区图书馆分馆建设并投入使用。

非遗进景区之嵩溪站　　（赵新尧　摄）

【文化基因解码工程】 5月，文化基因解码工程启动实施，成立文化基因解码工作小组，制定文化基因解码实施方案。建立本土专家库并召开专家座谈会，梳理重点文化元素清单，建成首个“文化基因解码工程示范基地”，完成5个项目的解码工作。

【体育民生实事】 2020年，完成省、市体育民生实事项目中涉及浦江任务，对3个社区多功能公共运动场、8个百姓健身房、15个“体育小康提升村”实施升级工程，建成虞宅乡前明村笼式足球场、游泳池。全年体育民生实事任务完成率100%。

【体育产业发展】 2020年，浦江体育产业实现竞技赛事承办“品牌化”、新赛事引进常态化。连续两年承办“浙江省青少年田径锦标赛”“浙江省青少年足球锦标赛事（女子甲组）”等比赛，两大赛事累计为浦江创造经济效益近200万元。引进新型竞技赛事，承办2020年“浦江·沪马”杯浙江省拳击俱乐部冠军联赛等多场拳击比赛。

浙江省青少年田径锦标赛　　（黄　飚　摄）

【省级运动会筹备】 开展浙江省第十七届运动会筹备工作，引进专业人才，完成浙江省第十七届运动会6枚赛前加计金牌；省运动会比赛场馆建设完工，改造和完善比赛场地；体育后备人才布局经费到位，财政追加拨款124.9万元用于人才基地伙食补助。浙江省第十七届运动会筹备工作名列全市综合考评第一。

【文旅市场管理】 2020年，县文化市场综合行政执法队日常巡查出动检查4160家次，执法人员2913人次，查处违规7家次，行政处罚立案调查6件，办结案件6件，移交1件，警告3家次，罚款3000元，没

文旅体市场日常检查　　(谢欣昌　摄)

收非法所得2014元,没收非法财物73余本,拆除收回并销毁非法安装使用的地面卫星接收设施45套,非法电台发射器1个。

(陈畅捷)

## 文旅集团

【概况】 2020年,针对新冠肺炎疫情对文旅行业的严重影响,县文旅集团落实县委县政府决策部署,探索文旅融合发展新路径,致力于在改革发展和运营管理上实现新的突破。

县文旅集团组织“中华文化走进浦江”“非遗进景区”等10余项文化旅游主题活动。通过创新夜游产品,丰富夜游、夜购、夜宵、夜娱等消费业态,打造江南第一家花海音乐夜市,带动100余家夜市摊位营业,夜市首日接待游客8000余名,营业额超20万元。

县文旅集团加强景区度假化招商,分别与杭州开元文旅公司洽谈神丽峡国际度假区项目,与浙江东庭文化传媒洽谈太极禅院项目,与朴门数字游民平台团队洽谈游民社区项目。截至2020年,与朴门数字游民平台团队初步达成战略合作意向。

县文旅集团被评为金华市文明单位、浦江县2020年综合考核优秀单位。

【文旅行业疫情防控】 新冠肺炎疫情防控前期,紧急按下“暂停键”,取消筹备多时的“万年上山 诗画浦江”2020首届浦江新春大庙会等活动,防止疫情的扩散;建立“一码一登记、一进一测温”工作机制,构建起严密闭合的防控体系。开展线上旅游宣传,在“春暖花开 48小时云游浙江”联动直播活动第一天,“江南第一家”观看人次103.7009万,获得7.2058万个赞。

【市场激励机制】 县文旅集团探索实行“超基数分成”奖励办法,成立研学游、自驾游等精品旅游线营销专班,推行绩效管理,提升市场开拓力。截至2020年,试点的浦江惠丰疗休养服务有限公司营业收入同比增加百万余元。

【市重点项目完成建设完工】 9月22日,浦江县诗画文化中心及配套用房项目建设完工并投入运营。该项目作为县第十三届中国书画节相关活动场地之一,是市重点项目,县重大攻坚项目,也是县十大文旅产业项目之一。工程位于仙华街道石宕毛店村,2018年4月开工建设,总用地面积13837平方米,总建筑面积9200平方米,总投资10000万元。新冠肺炎疫情防控期间,成立项目应对专班,加强施工人员和建筑材料周转协调,在规范施工现场疫情防控措施的同时,突破项目复工复产中的工作。

(陈烨华)

## 新闻传媒

【概况】 2020年,县融媒体中心围绕县委县政府中心工作,坚持融合、创新发展之路,做好新闻宣传、创新创优、客户端运营、经营创收、安全播出等各项工作,推进媒体融合向纵深迈进。中心有广播、电视节目各1套,《今日浦江》报1份,“浦江发布”“浦江微讯”2个微信端,“诗画浦江”App和浦江新闻网等媒体平台。广播节目呼号“浦江人民广播电台”,频率FM105.8MHz,全年播出自制节目时间2232小时,主要有《浦江新闻》《丰安新农村》《最忆是故乡》《一路领先》《下班了》等栏目。电视节目呼号“浦江电视台”,频道31CH,全年播出自制节目时间607小时,主要有《浦江新闻》《走进新农村》《多彩丰安》《先锋视点》《浦江警视》《中医讲坛》等栏目。《今日浦江》报出刊251期,每周五期,年发行量13500份。县融媒体中心主创的《追梦人》获省第三届公益视频短片大赛二等奖,《壶源江岸抱团记》获省广播对农节目二等奖,《画浦江新景》获省广播电视节目技术质量金鼎奖广播音乐类二等奖,《情满金狮湖》获省广播电视节目奖文艺类作品三等奖;《乘客抢夺方向盘,勇敢女孩挺身而出》获市广播电视新闻奖一等奖。《荡江岭战疫》获浙江省县市区域报庆祝新中国成立70周年“红遍浙江”融媒体作品大赛二等奖等,《独脚农场主张运发》获中国残疾人联合会辅具助力脱贫攻坚案例讲解全国一等奖,《我们仨》获市“我最喜爱习总书记的一句话”宣讲比赛一等奖,市级以上奖项累计20余项。

【抗疫报道】 新冠肺炎疫情防控期间,《浦江新闻》栏目先后开设《抗击疫情特别报道》《两手都要硬两战都要赢》等专栏,宣传疫情防控和复工复产复市相关工作,播出报道700余篇。广播在转播《浦江新闻》工作的同时,制作播出防疫公益广告,向广大市民宣传防“疫”知识。《今日浦江》第一时间跟进宣传报道,共刊发报道300余篇,照片100余张,评论10余篇,战“疫情”书画作品专版4个,战“疫情”文艺作品专版5个,《为了我们曾经的约定》影像专版4个。新媒体方面,在“诗画浦江”App、微信公众号、微博、抖音等平台上联动发布各类权威信息,挖掘防控一线正面典型,多形式科普准确防疫知识,第一时间澄清不实谣言,共推出相关报道1000余篇。

记者在抗疫一线采访 （高　攀　摄）

【主题报道宣传】 2020年,紧扣县委全会、县“两会”、全县工业大会、书画节、水晶博览会、上山遗址发现20周年学术研讨会、“十三五”成就系列报道等重要会议、重要活动、重要工作,广播、电视先后推出《回眸2019》《贯彻县委全会精神》《创业路上攻坚者》《文明创建在行动》《走向我们的小康生活》《建设重要窗口 贡献浦江力量》《万年上山 世界稻源》《四季冲 全年赢》等20余个专栏;报纸开设了《建设重要窗口 落实三大攻坚》《拼搏实干 争先进位》《乡村振兴系列带货我村》《一贤一事为浦江》等栏目,推出一系列有深度、有温度、有情怀的精品力作，为全县经济社会高质量发展提供源源不断的精神动力和舆论支持。新媒体始终坚持内容与形式的创新，互动式H5作品、图解、短视频成为宣传标配。县融媒体中心制作的《县长@你 2020一起拼》《浦江之赶》《我从万年上山走来：一粒米的一生》等作品，网络阅读量50000余次。

**【上山文化推介】** 2020年，县融媒体中心发挥联动传播优势，制作图文、视频、抖音、H5、图解、直播等一系列的融媒体产品，多点发力、立体传播，宣传推介上山文化。先后在广播、电视、报纸等传统媒体上开设《回望上山》《上山遗址发现20周年》《万年上山 世界稻源》等专栏、专题、专版，以动态消息、人物特写、深度报道、系列报道等形式，开展集中宣传报道；在“两微一端一网”以及抖音等新媒体平台，制作推出《回首一万年》《上山文化大家庭》《一图了解上山文化20年》系列原创H5和《寻访万年上山》《盛会开幕式》《20周年历程回顾》系列原创短视频，展示上山文化的独特魅力和学术价值。2020年，以上山文化为主题的发稿量超200篇(条)，全媒体平台流量近500万。

**【对外宣传】** 2020年，在中央主流媒体发稿18条，较2019年增长157%；省级以上主流媒体发稿133篇，较2019年增长166%；市级主流媒体发稿641条，较2019年增长28.2%。如《浦江·第十三届中国书画节开幕》《来浦江·第12届水晶玻璃产业博览会看看!》《小事不出村 矛盾不上交》等一系列报道被新华社、央视网、《浙江日报》、浙江新闻客户端等平台采用。县融媒体中心采写的《浙江浦江：醉酒男子马路中央摔倒 外卖小哥伸出援手》视频，分别在央视网的财经频道、中文国际频道、新闻频道等平台播出，同时文字版被《浙江日报》要闻版采用；由记者采制的《农妇为瘫痪丈夫把家改为康复室》，被央视新闻、头条新闻、浙江地市头条抖音号采用，微博阅读量990万。

**【“诗画浦江”App运营情况】** 县融媒体中心整合县域内各类传播平台，全县70余个部门、乡镇(街道)入驻“丰安号”版块，县域内重大事件新媒体首发率80%以上。强化“新闻+政务+服务+互动”功能，在时政频道为用户提供丰富的新闻资讯，整合《浦江新闻》《今日浦江》报的全部内容，相继开设《我领办 我承诺》《拼搏实干 争先进位》《深入一线“三服务”、挡当实干促发展》《回望上山》《四季冲 全年赢》《春风又绿江南岸 一步一履总关情》《我最喜爱的习总书记的一句话》等专栏；主动与有关部门对接，把浦江公共自行车租赁、公交扫码乘车、长途购票、就业信息、旅游景点门票、天气预报、水电缴费、数字电视缴费、社保公积金查询等便民服务功能增加到“诗画浦江”App中。开设“浦江新时代文明实践云平台”、“清朗浦江”网络问政等平台版块，开通民意收集、媒体问政、建言咨政等服务，融入基层社会治理。6—12月，“清朗浦江”平台为市民解决2000余件民情诉求事件；综合运用短视频、二次元、Vlog、H5等手段，创作了“小编看两会Vlog”系列、“晶晶带你逛画展”、“呢呢带你找晶彩”等新媒体作品。截至2020年，“诗画浦江”App用户数80000+，成为浦江县域内最权威、最全面的政务民生服务客户端。

**【经营创收】** 提供多元化文创服务，依托人才、设备等资源优势，每年为社会提供视频宣传片制作、PPT制作、平面宣传品制作等服务。2020年，共创作出专题片、短视频等不同形式作品60余篇，其中《万年上山 世界稻源》《奔跑——2019浦江振兴实体经济纪实》《万年浦江诗画里》《水晶之都 璀璨浦江》等作品得到业内认可。语言艺术中心开设演讲、主持、少儿绘画培训等课程，年收入100万元。联办各类服务节目，与县中医院合作推出《中医健康讲坛》栏目，以全民健身为话题，每期邀请浙江省中医院或浦江县中医院专家，以现场与观众互动的方式，传授易学、易懂的养生妙招，全年共推出20期。策划帮忙类栏目——《帮忙老哥》，在“诗画浦江”App、电视、报纸等平台推出，栏目获赞助资金近20万元。承接大型社会活动，先后承接“金华市高层次人才‘云社区’千企万岗招才活动浦江专场”“百名浦江籍专家进百企服务活动”“虞红梅副县长助力直播带货 为浦江茶产业代言”“书画节”“水晶博览会”等30余场重大活动的直播录播工作。

【安全播出保障】 2020年，县融媒体中心成立安全生产事故隐患排查治理工作领导小组，制定安全生产条例，与各科室签订安全生产责任书，明确岗位职责和要求；出台《浦江县融媒体中心安保制度》《浦江县融媒体中心安全保卫、防恐应急预案》等制度；建立完善广播电视和网络安全播出重大事件和事故上报制度；加强应急演练和技术培训，提高值班人员、技术人员的应急处置能力和技术水平；每周组织一次安全播出相关的学习、教育，让安全播出意识入脑入心；建立新广电中心大厅值班制度，在各个重要节点执行24小时值班制度，提升安全播出、应对突发事件的能力，确保播出安全。

（陈柳柳）

# 交通·通信

## 交通运输

【概况】 2020年，县交通运输局交通投资任务基本完成。锁具大道北延、黄宅集贤至郑家坞吴大路、白马高一至旌坞、351国道台小线（314省道浦兰线）浦江农贸市场至桐坞岭段2020年公路养护大中修、普通国省道隧道提质升级等工程完工。314省道浦江隧道口至大桥路提升工程主体完工，朝阳村至上山村提升工程完成工程量的60%，白马方横店至金竹园提升工程开工建设，锁具大道至宋濂大道完成财政预算评审。

全县公路总里程922.58千米，其中国道2条50.92千米，省道2条37.38千米，县道24条287.01千米，乡道66条244.24千米，村道282条296.01千米，专用公路7.03千米。完成农村公路大中修工程16条路线23.36千米，等级提升工程17条路线18.88千米，农村公路安防工程14条路线29.86千米；改造病旧桥梁2座（侯蒲线、深度桥）；建设67个“四好农村路”物流点。全市公路系统“四好农村路”交流会在浦江召开。

工程质量主管监督项目8个，总投资额12374.6万元，建设里程52.28千米，项目监督覆盖率100%。全年无安全生产责任事故，无人员伤亡，全县交通工程建设质量持续稳定受控。整合实现城乡公交快捷化民生实事工程，开通2条清廉旅游专线、2条红色旅游专线，开通浦江西站至义乌火车站直通班线，建设浦义快速公交城区公交站、30个公交候车亭。

向各级新闻媒体发送稿件163篇，其中央视新闻客户端采用1篇，其他各级电视和视频新闻采用54篇，各级报纸、杂志刊物、网站、公众号刊登109余篇。县交通运输局获评全市抗击新冠肺炎疫情

210省道浦江联盟至古塘段三江口

先进集体；351国道浦江段（郑宅—联盟）获评省级特色精品道路，七郑线获评市级绿化美化精品道路。

（张钧星　楼园园　黄　维）

【重大交通项目】　6月9日，县委书记程天云、县长俞佩芬率队专题调研重点交通项目（工程）推进工作，实地调研了351国道浦江联盟至兰溪界段、235国道浦江郑家坞段、杭温高铁二期浦江段、合肥至温州高速（桐庐至义乌段）、黄大线改造提升等重大交通项目，听取全县重点交通项目（工程）情况和杭温高铁（浦江段）项目情况，强调要加快交通项目建设步伐，构建内畅外联交通网络。合肥至温州高速（桐浦义段）项目获省委书记车俊批示，副省长刘小涛主持召开专题会议推进该项目，省交通运输厅将项目上报交通运输部，并联合安徽、福建两省交通运输厅共同向上级部门争取将其列入国家综合立体交通网规划和国家高速公路网规划，该项目完成与高铁交叉点方案论证，处于开展关键节点后宅枢纽方案研究论证及安评工作阶段。351国道浦江联盟至兰溪界段工程确定了建设主体、资金保障、建设模式。235国道浦江郑家坞段工程完成工可咨询及设计招标工作。配合推进杭温高铁二期工程开工建设，基本完成高铁小镇综合交通专题研究。编制完成“十四五”综合交通运输发展规划送审稿和浦江现代物流业发展规划成果稿。

（黄康玲　方自信）

县委书记程天云（右三）向副省长刘小涛（右四）汇报合肥至温州高速（桐浦义段）项目

县委书记程天云（左三）、县长俞佩芬（左一）专题调研重点交通项目（工程）推进工作

【交通运输改革】　推进交通事业单位改革，撤销县交通工程质量安全监督站、县县乡公路管理所和县公路管理段3个事业单位，县道路运输管理局更名为县公路与运输事业发展中心，完成108名本轮改革涉及转隶人员的转隶工作。设立县交通运输综合行政执法队，在县交通运输局挂牌，实行“局队合一”体制，编制性质待中央统一明确政策意见后，逐步加以规范；以县交通运输局的名义统一行使行政处罚权以及与行政处罚相关的行政检查权、行政强制权等。整合组建县公路与运输事业发展中心，为县交通运输局管理的全额拨款公益一类事业单位。经浦江、义乌两地向上级部门联合请示，省政府批准同意继续实行浦江、义乌境内高速公路差异化收费政策，优惠政策实施时间暂至2022年12月31日。推动实施金义新区、义乌市、浦江县境内高速公路差异化收费政策。与“滴滴出行”平台合作，在浦江开展巡游车网约车融合发展试点，升级打造“巡约

县公路与运输事业发展中心挂牌成立

车”新业态，完成企业尽职调查和遴选。全县所有道路运输相关处罚业务全面推行电子票据，推出出租车驾驶员从业资格证免费邮寄服务。

（黄康玲　方自信　方信奇）

【交通疫情防控】 实行“党建+防控”工作机制，在5个普通国省道卡点覆盖成立新冠肺炎疫情防控临时党支部，落实24小时防控工作，配合落实高速路口防控任务。与临界县市区开展双向联防联控，提升防控效能。防控期间累计检查车辆3.26万辆次，体温测量6.04万人次；开辟“货车检疫绿色通道”，保障重要生产生活物资运输畅通；护航农民工返岗复工，发送返岗专车59趟次，开通浦江至义乌免费服务班车；建立“1+N”服务模式，解决企业跨省运输难题，累计办理省际通行证183张，保障运送物资1967.944吨；指导公共交通分类分段恢复，快速复工货运托运、汽车维修等交通领域企业；创新开通2条夜间班线，助推“夜经济”发展。2个临时党支部（314省道桐坞岭卡点、210省道新光村卡点）获全县第一批“战疫先锋”团队通报表扬；5人获市、县先进个人荣誉。

（黄康玲　胡淞译）

在抗疫情一线成立临时党支部

【“最多跑一次”改革】 为解决新冠肺炎疫情防控期间企业跨省运输难题，建立“1+N”服务模式，以企业集聚的开发区、水晶园区、相关乡镇（街道）为重点，由1名交通服务专员分别对接2～4家单位的“代办员”，告知运输通行证办理流程。“代办员”熟悉办理流程后，可以直接帮助企业进行线上办理，实现企业“一次不跑、证就办好”，累计办理183张省际通行证，涵盖家纺、水晶、挂锁等物资1967.94吨。推动“最多跑一次”改革向交通场所延伸覆盖，与县委改革办联合印发《浦江县交通公共服务场所服务大提升行动方案》，完成年度工作任务。

（季灵玲　黄康玲）

【交通执法】 创新建立“一网四清单”执法考核机制，实行量化考核，提高执法人员整体素质。严格依法行政，开展“两客一危”、超限超载“百吨王”等专项行动，整治提升驾培水平，严惩违法行为。推动“互联网+监管”工作，完成“双随机”抽查任务19个，开展行政执法检查236次，跨部门监管率42.1%，应用信用规则率100%。全过程监管工程项目，所监督项目的竣（交）工质量评定和验收合格率均为100%。全年办理行政处罚案件357件，罚款297.4万元，其中非现场处罚300件，罚款256.2万元；查处污染车辆407起、路产损坏406起，共计罚

开展“两客一危”、超限超载“百吨王”等专项行动

款95.3万元；受理行政许可2265件。全年未发生行政赔偿、行政复议和行政败诉案件。

（吴倩倩　楼园园）

【驾培监管】　2020年，汽车驾驶员培训结业：科目一11230人次，科目二9635人次，科目三8676人次；摩托车培训477人次；道路运输驾驶员继续教育培训167人次；组织出租汽车驾驶员从业资格证考试17期，安排784人次，其中合格444人。通过推动驾培监管平台与公安考试系统联网对接等措施，打击伪造学时数据、篡改培训系统数据等学时造假行为，解决当前影响和制约驾驶员培训基础性、源头性、根本性问题。通过人工对监管平台的数据监控，共计作废学时5289条，退回学员147人次。

（潘　东）

【“四好农村路”交流会】　4月8日，金华市公路管理局组织的全市“四好农村路”现场交流会在浦江召开。金华市交通运输局党委委员、市公路管理局局长徐晓和，全市公路系统主要负责人参加会议。各单位代表现场考察X811侯蒲线沿线三叶草绿化工程，参观上河公路服务站，走访旅游精品线X801浦横线，了解由C302朱桥至民生段带动的旅游产业现状，并进行现场交流。2020年是“四好农村路”三年行动计划的收官之年，徐晓和围绕“四好农村路”复工复产、精品示范线路建设、农村公路管理养护改革等5个方面作出工作部署。

（楼园园　黄棋林）

【公路路域环境提升】　受交通运输部委托，由吉林省交通运输厅和新疆维吾尔自治区交通运输厅组成的评价工作组到浦江，开展“十三五”全国干线公路养护管理治理能力评价工作，对全县公路管养、美丽公路建设、服务站建设与管理等工作给予肯定，2020年度普通国省道养护管理考核位列全市第一位。2020年，公路两侧种植乔木2097株，时令花卉39300株，灌木5838平方米，补种三叶草86000平方米，补种花草32800平方米，麦冬13000平方米。推进公路养护保洁“机器换人”，坚持雨天冲洗，提高公路洗扫作业效果。加强日常养护和预防性养护及小修保养工作，全年清理路基边沟堆积3836立方米，清理路面垃圾3860吨，修补坑洞13499平方米，清理边沟2127千米，路面贴缝99900米，清理塌方600立方米，挡墙修复77立方米，清理桥梁伸缩

“十三五”全国干线公路养护管理治理能力评价现场

缝565座，行道树刷白186千米，公里牌、百米桩油漆2611块，示警柱、防撞护栏油漆2524个，桥身刷白248座，桥栏杆油漆36座。

（黄棋林　黄　维）

【平安交通】 整治危险化学品运输安全，严格执行“两长四员”管理机制，在全市率先实现挂靠车辆清“零”，完成企业第三方审计工作。完成省市下达的普速铁路沿线外部环境安全隐患点治理任务9个，成为全市首个清“零”县。提升道路交通安全设施，完成4处省市级道路事故多发点段治理工程、2020年事故多发重点路段整治工程、2020年公路安全防护提升工程。建立全市交通运输系统首个“心灵驿站”驾驶员心理辅导室；公交车驾驶位护栏安装140辆；完成春运、“两会”期间道路安全保障任务；成立县道路货物运输协会。全县交通运输安全形势总体较稳定。

（方信奇）

【绿色智慧交通】 2020年，全县城乡交通运输一体化得分为94.5分，连续5年达到AAAAA级水平。全县共有新能源公交车共计228辆；有持证网约车558辆，其中电动网约车478辆，占比84.66%。打好交通领域蓝天保卫战，超额完成老旧营运车辆两年（2019—2020年）淘汰任务（69辆），共计淘汰107辆（含淘汰79辆、转籍28辆），完成率155%；实行重点路段洒水车辆固定、洒水频次固定的“双固定”制度，保证城区重点区域的扬尘污染防治，全年出动清扫车1800台班，洒水2160台班。全市首个人脸识别防控系统安装于所有运营公交车。运行“浦江行”微信小程序，用于定制班线的线上运营。新启用5处非现场执法系统。

（潘　东　黄　维）

## 交通集团

【概况】 2020年，县交通集团资产总额424428万元，净资产68878万元，全年实现营业收入39253万元，上缴税收1986万元，利润总额441万元，位列县纳税百强企业名单第13位。

新增浦江县铁路投资开发有限公司、浦江县华璟房地产开发有限公司2家一级子公司，浙江浦江龙峰建筑服务有限公司、浦江岩头交通砂场有限公司2家二级子公司。至2020年，县交通集团累计有一级子公司11家、二级子公司18家、委托管理单位2家。

完成351国道联盟至兰溪界段的工程项目可行性研究报告、水土保持、环境影响评估和初步设计的编制工作，235国道浦江段勘察设计和设计咨询单位招标工作和高铁站房建设的扩容审批、方案确定、施工图设计。配合完成高铁小镇综合交通专题研究、产业策划专题研究、概念性规划和核心区城市设计方案比选和成果深化工作。锁具大道北延工程、白马镇高一至旌坞道路工程、黄宅集贤至郑家坞吴大路道路工程完工，檀溪全域土地整治通过上级验收。启动地质灾害治理项目，汽车检测黄宅分公司建成并投入运营，岩头砂场投产。

投入1652.40万元采购23辆纯电动公交车投入运营，全县实现100%绿色公交；新建浦义快速公交城区公交站2个，公交候车亭30个；县汽运公司设立全县首个“心灵驿站”，配置心理沙盘、宣泄假人、运动单车等专业疏导设备，邀请国家二级心理咨询师开展心理讲座，提供“一对一”心理咨询，保障驾驶员心理健康，守牢“安全行车心理防线”。

县交通集团获评全县2020年度综合考核工作

优秀单位、县巡察工作先进单位，县汽运公司获评2019年金华市“最美垃圾分类单位”，111路公交班组被授予金华市“工人先锋号”。县交通集团董事长潘兴虎获金华市“五一劳动奖章”，朱国明、张永昌入选“发现最美金华人·金华好人榜”。

（陈兴法）

【开通212路公交班线】 1月16日，212路（汽运中心—江南第一家）班线开通。该线路设置站点28个，投入全新纯电动公交车2辆，首班车6:10，末班车17:40。途经东部锁具园区、万洋众创城，新增浦南大道、浦江中学2个站点，串联第四中学，方便员工上下班和学生上下学，终点站设在“江南第一家”。

（郑璐璐）

【开通夜间公交班线】 5月12日，游11路（江南第一家—新光村）、213路（汽运中心—上河）2条夜间班线开始试运营，每天均往返10个班次。游11路途经万洋众创城—东部水晶园区—浦后花园—中部水晶园区—职技校（月泉安居苑）—杭府北（老北站）—月泉公园—西站（招呼站“兰山庭院北”）—杭坪叉口—乌浆口—西山—海豹泉—下湾至新光，江南第一家首班车18:40、末班车21:20，新光村首班车19:00、末班车21:30（21点以后班次到城北杭府后直接回汽运中心）。213路途经浦江大厦—县府东—东山公园—杭府北（老北站）—仙华农贸城—月泉公园—仙华外校—西站（招呼站“兰山庭院北”）—付店—杭坪岔口—下薛宅—乌浆口—后瞿岭脚—壶江中学—虞宅—外高坑—深度路口—大畈—夏黄—仓来至上河，汽运中心首班车18:30、末班车20:40，上河首班车19:20、末班车21:30。

（郑凤娇）

【开通红色旅游专线】 7月1日，县汽运公司、县龙顺公司分别开通313路专线（花桥—塘波）、368路专线（中余—小普丰养元坑）红色旅游专线，其中313路专线设置站点9个，每天6班次，368路专线设置站点6个，每天3班次，既方便山区百姓出行，又助力塘波村、普丰村的红色旅游发展和乡村振兴。

（郑凤娇　吴　琳）

花桥—塘波红色旅游专线

中余—小普丰养元坑红色旅游专线

【浦义同城直通车】 12月28日，城际908路（浦江客运西站—义乌火车站）直通车开通，线路走向由浦江城区途经新210省道、过浦义第二通道至终点。相比城际901路（浦江汽运中心—义乌火车站），直通车由20个站点缩减至4个站点（客运西站、中心农贸市场、金狮岭、义乌火车站），运营时长由原来的70分钟缩减至50分钟，为西北部山区群众往返义乌提供便利，推动浦义两地互联互通。

【全域土地整治】 由浦江龙峰公路工程有限公司实施的檀溪全域土地整治项目洪山区块总面积67公顷，新增田块面积58公顷，其中水田51.1公顷，旱地6.9公顷。8月，项目主体工程建设完工。11月，通过省、市、县级验收，入围省级示范项目备选名单。

檀溪全域土地整治项目鸟瞰

（陈　义）

【汽车检测黄宅分公司开业】 12月10日，汽车检测黄宅分公司建成并投入运行，总投资450万元，建筑面积约5335平方米，设有内部安检线2条、外检线3条和环保尾气检测线3条，服务范围覆盖黄宅

汽车检测黄宅分公司投入使用

镇、郑宅镇、白马镇、郑家坞镇。

（吴佳妮）

## 邮　政

【概况】 2020年，浦江县邮政公司（简称“县邮政公司”）累计实现业务总收入1.86亿元，列全省各县（市）公司第13位；实现经营利润1089万元。4月，企业公司制改革，公司性质由“全民所有制企业”改制为“有限责任公司”。

【浦江葡萄智慧物流中心启用】 7月24日，浦江葡萄智慧物流中心启用。该物流中心占地1600平方米，其中室内面积1200平方米，设冷藏区、包装区、分拣处理区。冷藏区建有250立方米冷库2座，设计温度冷冻库-20℃、保鲜库0~5℃；包装区安装箱、充气、封箱流程设60个工位，通过传输带实现流水作业，满足7000箱/天包装能力，较传统包装处理效率提升30%以上；分拣处理区建造2条流水线，按“两进四出”设计，通过DWS技术实现全自动收寄、分路向传输，处理能力6000件/小时。

【郑宅镇营业所乔迁】 9月28日，中国邮政储蓄银行郑宅镇营业所乔迁开业。新营业所位于郑宅镇玄鹿路，服务面积284平方米，设有3个金融台席、1个大客户窗口、2台CRS机，集金融储蓄、“警医邮”、邮政营业、理财咨询、自助服务等功能分区于一体。

【潘宅营业所重装开业】 10月1日，中国邮政储蓄银行潘宅营业所重新装修后开业。营业所服务面积284平方米，设有2个金融台席、1个大客户窗口、

2台CRS机，集金融储蓄、集邮业务、“警医邮”、邮政营业、理财咨询、自助服务等功能分区于一体。

（虞　芾）

## 中国电信股份有限公司浦江分公司

【概况】 2020年，中国电信股份有限公司浦江分公司（简称“浦江电信公司”）主营业务收入9848万元，移动手机用户14.18万户，有线宽带用户7.65万户，ITV用户4.82万户，固定电话用户3.07万户。建设5G基站96个，改造综合服务区13个，语音无线接通率99.89%，LTE掉线率0.022%，LTE链接成功率99.96%。对光缆、末端整治及安装维护派单提升光网质量，全量光衰97.89%，OBD占用率58.09%，建设千兆小区3个；江南、城中局站变压器从200千瓦扩容为400千瓦，城北局站变压器从80千瓦扩容为200千瓦。

交付政企项目，“全球眼”公安视频健康指数保持全区前三位；公安监控黄宅改造项目替换50个点位75路监控的前端设备，公安监控17期改造项目新建50路人脸识别系统及230路改造监控以及云存储节点等；水务局山塘项目安装调测62个山塘的104路视频监控，排水监控285条安装调试开通工作。

践行“以我为主”的地面责任体系，推行“以我为主，强基深根”、“营维融合、装维分离”、服务三年领先计划等新型理念。市场部围绕高套、宽带、存量客户维系等基础业务发展，政企部围绕企业客户团购、“智云护航”、ICT业务等创新业务发展；综合支撑中心围绕提升客户服务满意为导向，服务考核连续排名全区前列。

践行落实社会责任，自1月3日始，组织300人次开展“礼让斑马线”文明交通劝导活动；4月17日，开展无偿献血活动；5月20日，旌坞枇杷节网络信号保障；7月16日，到兰溪市诸葛廉政教育基地参观学习；11月18日开始，每周三参与浦南街道前于村水阁自然村共建活动；12月29日，人民东路营业厅设置“爱心驿站”。

2020年，浦江电信公司获评“金华市消费者信得过单位”（第十五届）、“金华市2020年度先进消费维权服务（联络）站”、“金华市电信消费教育基地”，“浦江消费者信得过单位”（第十四届）、“浦江县消费维权先进联络站”等荣誉，政企客户部被授予“浦江县工人先锋号”称号。

【双拥工作】 2020年，浦江电信公司成立双拥工作领导小组，安排政企客户部经理担任双拥工作联络员。县电信公司班子成员与干部职工开展《中华人民共和国国防法》《中华人民共和国国防教育法》学习；在八一建军节前夕走访慰问驻浦武警消防大队、武警支队等驻军，了解“智慧消防”试点建设的反馈情况；定期开展武警驻军、消防大队电话、光缆、手机无线信号等线路检测，优化营区网络；免费提供部分TIV数字电视体验活动；邀请消防大队官兵为企业员工上消防知识宣传课。

【扶贫攻坚】 7月30日，浦江电信公司组织人员到浦南街道西黄村了解办公场所改造和便民服务中心改造情况，并签订金华市“双千结对 共建文明”协议。国庆期间为西黄村免费开通5个室外监控；10月29—31日，开展业务扶贫，助力村民提升信息化水平，完成融合15户、安装“天翼看家”9户；11月11日，帮扶整治线路，对悬挂、杂乱的线路进行全部重新布线，提升村居环境、确保线路安全；12月，支付扶贫结对补助款1万元，与村委、驻村干部对资金使用情况进行了解沟通，计划下一年的结对工作。

【护航疫情】 2020年，在新冠肺炎疫情防控期间，组建由24名技术骨干人员组成的防疫通信保障应急突击队，安装224路隔离点防疫监控；组织保障队伍，借助“企业复工防控监测报备系统”和“来金人员健康信息管理系统”，派驻240余人次协助8个进浦卡口的返浦人员健康码扫描支撑工作；承接244个行政村扫码培训辅导及来浦人员微信线上防疫咨询服务；出动433人次协助企业复工申请报备及员工健康码辅导支撑。

（石晓燕）

## 中国移动通信集团有限公司浦江分公司

【概况】 2020年，中国移动通信集团有限公司浦江分公司（简称“浦江移动公司”）实现运营收入3.41亿元，移动手机用户44万户，有线宽带用户9.61万户，基站总数量达732个，线路光缆4169千米、管孔公里数685千米。浦江移动党支部获“浙江移动先进基层党组织”“浙江移动发展先锋”称号。

【5G网络建设】 2020年，浦江移动公司以高目标引领、高水平建设、高质量协同为目标，推进5G网络建设，新建5G基站207个，实现5G信号100%覆盖各乡镇主要区域，建设进度排全区前列。

【5G应用】 2020年，浦江移动公司联合浙江杭机股份有限公司和浙江拓峰科技股份有限公司共同打造杭机股份有限公司“5G+智慧工厂项目”为企业降本增效。项目基于“5G+边缘计算网络”，结合“5G+数据采集”“5G+故障预测”“5G+视频远程协同”等智慧应用，生产数据和车间视频实时上传送至“5G+工业互联网”平台，经由生产透镜、可视化管理等软件输出分析报表和管理视频，实现企业智能生产和远程管理，助力全区“5G+智慧应用”项目快速推广。该项目已通过浙江省智能制造专家委员会验收，获浙江省新基建应用场景创新大赛二等奖和中国移动集团公司举办的第三届“绽放杯”5G应用大赛浙江赛区二等奖。

（陈　艳）

## 中国联合网络通信有限公司浦江县分公司

【概况】 2020年，中国联合网络通信有限公司浦江县分公司（简称“浦江联通公司”）搬迁至浦江县仙华街道星碧大道1-1号，全年实现业务收入累计2837万元，完成率87.8%，同比增长1%。公司主营通信类产品和移网、宽带、互联网产品、创新产品等，自有营业厅2家，主厅位于浦江县时代广场A12号，黄宅营业厅位于黄宅镇商业路供销综合楼。新建社会渠道3家，累计社会渠道共10家，其中核心终端型渠道4家；社会渠道产能月均100户，其中中高端占比70%。

通过企业新建和行业间共建共享，协同浦江电信公司新建（电信公司承建）5G基站99个（包括2个室分站点）；与浦江移动公司双方确认2019年联通共享移动站点清单19个、2019年移动共享联通站点清单9个，并纳入共建共享电费结算清单中。

【通信保障】 2020年，开展210省道监控改造项目、红绿灯监控、市生态环境局浦江分局等300余条工程的资源勘查项目，布放210省道监控改造项目和浦江农商银行、浙商银行金华浦江支行等75条工程光缆，合计共布放光缆58千米；响应2I地推保障48起。建设开通大客户数据专线8条，治安小区及“智慧内保”14条。完成农行浦江县支行扁平化改造项目7个网点的光缆布放及开通，考试院5所学校专线的光缆布放及开通，210省道及桐义线监控改造项目新建点位的光纤布放工作。新开本地电路及红绿灯监控12条，浦江县网信办公室及公安平台物联网专线等跨域电路2条。

【重点工程】 2020年，浦江联通公司实施的工程有浦江县公路管理段314省道浦江段隧道口至长青路路段提升改造工程；浦江县公安消防大队智能手机管控平台服务项目；浦江县生态环保物联网服务项目；浦江县农村水电站生态流量监测管理系统采购安装项目；浦江县东部挂锁集聚区交通安全配套工程（增加部分）采购项目；浦江县公安局“智慧警务站”（南苑）建设项目；南苑警务室建设项目南苑小区、枫苑小区“智安小区”配套建设；浦江县仙华街道中埂社区监控系统建设项目；202001—19期210省道电子警察卡口改造项目；202003—21期桐义线等电子警察卡口改造项目；浦江县委宣传部网信视频调度系统采购项目；浦江县人民医院对讲机流量服务在线询价采购项目。创新业务拓展1—11月签约85单；建设“智安单位”“智安小区”共计15家。

【应急通信保障】 2020年，完善各级通信保障预案，加强通信安全防护和隐患排查，保障车辆、物资、人员齐全，及“两会”、抗台、防汛防旱、山河绿化河长制建设等重大通信保障任务，全年未发生通信事故和重大通信差错。

（潘丽萍）

## 浦江县华数广电网络有限公司

【概况】 浦江县华数广电网络有限公司（简称“浦江华数”）下设综合办、财务部、大众市场部、集客市场部、工程技术部、客户服务部6个部门和各乡镇的6个中心站，中心站分别为城区中心站、浦南中心站、仙华中心站、黄宅中心站、白马中心站和虞宅中心站。

2020年，浦江华数经劳动部门申报评选为A级劳动信用单位。工程技术部继续配合各乡镇站加快光纤入户工程，完成上万用户的光纤覆盖。截至11月，处理投诉件31起，其中服务类投诉5起，产品类投诉4起，线路类投诉22起。

【成立新领导班子】 11月，根据省华数公司纪委关于廉政风险防控要求，浦江华数成立新的领导班子，班子成员及中层干部从议事决策、权力运行、制度机制、工作流程、岗位履职、纪律作风等方面进行风险摸排管控。

【领导选调】 在2019年双向竞聘的基础上，浦江华数公司经过资格审查、测评、班子会议研究讨论、公示等程序，调整2名中层干部，于2020年9月提拔3名年轻中层干部。为经营发展的需要，浦江华数在原组织架构中新增一级部门大众市场部和集客市场部，同时撤销原市场部。

【培训机制】 2020年，公司开展以“走出去”和“请进来”为主要形式的双重培训机制，类型包括窗口人员和装维人员技能提升培训、工程技术部技能提升培训、财务人员技能提升培训、集客人员技能提升培训等共计358人次，员工接受继续再教育29人次。9月，组织安排安装维护人员的高空作业培训，36名安装维护人员经过理论考试和实践操作取得低压电工作业证书。

**【评优创A】** 2020年，根据省华数公司规定，相继变更营业执照法人代表、公司章程，提供一系列审计台账，包括法律尽职调查、评估资料准备、人员明细薪资、各部委证明材料等，为省公司上市顺利运行提供保障。

**【疫情防控】** 2020年，自开展新冠肺炎疫情防控工作，浦江华数公司在进行人员排摸工作的基础上，对装维上门维修、营业厅窗口营业的口罩配备等情况逐项开展，针对疫情的发展情况以及省华数公司纪委发布的关于落实疫情防控工作的通知，浦江华数发文成立疫情领导小组，明确用户维修实施电话指导；如要求装维人员上门维修，应做好自身防护，自带遥控器，暂停用户签单；无法进入维修的小区、村镇，要做好客、用户解释工作；营业厅内保持良好通风；人员动向情况表每日统计并上报。工作人员采取居家办公方式上班，重点岗位安排人员实地到岗，确定现行实地到岗的工作安排，各条线根据工作需要安排，确保公司业务正常运行和各项安全保障落实到位；在各乡镇站逐步启动应急广播，按照规定规则执行应急广播的开展工作。

**【管线迁移】** 按照县东山路道路拓宽工程需要，对拓宽区域内原广播电视线路迁移到新建地埋管道。由于东山岭为浦江县广播电视总机房，全县所有的广播电视信号传输、发射、监控和应急广播信号线路均在拓宽区域内，面临迁改问题。10月，主干播出机房部分实现新机房搬迁，搬迁前后及重保期间启动播出应急预案，开展应急演练，组织系统自查，建立数字电视播出双热备系统，确保安播万无一失。

**【光纤入户】** 2020年，完成全县小光点布局，每个光点覆盖用户已少于20户，宽带互动用户则更少，只要将数据信号从机房重新跳纤就可实现FTTH的改造，完成年初上报省华数公司的改造任务。针对新建小区完全实行光纤入户，对各乡镇站认为同轴网较差的村进行全网改造，拆除同轴网改为光纤入户，对同轴网尚可而不能满足带宽的线路，则将数据网改为光纤入户，而直播仍走同轴网，减少改网成本。对不能改造成光缆网的小区则采购省公司改进的HINOC新EOC技术来提高入户带宽，满足TVOS的要求。推广光纤入户的升级改造，对勇进村、下畈村、上余村、杨林村、下宅市村等村进行光纤入户改造。

**【业务推广活动】** 2020年，开展“用户普查走访”“电话外呼，升级4K和百兆宽带”活动。启动浦江华数“百日冲刺”大会，浦江华数大众市场部开展现场地推路演近20场。9月，成立浦江华数集客市场部，通过初步调查摸底，掌握集客市场业务家底，为公司决策提供数据依据。集客市场部经过完善制定部门规章、岗位职责，统一合同的制定、签订、执行、管理工作，初步拟定市场政策配套方案，确定工作理念，改变原有集客项目基本背靠背、以完成金额任务为主的“应付性”目标转到以利润为主要依据、兼顾体量的工作目标，改变集客支撑和售后服务架构，以专业专职人员打通集客设计、建设和售后一条龙服务。10月，调整市场体系结构，新成立的浦江华数大众市场部初步完成部门框架。

（黄卫星）

# 教　育

## 综　述

**【概况】** 2020年，全县有普通高中6所（含综合高中3所），在校生6534人，校均规模1089人，其中省等级重点中学5所；职业高中1所，在校生7136人（其中中山中学848人，景濂中学1071人，建华中学1106人，特殊教育31人），其中国家级重点职校1所；初中14所（含民办3所），在校生15640人，校均规模1117人；小学28所（含民办2所），在校生31800人，校均规模1136人；幼儿园74所，在园幼儿13425人，园均规模181人；特殊教育学校1所，在校生53人（不含职高学生），校均规模53人。

全县有中小学幼在职教职工5902人（含民办学校），其中专任教师4728人（含民办学校），享受政府特殊津贴1人，全国模范教师2人，全国师德标兵1人，全国优秀教师9人，省特级教师8人，正高级教师3人，省优秀教师6人，省教坛新秀12人，省中小学师德楷模（先进个人）9人，省农村教师突出贡献奖5人，省中小学名师名校长培养人选19人，金华市名师名校长22人，金华市教坛新秀62人，县园丁奖获得者110人，县名师名校长172人。

全县地方教育经费总收入135062万元，同比增长3.52%。其中，财政性教育经费总收入111453.9万元，占总投入的82.52%；事业收入17669.5万元，占总投入的13.08%；社会捐赠经费收入987.3万元，占总投入的0.73%；民办学校中举办者投入541.5万元，占总投入的0.40%；其他收入4409.8万元，占总投入的3.27%。

一般公共教育经费拨款95192.41万元，同比增长13.51%，高于财政经常性收入增长的7.2个百分点。生均一般公共预算教育事业费支出，幼儿园11179.93元，同比增长5.45%；普通小学13143.30元，同比增长7.79%；普通初中17429.98元，同比增长13.35%；普通高中23701.31元，同比增长20.63%。职业高中14858.65元，同比增长4.49%。

浦江教育高考一段线上线831人。通过省政府对县级人民政府教育履职考核，通过"全国学前教育普及普惠县"省级实地评估，县（市、区）教育现代化发展水平监测排名由全省第70名提高到第37名。集团化办学实现城乡、公民办100%全覆盖。园区小学获评为义务教育标准化学校，浦江县标准化学校创建率100%。新冠肺炎疫情防控实现“教师零感染、学生零感染、防控事件零发生”目标。县教育局被县委、县政府评定为2020年度工作目标责任制综合考核先进单位、2020年度党风廉政建设先进单位。

（周旭兵）

**【省督查组到浦江督查】** 10月29—30日，浙江省市场监管局二级巡视员陈晓明带领督查组，对浦江县政府2019年履行教育职责情况进行实地督查。县委副书记俞建辉、副县长陈子华及部分机关、乡镇领导参加督查见面会。俞建辉作浦江县人民政府2019年履行教育职责工作情况汇报，陈子华对督查组提出的优质教育规划布局、推进城乡教育均衡、解决师资短缺、晨管晚托工作等方面的问题作具体解答。实地督查期间，省督查组分成三小组走访浦江的部分学校，通过现场走访、召开座谈、查阅资料、讨论汇总等形式，全面了解浦江县政府履行教育职责工作情况。浦江县人民政府履行教育职责总得分96.3分。

（全善政）

**【新冠肺炎疫情防控】** 县教育局成立教育系统疫情防控领导小组，教育局及下属学校（单位）成立58支党（团）员应急小组，党员、干部共76批718人次助力社区（村）疫情防控工作。县教育局每日摸排全县8万余名师生情况，利用“钉钉”App在线直播会议8次，制定各类工作方案和应急预案8个；每日开展形势研判，教育局指挥部共发出防控工作指令9个；每日编辑工作动态、工作简报，共计编辑124期、429期。安排专班，24小时参与县指挥部应急值守。民办教育管理办公室累计排查校外培训机构3369家次；利用教育局监控中心，坚持每日巡查校园安保执勤情况，共巡查1368校次，平均每校23次以上；实行“五员”联防联控机制，全县共配备健康指导员137人、治安联防员108人、消防安全员74人、食品监管员63人、乡镇网格员78人；发热学生进行核酸检测3614人。

**【捐资献物抗击疫情】** 浦江中学上海校友会为家乡募捐抗疫物资资金，筹到捐款126笔，共计金额87206元。3月3日，浦江民办利民学校校长倪玉兰联系爱心人士筹得75%酒精、消毒液4000瓶，共计10余万元，全部捐赠给全县新浦江人子女学校。

**【校园安全教育】** 邀请县公安局、检察院、法院等部门的法制副校长到各中小学校作扫黑除恶、防范校园欺凌、反恐防暴、防范性侵害等法治报告60余场。6月，全县教师开展“学生安全千万家”家访活动。11月，县教育局开展为期一周的防性侵督导活动，约谈5所学校领导；开展“平安校园”等级评估活动，公办中小学、幼儿园共计71所全部达到AAAA级及以上等级，民办中小学和幼儿园初步认定为“平安校园”等级。安装“智慧用电”系统53套；41所公办学校按照“1+5+X”的标准建设，完成安装校园安全服务平台“智安校园”App任务，完成率占全县公办学校的57%。2020年，全县学校共组织防震、消防等各类应急演练126余场次，开展校园安全反恐防暴应急演练49场次，举行新冠肺炎疫情防控联合演练468场次。

（陈团结）

**【“名师飞课”】** 浦江县教育视频网针对全县新冠肺炎疫情防控工作实际，发挥“互联网+教育”的作用，统筹利用浙江省“之江汇”教育资源平台、浦江县“名师飞课”平台及“钉钉”“E网通”等网络平台进行在线学习，消减疫情对教学活动的影响，实现全县各中小学“停课不停教、停课不停学”。各高中学校根据实际情况于2月初进行“钉钉”直播在线测试及线上教学，义务教育阶段于2月10日开始，主要通过浦江“名师飞课”平台和钉钉群进行网上新学期课程学习，班主任和任课教师对学生点播学习进行跟进和管理，利用“钉钉”“微信”等平台进行作业反馈、疑难解答等在线指导。全县共有3000余名一线教师参与线上上课，50000余名学生接受线上教学。浦江县实验小学和浦江县龙峰国际学校利用浦江县“名师飞课”平台，多次与四川省金口河区师生进行线上课堂及教研互动，推进东西部教育扶贫项目。

（郑少剑）

【学校卫生专业技术人员配备】 以政府购买的形式拨发中小学（幼儿园）卫生专技人员经费，按标准在公办中小学、幼儿园设立医务室，由县卫生健康局支持配齐卫生保健人员，县财政局补助每位卫生保健人员每年2万元。2020年，浦江县42所公办中小学（含堂头完全小学、礼张完全小学）配备卫生专业技术人员，其中在编6名，政府购买形式86名；浦江县7所民办中小学，有2所学校配备非编卫生专业技术人员3名。辖区内共计49所中小学校，已有44所学校按要求配备卫生专业技术人员（或专兼职保健教师），占比89.80%。

（洪　涌）

【立德树人】 以立德树人为办学宗旨，围绕“五四三”育人体系，开展学校内外的青少年德育工作。2020年，全县各校结合本校校本德育项目建设，累计开展活动1000余次，其中市级新闻报道350余次、省级新闻报道80余次、国家级新闻报道10余次；全县德育工作者撰写德育论文，累计发表或获奖360余篇，其中县级130余篇、市级160余篇、省级60余篇。开展课题研究，累计立项或者获奖课题60余个，其中县级32个、市级25个、省级4个、国家级1个。浦江中学楼宇航等31人被评为2019学年金华市“三好学生”。徐一鑫、王嫣笑、徐艺瑄、朱佳倩、于乔立、金时刚、李江恒、魏榆恒8名同学被评为金华市第六批“最美学生”。张美芳、贾勇特、王芳芳、于必元、高芳芳、徐潇倩、吴凯悦、周惠振、陈银环、石珊珊、王月芳、朱娟芝、邵向娟、程晓骁、盛超丽、许璇16位教师被评为2020年金华市优秀班主任。5月，联合团县委开展浦江县“新时代好少年”评选活动，于子萱等53名少先队员获评“浦江县新时代好少年”荣誉称号。实验小学石静怡、浦江七中李佳静等10人获选“金华市新时代好少年”奖或提名奖，新浦江人学校（国美学校）申登镗被评选为“浙江省新时代好少年”候选人。浦江县堂头中学、实验小学和浦江中学、龙峰国际学校、郑宅镇中心小学以及职业技术学校、浦阳第一小学、浦阳第二小学、南苑小学、郑宅镇初级中学、郑家坞镇中心小学、杭坪镇中心小学分别获评金华市五星级、四星级及三星级德育品牌学校。堂头中学德育工作案例《塑造中国心 培育报国情》入选教育部《中小学德育工作指南》典型案例。龙峰国际学校少先队被评为“全国优秀少先队”，新浦江人学校国美学校申登镗被评为“全国优秀少先队员”。

【主题教育】 全县各校利用线上教育，通过“开学第一课”、抗疫主题班会课、抗疫新闻选播等多种形式的学习、宣传和教育，向全县7万余名学生讲述党领导全国人民抗击新冠肺炎疫情的故事，引导和帮助学生树立对国家民族的强烈认同感、使命感；按照上级文件精神，开展清明节、端午节纪念活动，清明节参加中华英烈网“网上祭英烈”活动1万余人，网上寄语13000条；组织全县学生开展战“疫”征文比赛，活动共计收集抗疫主题文章475篇，挑选优秀征文编辑成册——《赤心护繁华——浦江县中小学生抗疫征文选集》并发放到各校。

（贾金波）

【后勤采购】 浦江县教育发展服务中心完成教育系统各单位厨房用品设备、五金电器、办公家具、体育用品、户外大型玩具、钢木课桌凳、学生床、餐桌等30次采购招标，共计预算资金约1431万元，全年累计完成采购额约1089万元，节约资金342万元，资金平均节约率23.89%。完成新一轮学校服务部商品配送招标工作，对蔬菜配送企业加强监管，帮助、督促企业提高配送质量。全年下校例行检查70次，定期对蔬菜农残进行抽检6批次144品种数，对食品进货源头中的豆腐生产企业和浦江本地生猪屠宰企业进行溯源走访调查。出台义务教育阶段《学校食堂菜谱共享实施方案》，通过菜谱共享，合理改善和均衡学生膳食，防范学校在排菜中存在的廉政风险。2020年，采购销售葵花籽油和玉米油约1.35万箱，配送金额约260万元；配送学校大米约120万千克，配送金额约570万元。

【困难学生资助】 2020年，浦江县学生资助管理中心组织安排资助资金2243.36万元（其中上级补助资金1066.39万元），共资助贫困学生27961人次。其中，学前教育免除保育费1154人次，共计金额173.56万元；义务教育营养餐补助5810人次，共计金额336.68万元，发放寄宿生生活补助1588人次，共计金额94.98万元，发放非寄宿生生活补助4257人次，共计金额109.73万元；普通高中发放国家助学金498人次，共计金额49.8万元，困难学生免除学费495人次，共计金额50.2万元，免除代管费495人次，共计金额15.18万元；职业高中发放助学金567人次，共计金额56.7万元，职业高中免除学费13088人次，共计金额1351.13万元，发放国家奖学金9人次，共计金额5.4万元。

（费炜燃）

【学校基础建设】 月泉、南苑、岩头、虞宅、杭坪、郑宅及幸福新村、项宅8所公办幼儿园完工并于9月投入使用。机关幼儿园扩建工程完工，新增学位3400余个，实现乡镇公办园全覆盖，公办幼儿园入学比率超50%。平安、七里、中余、白林公办幼儿园开工建设，黄宅镇第二幼儿园完成初步设计。浦阳第一小学分校区、园区小学2所小学投入使用，新增学位2430个。岩头初中扩建、浦江中学女生宿舍楼、堂头中学教师宿舍楼投入使用，堂头中学扩建、浦江二中食堂、郑宅初中食堂改扩建工程开工建设，推进壶江初中扩建工程等前期工作。2020年，完成投资约2.8亿元，新增建筑面积12.4万平方米。推进“空调进教室”工程，全年完成600余间教室空调安装。“明眸摘镜”护眼工程完成613间教室灯光改造。

（楼基宣）

【承办金华市省一级重点中学女子篮球赛】 12月10—12日，金华市省一级重点中学女子篮球赛在浦江中学举行，来自全市的8所重点中学1200余名运动员参加比赛。浦江中学女子篮球队获第三名。

【召开学生体质健康集中测试现场会】 10月30日，全县中小学学生体质健康集中测试现场会在浦阳第二小学召开，由各中小学校分管领导和体育组长参加。现场会观摩浦阳第二小学学生体质健康测试，测试项目有肺活量、一分钟仰卧起坐、一分钟跳绳、坐位体前屈、50米短跑等内容，由浦阳第二小学和虞宅乡中心小学代表分别作经验介绍。

【特色学校创建】 2020年，创建全国校园足球特色学校7所，分别为壶江初中、浦江职业技术学校、浦阳幼儿园、马良幼儿园、潘宅幼儿园、白马幼儿园、黄宅幼儿园；创建省级校园足球特色学校4所，分别为白马初中、龙峰国际学校、实验小学、翠湖幼儿园；创建全国冰雪运动特色学校3所，分别为黄宅镇中心小学、浦阳第一小学、七里学校。

（楼　娟）

## 学前教育

【全国学前教育普及普惠县评估】 9月17日，省评估组对浦江县进行为期两天的全国学前教育普及普惠县评估，并通过省级评估。2018—2020年，浦江县有马良、月泉、白马等13所公办幼儿园建成投入使用，完成投资额3.5亿元，新增班额184个，新增学位5520个，实现乡镇公办幼儿园全覆盖；共招聘幼儿教师110名，公办幼儿园教师持证率100%，大专及以上学历比例100%。截至9月，浦江共创建普惠性一级园2所，普惠性二级园25所，普惠性三级园33所。全县学前教育共获得国家级荣誉16项，省级荣誉68项，市级荣誉257项。

（全善政　郦琴飞）

【“四个一批”补短提升行动】 2020年，实施“四个一批”（新建一批、治理一批、撤并一批、提升一批）补短提升行动。9月，有9所新园投入使用；列入小区配套幼儿园治理范围的3所配套园（月泉幼儿园、仙华项宅幼儿园、岩头镇幸福新村幼儿园），全部完成治理并开园；停办薄弱幼儿园9所、教学点8个；幼儿园提档升级，创建省一级幼儿园1所（白马镇中心幼儿园），省二级幼儿园10所。

【学前教育工作会议】 11月26日，以“推进学前教育普及普惠高质量发展”为主题的2020年浦江县学前教育工作会议在南苑幼儿园召开。各公办幼儿园园长及后备干部，民办幼儿园举办者，主任督学，幼教干部，县职业技术学校部分教师，县教育局领导及相关科室成员参加会议。会议由县教育局职教科负责人徐国阳主持。会议围绕“普及普惠”主题，对下一步“公办增量、民办提质”工作进行部署。

（郦琴飞）

## 义务教育

【概况】 2020年，义务教育阶段有学生47440人，其中小学生31800人，初中生15640人；班级1136个，其中小学788个，初中348个。学龄人口入学率100%，巩固率100%。初中毕业生升入高中段比例为98.74%。全县小学生均占地面积为24.94平方米，生均建筑面积为7.97平方米，生均图书42册，平均3.80人拥有1台电脑；初中生均占地面积34.33平方米，生均建筑面积为16.20平方米，生均图书52册，平均4.11人拥有1台计算机。全县有小学教职工1743人（不含民办学校），其中专任教师1704人，专任教师人数与在校生之比（师生比）1∶18.66；初中教职工1266人，其中专任教师1179人，专任教师人数与在校生之比（师生比）1∶13.27。

【大语文观】 12月,开展县第六届中小学生“书香满校园”主题阅读大赛,通过全员检测、年级抽测,提高中小学生阅读量,提升阅读力。在“大阅读”的基础上,围绕“规范、快速、整洁”六字育人要求,推开“大书写”活动。6月,在浦阳第一小学举行“大书写”活动启动仪式。在实际教学过程中,开展教师书法展示、学生书写等级评定、书法展览等活动,促进写字、书法的有机融合,提高教师、学生书写素养及审美鉴赏能力。

【通过省区域推进语言文字规范化县评估验收】 12月10—11日,浙江省语委办主任、省教育厅语管处处长朱鸿飞,评估组组长、金华市语委办副主任寿才明一行,到浦江实地检查了郑宅镇、虞宅乡,对浦江县创建浙江省区域语言文字规范化工作进行评估验收。副县长陈子华对浦江县开展语言文字工作作详细汇报,评估组评估后认为浦江县语言文字规范化创建工作规范有序、乡镇验收程序合理、标准把握适度、档案材料清晰、创建成效显著,达到浙江省区域推进语言文字规范化县的要求。

【“公民同招”招生政策】 2020年,浦江县义务教育阶段招生入学工作严格按照上级有关招生工作的系列部署要求执行,落实“公民办学校同步招生”原则,制定《浦江县2020年义务教育阶段学校招生入学工作实施方案》,确保整个招生工作公开、公平、公正。民办学校龙峰国际学校、仙华外国语学校因报名人数超过招生人数,报名对象在“浦江教育”微信公众号上进行公示。6月15日,在县派驻纪检监察组、县公证处相关负责人以及县人大代表、政协委员、媒体代表等的监督下,由电脑随机派位、摇号产生录取名单。

【承办普通话宣传周活动】 9月14日,金华市第二十三届全国推广普通话宣传周启动仪式在浦江县龙峰国际学校举行。金华市教育局副局长寿才明,浦江县副县长、县语委主任陈子华,市教育局基教处处长钱胜军,浦江县教育局党委书记傅剑敏,以及各县市区语委办负责人、浦江县语委成员单位代表和中小学师生代表、媒体记者等出席启动仪式。活动现场连线四川省金口河区教育局,启动东西部教育“云推普”扶贫协作活动。金口河区副区长杨秀英,金口河区教育工委书记、教育局党组书记、局长胡安江以及金口河区各语委会成员单位和教育系统70余位教师在线参加活动。杨秀英表示,浦金两地将再次借助“云平台”,通过推广普通话系列活动,加深浦金两地的教育情谊,发挥推广普通话助力脱贫攻坚作用,提高普通话普及率。在推广普通话期间,全县各中小学将开展推普脱贫攻坚行动、中华经典诵读、汉字书写比赛等推广普通话宣传活动。

【小学教育教学工作会议】 11月19日,以“五育并举固基础,特色发展谱新篇”为主题的2020年浦江县小学教育教学工作会议在南苑小学举行。县教育局局长陈建浦、局党委委员朱柏烽,研训中心、技术中心相关领导、教研员及全县各小学校长参加此次会议。会议总结浦江县小学教育各集团的优秀经验,反思实践中存在的不足,规划未来努力和发展的方向。县教育局局长陈建浦对各校今后开展的工作明确方向:要培养一支“潜心育人,乐于改革”的教师队伍;要创造一个“积极向上,生动活泼”的校园氛围;要培养一群“身心健康,素养高雅”的乐观孩子。

(傅江英)

【初中教育工作会议】 11月9日,初中教育教学工作会议在黄宅初中召开。会议以“减负提质,初中崛起”为主题，以改进教学及习得方式为核心，减轻学生课业负担，以强化集团合作为抓手，提高初中教育教学质量，实现初中教育教学成绩保持在全市“保四争三”的目标。浦江五中、黄宅初中、堂头中学、仙华外国语学校作典型发言。经综合考核，浦江四中、堂头中学、岩头初中、实验中学、仙华外国语学校5所学校被评为2019学年度初中教育质量优胜单位。

（李赤阳）

## 普通高中教育

【概况】 2020年，浦江县有普通高中6所，其中公办4所，民办2所，省一级特色示范高中1所，二级特色示范高中3所。全县普通高中有专任教师573人，年内普通高中招收新生2379人，毕业生2107人，在校生6462人。

【高考成绩】 2020年，全县普通高中一段线（重点）上线人数831人，北京大学、清华大学录取4人，高分段人数列金华市榜首，2位学生分列金华市前两名，列浙江省第13、15名；体育和艺术类、高等职业教育类学生一段线累计上线377人，高职类单考单招2人成绩名列全省前十名。浦江中学学生郑鸿康获第36届中国数学奥林匹克竞赛一等奖。因2020年高考成绩优秀，经县政府第64次常务会议审议通过，给予浦江中学记集体三等功，浦江二中、浦江三中、中山中学、浦江职业技术学校记集体嘉奖。

【高中教育教学工作会议】 6月16日，浦江县高考备考工作会议暨金丽衢十二校联考质量分析会在浦江中学举行。浦江县副县长陈子华、浦江县教育局局长陈建浦出席会议。来自浦江中学、浦江二中、浦江三中、中山中学、职业技术学校等学校的校长、分管教学副校长和教务主任以及研训中心和教育局普教科的负责人参加会议。会议由普教科负责人陈伟忠主持。浦江县副县长陈子华强调在离2020年高考还有20天的时间里，做到计划落实到位、信心传递到位、切实做好保障、新冠肺炎疫情防控4项工作，做到“非必须不外出，非必须不聚集”，防止在高考备考的最后阶段出现意外。

（贾全波）

## 职业成人教育

【社区办学】 投资1000万元的杭坪镇成人文化技术学校新建工程建设完工。浙江省民生实事工程——浦江县老年学堂完成改建并开班投入使用。举行2020年浦江县全民终身学习活动周活动，副县长陈子华参加活动周开幕式并宣布开幕；楼基洪等37位个人（单位）被评为市、县级社区教育工作先进；大畈乡成人文化技术学校被评为浙江省现代化成技校和首批浙江省现代化社区学校。县职业技术学校乡土美食培训项目——农家乐厨娘，通过浙江省成人教育品牌项目乡土美食评审，被评为2020年浙江省成人教育品牌。

【职业教育成绩】 2020年，中职学生高职考高考成绩，本科上线人数超280人，其中浦江职技校高职考本科上线110人。浦江职业技术学校获国家级三等奖1项，省级一等奖3项、二等奖2项、三等奖4项。

【技能人才培养】 围绕地方产业发展，培养各类技能人才。2020年，组织43个班1552名学生参加12个工种的职业资格考试。承担县教育局、人力社保局、农业农村局、总工会等有关部门的各类培训任务，完成4500余人次的培训量，成人双证学历教育继续376人次。

【开展东西部合作】 2020年，浦江县委组织部、县发改局、县教育局与四川省金口河区对接，安排四川省金口河区的32名学生到浦江职业技术学校开展为期一年的合作学习。浦江职业技术学校是东西部扶贫协作教育基地。

（刘剑伟）

## 民办教育

【概况】 2020年，全县有13所新浦江人子女学校（教学点），分布在7个乡镇（街道），其中新星学校、曙光小学、文德学校3所学校被评为浙江省标准化学校，准备申报省标准化学校1所（浦江县亚联小学），另有9个教学点。学生数超过900人的学校有3所，学生数不足400人的有7所。九年一贯制学校4所，小学8所，初中1所。2021春季学期，新浦江人子女学校共有教师339人，其中持教师资格证人数为294人，持证率87%。在校学生6845人，其中小学4752人，初中2093人。学生享受“两免一补”政策（免学杂费、免书本费、补生均公用经费。生均公用经费拨款与公办相同）。学校享受浙江省财政专项补助项目有年度考核奖励、建设工程补助、安保经费补助、教师社保、持证和继续教育补助等，全年补助358万元。

【校外培训机构整治】 2020年，新批准设立学科类培训机构28家，自行申请停办注销1家，年末累计共有101家。6月，运用“浙江政务服务网”民办学校审批平台，审批手续从线下办理移至线上直接申办受理，实现培训机构审批办事全程“零次跑”。首次开展学科类培训机构办学许可证年检工作，通过网上申报和现场核查相结合方式，确定年检合格单位100家，年检不合格单位1家，列入“黑名单”单位1家。全年约谈培训机构负责人22人次，发放整改书15家，依法取缔关停2家，联合部门执法检查19家次，日常监管检查累计1500家次。

【新浦江人子女学校】 2020年，新冠肺炎疫情防控期间，在县返校复学工作专班的领导下，实施“五员”联防联控机制，有序开展复学工作。在延迟开学期间，各新浦江人子女学校落实教育部、浙江省教育厅关于“离校不离教、停课不停学”相关要求，开展线上教学活动。6月，新浦江人子女学校与公办学校实行同一张试卷考试，学生全员参与，统一阅卷。8月，组织新浦江人子女学校全体教师首次师德考试，参加全县初中教师学科能力比武大赛。10月22—23日，新浦江人学校首次组队参加县中小学生田径运动会。

（潘仁光）

## 特殊教育

【概况】 2020年，浦江县有义务教育学龄段残疾儿童少年194名，入学人数为191名，其中随班就读100名，特教学校就读59名，送教上门32名。入学率98.5%，巩固率100%。未入学儿童均因家长申请暂缓入学。培智学校学生、随班就读、送教上门学生的生均经费均按普通学生的10倍拨付落实。

浦江县培智学校标准化学校建设项目被列入浦江县2020年政府投资计划前期重点推进项目；《体育康复》和《字词卡》两套校本教材编撰完成并投入使用；开设职业高中手工、诗书、种植、烹饪等校本课程。

**【成立特殊教育专家委员会】** 8月，县教育局、残联、卫生健康局、民政局四部门联合下发《关于成立浦江县特殊教育康复专家委员会的通知》，建立由教育、医疗、心理、康复、社会工作等方面专家组成的特殊教育专家委员会。

**【特殊教育推进会】** 11月24日，在白马镇中心小学召开以“尊重多元学生，为每一个生命绽放光彩”为主题的2020年特殊教育（融合教育）工作推进会，全县各中小学特殊教育相关负责人40余人参加会议。12月1日，“融合，让每个生命绽放光彩”为主题的浦江县特殊教育随班就读培训暨教学研讨活动在园区小学举行，全县中小学、幼儿园共80余人参加活动。

**【融合教育】** 新建浦江县实验小学、南苑小学、浦阳第五小学、实验中学、第四中学、壶江初中、黄宅初中7个资源教室，全县累计共建有资源教室23个，其中学前2个，小学17个，初中4个，实现两个“全覆盖”的目标。9月，园区小学卫星班增设卫星2班；12月，大溪中心小学、黄宅镇中心小学的资源教室通过金华市首届“示范性”资源教室专家组评审。2020年，组织参加省、市首届资源教师基本功大赛，新华幼儿园虞璐婷获省一等奖和市一等奖，黄宅镇中心小学黄莹获省三等奖和市一等奖，潘宅中小傅淑红获省三等奖和市一等奖。

**【特殊教育关爱行动】** 5月29日，县残联理事长贾亦农带队到县培智学校开展“六一”儿童节慰问活动，同行的中国狮子会浦江县仙华服务队的成员们为孩子们表演了节目；县舞蹈家协会组织人员到县培智学校看望孩子们，并为孩子们表演了节目。9月9日，教师节来临之际，浦江县委常委、统战部部长张建顺、县政府党组成员陈荣生等领导在县教育局普教科科长贾金波的陪同下慰问县培智学校师生。

（傅江英）

## 艺术教育

**【音乐教育】** 7月，在金华市婺剧“小金桂”比赛中，浦阳第二小学宋依璇《见多少王孙公子》获小茶花银花（二等奖）称号、洪悠然《一对紫燕双双飞》获优秀奖，《与太君打坐在白虎堂上》《我祖上本也是簪缨之家》获集体优秀奖。7月27日，浦阳第二小学歌曲《雪白的爱》获金华市教职工演唱赛三等奖。9月，在金华市中小学生艺术节舞蹈专场录像评比中，浦江中学《父亲》、浦江三中《龙把子》、实验中学《东城决》、浦江四中《亲爱的足球》、实验小学《传接棒》、南苑小学《夺帅》获市一等奖，龙峰国际学校《拳速击情》获市二等奖。在金华市中小学生艺术节婺剧会演中，中山中学婺剧《牡丹对课》、浦阳第二小学婺剧《拾玉镯》获市一等奖。在金华市中小学生艺术节戏剧类录像评比中，郑宅中学音乐剧《做一个好人》获市二等奖。11月，在浙江省中小学生艺术节舞蹈专场比赛中，浦江三中《龙把子》、实验小学《传接棒》、南苑小学《夺帅》获省一等奖；浦江中学《父亲》、实验中学《东城决》获省二等奖，浦江四中《亲爱的足球》获省三等奖;在浙江省中小学生艺术节戏剧类比赛中,中山中学《牡丹对课》获省一等奖,浦阳第二小学《拾玉镯》获省二等奖。

【书法教育】 推进浦江中小学"大书写"活动,组织参加全国书法家协会副主席陈振濂"书法审美居先"专题讲座活动。各中小学根据实际情况展开"大书写"活动,实验小学个人书法展,团体书画作品展,龙峰国际亲子书法活动等。在2020年金华市"虹蘆杯"首届书法临帖比赛中,浦江县一等奖获得者28名,并在2020金华市教师软笔、硬笔书法教学评比中,再次全部获一等奖。在2020年中小学生艺术节比赛中,书法项目金华市获奖25名,其中一等奖7名。

【美术教育】 在2020年中小学生艺术节比赛中,市级获奖99件作品,其中一等奖30件、二等奖55件、三等奖14件,约占全市五分之一,市级优秀指导师有18人。省级获奖30件作品,其中一等奖10件、二等奖17件、三等奖3件,4件作品入展省级展览,实验小学荣获省级优秀组织奖。12月,在金华市初中美术教研组长素养大赛中,岩头初中教师张婷获一等奖。在金华市中等职业学校专业课优质课评审中,浦江职业技术学校美术教师张艺蓝获一等奖。

(李赤阳)

## 教师队伍建设

【师德师风建设】 落实金华市教育局下发的师德师风"6+1"文件精神,组织全体教职工签订师德承诺书,填写金华市中小学教师师德考核负面清单记录表,建立师德档案。实施师德师风全员培训与考核,将《中华人民共和国治安管理处罚法》和《中华人民共和国民法典》有关内容纳入培训与考核内容,提升教师的师德修养。开展以"做一名暖心教师"为主题的师德师风专项主题教育,12位教师被评为县级"最美教师"。

(沈 辰)

【"县管校聘"人事制度改革】 出台《浦江县2020年教职工适岗竞聘工作实施细则》《浦江县教职工师德师风培训与考核办法》,继续推进教职工"适岗竞聘"制度,教职工在原单位未聘55人,其中解聘5人,待岗培训8人,在外单位寻聘18人,经师德师风考核在本校寻聘上岗24人。5月29日,应湖北省教育厅邀请,县教育局党委委员、副局长黄平标为该省作"县管校聘"管理改革专题培训,全省教育、编办、财政、人力社保等单位1000余人参训。11月,迎接东北师范大学中国农村教育发展研究院有关浦江县"县管校聘"管理改革为期半个月的专题调研。12月,四川省宝兴县教育局到浦江县学习考察"县管校聘"工作。

【职称评审制度改革】 2020年,全县普通高中全部实施职称评审制度改革实现自主评聘,建立健全重师德、重业绩、重能力的政策导向。各改革试点学校共有14人获评高级职称,28人获评中级职称,完成改革试点任务,扩大了学校职称评审的自主权。深化中等职业学校教师职称制度改革,推行中等职业学校职称过渡。中等职业学校设文化课、专业课教师和实习指导教师职称类别,分别设初级、中级、副高级、正高级4个级别。县职业技术学校197位教师的职称实现过渡。完善符合中等职业学校特点的评价导向,注重实践教学和技术技能人才培养实绩，产教融合、校企合作和工学结合的教学改革实绩和行业企业实践经历。

（周利民）

**【校长负责制试点】** 出台《关于建立学校党组织领导下的校长负责制的实施意见》《浦江县学校党组织领导下的校长负责制工作实施方案》，在中山中学、黄宅初中、岩头初中、大溪中心小学、黄宅镇中心小学、浦阳幼儿园6所学校开展试点工作，明确学校党政主要负责同志职责，健全学校议事规则和决策机制，将党的领导、党的建设贯穿办学治校、立德树人全过程，支持校长依法独立负责地行使职权，保证各项任务完成。

（张晓欢）

**【东西部支教交流】** 派出9名教师前往四川省乐山市金口河区开展支教交流，其中6名教师短期交流6个月，3名教师长期交流一年半。6月，县职业技术学校3名教师到金口河区开展为期1个月的电商培训工作。接受金口河区到浦江挂职的教师5名，为期1个月。派出4名教师到新疆阿克苏地区进行为期一年半的支教工作，其中3人为省教育厅指派，1人为省委组织部指派。

**【新教师招聘】** 2020年，浦江县教育系统共招聘新教师161人，其中30人系2019年招聘的雇员制学员经考核合格聘用为雇员制教师，引进优秀应届毕业生23人，定向培养生27人，公开招考81人（其中55人为雇员制教师）。

**【首届定向培养生入职】** 2020届定向培养毕业生是浦江县委托高校培养的首届定向培养师范生。4月，组织该批定向生到浦江中学、堂头中学、实验小学、浦阳第一小学进行为期2个月的岗前实习。9月，所有定向培养生按照定向培养协议报到入职。

**【“马云乡村师范生计划”】** 2020年，“马云乡村师范生计划”在全省挑选资助40人，浦江县2020届定向培养教师黄俊芸经过层层选拔，最终入围，马云基金会将在5年内资助该教师10万元。

（沈　辰）

**【义务教育教师交流】** 2020年，义务教育学校共交流教师132人，占符合交流条件教师数的28.70%，其中骨干教师交流28人，骨干教师交流占教师交流比例21.21%。发放城区骨干交流教师农村任教特殊津贴17.5万元，推进义务教育均衡和谐发展。

**【教师待遇保障机制】** 建立健全中小学教师工资与公务员工资长效联动机制，2020年度补足教师与公务员的差额部分人均8000元后，教师年人均工资收入179050元，其中义务教育教师年人均工资收入178812元，略高于当地公务员年人均工资收入178205元，确保中小学教师平均工资水平不低于当地公务员。继续做好2020年教职工薪级工资正常晋升工作，共有3620名教职工符合晋升条件，月人均增资额84.9元；完成51名乡村任教满8年教师的薪级工资浮动转固定工作，月人均增资额72元；根据《浦江县顶岗教师专项经费使用办法的通知》，下拨2020年顶岗教师经费115万元，用于发放临时性教师短缺时校内其他多承担工作量教师的超工作量报酬，专项经费不计入绩效工资总量。

（盛礼军）

**【教师获奖情况】** 实验小学校长徐双莲获国务院政府特殊津贴，浦江中学楼优奇、福和希望小学王国刚获省“春蚕奖”。评选出县“名校长”1人，县“名教师”28人，“最美浦江人”“最美教师”12人，县“教坛新苗”24人。

（沈　辰）

## 教育科研

【概况】　浦江县教育科研工作以服务学校、服务学生、服务教师为宗旨，发挥教育科研在学校发展和教师成长中的作用，通过抓教科室主任队伍、班主任队伍、心理健康辅导人员队伍三支队伍，提高科研管理与指导水平；通过抓省市级重点课题和对薄弱学校的课题指导，提升课题质量与科研水平；通过抓县级、集团级、校级三级活动的开展，提升科研的氛围与研究水平。全年有121项课题在国家、省、市级立项，89项课题在省市级课题评比中获奖，1000余篇论文在省市级论文评比中获奖。

（方筱莉）

【省市级课题立项情况】　2020年，浦江县实验小学的《契约文化：现代化学校治理体系建设新途径》被列为全国教育科学“十三五”规划课题；全县有20项课题被列为省级课题，其中省教育科学规划课题7项，省教研课题4项，省师干训课题7项，省职成教课题2项；100项课题被列为市级课题，其中市重点规划课题3项，一般规划课题48项，市教研课题21项，市社科联课题6项，市家庭教育课题22项。

【省市级课题获奖情况】　2020年，浦江县有7项课题获省级优秀课题，其中浦江县职业技术学校李卫平《四段·八体：依托非遗工作室培育中职生工匠精神》、实验小学徐双莲《教师有约：聚焦教师品质发展的集团学校治理研究》课题获省教育科学规划优秀成果一等奖；龙峰国际学校朱柏烽《PMT首席导师制：促进集团化学校教师个性化成长的实践探索》、浦阳第二小学陈健滢《乡音博物馆：学校大美育实施路径的探索》获省教育科学规划优秀成果三等奖。3项课题分别获省教研课题三等奖、省师干训课题三等奖、省职成教课题三等奖。全县有82项课题获市级优秀成果，其中金华市教育科学规划课题一等奖8项，二等奖25项，三等奖13项，金华市教研课题一等奖5项，二等奖6项，三等奖9项，金华市家庭教育课题一等奖2项，二等奖6项，三等奖8项。

（杨顺连）

【承办省级教研活动】　9月9日，浙江省初中数学重点课题《以深度教研提升农村学校质量的实践研究》研讨活动在浦江四中举行。金华市60余名课题组成员和20家基地学校校长出席会议。浙江省初中数学教研员张宗余及各基地学校领导分别在会上作交流发言。10月26日，2020年“白马湖之秋”省名师新课堂（小学道德与法治专场）教学研训线上观摩活动举行，活动采用集中观看和分散观看相结合方式进行，浦江县小学四、五、六年级道德与法治骨干教师在各校观看直播视频，核心教研组成员集中到园区小学观看直播视频，开展核心教研组活动。12月1日，浙江省教育厅“百人千场”名师送教下乡活动（浦江专场）在浦阳一小教育集团虞宅校区举行，活动3个专场涵盖幼儿教育、小学语文和小学数学3个学科。全县各校语文、数学骨干教师在虞宅中心小学参加了西湖区教坛新秀魏思思等6位教师的观摩课；杭州市学军小学校长张军林为数学专场的教师们进行《基于数学文化的单元统整教学》的讲座；语文专场的教师们参加了杭州市教坛新秀教师周沁《内外联动,从"1+N"到"童心阅读"》的讲座;全县幼儿园骨干教师在虞宅乡中心幼儿园参加杭州市西湖区申花路幼儿园园长、市教坛新秀刘荣兰以"为生活而教、为趣味而教、为思维而教"的主题展示课。

(楼东升)

**【学校心理健康教育】** 浦阳第一小学、岩头镇中心小学2所学校的心理辅导室通过省心理健康教育示范点项目的验收。截至2020年,全县共有9所学校的心理辅导室被列入省心理健康教育示范点项目;完成浙江省心理健康教育教师上岗资格培训800余人次,全县90%以上教师持有各级省心理健康教育教师上岗资格证书。

(杨顺连)

## 新建学校

**【浦阳第一小学月泉校区】** 浦阳第一小学月泉校区位于仙华路以西,建华中学以北,山明美术院对面地块。工程于2019年6月开工,2020年9月投入使用。学校按省I类36班制规模建设,可容纳学生1620人。项目总投资9800万元,用地面积为3.35万平方米,总建筑面积约2.3万平方米,其中地上建筑面积约2.02万平方米,地下建筑面积2800平方米,建设内容包括普通教学楼、专用教学楼、食堂、风雨操场、图书艺术楼等,是县内唯一一所架空层设计的小学。

**【园区小学】** 园区小学位于浦江县仙华街道振兴路318号,工程于2020年8月竣工,9月投入使用,原大许中心小学整体搬迁入园区小学。学校按省1类标准建设36个教学班,学生1620人。园区小学工程总投资9800万元,占地面积36597平方米,建筑面积23000平方米,建设内容包括普通教学楼、专用教学楼、综合楼、风雨操场、生活服务用房、室外活动场地及绿化。

**【虞宅中心小学】** 虞宅中心小学新校舍位于浦江县虞宅乡虞宅村四区48号壶源江畔,该工程自2017年3月立项,2018年9月开工,于2020年2月投入使用。学校建设规模为24个班,在校学生1080人。项目投资额4000万元,学校用地面积15335平方米,总建筑面积9999平方米。建设内容有教学楼、综合楼、学生宿舍楼、生活服务用房以及室外运动场等。

**【南苑幼儿园】** 南苑幼儿园位于浦江县浦阳街道南江路15号,原浦阳第四小学校舍。项目于2019年11月开工,2020年9月投入使用。建设规模为在园幼儿540人,18个班级。工程总投资3500万元,用地面积10100平方米,建筑面积8295平方米(其中地下室1179平方米)。建设内容有教学楼、综合楼(含地下车库)、室外活动场地、道路广场、绿化等配套工程,整个幼儿园建筑采用围合设计理念,呈"U"字形,内庭院与室外活动场地相互衔接,方便幼儿活动所需。

**【月泉幼儿园】** 月泉幼儿园位于浦阳镇汇泉路135号,工程于2019年6月开工,2020年9月开园。建设规模15个班,可容纳450名幼儿。幼儿园占地面积9122平方米,建筑面积7400平方米,有生活单元房间15套,多功能活动室6个,是一所省一级标准配置的县教育局下属公办幼儿园,配套目标区域为浦江城区楼盘圣奥·杭府、浦阳一号、新城盛昱的适龄幼儿入学。

**【郑宅镇中心幼儿园】** 郑宅镇中心幼儿园位于浦江县郑宅镇仁义路398—1号，毗邻江南第一家，工程于2019年3月开工，2020年9月投入使用。建设规模为18个班，在园幼儿540人。幼儿园总投资3500万元，占地面积11095平方米，建筑面积7514平方米，户外活动场地4873平方米，园内幼儿用房、综合楼、生活服务用房以及室外活动场地、道路广场、绿化及教学设施设备齐全。

**【仙华项宅幼儿园】** 项宅幼儿园位于浦江县金垒大道97号项宅新区。该园由浦江县城市建设有限公司出资建设，工程于2016年立项，2017年开工建设，2020年8月竣工，2020年9月投入使用。幼儿园办园规模为6个班，在园幼儿园180人。幼儿园占地面积2561平方米，建筑面积约2440平方米，配备专用教室、办公室、多功能室、保健室、会议室、档案室、图书室及食堂等硬件设施，拥有8个户外活动区域：大型玩具区、积木建构区、沙水区、骑行区、涂鸦区、自主搭建攀爬区、滑索区、小树林，能满足幼儿运动锻炼和自主活动的需要。

**【岩头镇幸福新村幼儿园】** 岩头镇幸福新村幼儿园位于岩头镇幸福新村小区内，是浦江县第一所农村小区配套幼儿园。该园于2018年7月开工建设，2020年9月建成并投入使用，建设规模9个班级，在园幼儿270人。幼儿园投资额1800万元，占地面积3882平方米，建筑面积3469平方米，绿化面积807平方米。幼儿园设施设备完善，拥有配套生活学习用房、专用游戏室、多功能活动室和室外大型游戏活动场地。幼儿园有专任教师14人，其中县名师培养人2名，县教坛新秀1名，多位教师参加县优质课获得一、二等奖。

**【杭坪镇中心幼儿园】** 杭坪镇中心幼儿园位于浦江县杭坪镇壶江西路142-1号，该园于2019年3月份开工建设，2020年9月投入使用，建设规模6个班。工程总投资额约2280万元，占地面积3900平方米，建筑面积3068平方米，户外活动场地2000余平方米，绿化面积700余平方米。建设有幼儿用房、综合楼、生活服务用房以及室外活动场地、道路广场、绿化工程，教学设施设备齐全。

**【虞宅乡中心幼儿园】** 虞宅乡中心幼儿园位于浦江县虞宅乡虞宅三区115号，原虞宅乡中心小学校舍。工程自2018年6月立项，2019年9月开工建设，2020年9月投入使用，学校占地面积4018平方米，建筑面积4531平方米，总投资1920万元。徽派的建筑风格，融入现代化幼儿园的功能和理念，内设9个配套的活动室，可容纳学前儿童270名。园内设有多功能厅、阅览室等多个功能室。户外设置大型玩具、攀爬墙、体能锻炼区等运动区域；配备标准化的教学设备和生活设施。

（楼基宣）

## 科学技术

**【概况】** 2020年，培育国家高新技术企业16家（完成市下达15家考核目标任务），企业总数55家；申报认定省科技型中小企业75家，企业总数320家；市级高新技术研发中心17家；申报省级高新技术企业研发中心3家（浙江一正文化用品有限公司、浦江三思光电技术有限公司、浙江浦江永进工贸有限公司)；申报省企业研究院1家(浙江万赛汽车零部件股份有限公司)。浦江凯鼎蔬菜专业合作社创建为省级“星创天地”；创建省级水晶产业创新服务综合体，获省政府2000万元的资金支持。兑现科技政策扶持资金3958.62万元，同比增长26.9%。

全年企业研发费用支出4.33亿元，同比增长47.1%，增幅排名全市第一位。高新技术产业投资6.98亿元，同比增长81.2%，列全市第二位；高新技术产业增加值11.37亿元，同比增长11.3%，增幅排名全市第三位。技术交易额登记3.45亿元，发明专利产业化项目登记30项；创新券使用295.278万元，超额完成市下达指标。全年县级各类科技计划项目验收121项(其中工业项目35项，农业项目29项，卫生项目26项，省级新产品试制计划项目31项)。副省长高兴夫在《浦江县“三举措”优化创新环境显成效》上批示：“浦江县坚持问题导向、目标导向、在推动科技创新上精准施策，取得了明显成效。省科技厅要积极引导，鼓励各地创新举措，加大投入，大力提升县域企业科创水平。”

**【科技创新服务】** 浙江百川导体技术股份有限公司“高性能特种钢材料与制品研发及应用”、浙江杭机股份有限公司“高精度立式复合磨床整机研发与应用”2个研发项目入选2021年省重点研发计划竞争性项目。县级各类科技计划项目验收121项(其中工业项目35项，农业项目29项，卫生项目26项，省级新产品试制计划项目31项)加大科技招商力度，上报科技招商信息23条，促成上海九黎基金投资的浦江国际智能制造科技产业园签约。县科创园引进孵化类科技项目5项；组织全县乡镇部门分管科技工作的领导进行专题培训。

**【创新发展五年规划】** 9月30日，县科技局局长钟金伟一行到浙江省科技信息研究院调研，就浦江县科技发展“十四五”规划编制工作开展座谈。双方就浦江科技指标现状分析、省级农业科技园区、高新园区创建以及创新平台建设等内容进行交流，并对浦江县科技发展“十四五”规划编制的下一步工作安排进行讨论。截至12月，“十四五”科技发展规划完成规划编制初稿。

**【科技创新平台】** 浦江科技创业园举办创业创新活动14场，团队见面会14场。洽谈意向入园项目103项，涵盖先进设备制造、文化创意等诸多领域，入驻企业7家。浦江召日电器有限公司、加百列科技有限公司落地开发区。2020年，园区拥有国家高新技术企业2家，省科技型中小企业13家。入驻企业产值17635.39万元，税收596.29万元，研发费用1748.41万元，入驻企业亩均产值平均是604.51万元，亩均税收平均是20.44万元；比2019年产值同比增长31%，税收同比增长9%，研发费用同比增长124%。杭州电子科技大学浦江微电子与智能制造研究院与浦江县10家企业围绕智能制造数字化车间改造、传统行业装备提升等方面展开技术合作，

浦江科技创业园 (浦江县科技局 提供)

合作金额1300余万元，多家企业在智能制造领域取得突破。2020年，研究院承担浦江挂锁、水晶两个产业关键共性技术攻关项目，其中“基于NFC”的无源智能挂锁项目样品已经研发，处于测试阶段；“水晶用伺服电机”项目完成工程图纸设计，下一步进行样机生产测试。

**【家纺设计研发中心】** 2020年，武汉纺织大学浦江家纺设计研发中心完成产品花稿、包装稿及产品展示等4408项，其中有687件图稿由30余家企业选中并转化成产品，产品采用率由2019年12%提高到2020年的15%，提升了与企业融合度。

**【浦江（杭州）科创中心】** 6月，浦江（杭州）科创中心开园启用。浦江（杭州）科创中心坐落于杭州市余杭区文一西路1218号，科创中心总建筑面积8500平方米，依托杭州城西科创大走廊的科技、人才、信息、金融、政策等优势，以吸引杭州高端人才服务浦江企业为出发点，为浦江科技型企业搭建人才研发平台，招引高校高科技成果转化项目，促进浦江产业转型升级，打造浦江在杭州创新创业的桥头堡和人才高地。截至2020年，浦江（杭州）科创中心有4家企业入驻。

**【浙中科创大廊道建设】** 招引落地长三角G60科创走廊其他城市产业化项目7项，组织17家企业参加产业联盟或G60联席办组织的活动；参加长三角G60科技对接等各项活动，达成合作项目8项；新增亿元以上高新技术产业项目8个。

**【“产学研”科技交流合作】** 配合县委组织部，开展金华市“揭榜挂帅 全球引才”浦江专场活动即浦江县“人才新政2.0版”发布会，共计筛选技术难题50项。在推进首批5项签约技术难题项目基础上，继续实施合作项目23项，达成合作意向项目15项。通过组织企业与博士双向选择，实现精准对接，引进省内外6所高校的8名博士到8家企业的科研一线任职，将高校创新资源和人才优势转化为企业现实生产力，加快企业成果转化，为企业发展赋智聚能。截至2020年，共组织实施科技项目30余项，申报专利18项，协助企业编制标准12项。11月25—27日，第19届中国·金华工业科技合作洽谈会暨首届长三角G60（金华科创大会）召开，浦江县共有35家企业40余人参加工科会的全部的对接、洽谈、签约和专场活动。前期浦江共征集企业技术需求和难题20余项，征集现场签约项目2项，分别是浦江县人民政府与东北林业大学共建东北林业大学浦江工程技术研究院的招院引所项目、浙江莱康生物科技有限公司与杭州电子科技大学“基于深度学习的生物溶菌酶发酵生产线智能控制系统开发”的揭榜挂帅项目。

第19届中国·金华工业科技合作洽谈会暨首届长三角G60（金华）科创大会战略合作招院引所项目签约仪式

（魏晓尖　朱江娇）

# 卫生健康

【概况】 2020年,全县有各级各类医疗卫生机构361家,其中县级医院3家(浦江县人民医院、县中医院、县妇幼保健院),县人民医院及县中医院均为二级甲等医院;民营医院9家;乡镇卫生院16家、社区卫生服务站16家、村卫生室154家。全县有核定床位数1509张,实际开放床位数2425张〔其中县人民医院785张,中医院536张,浦江第二医院316张,街道(乡镇)卫生院115张〕,每千人拥有床位数6.05。在编人员中,卫生专业技术人员1738人,占93.74%,其中高级职称325人。

推动“控总量、腾空间、调结构、保衔接、强监管”改革向纵深方向发展,严控医疗费用不合理增长,2020年全县公立医院医疗总费用同比下降4.69%,全县出院均次费用同比下降0.95%。围绕医共体医疗服务、质量管理、经济管理、医保管理、人才管理、信息化建设“六个一体化”,推进县域医共体建设工作,提升县域医疗卫生能力,完成医共体建设任务清单,60%以上医共体院区开设住院病区,所有的医共体院区开设中医馆及夜间门急诊。

全年按照计生统计口径户籍人口出生2746人,同比减少588人,符合政策生育率96.39%。一孩出生1430人,一孩率52.08%;二多孩出生1316人,二多孩率47.92%。总出生人口性别比114.20(女为100)。“省奖扶”对象合计人数3490人,补助金额335.04万元;“省特扶”对象合计人数267人,补助金额224.46万元。浦江县农村女儿户奖励保障审核批准对象3651人,补助金额1002.43万元;农村女儿户60周岁以上奖励保障对象508人,奖励保障金额30.48万元。截至2020年,全县公共场所母婴设施累计建设18家。

全年累计出动监督员2160人次,监督检查监管单位2570余家次,组织各类业务培训6次,培训150余人次。受理投诉举报11起,立案395起,结案376起,罚没款总计61.86万元,回访排查非法行医点130余家次。全面使用“浙政钉掌上执法”系统,抽取国家任务及本地任务共计360家监管对象,完成完结360家次,总完成率100%。与县公安局、县市场监督管理局多次联动,采取“风险回头看”形式对既往查处的130余处非法行医对象进行回访复查。

2020年,甲乙类传染病报告发病率为175.86/10万、与2019年同期相比上升9.91%(病例数增加较多的是梅毒和病毒性肝炎);丙类传染病报告发病率为824.60/10万、与2019年同期相比下降27.28%。采集手足口病病例标本60份进行检测,结果为CA16阳性7份、CA6阳性34份、其他HEV阳性13份。HIV检测72883份(重点人群检测10062份、一般人群检测61782份),自愿咨询检测1039份,抗病毒治疗覆盖率93.00%。登记肺结核病例217例(浦江户籍149例、非浦江户籍68例),与2019年同期相比下降7.66%。开展登革热媒介伊蚊幼虫密度监测,根据监测结果建议在全县范围内开展以清除伊蚊滋生地为主的环境整治,降低蚊媒密度。开展196名尘肺病患者的回访调查,存活97名、死亡64名、失访35名。查螺面积3.0019万平方米,未发现钉螺,已连续42年未查到钉螺。开展两轮脊髓灰质炎、麻腮风集中式查漏补种工作,脊灰疫苗报告接种率分别为97.87%和99.04%,麻腮风疫苗报告接种率分别为98.36%和99.05%。高血压患者规范化管理率70.27%、血压控制率63.94%,糖尿病患者规范化管理率70.27%、血糖控制率51.11%;报告本县户籍死亡2453例。

2020年,县卫健系统人才引进61人,公开招考录用29人。选拔推荐3名优秀中青年骨干为金华市321专业技术人才培养人员，开展浙江省“551卫生人才培养工程”医坛新秀推选工作。县中医院依托省中医院的帮扶，增加成立黄琦、张烁和曹毅3个名中医工作室。

落实计划生育奖特扶制度，奖特扶准确率和资金发放率均100%。新建人民广场、时代广场、财富广场、县行政服务中心、江南第一家景区、仙华山景区、神丽峡景区、客运西站8家母婴室。推进3岁以下婴幼儿照护服务，出台《关于加快推进3岁以下婴幼儿照护服务发展的实施方案》，新增照护服务机构2家，增设托位28个，县婴幼儿照护服务指导中心和培训基地依托县妇幼保健院挂牌成立。推进医疗卫生与养老服务相结合，在檀溪镇中心卫生院启动医养结合试点工作；在浦阳街道宣和社区启动老年人心理关爱项目，医护团队跟进老年人心理健康干预。

围绕巩固国家卫生县城和国家卫生乡镇创建结果的工作目标，组织各乡镇、街道人员定期对城乡环境卫生进行整治，巩固国卫创建成果。依托创建工作，开展健康教育与健康促进工作，截至2020年，全县各乡镇均建有健康步道和健康主题公园。制定印发《推进健康浦江行动的组织实施方案(2020—2022年)》，推进各项任务落地见效；建立健康科普专家库、资源库，及健康科普知识发布和传播机制；成立浦江县国民营养健康指导组，统筹推进国民营养健康工作。

完成重点人群结直肠癌筛查任务，筛查人数570人，筛查完成率114%；完成重点人群流感疫苗免费接种项目。推进基层卫生重点任务指标，全县人口数401781人，规范签约人数160890，签约率40.04%，重点人群签约率93.91%，推进电子健康档案集中治理；推进基层补偿机制改革；推进孕产妇、儿童建册、签约，孕产妇签约率87.22%，0—6岁儿童签约率84.90%；推进0—6岁儿童眼保健及视力检查工作。

**【新冠肺炎疫情防控】** 县疫情防控工作指挥部和下设8个工作组及疫情防控工作专班保持常态化运作，确保有病例时迅速启动应急指挥系统。制定秋冬季疫情防控工作方案和应急预案，出台应对中高风险等级疫情防控措施、监测预警、医疗救治、全员核酸检测、应急接种、物资储备6个工作方案。加强对疫情形势的分析研判，强化医疗机构、零售药店、特殊场所监测，强化冷链食品、环境和从业人员监测，强化“应检尽检”措施。加强流行病学调查和消杀队伍建设，实行分区分级精准防控。强化物资储备和供应，建立健全物资保障机制，保障医疗防护物资，做好疫苗接种工作。

**【新冠肺炎疫情医疗救治】** 2020年，成立县新冠肺炎医疗救治工作专家组，制定下发新冠肺炎医疗救治方案，明确县人民医院为确诊病例和疑似病例救治定点医院，县人民医院、县中医院、浦江二院3家二级医院设发热门诊，16家乡镇卫生院(社区卫生服务中心)均设置预检分诊、发热诊室和留观点。8月，县妇幼保健院开设发热门诊。全县确诊的9例(包括1例境外输入)患者经治疗均已痊愈。提升新冠肺炎核酸检测能力，通过PCR实验室的改建、新建，3家二级医院均具备核酸检测能力，全县日检测量640人次，满负荷检测能力达到每天1920份。

**【援鄂医疗队】** 2月，组建成立浦江县第一批(浙江省第三批)抗击新冠肺炎疫情医疗队，驰援湖北武汉共同抗击疫情。医疗队由县人民医院ICU主管护师楼键建、麻醉手术科护师洪榛、呼吸内科护师陈丹、感染疾病科护师张晔，县中医院重症医学科副主任医师郑小常，浦江第二医院呼吸内科主治医生朱高源、内科护士傅千珊7人组成。4月13日，援鄂医疗队结束49天的救治任务回到浦江。

4月13日，县领导与浦江县援鄂医护人员及其家属合影

【“双下沉、两提升”】 县人民医院认证通过全省首家县级医院心衰中心及房颤中心。2020年，浙江大学附属第一医院累计派出常驻医疗专家980余人次，累计完成门诊2850人次，手术725例；省中医院派驻县中医院坐诊、业务指导共计630人次，诊治人次11520余人次。“双下沉、两提升”工作成效经过评估，位列全省第三名。

【工程项目】 9月，启动县人民医院改扩建工程，主要建设医疗综合大楼和临床公卫中心，建筑面积52500平方米，总投资2.9995亿元。中医院迁建工程总投资5亿元，设置床位数750张，总用地面积79900平方米，建筑面积95970平方米，主体工程建设完工；投资3500万元的郑宅镇卫生院迁建工程主体结顶；杭坪卫生院扩建工程完工并投入使用。

【医疗信息化】 医疗机构加快医疗信息化建设，全县门诊智慧结算率71%，病房智慧结算率52%，检查检验数据在“浙里办”平台开放；公立医院全面取消纸质票据，电子票据使用率100%；推进“两卡”融合，电子健康医保卡得到应用；县人民医院推行智慧订餐、智慧停车等服务项目，引进ETC收费系统；居民健康档案数据向公众开放率超50%。

（张　楚）

## 医疗保障

【概况】 2020年，全县基本医疗保险参保37.86万人，比2019年度新增0.52万人，其中城镇职工基本医疗保险（一档）参保7.40万人，城乡居民基本医疗保险（二档、三档）参保30.46万人，基本医疗保险参保率99.94%；大病保险选缴30.38万人，比2019年度新增2.22万人，选缴率80.26%；生育保险参保5.31万人，比2019年度减少1.33万人；全年累计资助1.23万名困难人员参加基本医保二档，资助1.07万名困难人员参加大病选缴，资助金额共计2229.72万元，医疗救助1.76万人次，支付376.60万元，符合条件困难群众资助参保率、医疗救助政策落实率、“一站式”结算率均实现100%。

截至12月，新增医保定点医疗机构3家，新增定点零售药店8家，取消医保定点医疗机构7家，取消定点零售药店1家，全县医保定点医药机构累计153家，其中定点医疗机构43家（二级以上医疗机构3家、专科医院8家、乡镇卫生院16家、门诊部16家）；定点零售药店累计110家。

1月，根据《金华市医疗保障局 金华市财政局 金华市卫生健康委员会关于印发金华市基本医疗保险住院费用病组（DRGs）点数法付费实施细则的通知》文件精神，全市医保基金适当分担（留用）比例由原来的15%调整为5%。实施省内医保关系转移“掌上办”。升级“浙里办”医疗保障专区平台，增加“亲情代办”模块，解决老年人“掌上办”难题。2020年，县医疗保障局在金华市委改革办组织的对全市各县(市、区)6—7月“最多跑一次”改革满意度第三方回访测评中位列全市第一位。

4月，改造县人民医院、中医院、浦江二院与恒生药房新华路店、亚太大道店2家定点零售药店特殊药品外配处方接口。5月，97种国家谈判药品100%落地，位列金华市第一位。9月25日，在县委党校举办2020年全县社会医疗保障政策培训班，200余名医保分管领导和经办人员到场参加。全年通过线上解答、线下讲堂的方式，累计开展业务培训36期，全面提升医保队伍经办服务能力。10月，建设大畈乡上河村、花桥乡政府、前吴乡前吴村、檀溪镇罗家村、虞宅乡新光村5个送药上山进岛便民服务点，解决山区留守老人、空巢老人的“购药远、购药难”问题。

【医保政策调整】 1月起，未缴纳选缴保费或连续选缴未满三年的，大病保险起付标准由原来19000元调整为22000元；连续选缴1份满三年的，大病保险起付标准由原来19000元调整为22000元；连续选缴2份满三年的，大病保险起付标准由原来10000元调整为11000元。连续选缴3份满三年的，大病保险起付标准由原来5000元调整为6000元。根据《金华市医疗保障局 金华市民政局 金华市财政局关于进一步加强医疗救助工作的实施意见》文件精神，1月起，救助对象从原来的城乡居民基本医疗保险参保对象扩大到参加全县基本医疗保险对象；救助费用范围由原来的核报费用调整为合规费用；纳入救助的特殊病种种类由原来的4种扩大到14种。10月，根据《金华市医疗保障局等3部门关于公布全市基本医疗保险费缴纳标准的通知》，2021年基本医疗保险二档个人缴费标准由1630元提高到1760元，三档个人缴费保持不变为560元。

【基金征缴】 11月2日，召开浦江县2021年度城乡居民基本医疗保险费和大病保险选缴保费征缴工作部署会，涉及乡镇(街道)和县财政局、县税务局、县教育局、相关银行、大病保险承保公司等多个相关部门的100余名人员参加。此次会议调整了征缴事项，将非浦江县户籍人口在浦江县常住的人员列入2021年的征缴对象；基本医疗保险户籍人口参保率实现99.91%以上，常住人口参保率实现95%以上，大病保险选缴率实现85%以上；参加职工医保人员的大病选缴保费直接从医保个人账户中予以扣缴，无需个人另行缴纳。11月11日至12月31日的征缴期间，2021年城乡居民基本医疗保险参保人数29.98万人，全县基本医疗保险参保率99.94%；大病选缴保费缴费人数33.20万人，全县大病保险选缴率88.82%。

【疫情减征】 2月，按照《浙江省人力资源和社会保障厅等4部门关于阶段性减免企业社会保险费有关问题的通知》文件精神，因新冠肺炎疫情发生对全县经济行业的影响，对县内企业(不含机关事业单位)实行减半征收2月至6月基本医疗保险的单位缴费，全县6068家企业减征基本医疗保险费用共计2575万元。

【全国医保编码标准信息维护】 2020年，完成全县医保定点医疗机构40家、定点零售药店110家、医保医师977人、医保护士1128人、医保药师140人的编码标准信息维护工作，实现15项医保编码的落地应用。

【药品、医用耗材采购改革】 1月，实施国家药品集中带量采购，国家第一批药品集中带量采购中，有25个药品品种平均降幅为52%，国家第二批药品集中带量采购中，有32个药品品种平均降幅为53%。实施金华市第一批、第二批药品集中带量采购，两批药品集中带量采购平均降幅25.7%，单个药品最高降幅73.6%，直接减轻患者负担约3000万元。8月31日，对全县定点民营医院和药店进行采购平台操作培训。9月，开展国家组织高值医用耗材（冠脉支架类）集中采购相关数据填报。12月，进行国家第一批药品集中带量采购续签，对国家第四批药品集中带量采购数据进行填报。

【药价保联动改革】 8月18日，出台《浦江县医疗保障局关于调整县级公立医院部分医疗服务价格的通知》文件。文件规定通过集中谈判降低部分药品价格；取消医用耗材加成费用，实行零差率销售；医院医疗废物处置费用增加支出部分；11项大型医用设备检查治疗项目在现行价格基础上降低5%；104种中药饮片价格降低20%。规定9项护理服务项目在现行价格基础上提高20%~50%；26项临床诊疗服务项目在现行价格基础上提高0~25%；25项临床诊疗服务项目在现行价格基础上提高3.03%~29.41%；44项中医及民族诊疗服务项目在现行价格基础上提高0~50%；374项住院手术服务项目在现行价格基础上提高9.09%~85.15%，此项政策于2020年10月1日正式实施。通过"总量控制、结构调整、有升有降、逐步到位"原则，弥补了2019年浦江县人民医院、浦江县中医院、浦江县妇幼保健院腾出的空间980.5万元。

【"两卡融合、一网通办"项目】 5月，浦江县人民医院推出"两卡融合、一网通办"项目并完成测试，通过电子健康卡和电子社保卡互绑互认、关联注册、兼容使用，实现挂号、诊疗、检查检验、取药和医疗费用结算等线上线下服务"一网通办"。

【医保电子凭证】 10月，县医疗保障局向全县推广医保电子凭证移动支付方式。截至12月，全县117家"两定"（医保定点医疗机构、定点药店）医药机构完成医保电子凭证"码上付"的医疗结算系统改造，共有11.09万参保人员激活申领医保电子凭证。

【结算方式改革】 4月23日，对特慢病门诊医保结算系统进行升级，开通异地登记参保人员特慢病门诊省内异地联网结算；恶性肿瘤、血液系统恶性疾病、器官移植抗排异、血友病4个特殊病种无异地登记的参保人员可在杭州三甲医院享受门诊即时联网结算。7月8日，通过前期联同县退役军人事务管理局共同开发优抚补助联网结算项目，将1至6级的革命伤残军人就诊结算医药费接入"3+N"医保报销"一站式"结算平台。伤残军人在省内医保定点医疗机构住院和门诊结算费用时刷医保卡，能同步实现伤残军人优抚补助保障报销结算手续，真正实现报销"零次跑"。10月，在原有6家医保定点医疗机构开通跨省联网结算的基础上，新增21家医保定点医疗机构接入全国异地结算平台，27家医保定点医疗机构实现长三角地区跨省异地就医门诊费用直接结算。

【基金监管】 4月，开展第三方专家审核，组织浙江大学医学院附属第四医院专家从各医院抽取408份病历，针对入院指征、过度医疗、超范围检查、病历书写等多个方面进行审核，扣除违规款项6.34万元。5月20日，与中国人民财产保险股份有限公司浦江支公司签订协议，开展基本医疗意外伤害保险合作项目，全年核查县域医保参保人意外伤害就医案件4527件，其中拦截不属于外伤支付案件343件，涉及款项378.76万元，拒付不属于外伤支付案件8件，追回违规款13.29万元。7月，开展定点医疗机构规范使用医保基金专项治理工作，各定点医疗机构对2018年1月至2020年5月的规范使用医保基金情况进行自查自纠，自查并主动退还违规款414.96万元。8月，邀请第三方中介机构浙江红阵易审数据科技有限公司，对全县有住院条件的医疗机构在2018年1月至2020年5月期间的规范使用医保基金情况进行分析，核实违规数据197.21万元。10月，引进DRGs大数据基金监管试运行分析系统。截至12月，开展“双随机、一公开”检查3次，检查医院45家，药店120家次，整改问题26个，对11家医保定点零售药店给予暂停医保服务处罚，核查定点医疗机构住院病人983人次，追回医保基金467.22万元。

**【打击欺诈骗保宣传活动】** 4月，开展打击欺诈骗保宣传月活动，组织定点医疗机构、定点药店，乡镇、社区（农村）等相关工作人员在“钉钉”平台上开展“云培训”；组建基层答疑微信群、钉钉群，开展医保欺诈骗保案例警示，根据基层对打击欺诈骗保相关问题需求，开展“云解答”。在全县151家“两定”医药机构醒目位置集中摆放和张贴宣传资料、公布举报投诉电话，累计向县域群众发放宣传资料5万余份；新冠肺炎疫情防控期间，在全县各村进行“打击欺诈骗保，维护基金安全”活动的广播宣传500余次。4月16日，在杭坪镇杭坪村举办浦江县“医保进万家 情系你我他”暨“打击欺诈骗保 维护基金安全”宣传活动，会同杭坪镇政府、中医院等部门设立咨询义诊台，为群众提供咨询、义诊200余人次，发放各类宣传资料800余份。

（张端阳）

## 民　政

【概况】 浦江县民政局依托大数据平台实现民政与农业农村数据“两线合一”，全年累计发放各类救助金3479.98万元，最低生活保障标准由原先的725元提高至800元。2020年，低保在册人员共3497户5120人。特困人员供养标准每人每年15960元，发放救助资金164.43万元。全县机构孤儿享受基本生活费标准1693元/月，散居孤儿、困境儿童平均基本生活费1330元/月。开展社会救助家境入户调查工作，入户调查率100%。推行“支出型”贫困救助，将符合条件的困难群体纳入“支出型”最低生活保障救助，共12户29人。建立低保低边渐退期制度，切实保障低保、低边户的生活，防止返贫现象发生。

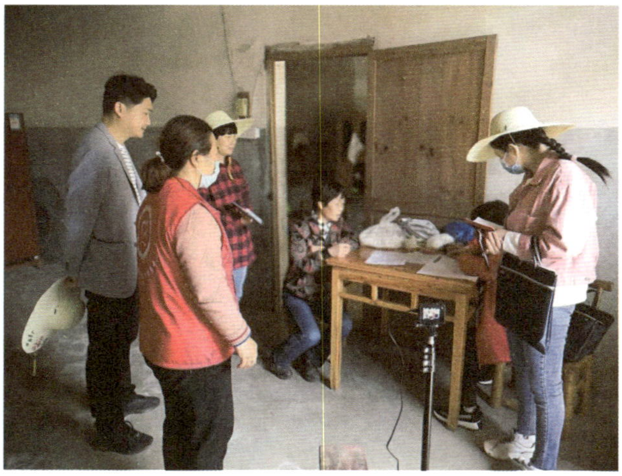

社会救助科、收入核对中心工作人员联合督查第三方入户调查

2020年，建成示范型居家养老服务中心5家，提前完成15个乡镇街道全覆盖的省厅目标。全县415家居家养老服务照料中心开办“一日三餐”覆盖率96.4%，位列全省第一位。施行《浦江县实施节地生态安葬减免和奖补办法》，申领表格39人，递交资料25人，发放奖励资金15万元。倡导生态安葬，建成安息堂4个，在建安息堂1个，海葬9例。持续开展“身后事”一窗办理部门联办，截至目前办件量2212件，帮助群众少跑腿1.4万次。

完成村社组织换届工作。227个村、17个社区完成村社组织换届，“一肩挑”人选均高票当选。创建完成省级引领型农村社区2个，市级完善型农村社区15个，落实精品社区建设2个。出台《浦江县专职社区工作者管理办法(试行)》，制订《关于现任社区干部转任为专职社区工作者进行比选的工作方案》初稿并开展意见征求活动，开展专职社区工作者核编、转任等相关准备工作。完成2020年度人口复核工作，复核后移民人口11896人，发放直补资金714.3万元，下达水库移民项目计划41个，项目总投资2231.08万元。完成63个2021年水库移民项目前期申报和勘查，项目预计总投资2192万元。开展省内内地居民结婚、离婚登记全省通办，自10月中旬开展以来已办理全省通办事项4件；开展集体颁证、个性化颁证活动，为559对新人开展免费结婚登记颁证服务仪式，为60对新人开展个性化颁证服务。完成救助站硬件设施提升改造，救助流浪乞讨人员42人，通过公益创投项目由碧水蓝天户外救援协会专车点对点护送返乡5人。依法办理收养手续4名，针对收养手续办理，全过程参与“最多跑一次”改革工作。

新人参加“七夕”个性化颁证仪式

**【慈善年夜饭活动】** 1月21日，由县民政局、慈善总会、新浦江饭店联合举办的慈善年夜饭在县五保集中供养中心开席，县委书记程天云、县长俞佩芬、副县长虞红梅等县领导与300余名孤寡老人相聚一堂，共庆新春。席间，程天云为特困人员送上红包，向在座的老人们致以新春的问候。

**【清明代祭扫活动】** 4月1日，由县民政局主办、县殡葬管理所承办的清明集中代祭扫活动在浦江陵园举行。为巩固防疫成果，防止清明祭扫造成的人员扎堆聚集，县民政局殡葬管理所工作人员花3天时间包装1.2万束花束，以此代替家属向逝者表达追思和想念。

志愿者帮助逝者家属完成祭扫

**【生活困难老年人家庭“适老化”改造】** 6月以来，县民政局为70户生活困难老年人家庭开展“适老化”改造项目，依照6000元每户的改造标准，根据老年人的实际需求，解决他们在居家养老过程中面临的问题，切实改善生活困难老年人养老困境，提高生活品质。除了考虑老年人实际需求，还通过大数据筛选出老年人的普遍问题，为改造家庭安装无线烟雾报警、红外活动探测仪以及呼叫定位网关，这些设备能在发生紧急情况时自动发出警报提醒以保证老人居家安全。

**【浦阳街道社会工作站揭牌成立】** 7月21日，全县首家社会工作站揭牌成立，该社会工作站依托宣和社区现有办公场地建立，配备相应办公设施以及专业持证社会工作者，能够围绕困难群体需求实现基础类、社会组织增能类、社区调研类、社区治理类等四大方面服务，根据浦阳街道实际，以“基础性服务+特色服务”相结合的方式，为群众提供多样化服务，在服务群众的基础上提升社区自治能力。

“幸福浦阳”—浦阳街道社会工作站启动仪式

【公益创投项目】 8月，下发《浦江县民政局关于开展2020年度公益创投项目的通知》，开展2020年公益创投项目，项目预算总额为50万元，全县有8支社会组织队伍从入围项目中脱颖而出，申报项目主要聚焦助老服务、特殊人群服务、关爱留守儿童等方面，入围项目启动后，将为浦江县提供更为精细化、专业化、科学化的服务，构建政府和社会共治善治的和谐局面。

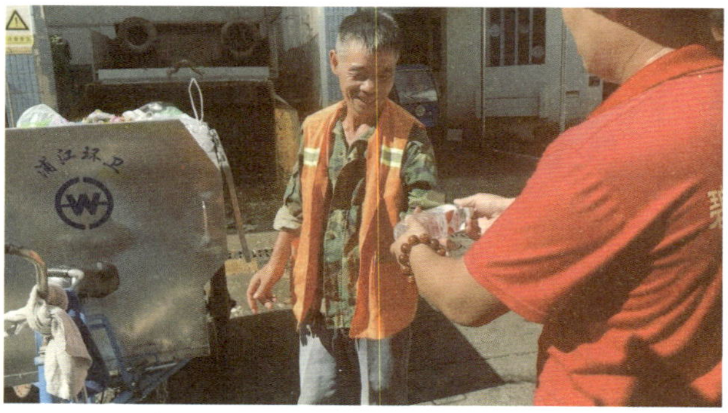


开展“夏季送清凉”公益项目

【社工报考】 8月以来，县民政局发动社会各界报名社工考试，通过下发《关于做好2020年全国社会工作者职业水平考试组织发动工作的通知》文件，明确社工报考的工作职责、任务落实、经费保障等问题，确保社工报考工作顺利开展。通过发动报考、开展免费培训等工作，社工考试共有2522人报考，是历年报考人数的3倍，助力基层社区治理能力提升，为社会工作专业人才培养提供支持。

【对口帮扶金口河区物资起运仪式举行】 8月14日，由浦江县民政局牵头的对口帮扶金口河区物资起运仪式举行，起运的物资由社会各界爱心人士捐赠，包含御冬衣物、鞋子、图书等，共计160余万元。

对口帮扶金口河区物资捐赠起运仪式

【省民政厅领导到浦江调研】 8月25日，省民政厅党组书记、厅长王剑侯一行到浦江县调研指导村社组织换届工作。王剑侯强调，村社组织换届是2020年基层工作的重大政治任务，要提高认识、压实责任，确保高质量完成换届工作，为推动浙江高质量发展、全面展示“重要窗口”打下坚实基础。11月19日，省民政厅副厅长江宇带队到浦江调研督导村社组织换届工作。江宇一行到郑宅镇广方村实地考察镇、村关于在村社换届工作“揭榜挂帅”的做法，并在郑宅镇党群服务中心展开座谈，听取浦南街道和虞宅乡的工作情况汇报，就换届工作中存在的问题作交流和探讨，指出要继续依法依规、有序开展下一步工作。12月16日，省民政厅社会工作和慈善事业促进处处长陈小德带队到浦江评估检查慈善基地工作，评估组一行实地查看浦江县社会组织孵化基地的党建活动室、项目展示区、书吧等功能区，了解基地建设、社会组织入驻、项目培育等情况。

省民政厅副厅长江宇（左二）在浦阳街道宣和社区参观

【全县民政会议暨首届慈善大会召开】 9月28日，召开全县民政工作会议暨首届慈善大会，县领导俞佩芬、俞建辉、于文统、虞红梅、张放远、杨锡浦参加。会议向全县民政和慈善工作者以及所有关心支持民政和慈善事业发展的社会各界人士表示感谢，并为14家慈善机构颁发首届“慈善捐赠先进单位”奖项。会议总结近年来浦江县民政各项工作，对下一步民政重点工作进行安排部署，为新时代民政事业发展提供支撑和指引。

【养老机构失智照护专区全覆盖】 为缓解患者家属压力，提升养老机构服务质量，完善社会养老服务体系，县民政局在全县养老机构打造11个失智症照护专区共有床位312张，在全市率先实现养老机构失智症照护专区全覆盖。该专区具备医、护、养功能，配有备餐区、护士站、认知功能训练室、日常生活能力训练室、文娱活动等公共活动空间，能够帮助失智老人舒缓情绪、延缓病情、提高生活质量。

（吴卓恬）

## 人力资源和社会保障

【概况】 2020年，浦江县人力资源和社会保障局（以下简称“县人力社保局”）内设办公室、政策法规与基金监督科、事业单位人事管理科、就业促进科、工资福利科、社会保险科、人才开发科，下设浦江县社会保险服务中心、浦江县劳动监察大队、浦江县就业管理服务处、浦江县工伤认定中心、浦江县技工学校（挂浦江工匠学院牌子）、浦江县劳动人事争议仲裁院、浦江县职业技能鉴定和信息中心。职能工作划分为就业工作、社会保障工作、人才工作、劳动用工管理和机关事业单位人事管理五个部分。

2月，县人力社保局助企复工复产，派驻5个“招工专班”分别到云南、贵州、四川等地，通过专车累计接返6588人回浦到岗就业；出台复工复产交通补贴政策，兑现交通补贴551万余元；派出工作专班与贵州省水城县、关岭自治县、惠水县三地签订《劳务协作框架协议》，新增劳务协作基地5个，开展建档立卡贫困人员职业技能培训317人次，帮助中西部22个省建档立卡贫困人员到浦江县就业5297人；持续深化“农村电商领头人”培育计划，开展农村电商领头人培训16期，培训917人次。

推进社会保险扩面，新增养老保险参保人数1.3万人，养老保险覆盖率96.83%，社保卡发卡率95.3%。完成社会保险信息系统全省集中，开展企业职工养老保险政策、业务经办、基金运行现状等各方面自查工作，完成各类数据统计。深化“最多跑一次”改革，大力推广“掌办、网办、自助办”，明确简单个人业务“自助办”，企业社保业务“网上办”，推动“减窗提效”，人工办理窗口由原来的6个减少至4个。建立“工伤智控”数字化平台，定向精准预警，强化工伤事故源头治理，实现工伤案件“三下降”：工伤案件数量同比下降8.3%、全年享受工伤待遇人数同比减少20.3%、工伤保险基金支出同比减少6.3%。

浦江县技工学校新招事业干部4名，新增电气自动化设备安装与维护专业、3D打印技术应用两个专业4个班，招生200名。11月13日，省级高技能人才公共实训基地挂牌使用。开展职业技能提升行动，推出“1+N”行业技能人才自主评价培训体系，依托行业协会开展职业技能培训7887人次，其中2371人获职业资格证书或专项能力资格证书，开展职业技能培训17815人次，审核拨付资金445万元，培训人数创历史新高。

通过建立安“薪”智慧管理系统、网络仲裁庭等平台，以数字化转型重塑人社业务，建立“三步走”根治欠薪工作法、矛盾纠纷“四调”机制，全年共调处各类劳动纠纷1385起，基层劳动纠纷化解率94.66%，获评浙江省“无欠薪”县创建先进集体和全省劳动人事争议案件处理成绩突出单位。11月，举办全市仲裁调解现场推进会，向全市推广浦江水晶园区“矛盾不出企”成功试点经验。

在事业单位招考过程中，坚持公开公正的原则，维护浦江县人力社保局“阳光考录”品牌，全年招考245人。推进事业干部管理数字化建设，推进个人档案电子化，建立全县事业人员数据库，推进事业单位人事工资系统上线，并逐步实现向省系统集中。推进事业单位“一件事”改革，推行“一件事联办、一张表通办、一个平台办”的工作机制，实现事业单位人事管理全周期“零跑直办”。创新建立事业单位公开选调机制，从制度入手，全面规范事业单位工作人员选调工作，实现按计划“要人”、公开“选人”、依序“定人”。

**【与四川美姑签订劳务协议】** 3月13日，浦江县人力社保局携1246个优质岗位到四川省美姑县开展劳务协作对接交流，并与当地人社部门签订《浦江—美姑劳务输出就业合作框架协议》。同时，四川美姑—浙江浦江点对点贫困劳动力集中输出启动仪式在四川省美姑县召开。

3月13日，四川美姑—浙江浦江点对点贫困劳动力集中输出启动仪式

**【直播培训】** 5月7日，县人力社保局联合县经济商务局共同举办“第127届网上广交会参展业务暨

5月7日，第127届网上广交会参展业务暨直播带货培训会

直播带货培训会”，县人力社保局副局长郭邦李、县经济商务局副局长黄韡参加培训会，现场共有100余名县域外贸企业的相关负责人参加培训，会上瞄准企业关切的难题，帮助企业提前做好参展准备，提高参展效果。此次培训会还开设了网上实时直播，600余人线上参加培训。

**【部分水晶企业与长三角工艺美术联盟达成合作】**

9月17日，县委常委、组织部部长蒋涛和县人力社保局局长楼志静带领浦江县部分水晶企业，在上海世界手工艺产业博览园与上海泛长三角城市工艺美术产业发展战略联盟举行人才合作洽谈签约会。浙江浦江弘柏周氏水晶有限公司、浙江浦江多艺水晶珠宝有限公司等企业分别与梁端玉、陶昌鹏等多位中国工艺美术大师签订合作协议，并由浦江县人力社保局向工艺大师们颁发“浦江县工艺美术人才培养高级专家”聘书。双方约定在浦江水晶产业园筹建“浦江水晶玻璃产业创作基地”，在共同开发新市场、研发新产品、攻克新技术等方面开展合作。

9月17日，人才合作洽谈签约会

**【首家省级高技能人才公共实训基地挂牌】** 11月13日，浦江县首家省级高技能人才公共实训基地在浦江县水晶产业园区挂牌，同时举办第二届水晶行业技能大赛，来自全县各水晶企业的12支参赛队伍69名选手参加比赛，通过技能比拼促进知识型、技能型、创新型人才脱颖而出，为建设“水晶之都”提供高质量人才支撑。

11月13日，浦江县首家省级高技能人才公共实训基地在浦江县水晶产业园区挂牌

**【第五届青年创新创业大赛】** 12月2日，浦江县第五届青年创新创业大赛决赛在县融媒体中心演播大厅举行。大赛由县人力资源和社会保障局、经济商务局、科技局、融媒体中心、共青团浦江县委、青年创业者协会联合举办。大赛共有72个创新创业项目参赛，项目涉及机械制造、新材料、文创、农创等多个领域。经过初赛、复赛比拼，决出一、二、三等奖各1名和优胜奖4名。

12月2日，浦江县第五届青年创新创业大赛

（冯健俊）

# 退役军人事务

## 综　述

【概况】　2020年，浦江县退役军人事务局承办全省退役军人思想政治工作现场推进会，在全省为农村籍义务兵父母和烈属免费体检，在全市成立“老班长”工作室，针对待安置期间退役军人推出“成立临时党支部+顶岗锻炼”教育管理模式，开展“新时代文明实践爱军行动”，总结“浦江退役军人教育服务保障体系显成效”的相关做法，1—6月党管武装工作全市排名第一位；1—9月退役军人事务工作全市排名第一位；2020年全市退役军人系统年度考核优秀。

强化阵地建设，在服务中心（站）悬挂习近平总书记关于退役军人事务工作重要论述，同时将工作职责、工作制度、服务内容、服务流程、组织架构、服务承诺等内容上墙公开。在退役军人服务窗口配备报刊架、意见簿等便民设施，统一制作摆放服务指南，“一站式”办理退役军人相关事项，为退役军人提供规范化、亲情化的综合服务。推行事项代办，在各级服务站设立代办服务点，构建三级代办服务体系，对接提供代办服务。组建退役军人事务代办员队伍，开展代办服务。推行“五联五包五必访”机制，将退役军人纳入网格化管理，构建五级联动服务体系，做到“五必访”。学习推广新时代“枫桥经验”暨创建示范型退役军人服务中心（站）工作，按照“服务不缺位、保障全覆盖、尊崇有氛围、引领建新功”的目标要求，在全县15个乡镇和244个村（社区）开展“枫桥式”退役军人服务站创建。制定下发《浦江县创建“新时代枫桥式退役军人服务站”方案》。落实三级退役军人服务站“全覆盖”“五有”要求，局领导带队分别到各乡镇开展调研、蹲点，入基层听心声、抓关键着长远、补短板解难题，从硬件设施配置到人员定岗、从文化氛围宣传到功能发挥，从服务质量提升到关爱援助，逐条逐项进行对标对表抓落实。

## 双拥工作

【概况】　根据《双拥模范城（县）创建命名管理办法》和《全国双拥模范城（县）考评标准》，浦江县启动全国双拥模范城首次创建及省级双拥模范城“三连冠”创建工作。

【“模范军人”评选】　2020年，全省首届“模范退役军人”评选，浦江县华联纺机有限公司吴树棋获浙江省“模范退役军人”称号，在省人民大会堂接受表彰。

【构建双拥阵地】　部署拥军优属、拥政爱民工作任务，点面结合式打造双拥阵地，在车站、医院等公共场所开设军烈属优先服务窗口，在公园、步道设立双拥宣传栏，在县域公交车上滚动播出双拥宣传标语，制作双拥宣传片，增强军人军属荣誉感、自豪感。

【开展英烈尊崇活动】　采用“线上云祭扫+线下代祭扫”相结合的清明节“云祭扫”方式完成清明祭扫，累计参加“云祭扫”3.1万余人次，并组织全县领导班子及部门、社会人士开展“9·30”向烈士敬献花篮仪式，通过“集中+分散走访”相结合的方式，为抗美援朝老兵颁发中国人民志愿军抗美援朝出国作战70周年纪念章。

## 优抚工作

【优抚款发放】 2020年,为退伍军人发放各项抚恤、生活补助;缴纳重点优抚对象医疗保险;为优抚对象报销医药费。

【社会化优抚】 引导社会力量参与优抚工作,县关爱退役军人协会、县拥军促进会为困难退役军人提供帮扶。全年累计发放慰问物资13万元。联系省荣军医院为县域内老兵提供体检;为农村义务兵父母提供免费体检;为抗美援朝老兵上门提供拍照留念服务;为老兵提供"微心愿"领办服务;举办带退役老兵重走红色路线等活动。

## 转业安置

【概况】 2020年,县退役军人事务局接收符合政府安排工作条件的退役士官、军队转业干部。在接到上级安置任务后,立即召开专门会议,依据"量化考核、统一考试、按分择岗、阳光操作"的安置原则安排转业。

【退役军人安置】 在县退役军人服务中心开设军人退役"一件事"专窗,简化退役报到程序。推行"阳光安置",实行"三到位、四举措、五公开",确保公平、公正、公开选岗。对接有岗位需求的部门单位,推荐退役军人进入公益岗位工作。在退役季组织举行退役军人专场招聘会,开展退役军人专场招聘会2场,为刚退役步入社会的退役士兵搭建就业平台。

【就业创业】 协助退役军人办理"拥军贷"等业务,助力退役军人、军属创业兴业;落实创业贴息扶持政策,成立兵创基地,为退役军人提供一站式创业就业孵化平台。让创业者有一个良好的工作空间、网络空间、社交空间和资源共享空间。依托创业就业导师团、乡贤会的力量,邀请有创业经验的企业家、投资人、行业专家到基地指导创业,结合政策及金融平台,协助扶持资金及融资落地,孵化更多创业创新项目。县域内的兵创企业累计举办军人军属专场招聘会6场,为社会提供就业岗位2000余个,帮助退役军人实现稳定就业。

【教育管理水平】 与浙江警官职业学院、浦江工匠学院合作,面向退役军人开展职业技能教育培训。在浦江职业技术学校设立退役军人教育培训网点,结合招聘市场用工需求,为退役军人开设平面设计、短视频制作、网店运营、网络营销、网络店铺设计等针对性、实操性强的课程内容,掌握网店运营、文案设计、产品策划和直播电商运营等实用技能。组织参训学员进行电商创业实践,并对相关实践过程进行全程辅导。

(傅　盈)

## 关心下一代工作

【概况】 全县共有296个基层关心下一代工作委员会(简称"关工委")组织,其中15个乡镇(街道)

关工委，244个村（社区）关工委、37个中小学关工委。

2020年，推出“五老云宣讲”活动，录制思想政治教育、文明创建等主题视频16个，通过学校钉钉群等网络平台进行云展播，单个课程点击量破3万。围绕“决胜小康，奋斗有我”“弘扬红船精神，争做时代新人”主题教育，组织五老宣讲团、文艺宣传团开展宣讲演出近百场。通过老少携手讲红色故事、走红色之路、传承红色基因等形式，教育引导广大青少年坚定理想信念，厚植爱国主义情怀。

11月16日，县关工委五老宣讲团副团长郑隆通到县虞宅中心小学开展“决胜小康，奋斗有我”主题宣讲　（马黎晶　摄）

实施动态化管理、精准化关爱、共享式帮扶，以“关心桥”工程为抓手，大力实施“福彩暖万家”“爱心助学”等关爱助学活动。2020年，共资助困难大学新生、中小学生203人，资助金额58.2万元。

瞄准青少年需求导向，创新推广家规家风教育、假日学校、“大手拉小手”活动等一大批适合不同群体、不同年龄、不同生活环境青少年的特色品牌。全年举办“假日学校”113所，惠及全县1.03万余名青少年。

开展“做智慧家长，伴健康成长”家庭教育系列活动，联合作业帮家庭教育中心开设培养抗挫力、告别写作业拖沓等7期家庭教育公益直播课，累计收看人次4.8万。

7月8日，“情暖童心　关爱成长”留守儿童夏令营开营仪式　（周炫辰　摄）

11月17—18日，纪念中国关工委成立30周年暨全国关心下一代工作表彰大会在北京市召开，县关工委五老宣讲团副团长郑隆通被评为“全国关心下一代工作先进工作者”。10月9日，“江南第一家”青少年教育体验基地获“第四批全国关心下一代党史国史教育基地”称号。

**【省关工委领导到浦江调研】**　7月28日，省关工委副主任江坪等人到浦江调研关心下一代教育基地建设。副主任江坪考察“江南第一家”郑氏家族的治家方略和历史文化，听取郑宅镇关心下一代教育基地建设情况。

**【“爱心圆梦”活动助学金发放仪式】**　10月27日，由省关工委、省关心下一代基金会、市关工委、县关工委、保亿集团联合举办的2020“爱心圆梦　保亿萤火虫助学”活动助学金发放仪式在岩头镇中心小学举行，省、市、县关工委主要领导及保亿集团负责人参加发放仪式。此次活动由保亿集团、县慈善总会联合出资20万元,资助全县100名家庭困难的中小学生。

【全县关心下一代工作暨“双先”表彰会议】 5月29日,召开全县关心下一代工作暨“双先”表彰会议。各乡镇(街道)党(工)委副书记、关工委主任、常务副主任,有关单位分管负责人、“五老”代表、城区中小学负责人等100余人参会,并对2018—2019年度关心下一代工作先进集体和先进个人进行表彰。

【召开全县关心下一代暨“春泥计划”工作经验交流会】 12月8日,召开全县关心下一代暨“春泥计划”工作经验交流会,各乡镇(街道)、相关单位部门负责人及教育总顾问、“五老”代表共计90余人参加会议。会前,现场考察大畈乡上河“2·16”搜救展示馆、中国古代诗歌展示馆等青少年教育实践基地。大畈乡关工委、上河村关工委和大畈乡金融希望小学关工委先后介绍经验体会。

【举行2020年集体送学礼活动】 8月22日,联合县委宣传部、郑宅镇人民政府、江南第一家文史研究会,在“江南第一家”青少年教育体验基地隆重举行2020年集体送学礼活动,弘扬“孝义、清廉、有序、师俭”的郑义门传统优秀文化,活动吸引150余名2020年即将入学的大学生代表参加。

【宪法进校园主题教育】 12月1日,在第七个国家宪法日来临之际,县关工委联合相关部门在浦阳第五小学联合举办“深入学习宣传习近平法治思想、大力弘扬宪法精神”进校园主题教育。现场通过宪法演讲、集体宪法诵读、千人签名、知识宣讲等形式,推动青少年主动学法,严格守法,积极用法。

【文明就餐礼仪教育实践活动】 8月25日,由县关工委、浦阳街道等单位共同主办“厉行节约、反对浪费”文明就餐礼仪教育实践活动在宣和社区启动。县关工委常务副主任贾荣庆、县委宣传部常务副部长方向阳、团县委书记黄鹏甫,浦阳二小部分师生代表、浦阳街道志愿者代表等100余人参加启动仪式。通过观看视频、演情景剧、宣誓、听老一辈讲故事等形式,让“厉行节约、反对浪费”的理念深入人心。

(周妙岚)

## 综合行政执法

【概况】 浦江县综合行政执法局(以下简称“县执法局”)内设机构8个,派驻执法中队16个,下属事业单位浦江县环境卫生管理所。与县“三改一拆”行动领导小组办公室、县深化“四边三化”行动工作领导小组办公室、县生活垃圾分类领导小组办公室等单位合署办公。

县执法局全年立案查处一般程序行政处罚案件3954起,结案3954起,罚没款总额637.8万元,其中查处超店面经营、流动摊贩件720起;查处垃圾分类108起;查处餐饮油烟3起;查处秸秆焚烧218起;查处犬类案件1043起。简易程序处罚案件7498件。

全面运用“互联网+监管”、“浙政钉·掌上执法”、“智慧城管”、“8890”便民服务热线、“清朗浦江”小程序等渠道,强化事项监管和执法。掌上执法累计检查108857户次,实现事项覆盖率100%、掌上执法率100%、账号开通激活率100%、信用规则应用率100%。运用“城乡智慧大管家”平台,累计发现问题16808个,办结16795个,办结率99.92%。更新权责事项清单,按时完成浙江省综合行政执法事项目录划转工作,梳理300项执法事项,新增139项行政处罚事项。完成19项县级事项梳理。制定并严格执行自由裁量基准,不断提升执法刚性和公信力。

2020年,县执法局被评为2020年度全市综合行政执法工作考评优秀单位、2020年度全省提升农村人居环境(农村生活垃圾分类处理)工作考核优秀县、2020年度全省生活垃圾分类工作良好县。

**【文明城市创建】** 县执法局全力攻坚文明城市创建,围绕《全国文明城市测评体系》11大项、24分项相关要求,制定文明创建工作指导手册,明确工作要求及责任科室。召开文明创建工作推进会和文明城市创建工作动员部署会,推进文明城市创建。开展文明养犬专项行动,处罚不文明养犬行为1308件,登记养犬码7730只,位居全市前三位。开展户外广告整治专项行动,拆除整改各类违规户外广告1992处,清理破损横幅"牛皮癣"等11986处。开展人行道秩序整治专项行动,处置人行道"乱停车"17613车次,清除占道经营、物品乱堆15500余处,清除主城区人行道违法接坡370余处。以"一周一督查一通报"为抓手,做好"实地督查、随机暗访、清单式交办、销号式整改",确保实效,全年督查通报5期,清单式交办问题353个,涉及15个乡镇(街道)及开发区,目前交办问题均已整改。每周周三,按照每月社区共建主题和内容,组织开展社区文明共建活动,同时对照测评标准,查漏补缺,联合社区开展城市顽疾整治。

**【执法业务】** 部署开展2020年犬类专项整治,形成"聚焦文明养犬"系列报道;推行"金华市养犬码",2020年登记养犬码数量7736只,列全市第三位;规范收容犬只放行流程,定期开展收容犬只清点工作;联合县农业农村局,完成2020年度犬只集中免疫续登工作,制作下发宣传资料8000份。

召开建筑垃圾运输单位管理会议5次,强调管理要求、普及法律法规等,签订规范运输承诺书;下发联合通告,完成建筑垃圾运输车辆密闭改装、GPS定位系统安装;实行智能化管控,车辆信息数据联网,实现行驶轨迹等信息"数据留痕";对建筑垃圾处置公司实行试点监控联网,加强实时监管;联合多部门实行建筑垃圾运输监控抓拍机制,定期收集运输车辆监控抓拍数据,交办整改问题;建立建筑垃圾供需平台,实现信息共享,提高资源利用。

联合县创建办,制定全县户外广告提升方案,部署开展户外广告专项行动,加强户外广告管理;开展台风暴雨天气前户外广告安全排查行动。联合县建设局开展燃气安全检查,整改问题37处;部署开展餐饮行业燃气安全排查,下发宣传折页2000份;办理"为无证个人提供用于经营的燃气"案件1起,并评为局优秀典型案例。联合县蓝天办、县建设局等部门开展施工工地联合检查,形成"交办整改"机制,交办并整改问题36处;科室查处"施工工地未采取有效防尘降尘措施"案件1起,被评为市、局优秀典型案例。联合有关部门联合执法,部署开展餐饮行业专项行动,制作并下发餐饮油烟清洗台账2000余份,完成餐饮油烟净化器安装率100%,隔油池安装率100%。

部署开展"静音护考"专项行动,顺利保障中考、高考及省公务员考试等;开展广场舞噪声专项整治行动。

(盛能忠)

## 浦阳街道

【概况】 浦阳街道总面积47.04平方千米，下辖9个行政村、10个社区，常住人口13.39万人，户籍人口7.39万人，流动人口6万人。街道全年财政总收入1.17亿元。

2020年，浦阳街道粮食播种面积120.91公顷。经济作物面积688.07公顷，其中蔬菜播种面积420.53公顷，产量12194吨；果用瓜播种面积53.33公顷，产量1295吨。发展特色高效农业，着力整体提升葡萄产业，增设葡萄收购点1个，金氏农业园继续与深圳百果园实业有限公司签订巨峰葡萄供货协议。注重农业科技创新，仙宝生态农业发展有限公司被认定为浙江省科技型中小企业，浦江红鑫葡萄专业合作社联合社研发的“大棚用薄膜收卷装置”获得国家实用新型专利。农业水价综合改革工作通过上级验收，9座水库、8座山塘、东西溪河道堤防等创标工程实现标准化管理，完成石洋塘水库除险加固工程和善庆（珠山）村灌溉渠系维修项目。

浦阳街道有规模以上企业9家，全年完成工业总产值9.16亿元，同比下降13.4%，其中规模以上工业总产值2.08亿元，累计增速同比下降17.4%。实施两化融合项目2个，完成低散乱企业整治5家，培育“下升上”企业10家，新增个转企90家，完成企业码注册4650家、“精准定”核查5651家。引进内资3.69亿元，浙商回归3.59亿元，增加省科技型中小企业5家、创新板挂牌企业1家，新增零售示范企业1家，新建电子商务村2个，配合万博跨境电商园入驻电商企业49家。

推进全域旅游，完成沉湖村和联盟村A级景区村创建，同乐村文旅融合示范村创建。扩面扶贫帮困，救助各类困难群众237户，发放救助金34.3万元。扩大示范型居家养老服务中心服务覆盖面，15个村（社区）287位老人享受配餐送餐服务。建成开放式办事大厅，全面推开“就近办”。开展“文明创建十大行动”，实施“交办单”“流动小黄旗”等制度机制。启用79个“两定四分”垃圾分类投放点，创建6个省级高标准垃圾分类示范小区，8月12日在月泉社区召开全县城区垃圾分类暨小区治理工作推进会。生态福园堂项目完成主体框架建设，金狮社区创建省级无障碍社区，善庆农村饮用水达标提标项目让1700人喝上放心水。

开展安全生产检查，整改各类经营单位安全隐患近1900个，落实整改出租房1939家。完成街道矛盾调解中心和19个村（社区）矛盾调解站建设，化解信访积案6起，调解矛盾纠纷156件，受理“8890”平台群众诉求件1054件。完成民主法治村居亮牌提升工作，实现19个村（社区）市级以上民主法治村居全覆盖。依法科学开展新冠肺炎疫情防控，专栏推送疫情防控工作系列报道100余篇，1000余名党员干部签订防疫请战书，实现全年无一例确诊病例。

争创“五星三强”示范街道，深化城市基层党建“红色绣花针”品牌，创新推行“新时代·红色台门里”制度，在机关党员中推选“红色里长”，引导居民在“台门”内开展家风指数评比和睦邻自治活动，并在全县各城市社区推行。推行“教育+制度”管理模式，完成专职社工转任招考工作。

【城乡建设】 浦阳街道投资2130万元的10个美丽社区建设项目完工，改扩建4个社区党群服务中心，投资8100万余元完成17个改造项目，涉及13个小区、33栋楼、建筑面积10.24万平方米。9月24日，启动善庆村桃岭自然村搬迁项目集中签约，五天五夜完成全村100%签约工作，11月15日用时5小时完成100%腾空。完成7个污水零直排工程，打造文创园、沁华园、枫苑小区等一批“污水零直排”精品小区，在沁华园召开市级治水现场教研点，14个生活小区通过省建设厅验收，浦阳全域“污水零直排”建设通过市治水办考核验收。

【基层治理】 浦阳街道推进社区精治模式，实施“党建+微网格”治理模式，构建“社区—网格片—网格—楼组—居民”五级架构，每个微网格配备网格长、网格员、网格服务队、楼组长、楼助理。2月22日，在塔山社区召开浦阳街道“党建+微网格”工作推进会，街道全体班子成员、村（社区）书记参加。2月25日，全县社区疫情防控工作网格化管理现场推进会在塔山社区召开。3月3日，省委常委、政法委书记王昌荣到塔山社区调研民情民访代办、基层治理等工作，省委副秘书长、省信访局局长王忠志，省委政法委副书记卫中强，省高院党组成员、副院长何鑑伟，省司法厅副厅长蒋建森等陪同调研。分期投入100万元开发“丰安微城事”党建小程序，线上链接“党建+微网格”组织架构，设置“居民报事、工作动态、代办服务、志愿活动”等板块内容，引导居民群众开展线上协商议事，畅通群众日常诉求渠道。5月12日，组织召开“丰安微城事”党建小程序业务培训会，在10个社区全面推广“丰安微城事”党建小程序。

【换届选举】 7月14日，在宣和社区会议室召开浦阳街道村和社区组织换届试点工作动员部署会，7月15日，市委组织部副部长刘伟霞到宣和社区调研城市基层党建和社区换届工作。7月16日，团省委党组成员盛乐、团市委书记钱福安到宣和社区考察指导村级组织换届工作。7月25日，完成村和社区党组织换届，选举产生新一届村（社区）党组织班子成员88名。7月29日，省民政厅党组成员、副厅长江宇带队省民政厅工作组一行到浦阳街道宣和社区、塔山社区、同乐村调研村级组织换届工作、清廉村居建设、扶贫领域推进工作等情况。8月25日，完成村（居）民委员会换届选举，产生新一届村（居）民委员会班子89名。9月7日，在宣和社区会议室召开浦阳街道新一届村和社区干部大会。浦阳街道完成全省村社组织换届试点工作，所有村社实现一轮选足成功率、人选高票当选率、“一肩挑”实行率均为100%。期间，创新推行定人、定事、定时的

"一周了事"机制，在第7期浦江组织工作专报上获市委组织部部长郑敏强批示。

【人口普查】 6月30日，浦阳街道召开人口普查培训会，组织村、社区人口普查负责人进行划区绘图强化培训，并启动宣和社区人口普查试点工作。截至8月底，完成建筑物标绘和小区划分工作，总计标绘建筑物6982个、划分普查小区472个，在19个村(社区)选聘普查员、普查指导员共计478名。9月16—17日，在宣和社区会议室分三批召开浦阳街道第七次全国人口普查摸底业务培训会。10月17日，在龙峰国际学校报告厅召开浦阳街道第七次全国人口普查工作推进会暨正式登记培训。10月11—31日完成人口普查摸底调查，11月1—15日完成人口普查短表登记，11月18—26日完成人口普查长表登记。

【集体经济发展】 3月12日，浦阳街道召开消薄工作推进会，9个村、10个社区、5个经济合作社负责人参加会议。会议决定由街道成立浦阳集体经济投资发展有限公司，各村社、经济合作社自愿出资入股，投资公司聘请专职人员，整合各村社、经济合作社闲置资源，以"抱团取暖"的方式发展壮大村级集体经济。全面推进乡村振兴示范村创建，实施乡村产业振兴，同乐村乡村振兴项目"生态游乐园"引入第三方公司启动运营，兆丰村乡村振兴项目"红糖厂+传统食品加工基地"建成标准化车间并投入运行。7月5日，举行浦阳街道直播节活动暨聚光灯美学空间开业仪式，街道党工委副书记陈堂代表浦阳农村集体经济投资发展有限公司与聚光灯美学空间创始人、春晓副食负责人杨春肖签署合作协议。此次直播点赞人数超过5万人次，累计线上、线下销售额达到十万余元。

**浦阳街道各行政村、社区基本情况表**

**表7**

| 村(社区)名 | 户数(户) | 人口(人) | 耕地面积(公顷) | 山林面积(公顷) |
|---|---|---|---|---|
| 塔山社区 | 4045 | 10489 | 0.00 | 0.00 |
| 龙峰社区 | 2379 | 5802 | 0.00 | 0.00 |
| 金狮社区 | 3374 | 8430 | 0.00 | 0.00 |
| 宣和社区 | 2620 | 6403 | 0.00 | 0.00 |
| 南苑社区 | 3708 | 7668 | 0.00 | 0.00 |
| 西街社区 | 3210 | 8984 | 0.00 | 0.00 |
| 太白社区 | 3062 | 9062 | 0.00 | 0.00 |
| 文景社区 | 2291 | 6981 | 0.00 | 0.00 |
| 月泉社区 | 2335 | 11153 | 0.00 | 0.00 |
| 西站社区 | 2253 | 11896 | 0.00 | 0.00 |
| 群生村 | 346 | 1120 | 20.00 | 90.00 |
| 狮岩村 | 239 | 798 | 58.00 | 108.00 |
| 同乐村 | 448 | 1330 | 15.00 | 102.00 |
| 铜桥村 | 534 | 1734 | 41.55 | 64.69 |
| 兆丰村 | 226 | 667 | 30.40 | 55.30 |
| 杨田村 | 378 | 1202 | 13.70 | 133.20 |
| 联盟村 | 635 | 1835 | 87.20 | 301.80 |
| 沉湖村 | 365 | 1045 | 20.94 | 115.87 |
| 善庆村 | 615 | 1709 | 59.56 | 355.80 |
| 合　计 | 33063 | 98308 | 346.35 | 1326.66 |

(季安妮)

## 仙华街道

【概况】 仙华街道总面积56.95平方千米，下辖5个社区、17个行政村，总人口7.51万人，其中户籍人口

4.62万人，外来人口2.89万人。仙华街道为省级平安街道、省级教育强镇、省级生态街道和省级卫生街道。

辖区内拥有工业企业180余家，其中年销售2000万元以上规模企业5家，街道实现工业总产值9.43亿元，规模以上企业工业产值1.38亿元，引进内资3.1亿元。

仙华街道共有耕地17111公顷，山林35687公顷，建有桃形李、葡萄、粮食、蔬菜、甘蔗5大产业链，拥有浦江宝掌桃形李技术开发有限公司等47家规模农业专业合作社。

2020年，仙华街道完成村社组织换届选举工作，投入使用中埂、金宅、七里3个社区的党群服务中心，承办全县社区党建现场会，创建“百宜中埂”“兴业金宅”“敦义七里”等党建品牌。在党员联系农户制度基础上，运用“四级网格”管理法和“四个一”党员工作法，推动新冠肺炎疫情防控、文明城市创建、乡村振兴等各项工作。

【重大项目】 仙华街道与浙商国际对接洽谈仙华山—登高村文旅项目，举办“望乡·登高雅集”活动，放大登高村“聚宝盆”效应。到上海、杭州、宁波等地开展招商工作。完成赛伍、一正、水晶小镇等政策处理工作，确保县重点项目落地和无障碍施工；诗画艺术中心完成建设并投入使用；浙里仙味美食文化园的沿街立面改造、青石板铺设、亮化等工程完工；年产4000吨环保型一次性塑料餐具生产线项目落地并开工建设。

“登高雅集”活动

【乡村振兴】 登高村入选浙江省首批发明研学示范基地。节假日期间，吸引游客7.5万人次，餐饮住宿类收入35万余元。创建乡村振兴示范街道，第一批乡村振兴示范村方宅完成建设，第二批后郎、后谢、马墅、红旗等乡村振兴项目推进中。举办浦江县首届乡村振兴桃形李采摘节，助力果农增收致富。徐村物业大楼、后谢物业产业等每年租金可达200万元左右，提升了村集体经济。17个村合计总收入1216万元，其中经营性收入667万元。

8月8日，浦江县仙华街道首届乡村振兴桃形李采摘节开幕式

【生态环境】 垃圾分类“两定四分”在中埂社区亚太广场、项宅新区和仙华新区投入使用，实现封闭小区“两定四分”全覆盖。实现22个村社“美丽乡村”全覆盖，完善河（湖）长制，更新河长公示牌12处，调整河长，完善河长巡查终端巡查制度；完成“污水零直排区”创建，共组织460余人次，开展35次联合执法行动，对200余家“六小行业”和60余家

机关企事业单位进行全面排查整治;开展蓝天保卫战,推进秸秆综合利用。2020年,共处置52起秸秆焚烧案件,处罚26000元,劝教育210余人次。

【民生实事】 仙华街道完成仙华新区87户毛店搬迁安置户分房,实现100%选房。9月,完成登高村184户整体搬迁签约工作,实现100%签约率,94户登高村农户实现异地安置,共选房154套。街道级示范型居家养老服务中心建设完工并投入使用。承办全省退役军人现场会考察点工作。审批新建、原拆原建、修缮农房88户,其中危房户45户、无房户缺房户43户。

全省退役军人现场会

【普惠利民】 仙华街道在册低收入农户395户619人,共发放低保金263.1万元;关心关爱残疾人,发放重度残疾人护理补贴人数634人,发放金额49.51万元,发放生活困难补贴人数356人,发放金额33.6万元。建立健全"最多跑一次"政务服务标准,民情民访代办、"一站式"服务见效,服务窗口全年共计办件4965件,代跑2695件。

【文明创建】 发动各村张贴标语、悬挂横幅,利用宣传栏、LED显示屏营造文明创建氛围,发放创建全国县级文明城市倡议书1.5万余份,宣传手册1.15万余份。对辖区内乱搭乱建、背街小巷、市容市貌、犬类隐患、环境卫生、公共场所管理等问题开

**仙华街道各行政村基本情况表**

**表8**

| 村名 | 户数(户) | 人口数(人) | 耕地面积(公顷) | 山林面积(公顷) |
|---|---|---|---|---|
| 大许村 | 734 | 2153 | 50.03 | 3.00 |
| 后谢村 | 462 | 1312 | 28.01 | 2.33 |
| 冯村村 | 610 | 1829 | 58.70 | 16.54 |
| 金宅村 | 1311 | 3555 | 5.40 | 37.95 |
| 马墅村 | 482 | 1310 | 34.88 | 49.22 |
| 五善塘村 | 379 | 1076 | 48.22 | 67.77 |
| 项宅村 | 966 | 2715 | 26.35 | 44.82 |
| 登高村 | 180 | 539 | 45.76 | 119.99 |
| 河山村 | 358 | 1021 | 36.69 | 19.01 |
| 十里亭村 | 576 | 1517 | 80.04 | 48.22 |
| 中埂村 | 1056 | 3168 | 24.01 | 12.01 |
| 七里村 | 1197 | 3459 | 34.68 | 173.55 |
| 曙光村 | 625 | 1855 | 48.02 | 145.87 |
| 后郎村 | 605 | 1760 | 80.04 | 193.23 |
| 天仙村 | 403 | 1286 | 70.04 | 137.40 |
| 五里村 | 1719 | 5140 | 23.14 | 59.10 |
| 红旗村 | 685 | 2059 | 75.84 | 157.48 |
| 戴宅村 | 383 | 1106 | 25.35 | 160.81 |
| 方宅村 | 319 | 982 | 42.02 | 134.33 |
| 仙华村 | 419 | 1155 | 130.67 | 342.30 |
| 道光村 | 685 | 2185 | 130.07 | 271.27 |
| 浦北村 | 622 | 2021 | 43.36 | 184.09 |
| 合 计 | 14776 | 43203 | 1141.32 | 2380.29 |

展集中专项整治行动。全年累计出动780余人次，劝导不文明停车110余次，参与交通劝导200余人次，清除背街小巷牛皮癣、小广告600余处，劝导占道经营、超店面经营300余起，一般程序立案处罚不文明行为184起，简易程序处罚203起，营造人人参与“文明创建”的新风尚。

【基层治理】 2020年，仙华街道民情民访代办数540余件，排摸化解矛盾168起，化解率100%。对疑难复杂案件，整合力量，共同化解信访积案6件。成立5个工作专班通过研判分析、制订方案、逐一突破，不断推进历史遗留问题的化解。召开专班会议6次，金宅小高层、徐村梅竹园安置等历史遗留问题取得成效。开展法治宣传12次，分发宣传手册25000余份。河山村依托“互联网+大数据”信息技术，打造全县首个智安村居，提高群众安全感满意度。

（张序积）

## 浦南街道

【概况】 2020年，浦南街道总面积66.52平方千米，总人口41078人，总户数14612户，其中农业户9756户；耕地面积1720公顷，林地面积3885公顷。新增农业“标准地”670公顷，存量20公顷，扩种蔬菜53.6公顷，将9家规模化养殖场纳入监管平台；成立开放投资22万元的新浦南街道农产品检测中心，完成农产品安全检测600余批次；完成14个葡萄控产示范村申报验收，其中宋溪村被评为“葡萄控示范村”，靓松家庭农场被评为“最佳葡萄园”“金华市放心农产品示范基地”；完成市级特色果蔬强镇申报和省级绿色发展先行区示范镇申报；完成湖上村省级粮食生产示范点提升改造、宋溪塘下畈水库除险加固工程和浦南大塘坞山塘整治，共计投资922万元。新冠肺炎疫情防控期间，指导辖区52家家庭农场、63家专业合作社复工复产，并开具农产品蔬菜合格证18批次，促进物流、市场稳定。

全年实现工业总产值16.98亿元，同比增长4.2%，其中规模以上工业总产值6.3亿元，规模以上工业增加值1.65亿元，自营出口2.13亿元。完成“小升规”企业3家，“下升上”企业6家；完成浦江鑫广集团配套设施水、电、垃圾中转站拆除项目；签约废旧油漆桶回收利用项目，开工建设原蕾丝染整厂房法拍后“腾笼换鸟”项目（浙江前方复合有限公司）；招引鑫广万豪酒店及万鑫源高端社区、水晶城区块住宅部分玖悦云庭、水晶城区块商业生活广场三大地产项目，年内总投资约11亿元。

完成第四中学西侧地块17.42公顷、巧溪下方连接线0.13公顷，泽萃园农业科普基地0.13公顷土地的征收前期准备工作；完成乱占耕地建房564个部级图斑、1410个省级图斑的分类核查、系统录入；消化“批而未供”土地92.7公顷，完成率164.79%；完成低效用地再开发11.6公顷，完成率346%；完成农民建房审批6户，组件上报办理农转用审批资料6户，提供建房前期选址服务51次；完成D级危房原拆原建43户；修缮C级困难户危房6户、D级2户，并通过县级验收；启动八村护山头公寓楼项目建设，共涉及58户。

8—12月，“365”大厅自助一体机使用率1400余人次，居全县乡镇（街道）首位；完成65项线上核验事项；新冠肺炎疫情防控期间专设特殊事项窗口，办理残疾证办证及到期换证102件，各类需盖章业务1917件；开展“水电气网”公共服务事项通办活动，办理公共服务47件；临时救助238人次，发放临时救助金30.2万元；圣奥·杭府“春风行动”慈善基金发放公益金10万元，受益群众100人；28家居家养老照料中心实行一日三餐或一日两餐，上半年累计服务老人3688人次；完成无偿献血188人，完成率109%；完成“两癌”筛查任务1013人；新增省奖扶57人，特扶9户15人；创建浦南、石埠头、金星、长春、宋溪、平一、平二、八村、巧溪9个村红十字志愿服务站，每月定期为村民测量血压，开展志愿服务次数95次，受益群众4415人次；发放“阿尔茨海默病老人平安回家定位手环”67个；开展消防安全“整村提升、专项整治”大行动，完成黄都、长春两村共124户整改和394个问题销号；文溪城中村改造项目整体完成安置1181户，安置比例92.5%。

完成23个村社两委及监委、社委换届选举，产生新一届村（社区）两委班子成员143名；完成江滨社区、文溪社区2处党群服务中心改造提升；全面推行“好家风”评价体系，全年共推选街道好家风优秀家庭户30户，好家风家庭户352户；开展党员整治立规专项行动，全年共清理辞退村干部2名，党纪处分党员6名；挂牌运行23个村级调解站，实施“一窗受理，集成服务”，发挥150余名矛调员作用；综合信息指挥室建立全科网格管理制度，落实网格员巡查机制，启用104个民用监控和9个高空探头，“基层治理四平台”流转23351起。

石埠、平二、宋溪、巧溪、潘宅、四村、长春、横塘新时代美丽乡村达标，其中平二、四村、潘宅被评为优秀村；完成潘宅“四星秀美村”创建工程、四村村口景观工程、浦南村五星精品村创建工程；完成黄都村历史文化村落古祠堂修建工程。

“五四”期间组织基层团组织开展志愿服务10余场，覆盖2032名团员青年；推荐7名青年参加战疫先锋个人评选，其中张燎原获县级“战疫先锋”称号。

【重点项目招引】 鑫广万豪酒店及万鑫源高端社区项目全面施工建设，全年共完成投资3.5亿元；水晶城区块住宅部分玖悦云庭项目全年完成投资5.76亿元，其中4幢房屋已取得预售证，10月28日预售额2.2亿元；水晶城区块商业生活广场项目全年完成投资2.26亿元；毛阳岗有机肥厂提升改造项目已通过验收；浦江绿达农业开发科技年产1000吨芽苗菜生产线建设项目、浦江三阳环保科技、浙江前方复合材料有限公司标准化厂房建设项目基本完成。

【美丽田园建设】 悠然南山田园综合体一、二期总计18个子项目中17个项目建设完工；与总投资2亿元、占地100公顷的中国航天农业技术项目签订投资意向书，计划打造农旅综合体；实施美丽乡村长效管理制度，建立督导奖惩、考核评比办法，营造争先创优浓厚氛围；扎实推进文溪、江滨两个美丽社区建设工程，建成并运行14个垃圾分类“两定四分”点。

【疫情防控】 强化联防联控，依托网格化管理，开展6轮大排查，发动党员网格1443人；东方和园、江南新村、三村3个主要防疫点除原确诊病例外，实现辖区本地“零感染”，隔离人员“零事故”。完成第七次全国人口普查工作。紧扣“六稳六保”要求，出台纾困惠企措施，助力企业复工复产。推出“企小二”包企服务服务，为23家500万产值以上企业提供“一企一策”定制服务，帮助企业协调解决防疫物资输送、外地员工招引等难题54个，指导127家工业企业有序复工，迅速推动企业生产及群众生活正常化。

【全国文明村】 浦南街道石埠头村致力于打造“美丽宜居电商新农村”石埠头品牌，在发展集体经济

**浦南街道各行政村、社区基本情况表**

**表9**

| 村(社区)名 | 户数(户) | 人口(人) | 耕地面积(公顷) | 山林面积(公顷) |
|---|---|---|---|---|
| 江滨社区 | 1073 | 5881 | 0 | 0 |
| 文溪社区 | 2132 | 1438 | 62.89 | 11.20 |
| 前于村 | 1014 | 2985 | 200.73 | 377.07 |
| 浦南村 | 806 | 2522 | 103.62 | 138.67 |
| 平一村 | 721 | 2071 | 100.90 | 221.93 |
| 平二村 | 439 | 1227 | 58.56 | 108.93 |
| 石埠头村 | 230 | 622 | 0 | 32.13 |
| 横塘村 | 378 | 1112 | 67.38 | 193.4 |
| 巧溪村 | 666 | 1732 | 84.80 | 150.93 |
| 宋溪村 | 588 | 1742 | 100.89 | 122.53 |
| 金星村 | 613 | 1828 | 130.33 | 117.2 |
| 西张村 | 620 | 1733 | 100.08 | 186.67 |
| 朱云村 | 961 | 2673 | 133.93 | 38.33 |
| 三　村 | 271 | 881 | 41.00 | 7.40 |
| 黄都村 | 432 | 1184 | 53.32 | 113.67 |
| 长春村 | 265 | 749 | 26.90 | 26.13 |
| 丽水村 | 321 | 912 | 39.07 | 296.67 |
| 五　村 | 604 | 1712 | 64.06 | 103.87 |
| 四　村 | 327 | 947 | 36.89 | 116.60 |
| 潘宅村 | 770 | 2137 | 77.14 | 29.87 |
| 七　村 | 450 | 1266 | 132.68 | 193.40 |
| 八　村 | 452 | 1290 | 55.57 | 39.53 |
| 湖山村 | 479 | 2434 | 49.33 | 4.93 |
| 合　计 | 14612 | 41078 | 1720.08 | 2631.07 |

的同时，依托新时代文明实践站，开展理论宣讲，提供惠民服务，深入推进移风易俗，持续培育文明乡风，厚植文明沃土，于11月20日获评“第六届全国文明村”。

（严初芳）

## 黄宅镇

【概况】 2020年，黄宅镇下辖42个行政村，户口19480户，人口64446人。全年完成工业总产值65亿元，同比增长16.1%，其中规模以上工业总产值25.2亿元，同比增长27.3%；规模以上工业增加值4.86亿元，同比增长27.5%。引进内资13.51亿元，同比增长19.2%；固定资产总投资额11.3亿元，同比增长52.1%；新增规模以上企业15家、产值超1亿元企业3家、税收超1千万元企业1家、高新技术企业1家、省级科技型企业11家；完成企业股改1家、“个转企”92家；出清低效用地企业14家。

黄宅镇大圆盘航拍图

6月5日，黄宅镇人民政府与鲜丰水果股份有限公司签订每年收购不少于50万千克优质葡萄的战略合作框架协议。“那山那水田园综合体”项目完成项目区内道路路基施工和水上乐园设计。承办2020浙江·浦江第十三届葡萄节开幕式。成功申报乡村振兴示范村项店村、赤心村，项店村与华为金牌合作伙伴——江苏朗坤集团对接智慧农业项目，赤心村与中青旅、浙江科发资本、春风长住等公司洽谈对接万年中国和平湖项目。

8月5日，浙江·浦江第十三届葡萄节开幕式

落实河塘长制、“一人一河”巡查制。开展“蓝天保卫战”，保持细颗粒物（$PM_{2.5}$）平均浓度为28微克/立方米。第二轮中央环保督察交办件5件，较第一轮下降61%。制定《2020年黄宅镇“污水零直排区”建设方案》，累计排查问题809个，完成整改660个，排查检测污水、雨水管长度24326米，完成1036家企业固定污染源排污许可清理整顿和排污许可申报工作，污水零直排创建通过县、市复核。

完成黄宅第二幼儿园选址。处理杭温高铁政策。建成首家示范型居家养老服务中心。成立17个“村红十字志愿服务队”，新增志愿者173人。完成危旧房改造备案230余户，四类重点人员住房排查636户，其中C、D级危房完成整治，新批农户宅基85户。工会、青年团、妇联组织开展各类志愿服务活动50余次，完成“两癌”检查2067人。制定“一户一策一干部”制度，帮扶全镇616户低收入农户精准脱贫，新增低保71户，临时救助442人，残疾人补贴491人。

【疫情防控】 新冠肺炎疫情防控期间，黄宅镇共排查在浦外来人员及浦江籍外出返浦人员31000余人，排查持有护照人员12000余人。设立村级卡点128个。组建党员志愿服务队42支610人，全程实施代办代买服务。配合做好高速出口、210省道、浦义二通道设立防疫监测卡点工作，核查车辆62319辆，人员99800人。为推进企业复工复产，设立12个工作专班，实行“一班一策”“一企一策”，遵循“四个一律”，做好“两个环节”，精准服务企业。提供1.75万个口罩及900千克消毒液，缓解企业压力。投入250余人，为1015家企业开展市场主体“精准定”核查，发放“两直”补助680万元。落实企业复工复产补助奖励意见，172家企业获电费补助252万元，46家外贸企业获转型升级出口奖励66万元。

黄宅镇上市村党员干部设立村防疫卡点

【重点项目】 浦江万年上山文化村项目完成土地流转、房屋拆迁、土地政策处理等工作。浦新矿业有限公司完成月度上规，实现年产值超2亿元。任氏祖居保护开发项目出台概念性规划。恒固小微企业园完成主体工程建设，引进企业87家，其中规模以上企业11家。“货郎先生”项目主体工程完成建

设，总部迁至黄宅。“谷雨江南”项目完成一期工程和示范区建设。

浦新矿业石料开采现场

【消薄“双百”任务】 黄宅镇消薄公司全年收入354.8万元，42个行政村总收入6760万元，同比增长7.7%，超额完成县级6.5%的总收入增长考核指标。实现行政村100%年总收入20万元以上、经营性收入10万元以上，完成省年度消薄“双百”任务。赤村养生休闲中心项目完成建设并签订协议。信华小微企业工业园项目一期完成招租。

【社会基层治理】 持续深化县镇领导下访接访制、民情民访代办制、“4+2”联心服务团机制、驻村干部“包村走户”制。全力排查解决纠纷，县、镇领导接访疑难件52件，解决49件，解决率94.2%；镇、村代

黄宅镇社会矛盾调处化解中心接待来访群众

黄宅镇各行政村基本情况表

表10

| 村名 | 户数（户） | 人口（人） | 耕地面积（公顷） | 山林面积（公顷） |
|---|---|---|---|---|
| 新华村 | 790 | 2505 | 43.18 | 0.00 |
| 信华村 | 572 | 1643 | 34.75 | 0.00 |
| 合心村 | 424 | 1331 | 82.81 | 0.00 |
| 朱宅村 | 778 | 2270 | 142.44 | 0.00 |
| 一心村 | 573 | 1759 | 83.1 | 0.00 |
| 永锋村 | 280 | 840 | 44.91 | 0.00 |
| 下店村 | 512 | 1925 | 31.49 | 0.00 |
| 日升村 | 702 | 2301 | 106.66 | 0.00 |
| 胜利村 | 550 | 1963 | 43.96 | 0.00 |
| 新宅村 | 402 | 1294 | 53.04 | 44.74 |
| 东一村 | 544 | 1869 | 73.91 | 0.00 |
| 项店村 | 315 | 1159 | 21.34 | 30.88 |
| 古塘村 | 378 | 1015 | 37.68 | 90.12 |
| 鹤塘村 | 405 | 1175 | 67.47 | 0.69 |
| 上市村 | 430 | 1749 | 51.13 | 0.00 |
| 集贤村 | 798 | 2449 | 24.14 | 64.43 |
| 上山村 | 507 | 1872 | 94.72 | 0.00 |
| 智勇村 | 390 | 1230 | 63.95 | 0.00 |
| 群联村 | 428 | 1511 | 45.6 | 0.00 |
| 海塘村 | 397 | 1329 | 51.26 | 0.00 |
| 六联村 | 568 | 2142 | 84.62 | 0.00 |
| 渠北村 | 271 | 885 | 56.34 | 0.00 |
| 横山村 | 575 | 1857 | 66.9 | 82.15 |
| 官岩村 | 321 | 1137 | 46.69 | 115.48 |

**续表10**

| 村名 | 户数（户） | 人口（人） | 耕地面积（公顷） | 山林面积（公顷） |
|---|---|---|---|---|
| 前一村 | 432 | 1463 | 30.87 | 0.00 |
| 后江村 | 428 | 1460 | 66.93 | 2.49 |
| 西溪村 | 438 | 1497 | 61.61 | 0.00 |
| 前二村 | 368 | 1252 | 74.84 | 0.00 |
| 星塘村 | 391 | 1313 | 52.55 | 0.00 |
| 胜丰村 | 317 | 999 | 55.47 | 0.00 |
| 张官村 | 625 | 2034 | 102.26 | 63.6 |
| 赤心村 | 561 | 1672 | 70.73 | 525.31 |
| 八联村 | 430 | 1406 | 78.45 | 0.00 |
| 四联村 | 263 | 930 | 35.62 | 88.98 |
| 刘铁村 | 322 | 1069 | 56.22 | 56.79 |
| 六一村 | 530 | 1841 | 43.88 | 254.57 |
| 振兴村 | 324 | 1159 | 61.87 | 96.49 |
| 何　村 | 255 | 877 | 46.88 | 0.00 |
| 红星村 | 474 | 1694 | 40.25 | 21.19 |
| 八一村 | 712 | 2110 | 78.21 | 179.16 |
| 浦口村 | 368 | 1388 | 61.67 | 254.87 |
| 沿江村 | 332 | 1072 | 48.44 | 0.00 |
| 合　计 | 19480 | 64446 | 2518.84 | 1971.94 |

办站共收到民情类事项2000件，解决1981件，解决率99%；民访类事项279件，解决265件，解决率94.9%。创新群众评议方式，以群众说事、干群联动、乡贤评理、公开听证等多种形式化解矛盾纠纷，共调处矛盾纠纷268起，调处成功率100%。新创省级民主法治村1个，市级2个。创新治理模式，打造流动式“联勤警务驿站”，打通服务基层“最后一米”。

**【招商引资】** 全年招引20亿元项目1个，3亿元～5亿元项目2个，0.5亿元～3亿元项目12个，项目开工数和总投资额均居全县乡镇第一位。出台《黄宅镇招商引资、项目攻坚“百日大会战”活动方案》，实行全员招商，将招商引资工作列入干部年度考核，实行奖惩，村镇干部共计上报招商信息80条，居全县乡镇第一位。加强与落地企业对接，实现“以企引企”，共通过“以商招商”招引项目10个。

**【上山遗址发现20周年学术研讨会】** 11月12—14日，“上山遗址发现20周年学术研讨会”在浦江上山考古遗址公园举行。此次研讨会包含“上山文化研究中心”“中国水稻研究所上山稻作研究基地”“上山文化遗址联盟”“中华万年考古遗址联盟”等授牌仪式以及“远古中华第一村”揭牌仪式，开展上山文化考古新成果展、上山遗址发现二十周年考古成果展等展览，召开学术研讨会和上山文化遗址联盟第一次联席会议等内容，加强对“上山文化”的研究、保护和宣传，传承人类文化遗产，成立“上山文化”遗址联盟，推动“上山文化”成为“万年中国”文化标识，弘扬传统文化。

上山遗址公园

（张亦舒）

# 白马镇

【概况】 白马镇是浦江经济重镇,浙江省首批小城镇综合改革试点镇和市级中心镇,省、市教育强镇。占地5904公顷,耕地面积583.65公顷,总人口22072人,其中镇区人口0.74万人。辖19个行政村,有35个党组织、1432名党员。

2020年,规模以上工业总产值12亿元,同比增长24.7%,增幅全县排名第一;规模以上工业增加值1.93亿元,同比增长13.4%;工业投资额2.93亿元,完成率147%,排名全县第一;重大项目投资额3.27亿元,完成率163%;引进内资3.04亿元,完成率152%;利用外资完成60.69万美元;新增规模以上企业12家;新增高新技术企业1家;科研投入同比增长244%,新产品产值同比增幅1010%;申报浙江省科技型中小企业4家;新增高端人才15人,“百名浦江籍专家进百企”签约5人,柔性引才1人。

白马镇风貌

新一届村党组织班子成员“履新第一课”

白马镇93名驻企服务员包干222家企业,完成惠企政策宣传734次;完成“两直兑付”236家,共计183.3万元;处置企业分类42家,帮助企业贷款1.8亿余元;收集“三服务”企业难题280件,解决277件,解决率98.9%;保障项目落地,投资杆线迁移700余万元,投资园区配套设施300余万元,推进落地开工40余公顷,解决政策难题65个。

镇内依法选举产生新一届村“两委”,实现“三个一”目标;班子年龄结构优化,学历结构提升,所有组织意图人选均一次性高票甚至满票当选。

【战“疫”复工复产】 在2020年新冠肺炎疫情防控期间,白马镇利用网格化管控措施,扭转全市第一例确诊病例亲密接触者和全县第一例确诊病例亲密接触者在白马的不利局面,确保无一例感染者、无一例亲密接触者不受控。开启村企联战,全镇19个村党组织和19家重点企业开展村企结对精准帮扶,针对企业存在的招工困难、防疫指导需求,分门别类采取入户宣传、党员驻企服务等办法,确保企业安心发展,疫情防控期间复工率97%,企业复工电力指数80.43%,居全县前列。

【项目招引】 2020年,白马镇出县招商55人次,接待意向投资商28人次,召开项目落地协调会12次。处置白马印染厂、浦江乐门阀业有限公司、浦江百马制锁有限公司、浦江白马水泥厂、浙江浦峰集团有限公司、九龙塑料等共13公顷低效用地,引进项目6个。9月,白马镇三季度重点工业项目签约仪式举行,集中签约了4个项目,分别是年产50万卷特种电缆项目、年产7000万件无纺布制成品项目、年产500

万平方米3D立体墙贴、60万张儿童游戏垫、250万平方米WPC自粘地板生产线项目和年产1800吨拉链头、2000万条拉链生产线。项目总用地面积4.11公顷,其中低效用地2.64公顷,项目计划总投资2.7亿元。

【重点项目】 白马镇总投资5亿元的白马小微园项目,完成地基建设;总投资3亿元的白马现代生态规模养殖场项目,完成主体建设的50%;总投资6700万元的安居工程二期,总体形象进度完成54%;总投资5494万元的高档地毯生产线项目,完成主体建设的80%;总投资4539万元的启辉竹木纤维生产线项目,完成主体建设的80%。

白马小微园工程

安居工程二期

白马现代生态规模养殖场

**白马镇各行政村基本情况表**

**表11**

| 村名 | 户数（户） | 人口（人） | 耕地面积（公顷） | 山林面积（公顷） |
|---|---|---|---|---|
| 五丰村 | 711 | 1558 | 14.53 | 37.80 |
| 利丰村 | 735 | 2084 | 57.33 | 141.47 |
| 永丰村 | 277 | 915 | 28.73 | 141.53 |
| 高坪村 | 131 | 418 | 22.93 | 452.53 |
| 旌坞村 | 328 | 1078 | 30.53 | 533.40 |
| 联江村 | 722 | 1886 | 41.53 | 85.60 |
| 嵩溪村 | 452 | 1142 | 48.27 | 1032.53 |
| 同新村 | 213 | 612 | 42.00 | 309.87 |
| 清塘村 | 277 | 818 | 54.20 | 152.87 |
| 双溪村 | 318 | 1015 | 28.20 | 303.60 |
| 联丰村 | 140 | 462 | 25.80 | 134.87 |
| 柴坞村 | 238 | 787 | 17.60 | 102.00 |
| 长地村 | 238 | 787 | 20.20 | 65.87 |
| 柳宅村 | 406 | 840 | 15.20 | 34.73 |
| 群心村 | 574 | 1589 | 34.13 | 53.07 |
| 夏张村 | 500 | 1148 | 26.67 | 43.27 |
| 东平村 | 379 | 942 | 34.20 | 154.93 |
| 豪墅村 | 480 | 1474 | 26.13 | 136.53 |
| 兰塘村 | 853 | 2517 | 15.47 | 7.67 |
| 合　计 | 7972 | 22072 | 583.65 | 3924.14 |

【平安创建】 2020年，白马镇下访接访412人次，受理信访问题126件，化解率95%，群众满意率98%；代办事项2215件，办结2193件，办结率99%；初信初访231件，来电反映147件，办理答复369件，满意率99%；"车轮上的调解室"化解矛盾纠纷51件，化解成功率100%；"一警情三推送"受理办结97件，满意率100%；走访企业1503家，受理劳动争议案件57件，涉及82人，追回拖欠工资款54.2万元；全年累计出动检查人员1300余人次，共计检查生产经营单位750余家，现场及限期整改安全隐患1500余处，整改率100%。

"两民代办"窗口

【民生福祉】 2020年，白马镇完成农民建房审批58户，乡贤乡居审批9户；集聚安置112户，公房调剂8户，区块改造12户；全镇贫困农户人均可支配收入

旌坞枇杷销售

12495元；全镇41名来料加工经纪人带动农户就业521人，发放加工费2208万元；所有村完成消薄任务，总收入60万元以上的村15个，经营性收入20万元以上的村15个；举办旌坞村枇杷节，实现农民增收300万元；完成兰塘、高坪2个村体育小康村提升工程，东平村打造百姓健身房。

【美丽白马】 2020年，白马镇持续创建"美丽白马"，强化垃圾分类、美丽田园、河道保洁、公路养护常态化管理，生态环境位居全县前列，环境和美丽考核列全县第一位。在全县环境卫生、垃圾分类"双随机、一公开"专项检查中，10个村获得第一名；"污水零直排区"建设通过市级验收；"蓝天保卫战"全市名次提升20名；深化河长制，加强河长巡河和河塘保洁的督考力度，"五水共治"（河长制）工作全省优秀，流域水质得到改善。

（叶鹏鹏）

## 郑家坞镇

【概况】 郑家坞镇位于浦江县东部，地处两市（金华、绍兴）三县（诸暨、义乌、浦江）交界，杭长高铁、浙赣铁路、杭金衢高速、235国道、351国道、03省道穿镇而过，浙赣铁路浦江货运站设在镇内，杭金衢高速公路设有郑家坞互通口，郑家坞镇是浦江"东大门"。郑家坞镇地貌东西较窄、南北狭长，占地面积28.6平方千米，下辖行政村9个。2020年，总人口11549人。共有党的基层组织20个，党员694名。

镇内共有耕地343.67公顷，山林126.67公顷，山塘水库49处，有大陈江和梅溪两条干流。现发展有粮油、花卉、林果苗木、葡萄、蜜梨、蔬菜、奶牛等产业，形成“万方腐乳”、“众盛”家庭农场等一批特色农业品牌。高品质葡萄控产面积位居全县第三，以全县约2%的种植面积实现11%的控产面积，控产率17%，位居全县第一。

2020年，郑家坞镇实现工业总产值19.5亿元，同比增长10.3%；规模以上产值6.4亿元，增长15.15%；规模以上工业增加值1.24亿元，增长12.1%；完成固定资产投资3.29亿元，增长12.8%，其中工业投资2.1亿元，增长139%。完成“小升规”企业6家，净增5家，规模以上企业数量由19家上升到24家；完成新招引3亿元以上项目1个、1亿元以上项目1个、0.5亿元以上项目1个。

郑家坞镇全景图

浙江慧筑材料科技有限公司建设厂房

郑家坞镇沈里村柏树坞山塘

（郑家坞镇政府 提供）

优化“六稳六保”工作机制，推进营商环境、数字服务提升工程。玩具产业小微企业园全年完成15.6万平方米厂房主体建设，招引60余家企业入驻，招商完成率100%。总投资1.1亿元的年产60万吨预拌砂浆项目6个月实现投产并完成“小升规”，成为全县首家“投产即升规”企业。坡地村镇项目完成年度投资4亿元，一期主体建设完成率100%。山塘水库维修养护工程和青山水库右坝沉降修复工程通过验收，朱路河华塘清淤加固工程完工，柏树坞、里家坞、庄坞里3个山塘标化工程和钟宅村麻车塘综合整治工程完工。

完善救助体系，加大因病因灾家庭排摸梳理，完成低保户和低保边缘户年审复核工作，落实兑现优抚对象的优待政策，办理19名60周岁农村退役士兵生活补助资金的申报，残疾人“两项补贴”应补尽补。镇内共有低收入农户114户165人，其中低保户100户144人、低保边缘户4户11人、特困户8户8人、困境儿童2户2人，为126户因病因灾和困难家庭发放临时救助10.4万元。

**【疫情防控】** 建立全域覆盖防控体系，因时因势调整防控重点和应对举措，迭代升级“源头查控+硬核隔离+精密智控”的“战时”机制和常态化防控措施。通过“一查四清”“两个一律”“三色通行证”“健康码+测温”等举措实现常住人口、流动人口排查全覆盖。值班组24小时联动在线，9名总网格长各守一村，50名网格长巡查各方，581名党员网格员联系3707户，筑牢内外结合的防线，打赢疫情防控阻击战。

【火车站区块征迁】 郑家坞老火车站始建于1992年，为盘活老火车站区块低效用地，提升郑家坞镇整体形象，郑家坞镇对老火车站区块第一期位于郑家坞镇大陈江以南、郑家坞镇一桥以东进行征迁，规划面积约3.05公顷。该地块于2020年3月25日全部完成与企业、住户的签约，4月23日完成拆除清表。

老火车站征迁

【郑家坞镇综合治理联动中心建设】 郑家坞镇综合治理联动中心建设完工，该工程打造集便民服务中心、矛盾调解中心、联勤警务站、平安综合中心为一体的综合治理联动中心，对郑家坞镇原有宿舍楼下沿街房屋进行改造提升，改造提升总用地面积618平方米，建筑面积807平方米，总投资150万元。

【换届选举】 10月，郑家坞镇9个村党支部进行换届选举，493名党员参与村支部委员投票，选出39名支部委员。11月，郑家坞镇9个村开展村民委员会换届选举工作。9941名登记在册的选民中有9936名选民参加投票，选出村民委员会成员39名，其中女性9名。

【"永远跟党走"大党课活动】 6月28日，郑家坞镇在江东村开展万名党员"永远跟党走"主题活动，全镇400余名党员参加。一批优秀共产党员、优秀党务工作者、先进基层党组织受到表彰，激励全体党员干部要对标先进、奋勇争先。会后，镇班子成员带队慰问困难党员，各支部开展形式多样的主题党日活动，用实际行动践行对党的承诺。

**郑家坞镇各行政村基本情况表**

**表12**

| 村名 | 户数（户） | 人口（人） | 耕地面积（公顷） | 山林面积（公顷） |
|---|---|---|---|---|
| 江东村 | 505 | 1497 | 18.90 | 162.60 |
| 杨家村 | 556 | 1732 | 8.50 | 42.50 |
| 钟宅村 | 282 | 802 | 17.30 | 91.10 |
| 双丰村 | 298 | 835 | 15.60 | 51.80 |
| 吴店村 | 451 | 1380 | 38.50 | 32.10 |
| 朱路村 | 333 | 1003 | 39.40 | 120.70 |
| 沈里村 | 323 | 854 | 30.80 | 120.60 |
| 云溪村 | 434 | 1275 | 43.70 | 207.50 |
| 吴大路村 | 754 | 2171 | 100.20 | 524.50 |
| 合　计 | 3936 | 11549 | 312.90 | 1353.40 |

【大陈江水上乐园开业】 10月1日，大陈江水上乐园开业，该项目投资30余万元，包含电动游船、脚踏游船等，游船造型各异，仅国庆假期期间就吸引2万余人，营业收入3万余元。

大陈江水上乐园

【英国阿德科特学校浙中分校】 9月22日，投资3亿元的重大文化项目——英国阿德科特学校浙中分校落地郑家坞，签约仪式及奠基仪式在吴大路村"蓝城·春风长住"理想小镇举行，县人大常委会副主任戴忠泉，县政府党组成员陈荣生，郑家坞镇党委书记石元城，郑家坞镇党委副书记、镇长洪敏，阿德科特（中国）总校长李远，长住集团董事长刘波等政企领导参加仪式。

【老旧厂房改造】 郑家坞镇在全县率先探索存量用地改造，推进老旧厂房改造，"向空间要土地"，解决土地要素制约发展问题。新增工业厂房面积12.5万平方米，按容积率2.0计算，相当于新增6.27公顷工业用地。

浦江县万方腐乳厂老旧厂房改造

【第七次全国人口普查】 7月，开展人口普查工作，将普查区以80户或250人为标准拆分出普查小区，同时选定普查指导员和普查员，完成建筑物标绘、编制底册、短表登记、长表登记、比对复查等工作，12月9日全部完成普查工作。

【巡察工作】 4月14日至6月30日，县委第一巡察组对郑家坞镇江东、杨家、钟宅、双丰、吴店、朱路、云溪、吴大路8个村进行巡察，聚焦群众身边的腐败问题和不正之风，聚焦基层党组织软弱涣散、组织力欠缺问题，从严从实开展政治巡察。通过开展个别谈话，受理群众来信来访，调阅有关资料，深入了解情况，完成巡察任务。

【郑家坞镇居家养老服务中心】 11月，郑家坞镇建成集生活照料、文体娱乐、康复护理、精神慰藉为一体的综合性居家养老服务中心。该中心位于郑家坞镇江东村溪东自然村，占地面积680平方米，建筑面积约800平方米，项目总投资120万元。建成后，功能可辐射全镇9个行政村，为约200名老人提供配送餐服务，有床位10个，具备生活照料、就餐、文体娱乐等基本服务，同时还具备康复护理、日托、精神慰藉、康复辅助器具租赁等综合性居家养老服务。

郑家坞镇居家养老服务中心

（张菁菁）

## 郑宅镇

【概况】 郑宅镇总面积41平方千米，有15个行政村76个自然村，8952户，总人口26412人。林地面积2118.06公顷，耕地面积798.6公顷，森林覆盖率56.36%，为国家级卫生镇、省级中心镇、省首批美丽城镇样板镇。坐落于镇区的“江南第一家”景区，为国家AAAA级旅游景区，全国重点文物保护单位，省廉政建设教育基地、省爱国主义教育基地、省公务员职业道德建设实践教育基地。11月，“江南第一家”青少年教育体验基地被评为第四批全国关心下一代党史国史教育基地。

全镇工业园区总规划面积4.47平方千米，下辖东部挂锁集聚区、郑宅镇工业功能分区、郑宅镇工业功能分区二区、浦东园区。2020年，有工业企业573家，其中规模以上企业15家，锁具企业278家，涵盖挂锁、服装、五金等特色产业，支柱产业为挂锁产业，产量占全国总产量50%，是全国挂锁生产集散地，采用全自动生产工艺，产品从单一挂锁向科技型、智能化品种发展，形成了锁钥、锁芯、弹子、弹簧等完整产业链。领军企业有“中国十大锁王”之称的梅花锁业集团，其拥有浙江省挂锁行业首张“品字标”公共品牌标识使用授权证书。

全镇实现工业总产值53.33亿元；规模以上企业工业产值7.78亿元，引进内资2.1亿元；固定投资1.7亿元；完成个转企20家，新增股份制公司1家。在省股权交易中心挂牌1家，创国家高新技术企业4家，省科技型中小企业7家，数字化生产制造车间2个。

【疫情防控】 1月27日，郑宅镇麟溪村东庄自然村确诊浦江县首例新冠肺炎病情（家庭内部感染两例，共计3例），郑宅镇立即成立新冠肺炎疫情防控工作指挥部，设1个办公室和11个防控小组，实行统一指挥、统一落实镇干部24小时值班和疫情报告“三类三色”预警制度。发挥广大党员、干部的先锋模范作用，加大重点人员的排查，织密疫情防控网，落实审批备案等工作。在东庄村成立疫情防控临时党支部，由50余名党员干部连续14天、24小时值班，临时党支部被评为浦江县第一批“战疫先锋”团队，麟溪村党支部获评全省抗击新冠肺炎疫情先进集体。

【复工复产】 郑宅镇继续推进落实镇党委班子联系重点企业制度，同时成立五大企业专班助力企业复工复产，以挂锁锁体供应、喷漆、挂锁配件、服装辅料、复合等挂锁、服装产业链配套企业为重点，及时发布产业链企业复工信息，帮助解决企业招工、子女入学、融资等难题56条，接回云贵籍返岗员工446人，兑现疫情防控期间外地招工补助40.1万元；复工复产期间电费补助141.2万元。推进项目招引，完成九黎高科、江南里和智诺科技3个招商项目的战略合作协议签订，总投资额14.5亿元。完成落地项目4个，总投资额7.65亿元（其中亿元项目1个），开工建设项目2个，总投资6.35亿元。万洋园区二期企业入驻率100%。浙江浦江梅花锁业集团有限公司、浦江县云环锁业有限公司、浦江海威斯新材料科技有限公司、浦江县超能锁业有限公司4家企业获评“国家高新技术企业”。浦江亿卡智能科技有限公司等7家企业获评“省科技型中小企业”。

4月3日，郑宅镇召开全镇工业大会（郑玉峰 摄）

【换届选举】 围绕“五好两确保”的总目标，按照市换届办“选前重准、选中重稳、选后重干”的总要求，推动村级组织换届工作。通过梳理40项重点难点问题开展“揭榜挂帅”，把换届选举的舞台转变成干事创业的“战场”，营造“干中换、换中干”的氛围。运用“三色预警”的方法，聚焦“找准人、选对人”的目标要求，先后开展3轮大排摸大走访，集中分析研判10次，对15个行政村开展5轮逐村“过堂”，把握换届工作的主导权。规范选举各个环节，持续保持选风选纪高压态势，及时处置苗头性问题5个，处理相关人员8名。实现“三个100%”和“两个零”，即组织意图人选100%当选，所有行政村100%实现“一肩挑”，101名村两委100%一轮选足，换届过程实现“零违纪”和“零信访”。换届后，郑宅镇村两委平均年龄从51.7岁降到46岁，大专以上学历占比从10.8%提升到33.7%。

【社会治理】 郑宅镇构建共建共治共享工作格局，提升社会治理社会化、法治化、智能化、专业化水平，把好家风融入百姓日常工作生活，以家庭遵纪守法、文明诚信为基石，提升乡风文明程度。疫情防控期间出台加强家风指数考评办法，组织农户支持、配合和参与疫情防控工作，对特殊时期127户家风指数优秀的农户进行表扬，通报批评56户家风指数较差的农户。在加大正面激励的同时，建立镇机关各职能科室、郑宅派出所、郑宅交警中队对农户违规违纪及不文明行为的信息通报制度，在季度“好家风”指数中予以直接扣分，共通报负面清单农户174户。15个行政村全部创建市级民主法治村，办理民情民访代办158件，村级开门接访共接待群众241人次，受理事项135件。全年发生治安案件137起，同比下降23%，“两抢、扒窃”案件零发，村内矛盾纠纷同比下降27.8%。

**郑宅镇各行政村基本情况表**

**表13**

| 村名 | 户数（户） | 人口（人） | 耕地面积（公顷） | 山林面积（公顷） |
|---|---|---|---|---|
| 麟溪村 | 895 | 2635 | 62.20 | 114.13 |
| 东明村 | 808 | 2521 | 65.60 | 107.47 |
| 玄鹿村 | 666 | 2060 | 51.07 | 122.53 |
| 孝门村 | 665 | 1888 | 63.40 | 111.60 |
| 寺后村 | 560 | 1657 | 51.07 | 328.13 |
| 青山村 | 516 | 1408 | 57.00 | 291.87 |
| 前店村 | 545 | 1557 | 46.73 | 53.47 |
| 龙源村 | 688 | 1900 | 62.33 | 652.93 |
| 广方村 | 529 | 1643 | 30.47 | 3.73 |
| 红光村 | 527 | 1561 | 44.67 | 134.67 |
| 安山村 | 579 | 1695 | 84.46 | 80.20 |
| 芦溪村 | 592 | 1708 | 35.00 | 90.93 |
| 三郑村 | 618 | 1881 | 58.27 | 7.66 |
| 深一村 | 397 | 1236 | 45.40 | 16.47 |
| 深二村 | 367 | 1062 | 40.93 | 2.27 |
| 合　计 | 8952 | 26412 | 798.60 | 2118.06 |

【创建美丽城镇】 郑宅镇根据省委提出的“五美”目标和市委书记陈龙提出的正确处理好“五对关系”的要求推进创建工作。着眼整体，制定《郑宅镇美丽城镇建设行动方案》，谋划创建35个项目，总投资10.7亿元，被省美丽城镇办评为优秀方案。着眼任务，画出作战图，明确责任人，按照“一项目一班子一中层”配强力量，并列出144项细化任务，销号推进。着眼问题，坚持“一线党委会”工作法，先后5次在项目现场召开专题党委会，协调和解决问题21个。着眼进度，实行“进度条”式管理，专题通报16

次，形成倒逼机制，加快项目推进速度。着眼效果，完善镇区交通、污水设施建设，将88幢古民居打造成高端民宿业态集群，研学基地具备接纳600人研学培训的能力。

【老工业区拆迁】 郑宅镇上郑村老工业区建于1992年，占地6.8公顷，属于老旧工业小区，区块内土地性质、房屋产权情况复杂，历史遗留问题多，有关部门在前期充分论证的基础上进行拆迁。村级层面，以上郑村换届为契机，重新组建村两委班子并充实3名年轻骨干，推动党建与拆迁工作相结合，提升凝聚力和战斗力。镇级层面，抽调22名精干人员成立拆迁指挥部集中办公。实施过程中，召开34次研判总结会，开展攻坚。经过48天工作，于2021年1月7日完成全部签约，共涉及13家企业，厂房和住宅约1.9万平方米。

梅花集团老董事长郑隆喜作为拆迁户代表率先签约 （吴根磊 摄）

【民生及社会保障】 郑宅镇中心幼儿园投入使用，幼儿园总投资3500万余元，占地11095平方米，办学规模18个班级，可容纳540名幼儿。郑宅卫生院新院区完成主体工程建设，预算总投资额3500万元，占地面积6670平方米，地下一层救护站面积约

石姆村村内管网改造工程 （吴根磊 摄）

1500平方米，病区设50张床位。9户残疾人家庭的无障碍改造和无障碍辅具进家庭，308户447名低收入农户全部纳入精准帮扶体系。郑宅安置区工程建设完工，无房户、缺房户审批77户144间、危旧房治理改造43户、困难群众危房修缮18户。农村饮水安全巩固提升工程，完成石姆、陈山村的村内管网改造工程、虬门单村提升工程、六转岭脚联村并网工程、红光村供水管网改造工程。通过城市水厂管网延伸，覆盖寺后等6个行政村9个自然村，新增受益人口5122人。启动青山、龙源、桃坞村的村内供水管网工程。推进8个乡村振兴示范村18个项目，累计完成投资1200余万元。推进杭温高铁二期土地征用、拆迁安置政策处理工作，红光等10个村土地征用15.91公顷、农房拆迁返造6户14.5间。

（洪潇潇）

## 岩头镇

【概况】 岩头镇镇域总面积49.1平方千米，其中镇区面积0.98平方千米，辖20个行政村，总人口28163人。全镇农业葡萄种植面积308公顷，猕猴桃种植面积33公顷，桃种植面积106.6公顷，桃形李种植面积26公顷，柑橘新品种种植面积15.7公顷，火龙果种植面积7.93公顷，五味子、蓝莓等种植面积8公顷。全镇有工业企业133家，以绗缝加工、服装加工等产业为主，同时发展工具制造、食品等其他产业，产品远销国内外。2020年，岩头镇被评为"国家卫生乡镇""浙江省妇联示范乡镇"。

岩头镇实现工业总产值5.44亿元，同比增长17.9%；工业销售产值5.38亿元，同比增长29.8%；规模以上工业总产值0.22亿元，同比增长10.1%；规模以上工业销售产值0.21亿元，同比增长4.98%。推进"低小散"企业整治工作，关停"低小散"企业3家。

坚持"一村一品"，发展富民产业。龙溪村依托土地、水等自然资源，种植13公顷黄桃，建立2公顷龙虾养殖基地，发展观光采摘、农业休闲等田园旅游产业；幸福新村、群丰等村对闲置土地进行土地流转，引进农业公司种植特色农产品。整合闲置公房，发展物业经济。三红村对原办公楼进行整体改建，建设综合农贸市场，每年整体出租增收32万元；蜈溪村对村原电影院进行整体改建，建设物业大楼；岩头陈村整合270余平方米建筑用地，建设物业大楼。推出乡村振兴"九字工作法"和产业富民"三分之一"工作模式，梳理各村集体经济项目，制定"一村一策"，解决乡村劳动力短缺问题，让农村闲置土地实现"应种尽种"，壮大村集体经济项目，增加村民收入。

龙溪村龙虾基地

出台"六比六创"工作机制，开展建强党组织、壮大集体经济、提升宜居环境、"好家风"评价体系全覆盖、"4+2"服务双民代办等12项行动，推动村两委换届选举工作顺利完成。

2020年，岩头镇被评为"省级农业绿色发展先行区"；十里阳光农业发展有限公司被评为"省级精品果园"，"阳光玫瑰"葡萄获全国金奖；黄秋生养殖场被评为"省级美丽牧场"；王店村被评为"省级气象防灾减灾标准建设示范村"；龙霞家庭农场、十里阳光农业发展有限公司被评为"美丽葡萄园"。

**【重点项目】** 岩头镇安置房建设工程（一期）、岩头郑宅地质灾害安置房建设工程已完成总工程量的97%。浦江县西部山区地质灾害安置房建设工程完成表土剥离、地质勘探、基桩浇筑等工作。晶城大道东延工程完成路基建设。浦江县岩头镇农居点二期工程因建房套数更改而重新调整方案，完成初步设计审查和地质勘探等工作。高铁建设项目完成土地、山林等各项前期政策处理工作，确保无障碍施工。浦江交投岩头砂场有限公司年产机制砂200万吨项目完成投资5000余万元的石子加工生产线、砂加工生产线和进场道路施工。岩头中学建设工程按计划实施中，岩头镇中心幼儿园、幸福新村幼儿园建设完工，9月份安排幼儿入园。

安置房建设工程（一期）、岩头—郑宅地质灾害安置房

**岩头镇各行政村基本情况表**

**表 14**

| 村名 | 户数（户） | 人口（人） | 耕地面积（公顷） | 林地面积（公顷） |
|---|---|---|---|---|
| 岩头陈村 | 985 | 3012 | 77.1 | 28.27 |
| 蜈溪村 | 428 | 1492 | 37 | 316.53 |
| 荷塘村 | 612 | 1998 | 89.08 | 31.8 |
| 宏伟村 | 484 | 1460 | 42.87 | 16.73 |
| 和丰村 | 396 | 1118 | 87.54 | 314.73 |
| 拥建村 | 447 | 1428 | 71.02 | 5.73 |
| 宏亮村 | 502 | 1522 | 112.11 | 11.33 |
| 车门村 | 283 | 862 | 77.8 | 6.6 |
| 王店村 | 335 | 1016 | 74.19 | 2.6 |
| 三红村 | 321 | 977 | 62.38 | 8.33 |
| 西黄村 | 403 | 1205 | 76.76 | 4.53 |
| 朝阳村 | 585 | 1670 | 39.38 | 17.53 |
| 飞轮村 | 576 | 1901 | 34.61 | 4.13 |
| 胜建村 | 560 | 1682 | 66.53 | 9.13 |
| 礼张村 | 581 | 1732 | 41.65 | 233.6 |
| 夏泉村 | 254 | 792 | 98.11 | 820.8 |
| 青锋村 | 313 | 1027 | 109.97 | 671.4 |
| 群丰村 | 253 | 778 | 59.98 | 292.6 |
| 龙溪村 | 498 | 1554 | 71.05 | 194.27 |
| 幸福新村 | 334 | 937 | 43.95 | 131 |
| 合　计 | 9150 | 28163 | 1373.08 | 3121.64 |

【文化建设】 发挥爱国主义教育基地、农家书屋、廉政馆等学习阵地影响力，通过主题宣讲、参观学习等形式，开展教育实践活动。利用文化礼堂、“农家书屋”等文化阵地，开展什锦班、排舞、“春泥计划”、书画培训等文娱活动。建设21个村新时代文明实践站、所持续推进乡风文明工作。推行“好家风”评价体系建设，获评“中国好人”1名，市“五一劳动奖章者”1名，“金华好人”3名，“浦江好人”6名。

“我们的村晚”联欢晚会

村民喜迎新春

【最多跑一次】 整合民政、残联、计生、社保、公安、民情民访代办、“水电气网通办”等多个办事窗口，按照“一窗受理、集成服务”要求，打造一站式服务平台。全镇20个行政村均设有便民服务中心，可受理341项村级便民服务事项，实现乡镇常用民生类政务服务就近办100%覆盖。36名专职代办员和235名村代办员开展上门服务、预约服务、代办服务等便民措施。

【综合治理】 深入贯彻“领导干部下访接访”制度，优化提升“群众点单、干部代办”的办事投诉渠道，

禁毒宣传讲座

建立"1+X"多元化工作机制。全年领导坐班接访300余人次，共受理信访件728件，办理723件，办结率99.3%，满意度98.9%。民情民访代办有效运行，共调解各类矛盾纠纷105起，化解历史遗留问题3个、息访疑难信访件11件、网上信访件5件。深入开展普法工作，推进法治政府建设，创建4个市级民主法治村，1个省级民主法治村。抓实扫黑除恶、防通信网络诈骗、禁毒、安全法治等各类宣传教育，完成镇法治公园、幸福新村反邪教宣传阵地建设，营造平安浦江建设氛围。

（吴祺媛）

## 杭坪镇

【概况】 2020年，杭坪镇通过省级果蔬特色农业强镇的考核验收，特色果蔬成为全镇富民产业。全镇130余公顷山地蔬菜推广绿色防控集成技术和推行三分六统管理模式。各山地蔬菜种植大户使用可降解地膜面积超过7公顷，风吸式灭虫灯60余盏，黏虫板3000余张，建设清洁田园收集点4个。全镇80余家农业企业、专业合作社和家庭农场及时完成复工复产工作。种植粮食作物面积300余公顷，完成1个粮食生产功能区提标改造。创建"稻鱼共作"示范基地7公顷，推广花卉、蔬果等5个"三分六统"示范基地70余公顷，创建东岭蔬菜专业村，整治抛荒田33余公顷，启动17余公顷高标准农田建设。8个乡村振兴示范村以"一村一品"为导向，招引产业项目9个。申报"杭山菜"地理标志，推出"杭山菜"线上销售平台，全年累计销售额20余万元。

创建美丽城镇市级样板乡镇、浙江省AAA级景区镇，杭坪村、乌浆村创建为省AAA级景区村庄，大塘村、寺坪村创建为省AA级景区村庄。薛家趣野吧探索营地入选浙江省体育产业发展资金项目库、金华市体育产业运动休闲示范基地、金华市中小学生教育研学基地。石宅村入选第六批浙江省历史文化名镇名村名街区，成为金华市首个乡村民间文艺振兴工程研学游基地。薛家村成为金华市"体育+"特色村、"金华文旅好评榜"金华好村落。产于曹源、登丰、程家村一带的竹叶熏腿获省传统美食展评"薪传奖"。4月，在乌浆牡丹园举办"春风和畅·浦江健康游"暨千万旅游券首发式，在薛家趣野吧探索营地举办"喊山音乐节"等特色活动。石宅夏令营基地提升改造项目工程完成建设。启动石西民故居利用工程和打造婺杭诗画风景道重要节点镇建设。推进壶源江旅游项目，谋划航空小镇落地，"趣野吧"团建基地二期项目开始动工建设，并完成游客接待中心招标。

杭坪镇居家养老照料中心和残疾人之家建成并运营，杭坪镇卫生院新院区完成修缮改造建设并搬迁使用，总投资2300万元的杭坪镇中心幼儿园和镇成人技术学校建成并投入使用。推进农民建房工作，新批农房43户，原拆原建备案30户，农村困难家庭危房改造13户。完成杭坪至石象头段道路拓宽改造工程。巩固来料加工产业，发放加工款500余万元。完成大塘、寺坪、壶源、程家4个村的农村饮用水单村提升改造和茶山、后阳等9个村的水表改造提升项目，完成里存水厂建设和东岭村内管网改造。推进民情民访信息化改革试点和网上信访国家标准化县级试点工作。开发启用“杭坪基层治理”微信小程序，建设网上接访平台，配齐大调解团队。平台受理“最多跑一次”事项286件，“最多跑一地”事项315件，总办结率93%。2020年，全镇累计受理便民服务事项1656件，其中社保医保、民政残联等事项由掌上办和镇村干部、网格员全程代办，老百姓“零趟跑”办理事项1407件，占比85%。镇综合信息指挥室共受理流转基层四个平台信息系统信息11595件，同比增长46.5%，全部得到及时回应和解决。承办第二届全县什锦班比赛山区片乡镇初赛活动，完成由省文化和旅游厅主办的2020年度浙江省传统戏剧专家辅导团到杭坪什锦班辅导培训工作，完成后阳上坞仁义堂、派顶大会堂的百幢历史建筑修缮工程，杭坪村成为金华市文化示范村。

优化营商环境，3名杭坪籍专家、6家杭坪企业完成“百名浦江籍专家进百企服务”结对签约，助力“三大攻坚年”行动。共招引项目5个，其中重点招引项目3个：薛家航空飞行基地项目落地，完成招投标，协调落地资金5000万元；全域土地综合整治项目已立项，通过国企平台招商引资；裸心谷坡地村镇项目，浦江三思集团引入大树集团、裸心集团2家新投资商，2020年处于项目区块功能调整规划阶段。协调招引项目1个：整合新疆核桃基地和浦江香榧基地，建立浦江干果科创研发基地，研发新产品。引进水利二级建筑企业落户杭坪，注册资金5000万元，完成签约工作，实现产值2000万元。

全镇16个行政村的“消薄”工作全部达到考核要求，其中村级自我造血项目72项，总收入60万元以上的村9个，经营性收入达到20万元以上的村8个。整合综治、信访、司法、民政、执法等科室集中办公，打造“一站式”矛盾化解平台。16个村完成村级组织换届，选出村党组织委员61名，村民委员会委员60名。

**【创建浙江省果蔬特色农业强镇】** 9月14日，省农业“两区”办组织相关专家对杭坪镇创建省级果蔬特色农业强镇工作通过验收。形成了高山蔬菜、香榧、水稻、茶叶、竹笋两用林五大农业主导产业，特色农业产业基地面积近2000公顷，全年山地蔬菜瓜果种植面积500余公顷。推行农业规模化、标准化生产，建立农产品质量安全可追溯系统，培育“壶江源”“葛老头”“杭山菜”等农业区域公共品牌，主导产业产值1.68亿元。发展休闲农业和乡村旅游，重视拓展农业多种功能，坚持举办山地蔬菜种植技术交流会和牡丹节、杭坪摆祭等品牌性民俗农事活动。创新以“水稻+水产”“水稻+食用菌”等模式为主的新型农作制度，落实农药废弃包装物集中处置和无害化处理，创建为省级绿色先行区。推广应用农业新品种、新装备、新技术，农业机械化水平提高。开展互联网+农业试点，农产品电商发展迅速。高起点、高标准配套建设观光农业、休闲旅游等设施，开发建设眷心农业科技园、留家坪香榧基地、杭坪果蔬休闲园、晗昕采摘果园、乌浆生态观光茶园等项目，供游客采摘品尝、休闲旅游、观赏采风，促进农业与旅游、科普、文化、养生、养老等产业融合发展。

**【举办“春风和畅·浦江健康游暨千万旅游券首发式”】** 4月5日，由浦江县文化和广电旅游体育局、杭坪镇人民政府主办，浦江薛家旅游开发有限公司承办的“春风和畅·浦江健康游暨千万旅游券首发式”在乌浆牡丹园举行。县长俞佩芬，县委常委、统战部部长张建顺，副县长虞红梅等参加开幕式，为10家旅行社发放旅游券，并现场参与游园活动。活动邀请了金牌导游胡娜娜参加，现场有舞蹈、走秀、达人推介、汉服乐游园、乡村音乐节等节目，还有花艺比拼、诗画春光摄影比赛、抖音爆点挑战赛等游客动手创作活动，吸引了来自全国各地的数百名导游、摄影爱好者前来观光游览和采风创作。

春风和畅·浦江健康游暨千万旅游券首发式

【什锦班辅导培训】 11月2—5日，由省文化和旅游厅主办、浙江艺术职业学院继续教育学院承办、杭坪镇文化站执行承办的省传统戏剧专家辅导团杭坪什锦班辅导培训班在杭坪镇举办。本期浙江省传统戏剧专家辅导团的三位专家均为国家一级演奏员。辅导内容包括乐队合成排练指导，鼓板、笛子、徽胡、唢呐等乐器使用指导，作曲指导以及新唱段教学指导等。

省传统戏剧专家辅导团杭坪什锦班辅导培训班

【村级组织换届】 10—12月，杭坪镇完成村级组织换届，共选出村两委干部93人，全部实现村书记、主任“一肩挑”，两委干部中女性22人，男性71人，两委干部交叉28人，交叉率30.1%；新进人员29人；16位村支部书记中，新任4人；35周岁左右的年轻干部20人，整个镇的村两委干部平均年龄48.83岁；大专以上文化程度23人，占比24.73%。

【杭坪卫生院投入使用】 4月29日，杭坪镇卫生院修缮改造工程投入使用，该项目总投资1030万元。利用原粮站和卫生院场所进行修缮改造，用地面积4792平方米，总建筑面积2020平方米，主要包括门诊综合楼、公卫服务楼、宿舍楼、医疗废物存储房以及配电房、门卫室、食堂、道路、绿化、停车位等配套设施。

【杭坪镇中心幼儿园开园】 杭坪镇中心幼儿园于9月竣工开园。幼儿园投资1500余万元，占地面积3900余平方米，建筑面积3068平方米，户外活动场地2000余平方米，绿化面积700余平方米，塑胶场地1298平方米。建设有多功能厅、专用活动室、户

**杭坪镇各行政村基本情况表**

**表15**

| 村名 | 户数（户） | 人口（人） | 耕地面积（公顷） | 山林面积（公顷） |
|---|---|---|---|---|
| 杭坪村 | 1424 | 3494 | 2277.35 | 16218 |
| 中村村 | 366 | 852 | 571.28 | 4572 |
| 寺坪村 | 303 | 899 | 654.31 | 8886 |
| 薛家村 | 560 | 1502 | 495.42 | 6142 |
| 乌浆村 | 757 | 1878 | 1136.32 | 7530 |
| 茶山村 | 243 | 266 | 347.19 | 4343 |
| 后阳村 | 225 | 659 | 399.59 | 2723 |
| 芦峰村 | 288 | 871 | 585.31 | 3173 |
| 壶源村 | 342 | 1108 | 432.82 | 6239 |
| 曹源村 | 161 | 463 | 455.89 | 4202 |
| 大塘村 | 242 | 584 | 420.8 | 11458 |
| 裕民村 | 620 | 1445 | 436.51 | 6892 |
| 登丰村 | 301 | 907 | 345.94 | 4192 |
| 程家村 | 436 | 1035 | 374.78 | 10286 |
| 东岭村 | 281 | 792 | 778.82 | 9815 |
| 石宅村 | 312 | 933 | 1165.52 | 13382 |
| 合　计 | 6861 | 17688 | 10877.85 | 120053 |

外场地、报告厅等硬件设施。2020年，有4个班级，116名幼儿，专任教师8人。

【建成杭坪镇残疾人之家】 利用原石宅办事处房屋改建使用面积550平方米，总投资22万元的杭坪镇残疾人之家于10月在石宅村完成建设，11月试运行，内设工疗室、康复室、文体活动室、心理咨询室、生产加工室等场所，有生产加工设备、康复设备和辅助器具、电视、网络、多媒体、体育健身器材等配套设备器材。中心集生活照料、技能培训、康复服务、文体活动和劳动就业五大功能，能够提供中餐和午休服务及基础的康复医疗、娱乐健身等服务。

【薛家趣野吧户外拓展基地完善扩容】 薛家趣野吧户外拓展基地，由浦江薛家旅游开发有限公司打造运营，占地面积约170余公顷。经过两年的打造，基地设施齐全，由研学教育区、水域体验区、草坪活动区、高空设施区、拓展训练中心、丛林越野区、真人CS野战区、野炊烧烤区、星空露营区、飞行体验区等组成，结合引进户外极限山地运动项目。其中，石宅西民军校占地面积0.8公顷，2020年有300个床位，12间标准教室，可容纳300人的多媒体中心，适合开展中小学生研学实践活动。基地主营夏(冬)令营、户外拓展培训、丛林穿越、亲子活动、主题年会、各类体育赛事等多元化户外活动。主要面对公司团建、亲子研学、工会疗休养、浦义同城、散客五大客群。基地全年开放，有从业人员37名。自2019年5月份基地筹建以来，已接待县内外2000余家单位约65万人次的素质拓展业务。2020年，游客量165万人次。

薛家趣野吧户外拓展基地

【体育振兴】 杭坪镇在抓好新冠肺炎疫情防控工作的同时，做好群众体育活动、体育产业等各项工作，健全公共体育服务体系，体育产业蓬勃发展，获

2020年度浙江省体育振兴乡村贡献奖。薛家村被评为金华市第五批"体育+"特色村。

【美丽城镇市级样板镇】 杭坪镇围绕美丽城镇"五美"(环境美、生活美、产业美、人文美、治理美)建设目标谋划产业项目,促进农业、文化、旅游、餐饮、民宿等工作的全面开展。推进水源地生态保护、镇卫生院、中心幼儿园、残疾人之家、示范性居家养老照料中心、住宅危房维修等项目建设,不断改善民生基础设施;推进薛家户外拓展基地、田园综合体、游客接待中心等项目建设,拓宽丰富杭坪发展业态,把美丽生态转化为美丽经济。同时结合垃圾分类、环境卫生整治、美丽乡村创建等工作,持续提升镇域整体村容镇貌。12月,通过金华市美丽城镇市级样板镇考核验收。

【浙江省历史文化名镇名村名街区】 石宅村旅游资源丰富、文化底蕴深厚,剪纸、擂马、板凳龙、浦江乱弹等传统民间艺术异彩纷呈。村内有古厅堂十余处,石西民故居等古民居200余间。2020年,启动5个古厅堂全面修缮的中国传统村落保护工程和石西民故居陈列布展等项目,石宅村被省政府评为第六批浙江省历史文化名镇名村名街区。

石宅村村景

【省AAA级景区镇】 杭坪镇旅游资源丰富、文化底蕴深厚,特色非遗文化、趣野吧探索营地、薛家西西花园、乌浆牡丹园、八角尖峰林洞穴、西山坪古松群、石西民故居、九龙庵古寺、外胡水库瀑布等自然和人文景观远近闻名,摆祭、剪纸、纸会、执事、擂马、米塑、舞狮、竹丝灯、板凳龙、什锦班等非遗文化丰富多彩。全镇创建浙江省AAA级景区村庄3个、AA级景区村庄4个、A级景区村庄3个。辖区内有大、小停车场共计33个,公厕44座,农家乐7家,民宿24家。2020年,杭坪镇被评为"浙江省AAA级景区镇"。

乌浆牡丹园

【金华市文化示范村】 杭坪村为中国传统村落、浙江省历史文化村、金华市民俗文化村。借小城镇环境综合整治之机,投入950余万元,在村内建成非遗公园、壶江吴莱文化公园和文化广场。村内有板凳

杭坪村什锦班参加县第二届浦江什锦班比赛,获一等奖

龙队4支、什锦班3支、舞蹈队2支。8月，3支什锦班参加县第二届浦江什锦比赛分别获一、二、三等奖。不断完善文化基础设施，强化文化队伍建设，开展各种文化活动，做好传统村落保护。12月，杭坪村被评为金华市文化示范村。

【金华文旅好评榜“好村落”】 2020年，薛家村有农户330户，总人口919人，为全国文明村、省首个无蚊村试点村、省AAA级景区村庄、省级生态宜居示范村、省级法治自治村、省级美丽宜居村、省美丽乡村特色精品村、金华市“五星党支部”等。薛家村在传统农业产业基础上，围绕“生态乐园”“沙滩公园”和“农耕文化园”发展乡村旅游。全年接待游客186万人次，村集体经济总收入227.96万元，同比增长33.5%，经营性收入139.46万元。2020年，被评为“金华好村落”，上榜“金华市文旅好评榜”。

【金华市首个乡村民间文艺振兴工程研学游基地】石宅村为中国传统村落，浙江省历史文化村，金华市民俗文化村。5月23日，金华市民间文艺家协会、浙中城市群文化推广委员会授予石宅村全市首个“金华市乡村民间文艺振兴工程研学游基地”。该研学游基地成为市民间文艺家协会长期采风创作的场所，将为村庄留下书画、诗词、楹联等文艺作品，助推乡村振兴。

【石日莲剪纸工作室】 4月5日，杭坪镇中心小学79岁的退休教师石日莲设在乌浆村家中的剪纸工作室挂牌成立并对外展出个人剪纸作品。石日莲的剪纸作品曾荣获多项国家级、省级大奖，开设免费剪纸培训课，全年义务培训辅导450余人次，并在乌浆村厅堂举办首期剪纸作品展览，共展出本人和参加培训人员的剪纸作品100余幅。工作室还成为吸引周边游客并推进乡村旅游的一个新景点。

石日莲剪纸工作室

（江益清）

## 檀溪镇

【概况】 檀溪镇地处县境北部，总面积109平方千米，下辖13个行政村，57个自然村，总人口15402人。全镇共有耕地面积970公顷，茶园面积533公顷，耕地流转面积210公顷，农民合作社26个，家庭农场52个。森林面积9341公顷，公益林面积5245公顷。

全年收支总计9569.54万元，实现财政总收入4418.59万元，财政拨款收入2668.18万元，上缴税收260万元。

全域土地整治和生态修复一期工程通过县级验收，建成水田58公顷，旱地7.5公顷。完成下宅村美丽河湖工程，九母岛绿道防洪墙工程和三塘坞山塘、直坞山塘维修养护工程建设。完成塘弄山塘除险加固工程主体工程量的95%和南坞山塘工程主体工程量的95%。完成30公顷新增国土绿化任务，种植6800株珍贵树种，发动义务植树500余人次。

完成2019—2020年度病枯死松木清理工作，面积2547.47公顷，疫木1941.77吨。

镇集体公司实现收入402.9万元，分配股东红利320万元。罗家、赤岩、潘周家、寺前、会龙5个村被列入第二批乡村振兴示范村，建成平湖一根面、赤岩麻糍、寺前粽子、会龙番薯粉丝等农副产品加工基地，开办潘周家水上乐园。“平湖一根面”基地年销量3.3万余斤，增收30余万元；寺前珍香茶叶田园综合体年收青草30余吨，增收300余万元；潘周家水上乐园承办金华市第二届农民丰收节龙舟赛，带动周边民宿和农家乐等增收30余万元。

重大签约项目到位资金5600万元，开展城头区块搏击小镇、洪山区块现代农业综合体、平湖山庄和潘周家古村落康养旅游等项目的招商工作。罗家源省级AAAA级景区完成投资1亿元，九母岛旅游度假区样板房启动销售。“上海村”项目年度投资额2700万元，建设“檀溪味道”购物点、生态绿道、停车场、旅游厕所等旅游基础配套设施，全年接待上海游客6500余人次。七湾旅游度假区项目完成投资1600万元，完成土地出让、道路设计等基础工作。

总投资5300万元的安居工程集聚区项目完成总工程量的62%，全年签订安置协议124户137套，缴纳定金397万元。新建寺前、潘周家2处安息堂，完成投资860万元，实现镇域安息堂全覆盖。推进饮用水管网改造工程，完成罗家等5个村改造、潘周家等9个村工程设计及8户低收入农户净水器安装工作。

开展污水零直排工作，对新建、改建房屋同步做好污水纳管。排查整改雨污合流问题26个，通过市级验收。落实环境卫生、垃圾分类长效管理制度，每周二开展各村环境卫生、垃圾分类交叉检查，累计交办环境卫生照片237张，垃圾分类错误农户

**檀溪镇各行政村基本情况表**

**表16**

| 村名 | 户数（户） | 人口（人） | 耕地面积（公顷） | 山林面积（公顷） |
|---|---|---|---|---|
| 赤岩村 | 453 | 1253 | 95.70 | 739.20 |
| 九母岛村 | 259 | 796 | 47.58 | 564.27 |
| 罗家村 | 273 | 780 | 40.73 | 2325.40 |
| 平湖村 | 413 | 1161 | 99.59 | 596.80 |
| 城头村 | 232 | 723 | 26.56 | 219.33 |
| 洪山村 | 307 | 916 | 124.04 | 236.53 |
| 毛店村 | 196 | 617 | 25.85 | 215.20 |
| 潘周家村 | 705 | 2071 | 103.92 | 1023.87 |
| 大元村 | 187 | 565 | 78.22 | 772.60 |
| 寺前村 | 673 | 2318 | 89.64 | 507.20 |
| 廿七都村 | 647 | 1813 | 124.36 | 1089.67 |
| 下宅村 | 179 | 537 | 27.47 | 119.67 |
| 会龙村 | 625 | 1852 | 85.43 | 931.27 |
| 合　计 | 5149 | 15402 | 969.09 | 9341.01 |

写下保证书83份，简易处罚24人次。

新增低保户18户27人，低边户21户42人，残疾人64人，给予临时救助256户，救助金额346200元。为困难群众发放轮椅26辆、定位手环7个。完成11户困难家庭危房整治和2户住房环境改造，补助修缮费用14.8万元。居家养老中心稳定运行，创建四星级残疾人之家。

成立疫情防控领导小组，统筹疫情防控工作。全体干部24小时轮班值守，全天候严守全镇21个卡点，全方位排查重点人员，做好40余处公共场所管控工作。累计排查出入境人员1728人次，发放新浦江人通行卡334张，实现全镇新冠肺炎病毒“零”感染。

梳理并公布便民服务中心可办民生事项356件。依托"互联网+政务服务"模式，推广利用政务服务一体机，做到让群众"少跑腿"、信息"多跑路"。全年受理群众办事事项3559件，其中镇"365"便民服务中心办理2541件、村级便民服务点办理392件、网上办理626件。办理证明类事项94件，其中市内办件实现"网上核验、数据查询"率100%。"水电气网"公共服务事项进驻便民服务中心，共办理公共服务事项68件。

处理统一政务咨询投诉举报平台信访件380余件，其中网上信访件260余件、来电80件、来信19件次。集中开展平安检查3次，检查重点单位、民宿、农家乐等80余家次。集中开展平安建设宣传6次，发放平安宣传手册、电动车行车网络诈骗手册及物品共计8600余份。每月开展一次矛盾纠纷大排查，合计化解矛盾纠纷200余起。"四个平台"共计流转事件5033起，其中三级及以上事件1869起，按期办结率100%。开展第七次全国人口普查工作，72名普查员深入13个行政村65个普查小区，完成镇域范围内15402个户籍人口、6818个常住人口的普查工作。

7月，檀溪镇被评为国家卫生乡镇，檀溪月牙湖被评为浙江省运动休闲旅游优秀项目；10月，寺前村被评为首批省级慈善村；11月，洪山村被评为2020年度市级完善型农村社区；12月，檀溪镇被评为2020年度浙江省AAA级景区镇和金华市文明镇，潘周家村被评为2020年度浙江省AAA级景区村庄和2020年度全省美丽宜居示范村，洪山村被评为金华市文化示范村。

【换届选举工作】 檀溪镇完成村级党组织、村民委员会、村务监督委员会等换届选举工作，选举产生两委干部83人，其中支委会委员55人、村委会委员57人、交叉任职29人，13名支部书记、村主任"一肩挑"人选均以高票当选。

【推行"518"工作机制】 檀溪镇实行驻村工作专职化，每周5天至少一名镇干部在村工作8小时，在一线解决群众诉求，领办乡村振兴项目。全年遍访村民群众，化解信访积案4起，调解矛盾纠纷130余起，代办便民服务事项350余件，启动乡村振兴项目23个，5个村成功申创第二批县级乡村振兴示范村。浙江卫视《党建播报》栏目对这项制度进行了专题报道。

【檀溪镇城头加油站开业】 8月16日，檀溪镇城头加油站举行开业仪式。副县长虞红梅、县农业农村局局长楼建超、浦阳街道党委书记柳钢明、国资集团董事长陈钦银、檀溪镇党委书记黄志余、兰溪市江储四优油品销售有限公司董事长丁仕辉等出席仪式，檀溪镇全体干部及加油站员工代表共60余人参加开业庆典。

8月16日，檀溪镇城头加油站开业仪式

【檀溪镇安居工程集聚区项目开工建设】 10月23日，檀溪镇举行安居工程集聚区建设项目开工仪式，项目总投资5500万元，总建筑面积28114平方米，共计有套间215套。檀溪镇党委书记黄志余、镇长郑宏章、浙江元耀公司董事长郑元祥、总经理黄萍、项目负责人潘一建、浦江县华宇建设监理有限公司总经理洪玉峰以及安居工程集聚区建设项目业主代表出席仪式。

【杭温高铁二期杭州至义乌段开工建设】 12月30日，杭温高铁二期杭州至义乌段开工仪式在檀溪镇罗家村木匪岭隧道出口处举行。金华市委书记陈龙宣布正式开工，金华市委副书记、代市长邢志宏主持，省发改委副主任李军、省交通集团总经理詹小张致辞，县委书记俞佩芬代表沿线县(市、区)作表态发言。

12月30日，杭温高铁二期杭州至义乌段开工仪式

（江康彪）

## 前吴乡

【概况】 前吴乡总面积63.97平方千米，有13个行政村、49个自然村，总人口14245人，有农村党员604人。2020年，前吴乡获年度山区片综合考核优秀、先进统战集体，以及党建和人才工作优秀单位、平安浦江建设工作优胜单位、浦江信访工作优胜单位等荣誉，完成村级组织换届选举省级试点、承办省级退役军人服务站现场会等工作。

乡域内旅游资源丰富，有前吴环湖慢生活区、婚纱摄影基地、“中国第一彩色村、国家AAA级旅游景区”3D罗源村、民生花海景区、吴莱书院、马桥乐园、通济湖库尾湿地等，为浙江省休闲旅游胜地。辖区内有“浙中最美人造湖”通济湖、旧浦阳十景之一的“深袅江源”、宋代青瓷古窑遗址、国家级非物质文化遗产“寿溪人会”，以及历史知名人物吴莱、吴渭，现当代著名画家吴茀之、吴山明等。

【换届选举】 用“红心”点亮“民心”，前吴乡作为村级组织换届选举省级试点，通过“三百行动”摸底数、“六抓六清”夯基础、“云端测评”汇民意、“六维画像”择人选、“模拟演练”零误差，抓好换届试点各项工作的落实。推行“三个十”标准，换届大巴、党员“1带10”等“八个实招”，提高村委会换届参选率。经过历时50天的换届攻坚战，选举产生新一届村两委干部78名，取得“双零双百”的成绩，即零信访、零违纪，“一肩挑”人选得票率100%，组织意图人选当选率100%。

前吴乡新一届村干部履新仪式

【乡村振兴】 中秋国庆期间，举办“湖畔嘉年华旅游节”，旅游收入150万元。为期20天的民生花海旅游节，吸引游客3万余人次，仅景区门票收入就达40余万元。罗源村“无中生有”打造了户外生态烧烤基地，营业额14万余元。毛家村结合吴莱文化，注册“吴莱状元面”商标，吴莱状元面馆自10月开业

以来，盈利14万余元。打造“家工厂”来料加工集聚点，解决50余名闲散劳动力就业问题，村民收入超400余万元。打造婚纱摄影基地，截至2020年，接待3000余对新人拍摄，营业额3000余万元。2020年，通过举办民生油菜花节、湖畔嘉年华等活动，吸引周边县市游客86万余人次，旅游总收入638余万元。

前吴乡毛家村乡村振兴项目“吴莱状元面”

第七届民生油菜花节

前吴乡塆山村婚纱摄影基地

【疫情防控】 2020年新冠肺炎疫情防控期间，前吴乡率先在全乡各村出入口设卡检查，秉承“党建+单元”作战理念，压紧压实四级作战单元，构建“网格长、网格小组长、网格员、农户”四级管理体系，形成疫情防控精细化管理态势。全乡党员干部成立义务代购员队伍，保障老百姓日常生活所需。成立临时党支部，前吴乡疫情防控工作专班在全县率先推出居家医学观察对象《管控日志》。在复工复产的要求下，前吴乡又全面排摸闲散劳动力，助力复工复产。

前吴乡党员干部驻守卡点

【民生实事】 完成全乡13个行政村农村饮用水提标达标工程，以及灵溪小东桠、通济村里石坞等6个自然村的单村农饮水提升改造工程。启动生态绿道连通工程，征用土地7646.64平方米。完成危旧房户原拆原建备案26户，改造农村困难家庭危房9户，无房户规划和宅基地审批12户。排摸临时救助户153户，发放救助金27余万元；推进朱桥村残疾人之家建设，9名残疾人获劳动帮扶，发放困难残疾人生活补贴180人；建设婚纱摄影基地及塆山村、马桥村停车场，新增停车位200余个；建设塘岭金村仓储用房，建筑面积1900平方米，主体房屋作为招商引资、来料加工场所。

【生态保护】 创新推出垃圾分类评比表上墙制度，全乡13个行政村实现4600户农户的评比表上墙，

**前吴乡各行政村基本情况表**

**表17**

| 村名 | 户数（户） | 人口（人） | 耕地面积（公顷） | 山林面积（公顷） |
|---|---|---|---|---|
| 通济村 | 385 | 1206 | 260 | 6544 |
| 灵溪村 | 475 | 1368 | 775 | 9397 |
| 塘岭金村 | 565 | 1744 | 620 | 7712 |
| 前吴村 | 491 | 1349 | 594 | 10073 |
| 埒山村 | 165 | 522 | 75 | 1944 |
| 臬溪村 | 369 | 1075 | 415 | 9867 |
| 毛家村 | 310 | 850 | 378 | 2800 |
| 寿溪村 | 608 | 1673 | 912 | 10921 |
| 马桥村 | 237 | 656 | 109 | 3871 |
| 朱桥村 | 163 | 570 | 174 | 4559 |
| 桃源村 | 465 | 1460 | 704 | 12097 |
| 罗源村 | 329 | 980 | 903 | 5012 |
| 民生村 | 298 | 792 | 415 | 5065 |
| 合　计 | 4860 | 14245 | 6334 | 89862 |

各村垃圾分类准确率常年维持在90%以上。建立前吴乡环境卫生工作群，公开上传存在问题并督促整改，共交办问题643个，简易处罚51起。持续开展集中整治和党员义务劳动，加强日常保洁和垃圾清运管理。寿溪村创建为2020年省级高标准农村生活垃圾分类示范村；前吴乡创建为省美丽乡村示范乡，开展以“河长制”“塘长制”“党建+”等长效管理为重点的“五水共治”升级行动，做到“四常态、一公开”，“五水共治”工作全县排名第二位。

**【基层治理】** 开展民情民访待办工作，完善落实“民情备忘录”和代办员代办制度。2020年，全乡共收到496件民情和14件民访，办结率分别为100%和93%；紧抓前吴乡安全检查日工作制度，出动检查计630余人次，发现并整改隐患265处；完成2020年乡镇（街道）食安办星级创建工作；承办全省退役军人思想政治现场会工作，通过设立“三站两室一厅”，推进“三晒三单六联系”工作制度和成立兵支书、兵乡贤、兵党员“三支队伍”，实现“服务不缺位、保障全覆盖、尊崇有氛围、引领建新功”的目标，确保退役军人成为基层治理中的“生力军”。

**【新乡贤揭榜仪式】** 举行新乡贤助力乡村振兴暨新乡贤揭榜仪式，吹响“一贤一事为家乡”活动在全县推开的号角。通过前期收集整理各个村发展过程中遇到的问题和困难，针对重要乡村振兴项目，向各乡贤发布“求贤令”，寻觅“揭榜人”，发挥广大乡贤自身独特优势和作用。此次揭榜仪式共推出乡村振兴项目16个，其中需要引进投资的项目8个，协调部门和完善管理的项目各3个，拓宽销售渠道的项目2个。16个项目由13位乡贤揭榜挂帅，前吴乡乡村振兴项目的发展得到新乡贤的鼎力支持。

前吴乡举行新乡贤助力乡村振兴暨新乡贤揭榜仪式

（黄圣妍）

# 花桥乡

【概况】 花桥乡总面积45平方千米，下辖11个行政村，总人口9985人，总户数3299户。2020年，全乡整合闲置田地53.33公顷，以“公司+农户+股份合作社”模式建设农业小微创业园2个、培育种植大户11户、营销专业户4户。通过现场办公和上门问诊等方式累计帮助企业解决问题43个。引进3名农业专家教授，指导解决各村果树蔬菜产量低、病虫害等问题。发动7个村投资白马镇飞地抱团项目，每年获分红30万元。第一批创建的乡村振兴示范村（里黄宅村）5个项目完工率95%；第二批6村16个项目完工率75%，上述项目为集体经济贡献经营性收入约25万元。截至9月，全乡所有村提前完成总收入和经营性收入双达标任务。2020年，全乡总收入438.99万元，与2019年同比增长23.88%。

建立全乡疫情防控应急指挥体系，组建疫情防控工作专班，建立信息日报、每日例会、定期研判、及时调度、舆情监测等机制，共排查68304余人次。成立12支红色代跑团，开展无接触式防控宣传、生活物资代购、紧急事项代办等服务，共计代办事项2400余项，发放防疫口罩32000余个。成立复工复学工作领导小组，协助企业、学校做好物资储备、环境消杀等工作，赠送学校测温仪2台、口罩2000个，输送企业员工1000余人。全体乡干部和党员群众参与，全天候开展设卡、巡查、劝导、宣传等工作。

全乡实现村党组织书记、村委会主任“一肩挑”，党组织和村委会选举工作一次性成功，党组织参选率平均为97.21%，村委会参选率平均为98.2%，综合得票率92.9%以上，选举产生村“两委”班子成员63人。全年共开展正风肃纪检查12次，检查单位场所23处，发现问题8个，下发专项通报文件11个，组织处理6人次。集中开展11次党委理论中心组学习，组织全乡党员干部开展廉政专题讲座3次，开展集中教育学习30余次。

8月，完成“污水零直排区”创建工作初验。完善《花桥乡农村环境卫生长效管理机制》，在2020年“双随机、一公开”的9次检查中，4次排名第一，3次排名第二，年度考核第一名。开展蓝天保卫战，累计开展秸秆焚烧巡查110余次，立案处罚6起。巩固“五水共治”成果，出境断面和境内各支流水质长期稳定在Ⅱ类水，水环境位居全县前列，获“2017—2019周期国家卫生乡镇”称号。开展里黄宅省级美丽宜居示范村创建，打造高塘、金坞、童坞等村赏樱观赏点。马宅村创建为浙江省AA级景区村庄，里黄宅村创建为浙江省美丽乡村特色精品村。开展“中国旅游日·惠游浦江活动”暨花桥乡俊果采摘游，首届花桥乡“赏荷、淘货”节等特色活动，以林坞口为中心点的“花桥坎儿井”成为网红避暑胜地，夏季避暑游客日均2000余人。全乡全年共接待游客50余万人次。

发放“好家风”信用贷款404户3214万元。每个行政村建立1个农村交通安全劝导站点，至少配备1名交通安全劝导员。梳理“6+4”百项服务清单，推行点单定制服务模式。设置乡村两级代办员，全年为群众办理实事6350件。成立“花桥工坊”，安置闲散劳动力1200余人，发放来料加工费3700余万。打通药品供应“最后一公里”，成立送药上山便民服务点，乡、村2级代办员累计为180余人次送药500余次。实现从“喝上水”到“喝好水”的转变，全年建设单村农饮水工程9个，下宅溪、马宅城乡一体化供水实现通水，安装砖砌水表检查井和水表1030座，全乡农村饮用水项目全部完成提升。

**花桥乡各行政村基本情况表**

**表18**

| 村名 | 户数（户） | 人口（人） | 耕地面积（公顷） | 山林面积（公顷） |
|---|---|---|---|---|
| 里黄宅村 | 453 | 1359 | 40.02 | 443.07 |
| 外黄宅村 | 279 | 810 | 22.80 | 63.80 |
| 花桥村 | 235 | 696 | 15.92 | 194.07 |
| 前坞村 | 276 | 780 | 25.69 | 275.73 |
| 马宅村 | 203 | 548 | 18.52 | 305.67 |
| 光明村 | 490 | 1517 | 36.01 | 885.73 |
| 下宅溪村 | 360 | 1142 | 26.00 | 384.27 |
| 塘波村 | 160 | 536 | 13.32 | 188.93 |
| 长畈村 | 230 | 694 | 11.34 | 306.13 |
| 林坞口村 | 143 | 506 | 6.06 | 254.53 |
| 源头村 | 469 | 1397 | 13.38 | 858.80 |
| 合　计 | 3299 | 9985 | 229.06 | 4160.73 |

发放困难残疾人生活补贴、护理补贴54万元，惠及352人。全年临时救助47人共计7.85万元，居家养老严格实行定点制和配送制，每天就餐人数220人。推进乡村两级社会矛盾纠纷调处化解中心（简称“矛调中心”）建设，建成乡矛调中心和11个村矛调工作站，共安排58名工作人员入驻，采取“一窗受理、分流交办、分层接调、联合攻关”的工作机制，确保形成工作闭环和实现有效运转，基本实现来访人员“跑一次、跑一地”。全年代办事项734件，其中民情类600件，民访类事件134件，化解疑难信访积案和社会风险隐患3件，清零率100%。深化“乡贤评理堂”机制。升级花桥特色调解模式，引入“乡贤”“相邻”和专业人员，通过“乡村评理堂”调解17起矛盾纠纷，完成县领导包案督办件2件。

【视察、督查、调研】 6月5日，全县“基层党建+应急管理标准化”现场推进会暨防汛工作会议在花桥乡召开。与会人员参观了下宅溪村“基层党建+应急管理标准化”建设现场、横山村避灾安置场所、花桥乡应急物资仓库、花桥乡“基层党建+应急管理标准化建设”建设现场等，了解花桥乡应急管理标准化工作开展情况。6月19日，乡召开党员整治立规创优行动推进会，县委组织部副部长、“两新”工委书记骆安出席会议。

【座谈会、部署会】 1月10日，花桥乡召开“不忘初心、牢记使命”主题教育总结大会，县委第一巡回指导组成员黄萍萍到会指导。5月29日，花桥乡在里黄宅村召开全面推行好家风评价体系动员部署会。8月1日，乡召开“八一”退役军人座谈会，并走访慰问退伍军人、老复员军人、参战老兵。

乡退役军人座谈会

【花桥乡第十五届人民代表大会第八次会议】 11月6日，在乡居家养老中心召开第十五届人民代表大会第八次会议，乡机关、各行政村、企事业单位的41名正式代表和18名列席代表参加会议。会议听取并审议乡长吴伟钢代表花桥乡人民政府所作的政府工作报告和人大副主席柳晓丹所作的2020年花桥乡民生实事项目进展情况报告。

【民兵组织】 5月27日，花桥乡召开2020年度民兵整组点验大会，乡全体基干民兵参加点验。县人武部副部长傅杨均、军事科陈高翔等出席并指导点验大会。

乡基干民兵点验大会

【主题党日活动】 6月29日，花桥乡500余名党员在塘波村廉政教育基地开展中国共产党建党99周年暨万名党员“永远跟党走”主题活动，号召全乡广大党员坚持党建统领，争当“五个表率”，为决战决胜高水平全面建成小康社会、建设“重要窗口”贡献花桥力量，县人大常委会副主任黄瑞光出席活动。

（潘咪咪）

## 虞宅乡

【概况】 虞宅乡面积56.95平方千米，下辖7个行政村，总户数3241户，人口9098人。2020年，全乡财政总收入3951.6万元，其中财政公共预算收入3338.21万元、其他收入613.39万元。

2020年，虞宅乡围绕“美丽城镇”“乡村振兴”“文旅资金”“创新强省”“招商引资”五大类项目抓发展，共计谋划子项目78个。坚持投资招引与运营招引两头发力，围绕“人才振兴”，利用“两进两回”政策，吸引浙商回归1014万元。

完成2020年度全县“七个十”项目中涉及虞宅的茜溪悠谷景区旅游开发项目，预计总投资为1.5亿元的茜溪悠谷下湾村旅游度假开发项目通过县招委会审议及县长办公会议审议，与浙江海华集团有限公司签约并即将进入净地拍卖程序，完成年度目标任务。

推进一批内部挖潜谋划型项目，加速总投资3.1亿元的美丽城镇建设，其行动方案获评省级优秀行动方案，项目建设通过省级验收；总投资5000万元，横跨2018—2020年的创新强省项目随着道济农业签约而收官；总投资1800万元的鱼泡泡农耕文化体验园旅游项目进入试运营阶段；计划投资500万元的新光临水街合作开发项目签约；覆盖4个行政村，涉及虞宅商贸综合体等7大项目的乡村振兴示范乡镇创建行动完成年度目标任务。

在布局落地一批向上争取规划型项目、2019—2020年度茜溪和壶源江被评为“省级美丽河湖”的基础上，向上争取到涉及中央和省级资金2600万元的虞宅壶源江流域综合治理工程；虞宅村入选省级美丽宜居示范村创建名单，向上争取到2021年美丽乡村省级奖补资金500万元。

打造集夜游、夜宴、夜购、夜娱于一体的“夜魔方”多元化消费市场，形成“茜溪夜经济”核心品牌；谋划“百县千碗”，形成“茜溪十大碗”标志性美食品牌，以标准化推动乡村放心消费；举办特色活动做强文创主题，培育旅游新业态，多措并举促进旅游消费升级。全年接待游客116万人次，带动创收6250万元，创建第四批浙江省旅游风情小镇，“茜溪——上河”夜游路线入选浙江12条美丽乡村夜经济精品线，新光村获评全国乡村旅游重点村，高坑村创建浙江省AAA级景区村庄。

依托茜溪体育馆优势资源，开展“省赛村办”

“市赛村办”，坚持“周周有活动”运营理念，以赛事聚人气，让人气变财气。实施茜溪体育馆整体提升、笼式足球场、村口体育元素景观等工程，提升茜溪体育品牌美誉度。全年举办省市县各级赛事53场，吸引游客突破50万人次，前明村获评金华市“体育+”特色村，前明体育基地获评金华市第五批体育产业（运动休闲）基地。

强化“保护—利用—开发”理念，修缮席场古桥，规划灵岩古庄园提升、虞廷故居复建等项目，增强文旅厚重感，推进文旅融合高质量发展。邀请专家学者3次召开文化挖掘和保护例会，成立虞宅乡文化挖掘保护和文旅融合开发小组，梳理茜溪、湖溪“双溪”文脉。新光诒榖堂灵岩公文化展陈有序推进，文化活动精彩纷呈，8月25日举办的文化国潮节，单日游客接待量超3万人次。虞宅乡获评浙江省文明镇（乡）。

以碧水提升、净土守护、蓝天保卫三大行动为抓手，不断深化资源源头治理，促进乡村面貌整体提升。在全乡范围内大力开展雨污分流、截污纳管、污水处理设施终端维护提升工作，推进污水零直排建设工作。全力开展环境卫生整治工作，彻底清理道路沿线、房前屋后、河道沟渠及其他卫生死角，以实际行动改善农村人居环境，为推进乡村全面振兴奠定坚实基础。2020年，虞宅乡获评国家级卫生乡镇，壶源江获评浙江省美丽河湖，前明村创建浙江省美丽宜居示范村。

开展多样化宣传，落细落实防范通信网络诈骗和电动自行车事故工作。组建全县第一支外来务工者参与村级事务的志愿服务队——“新虞宅人”志愿服务队、全县第一支乡镇层面的综合性应急联动队，共计吸纳队员140余人，助推实现基层治理三治融合，虞宅乡入选金华市五星三强示范型乡镇创建名单；推进矛盾纠纷调处化解中心标准化建设，

**虞宅乡各行政村基本情况表**

**表19**

| 村名 | 户数（户） | 人口（人） | 耕地面积（公顷） | 山林面积（公顷） |
|---|---|---|---|---|
| 马岭村 | 474 | 1449 | 47.73 | 371.6 |
| 智丰村 | 407 | 1011 | 50.07 | 289.13 |
| 新光村 | 363 | 1116 | 41.2 | 392.8 |
| 前明村 | 607 | 1771 | 76.2 | 421.73 |
| 虞宅村 | 736 | 2084 | 62.8 | 256.8 |
| 高坑村 | 336 | 841 | 47 | 262.53 |
| 张村村 | 318 | 826 | 41 | 156.53 |
| 合　计 | 3241 | 9098 | 366 | 2151.12 |

接待来电来访人员120人次，代办民情民访等代办事项45件；深化领导干部下访接访，全乡共受理群众来信来访17件，上级转交信访件7件，办结24件，息访9件，解决历史遗留积案1件。

全面完成医保缴纳工作，城乡基本医保参保7499人，大病医保参保6403人。发放临时救济款25.21万元，219户572名困难群众生活得到保障。完成农村个人建房审批4宗，原拆原建用地备案8宗，合理维护农民居住权益。大力推进无证明城市改革，让“一次都不用跑”成为常态，“最多跑一次”成为上限，全年服务企业办理事项62项，服务群众办理事项2833项，努力书写惠民便民新答卷。

借助企业市场洞察力及专业化的投资、发展建议，不断提升优化营商环境助推企业发展。从“政企互动、企企联动”出发，创新“三服务”载体，建立月度旅游发展例会制度，实现对旅游企业全周期的服务和管理。邀请辖区内互为一条龙配套型企业、上下游产品提供型企业、部分业务重叠型企业参会，为企业提供精准服务的同时也为政府经济建设打造外援型智囊团。

实施浦义同城战略，建立“立足虞宅发展虞宅，跳出虞宅发展虞宅”的思维模式，开展内外联通工作，与义乌市福田街道深入对接，充分发挥各自的比较优势，常态化召开交流例会。探索在“网红直播”“农民带货”等社交电商方面进行合作。

搭建跨区域合作平台，依托马岭古道、210省道自然连接，挖掘地理毗邻优势，联系召开建德市乾潭镇、桐庐县富春江镇、浦江县虞宅乡“三县市三乡镇”文旅融合联席会，并固定例会制度，在美女峰联合开发、旅游品牌共建等方面进行合作，探索形成“六个一”工作机制。三地就同创省级美丽城镇组建“美丽城镇创建联盟”，获得初步成效。

**【第三届“诗意茜溪·疫中有爱·为爱毅行”活动】** 5月19日，由浦江县文化和广电旅游体育局、浦江县教育局、共青团浦江县委、虞宅乡人民政府联合主办的“诗意茜溪·疫中有爱·为爱毅行”活动在虞宅乡前明村西山举行开幕式。毅行参加人数有200组共计400人。

**【虞宅乡第十六届人民代表大会第七次会议】** 4月29日，虞宅乡第十六届人民代表大会第七次会议召开。会议回顾总结2019年度工作开展情况，部署2020年工作，完成换届选举，对5项虞宅乡2019年民生实事工程完成情况进行满意度测评。从13项实事工程备选项目中明确虞宅到前明生态廊道建设、虞宅乡商贸综合体、210省道虞宅段亮化工程等10项2020年民生实事工程项目。审议通过政府工作报告、人大主席团工作报告、生态环境质量工作报告、2019年财政预算执行情况和2020年财政预算(草案)。

**【“永远跟党走”主题活动】** 6月28日，虞宅乡召集全乡党员、干部开展“坚持党建统领，争当五个表率”暨万名党员“永远跟党走”主题活动。县人大常委会副主任于新宣、副县长周建丰出席会议。

“永远跟党走”主题活动 （毛江彪 摄）

**【体育下乡活动】** 6月5日，省政协委员、省体育局副局长张亚东和奥运会体操冠军江钰源、武术世界锦标赛冠军毛娅琪、篮球亚洲锦标赛冠军丁锦辉、皮划艇世界冠军许亚萍等莅临虞宅乡开展浙江省政协2020年送体育下乡活动，走进虞宅中心小学、茜溪体育馆、新光村。县长俞佩芬、县政协主席郑文红等县领导，乡党委书记陈鹏进、乡长毛悦陪同。

体育下乡活动 （毛江彪 摄）

（葛灵娟 吴越佳）

# 大畈乡

【概况】 2020年，大畈乡总户数3095户，总人口8633人。实现工农业总产值0.3亿元，与2019年持平。全乡财政总收入4098.30万元，其中一般公共预算财政拨款收入1882.14万元、政府性基金预算财政拨款收入20.16万元、其他收入2196万元。村集体经济总收入829万元，同比增长7.38%。

整治抛荒田20公顷，全乡种粮大户水稻种植面积45公顷。开展春、秋两季动物集中免疫行动，免疫生猪4900余头、家禽7900余羽，免疫率均达到100%。持续开展非洲猪瘟防控工作。开展松线虫病病死木清理及防治工作，全年清理病死木4000余吨。举办植树活动，在夏明村种植浙江柿、乌桕1200余棵，种植面积1.33公顷。完成总投资约241万元的村内供水管网和水表安装工程，涉及6个行政村，受益人口5200余人。上河村获评中国美丽休闲乡村、浙江森林氧吧、浙江生态文化基地，清溪村获评“一村万树”示范村。

落地坤腾建筑有限公司、高空户外拓展基地等招商引资项目5个，累计投资额2.23亿元。上河沿江四合院民宿、玻璃漂流建成营业，农耕文化园、野外拓展训练靶场、廊家畈桃花园景区提升、米奇音乐喷泉等项目完成建设。2020年暑期、国庆等旅游旺季，游客再创新高，游客量较2019年增长30%，单日游客最高1.5万余人次。全年共接待省内外游客200余万人次，实现旅游收入2500余万元。

增加最低生活保障11户；办理临时救助100人，发放救助资金12.3万元，办理重度残疾人护理补贴28人；建成乡级残疾人之家并于年底投入运营，可为全乡340余名残疾人提供来料加工、休闲娱乐等服务；提升改造饮用水609户；改造拆除危旧房74间；完成平湖双姑线大畈段湃桥、山丰、下湾段公路节点建设等工程。

4月29日，大畈乡第十五届人民代表大会第七次会议选举产生大畈乡人大主席骆军洋、乡长楼超武、副乡长张招芳。

大畈乡乡长楼超武（右）、大畈乡人大主席骆军洋（中）、大畈乡副乡长张招芳（左）任职宣誓

【抗击新冠肺炎疫情】 面对2020年新冠肺炎疫情，全乡上下第一时间落实各项防控措施，在2—3月打赢疫情防控阻击战的关键时期，设立检查卡点12个。依托党群联动网格，上门宣传防疫知识和防控政策，排查出在境外人员14人、出入境人员963人，发放绿卡291张。

大畈乡乡贤为抗疫工作捐资捐物

【浦江好茶推介会】 6月3日，浦江好茶推介会在大畈乡上河村举办，该活动采用线上直播形式，联合“浦江微讯”“诗画浦江”“腾讯看点”“淘宝直播”等平台开展直播，副县长虞红梅直播带货。

【上级领导考察调研】 4月14日，浙江省退役军人事务厅党组成员、副厅长金登尚一行到大畈乡清溪村调研“新时代枫桥式退役军人服务站”建设，金华市退役军人事务局局长范晓东，副局长刘弘引，县委副书记、政法委书记俞建辉，副县长虞红梅，县退役军人事务局局长陈决星等陪同。6月5日，中国科学院院士、浙江大学航空航天学院教授朱位秋一行考察上河村。11月11日，浙江省美丽城镇办考核验收第九组组长程亮一行到大畈乡考核验收美丽城镇工作，金华市美丽城镇办副主任施尚华，副县长周建丰，县住建局党组书记陈璠等陪同。

省退役军人事务厅党组成员、副厅长金登尚(右一)一行到清溪村调研

中国科学院院士、浙江大学航空航天学院教授朱位秋(右二)一行考察上河村

【首批“好家风”农户表彰大会】 6月27日，大畈乡首批“好家风”农户表彰大会在上河村召开，县委组织部副部长、“两新”工委书记骆安，县纪委常委董铁飞，县委政法委副书记张树安，县委宣传部部务会议成员、县精神文明指导中心主任王红钢等参加。大会表彰了乡级“好家风”农户7户、村级“好家风”农户35户。

大畈乡首批“好家风”农户受表彰

【中国美协浦江写生基地上河写生点挂牌】 8月14日，中国美协浦江写生基地上河写生点举行挂牌仪式，该活动由中国美协、浦江文联、大畈乡政府、焕景艺创投资有限公司联合举办。

中国美协浦江写生基地上河写生点挂牌仪式

【2020年“浦江·沪马”杯浙江省拳击俱乐部冠军联赛】 10月5日—6日，“浦江·沪马”杯浙江省拳击俱乐部冠军联赛在大畈乡上河村开赛，来自杭州、温州、衢州、绍兴、德清等地的十几家拳击俱乐部的上百名运动员参赛。10月5日，浙江省体育局培训中心主任李跃，中国职业拳击首席推广人刘刚，浙江艺创文旅发展有限公司副总经理朱金满，浙江省拳击协会秘书长杨相光，副县长虞红梅，县文化广电旅游体育局局长张国樟参加联赛开幕式。10月6日，“浦江·沪马”杯WBA中国区130磅职业拳击八人赛开赛。

“浦江·沪马”杯WBA中国区130磅职业拳击八人赛开赛

【村级组织换届选举】 10月13日，大畈乡召开村级组织换届工作动员部署会暨换届工作业务培训会，县联系领导、县委常委、人武部部长黄兴旺参加，大畈乡村级组织换届选举工作启动。11月4日，大畈乡召开村党组织班子履新集体谈话会，村级党组织换届选举工作完成。11月29日，大畈乡村民委员会换届选举工作完成。

【“清廉金华·映像2020”媒体记者采风】 11月19日，由金华市纪委、市委宣传部领导干部以及《人民日报》、人民网、《中国经济导报》、《浙江日报》、《民主与法制时报》、中国网、《都市快报》、《浙江法制报》、《反腐败导刊》、凤凰网、《金华日报》、金华广播电视总台等媒体记者组成的“清廉金华·映像2020”采风团，到大畈乡上河村采风、采访。县委常委、县纪委书记、县监委主任傅晓辉，县纪委副书记祝懋发，县纪委常委董铁飞陪同。

（吴慧芳）

**大畈乡各行政村基本情况表**

**表20**

| 村名 | 户数（户） | 人口（人） | 耕地面积（公顷） | 山林面积（公顷） |
|---|---|---|---|---|
| 清溪村 | 567 | 1531 | 129 | 660 |
| 建明村 | 418 | 1163 | 55 | 440 |
| 夏明村 | 432 | 1185 | 88 | 653 |
| 上河村 | 476 | 1356 | 63 | 733 |
| 湃桥村 | 440 | 1293 | 82 | 1226 |
| 大姑源村 | 307 | 834 | 37 | 1703 |
| 小姑源村 | 455 | 1271 | 66 | 1920 |
| 合　计 | 3095 | 8633 | 520 | 7335 |

## 中余乡

【概况】 中余乡总面积43.66平方千米，下辖8个行政村。2020年，全乡有4167户，人口1.21万人。坚持“农业一颗桃、工业一把锁、旅游一条线”的发展思路，提升经济发展水平。

耕地面积340公顷，山林面积3600公顷。主要经济作物有毛竹、黄桃、油茶、香榧等，其中中余黄桃产业被列入乡重点扶持项目。中余乡设有中心小学1所、幼儿园1所，邮政、信用社、卫生院、超市等配套设施齐全。

乡域拥有锁具集聚区1个，容纳企业34家。全年共实现工业总产值6.76亿元，出口交货值3.38亿元，固定资产投资690万元，其中工业投资487万元，自营出口0.19亿元，到位内资0.45亿元，引进外资50万美元。

冷坞村重点打造“坪上云居”特色民宿品牌，坪上村基础设施建设工程包含道路拓宽、黄泥岭古道修建等建设项目，投资额150万元，开发民宿15幢，配备床位约120张，新评定4家等级民宿，其中1家创建舒适型民宿。2020年，冷坞“坪上云居”民宿增至15家，创建市级民宿集聚村，全乡共接待游客2.2万人，为村集体、农民增收75万元。冷坞村被评为“金华市农家乐集聚村”。

冷坞“坪上云居”民宿

全年组织送戏下乡、电影下乡、讲座展览等20余场，新建蒲阳、方家村2个文化礼堂，实现“三团三社”全覆盖。成立新时代文明实践志愿服务队，开展防疫、助力企业复工复产、校园复学、田园综合整治、无偿献血、新时代美丽乡村、关心关爱老人等志愿活动，共计100余次。联系浙江水利水电学院师生到中余乡开展支教活动，开展春泥计划140次。

完成百万亩造林任务40公顷。创建省级森林城镇，中余村“一村万树”省级示范村和普丰、五星、高桥“一村万树”推进村，雅湖畈村市级森林村庄。全乡8个村完成市级森林村庄的创建和“一村万树”推进工作。加强森林防火工作，组织森林消防队应急待命，防火巡查，各村进行设卡设点，全年无森林火灾发生。对全乡2060.4公顷788个小班的松林进行春、秋松材线虫病和松毛开展调查，未发现松毛虫为害情况，完成松材线虫病病木的清理。核实森林卫片图斑，未发现违规情况。

6月29日，中余乡开展“不忘初心、牢记使命”暨万名党员“永远跟党走”主题活动，全体乡干部、全体农村、“两新”组织党员、村两委干部及“4+2联心服务团”等600余人参加活动。全乡有机关党员25名，农村党员568名。

中余乡开展万名党员“永远跟党走”主题活动

9月，进行换届选举，选民参选率98%。全面实现“五好三确保”换届总目标，村村实现有“三个一”，即1名大学生村干部、1名约35周岁的村干部、1名妇女委员，推动村级班子素质结构整体提升。

**【县领导进乡走访调研】** 2月17日，县委书记程天云到中余乡检查浦江县西部锁具集聚区防疫和复工工作开展情况，详细了解企业在招工、员工健康管理、生产销售等方面遇到的困难，鼓励企业主坚定信心，要求中余乡全力做好服务，共同打赢这场疫情防控攻坚战。7月29日，市农技推广基金会会长陈昆忠，县委副书记、县长俞佩芬一行至中余乡调研雅湖畈村安鑫家庭农场。9月8日，县人大常委会主任虞振贤到中余乡指导工作，查看村级代表联络点建设以及文化礼堂建设。

市农技推广基金会会长陈昆忠（左二），县委副书记、县长俞佩芬（右二）调研雅湖畈村安鑫家庭农场

县人大常委会主任虞振贤（右一）到中余乡查看五星村级代表联络点建设

【服务民生】 推进中余幼儿园迁建项目开工建设工作，解决适龄儿童就学问题。修缮山塘水库4座，解决饮用水问题。西北部山区供水工程主管网通水，支管道和村内管网建设持续施工中，同时推进农村饮用水达标提标工作，开展水费收缴工作。

【环境整治】 清理各类垃圾1.8万立方米，治理小微水体黑臭河67处，清理违规广告牛皮癣134处。拆除违章建筑6处，共计1500平方米。督促乡域内19家餐饮单位安装隔油池和油烟净化器，完成污水零直排创建工作。行政处罚乱扔垃圾和垃圾未分类案件64起。收容流浪犬只82只，处罚不文明养犬案件38起。

【招商引资】 持续推进招商引资项目。外资生态立体种植及研发项目在浙江投资贸易洽谈会上签约成功。第二季度到位外资50万美元，共到位资金150万美元。

副县长虞红梅（左五）和中余乡党委书记带队到杭州考察企业，洽谈投资事宜

【基层治理】 持续深入开展民情民访代办制尝试，深化“最多跑一次”改革向村级延伸，坚持每周二下村办公，完善党员联系户制度，健全“4+2”联心服务团机制，成立中余乡矛盾调解中心，形成推动基层治理的强大合力。2020年，共化解矛盾纠纷255件，其中初信初访17件、县领导包办件2件、信访积案1件、涉疫信访件4件、其他信访件13件。

【黄桃经济】 黄桃产业继续发展壮大。全乡黄桃总产量约150万千克，为村集体、村民增收1400余万元。开辟直播带货“云销路”，完善“经纪人+直销点+农户”三合一销售模式；多次组织开展黄桃种植技术培训，并邀请专家上门为农户提供精准服务；举办“桃花节”“采摘节”等活动，吸引游客1万余人次。

浙里助农——中余黄桃秀直播带货现场

**【社会保障】** 解决农民建房问题，帮助住房困难户57户，其中原拆原建43户，审批无房户缺房户10户，省级困难家庭危房改造4户。解决集体经济增收问题，各村均超额完成全年集体经济经营性收入15万元、总收入30万元任务。2020年，全乡集体经济总收入520万元，其中经营性收入128万元。做好弱势群体帮扶，累计为259户困难户送去关心、温暖，救助低保户138户，临时救济170户，发放各类补助金110余万元，其中政府补助金24.83万元、乡贤爱心捐款40余万元、防疫期间捐款6.2万元。

**【疫情防控】** 新冠肺炎疫情防控期间，做好常态化疫情防控，落实各项管控措施，发挥党员干部带头作用，开展党员干部带头示范、网格排查、志愿服务“三大行动”，构建“一部三队”机制，即每个卡点成立临时党支部，每个村成立三支队伍（即党员先锋队、志愿者巡逻队、居家隔离服务队），推行“四个一线”工作法，建立党员联系农户“1+X”排查体系，完成1422名外来人员的登记工作。在推进企业复工复产工作中，制定“四个一”联企方案，建立“一企一策、一企一档、一人一表”等各类台账，主动服务、全程服务、精准服务，帮助企业明确复工要求、具备复工条件、落实复工方案，顺利复工复产，努力实现“一手抗疫情，一手抓发展”。

（傅靓靓　杨珊珊）

**中余乡各行政村基本情况表**

**表21**

| 村名 | 户数（户） | 人口（人） | 耕地面积（公顷） | 山林面积（公顷） |
|---|---|---|---|---|
| 普丰村 | 437 | 1166 | 14.30 | 316.70 |
| 蒲阳村 | 686 | 1921 | 83.60 | 302.30 |
| 方家村 | 439 | 1273 | 32.70 | 286.70 |
| 中余村 | 824 | 2650 | 86.70 | 706.70 |
| 五星村 | 344 | 1114 | 35.67 | 272.90 |
| 高桥村 | 386 | 1037 | 100.00 | 333.30 |
| 雅湖畈村 | 787 | 2182 | 89.20 | 435.60 |
| 冷坞村 | 264 | 768 | 34.90 | 474.00 |
| 合　计 | 4167 | 12111 | 477.07 | 3128.20 |

## 浦江县主要机构及负责人名单

（截至2020年12月31日）

### 中国共产党浦江县委员会

书　记　程天云（—2020年12月）
　　　　俞佩芬（2020年12月—）
副书记　俞佩芬（—2020年12月）
　　　　戴　翀（2020年12月—）
　　　　钱福安（2020年12月—）
　　　　俞建辉（—2020年12月）
常　委　张建顺
　　　　黄兴旺
　　　　韦钟铺
　　　　张昆仑（2020年01月—）
　　　　蒋　涛
　　　　徐利民
　　　　傅晓辉
　　　　朱红卫（挂职2020年04月—）
　　　　朱俊华（—2020年06月）

### 县委办公室

〔机要局（县密码管理局）、保密委员会办公室（县国家保密局）、县档案局、县政府外事办公室〕

主　任　方　渊
副主任　倪伟虹
　　　　张伟文
　　　　徐军峰
　　　　楼江红
　　　　应　俊
　　　　杨远航

### 浦江县人民代表大会常务委员会

主　任　虞振贤
副主任　黄瑞光
　　　　戴忠泉
　　　　于文统
　　　　朱晓飞
　　　　楼向阳
　　　　于新宣（2020年04月—）

办公室

主　任　赵　峰

法制与监察司法工作委员会

主　任　于建松

财政经济工作委员会

主　任　郑秉刚

城乡建设与环境保护工作委员会

主　任　金见映

科教文卫工作委员会

主　任　方自守

代表与选任工作委员会

主　任　张晓宝

农业农村工作委员会

主　任　张渊成

社会建设工作委员会

主　任　王宏大

## 中国人民政治协商会议浦江县委员会

主　席　郑文红

副主席　楼真安

张放远

傅兴琰

盛丹平

赵仕党(2020年04月—)

胡晓红

秘书长　何明明(2020年04月—)

办公室

主　任　严龙顺

委员工作委员会

主　任　陈茜映

提案委员会

主　任　陈　超

教文卫体和文史资料委员会

主　任　张　明

经济科技委员会

主　任　薛儒家

资源环境与农业农村委员会

主　任　董海平

## 中国共产党浦江县纪律检查委员会、监察委员会

书　记　傅晓辉

副书记　魏　然

祝懋发(2020年01月—)

组织部(新经济与新社会组织工作委员会、直属机关工作委员会、县公务员局)

部　长　蒋　涛

常务副部长　黄先柏

宣传部(县政府新闻办公室、县精神文明建设委员会办公室、县新闻出版局、县互联网信息办公室)

部　长　徐利民

常务副部长　方向阳

统一战线工作部(县民族宗教事务局、县政府侨务办公室)

部　长　张建顺

常务副部长　徐江进

政法委员会

书　记　俞建辉

常务副书记　沈福平

全面深化改革委员会办公室(县最多跑一次改革办公室、政策研究室)

主　任　吴双渊

机构编制委员会办公室

主　任　张建新

巡察工作领导小组办公室

主　任　吴福余

县委第一巡察组

组　长　张方升

县委第二巡察组

组　长　石继权

县委第三巡察组

组　长　孙程东

县委第四巡察组

组　长　李遵炎

信访局

局　长　倪伟虹

党　校

校　长　蒋　涛

常务副校长　李文戈

行政学校

校　长　韦钟铺

常务副校长　李文戈

社会主义学校(2020年12月—)

校　长　张建顺(2020年12月—)

常务副校长　李文戈(2020年12月—)

党史研究室

主　任　徐军峰

档案局(馆)

局(馆)长　张伟文

融媒体中心

党委书记、主任　陈兴光(2020年04月—)

社会治理综合服务中心

党组书记　韦钟铺

主　任　于萌芽

新经济与新社会组织工作委员会

书　记　骆　安

社会科学界联合会

主　席　钟旭妙

## 浦江县人民政府

县　长　俞佩芬(—2020年12月)

戴　翀(代县长2020年12月—)

副县长　韦钟铺

张卫东

虞红梅

朱红卫(挂职2020年04月—)

陈子华

楼新有

周建丰

严卫星

办公室(县政府金融工作办公室、大数据发展管理局)

主　任　张明凯

副主任　潘新辉

石长水

潘文戎

祝昌红

朱正军

周天云

黄　鹰

发展和改革局

党委书记、局长　黄伟胜

经济商务局(粮食和物资储备局)

党委书记、局长　孙明光

教育局

党委书记　傅剑敏

局　长　陈建浦

**科学技术局**

党组书记、局长　钟金伟

**公安局**

党委书记、局长　严卫星

政　委　陈士范

**民政局**

党组书记、局长　张晓鸣

**司法局(行政复议局)**

党组书记、局长　傅国方

**财政局**

党委书记、局长　陈志平

**人力资源和社会保障局**

党组书记、局长　楼志静

**自然资源和规划局(林业局)**

党委书记、局长　徐方镇

**住房和城乡规划建设局**

党委书记　陈　璠

局　长　石明胜

**交通运输局**

党委书记、局长　张　杰

**水务局**

党委书记、局长　彭思灿

**农业农村局**

党委书记、局长　楼建超

**文化和广电旅游体育局**

党委书记、局长　张国樟

**卫生健康局**

党委书记、局长　方守红

**退役军人事务局**

党组书记、局长　陈决星

**应急管理局〔人民防空办公室(民防局)〕**

党委书记、局长　张建庆

**审计局**

党组书记、局长　周占伟

**国有资产监督管理办公室**

党委书记　傅兴琰

主　任　张建新

**市场监督管理局**

党委书记、局长　贾国锋

**统计局**

党组书记、局长　黄英俊

**医疗保障局**

党组书记、局长　张朝阳

**综合行政执法局(大队)(城市管理局)**

党组书记、局长(大队长)　徐红伟

**市生态环境局浦江分局**

党组书记　黄　海

局　长　许淑芬

**浦江经济开发区管委会**

党工委书记、主任　郑燎原

**水晶产业园区管委会**

党工委书记、主任　花　蕾

**供销合作社联合社**

党委书记、主任　张　华

**行政服务中心**

党组书记　韦钟铺

主　任　杨淡风

**投资促进中心**

党组书记、主任　张　平

**机关事务保障中心**

党组书记、主任　吴剑青

**大数据发展中心**

党组书记、主任　潘文戎

## 浦江县人民法院

院长、党组书记　丁　胜

## 浦江县人民检察院

检察长、党组书记

李良才(—2020年01月)

翁寒屏(代检察长　2020年01月—，当选2020年04—)

## 群众团体

**总工会**

党组书记、主席　张再创

**共青团浦江县委员会**

书记、党组书记

黄鹏甫(党组书记—2020年12月)

**妇女联合会**

党组书记、主席　黄碧娟

**工商业联合会**

党组书记、主席　朱有许

**文学艺术界联合会**

党组书记、主席　方　汶

**残疾人联合会**

党组书记、理事长　贾亦农

**科学技术协会**

党组书记　朱顺贤(2020年04月—)

主　席　孙婉贞

**红十字会**

党组书记、专职副会长　黄晓红

## 县属企业

**国投集团(2020年05—)**

副董事长、副总经理

王书平(2020年05月—)

**国资集团**

党组书记、董事长、总经理

朱顺贤(—2020年04月)

陈钦银(2020年04月—)

**水务集团**

董事长、总经理

陈兴光(总经理—2020年04月)

**建设集团**

党组书记、董事长、总经理　张银洋

**交通集团**

党组书记、董事长、总经理　潘兴虎

**文旅集团**

党组书记、董事长、总经理　黄向东

## 垂直管理部门

**国家税务总局浦江县税务局**

党委书记、局长　程晓明

**供电公司**

执行董事　王光增(—2020年08月)

施首健(2020年08月—)

总经理(2020年09月—)

施首健(2020年09月—)

**气象局**

党组书记、局　长　钱华峰

**公积金管理中心**

主　任　江元昱

**金华检验检疫局浦江办**

主　任　邬生力

**中国电信浦江分公司**

党委书记、总经理　许锦林(—2020年09月)

曹　胜(2020年09月—)

**浙江移动浦江分公司**

党委书记、总经理　傅升红(—2020年08月)

吕　中(2020年08月—)

**中国联通浦江分公司**

总经理　王翀鹏

**邮政局(公司)**

党委书记、总经理　吴洪义

**烟草专卖局(分公司)**

局　长(经理)　于银锋(—2020年05月)

杨　诚(2020年05月—)

**华数公司**

总经理　姜放林(—2020年11)

楼水平(2020年11—)

**中国人民银行浦江县支行**

行　长　金　涛

**中国工商银行浦江支行**

行　长　徐晶华(2020年06月—)

王国阳(—2020年06月)

**中国农业银行浦江县支行**

行　长　楼　丹

**中国农村商业银行浦江支行**

董事长　李九良(—2020年10月)

王　谨(2020年10月—)

**中国建设银行浦江支行**

行　长　李　英

**中国银行浦江县支行**

行　长　吴淑妹

**中国农业发展银行浦江县支行**

行　长　温慧敏

## 乡镇(街道)

**浦阳街道**

党工委书记　柳钢明

办事处主任　洪　伟

人大工委主任　陈文德

**仙华街道**

党工委书记　黄　峰

办事处主任　严国荣

人大工委主任　张旭军

**浦南街道**

党工委书记　张若来

办事处主任　王军勇

人大工委主任　金剑星

**黄宅镇**

党委书记　郭旭生

镇　长　吴大勇

人大主席　邵建定

**白马镇**

党委书记　金家华

人大主席　黄旭曙

**郑家坞镇**

党委书记　石元城

镇　长　洪　敏

人大主席　曹红岩

**郑宅镇**

党委书记　朱俊华(—2020年06月)

张昆仑(2020年06月—)

镇　长　薛海平

人大主席　陈勇威

**岩头镇**

党委书记　吴红青

镇　长　黄群生

人大主席　沈光明

**杭坪镇**

党委书记　郑家坤

镇　长　陈青松

人大主席　潘向军

**檀溪镇**

党委书记　黄志远

镇　长　郑宏章

人大主席　傅志远

**前吴乡**

党委书记　朱承凯

乡　长　王东亮

人大主席　许海英

**花桥乡**

党委书记　金灵占

乡　长　吴伟钢

人大主席　方　镖

**虞宅乡**

党委书记　陈鹏进

乡　长　毛　悦

人大主席　王国忠

**大畈乡**

党委书记　潘期枫

乡　长　楼超武

人大主席　楼贤挺(—2020年04月)

骆军洋(2020年04月—)

**中余乡**

党委书记　于春城

乡　长　项柏青

人大主席　黄心湖

（县组织部提供）

# 2020年浦江县<br>国民经济和社会发展统计公报

2020年,新冠肺炎疫情防控期间,全县上下全面贯彻落实中央、省、市工作部署,坚持"两手抓""两战赢"工作总基调,推进"两个高水平"建设和"重要窗口"打造,推动实施"五大战略",在经济建设、基础设施、生态保护、文化旅游等方面做好"九篇文章",开展"三大攻坚年"活动,全县经济从疫情的冲击中较快复苏、重回增长,经济社会平稳有序发展。

## 一、综合

2020年,全县实现生产总值(GDP)234.45亿元,按可比价计算,比2019年增长1.2%。其中,第一产业增加值11.40亿元,增长1.6%;第二产业增加值97.04亿元,增长1.2%;第三产业增加值126.02亿元,增长1.1%。三次产业增加值结构为4.9∶41.4∶53.7。

按常住人口计算,全县人均(户籍人口)地区生产总值58425元,比2019年增长1.2%,按当年美元平均汇率折算8470美元。

## 二、农业和农村建设

全年实现农林牧渔业增加值11.63亿元,同比增长1.8%。全县农作物播种面积14529公顷,同比增长4.2%。其中,粮食播种面积4591公顷,总产量2.2万吨;蔬菜播种面积5259公顷,产量11.34万吨;药材播种面积72公顷,产量0.03万吨;果用瓜播种面积1067公顷,产量2.1万吨。

全县肉类总产量0.63万吨，其中猪肉0.6万吨。全年生猪出栏6.94万头；家禽出栏9.93万只；水产品产量0.4万吨。

全年农业“标准地”认定800公顷，建设高标准农田1600公顷；引进葡萄新品种200公顷，新增蔬菜特色村2个，白马现代生态养殖场完成主体建设，浦江葡萄入选省特色农产品优势区，“浦江桃形李”入选国家农产品地理标志保护；培训高素质农民300人次、农村实用人才1000人次，完成消薄项目101个，低收入农户人均可支配收入12273元，同比增长12.5%；获评全国县域数字农业农村发展先进县和省级农业主导产业“机器换人”示范县，绿色崛起模式入选“浙江乡村振兴十大模式”。

## 三、工业和建筑业

全县规模以上工业增加值35.07亿元，同比增长4%，实现销售产值173.16亿元，同比增长4.4%。规模以上工业出口交货值49.05亿元，同比增长9.8%。

全年战略性新兴产业增加值2.08亿元，增长10.6%，占规模以上工业增加值比重为5.9%；高新技术产业增加值11.37亿元，增长11.3%，占规模以上工业增加值比重为32.4%；装备制造业增加值8.72亿元，增长7.5%，占规模以上工业增加值比重为24.9%，实现规模以上工业数字经济核心产业增加值1.89亿元，同比增长22.7%。

全县43家资质以内建筑业法人单位完成建筑业总产值64.3亿元，同比增长16.7%；建筑房屋施工面积484.4万平方米，房屋竣工面积213.2万平方米。

## 四、固定资产投资和房地产业

全年固定资产投资64.9亿元，比2019年下降14%。四大重点领域投资增速三升一降，其中民间投资同比下降14.8%，交通运输投资同比增长11.4%；生态保护、城市更新和水利设施投资同比增长15.1%，高新技术产业投资同比增长81.2%。

全年房地产开发投资16.3亿元，同比下降32%，房地产销售面积32.1万平方米，同比增长28.8%。

## 五、国内外贸易

全年社会消费品零售总额97.4亿元，同比下降5%。其中，乡村市场零售额16.7亿元，同比下降3.3%；城镇市场零售额80.7亿元，同比下降5.3%，乡村市场零售额下降幅度较城镇市场少2个百分点。按消费类型分，餐饮收入13亿元，下降0.6%；商品零售84.4亿元，下降5.6%。

全年实现网络零售额113.9亿元，同比增长3.1%，有各类网店16000余家，其中活跃经营主体8000余家。万家跨境电子商务产业园完成提升改造，20家传统外贸企业和25家制造业企业开拓跨境电商业务，新增跨境电商店铺260家；培育淘宝镇5个、淘宝村12个，石埠头村获评首批全国最美淘宝村，获评省数字生活新服务标杆县、全国电子商务进农村综合示范县和全国“互联网+”农产品出村进城工程示范县。

全年实现进出口总额81.99亿元，同比增长26.36%。其中，进口总额0.73亿元，同比下降80.31%，出口总额81.25亿元，同比增长32.87%。从出口分行业看，绗缝业11.61亿元，下降8.71%；服装业12.52亿元，增长26.23%；锁业3.5亿元，下降11.12%；水晶业2.48亿元，下降27.16%。

## 六、财政和金融

全年财政总收入29.61亿元，同比增长2.1%。一般公共预算收入20.03亿元，同比增长3.9%，其中，税收收入16.03亿元，同比增长2.3%；非税收入4亿元，同比增长10.4%。一般公共预算支出39.76亿元，同比下降0.5%，其中，“八项支出”30.8亿元，同比增长2.1%。

年末全县金融机构存款余额478.45亿元，同比增长13.2%，其中住户存款327.74亿元，增长11.1%；企业存款73.61亿元，增长21.8%；政府存款76.53亿元，增长14.9%。金融机构贷款余额389.02亿元，同比增长14.2%，其中住户贷款189.10亿元，增长9.6%；企业及机关团体贷款199.93亿元，增长18.9%。月末贷款不良率0.77%，比年初下降0.47个百分点。

## 七、交通和旅游

建设环城西路（文溪西路至江滨西路段）拓宽改造工程、新华路道路改造工程和锁具大道北延工程，智能化改造停车场10个，新增停车位1370个；农村公路大中修45千米、农村公路等级提升22公里，新建公交候车点30个。

编制全域旅游总体规划和壶源江旅游规划，修缮历史建筑20幢，培育文旅融合示范村10个、农旅示范农庄10个、旅游特产销售中心10个。举办上山文化遗址发现20周年学术研讨会。新光村获评全国乡村旅游重点村，虞宅乡获评“省级风情小镇”，“茜溪—上河”线路获评全省美丽乡村夜经济精品线，“走进浦江发现文旅”登上中央电视台，浦江县获评“全省文化和旅游产业融合发展十佳县”。

## 八、教育和文化

年末全县有各类学校124所（不含技工学校），在校生7.46万人，教职工0.59万人。其中，小学28所，在校生3.18万人；初中14所，在校生1.56万人；普通高中6所，在校生0.65万人；职业高中1所，在校生0.71万人；特殊教育学校1所，在校生84人（含职高31人）；幼儿园74所，在校生1.34万人。

建成投用9所公办幼儿园，全国学前教育普及普惠县创建通过省级评估；浦阳第一小学月泉校区和园区小学投入使用，随迁子女公办学校招生覆盖面60%，高考一段线上线人数再创佳绩，堂头中学爱国主义教育入选教育部德育工作案例，4所学校获评省级现代化学校。

启动挂锁（五金）行业数字化改造，新增市两化融合重点项目7家、数字化车间示范项目5家和“物联网工厂”示范项目1家，新增市级以上研发机构21家、省科技型中小企业75家、高新技术企业16家，规模以上数字经济核心产业增加值增长22.7%，梅花锁业获评省上云企业标杆，浦江热电获评省大数据应用示范企业，伯虎链条入选“浙江制造”精品，2个项目入选省“四个百项”重点技术改造示范项目计划，水晶产业园获评长三角G60科创走廊工业互联网标杆园区。

## 九、环境与卫生

城市和第四污水处理厂扩容改造、小黄坛垃圾焚烧发电厂、小微产废企业危险废物收集点、一般工业固体废物收集分拣处置中心等工程建设完工，“污水零直排区”通过验收；新建生活垃圾“两定四分”投放点112座，创建省高标准生活垃圾分类示范小区10个；持续推进大气污染治理，完成浦江开发区废气专项治理，大气环境质量达到国家二级标准；浦阳江入选全国首批美丽河湖（港湾）典型案例，壶源江获评省级美丽河湖。

县慢性病管理中心挂牌成立，县人民医院改扩建工程开工建设，中医院迁建工程、郑宅镇卫生院迁建工程完成主体建设，杭坪镇卫生院完成扩建，“双下沉、两提升”工作成效评估列全省第三位，公立医疗机构智慧医疗服务实现全覆盖，县域就诊率90.2%，基本医疗保险参保率、大病保险选缴率分别为99.94%和80%以上，公立医院医疗总费用下降4.7%。

新冠肺炎疫情防控期间，全县设置集中隔离点

5处，集中隔离836人次，开展核酸检测10.6万余人次；全力确保防疫物资供应，累计发放各类口罩356.6万只、消毒液4万千克、防护服1.2万件；7名医务人员驰援湖北抗击疫情。

县残疾人托养服务中心建设完工，示范型居家养老服务中心、"残疾人之家"、退役军人服务站均实现乡镇（街道）全覆盖，医疗救助政策落实率和困难群众资助参保率均100%；新建安息堂4个、生态公墓3处。

## 十、人口和收入

年末户籍总人口40.08万人，其中男性20.80万人，女性19.28万人。全年出生人口2996人，出生率为7.47‰；死亡人口2878人，死亡率7.17‰；自然增长率0.29‰。

据城乡住户抽样调查，全县常住居民人均可支配收入39841元，比2019年增长4.8%。按城乡分类，城镇常住居民人均可支配收入49943元，增长3.3%；农村常住居民人均可支配收入24948元，增长7%。按全体居民从收入来源分，人均工资性收入23678元，增长4.8%；人均经营性净收入8006元，增长2.6%；人均财产性净收入5535元，增长5.2%；人均转移性净收入2621元，增长10.9%。全体居民人均生活消费支出23632元，增长1.2%，其中城镇常住居民人均生活消费支出28984元，下降0.1%；农村常住居民人均生活消费支出15742元，增长3%。

年末每百户居民家庭拥有家用汽车39.9辆；拥有计算机55.7台，其中接入互联网的计算机51.8台；拥有移动电话169部，其中接入互联网的移动电话99.6部；拥有彩色电视机127.8台、电冰箱87.2台、洗衣机79.6台、空调69.7台、热水器54.2台。

（郑杨妍　楼成龙）

注：

1. 本公报所列各项数据为年度初步统计数据，部分数据因四舍五入的原因，存在与分项合计不等的情况。

2. 本公报所列地区生产总值、各产业增加值按现价计算，增长速度按可比价计算。

3. 自2013年开始，国家统计局实施城乡一体化住户调查改革，统一城乡居民收入名称、分类和统计标准。以此为背景，计算新口径浦江县全体居民人均可支配收入以及分城乡常住居民人均可支配收入。

4. 人口数为公安部门统计年报数，部分指标数据由相关单位提供。

# 荣誉浦江

## 2020年度浦江县荣获上级表彰的重要荣誉

1. 浦江县被评为全国县域数字农业农村发展先进县

2. 浦江县被评为全国“互联网+”农产品出村进城工程示范县

3. 浦江县被评为全国县域旅游综合实力百强县

4、浦江县连续14年被评为平安县,荣获“平安金鼎”

5. 浦江县连续6年夺得“大禹鼎”,捧获“大禹鼎银鼎”

6. 浦江县被评为全省提升人居环境(农村生活垃圾分类处理、生活污水治理)工作优秀县

7. 浦江县被评为全省首批农村水价综合改革示范县

8. 浦江县唤醒“沉睡”的生态资本绿色崛起模式入选浙江“乡村振兴十大模式”

9. 浦江县通过全省首批“全国学前教育普及普惠县”省级评估

10. 县水晶产业园区被评为长三角G60科创走廊工业互联网标杆园区

11. 江南第一家被评为第四批全国关心下一代党史国史教育基地

12. 浦阳江入选全国首批7个美丽河湖(港湾)优秀案例

13. 郑宅镇获评全国乡村治理示范乡镇

14. 前吴乡被评为浙江省美丽乡村示范乡镇

15. 虞宅乡被评为第四批省级旅游风情小镇

16. 浦南街道、黄宅镇、岩头镇被评为省级农业绿色发展示范区

17. 杭坪镇被评为第三批省级特色农业强镇和省级农业绿色发展示范区

18. 虞宅乡、大畈乡、郑宅镇、杭坪镇被评为全省新时代美丽城镇建设样板城镇

19. 市生态环境局浦江分局被评为第二次全国污染普查表现突出集体

20. 县公安局被评为2018—2019年度平安浙江建设先进集体

21. 县综合行政执法局被评为省“无违建县”创建工作先进集体

22. 县自然资源和规划局被评为“森林浙江”建设工作突出贡献集体

23. 县红十字会被评为“十三五”全省红十字系统成绩突出集体，县生命教育体验中心被评为“全国红十字应急救护培训示范基地”

24. 石埠头村被评为全国文明村和首批全国最美淘宝村

25. 上河村被评为中国美丽休闲乡村

26. 新光村被评第二批全国乡村旅游重点村

## 2020年度纳税十强企业名单

**表22**

| 排名 | 企业名称 | 法定代表人 |
| --- | --- | --- |
| 纳税十强(9家,纳税额2755万~6106万元) | | |
| 1 | 浦江县建设集团有限公司 | 张银洋 |
| 2 | 浙江浦江农村商业银行股份有限公司 | 王 谨 |
| 3 | 浙江万固房地产开发有限公司 | 钟红灿 |
| 4 | 浦江开发区万洋众创城开发有限公司 | 王宽全 |
| 5 | 浦江绿谷置业有限公司 | 王进坚 |
| 6 | 浙江赞宇新材有限公司 | 方银军 |
| 7 | 浙江玺欣资产管理有限公司 | 陈 玺 |
| 8 | 浦江县国有资产经营集团有限公司 | 陈钦银 |
| 9 | 国网浙江省电力有限公司浦江县供电公司 | 施首健 |
| 10 | 金华市烟草公司浦江分公司 | 杨 诚 |
| 纳税三十强(20家,纳税额1087万~2198万元) | | |
| 11 | 浦江县国有资本投资集团有限公司 | 王书平 |
| 12 | 金华鼎茂房地产开发有限公司 | 刘柏艳 |
| 13 | 浦江县交通集团有限公司 | 潘兴虎 |
| 14 | 恒昌集团有限公司 | 徐鸣鹤 |
| 15 | 金华名宇建设有限公司 | 叶洪兴 |
| 16 | 浙江圣奥浦诚房地产有限公司 | 陈珍玲 |
| 17 | 浙江亚特新材料股份有限公司 | 刘劲松 |
| 18 | 金华新城亿佳房地产开发有限公司 | 林尾英 |
| 19 | 浦江三思光电技术有限公司 | 陈必寿 |
| 20 | 中国农业银行股份有限公司浦江县支行 | 楼 丹 |
| 21 | 浙江顺宇混凝土有限公司 | 于荷钗 |
| 22 | 浙江交投浦新矿业有限公司 | 曹根富 |

续表22

| 排名 | 企 业 名 称 | 法定代表人 |
|---|---|---|
| 23 | 浙江省浦江经济开发区投资发展有限公司 | 方　翔 |
| 24 | 浙江众毅置业发展有限公司 | 黄国胜 |
| 25 | 浦江凯瑞生物科技股份有限公司 | 黄倩雯 |
| 26 | 浦江万固建筑材料有限公司 | 金建军 |
| 27 | 浙江丰安齿轮股份有限公司 | 黄健民 |
| 28 | 浙江浦江伯虎链条股份有限公司 | 郑小根 |
| 29 | 浙江浦江梅花锁业集团有限公司 | 郑隆喜 |
| 30 | 浙江省浦江高峰管道燃气有限公司 | 韩继深 |
| | 纳税五十强(20家,纳税额603万~998万元) | |
| 31 | 浙商银行股份有限公司金华浦江支行 | 何恃俊 |
| 32 | 浦江恒固微创城开发有限公司 | 钟红灿 |
| 33 | 浙江隐轩置业有限公司 | 潘苏明 |
| 34 | 浙江元耀建设有限公司 | 郑添祥 |
| 35 | 万洋集团有限公司 | 苏孝忠 |
| 36 | 浙江浦江永在商品混凝土有限公司 | 楼永财 |
| 37 | 万洋建设集团有限公司 | 叶长淋 |
| 38 | 中信证券股份有限公司浦江恒昌财富广场证券营业部 | 李　雯 |
| 39 | 浦江贝康纺织工艺品有限公司 | 陈书阳 |
| 40 | 金华卓硕房地产开发有限公司 | 刘柏艳 |
| 41 | 浙江汉旗建设有限公司 | 童兴联 |
| 42 | 中国工商银行股份有限公司浦江支行 | 徐晶华 |
| 43 | 浦江鑫广置业有限公司 | 黄　杰 |
| 44 | 浙江万赛汽车零部件股份有限公司 | 傅文锋 |
| 45 | 中国建设银行股份有限公司浦江支行 | 李　英 |
| 46 | 浦江盛宏纸业有限公司 | 王炉明 |
| 47 | 浙江宏峰建筑安装工程有限公司 | 洪海烺 |
| 48 | 浙江天晨胶业股份有限公司 | 周红伟 |

**续表22**

| 排名 | 企业名称 | 法定代表人 |
|---|---|---|
| 49 | 浦江县三阳工贸有限公司 | 周国昌 |
| 50 | 浙江浦江腾辉建设工程有限公司 | 楼东辉 |
| 纳税百强(50家,纳税额303万~601万元) | | |
| 51 | 浦江凯普服饰有限公司 | ASY DORI MORRIS |
| 52 | 浙江省浦江天顺建筑工程有限公司 | 郑伟成 |
| 53 | 中国银行股份有限公司浦江县支行 | 吴淑姝 |
| 54 | 浙江省浦江吴氏锁业有限公司 | 吴兴桥 |
| 55 | 浙江百川导体技术股份有限公司 | 张荣良 |
| 56 | 浦江水务集团有限公司 | 陈兴光 |
| 57 | 浙江省三建建设集团有限公司 | 丁卫星 |
| 58 | 浙江海创建设有限公司 | 洪建荣 |
| 59 | 浙江华天机械有限公司 | 高建成 |
| 60 | 浙江省浦江永创建设工程有限公司 | 陈丰伟 |
| 61 | 浦江宏城园林建设有限公司 | 吴旭东 |
| 62 | 浦江瑞森服饰有限公司 | 鲍丽丽 |
| 63 | 浦江一川实业开发有限公司 | 周荣军 |
| 64 | 浙江省浦江宏达有限公司 | 张必球 |
| 65 | 浦江县丰源家纺有限公司 | 宋夏英 |
| 66 | 金华坤腾建筑有限公司 | 陆小舟 |
| 67 | 浦江亿通塑胶电子有限公司 | 毛丛敏 |
| 68 | 浙江省交通投资集团有限公司杭金衢分公司浦江管理处 | 金卓华 |
| 69 | 浦江文博绗缝工艺有限公司 | 蒋安卿 |
| 70 | 金华银行股份有限公司浦江支行 | 张东升 |
| 71 | 浙江创鼎建设有限公司 | 江艳丽 |
| 72 | 浙江浦江三建工具有限公司 | 傅建卫 |
| 73 | 浦江万银小额贷款有限公司 | 张 潇 |

续表22

| 排名 | 企业名称 | 法定代表人 |
| --- | --- | --- |
| 74 | 浦江好瑞房地产开发有限公司 | 吴　鑫 |
| 75 | 中国邮政储蓄银行股份有限公司浦江县支行 | 方　芳 |
| 76 | 浙江浦江汇业科技创业园开发有限公司 | 叶忠林 |
| 77 | 金华市国力建设有限公司 | 于丽燕 |
| 78 | 浦江求精五金工具有限公司 | 何德环 |
| 79 | 浙江前方复合材料有限公司 | 朱献明 |
| 80 | 浙江浦江中星有限公司 | 朱雪彪 |
| 81 | 浦江长住华臻置业有限公司 | 刘　涛 |
| 82 | 浙江一步鞋业有限公司 | 于柳英 |
| 83 | 浙江宝田环境建设有限公司 | 吴添财 |
| 84 | 浙江一正文化用品有限公司 | 徐亮志 |
| 85 | 浙江景康医疗器械有限公司 | 简德亮 |
| 86 | 浙江浦江永进工贸有限公司 | 周勇进 |
| 87 | 浦江富春紫光水务有限公司 | 马永强 |
| 88 | 浙江派对动漫文化有限公司 | 陈　隆 |
| 89 | 浦江百丽工艺有限公司 | 张惠珍 |
| 90 | 浙江浦江福禧建筑劳务有限公司 | 李海洋 |
| 91 | 浙江浦江裕恒五金制品有限公司 | 朱耀清 |
| 92 | 浙江省一建建设集团有限公司 | 崔　峻 |
| 93 | 浙江千百卉家纺有限公司 | 潘　鸣 |
| 94 | 浦江浙农农副产品市场开发有限公司 | 姚卫民 |
| 95 | 浙江天利建设劳务有限公司 | 俞国富 |
| 96 | 浦江义门建设有限公司 | 郑贤庆 |
| 97 | 浦江丰之星汽车销售服务有限公司 | 叶卫强 |
| 98 | 广东禾润建设工程有限公司 | 叶剑钊 |
| 99 | 浙江稠州商业银行股份有限公司浦江支行 | 蔡轶芳 |
| 100 | 浙江景程无纺布有限公司 | 李　丽 |

# 2020年度纳税优胜企业名单

**表23**

| 排名 | 企业名称 | 法定代表人 |
|---|---|---|
| （100家，纳税额157万～303万元） | | |
| 1 | 浦江县水晶产业集聚区管理服务有限公司 | 黄江文 |
| 2 | 浦江县共赢建筑垃圾处置利用有限公司 | 张朝勇 |
| 3 | 浦江金鑫塑业股份有限公司 | 李明阳 |
| 4 | 浦江馨艺服饰有限公司 | 鹿凤梅 |
| 5 | 浦江县风顺加油站有限公司 | 黄定云 |
| 6 | 浦江创嘉工艺有限公司 | 傅旭龙 |
| 7 | 浦江欧妮雅化妆品有限公司 | 黄精钢 |
| 8 | 浙江邦德染整有限公司 | 黄红灯 |
| 9 | 前方集团有限公司 | 朱兰芳 |
| 10 | 浦江海工机械有限公司 | 程龙兵 |
| 11 | 浦江英特药业有限公司 | 杜初晴 |
| 12 | 浦江聚衣堂电子商务有限公司 | 张斌杰 |
| 13 | 杭州滨江物业管理有限公司浦江分公司 | 俞伟琪 |
| 14 | 浦江达力铁链有限公司 | 冯响鸣 |
| 15 | 浙江省浦江县万博有限公司 | 张　潇 |
| 16 | 浦江新厦锦绣兰庭置业有限公司 | 蒋靖豪 |
| 17 | 中国农业发展银行浦江县支行 | 王豆仙 |
| 18 | 浦江德工精密机械有限公司 | 张秀蓉 |
| 19 | 浦江恒诚工贸有限公司 | 陈水宝 |
| 20 | 浙江圣格袜业有限公司 | 王贤民 |
| 21 | 浦江童辉鞋业有限公司 | 李吐根 |
| 22 | 浙江浦江超瀛家纺有限公司 | 黄桔英 |
| 23 | 浙江明欧饰品有限公司 | 张东明 |
| 24 | 浦江县伊恋迪服饰有限公司 | 严仁伟 |

**续表23**

| 排名 | 企 业 名 称 | 法定代表人 |
|---|---|---|
| 25 | 浦江县锶颖再生资源有限公司 | 楼小连 |
| 26 | 浙江亚华工贸有限公司 | 郑风平 |
| 27 | 浙江浦江丰途工贸有限公司 | 张晋军 |
| 28 | 浦江特种染整有限公司 | 刘荣林 |
| 29 | 交通银行股份有限公司金华浦江支行 | 潘小俊 |
| 30 | 浙江兰塘纸业有限公司 | 严明甫 |
| 31 | 浦江奥发水晶饰品有限公司 | 刘衍明 |
| 32 | 浙江竣达建设有限公司 | 吴书川 |
| 33 | 浦江中宝机械有限公司 | 张思聪 |
| 34 | 浙江菲尔特过滤科技股份有限公司 | 何赞果 |
| 35 | 浦江县浙石长虹加油站有限责任公司 | 李文洪 |
| 36 | 浦江红颂包装有限公司 | 周清波 |
| 37 | 浦江县兰塘废纸回收有限公司 | 严明甫 |
| 38 | 浦江宏盛工艺有限公司 | 楼柏城 |
| 39 | 浙江精泰环境建设有限公司 | 黄　刚 |
| 40 | 浦江吉达家纺有限公司 | 倪步伦 |
| 41 | 浦江县金狮湖建设发展有限公司 | 张世康 |
| 42 | 浙江省浦江天河工艺有限公司 | 张正英 |
| 43 | 金华市八达供电服务有限公司浦江分公司 | 张黎明 |
| 44 | 浦江鼎顺袜业有限公司 | 黄金龙 |
| 45 | 浦江县永强绗缝工艺品厂 | 何燕骛 |
| 46 | 浙江汇鸿工贸有限公司 | 傅章禄 |
| 47 | 浦江祥泰工艺有限公司 | 朱敏慧 |
| 48 | 浙江浦江屹立建设有限公司 | 陈锡君 |
| 49 | 核工业井巷建设集团有限公司浦江分公司 | 王雪林 |
| 50 | 浦江欧圣莱家纺工艺有限公司 | 贾叶根 |
| 51 | 浦江环美工贸有限公司 | 方林好 |

**续表23**

| 排名 | 企 业 名 称 | 法定代表人 |
| --- | --- | --- |
| 52 | 浙江晟大建设有限公司 | 张青松 |
| 53 | 浦江中宝钢球有限公司 | 张中钢 |
| 54 | 浙江浦江靖恒电机有限公司 | 洪林峰 |
| 55 | 浦江罗瑟服饰有限公司 | 王巧莲 |
| 56 | 浦江县文化旅游集团有限公司 | 黄向东 |
| 57 | 浦江恒远工贸有限公司 | 黄伟喜 |
| 58 | 浙江浦江郑家坞制衣有限公司 | 吴光明 |
| 59 | 浙江三和塑料有限公司 | 吴中心 |
| 60 | 浦江丰收包装有限公司 | 周燕春 |
| 61 | 浦江县爱诺工贸有限公司 | 洪其炯 |
| 62 | 浦江玮玮红制衣有限公司 | 楼东方 |
| 63 | 浙江万固实业集团有限公司 | 钟红灿 |
| 64 | 浦江光远电力建设有限公司 | 张照锋 |
| 65 | 浙江信源信工艺有限公司 | 张根满 |
| 66 | 浙江博开机电科技有限公司 | 吴建挺 |
| 67 | 浙江卓尔雅美妆有限公司 | 李创奇 |
| 68 | 浦江县双锦工艺品有限公司 | 金东胜 |
| 69 | 浦江南园投资发展有限公司 | 蒋靖豪 |
| 70 | 浙江浦江龙图公路养护有限公司 | 陈龙庭 |
| 71 | 烟台三环锁业集团浦江有限公司 | 郝大海 |
| 72 | 浦江召日电器有限公司 | 郭飞伟 |
| 73 | 浦江圣茂工贸有限公司 | 黄淑元 |
| 74 | 浦江优联工贸有限公司 | 葛　宪 |
| 75 | 浦江金印工贸有限公司 | 郑毅楠 |
| 76 | 浦江元通百通汽车有限公司 | 陈　伟 |
| 77 | 浦江县百吉工艺品有限公司 | 程龙兵 |
| 78 | 浙江浦江千色坊染整有限公司 | 黄水清 |

**续表23**

| 排名 | 企业名称 | 法定代表人 |
|---|---|---|
| 79 | 浙江浦江盛泰纺织有限公司 | 盛余仓 |
| 80 | 浙江省浦江县振洋工贸有限公司 | 姚荣福 |
| 81 | 浦江经济开发区恒大染色厂 | 杨樟海 |
| 82 | 浦江恒泰铁皮有限公司 | 周福星 |
| 83 | 江苏富安建设有限公司 | 李桂金 |
| 84 | 浙江金垒锁具制造有限公司 | 周玉兰 |
| 85 | 浦江和惠过滤器材有限公司 | 黄宏旺 |
| 86 | 浙江凯天建设有限公司 | 张成伟 |
| 87 | 浙江宝鲲机械科技有限公司 | 林英英 |
| 88 | 浙江浦江仙华水库投资有限公司 | 蒋文龙 |
| 89 | 浦江县中国石化经营有限责任公司 | 魏奕军 |
| 90 | 浦江温馨家纺有限公司 | 陈春年 |
| 91 | 浦江县和泰制衣有限公司 | 何国锋 |
| 92 | 浙江屹泰建设有限公司 | 赵革新 |
| 93 | 浦江格派服装有限公司 | 芮美林 |
| 94 | 平安银行股份有限公司金华浦江支行 | 陈超芳 |
| 95 | 浦江牧牛商贸有限公司 | 谢美芳 |
| 96 | 浦江成晟气体有限公司 | 龚益平 |
| 97 | 浦江美阳家纺有限公司 | 洪青苗 |
| 98 | 浙江光源玩具有限公司 | 任青青 |
| 99 | 浙江浦江江合新型建筑材料有限公司 | 吴武娟 |
| 100 | 浦江奥尔登工艺品有限公司 | 程　敏 |

# 2020年度争先移位奖企业名单

表24

| 排名 | 企 业 名 称 | 法定代表人 |
| --- | --- | --- |
| | 纳税额首次超5000万元以上（1家） | |
| 1 | 浦江县建设集团有限公司 | 张银洋 |
| | 纳税额首次超2000万元以上（1家） | |
| 1 | 金华鼎茂房地产开发有限公司 | 刘柏艳 |
| | 纳税额首次超1000万元以上（2家） | |
| 1 | 浙江交投浦新矿业有限公司 | 曹根富 |
| 2 | 浙江省浦江经济开发区投资发展有限公司 | 方　翔 |
| | 纳税额首次超500万元以上（12家） | |
| 1 | 浙江万固房地产开发有限公司 | 钟红灿 |
| 2 | 浙江隐轩置业有限公司 | 潘苏明 |
| 3 | 万洋建设集团有限公司 | 叶长淋 |
| 4 | 金华卓硕房地产开发有限公司 | 刘柏艳 |
| 5 | 浦江鑫广置业有限公司 | 黄　杰 |
| 6 | 浙江天晨胶业股份有限公司 | 周红伟 |
| 7 | 浦江凯普服饰有限公司 | ASY DORI MORRIS |
| 8 | 浙江海创建设有限公司 | 洪建荣 |
| 9 | 浙江华天机械有限公司 | 高建成 |
| 10 | 浙江省浦江永创建设工程有限公司 | 陈丰伟 |
| 11 | 浦江宏城园林建设有限公司 | 吴旭东 |
| 12 | 浦江一川实业开发有限公司 | 周荣军 |

## 2020年度纳税状元奖企业名单

表25

| 排名 | 企业名称 | 法定代表人 |
|---|---|---|
| | （1家，7448万元） | |
| 1 | 浦江县建设集团有限公司 | 张银洋 |

## 2020年度亩均税收贡献奖企业名单

表26

| 排名 | 企业名称 | 法定代表人 |
|---|---|---|
| 1 | 浦江凯瑞生物科技股份有限公司 | 黄倩雯 |
| 2 | 浦江瑞森服饰有限公司 | 鲍丽丽 |
| 3 | 浦江恒诚工贸有限公司 | 陈水宝 |
| 4 | 浙江顺宇混凝土有限公司 | 于荷钗 |
| 5 | 浦江县丰源家纺有限公司 | 宋夏英 |
| 6 | 浙江浦江三建工具有限公司 | 傅建卫 |
| 7 | 浙江浦江圣力工贸有限公司 | 宣黎建 |
| 8 | 浙江浦江晶盛水晶有限公司 | 张福民 |
| 9 | 浙江景程无纺布有限公司 | 李　丽 |
| 10 | 浦江万固建筑材料有限公司 | 金建军 |

## 2020年度地方税费大户奖企业名单

表27

| 排名 | 企业名称 | 法定代表人 |
|---|---|---|
| 1 | 浦江县建设集团有限公司 | 张银洋 |
| 2 | 浙江万固房地产开发有限公司 | 钟红灿 |
| 3 | 浦江县国有资产经营集团有限公司 | 陈钦银 |
| 4 | 浦江开发区万洋众创城开发有限公司 | 王宽全 |
| 5 | 浦江绿谷置业有限公司 | 王进坚 |
| 6 | 浙江浦江农村商业银行股份有限公司 | 王　谨 |
| 7 | 浦江县国有资本投资集团有限公司 | 王书平 |

**续表27**

| 排名 | 企业名称 | 法定代表人 |
|---|---|---|
| 8 | 浙江赞宇新材有限公司 | 方银军 |
| 9 | 国网浙江省电力有限公司浦江县供电公司 | 施首健 |
| 10 | 金华市烟草公司浦江分公司 | 杨 诚 |
| 11 | 浙江玺欣资产管理有限公司 | 陈 玺 |
| 12 | 金华鼎茂房地产开发有限公司 | 刘柏艳 |
| 13 | 金华新城亿佳房地产开发有限公司 | 林尾英 |
| 14 | 恒昌集团有限公司 | 徐鸣鹤 |
| 15 | 浦江县交通集团有限公司 | 潘兴虎 |
| 16 | 金华名宇建设有限公司 | 叶洪兴 |
| 17 | 浙江交投浦新矿业有限公司 | 曹根富 |
| 18 | 浙江亚特新材料股份有限公司 | 刘劲松 |
| 19 | 浙江省浦江经济开发区投资发展有限公司 | 方 翔 |
| 20 | 中国农业银行股份有限公司浦江县支行 | 楼 丹 |
| 21 | 浦江三思光电技术有限公司 | 陈必寿 |
| 22 | 浙江隐轩置业有限公司 | 潘苏明 |
| 23 | 浙江圣奥浦诚房地产有限公司 | 陈珍玲 |
| 24 | 浙江顺宇混凝土有限公司 | 于荷钗 |
| 25 | 金华卓硕房地产开发有限公司 | 刘柏艳 |
| 26 | 浙江浦江梅花锁业集团有限公司 | 郑隆喜 |
| 27 | 浦江恒固微创城开发有限公司 | 钟红灿 |
| 28 | 浦江万固建筑材料有限公司 | 金建军 |
| 29 | 浦江鑫广置业有限公司 | 黄 杰 |
| 30 | 浙江丰安齿轮股份有限公司 | 黄健民 |

## 2020年度纳税超千万个人名单

**表28**

| 排名 | 纳税人名称 | 合计 |
|---|---|---|
| 1 | 龚益平 | 1646万元 |

# 最美浦江人

## 最美浦江人·最美诚信人(10个)

石丁丁　原浦江县公安局治安管理分局二大队(巡特警大队)三中队班组长、浦江县岩头镇夏泉村村民
吴树棋　浦江县华联纺机有限公司总经理
张凤英　浦江县白马镇永丰村村民
金伯声　浦江县仙华街道金宅社区居民
周珍莉　浦江县檀溪镇会龙村村民
贾宗俞、邵玲玲夫妇　浦江县白马镇旌坞村村民
蒋金根　浦江县杭坪镇杭坪村村民
傅继来　浦江县白马镇永丰村村民
谢　瑛　浦江县黄宅镇浦口村村民
楼飞花　浦江县郑家坞镇吴一村村民

## 最美浦江人·最美志愿者名单(10个)

上海浦江商会
刘利英　浦江县红十字会生命关爱志愿者队队长
吴利民　浦江县郑家坞镇吴店村村民
张天真　浦江县碧水蓝天户外救援协会会长
张建松　浦江蓝天救援队支部书记
陈士后　浦江县平安志愿者协会理事
郑隆通　浦江县浦阳街道宣和社区居民
郑锋进　浦江县仙华公益救援中心队长
黄照俊　浦江县百分百社会工作服务中心理事
楼赛君　浦江县残疾人就业康复中心职工

## 最美浦江人·最美新浦江人名单(10个)

王宽全(浙江鹿城)　万洋众创城投资集团有限公司浙中区域总经理
刘劲松(浙江义乌)　浙江亚特新材料股份有限公司总经理
许兰萍(浙江诸暨)　红黄蓝浦江亲子园园长
孙志强(山东邹平)　浦江县消防救援大队站长助理
余永刚(湖北黄梅)　浙江省浦江中学教务处副主任
陈　乐(浙江兰溪)　浦江县第三中学团委书记
周福明(云南祥云)　浦江县岩头镇宏亮村蔬菜种植户
曹德强(浙江金华)　浦江县人民法院浦东人民法庭副庭长
董光树(安徽寿县)　浦江县文德学校法人代表新虞宅人志愿服务队

## 最美浦江人·最美医护人员名单(12个)

马生月　浦江县人民医院门诊办医生
王平平　浦江县疾病预防控制中心党支部副书记
朱高源　浦江县第二医院内科副主任
任曙光　浦江县中医院外科医师
刘疆豪　浦江县人民医院呼吸内科主任医师
陈　驾　浦江县人民医院急诊科护士长
陈君康　浦江县中医院内科医师
项军松　浦江县中医院中余院区院长
徐海英　浦江县妇幼保健院工会副主席
傅颖颖　浦江县中医院放射科副主任医师
潘国文　浦江县人民医院检验科检验师

戴葱慧　浦江县人民医院普外肝胆外科护士长

### 最美浦江人·最美教师名单（12个）

方爱东　浦江县浦阳第一小学教师
方　蕾　浦江县浦阳幼儿园副园长
许　璇　浦江县白马镇中心小学教师
杨青娥　浦江县檀溪镇中心小学教师
杨晨响　浦江县职业技术学校教师
张锣云　浦江县堂头中学教师
俞晓琴　浦江县第四中学教务处副主任
黄巧芳　浦江县第七中学教师
黄北平　浦江县岩头镇初级中学教师
傅珊珊　浦江县园区小学教导处主任
楼优奇　浙江省浦江中学教务处主任
潘雪燕　浦江县实验小学教师

### 最美浦江人·最美政法人名单（12个）

朱振华　浦江县司法局黄宅司法所所长
刘宏明　浦江县人民检察院第二检察部主任
许　园　浦江县司法局行政复议科科长
芮安安　浦江县公安局浦阳派出所民警
张　卉　浦江县人民法院执行局副局长
张创伟　浦江县人民法院综合审判庭庭长
张欢欢　浦江县人民检察院第一检察部副主任
张　攀　浦江县公安局交警大队城区中队中队长
陈如升　浦江县公安局浦南派出所民警
黄阳晨　浦江县公安局网安大队副大队长
楼璀灿　浦江县人民法院速录员
魏君康　浦江县公安局白马派出所副所长

### 最美浦江人·最美群众文化工作者名单（12个）

马海鸥　浦江县浦阳艺术团负责人
朱昊震　浦江县文物保护管理所业务科科长
吴文雅　浦江县文雅艺术团负责人
张必强　浦江县治平中心小学教师
张咸汾　浦江县仙华街道红旗村文化礼堂管理员
张根志　浦江县前吴乡寿溪村国家级非遗迎会传承人
张家勇　浦江县“7086”什锦班负责人
张渊洋　浦江县檀溪镇人民政府宣传干事
周红花　浦江县新时代舞韵中心负责人
黄群莲　浦江县文化馆馆长、浦江县非遗中心主任
傅明夫　浦江县诗词楹联学会名誉会长
童源松　浦江县岩头镇人民政府文化员

### 最美浦江人·最美环卫人名单（12个）

王青竹　浙江浦江加百列生态科技有限公司环卫管理员
吕文波　浦江县城市管理服务有限公司工作人员
朱顺根　浦江县城市管理服务有限公司工作人员
吴贤启　浙江浦江加百列生态科技有限公司环卫工人
张成才　浦江县城市管理服务有限公司工作人员
张旭阳　浦江县环境卫生管理所所长

周小海　浙江浦江加百列生态科技有限公司环卫工人
周文满　浙江浦江加百列生态科技有限公司环卫工人
郑建红　浙江浦江加百列生态科技有限公司副总经理
赵高飞　浙江浦江加百列生态科技有限公司环卫工人
胡才龙　浦江县杭坪镇薛家村支部委员
雷景前　浦江县城乡环保有限公司工作人员

## 最美浦江人·最美家庭名单（12个）

于淑萍家庭　浦江县黄宅镇官岩村
王文荣家庭　浦江县郑宅镇前店村
王彩君家庭　浦江县檀溪镇廿七都村
毛再炎家庭　浦江县大畈乡湃桥村
吴增富家庭　浦江县郑家坞镇吴店村
张瑞林家庭　浦江县仙华街道五里社区
陈小贤家庭　浦江县浦南街道八村
陈慕华家庭　浦江县浦阳街道塔山社区
周美笔家庭　浦江县前吴乡民生村
柳巧莲家庭　浦江县杭坪镇寺坪村
谢金兰家庭　浦江县花桥乡下宅溪村
戴翠珍家庭　浦江县浦阳街道文景社区

## 中国好人榜名单及事迹（2020年10月）

### 生前守护百姓一方平安　逝后捐献器官让生命延续

7月15日18时15分许，浦江县公安局治安管理分局二大队（巡特警大队）三中队班组长石丁丁在值班备勤期间突发脑溢血，闭上眼后再也没有醒来，他的父母忍痛作出决定，无偿捐献儿子的可用器官。

石丁丁

这个经常以帮助他人而上媒体头条的热心辅警“老丁”，这一次又将挽救5位患者的生命，让2人重见光明……

热心辅警“老丁”的生命，将以另一种方式延续。

**多次涉水救人　还曾上过央视**

石丁丁，男，1985年9月出生，中共党员，2013年9月参加公安工作，生前系浦江县公安局治安管理分局二大队（巡特警大队）三中队班组长。

说起这个名字，很多人都不陌生，他曾因救人被多家媒体报道过。

2019年11月22日凌晨1时许，正在值班的石丁丁接到指令，一名男子和女友被困金狮湖彩虹桥下。石丁丁立即前往处置，发现在水中的女子已经体力不支，他没有多想，马上从5米多高的彩虹桥径直跳入了湖里……

同年3月23日，石丁丁又救起一个小男孩。当时，男孩被困东溪中间，河中水势又急又猛，踩着湿滑的石块，石丁丁几次被水流冲回，又几番尝试，终于背起男孩把他救上了岸。“浦江公安”抖音号上发布这个视频后，收获了数万次点赞，更被中央电视台等媒体相继报道。

石丁丁曾荣获金华市公安局三等治安荣誉奖章。2019年，他勇救落水群众的行为，被评定为“见义勇为行为”。

**回忆起爱帮人的老丁 同事哭得像个孩子**

作为巡特警大队的一员，石丁丁的主要工作是街头巡逻。这是一项很烦琐的重复劳动，但他非常用心地做了7年。多看一眼、多走一步、多问一句，凭着这“三多”，他所负责的巡区警情数逐年下降，治安环境不断改善。2020年2月，因巡逻防控成绩突出，石丁丁被省公安厅巡特警总队评为当月“辅警之星”。

同事都亲切地称他为“老丁”。无论是工作中还是生活上，他都是队里出了名的热心肠。

“记得有一次，我跟他一起在路上巡逻时感觉身体有些不适，当时天还下着大雨，他二话没说就冒着大雨跑去给我买药。半夜很多药店都关门了，他就一家一家地找，最后买到药时，还特意到附近的饭店用热水泡好了才给我送来。”谈起“师傅”石丁丁，黄军斌哭得像个孩子。

“老丁知道我是个新人，每次上岗前都会提醒我，制服要怎么穿。”作为实习辅警，黄中绎和石丁丁共事一个多星期，得知石丁丁突然离世，这位新人红了双眼，声音哽咽。

**老丁父母 替儿子再做一件好事**

白发人送黑发人，石丁丁的父母更是悲痛欲绝。两位农村老人悲恸之下，却作出彰显大爱的举动，无偿捐赠儿子的可用器官。“如果可以捐献器官，我们想替丁丁再做一件好事，因为他生前就喜欢帮助别人。”

7月17日上午，在浙江省红十字会人体器官捐献协调员的协助下，石丁丁父母在人体器官捐献登记表上郑重地签下名字、按上指印。

石丁丁已经完成器官捐献，他以这种特殊的方式让自己短暂的青春留下永恒的感动。

一、本索引采用主题分析方法编制，分数字索引、主题词索引、表格索引三部分。

二、数字索引按首位数字大小顺序排序。主题词索引以汉语拼音为排序依据，按索引条目首字汉语拼音（同音字按音调）顺序排列；首字相同，按第二字拼音排序，以下以此类推。表格索引按表格顺序排序。

三、索引词后的阿拉伯数字表示内容所在的页码。

四、本年鉴的彩图、特载、专记、大事记、附录等内容不做索引。

## 数字索引



## 主题词索引

### A



### B

## C

## D



## F

## G



## H

J

## K



## L



## M

## N



## P

## Q



## R

## S

## T

W



X

## Y

## Z

## 表格索引